国际商务经典译丛

国际企业管理

约翰·卡伦（John B. Cullen）
普拉文·帕博蒂阿（K. Praveen Parboteeah）　著

崔新健　闫书颖　等　译校

MULTINATIONAL MANAGEMENT
A STRATEGIC APPROACH

SIXTH EDITION

第6版

中国人民大学出版社
·北京·

出 版 说 明

  随着经济全球化的深入发展，国际贸易、投资和商务活动日益频繁，企业不可避免地要应对来自全球范围的更加激烈的竞争。与许多跨国公司相比，我国企业在国际化环境下成功运作的经验不足，国际化经营水平还比较低。更重要的是，我国国际商务专门人才相对短缺。

  适应经济发展的要求，加速国际商务专门人才的培养和培训已成为我国高等学校面临的紧迫任务。2010 年，经国务院学位委员会批准，部分高校设立国际商务硕士专业学位；2012 年，教育部颁布《普通高等学校本科专业目录（2012 年）》，将国际商务专业从目录外专业调整为基本专业。

  顺应这一教育发展趋势，中国人民大学出版社在成功出版"工商管理经典译丛"的基础上，精心策划并适时推出了"国际商务经典译丛"（翻译版）和"国际商务经典丛书"（英文版）。丛书所选书目，都是国际知名教授的经典著作，经过长期教学实践检验，多次再版且畅销不衰，在许多国家采用，包括查尔斯·希尔的《国际商务》、托马斯·普格尔的《国际贸易》和《国际金融》、沃伦·基根的《全球营销》等。在引进和出版这两套丛书的过程中，我们力求基于目前国际商务专业的核心课程，既帮助高校建立自己的课程体系，又兼顾企业国际化经营的实际需要。同时，我们在编辑出版的过程中，对引进版图书的内容严格把关，取其精华，对不严谨或不当之处进行删改，确保图书质量。

  我们希望，这两套丛书的出版能对我国国际商务专门人才的培养及我国企业国际竞争力的提升有所帮助。真诚期待广大读者提出宝贵的意见和建议。

中国人民大学出版社

译者序

随着经济全球化趋势和中国对外开放的深化，国际企业管理已成为学术界与实践领域一个越来越重要的领域。目前，中国不仅是吸收外国直接投资的大国，而且成为对外直接投资的大国。根据联合国贸易和发展会议发布的《2017年世界投资报告：投资和数字经济》，2016年中国对外直接投资达到1 830亿美元，首次成为全球第二大投资国。2017年《财富》世界500强排行榜中，中国上榜公司数量连续第14年增长，高居第二位，远超排在第三位的日本。伴随中国"一带一路"倡议和建设的推进，中国企业国际化的步伐正在加快，国际企业管理知识和能力提高的需求愈加迫切。

约翰·卡伦（John B. Cullen）和普拉文·帕博蒂阿（K. Praveen Parboteeah）所著《国际企业管理》（第6版）是国际商务领域不可多得的优秀著作。当译稿交付出版社之际，笔者恰逢参加国家留学基金委高访项目赴美国乔治城大学访学，他乡异国的文化冲突提供了学习和思考本书的肥沃土壤，让笔者更为清晰地感悟、认识到本书的特点。目前全球变化趋势聚焦于三个关键词——环境、共存、科技，对于跨国公司领导者/管理者的决策而言，三个变化趋势已经将"未来"的选项清除，仅仅剩下迫在眉睫的"当前"或"不得不"一项。换言之，跨国公司决策者面对三个变化趋势必须即刻做出抉择。本书之所以优秀，在于其深刻地反映了应对全球三个变化趋势的当前思考，有助于决策者做出适应全球变化趋势的抉择。

本书是第一本以战略研究方法为主线的跨国公司管理著作，全面突出战略决策。环境对于当今全球的挑战是史无前例的，更是紧迫的。华盛顿纪念碑下从1970年开始每年均在世界地球日举办一次规模宏大的自发性环境保护活动。显而易见，无论是政府还是跨国公司，基于长远的战略视野进行决策变得越来越重要，环境挑战意味着可持续发展战略是必然之选。跨国公司成功的关键在于战略的制定与实施，本书以统一的战略视角探讨全球商务中的经济和管理决策，为跨国公司管理的教学和学习提供一种独特的方法，突出培养读者在激烈竞争和错综复杂的全球环境中制定与实施战略所需必备的技能。

通过阅读本书，读者会懂得成功的跨国公司决策者要将整个世界视为一体化的市场，竞争与合作无处不在。当今世界各国正从相互联系变成相互依赖，共存既是经济全球化的结果，又是促进经济开放进一步深化的基础。合作者的崛起可能给跨国公司带来比衰落更大的风险；竞争对手的衰落也可能对跨国公司产生比崛起更大的风险。凝视华盛顿纪念碑下示威游行队伍中举着"拆墨西哥墙"标语的男孩的坚毅表情，结论不言自明：共存新法则意味着开放是双向的、相互的，任何一方构筑围墙掌控单向开放流动都是行不通的。

读者从本书中可以感受到跨国公司决策者面临的以互联网为代表的科技巨大变化所带来的挑战。本版将跨国电子商务作为一个重要主题独立成章，由此成为此类著作中标新立异、独一无二的。人类已经进入一个技术日新月异的时代，软硬件分析揭示了以往隐秘的模式，优化、预测、个性化定制以及无处不在的工作自动化和数字化正在改变每一个行业，乃至世界的各个角落。望着华盛顿纪念碑下"为科学游行"的浩浩荡荡的人群和强调科学对世界的意义的铺天盖地的标语，结论毫无疑义：互联网正在消除各国之间的沟通壁垒，重塑世界的商务规则，迅速提升国际商务的效率。在这样一个科技瞬间变化的世界里，国家或企业即便全力以赴也会感叹追赶的吃力，短暂或制约性的封闭必将导致生产力逆势加速回归石器时代。

　　本书将引领读者突破某一国家或企业的视角去理解跨国公司管理。不同文化和社会制度环境之间存在普遍的差异，经济体制、政治体制、教育体制及宗教构成的社会制度之间的差异对跨国公司管理产生了深刻的影响。建筑与雕塑是一国文化历史的凝固，笔者每天远眺高耸入云的华盛顿纪念碑，也难以破解这一最高的地标性建筑的意义。游览参观过弗农山庄——乔治·华盛顿的故居及其与家人的墓地后再看华盛顿纪念碑，则会时时想起纪念碑内镌刻在小石碑上、源自清朝钦命福建巡抚部院徐继畬（1795—1873）《瀛环志略》的一段碑文："米利坚合众国以为国，幅员万里，不设王侯之号，不循世及之规，公器付之公论，创古今未有之局，一何奇也！泰西古今人物，能不以华盛顿为称首哉！"毫无疑问，欲辨识两国的文化差异，就要全面了解两国的历史、地理等方方面面，同时要吸收本国传统文化的精髓。

　　本书给中国读者提供了从不同文化视角阅读、理解和评价国际企业管理研究成果的机会，阅读本身就是不同文化的碰撞。为此，本书的翻译忠实于原文，鉴于出版社的要求，仅删减个别内容，相信读者会正确地认识与理解。本书特别突出战略性思维、比较管理分析、管理学基本原理；呈现最新的国际商务背景、最新的理论发展、最新的专题领域、最新的数据资料和案例；为教学提供丰富的教学辅助材料，尤其突出技能培养和网上练习。英文原著还提供一些相关研究文献和索引，本书英文影印版《国际企业管理》（英文版·第 6 版）已由中国人民大学出版社出版，建议感兴趣的读者阅读以获得更多的知识和信息。由于译校者专业水平和语言水平所限，中译本中难免存在缺失和遗漏，敬请读者指正（xinjiancui@cufe.edu.cn）！

　　参加翻译工作的人员包括（括号内为参与的初稿翻译任务）：中央财经大学商学院教授、博士生导师崔新健博士（第 1，11 章）；中央财经大学商学院硕士研究生石鹏、王文睿、张茹茹（第 1，11 章）；经济管理出版社副编审、中央财经大学商学院博士研究生申桂萍（第 2 章）；内蒙古财经大学工商管理学院副教授赵云辉博士（第 3，4 章）；中央财经大学商学院博士研究生杨智寒（第 5，6 章）；中央财经大学商学院博士研究生章东明（第 7，8 章）；中央民族大学管理学院副教授、中央财经大学商学院博士后郭捷博士（第 9，10 章）；内蒙古医科大学卫生管理学院讲师、中央财经大学商学院博士研究生魏利平（第 12 章）；中央财经大学外语学院副教授闫书颖博士（第 13 章）；中央财经大学商学院博士研究生孙玉亮（第 14 章）；中国国电集团公司工程师、中央财经大学商学院博士研究生王星雨（网上章节，见人大经管图书在线 www.rdjg.com.cn）。加拿大多伦多大学 Eric M. Cui 也参加了书稿翻译校对工作。在初稿基础上，闫书颖对全书进行了校对，修改完成第二稿；此后，崔新健对第二稿通读、校对和完善。最后，中国人民大学出版社编辑对提交的稿件进行编辑加工完善。

　　衷心感谢本书翻译团队卓有成效的工作！感谢中央财经大学王巾英教授、南开大学冼国明教授长期的指导与帮助！感谢美国乔治城大学 John M. Kline 教授的学术交流与指导！感谢中国人民大学出版社多年来一直给予的大力支持！

崔新健

前　言

　　伴随市场、金融和企业的全球化，金砖四国（中国、巴西、印度、俄罗斯）等新兴市场以及非洲市场越来越重要。金融危机、战争、恐怖主义及传染病的全球冲击，无不影响着当今商务的性质。在这个日趋复杂的全球环境中，企业成功的关键在于战略的制定与实施。为了培养读者在激烈竞争和错综复杂的全球环境中制定与实施战略所必备的技能，《国际企业管理》（第6版）延续以往的惯例——对跨国公司管理最新的研究进展进行全面的分析与综述；以统一的战略视角探讨全球商务中的经济和管理决策，为跨国公司管理的教学和学习提供一种独特的方法。本书是第一本以战略研究方法为主线的跨国公司管理著作，全面突出战略决策。后续版本也会始终保持这一惯例。

　　通过阅读本书，读者会懂得成功的跨国公司管理者将整个世界视为一体化的市场，竞争与合作无处不在。作为未来的跨国公司管理者，读者还必须意识到，不同的文化和社会制度环境之间存在普遍的差异。本书阐述了文化差异对战略和经营的影响，读者会充分认识到由经济体制、政治体制、教育体制及宗教构成的社会制度之间的差异对跨国公司管理的主要影响。因此，本书引领读者突破某一国家或企业的视角去理解跨国公司管理。

教学方法

　　《国际企业管理》（第6版）对跨国公司管理进行了全面的论述和分析。除此之外，本书还包括若干独特的教学与学习工具：

　　● **战略视角**：本书提供了一条一致的阐述主线，便于引导读者通读全书。这一主线有助于读者把握跨国公司参与全球竞争的重点及其战略选择的结果。

　　● **比较管理**：跨国公司管理者必须了解世界各地竞争者的优势、劣势及其通常的战略。除此之外，管理者还必须知道适应当地环境的时机和方式。本书涉及比较管理的内容有助于读者理解各国文化及商业行为的复杂性。

　　● **管理原理的复习**：本书部分章节专门介绍了管理学背景知识，特别是战略管理、组织设计、人力资源管理和组织行为学方面的内容。对于管理知识有限的读者来说，可以关注各章回顾的相关背景知识以及一些基本概念。

　　● **小型企业和创业企业**：与大多数跨国公司管理著作不同，本书还阐释了小型企业的跨国行为。本书专设一章讨论小型企业成为跨国竞争者面临的问题。

　　● **知识应用**：各章都为读者提供不同形式的练习，学习如何应用课本中学到的知识，通过技能培养、网上练习模拟跨国公司管理者在工作中会遇到的挑战。

主要特色

- **技能培养**：通过各章后面的练习项目，读者有机会将课文的内容应用于现实中的管理问题。

- **网上练习**：本书第6版为了利用大量网络资源，增设了新的专题。对各个章节，读者都可以选择浏览与本章相关的网址，并且在课堂上汇报最新的研究成果。这会鼓励读者探寻丰富的网络资源以及了解最新的资料。

- **大量案例**：本书大量的案例展示了跨国公司管理的真实情形，更为充实。本书案例有以下6种形式：

  - 案例预览：每章以这种简短的案例开始，使读者的兴趣集中于本章内容。

  - 聚焦新兴市场：第6版强化了第4版的特点，即更加强调亚洲、拉丁美洲、欧洲、金砖四国等新兴市场。各章都会讨论很多新兴市场所带来的机会与威胁。此外，大多数案例更多地强调中国和印度这两个重要的新兴市场。

  - 案例分析：选取跨国公司的真实案例，用于探讨各章的相关主题。

  - 跨国公司管理挑战：展示真实的公司情形下跨国公司管理者所面临的挑战。

  - 跨国公司管理概览：进一步阐述课文中讨论的问题。

  - 比较管理概览：阐述独特文化和社会制度环境是如何影响管理决策的。

- **模型实例**：为了帮助学生学习重要的原理，我们建立了很多模型。

- **第10章跨国电子商务：战略与结构**。第6版新增这一章，因此成为将这一重要主题独立成章的独一无二的著作。本书对于跨国电子商务安全和信息安全的诸多方面做了详细的说明，提供了表明这一行业持续增长的最新数据和统计资料。

内 容

本书主要分为五大部分。第1部分包括4章：前3章为导入章节，向读者提供关于跨国公司管理本质的重要背景，第4章讲述跨国公司伦理。本部分讲述了在新的全球经济形势下管理者面临的挑战、国家文化如何影响跨国公司管理、跨国公司管理的制度环境以及跨国公司面临的伦理挑战等。

第2部分包括3章，介绍跨国公司成功制定国际竞争战略的方式。第5章概述具有全球意义的战略管理；第6章侧重走向国际市场所需要的战略；第7章将前两章的概念应用于小型创业企业所面临的独特问题。

第3部分包括3章，讲述实施跨国战略的管理过程。第8章专门讨论跨国公司如何设计、构建、实施组织战略；第9章审视在组建国际战略联盟时涉及的管理和设计问题；第10章讨论在跨国经营中跨国公司如何运用电子商务。

第4部分包括2章，主要讨论战略实施过程中相关的人力资源管理问题。讨论的话题包括国际人力资源管理实践和这些实际做法的跨文化适应问题。

第5部分进一步从组织中的个人层面审视战略的实施问题。主要讨论的问题包括国际谈判和跨文化沟通、跨国公司领导面临的挑战及不同国家的人员激励（网上章节）。

目　录

第 1 部分
跨国公司管理的基础
Foundations of Multinational Management

第1章
变化世界中的跨国公司管理

> **学习目标**

通过本章的学习，你应该能够：

- 掌握跨国公司管理的定义。
- 理解跨国公司的特点。
- 理解全球经济的本质和推动全球化的关键力量。
- 了解世界经济体的基本分类。
- 了解新一代跨国公司管理者的特点。

案例预览

新兴市场的跨国公司

全球商业最新的趋势是来自新兴市场诸如印度、中国、巴西和俄罗斯的跨国公司正在崛起。此外，非洲国家也不断出现成功的企业。这些新兴的跨国公司正在利用创新战略与发达国家的同行进行有效的竞争。通常，在将产品销售到西方发达国家市场之前，新兴市场的跨国公司会利用当地市场进行尝试。

以印度和南美洲的公司为例。2008年，印度最大的工业集团之一塔塔汽车公司收购了英国汽车制造商捷豹路虎，并为这家久负盛名的公司开发汽车。此外，总部设在巴西的世界著名支线飞机制造商——巴西航空工业公司（Embraer），利用当地的工程经验优势在全球范围内进行创新，目前正为国际市场生产轻薄小巧的快速喷气式飞机。

发达国家的跨国公司也开始关注来自中国和墨西哥的公司。例如，中国最主要的汽车出口商奇瑞计划在中东、非洲和东欧建厂。2011年，中国主要的汽车出口商共出口近900 000辆汽车。此外，设立在墨西哥的世界上最大的水泥供应商西麦斯（Cemex），也正在改进其当地商业模式以走向国际化。

最近的发展趋势表明，非洲也正在出现新的跨国公司。肯尼亚最受欢迎的移动电话公司 Safaricom 在内罗毕证券交易所（Nairobi Stock Exchange）上市，并在撒哈拉以南非洲首次公开发行股票中融资超过 8 亿美元，这是一次规模巨大的融资。事实上，肯尼亚正在迅速成长为非洲高科技中心；在过去的几年中，数以百计的创业公司如雨后春笋般涌现。此外，诸如 Celtel 等公司也凭借非洲人对手机的渴求获得发展。

专家们一致认为，新兴市场及其跨国公司已成为或将要成为世界贸易的主要参与者。这一发展趋势正极大地改变着西方著名跨国公司所处的环境。

资料来源：Based on Economist. 2012. "*Still in second gear.*" May 5, 62 - 63; Economist. 2012. "*Upwardly mobile.*" August 25, 53 - 54; Economist. 2008. "*The new champions.*" September 20, 53; Economist. 2008. "*The challengers—Emerging market multinationals.*" January 12, 61; Mo, I. 2012. "*Celtel's founder on building a business on the world's poorest continent.*" Harvard Business Review, *October*, 41 - 44.

正如案例预览所示，不论是公司还是个人、是旧经济还是新经济，都愈加将整个世界视为商业机会的源泉。世界正成为一个相互关联的经济体，身处其中，企业可与任何公司展开竞争，在任何地方进行经营，不受国界限制。新兴跨国公司在全球各地涌现，它们有能力与老牌跨国公司展开有效竞争。在全球经济中，任何国家的任何企业或个人都能成为竞争者。基于互联网点击鼠标就可以跨越国界，使得即便是规模很小的企业也能快速走向全球。因此，企业再也不可以认为在本国市场获得成功就等同于拥有长期盈利的能力——甚至等同于生存。

此外，虽然一体化的全球经济面临恐怖主义、战争和经济衰退等挑战和威胁，但也为大多数公司带来了重大机遇。

这一趋势对国际商务专业的学生意味着什么？随着企业越来越关注全球而非国内市场，采用跨国的观点和战略成为管理者未来的不二选择。因此，国际商务专业的学生都至少应具备跨国公司管理的基础知识。**跨国公司管理**（multinational

聚焦新兴市场

不断增加的机遇

正如案例预览中提到的，新兴市场培育了一种新型的强大竞争者。但同时新兴市场也为成熟公司提供了重大的机遇。2012 年，经济衰退使多数发达国家举步维艰，新兴市场却能够很好地渡过难关。它们在经济衰退之下仍能保持增长，在很大程度上是因为当地市场的有效需求。例如，在金融危机期间，尽管汽车销量在发达市场下滑，但在中国市场显著增加。目前中国是世界最大的汽车市场，年销量为 1 850 万辆，相比之下，美国只有 1 310 万辆。

这种上升趋势很可能会持续。事实上，尽管近期数据显示新兴市场的经济增长放缓，但仍比西方国家强劲。据高盛公司估计，全球中产阶层以每年超过 7 000 万人的速度增长，并且预计会继续增长。专家预测，到 2030 年，全球将有超过 20 亿人加入中产阶层，此趋势对跨国公司而言是个巨大的机会。

资料来源：Economist. 2008. "*The new champions.*" September 20, 53; Economist. 2009. "*Not so Nano; Emerging market multinationals.*" March 28, 20 - 21; Economist. 2012. "*Still in second gear.*" May 5, 62 - 63; Economist. 2012. "*Dream on?*" July 21, 59 - 60.

management）由战略与管理系统构成，该系统能成功地利用国际机遇，并对来自国际的威胁做出恰当的反应。成功的跨国公司管理者有能力主动面对和战胜跨国经营中的挑战。

为提供跨国公司管理的基本背景，本书将阐述世界各地管理人员应对全球化挑战的最新信息。你将看到企业如何处理国家之间在文化、经济和政治制度方面的复杂差异，并且学习跨国公司管理者如何利用其所掌握的国家差异的知识制定战略，以便最大限度地实现企业在全球化经济中的成功。但是，在当今经济中，仅靠拥有良好的战略尚不足以取得成功，因此你将学习跨国公司管理者如何实施其全球战略。

为使你深入了解真实的跨国经营状况，各章节将设置以下专栏：
- "案例预览"：展示跨国公司如何处理该章所讨论的关键问题。
- "案例分析"：就跨国公司如何处理该章所讨论的其他问题提供相关信息。
- "跨国公司管理概览"：提供更多细节和案例用于进一步的讨论。
- "跨国公司管理挑战"：描述跨国公司管理者面对的难题和困境。
- "比较管理概览"：提供独特文化和社会制度环境影响下的管理问题的案例。
- "聚焦新兴市场"：主要反映新兴市场国家在世界贸易中持久的重要性。

跨国公司管理出现在跨国公司中，但究竟什么是跨国公司？下面将给出定义，并简要介绍跨国竞争的主要参与者。

1.1　跨国公司的本质

广义上讲，**跨国公司**（multinational company，MNC）是指任何超出本国国界从事商业活动的公司。此定义适用于各种类型、各种规模参与国际商务的企业。然而，大多数跨国公司是跨国股份公司，即公众通过持有股票而公开拥有该公司。商业出版物通常所指的跨国公司即为跨国股份公司，最大的跨国公司都属于此类公司。

图表 1-1 列出了销售收入位居世界前 20 名的跨国公司。许多大型企业都从事石油行业——考虑到不断上涨的石油价格，这一现象不足为奇。前 10 家公司中，一部分是汽车公司和石油行业的高耗能公司，沃尔玛是唯一的零售商，其余企业都从事金融和保险业。值得注意的是，前 20 名跨国公司并非都来自西方国家。例如，排名第五的中国石油化工集团和排名第六的中国石油天然气集团都是中国的跨国公司。此外，该名单中也有并不知名的跨国公司，如康采恩（E. ON，一家处于世界领先地位的欧洲能源企业）和埃尼石油集团（ENI）。

大部分跨国公司位于何处？图表 1-2 列出了《财富》世界 500 强企业所属国家和地区。全球性的跨国公司不仅仅集中在西方，中国、韩国、巴西和墨西哥也出现了新的较突出的竞争者。截至 2012 年，美国有 132 家全球性跨国公司，其次是中国（不含港澳台），有 73 家。这与 2008 年形成鲜明对比，当时美国有

图表 1-1　　　　　　　　世界上最大的跨国公司

排名	公司	从事行业	总部所在地	收入（百万美元）
1	皇家荷兰壳牌集团	石油	荷兰	484 489
2	埃克森美孚	石油	美国	452 926
3	沃尔玛	零售业	美国	446 960
4	英国石油公司	石油	英国	386 463
5	中国石油化工集团	石油	中国	375 214
6	中国石油天然气集团	石油	中国	352 338
7	中国国家电网公司	电力供应	中国	259 142
8	雪佛龙	石油	美国	245 621
9	康菲	石油	美国	237 272
10	丰田汽车	汽车	日本	253 364
11	道达尔	石油	美国	231 580
12	大众汽车	汽车	德国	221 551
13	日本邮政控股公司	金融	日本	211 019
14	嘉能可国际	制造业	瑞士	186 152
15	俄罗斯天然气工业股份公司	石油	俄罗斯	157 831
16	康采恩	能源	英国	157 057
17	埃尼石油集团	石油	意大利	153 676
18	荷兰国际集团	保险	荷兰	150 571
19	通用汽车	汽车	美国	150 276
20	三星电子	电子	韩国	148 944

资料来源：*Adapted from* Fortune 2012. "*Fortune Global 500.*" *http：//www. fortune. com/fortune/global*500.

153 家全球性跨国公司，日本有 64 家，位列第二。这种趋势显示出巴西（8 家全球性跨国公司）、俄罗斯（7 家全球性跨国公司）、印度（8 家全球性跨国公司）和中国等新兴市场的跨国公司迅速增长。此图表显示出，全球性跨国公司可位于世界任何地方，并不局限于欧洲或美国。

　　哪些商业活动有可能使企业成为跨国公司？最明显的当然是国际销售。一个公司在本国生产，在其他国家销售，所从事的就是最简单的跨国活动。但是，深入的分析表明，不仅仅是国际销售，跨国公司还有更多的选择。

　　举例来讲，假定有一家美国公司生产和销售男士衬衫。作为一家纯粹的国内企业，该公司在国内采购染料、织布、裁剪、缝纫以及销售衬衫。然而，按此方式经营，它可能无法在竞争中获胜：竞争性定价和微薄的利润可能使美国市场比较萧条；竞争对手可能从海外供应商那里买到更优质的面料或染料；竞争对手还可能会在低工资国家发现更低的生产成本，使它们能降低价格。对此，这家美国公司能做些什么呢？

　　如果这是一家跨国公司，它可能会将衬衫销往竞争不那么激烈、售价较高的海外市场。其他一些跨国活动也可能会增强其竞争力，例如，该公司可以将原料采购或产品生产的任一步骤定位于另一个国家，它可能从意大利购买最优质的染

图表 1 - 2　　　　　　　　　世界 500 强企业分布

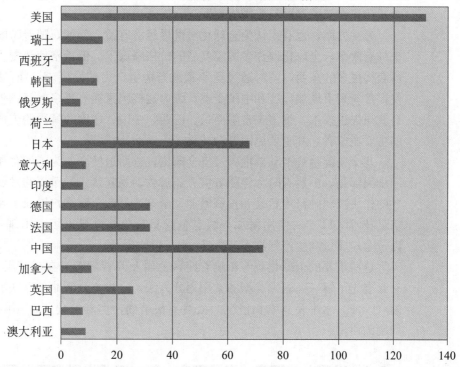

《财富》世界500强企业的数量

资料来源：*Adapted from* Fortune 2012. "*Fortune Global 500.*" *http：//www. fortune. com/fortune/global*500.

料；利用中国低成本、高素质的纺织工人纺织布匹，并在劳动力成本非常低的越南完成裁剪和缝制。其中任何一个生产步骤的实现，都需要该公司与其他国家当地公司签订合同或在当地拥有自己的工厂。在随后的章节中你将会看到，该美国公司为了完成上述假设的全部或部分跨国业务，必须发展各种战略和管理系统。

新一代跨国公司管理者和跨国公司将面临新的经济环境，下面我们将讨论推动这种经济现实发展的力量。

1.2　经济全球化：不断变化的商务环境

21 世纪第一个十年，贸易壁垒的作用不断削弱，商品和服务国际贸易的增长速度比国内生产的增长速度更快。资金的跨国流动更趋自由，企业可以寻求最优惠的价格融资，同时投资者能到世界任何地方寻求最好的投资回报。所有这些过程被称为**全球化**（globalization），表明世界经济正朝着无国界、相互联系的趋势发展。公司不再囿于本国国界，而是在世界任何地方进行任何商业活动，全球化意味着公司可能在任何地方进行竞争、原料采购、研发以及生产。

一方面，全球化不是统一的发展过程，并非全世界所有经济体都能平等地参与其中或从中受益。恐怖主义、战争和世界性的经济停滞已经限制甚至在某些情况下导致全球化一些方面的逆转。全球化导致的自然资源匮乏、环境污染、社会负面影响等令人担忧的现象，也加深了世界经济的相互依存度。[1]甚至有人认为，全球化正在扩大富国与穷国的差距。

另一方面，也有人认为全球化对世界经济有益。例如，随着跨国公司变得越来越有效率，全球化使许多国家商品的价格降低了。低价格使消费者花同样的钱可获得更多的东西，同时通过竞争刺激当地生产力的发展。[2]显而易见，全球化使很多新兴市场如印度和中国受益，因为这些国家拥有更多的就业机会，并更容易获得先进技术。很多来自墨西哥、巴西、中国、印度和韩国的公司成为全球新的主要竞争者，其主要原因是全球化。

几个关键趋势推动着世界经济全球化，进而迫使企业为了生存和繁荣发展进一步国际化，虽然有时会伴随着世界经济的动荡起伏。最重要的发展趋势包括国界的作用减弱，跨境贸易和投资增加，全球产品和全球客户增长，互联网和复杂信息技术（IT）的使用增加，国有企业私有化，世界市场上出现新的竞争者，以及全球质量和生产标准提升。

这些重要的全球化趋势影响着跨国公司及其管理者。在对其展开讨论之前，有必要先了解一下国家类型的常用划分方法，这种方法粗略地反映了国内生产总值（GDP）水平及其增长情况，虽然不很精确，但却简化了对国际贸易和投资问题的讨论。

1.2.1 世界上的国家：发达国家、新兴工业化国家和发展中国家

图表1-3基于联合国和《经济学人》杂志的标准划分世界经济的类型。**发达国家**（developed countries）是成熟的经济体，其人均国内生产总值、国际贸易和投资量都很高。**发展中国家**（developing countries）如新加坡在过去的20年间经济获得了相当大的发展，但有时也面临困境，尤其是在20世纪90年代后期的亚洲金融危机中经历了经济衰退。还有一些经济体如捷克、匈牙利、波兰和俄罗斯，被联合国称为中欧和东欧的**转型经济体**（transition economies）。转型经济体是指从政府控制的经济体系向自由市场或资本主义体系转变的国家。其之前的经济体系运行依赖国有企业和政府的集中控制，在向自由市场和资本主义体系的过渡中，许多国有企业转变为私有企业。决定企业成败的是市场而不是政府。其中一些经济转型国家，如匈牙利、波兰、斯洛伐克和捷克已经建立了市场经济，现在已成为欧盟成员国。

新兴市场（emerging markets）是目前增长迅速的经济体。尽管很难确定新兴市场的确切名单，但印度、中国、巴西和俄罗斯这些国家被认为是典型的新兴市场。事实上，巴西、俄罗斯、印度和中国组成的金砖四国（BRIC）代表了新兴经济体中最强大的国家。

新兴市场一词20多年前由世界银行提出，代表那些为所有跨国公司提供巨大机会的市场。[3]事实上，新兴市场大约拥有世界5/6的人口，但生产量只有世界的一半。许多新兴市场的购买力正稳步上升，1970年新兴市场的出口量还只

图表 1-3　　　　　　　　　　　世界部分经济体

发达经济体	发展中经济体	转型经济体	新兴市场
澳大利亚	新加坡	捷克	阿根廷
奥地利	马来西亚	匈牙利	巴西
比利时	印度尼西亚	波兰	中国
英国	泰国	俄罗斯	智利
加拿大			哥伦比亚
丹麦			印度
法国			马来西亚
德国			墨西哥
意大利			菲律宾
爱尔兰			南非
日本			韩国
荷兰			土耳其
西班牙			委内瑞拉
瑞典			
瑞士			
美国			

资料来源：*Adapted from* Economist. 2003. "*Markets and data，weekly indicators.*" http：// *www. economist. com，June 7*；Economist. 2006. "*Emerging markets and interest rates.*" August 5，65；Economist. 2012. "*Dream on？*" *July 21，59-60.*

占世界的 20%，而目前已占到 30%。最新趋势还表明，发达国家与新兴市场的贸易额已是发达国家之间贸易额的两倍。[4]虽然目前新兴市场的经济增长明显放缓，但预计仍比发达经济体的增长速度快得多。

以上分类中发展中或转型经济体也可归类为新兴经济体。事实上，在一些报道中，俄罗斯、波兰和新加坡等国家都被划分为新兴市场。此趋势表明，未来不再会如此分类，因为所有国家只会被划分为发达国家和新兴经济体。

最后需要强调，这些国家并不一定都要被冠以任何具体的名称，非洲的国家因其雄厚的经济力量越来越受到瞩目。[5]许多非洲国家正以比世界任何其他地区更快的速度发展。

通过了解世界主要经济体分类，我们可以更为深入地分析世界经济新的驱动力量。下面将对图表 1-4 揭示的重要力量逐一进行更充分的讨论。

案例分析

非洲崛起？

莫·易卜拉欣（Mo Ibrahim）是非洲一位著名的企业家，是莫·易卜拉欣基金会的创始人，该基金会致力于支持撒哈拉以南非洲地区的发展。起初，他主要管理设在英国的软件和咨询公司 MSI。在发现非洲巨大的商机后，他询问电信客户为什么不去非洲，但大部分西方客户似乎对此一无所知。在 1998 年的一个电信项目基础上，他在非洲成立了 Celtel 公司。Celtel 公司通过很聪明的方式进入利润丰厚的市场，只购买通过

图表 1 - 4　　　经济全球化

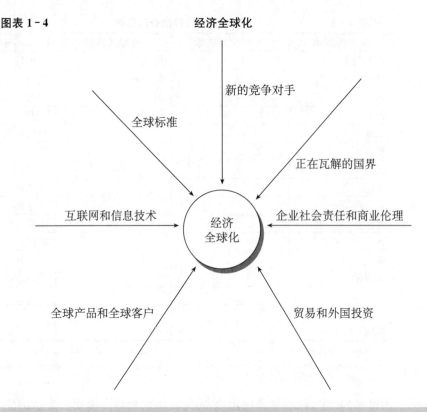

公开招标或价格低廉的执照，由此迅速成长，2001—2010 年间销售收入实现 216% 的增长。如今，Celtel 公司已由非洲著名的跨国公司——印度主要电信商 Bharti Airtel 拥有。

当今非洲国家给世界带来了巨大的商机。许多非洲国家的增长比世界其他地区更快，许多因素在推动这一增长并使其持续下去。例如，非洲大约有 1 亿家庭将达到中产阶层水平，从而会有效地维持当地的市场需求；非洲人口的年龄明显低于世界其他地区（现在非洲人口年龄的中位数是 20 岁，亚洲是 30 岁，欧洲是 40 岁），这样的人口红利（demographic dividends）能够支持经济增长；许多非洲国家的法律制度已发生重大变革，商业环境得到改善；许多非洲国家正在减少或取消贸易壁垒；交通的改善也意味着有更多的非洲人积极参与跨境贸易；非洲国家已不再单纯依赖石油及其相关产品生存。外国投资者发现，非洲的科技或服务业等其他行业也值得投资。

资料来源：Based on Economist. 2011. "The sun shines bright." December 3，82 - 84；Mo，I. 2012. "Celtel's founder on building a business on the world's poorest continent." Harvard Business Review, October，41 - 43.

1.2.2　正在瓦解的国界：世界贸易组织和自由贸易区

1947 年，为限制全球关税和鼓励自由贸易，部分国家进行了谈判。当时全世界平均关税税率为 45%，经过 7 轮关税谈判使全球工业制成品的关税税率降到 7% 以下，这些贸易谈判是在**关税与贸易总协定**（General Agreement on Tariffs and Trade，GATT）框架下进行的。

1986—1993 年的乌拉圭谈判成果丰硕，成员达成一系列协议，进一步降低了关税，放宽了农业贸易和服务准入，消除了部分国际贸易中的非关税壁垒，如为阻止进口而滥用卫生法规。[6]乌拉圭谈判还以**世界贸易组织**（World Trade Organization，WTO）替代了关税与贸易总协定。世界贸易组织为继续谈判和解决国家贸易争端提供了一套正式的框架。1986 年关税与贸易总协定的成员只有 92 个国家和地区，而目前世界贸易组织的成员已发展到 160 多个国家和地区，包括 29 个联合国归类的最不发达国家，30 个国家和地区正寻求加入世界贸易组织。1995 年以来，工业产品平均关税税率从 6.3% 进一步下降到 3.8%。[7]

1997 年 3 月，来自多个国家的贸易部长一致同意，到 2005 年对软件、计算机芯片、电信设备以及计算机等产品停止征收关税，这些国家的信息技术贸易占全世界的 92%。随着关税消除，最直接的结果可能是从亚洲和美国出口到欧洲的高新技术产品数量翻一番。即使是没有加入该协定的发展中国家也会从中受益，因为在免税区生产的电话、传真机和电脑等产品的价格会大幅下降。[8]

自由贸易是否可行？世界贸易组织认为行得通，而且数据也似乎支持这一结论。自达成关税与贸易总协定以来，世界贸易使世界国内生产总值增长了 3 倍。由此表明，世界经济联系愈加紧密、愈加相互促进。

当然对此也存在批评的观点。一些人认为世界贸易组织偏袒发达国家，贫穷国家在这样的世界环境中难以竞争。环保人士指出，自由贸易鼓励大型跨国公司将危害环境的生产转移到贫穷国家，导致贫穷国家的环境更为脆弱。换言之，商业利益往往凌驾于环境、健康和安全之上。工会认为自由贸易会导致高工资国家的就业机会向低工资国家转移。

世界贸易组织并非唯一鼓励消除贸易壁垒的组织。**区域贸易协议**（regional trade agreements）或自由贸易区是几个国家或地区之间签署的协议，目的是减少关税以及制定类似的技术标准和经济标准。2008 年多哈回合谈判的破裂，很可能使区域贸易协议变得愈加重要。[9]这些协议扩大了成员之间的贸易规模。有些人认为这些协议是实现充分全球化的第一步，有些人则认为这些协议只能让贸易集团成员受益，而损害那些没有加入集团贸易的落后国家的利益，诸如非北美自由贸易协议成员的加勒比海国家。[10]从现实的角度看，虽然这些协议仅对成员施惠，但与世界性贸易协议相比，其在政治上更易于管理，因此区域贸易协议对于促进世界贸易利大于弊。[11]

欧盟、北美自由贸易区和亚太经合组织是世界上最大的三个贸易协议集团，它们的贸易额几乎占到世界贸易总量的一半。

欧盟（European Union，EU）有 27 个成员国，包括奥地利、比利时、英国、保加利亚、塞浦路斯、捷克、丹麦、爱沙尼亚、芬兰、法国、德国、希腊、匈牙利、爱尔兰、意大利、拉脱维亚、立陶宛、卢森堡、马耳他、荷兰、波兰、葡萄牙、罗马尼亚、斯洛伐克、斯洛文尼亚、西班牙和瑞典。2013 年 7 月，克罗地亚成为第 28 个成员国。虽然关于欧盟的想法始于第二次世界大战期间，但其真正启动是在 1992 年，当时这些国家允许商品和服务跨境交易，无须缴纳关税也无配额限制。欧盟多数成员国采用统一的货币欧元。欧盟成员国目前总人口有 4.5 亿，是具有重大经济影响的地区。目前，欧盟在考虑马其顿和土耳其加入欧盟的申请（可以通过 http：//europa.eu 了解欧盟的最新进展）。

北美自由贸易协议（North American Free Trade Agreement，NAFTA）使美国、加拿大和墨西哥成为一个经济集团，集团内允许商品和服务的相对自由交换。20 世纪 90 年代初该协议生效后，三个国家的贸易量迅速增长。但是，墨西哥通货膨胀率高达 45%，经济很快陷入混乱，美国的紧急贷款帮助其稳定了局势。[12]1996 年，墨西哥提前偿还了这笔贷款。北美自由贸易协议的下一步可能是建立美洲自由贸易区（Free Trade Area of Americas，FTAA），该集团不仅包括美国、加拿大和墨西哥，还包括加勒比海、中美洲和南美洲的大多数国家。

与欧盟和北美自由贸易区相比，**亚太经合组织**（Asia-Pacific Economic Co-operation，APEC）是一个由 21 个国家和地区构成的联盟，在结构上较为松散，成员也没有就促进贸易往来等问题达成较明确的协议。其最终目标是到 2020 年在太平洋地区实现完全的自由贸易。[13]亚太经合组织主要成员包括中国、美国、日本、韩国、澳大利亚、新加坡、泰国和马来西亚等。

图表 1-5 显示了主要区域贸易协议及其成员。

图表 1-5　　　　　　　　　　　世界主要区域贸易协议

安第斯国家共同体	东盟	波罗的海国家	大湖国家经济共同体	亚太经合组织		西非经济货币联盟
玻利维亚	文莱	爱沙尼亚	布隆迪	澳大利亚	巴布亚新几内亚	贝宁
哥伦比亚	柬埔寨	拉脱维亚	刚果民主共和国	文莱	秘鲁	布基纳法索
厄瓜多尔	印度尼西亚	立陶宛	卢旺达	加拿大	菲律宾	科特迪瓦
秘鲁	老挝			智利	韩国	几内亚比绍
委内瑞拉	马来西亚			中国	俄罗斯	马里
	缅甸			印度尼西亚	新加坡	尼日尔
	菲律宾			日本	泰国	塞内加尔
	新加坡			马来西亚	美国	多哥
	泰国			墨西哥		
	越南			新西兰		

加勒比共同体	经济合作组织	阿拉伯马格里布联盟	独立国家联合体	东加勒比国家组织
安提瓜和巴布达	阿富汗	阿尔及利亚	亚美尼亚	安圭拉
巴哈马	阿塞拜疆	利比亚	阿塞拜疆	安提瓜和巴布达
巴巴多斯	伊朗	毛里塔尼亚	白俄罗斯	英属维尔京群岛
伯利兹	哈萨克斯坦	摩洛哥	格鲁吉亚	多米尼加
多米尼加	吉尔吉斯斯坦	突尼斯	哈萨克斯坦	格林纳达
格林纳达	巴基斯坦		吉尔吉斯斯坦	蒙特塞拉特
圭亚那	塔吉克斯坦		摩尔多瓦	圣基茨和尼维斯
牙买加	土耳其		俄罗斯	圣卢西亚

续

加勒比共同体	经济合作组织	阿拉伯马格里布联盟	独立国家联合体	东加勒比国家组织
蒙特塞拉特	土库曼斯坦		塔吉克斯坦	圣文森特和格林纳丁斯
圣基茨和尼维斯	乌兹别克斯坦		土库曼斯坦	
圣卢西亚			乌克兰	
圣文森特和格林纳丁斯			乌兹别克斯坦	
苏里南				
特立尼达和多巴哥				

美洲自由贸易区			海湾阿拉伯国家合作委员会	欧盟（欧盟和申请加入欧盟的国家）		西非国家经济共同体
安提瓜和巴布达	多米尼加	巴拉圭	巴林	原成员国：	新成员国：	贝宁
阿根廷	厄瓜多尔	秘鲁	科威特	奥地利	塞浦路斯	布基纳法索
巴哈马	萨尔瓦多	圣基茨和尼维斯	阿曼	比利时	捷克	佛得角
巴巴多斯	格林纳达	圣卢西亚	卡塔尔	丹麦	爱沙尼亚	科特迪瓦
伯利兹	危地马拉	圣文森特和格林纳丁斯	沙特阿拉伯	芬兰	匈牙利	冈比亚
玻利维亚	圭亚那	苏里南	阿拉伯联合酋长国	法国	拉脱维亚	加纳
巴西	海地	特立尼达和多巴哥		德国	立陶宛	几内亚
加拿大	洪都拉斯	美国		希腊	马耳他	几内亚比绍
智利	牙买加	乌拉圭		爱尔兰	波兰	利比里亚
哥伦比亚	墨西哥	委内瑞拉		意大利	斯洛伐克	马里
哥斯达黎加	尼加拉瓜			卢森堡	斯洛文尼亚	尼日尔
多米尼克	巴拿马			荷兰	罗马尼亚	尼日利亚
				葡萄牙	克罗地亚	塞内加尔
				西班牙	申请国家：	塞拉利昂
				瑞典	土耳其	多哥
				英国	马其顿	

南方共同市场	南亚区域合作联盟	中部非洲国家经济共同体	
阿根廷	孟加拉国	安哥拉	刚果民主共和国
巴西	不丹	布隆迪	赤道几内亚
巴拉圭	印度	喀麦隆	加蓬
乌拉圭	马尔代夫	中非共和国	卢旺达
	尼泊尔	乍得	圣多美和普林西比
	巴基斯坦	刚果共和国	
	斯里兰卡		

资料来源：*Adapted from UNCTAD（UN Conference on Trade and Development）. 2003. "Prospects for global and regional FDI inflows，UNCTAD's worldwide survey of investment promotion agencies." Research Note，May 14.*

1.2.3　销售与区位遍布世界：贸易与外国投资不断增加，但也面临挑战

　　1990—2000 年，世界贸易（进出口）年均增长率为 6.5%[14]，2004 年放缓至 4%，2005 年再次上升到 6%[15]，2006 年增加至 8.5%，但目前掌握的最新数据表明，由于经济衰退，贸易增长此后已放缓。2012 年世界贸易增长率仅为2.5%，2013 年为 4.5%（登录世界贸易组织网站可查询最新信息）。

　　图表 1-6 根据世界贸易组织最新数据展示了发达经济体和发展中经济体进出口量的年度变化。如图表所示，最近几年发展中国家和主要新兴国家进出口增长更为强劲。此图表显示，与发达经济体相关的新兴市场贸易稳步增长，由此表明新兴经济体对世界贸易的重要性。

图表 1-6　　　　　发达经济体和发展中经济体进出口量的年度变化

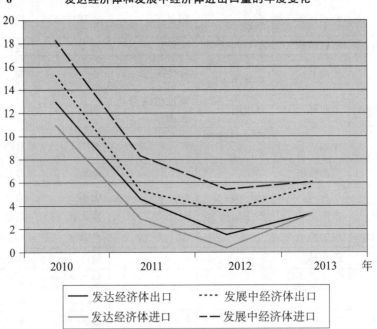

资料来源：*Adapted from WTO（World Trade Organization）. 2012. http：//www. wto. org.*

　　世界贸易组织（见 http：//www. wto. org）的最新报告表明以下几个趋势：首先，世界多数较大经济体疲软的经济状况导致全球经济正遭受非常严重的衰退。欧洲国家正遭受有史以来最严重的主权债务危机；美国就业和产量数据依然令人失望；由于国内需求减弱和国外需求不强，中国经济也在减速。其次，无论是进口还是出口，发展中国家和新兴经济体都比发达经济体的年增长率高，新兴经济体仍然表现得更好。

　　跨国公司不仅从事进出口业务，同时也在全球范围内建立研发、供应、生产、销售的网络，因此跨境所有权，即外国直接投资在不断增加，1998—2001年增长了一倍多。[16]**外国直接投资**（foreign direct investment，FDI）是指一国

跨国公司对位于另一国家的企业组织拥有部分或全部的所有权。加之诸如克莱斯勒与戴姆勒-奔驰一类的跨国并购，20 世纪 90 年代后期到 2000 年，跨境所有权的比例一直居高不下。

1996—2000 年外国直接投资猛增逾 36％，2000 年达到超过 1.5 万亿美元的纪录。[17]与国际贸易类似，2001 年外国直接投资下降到 7 350 亿美元，不到 2000 年的一半；2002 年又下降了 25％。外国直接投资的全球数据看起来已经大大下降，根据经济合作与发展组织（OECD）网站提供的 2008 年统计数据，OECD 国家流入的外国直接投资以及对外直接投资都已下降（前者降低 35％，后者降低 19％）。2012 年的数据表明，外国直接投资持续下降，2012 年第一季度 OECD 国家流入的外国直接投资下降了 18％。

尽管整体上外国直接投资在下降，但新兴经济体的外国直接投资反而上升，反映出其重要性（见 http：//www.oecd.org）。中国、巴西和俄罗斯等新兴经济体是外国直接投资的重要目的地，流入的外国直接投资分别为 1 820 亿美元、150 亿美元和 130 亿美元。同时新兴经济体也是重要的对外直接投资者，OECD 的报告显示，2012 年第一季度，阿根廷、中国和印度的对外直接投资增加了 50％以上；印度尼西亚对外直接投资额达到其历史上最高的 30 亿美元。

这些现象对企业意味着什么？这些趋势表明，尽管增速放缓，但在这些新兴市场上，由于兼并和收购的重要作用，外国直接投资可能会恢复稳定增长。最重要的是，这意味着现在跨国公司可以在任何地方进行生产和销售。

尽管 OECD 国家的外国直接投资占世界总额的大部分，并且短期内这种状态不会改变，但是精明的跨国公司管理者正在世界其他地区寻找未来的投资机会。具体而言，新兴市场将继续吸引大量的外国直接投资，印度、中国、巴西、俄罗斯和其他许多国家将继续提供巨大的商机。可是，想在这些市场取得成功并不太容易。

尽管存在挑战，跨国公司会继续投资于这些市场，但西方跨国公司必须依靠创新击败当地企业才能获得成功。任何一家跨国公司如果想获得成功，都必须充分了解当地市场，制定当地企业无法轻易复制的战略。

案例分析

在新兴市场取胜

在新兴市场取胜并不容易，往往有各种挑战会阻碍跨国公司取得成功，即使对于那些最有诚意的公司也不例外。例如，在新兴市场，一些道路可能仍无法通行，或者当地产品可能会以远低于生产成本的价格销售；当地产品在市场上拥有非常忠诚的顾客群。

跨国公司如何在这样的市场上获得成功？最近的一项研究表明，成功的跨国公司通常遵循一些最佳方法：

● 进入大众市场，实现规模经济。跨国公司的目标过去只针对高端市场，但是越来越明显的是，大众市场存在重大机遇。

● 尽可能本土化。如果企业花时间去了解当地市场需求，成功的机会就会增加。宝洁的佳洁士牙膏配方，在水果和茶叶的味道中加入了草药元素，这种本土化的做法使其产品增添了一种非常强烈的当地气息。

● 拥有足够好的心态。成功的跨国公司并非专注于高端或低端目标，它们开发的产品比低端产品质量更好，但又不属于高端产品。这样的产品对当地居民来说更加经济实惠。例如，针对贫困消费者，非洲电信公司研发了他们负担得起的、经济实惠的移动电话。

● 雇用当地管理者，而非外派员工。当地管理人员更了解当地市场。

● 了解国家在商业中的作用。大多数西方国家不习惯国有公司，然而，中国、印度和巴西等新兴市场的许多重要企业都是国有企业。因此跨国公司了解如何与这些国有企业做生意变得至关重要。

资料来源：Based on Economist. 2012. "The visible hand." January 21, 3-5; Mo, I. 2012. "Celtel's founder on building a business on the world's poorest continent." Harvard Business Review, October, 41-43; Shankar, S., C. Ormiston, N. Bloch, R. Schaus, and V. Viswhwanath. 2008. "How to win in emerging markets." MIT Sloan Management Review, 49 (3): 19-23.

尽管发展中国家为跨国公司提供了巨大商机，但它们也是世界上风险最大的地方。通常认为跨国经营面临两种风险——经济风险和政治风险，后面的章节将详细阐述。政治风险是政府所作所为或不作为对公司可能产生的负面影响。极端情况下——当然现在已极少见到，政府在很少或根本无任何赔偿的情况下就接管或没收当地的外国公司。政治的不稳定和对外国直接投资的不确定性反应，是值得跨国公司高度重视的因素。经济风险包括所有可能会影响外国直接投资的一国经济环境因素。政府的政策会对这些因素有所影响，如政府强制规定的高利率或低利率；汇率动荡等其他因素也可能会对外国直接投资产生影响。

1.2.4　互联网和信息技术使一切变得更容易

互联网爆炸式增长和信息技术的突破，增强了跨国公司应对全球经济的能力。互联网使企业更容易走向全球，因为任何人都可访问任何网站，由此公司和个人可以在任何地方购买和出售商品。由于电子商务的重要性日益增加，第 10 章将详细阐述互联网对跨国公司管理的影响。

电子通信工具，如电子邮件和万维网，使跨国公司可以与世界各地的公司联系，信息技术扩大了一个组织在全球的活动范围。跨国公司可以监控全球运营，程度之深前所未有。文本和图形信息几乎可以在瞬间传递到世界任何地方。公司总部、研发、生产制造和销售的地点可位于任何区域，只要有计算机就行。由于员工、供应商和客户分散在各地，组织机构虚拟化——由计算机组成的网络连接起来，信息技术使这一切成为现实。

信息技术也催生了一个无国界的金融市场。投资者走向全球，未来企业的融资范围不再限于当地股票或债券市场，而是在全世界范围内寻求最佳市场。《商业周刊》记录了 21 世纪的金融市场给人们带来的感受：

201×年 1 月 20 日，晴朗夏日的悉尼。你走到花旗银行的自动取款机旁，视网膜扫描登录后，一台位于孟买的电脑向你问候，然后你开始办理业务：首先，将 1 万欧元转到今天的存款专用凭证账户——由 GEC 资本在罗马发行的北美自由贸易协议存款凭证。股市看起来不错，所以你下单在纽约证券交易所购买了 500 股 Telefonos de Mexico 的股票。然后按下按键，屏幕上出现一个新加坡账户管理员，他会回答有关你在阿根廷工厂的贷款问题。[18]

第 7 章将阐述信息技术正使小型企业极其便利地获得全球范围内的资源（资金、人力资源和机器设备）。

信息技术提供了许多有助于商业运作的新工具。例如，像 Skype 这样的网络电话（VOIP）使员工以极低的成本在全球范围内通信；维基（WIKI）使企业能以很低的成本建立协作网络；美国在线等提供的远程通信服务允许员工保持不间断的沟通；日益成熟的搜索引擎如谷歌帮助所有人寻找需要的关键信息。许多小型企业通常使用这种搜索引擎寻找印度和中国等新兴市场的供应商或制造商。

因此，信息技术带给跨国公司许多新的机遇。详见下面的跨国公司管理概览。

信息技术和互联网的应用也催生了另一种全球化的驱动力。因为很多企业用网络寻找供应商，因此与以前相比，现在做一个全球客户更容易了。

跨国公司管理概览

信息技术带给跨国公司的机遇

计算机技术和互联网的传播已经非常普遍，《经济学人》将这种影响商业环境的巨大变革称为第三次工业革命。计算机技术的发展意味着制造业再也看不到锤子、车床、钻头和冲床。取而代之的是，在法兰克福举行的欧洲国际模具展览会上展出的大量清洁且高度自动化的机械工具，大多数操作者只需坐在电脑屏幕前。

近来最重要的新兴技术之一是 3D 打印机。3D 打印机的工作方式和普通打印机非常相似。但是，3D 打印机不用墨水而用塑料这类材料。打印时，打印机成功地添加进一层层薄薄的材料，直至出现固体物品。

3D 打印机具有巨大的潜力，可以为跨国经营带来革命性变革。现在，样品可以轻松、廉价地打印出来并送到工程师、设计师甚至客户那里以获得认可。3D 打印技术使分布在世界各地的工程师以最低的成本进行合作。此外，这种打印技术使人们可以用相对较低的成本研发出复杂的样品，甚至还会减少重量。

诸如荷兰 Shapeways 等公司已在利用 3D 打印技术的优势。2011 年这些公司利用 3D 打印技术运送了超过 75 万件产品，而且数量还在不断增加。用户可以上传自己的设计，按照不同材料得到不同报价。这些可能性意味着产品可以更快地进入市场。此外，3D 打印技术使样品得到广泛、有效的测试，创业者不再需要等产品在市场上失败后再做决策。

资料来源：Based on Economist. 2012. "A third industrial revolution." April 21, 3 - 4；Economist. 2012. "Solid print." April 21, 14 - 18；Economist. 2012. "All together now." April 21, 18 - 19.

1.2.5 全球产品和全球客户的增长

虽然在国家文化、政治体制和经济体制方面各国之间仍存在较大差异，但世界各地的客户对许多产品和服务的需求正变得越来越相似。例如，快餐连锁店（如麦当劳）、飞机制造商（如波音）、汽车制造商（如丰田）在世界各地提供的产品非常相似，且销售都很成功。不同国家的客户需求都很相似的行业，面临全球竞争的可能性更大。[19]

随着全球客户需求的提升，这一新的客户类型越来越普遍。全球客户不考虑国界，在世界范围内寻找供应商。价格和质量比国籍在更大程度上影响着购买决策。目前，大部分全球客户是进行工业品采购的企业，因此全球电子商务交易额的70%来自企业与企业之间的交易。然而，随着邮购业务的全球化，以及越来越多的人从网络商店购买从运动器材到个人电脑的一切消费品，不久所有人都有可能成为全球客户。

因为企业可以为所有人生产一样的产品，而且人们可以从不同的地方购买任何商品，所以有相似需求和全球视野的客户将各经济体联系起来。当发展中国家不仅成为廉价产品的来源地，而且变为消费增长最快的地区时，这些趋势将继续下去。

1.2.6 新的竞争对手不断涌现

新兴市场的自由市场改革正在为世界创造新的潜在竞争群体。专家们认识到，新兴市场的竞争对手应用新技术和新战略，在当地市场竞争中脱颖而出。多数情况下，新竞争对手每天都在与国内和西方跨国竞争对手进行竞争，在当地残酷的市场竞争中谋生存，制定经营战略，以极低的价格获取微薄的利润。

全球贸易对新竞争对手的发展有两个重要影响。首先，大型跨国公司利用发展中国家作为高科技组件的低工资平台，促进了技术转让。当大型跨国公司利用发展中国家的工人和公司进行低成本生产和组装时，这些工人和公司能学到新技能。有些国家的工人受过良好教育、工作积极，这些以前的装配工人往往成为先进技术的创造者而不仅仅是制造者。其次，来自新兴市场的积极进取的跨国公司也在积极超越国界，不断发展壮大。

案例分析

国有企业的崛起

全球范围内，越来越多的西方跨国公司正与新兴经济体的国有企业进行竞争。这些企业在国家的支持下经营得非常成功。中国

海洋石油总公司的总部建筑看起来好似油轮浮出海面，令人印象深刻；在吉隆坡，马来西亚国有石油公司 Petronas 的建筑高达 88

层；莫斯科市商务中心有两座耀眼夺目的新摩天大楼，这是俄罗斯第一大、第二大银行的总部。这些令人印象深刻的建筑展现出新的国有跨国公司的实力。

要明白当今国际管理新的变化，关键在于能够理解这些国有企业的特点。第一，由于政府的谨慎策略，这些公司都很成功。大多数国有企业因机构缩减和结构重组而得到精简，因此，它们有充足的资金进行扩张，国有企业不再是经营不善的代名词。第二，尽管有专家预言国有企业会没落，但它们在

新兴市场非常成功。凭借新兴市场带来的潜力及它们对当地市场的了解，它们能更为便利地把握这些机会。第三，它们不再满足于在国内运营。许多国有能源公司已在其他国家积极投资。中国石油企业已在非洲获得了很多业务。第四，它们不再局限于石油和能源工业。在金融行业，国有企业成功运营了主权财富基金。

资料来源：Based on Economist. 2012. "Special report：State capitalism." January 21，3–12.

正如以上案例分析所示，世界各国的企业不得不与强大的国有竞争对手抗衡。这些公司通常运营良好，同时可依靠国家的财政支持。此外，它们更了解当地市场，因此可以更好地调整产品以满足这些市场的需求。因此，全球跨国公司都必须调整战略以适应新的竞争对手。

1.2.7　全球标准的发展

全球产品标准尤其在技术行业，变得越来越普遍。例如，你可以在世界任何地方买到适用于手电筒的 5 号电池。推动产品标准发展的因素是：当一种产品标准被全球或部分地区接受时，企业可以针对这种产品只生产一个或几个版本供应市场。这比为 100 个国家生产 100 个不同版本的成本低得多。零部件制造商也从中受益，因为产品设计类型减少，可以高效率地进行生产。

当然，世界各地仍有许多不同的技术标准。例如，欧洲和北美的电视机和 DVD 格式不同；电流和插头的区别是国际旅客面临的常见困难。然而，如今许多智能电子设备都能克服这些差异。例如，计算机电源常常可以自动调整电压差。

随着新产品进入世界市场，企业面临的竞争压力越来越集中于如何开发出一种适合所有消费者的产品，以降低成本。因此，企业如果能使自己的标准成为地区或全球的主导标准，就拥有了巨大的战略优势。

质量一致性也成为在许多国家开展业务的一项要求。总部位于瑞士日内瓦的国际标准化组织（ISO）已开发一套技术标准，原名为 ISO 9000，现被称为 **ISO 9001：2000** 系列。另外还有环境保护标准，被称为 **ISO 14000**。

1992 年，许多欧洲国家的产品安全法做出规定，必须符合 ISO 标准。许多欧洲大型跨国公司，如德国的西门子公司，要求供应商必须通过 ISO 认证。因此，美国和其他国家若要在欧盟开展业务，需要采用 ISO 质量要求和标准，这种压力日益上升。[20]

1.2.8 企业社会责任和企业伦理

跨国公司面临越来越大的社会责任压力。虽然许多跨国公司因规模大而对当地政府有很大的影响力，但这些公司正承受着来自媒体和公众更为严格的审查。因此，现在许多跨国公司非常清楚地意识到企业行为对经营所在地的社会和国家的影响。它们需要注意诸如气候变化、环境恶化和污染、血汗工厂的生产条件和贿赂等问题。无视企业伦理和企业社会责任会给企业带来风险，使跨国公司在国内、国际市场上都遭到抵制，声誉和效益遭受严重损失。

因此，跨国公司正在积极主动地密切关注这些问题，想方设法成为更有商业道德的企业。这个问题非常重要，所以专门有一章（第 4 章）讨论全球环境中的企业伦理。

案例分析

跨国公司与企业社会责任

全世界的跨国公司都在努力实施企业社会责任项目，以自己的方法管理社会责任和企业伦理问题。考虑以下措施：

● 碳披露项目是英国一家非营利组织正在协调开展的一项重大项目，以帮助大型跨国公司减少温室气体排放。如吉百利史威士、戴尔、雀巢、百事可乐、宝洁和乐购等公司正与供应商密切合作，以确定供应链中的碳排放源。这些公司准备一起努力探寻逐步减少碳排放的办法。

● 一些跨国公司正在创建独立的当地企业以解决当地问题。以印度的 chulas 为例，chula 是用泥土做的以木材为燃料的烤箱。虽然使用起来很方便，但通常会因无法控制火焰导致烧伤。此外，烟雾经常弥漫用户的房间，使人呼吸困难而且厨房产生一层乌黑的薄膜。因此，电子巨头飞利浦公司决定与当地的用户合作，以发现更好的设计，仅用一年时间用户就用上了飞利浦设计的型号。飞利浦设计了一个易拆卸清洗的三部分烟囱，而不是使用一根单一长度的管作为烟囱。chulas 的用户现在呼吸没那么困难了，飞利浦也以此深入了解了大量产品偏好信息。

● IBM、高盛、谷歌等公司以及社区商业已联合打造一个资源指南，使印度工作所对女同性恋、男同性恋、双性恋和变性者（LGBT）员工更具包容性。该指南讨论了针对这种包容性的最佳实践做法。领先的公司都逐渐认识到工作场所员工多样性的好处。

● 在泰国，韩国的三星电子与英国零售商乐购建立的合资企业认识到企业社会责任的重要性。该合资企业（Homeplus）在企业社会责任的四个主要项目领域——环境、共享、家庭和邻居——投入大量资金。该公司认为，从长远看，在企业社会责任方面投资会为企业建立更好的品牌感知，并为企业带来更好的声誉。

资料来源：Based on Asia News Monitor. 2012. "Thailand: Tesco-Samsung JV sings praise of CSR." October 1, online edition; Capell, K., and N. Lakshman. 2008. "Philanthropy by design." BusinessWeek, September 22, 66; New York Times. 2008. "Multinationals fight climate change." January 21, C5; Saswati, M. 2012. "Inclusive workplace for LGBT employees in India." Times of India, October 13, online edition.

　　企业商业道德排名同样表明了跨国公司企业伦理的重要性。道德村协会
(Ethispshere Institute) 是致力于推动企业伦理和企业社会责任的著名智库。每年该
组织会开展一项全球调查以确定最具商业道德的企业。这些企业不仅超出各自行业
的法定最低要求，同时是行业内采纳最具商业道德做法的领先者。图表 1 - 7 是道
德村协会最新调查中确定的 2012 年全球最具商业道德企业清单中的部分企业。

　　下一节将阐述新一代跨国公司管理者的特点。

图表 1 - 7　道德村协会评出的最具商业道德的企业（根据行业和所属国家排名）

行业	企业	所属国家
服饰	Comme Ⅱ Faut	以色列
服饰	盖璞（Gap）	美国
汽车	康明斯（Cummins）	美国
汽车	福特汽车	美国
银行	澳大利亚国民银行（National Australia Bank）	澳大利亚
银行	荷兰合作银行（Rabobank）	荷兰
银行	渣打银行（Standard Chartered Bank）	英国
商业服务	埃森哲（Accenture）	爱尔兰
商业服务	邓白氏（Dun & Bradstreet）	美国
电脑软件	赛门铁克（Symantec）	美国
电脑软件	维布络（Wipro）	印度
消费类电子产品	理光（Ricoh）	日本
能源：电	ENMAX	加拿大
能源：天然气	恩卡纳（Encana）	加拿大
能源：风	维斯塔斯（Vestas）	丹麦
食品和饮料	凯洛格（Kellogg）	美国
食品和饮料	百事可乐	美国
健康与美容	欧莱雅	法国
健康与美容	资生堂（Shiseido）	日本
医疗器材	康乐保（Coloplast）	丹麦
医疗器材	飞利浦	荷兰
零售	凯斯科（Kesko）	芬兰
零售	西夫韦（Safeway）	美国
零售	马莎（Marks and Spencer）	英国
零售	好市多（Costco）	美国
运输	日本邮船株式会社（Nippon Yusen Kablishiki Kai-sha）	日本
运输	巴拿马运河管理局（Panama Canal Authority）	巴拿马

　　资料来源：*Adapted from Ethisphere Institute. 2012. World's Most Ethical Companies. http：//www.ethisphere.com.*

1.3　新一代跨国公司管理者

　　对跨国公司管理者和领导者，专家的有关观点如下：

　　　　成为全球领导者需要的不仅仅是经常飞行，当今时代的国际高管必须知道如何应对竞争优势稍纵即逝、变化带来混乱、总部基地遍布全球等局面。[21]

　　　　当市场和公司改变的速度比领导者的重塑速度更快时，我们需要全球领导者。当走向国际和国际经验对企业的成功变得至关重要时，我们缺乏所需的全球领导者。当领导风格在世界各地改变时，我们需要具备国际思维并了解世界的领导者。[22]

　　为了成为全球领导者并跟上炫目的全球化节奏，大多数管理者需要具备额外的优势以应对相关挑战。

　　部分专家认为，成功的新一代跨国公司管理者必须具有以下特点[23]：

　　● 全球思维：具备**全球思维**（global mindset）的人能够理解商业世界正在迅速变化，世界在商业交易中更加相互依存。全球思维需要管理者在当地行动但要放眼全球。管理者必须在全球市场中看到相似之处，同时能适应各个国家的当地情况。如果一个公司支持和实施全球性战略视野，从首席执行官（CEO）到普通员工都有必要具备全球思维。

　　● 情商：越来越多的证据表明，能够管理自己的情绪或情商，是对跨国公司管理者的关键要求。此前有研究表明，情商使管理者能更好地适应新的文化和国民，并与之打交道。

　　● 长远眼光：在新的全球经济中，鼠目寸光难以成功。10多年前，摩托罗拉前首席执行官罗伯特·高尔文（Robert W. Galvin）肩负着使摩托罗拉成为全球公司的责任，他派了一位公司代表到北京。现在，摩托罗拉是美国在中国最大的投资者之一。能够成功克服商业环境复杂性的公司必须做到坚持不懈。

　　● 能激励全体员工追求卓越：激励员工的能力一直是领导力的标志之一。新一代组织领导者将面临更多的激励挑战。员工可能来自任何一个国家，也可能前往任何一个国家。领导者将面临激励员工、使其认同组织而不是认同国家的挑战。领导者还需设计出超越文化差异的激励策略。

　　● 精通谈判技巧：所有业务交易都需要谈判，而全球经济领袖在跨文化谈判上要花费更多时间。获得这种谈判技能具有挑战性，对这些技能的应用更加必要。

　　● 寻求海外业务的意愿：新一代领导者需要具备国际经验。他们将要在多种文化环境中成功地展示管理技能。

　　● 了解国家文化：虽然全球化要求把世界当作一个市场，但国家文化之间仍存在较大差异。跨国领导者或企业如果不深刻了解所在地的国家文化，就不可能取得成功。跨国公司管理者要学习两种或多种语言，并了解当地文化的细微差别。

　　如何开发成功跨国公司经理的必要技能？首要任务之一是尽其所能地学习跨国公司管理和国际业务。下面将讨论如何促进这一目标的实现。

跨国公司管理概览

全球管理者

不可否认，对于 21 世纪的管理者来说，拥有能够游走于外国文化之间并在其他国家取得成功的能力至关重要。但是，管理者如何培养这种技能？一项针对约 200 名高级管理人员和 5 000 多名一般管理者的研究提出了新的观点：成功主要取决于智力资本、心理资本和社会资本。

智力资本是指一个人掌握的国际商务知识、学习能力和吸收能力，包括具有全球商业头脑、能适应复杂性和具有国际视野。智力资本往往是三种资本形式中最容易获得的。管理者可以通过杂志、文章和表演了解新文化。而且，正如后面章节所言，管理人员还可以在真正履职前到东道国进行短暂停留以获得相关体验。

心理资本往往是最难建立的，因为它反映了每个人的个性。心理资本是指一个人对差异和变化的接受程度。有较高心理资本的人热衷于多元化，乐于接受冒险和改变。管理者如果要增加心理资本，需要具有更强的自我意识，能评估自己对外国、外国人的感受以及他们对变化的接受程度。这意味着通过扩大社会交往圈子拓宽视野，并愿意不断尝试新的体验。

社会资本是指管理者与来自其他文化的人建立信任关系的能力。这方面的技能包括跨文化理解和处理人际关系的技巧。这些技能大多是基于亲身经历而获得的。管理者培养这些技能的方式包括拓展社交技能，并使具有不同兴趣的人参与进来。参与完成国际任务和其他外派任务也有助于开发这些技能。

资料来源：Based on Javidan, M., M. Teagarden, and D. Bowen. 2010. "Making it overseas." Harvard Business Review, April, 109 - 113; Molinksy, A. L. 2012. "Code switching between cultures." Harvard Business Review, January - February, 139 - 140.

1.4　跨国公司管理：战略要径

为什么应学习跨国公司管理？在现今互联网连接的世界，你可能别无选择，只能成为跨国公司管理者。如今的管理者每天所要面对的情况就是应对来自国外市场的竞争以及与国外开展业务。学习跨国公司管理有助于你应对不断变化的全球经济，以及掌握成为成功的跨国公司管理者所需的必要技能。本书将介绍这些基本技能。

若想在全球经济竞争中成功，跨国公司管理应采取战略性措施，并由跨国公司管理者制定和实施这些战略。**战略**（strategy）是管理者用来保持和提高组织绩效的谋略或活动。**战略制定**（strategy formulation）是选择或制定战略的过程。**战略实施**（strategy implementation）包括管理者及其组织必须实施的所有旨在实现战略目标的活动。

从跨国公司和管理者的角度看，战略必须包括公司在多个国家和文化中经营的谋略。因此，跨国公司的战略制定还需要应对其他挑战，即如何应对来自世界各地的机遇和挑战。跨国公司的战略实施面临更多挑战，包括建立复杂的管理系统以在本国之外实施公司战略。

　　竞争规则在不断演变。如今跨国公司面对的环境与过去完全不同。一家公司可能原来在市场上居于统治地位，但很快会失去竞争优势。当我们从战略角度探究国际化管理时，很重要的一点是要了解未来的商业环境是由哪些趋势塑造的。这些趋势包括[24]：

　　● 行业界限模糊：信息和其他通信技术使行业界限变得模糊。例如，韩国三星公司生产的产品范围广泛，从电视机、手机到微处理器。行业界限的模糊增加了识别和了解竞争对手的困难。

　　● 灵活性比规模更重要：最近大公司的失败案例表明，企业规模很可能不再像以前那么有用。许多巨头，如通用汽车、微软、戴尔和IBM，股票市值都曾严重受损。企业发现，由于外包、联盟和合作的盛行，许多固定成本可以转变为可变成本，而这样的变化使企业规模的作用今非昔比。

　　● 寻找利基（niche）市场：传统上跨国公司一直致力成为各自行业的领导者。然而，这种思路正在改变。金（Kim）和莫博涅（Mauborgne）提出的蓝海战略建议：找到没有竞争的利基市场也可以使企业成功。事实上，许多公司发现，如果找到利基市场并满足该市场的需求，可以保持良好的经营状况。[25]

　　● 超级竞争：新环境的特点是来自世界各地公司之间的激烈竞争。企业不能期待自己会一直长久稳定地存在。例如，作为一家中国公司，海尔1999年进入美国市场，如今成为最畅销的宿舍冰箱品牌，是家庭酒柜类产品的领先者，也是排名第三的冰柜生产者。

　　● 强调创新与学习型组织：能汲取当地知识进行创新、参与全球竞争的企业才会成功。例如，许多成功的韩国企业和日本企业利用国内市场测试产品、对产品加以改进后在全球范围内推出。为取得成功，所有跨国公司都需要制定相应的机制和制度，以便整合当地知识并为公司创造价值。

　　鉴于上述要求，本书的一个基本前提是：成功的跨国公司管理需要了解潜在的竞争者和合作者。[26]

　　　　知彼知己，百战不殆。

——《孙子兵法》

　　跨国公司及其管理者必须准备好要与其他所有国家的公司竞争。此外，必须做好与世界各地供应商、联盟伙伴和客户合作的准备。完成这些任务意味着跨国公司管理者除了必须了解国家文化基础知识，还要了解更多内容。他们必须了解不同国家的人如何看待组织和组织战略。为提供这样的背景，本书部分章节将讨论比较管理——对不同国家的管理实践进行比较。

小　结

　　本章介绍了有关学习跨国公司管理的重要背景知识，概括了跨国公司管理和跨国公司的重要背景及相关概念。我们了解了一些世界上最大的跨国公司的案例。正如案例分析所示，任何规模的公司都可以成为跨国公司。

我们处在一个全球化的世界中，推动全球化的力量备受关注。这些是影响跨国公司及其管理者的主要环境因素。世界贸易和投资在快速增长，但并非一直如此，各个经济体连为一体，为国内、国际企业带来了机遇和挑战。来自亚洲、美洲的发展中国家及东欧转型经济体成为强大、积极的新兴竞争对手。消费者、产品和标准更加全球化。信息技术日益复杂。成本进一步降低，使世界范围内的经营更易管理，从而促进了跨国公司的发展。

新一代跨国公司管理者需要具备一些国内管理者所不具备的技能。本章描述了一些专家所提出的成功跨国公司管理者的主要特征。也许最重要的特征是全球思维模式。具备全球思维的管理者能够了解瞬息万变的商业和经济环境，能把世界看做一个整体市场，也能领会和了解世界文化和社会制度上存在的广泛差异。

本部分接下来的两章将构建全球思维的基础。你将会看到文化差异对商业实践有什么影响。你不仅会明白跨国公司管理者了解国家文化对公司成功至关重要，还会看到社会制度、宗教和法律知识如何影响跨国经营。国家文化和社会制度共同构成国情。

阅读本书会使你对跨国公司管理当前所面临的挑战及实践有一个基本了解，但这一领域在不断发展变化，学习永无止境。成功的跨国公司管理者将会把了解本领域的过程作为终身努力的目标。

讨论题 ■

1. 讨论一家企业如何能成为跨国公司。企业利用国际市场和所处位置进行竞争的方式有哪些？

2. 讨论为什么减少世界贸易壁垒能够推动世界经济全球化。

3. 思考战争、恐怖活动以及禽流感等如何改变全球化发展的进程。跨国公司管理者应如何处理这种情况？

4. 讨论外贸和外国直接投资之间的差异。

5. 讨论在发展中国家建厂生产的优势和劣势。

6. 阅读本章中关于发展中经济体与竞争的信息。你认为新一代世界级竞争对手将来自哪里？为什么？

7. 讨论新一代跨国公司管理者的特点。你如何通过教育和经验使自己具有这些特点？

8. 竞争的新规则是什么？这些新规则将如何影响全球贸易？

网上练习 ■

1. 登录世界贸易组织的网站 http://www.wto.org。

2. 在"文件和资源"中寻找最新的贸易报告。

3. 讨论最新的研究发现。发达国家目前的发展状况如何？新兴国家仍然主导贸易增长吗？

4. 对于非洲，你有什么发现？非洲国家仍在继续稳步增长吗？

5. 报告中的长期预测是什么？

技能培养 ■

采访一位跨国公司管理者

步骤 1：独自或者作为团队的一员或个体，与当前或曾经的跨国公司管理者联系。在哪里能找到这样的管理者？也许有些人就在你身边。在商学院，许多研究生和教授都有跨国公司的工作经验。此外，许多同学的家长也有类似的经历。但是最有可能的是，你需要联系一家公司，并要求与负责国际业务的管理者对话。不要忽视小公司，虽然那里可能不是由专人负责国际销售业务，但是很多人都会接触国际业务。

步骤 2：预约谈话。

步骤 3：着装整齐，带着准备好的问题清单准时到达。可能的问题如下：

- 什么情况下你会担任负责国际业务的职位？
- 你在开展国际业务或工作时的主要挑战是什么？
- 你如何描述公司的国际化战略？
- 国际业务对贵公司的发展有何重要作用？

- 你如何准备以及应对文化差异？
- 你是否曾经直接管理外国员工？如果有，挑战是什么？
- 如何选拔和派遣海外员工？
- 在工作中你是否遇到涉及伦理问题的特殊状况？

注 释

1 Lamy, Pascale. 2006. "Humanizing globalization." *International Trade Forum,* 1, 5–6.

2 *Economist.* 2006. "The future of globalization," July 29, 11.

3 *Economist.* 2006. "Climbing back," January 21, 69.

4 Ibid.

5 *Economist.* 2011. "The sun shines bright." December 3, 82–84; Mo, I. 2012. "Celtel's founder on building a business on the world's poorest continent." *Harvard Business Review,* October, 41–43.

6 *Economist.* 1996. "All free traders now?" December 7, 23–25.

7 *Economist.* 2003. "Heading east." http://www.economist.com, March 27.

8 WTO (World Trade Organization). 2009. *http://www.wto.org.*

9 *Economist.* 2006. "In the twilight of Doha," July 29, 69–70.

10 *Economist.* 1996. "Spoiling world trade." December 7, 15–16.

11 Lubbers, R. F. M. 1996. "Globalization: An exploration." *Nijenrode Management Review,* 1.

12 Boscheck, Ralph. 1996. "Managed trade and regional preference." In IMD, *World Competitiveness Yearbook 1996,* 333–334. Lausanne, Switzerland: Institute for Management Development.

13 *Economist.* "Spoiling world trade."

14 WTO (World Trade Organization). *World Trade Organization: Trading into the Future* (2002). Geneva: World Trade Organization.

15 WTO (World Trade Organization), *World Trade Report.* 2009.

16 Organisation for Economic Co-operation and Development. 2009. http://www.oecd.org.

17 UNCTAD (UN Conference on Trade and Development). 2000. *World Investment Report.* New York and Geneva: United Nations; UNCTAD (UN Conference on Trade and Development). 2000.

"World FDI flows exceed US$1.1 trillion in 2000." UNCTAD Press Release, December 7.

18 Javetski, Bill, and William Glasgall. 1994. "Borderless finance: Fuel for growth." *BusinessWeek,* November 18, 40–50.

19 Yip, George S. 2002. *Total Global Strategy II.* Englewood Cliffs: Prentice Hall.

20 Levine, Jonathan B. 1992. "Want EC business? You have two choices." *Business Week,* October 19, 58–59.

21 Rhinesmith, Steven H., John N. Williamson, David M. Ehlen, and Denise S. Maxwell. 1989. "Developing leaders for the global enterprise." *Training and Development Journal,* April, 25–34.

22 Rosen, Robert H., Patricia Digh, Marshall Singer, and Carl Phillips. 1999. *Global Literacies: Lessons on Business Leaders and National Cultures.* Riverside, NJ: Simon & Schuster.

23 Beamish, Allen, J. Morrison, Andrew Inkpen, and Philip Rosenzweig. 2003. *International Management.* New York: McGraw Hill-Irwin; Gabel, Racheli Shmueli, Shimon L. Dolan, and Jean Luc Cerdin. 2005. "Emotional intelligence as predictor of cultural adjustment for success in global assignments." *Career Development International,* 10(5): 375–395; Moran, Robert T., and John R. Riesenberger. 1994. *The Global Challenge.* London: McGraw-Hill.

24 Hitt, Michael A., Barbara W. Keats, and Samuel M. DeMarie. 1998. "Navigating in the new competitive landscape: Building strategic flexibility and competitive advantage in the 21st century." *Academy of Management Executive,* 12(4): 22–42; Kim, Chan W., and Renee Mauborgne. 2005. "Value innovation: A leap into the blue ocean." *The Journal of Business Strategy,* 26(4): 22–28; Morris, Betsy. 2006. "The new rules." *Fortune,* July 24, 70–87.

25 Kim and Mauborgne, "Value innovation: A leap into the blue ocean."

26 Hamel, Cary, and C. K. Prahalad. 1989. "Strategic intent." *Harvard Business Review,* May–June, 63–76.

第 2 章
文化与跨国公司管理

学习目标

通过本章的学习，你应该能够：

- 理解文化的概念及其基本组成部分。
- 辨别文化偏见和民族中心主义。
- 理解不同层面的文化对跨国公司经营的影响。
- 应用霍夫斯泰德模型、GLOBE 项目模型以及七维文化模型判断并理解不同文化对管理流程的影响。
- 领会文化之间的复杂差异，根据这些差异构建更好的公司组织。
- 认清文化的复杂性以及文化偏见和文化悖论的危险。

案例预览

共性与差异：文化探索

英国诗人鲁德亚德·吉卜林（Rudyard Kipling）在《我们与他们》一诗中所表达的情感可与跨文化管理工作的感受联系起来。

我们与他们

父亲，母亲和我
姊妹和姑姑都说
与我们一样的是同类
与我们不同的是异类
他们在海那边安身立命
我们在山这边安居乐业
但是你是否知道

他们同样将我们视作异类

我们用牛角柄的刀叉吃猪牛肉
吞吃粽叶包饭的他们吓得要死
他们以树为生尽情享用幼虫和泥土
（难道不令人感到羞耻？）
却将我们视作令人厌恶的异类！

我们拉上门闩吃着珍馐美馔
他们在无锁的茅屋喝奶饮血
我们付钱求医

他们（无礼至极）将我们视作
无法置信的异类

所有的好人都赞成
所有的好人都传颂
所有像我们一样的好人都是同类

与我们不同的其他人就是异类
但是倘若跨过万水千山
而不是闭关锁国
你终将发现同类和异类并没有区别

资料来源：*Kipling, Rudyard. "We and They."* 1923. *In Storti, Craig.* 1990. The Art of Crossing Cultures. *Yarmouth, ME; Intercultural Press*, 92 - 91.

案例预览中展现了多数人遇到来自不同文化的人时心里的感受。这些人看到了令人难以理解的行为，亲身经历陌生又难以预料的事。然而，在当今商界，这些看似怪异的来自其他文化的人们可能正是公司的顾客、员工、供应商以及合作伙伴。

为了在千变万化的跨国商务活动中保持竞争活力以及繁荣发展，跨国公司管理者立足于全球化。开展商务活动不仅仅是为了开拓潜在市场，更是为了寻求质优价廉的原材料和劳动力资源。即使他们在母国工作，也必须应对拥有多元文化背景的销售市场和公司员工。只有具备理解和适应跨文化的能力，管理者工作起来才会更加得心应手，才会在全球化的商务活动中更胜一筹。

本章将介绍跨文化管理实践中世界各国的一些文化差异。为了帮助读者更好地理解文化对管理的支柱作用，本章探讨以下两个基本问题：第一，什么是文化？第二，文化如何影响跨国公司的管理和组织工作？在本书的其他章节中会反复出现文化的概念，由此可见，理解文化差异对于高效实施跨国公司管理工作具有重大意义。

2.1 什么是文化

文化一词从文化人类学中引入，人类学家认为文化为解决适应环境的问题提供了策略。文化帮助人们与所属的社会联系得更加紧密，使人们知道自己的身份以及所属的群体，并提供了一种可以使种群得以延续的机制。例如，文化决定了儿童的教育方式、成年人的婚嫁时间和配偶选择。文化渗透在生活各处，比如决定着人们的衣食住行。

人类学家对文化有许多不同的定义。[1]但是本书从跨文化管理角度将**文化**（culture）定义为：一群人所共有的、指导人们日常生活的普遍规范、价值观和信念。这些规范、价值观和信念由群体的现存成员表现出来，并且通过叙述、象征标志以及宗教仪式的方式传递给未来的群体成员。

文化规范（cultural norms）对不同行为加以规定和禁止，即告诉我们什么可为以及什么不可为。例如，规范限制着人们的婚嫁时间和配偶选择，以及在葬礼或工作等不同场合的穿衣规则。**文化价值观**（cultural values）告诉我们什么是真、善、美以及合理的生活目标。**文化信念**（cultural beliefs）代表着人们对正确事物的理解。例如，大多数美国人认同科学研究是发现事实的有效方法，而来自其他文化的人们则可能相信上帝就是真理。

文化象征标志、叙述和仪式（cultural symbols，stories，and rituals）向成员传达群体的规范、价值观和信念。群体文化通过这种方式代代相传。人们看到和听到具有特定文化意义的符号和故事，或是参加文化仪式，群体的文化就持续增强。

仪式包括多种礼节如教会的洗礼和学校的毕业典礼，当然也包括对新员工的恶作剧，以及大学生联谊会的宣誓仪式。讲述故事的方式包括童谣、谚语和传奇故事（例如，美国流传着乔治·华盛顿总统不会撒谎的传说）。符号可以是物化的国旗以及其他具有神圣意义的文化器物。在工作场合，办公室的大小和公司选址都是企业文化的象征标志。例如，北美的经理们使用宽敞的办公室，还会设立物理屏障，独立办公室就是他们彰显权力的标志。与之相反，日本的经理们则不会使用外部屏障，而是将办公桌放在沟通网络的中央，同事们围绕他们就座。

文化弥漫（pervasive）于社会之中，几乎所有的行为、信条和感受都有文化的影子。你生活中的任一方面都有所在文化的烙印。你睡觉的地方、每天享用的食物、所穿的衣服、称呼老板和家人的方式、认为衰老好还是不好、家中卫生间的装修都与文化差异相关。在上述各方面，社会产生了普遍的文化规范、价值观和信念，以此帮助社会成员适应生活环境。

由于文化对生活的影响大、范围广，许多涉及每天生活中所发生事情的核心规范、价值观和信念都被视为理所当然。人们不会有意识地去思考文化对行为和态度的影响，而是做自认为"自然且正确"的事情，甚至在做这些事情的时候并不知道为什么要这样做。

有关文化定义的另一个关键之处在于，文化的规范、价值观和信念必须是群体成员所**共有**（shared）的。[2]群体成员必须认同这一群体的绝大多数规范、价值观和信念是正确有力的。正确有力意味着尽管在任何文化中都不可能所有人一直保持相同的行为，但是大多数时候人们的行为是在意料之中的。试想，如果没有交通法规，道路将会出现一片混乱。例如，爱尔兰司机在双向公路行驶时，通常会超过慢速行驶的车辆，即使面临车辆迎面驶来时也会这样做，迎面驶来的司机通常会预料到这种做法并将车辆移到路肩处，这与美国区别很大。虽然交通法规与美国不同，大多数爱尔兰人还是会做到谨慎驾驶而不出意外。同样，跨国公司管理者也不可避免地会遇到文化差异。为了成功解决文化差异，跨国公司管理者必须尽可能多地学习当地重要的文化规范、价值观和信念，也必须认知文化中的象征标志、价值观和仪式，这都有助于跨国公司管理者理解顾客、员工和同事行为背后的原因。

下面的案例分析所展现的是由于缺乏对当地价值观的认识而带来的挑战。我们可以看出，对一国文化的恰当理解可以大大降低文化误解现象产生的可能性。缺乏这种敏感性可能会给公司带来灾难性的影响，最终导致公司一败涂地。因此在当今全球化的背景下，对各种文化的理解是成功地进行商业交易的重要因素。

案例分析

文化误解

● 你与一家中国公司进行深入洽谈以达成合作联盟，借此进入中国市场。在合作成功后，你参观考察了这家中国公司，并向公司的管理层提交了一份全面的讨论合同细节的文件。之后，中方公司却不愿建立联盟。为什么？中国公司更加愿意建立一种关系而不是签订合同。

● 你花费了大量时间准备东京的会议，会议进展顺利，对于任何人提出的有关提议中的合资企业的问题你都能对答如流。然而，回到美国后你却没有收到对方的回应。为什么？在展示方案时你跷着二郎腿，这在日本是很粗鲁的行为。

● 你与中方代表的会面十分顺利，在谈判结束后，双方互换礼物。但是，你的礼物却让中方代表大失所望。为什么？虽然你送的是知名品牌的名贵钟表，但是在中国送钟表与"送终"谐音。

● 明基公司由于在2005年收购了西门子公司名下一家当时处于亏损状况的经营移动电话业务的子公司而登上财经报道的头版头条。明基公司的董事长认为，这项收购能使公司扭亏为盈。遗憾的是，这项收购失败了，明基公司也因此被迫在德国申请了破产保护。收购失败的主要原因就是中国员工与德国员工之间的沟通障碍。德国人表达观点简明扼要、直抒胸臆，而中国人则更加含蓄，不会明确表示赞同或者反对。这种文化差异使两家公司的员工相互猜忌，最终造成了严重亏损。

资料来源：*Based on Cheng，S. S. & M. W. Seeger.* 2012. "*Cultural differences and communication issues in international mergers and acquisitions：A case study of BenQ debacle.*" International Journal of Business and Social Science，3（3）：116 - 127；Llorente，Elizabeth. 2006. "*A little cultural savvy can go a long way toward sealing a deal：Avoid faux pas that can cost business.*" The Record，February 7，X28；Orkin，Neil. 2008. "*Focus on China.*" Training，45（6）：18.

下面将继续探讨不同层面的文化对跨国公司管理者的影响。

2.2 文化的层面

国际商务人士必须意识到可能影响跨国经营的三个**文化层面**（levels of culture）：国家文化、商业文化以及职业文化和组织文化。图表2-1展示了影响跨国公司管理的三个文化层面。

图表 2-1　　　　　　跨国公司管理的三个文化层面

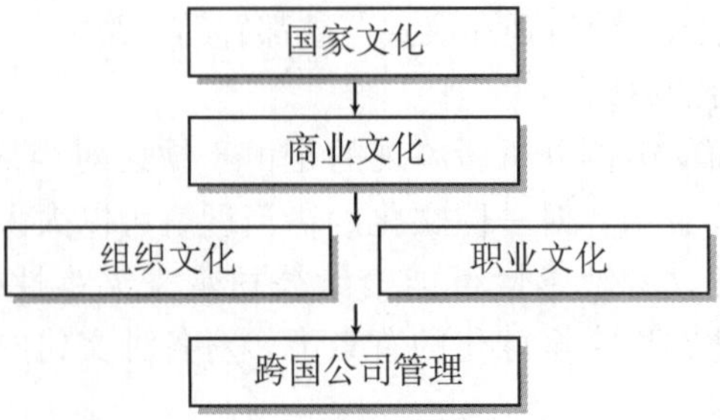

2.2.1　国家文化

国家文化（national culture）是指单一民族国家在政治边界之内的主导文化。主导的国家文化通常是指大多数人的文化，或者是那些拥有最大经济权力或者政治权力的人所拥有的文化。广泛开展的正式教育和商务沟通都使用主导文化的语言。

然而，政治边界并不一定等同于文化边界。许多国家，比如加拿大和新加坡，在政治边界内就拥有不止一种主流文化群体。即使是拥有相对同源文化的国家间也存在代表地区和城乡文化差异的亚文化，并且这些亚文化影响商业交易。

大多数商业交易发生在一国边界之内，因此，国家的主流文化对国际商务的影响最大。需要指出的是，一国主流文化不仅影响着商务沟通所使用的语言，还决定着管理商务活动所使用法律的性质和类型。

2.2.2　商业文化

很大程度上，跨国公司管理者注意到了文化对于国际经营的影响，他们关注国家文化如何影响公司经营。他们会问：德国人、印度人、日本人、韩国人、南美洲人、非洲人、以色列人等如何做生意？管理者所关注的这些问题就是**商业文化**（business culture）。商业文化不仅是指商务礼仪，而且代表着适用于商业沟通各方面的文化规范、价值观和信念。[3]商业文化告诉人们进行社会范围内的商务工作时应采用的适当方式。

每种国家文化都衍生了自己的商业文化。所以商业文化不会超出国家文化的范围，更确切地说，范围相对更加广泛的国家文化限制并且指导着社会中商业文化的发展。在任何社会中，商业和整体的文化规范、价值观和信念紧密相连，比如尊老爱幼、家庭中女性的角色以及上级对待下级的方式。

从更广泛的层面来说，商业文化反映国家文化，影响人们工作和生活的方方面面，包括管理者挑选、晋升员工，领导者激励下属，构建组织结构，选择与构建策略以及和商务人士进行谈判。本节的内容将有助于你理解商业文化和国家文化如何影响公司的组织和管理。下面的聚焦新兴市场探索了中国商业文化的演变。

聚焦新兴市场

中国的商业文化

中国是世界上经济增速最快的国家之一，中国市场始终是西方企业竞相进入的重要市场，因此理解中国的商业文化至关重要。然而，中国商业文化正在经历持续的巨大改变。因为大部分中国企业以前是国有企业，大多数中国人没有机会去学习商科来形成中国的商业文化。但是，在过去的20年中，越来越多的中国人把握住了商科学习和开创事业的机会，这有助于确定中国的商业文化。

尽管中国商业文化正在迅速崛起，但是要想在中国进行商业活动仍需要解决大量关键问题：

● 认识到商业进程缓慢：相对于美国的商业进展速度来说，中国的商业进程比较缓慢。外国企业想收购中国公司或者协商事宜时，要多次到中国进行考察。

● 达成书面协议：中国公司往往不会明确拒绝某项提议，那些他们似乎表示通过的决定实际上有可能并没有真正通过。因此，为了避免节外生枝，尽可能签订书面协议，这是十分重要的。

● 尊重中国商业礼仪：想要和中国企业开展业务，应该尊重中国商业文化的各个细节。例如，着装保守谨慎以及严格遵守时间是很值得提倡的行为。谈判者应该双手递出名片，并且名片需要一面印着中文一面印着英文。由于中国商业文化强调正式礼仪，所以建议使用姓氏称呼，除非对方要求使用其他方式。

● 重视和谐与秩序：中国人十分看重和谐与秩序。因此，人们不会强调个人的突出表现，也不会大肆赞扬团队中的成员，中国人往往关注团队业绩。

资料来源：Based on Hannon, David. 2006. "Dos and DON'Ts of doing business in China." Purchasing, May 18, 135 (8)：52-54; Jung-a, S. & R. Kwong. 2012. "Kim's trip helps make inroads into Chinese market." Financial Times, May 21, 17; Orkin, Neil. 2008. "Focus on China." Training, July-August, 45 (6)：18; Penzner, Betty. 2006. "The art of Chinese business etiquette：Ancient traditions form the basis of strategy." AFP Exchange, May, 26 (4)：61-63.

商业文化也指导着日常商务交流。在代表商务礼仪的行为准则方面，世界各国差异明显。上述案例分析所提到的会议着装、交换名片的时间和方式，以及对待团队成员的态度，都是由于国家文化不同导致的各国商务礼仪的差异。

了解商业文化中的基本礼仪是对跨国公司管理者的最低要求。例如，在德国，"无论交通多么拥挤，也不管日程多么紧凑，如果在会议中迟到了半个小时，你很有可能就失去了这次约见的机会，并且很难再次获得见面的机会。"[4]

2.2.3　职业文化和组织文化

国家文化和商业文化的差异给跨国公司管理者带来了挑战，工作角色和公司组织中的文化差异同样影响跨国公司管理者。这些文化就叫做职业文化和组织文化。

不同的职业团体，如医生、律师、会计、工匠所拥有的不同工作文化就是职业文化。**职业文化**（occupational culture）是指同一职业群体（不分雇主）展现的文化规范、价值观、信念以及从业人员的职业行为。

尽管国家文化和商业文化非常重要，但跨国公司管理者也不能忽视职业文化的重要作用。为了证明这一点，霍夫斯泰德通过对40个不同国家和地区文化的研究表明，从事相似工作的员工具有类似的文化价值观。另外，同一职业类别文化比同一国家文化的相似度更高。

职业文化在专业技术性强的职业中更加明显，比如医生。因为专业人员具有相似的教育背景，并且在跨文化背景下依然可以无障碍地交流专业信息，所以职业文化差异就产生了。

过去十年中，管理者和学者们意识到文化的概念同样适用于组织。不同的组织文化似乎可以解释为什么采用相似结构和战略的两个组织却拥有不同的业绩，以及两个原本成功的公司合并之后却遭遇失败。组织文化的概念有助于我们理解，公司不仅受到正式设计的制度的影响，还受到其他因素如组织文化的影响。

维杰·萨斯（Vijay Sathe）将**组织文化**（organizational culture）定义为"某组织的成员所共同拥有的一套（通常未阐明的）理解方式"。美国麻省理工学院的埃德加·沙因（Edgar Schein）教授将其扩充为，组织成员学会解决制定策略和分配奖金等内外部问题时，发现或创建的关于组织的假设、价值观和信念。比如惠普公司的"走动管理"对策十分奏效，新员工也会学习这种"处理相关问题的正确思考方式"。

公司不只拥有一种组织文化，也不应该如此。组织中的子单元（如分部和部门）所面对的情况不同，大多数子单元都具有区别于其他子单元的亚文化。许多子单元都保留了一些体现母公司总特征的文化，但也有例外，比如研发部门与制造工厂很少会拥有相同的文化。

尽管同一组织的不同部分拥有多样的组织文化，但是，组织文化与国家文化一样对员工有重大影响，认识到这一点十分重要。比如，许多美国公司鼓励员工以名字（而不是姓氏）相互称呼以增强团队合作，并且使彼此相处更加自然。这些实例可能不适用于等级制度严格的德国企业和法国企业，他们更加注重职位头衔和等级。小公司的企业文化更倾向于使用名字相互称呼，因为公司规模不是很大，员工之间更应该彼此熟悉。因此，跨国公司管理者认识到文化的不同层面对员工的不同影响是至关重要的。事实上，调查表明，当国家文化和组织文化一致时，员工会更加自如地工作。

案例分析

权力距离对墨西哥员工之间沟通的影响

针对墨西哥企业中 168 名墨西哥员工的一项调查，深入研究了国家文化和组织文化的相互作用。研究者发现，一致的国家文化和组织文化有助于员工更好地工作。研究从国家文化和组织文化两个层面评估了权力距离（人们对于不同的正式职位之间权力不平等的接受程度，下一节将会详细讨论这一概念）。由于墨西哥是一个权力距离指数高的国家，墨西哥员工更愿意被告知应该做的工作。然而，因为身份地位的差异并且大部分交流都是从上至下的，员工很可能会有很大的沟通恐惧（因为一直被告知应该做什么，所以下级很不愿意与上级进行沟通），而且回避沟通（有一些粗鲁生硬的行为，如挂断某人的电话或者采用冒失或傲慢无礼的沟通方式）。

在这项研究中调查者发现，墨西哥员工确实存在沟通恐惧并且习惯于回避交流。更令人惊讶的是，研究发现，权力距离指数越高的组织中（也就是越接近国家整体的文化距离指数），墨西哥员工对组织交流的不同层面越满意。另外，员工越愿意沟通，他们就越热爱自己的工作并对公司更忠诚。

资料来源：Based on Madlock，P. E. 2012. "The influence of power distance and communication on Mexican workers." Journal of Business Communication，49（2）：169 - 184.

案例分析中展现了国家文化和组织文化之间的相互作用。美国社会通常反对案例分析中的沟通恐惧或者回避沟通的行为。在美国，下级员工关注领导者的行为，并且善于参与管理工作。另外，美国社会也不提倡回避沟通的行为，因为通常美国员工不能容忍傲慢的交流方式。然而，墨西哥的员工更习惯这种行为，因为他们生活的社会就是如此，工人乐意在权力距离指数高的公司工作。墨西哥公司的这些组织文化与国家文化在权力距离方面整体上一致，总之，这种一致性对于跨国公司进入新市场来说是需要考虑的关键因素。

为进一步理解国家文化，下面将介绍一些著名的文化模型。

2.2.4　文化差异和基本价值观：辅助跨文化管理者的三个诊断模型

跨国公司管理者面临一系列复杂而富有挑战性的跨文化差异。若想成功，他们必须了解国家文化和商业文化的差异。下面将介绍三种文化模型。

荷兰学者霍夫斯泰德在 20 世纪 80 年代早期引入了第一个国家文化模型，此后 20 年中这项研究持续进行。[5] 目前，管理学领域的学者应用霍夫斯泰德的模型来理解文化差异，我们将其称为**霍夫斯泰德国家文化模型**（Hofstede model of national culture）。霍夫斯泰德模型的研究主要基于工作目标的价值观和信念的差异。通过这个模型很容易辨别商业文化，因为它体现了国家文化和商业文化间清晰的联系，这为跨国公司管理者的广泛研究奠定了基础。[6] 后面，你将会看到许多有关霍夫斯泰德模型的例子，这些例子为理解管理实践中的文化差异提供了背景信息。

第二个模型是有关国家文化模型的最新研究成果：**全球领导力和组织行为有效性项目**（Global Leadership and Organizational Behavior Effectiveness（GLOBE）project）模型。[7] 这个模型在很大程度上借鉴了霍夫斯泰德模型，在九个文化维度中有七个与霍夫斯泰德模型的五个文化维度直接相关，只有两个维度是 GLOBE 项目模型新添加的。因此，本书也会关注新添加的维度。

第三个模型是冯斯·琼潘纳斯（Fons Trompenaars）的**七维文化模型**（7d culture model），之所以叫七维是因为它代表国家文化的七个维度，是琼潘纳斯及其同事长期跨文化研究的成果。[8]

这三种文化模型都是跨文化管理者在国际商务工作中所需掌握的基本工具。另外，这些方法有助于理解不同文化价值观的复杂性，通过使用这些文化模型能够初步了解重要的文化差异和关键的文化特征。

下面将会重点介绍霍夫斯泰德模型，之后会简要描述 GLOBE 项目模型以及冯斯·琼潘纳斯的七维模型。

2.2.5　霍夫斯泰德模型

为了描述国家文化，霍夫斯泰德[9]使用 5 个维度描述基本的文化价值观：

1. 权力距离：对人们之间平等程度的预期。

2. 不确定性规避：对不同危险处境做出的反应。

3. 个人主义：社会中个人与组织的关系。

4. 男性主义：与性别角色相关的预期。

5. 长期导向：对时间的基本取向。

霍夫斯泰德模型的框架以对 IBM 88 000 名员工发放的 11.6 万份调查问卷为基础。[10]最初的样本包含 72 个国家和地区，但是霍夫斯泰德仅采用了问卷回应量在 50 份以上的国家和地区的数据。这样，霍夫斯泰德将样本缩减为 40 个国家和地区，并从中识别了文化价值观的 4 个维度。[11]后来，数据扩展到 3 个地区的另外 10 个国家和地区，尤其是阿拉伯国家、东非和西非。霍夫斯泰德及其他研究者后来研究了更多国家和地区的文化特征，不仅印证了这 4 个维度，而且引入第 5 个维度——长期导向。[12]

霍夫斯泰德对长期导向维度的研究很独特。迈克尔·邦德（Michael Bond）与几个中国学者没有使用西方研究者研发的调查问题，而是以亚洲研究者研发的反映儒家价值观的问题为基础，设计了新的调查方式，即建立在由亚洲学者提出的反映儒家价值观的问题基础上。霍夫斯泰德和邦德将长期导向这一文化维度与亚洲四小龙的经济增长联系起来。[13]

2.2.6　霍夫斯泰德模型在组织与管理中的应用

后面的章节界定了霍夫斯泰德关于国家文化维度的含义。[14]这也进一步表明了在不同文化背景下文化价值观如何影响管理实践。管理实践在霍夫斯泰德模型中包括：

1. 人力资源管理：

（1）管理选择：如何挑选员工。

（2）培训：工作培训的重点是什么。

（3）评估/晋升：获得成功的重要原因。

（4）薪酬：导致工资差异的原因是什么。

2. 领导风格：领导方式。

3. 动机假设：关于人们对工作的反应的信念。

4. 决策制定/组织设计：管理者如何进行组织设计与制定决策。

5. 战略：文化对战略选择和战略实施的影响。

2.2.7　权力距离

权力距离（power distance）关注的是文化如何处理权力不平等问题。它聚焦于：（1）规范：保证上级（如老板、领导者）约束下级行为的程度；（2）信念：一种认定上下级分属不同群体的信念。

高权力距离的国家拥有的规范、价值观和信念如下[15]：

- 不平等从本质上说是好的。
- 每个人都拥有一个地位，地位有高低之分。
- 多数情况都应依靠一个领导者。
- 强大者被赋予特权。
- 强大者不应该隐藏他们的权力。

处于高权力距离国家中的组织采用有较强等级观念的管理制度和流程。拉丁美洲、拉丁欧洲和远东国家都显示了较高的权力距离。

组织中的等级和不平等源于早期家庭和学校的社会化。在高权力距离文化中，孩子应该顺从父母和长辈，这种顺从一直持续到他们离世。孩子入学后，老师担任支配者的角色。孩子必须尊敬老师，而不能挑战老师的权威。进入社会后，组织承担了家长和老师的大部分角色。

在高权力距离国家，从事管理工作的理想人选要么出身于较高的社会阶层，要么毕业于知名大学。这些特征可以用来确定一个人拥有领导者固有或内在的品质。在精英群体中的职位比过去的实际业绩更重要。领导者和下属都希望管理者和一般工作人员之间有很大的工资差异。

在高权力距离国家，最基本的动机假设是人们不喜欢工作，并且尽力逃避工作。因此，管理者认为必须采用 X 理论，即他们必须独裁，强制并且密切监督下属的工作。同样，员工培训也强调遵守规章和诚信。

组织结构和制度必须与领导风格、动机的相关假设相匹配。决策制定要集中化，居于较高地位的人制定大多数决策。对员工密切监督需要很多监督者和一个高大的组织金字塔（即有很多层级的组织）。在高权力距离国家，维护和支持当权者的需要影响着战略决策。

下面的比较管理概览描述了不同权力距离对美国和墨西哥商业实践的影响。

比较管理概览

重视权力距离的墨西哥与崇尚公平竞争的美国

马克·J.厄里奇（Marc J. Erlich）是一名为设在墨西哥的美国公司工作的心理学家，在描述高度重视权力距离的墨西哥商业文化时，他提到：

> 墨西哥文化十分尊重权力距离。老板通过与下属保持明确的社会距离或者集权来获得尊敬。
>
> 公平竞争、共同的责任感、遵守规

范，这些都是尊重北美洲人的表现。尊重是自己赢得的，而不是别人给予的。在墨西哥边境以北，融入团队体现着责任感。

美国经理往往认为，墨西哥人听从权威是缺乏解决问题能力的表现，是一种可悲的顺从。

墨西哥人则通常会将美国经理提倡

公平竞争和下放权力的做法，视为无法掌控与职位相当的权力的表现。

权力距离也体现在墨西哥公司等级分明的组织设计上。高层管理者大权在握并且是众望所归，这种结构会导致管理的层级冗杂以及决策的效率低下。因此，构建信任是墨西哥文化的重要组成部分，并且会提高战略决策的效率。然而，缺乏耐心在墨西哥文化中被视为弱点，因此，跨国公司管理者要避免决策进行得过快。

高权力距离的墨西哥文化意味着，墨西哥员工认可职位越高，权力越大。由于存在这种上下级权力的距离，沟通往往是从上至下的，下级愿意听从指挥。他们适应这种差异化的权力距离，并且愿意相信权威，在此基础上形成与上级交流的典型模式。

资料来源：Erlich, Mark J. 1993. "Making sense of the bicultural workplace." Business Mexico, August, 18; Madlock, P. E. 2012. "The influence of power distance and communication on Mexican workers." Journal of Business Communication, 49 (2)：169-184.

图表 2-2 总结了权力距离的管理意义。下一部分我们将介绍不确定性规避。

图表 2-2　　　　　　　权力距离的管理意义

管理流程	低权力距离	高权力距离
人力资源管理		
管理选择	教育背景	社会阶层；精英教育
培训	自治（自我管理）	一致性/顺从
评估/晋升	业绩	合规；诚信
薪酬	管理者和工人工资的微小差距	管理者和工人工资的较大差距
领导风格	参与；很少直接监督	X 理论；权威，密切监督
动机假设	人们喜欢工作；外部报酬和内部报酬	人们不喜欢工作；强迫
决策制定/组织设计	分散；扁平化；监督者很少	高金字塔；监督者占很大比例
战略	多变	支持当权者或政府

资料来源：Adapted from Hofstede, Geert. 1980. Culture's Consequences: International Differences in Work-Related Values. London: Sage; Hofstede, Geert. 1991. Cultures and Organizations: Software of the Mind. London: McGraw-Hill; and Hofstede, Geert. 1993. "Cultural dimensions in people management." In Vladimir Pucik, Noel M. Tichy, and Carole K. Barnette, Globalizing Management. Hoboken, NJ: Wiley, 139-158.

2.2.8　不确定性规避

不确定性规避（uncertainty avoidance）指对不确定的规范、价值观和信念的容忍度。不确定性规避程度较高的文化认为，命令和可预测性是至高无上的，并且规章制度占有主导地位，以这种方式构建社会（比如政治、教育和商业）制度。在这种文化中，危险的处境容易产生压力，让人感到不舒服。因此，人们试图避免类似行为的发生，比如不愿更换工作。

不确定性规避程度较高的国家拥有的规范、价值观和信念如下[16]：

- 避免冲突。
- 不能容忍异常的人和观念。

- 规范很重要，必须严格遵守。
- 专家和权威通常是正确的。
- 共识很重要。

在不确定性规避指数高的商业文化中，管理系统和流程使组织和员工相互信赖且具有可预见性。这种文化下员工在公司规范出现混乱的时候会感觉到压力和不安。北欧及盎格鲁国家的不确定性规避指数很低，而拉丁欧洲和拉丁美洲国家则很高。

案例分析

比利时大学的不确定性规避

尽管出现了全球性的金融危机，比利时作为欧洲的强大经济体，仍然可以迅速恢复经济活力。然而，跨国公司管理者却不得不注意比利时的不确定性规避。在霍夫斯泰德模型中，比利时名列所有国家的前 10%（在第 91 个百分位）。因此，我们估计比利时公司的不确定性规避指数很高。这在比利时大学中也是一样的。

勒芬大学（University of Leuven）是比利时一所历史悠久的学校，在学校教授办公室门口放置着三种颜色的指示灯：红、黄、绿。学生想要进去找老师，先得按一下门铃，等着老师的回应。绿灯意味着"进来"，黄灯意味着"稍等一下"，红灯意味着"离开"。这些情况的指示意思明确。学生不必打扰老师去询问是否有时间。相反，美国是不确定性规避指数较低的国家（在第 21 个百分点），大多数美国学生很可能会认为比利时大学中这种正式的做法很不人性化、很无礼。

资料来源：Based on Business Monitor International. 2012. Belgium—Business Forecast Report. http：//www.businessmonitor.com；Gannon，Martin J.，and Associates. 1994. Understanding Global Cultures. Thousand Oaks，CA：Sage Publications；McGinnis，A. Seleim，and N. Bontis. 2009. "The relationship between culture and corruption：A cross-national study." Journal of Intellectual Capital，10（1）：165 - 184.

不确定性规避指数高的文化会选择与公司协调一致并且忠于公司的入职者。管理者会更加认可并信任与自己相似的人、同乡或亲属。这会减少人际争端和员工流动性，并且能更好地预测人们的行为。

在某种文化里，聘用或晋升拥有专业技能的人才会大大减少员工的不确定性。雇主热衷于寻找忠于自己和公司的人才。这样，资历、对公司的长期承诺以及突出的管理能力成为晋升和薪酬的标准。管理者和员工都认为忠于组织是美德，还要避免竞争和争吵。

任务导向型的领导者给下级明确清晰的指示，这也减少了工作预期的模糊性。老板清楚明白地告诉员工所要完成的工作。在不确定性规避指数高的文化中，员工更喜欢这种类型的老板。他让下属很少忧虑，因为他们确切知道领导者对自己工作的期望。同样，这种文化中的公司也列清书面规范和流程，并让员工清楚公司对他们的期望。而且，员工希望这些规定不会被破坏。

相反，在不确定性规避指数低的文化中，领导者更喜欢工作的灵活性，让下属对工作拥有更多选择的机会。他们的组织设计更加自由，减少规范和管制。管理者管理更多的员工，这也使得员工受到的监督更少并拥有更强的自主性。

在不确定性规避指数高的文化中，人们厌恶风险，并且害怕失败。决策者通常也是保守的，管理者很少会独自为公司做出危险的决策。但是，霍夫斯泰德说，不确定性规避指数的高低与成功与否无关。[17]创新的想法更可能出现在美国这样不确定性规避指数低的国家，创新的实施却更可能出现在日本这样不确定性规避指数高的国家。

图表 2-3 总结了不确定性规避的管理意义。

图表 2-3　　　　　　　　　　　　不确定性规避的管理意义

管理流程	高不确定性规避	低不确定性规避
人力资源管理 　管理选择 　培训 　评估/晋升 　薪酬	资历；期望忠诚 专业化 资历；专业化；忠诚 基于资历或专业	过去的工作业绩；教育背景 适应性培训 客观的个人绩效数据；为晋升进行工作调整 基于绩效
领导风格	任务导向	没有指导；人性化导向；灵活
动机假设	人们追求安全，回避竞争	人们自我激励，互相竞争
决策制定/组织设计	较大的组织；高金字塔； 形式化；很多标准化流程	较小的组织；扁平化；不太注重形式； 较少的书面规则和标准化流程
战略	规避风险	冒险

资料来源：*Adapted from Hofstede*，*Geert.* 1980. Culture's Consequences：International Differences in Work-Related Values. *London*；*Sage*；*Hofstede*，*Geert.* 1991. Cultures and Organizations：Software of the Mind. *London*；*McGraw-Hill*；*and Hofstede*，*Geert.* 1993. *"Cultural dimensions in people management."* *In Vladimir Pucik*，*Noel M. Tichy*，*and Carole K. Barnette*，Globalizing Management. *Hoboken*，*NJ*：*Wiley*，139-158.

2.2.9　个人主义与集体主义

个人主义（individualism）的规范、价值观和信念关注个人与群体的关系。在个人主义文化中，人是独特的，通过个人成就、身份和其他个人特征来衡量人的价值。

与个人主义相对立的文化价值观叫做**集体主义**（collectivism）。集体主义文化从个人所属群体的角度来定义人，家庭、社会阶层、组织和团队等社会群体优先于个人。

重视个人主义的国家拥有的规范、价值观和信念如下[18]：

- 人们对自己负责。
- 个人成就最佳。
- 人们不必在情感上依赖于群体或组织。

相反，重视集体主义的国家拥有的规范、价值观和信念如下[19]：

- 个人身份以团体身份为基础。
- 集体决定最佳。

● 集体保护个人，以此换取忠诚。

在个人主义指数低的国家，集体主义的规范、价值观和信念影响各种管理实践。崇尚集体主义的公司在表现优异的团队中挑选管理者，通常表现最好的团队都是十分亲密的大家庭。成为这个大家庭的一员或是被这个大家庭熟知比个人资历更加重要。相反，在个人主义盛行的美国（霍夫斯泰德模型中最体现个人主义的国家），对十家人和朋友的偏爱往往被视为不公平甚至是违法的。在这种社会中，大多数人认为工作选择是基于普适的资格，也就是同样的资格普遍适用于所有候选者。文化信念是公开竞争，让最符合条件的人得到工作。

在集体主义文化的公司中，升职条件往往是资历和年龄。人们在等级结构中的晋升取决于他们的年龄群（年龄相同的人们）。人们认为工作主要的回馈就是受公司照顾，这里拥有一种存在于公司之内的家长式作风，高级经理在公司中扮演着父亲的角色。这一点不像个体主义的社会，在那里人们重视外在的奖励，比如加薪升职。集体主义社会的管理者将"使命感"作为集体工作的情感动力。

跨国公司管理概览

亚洲国家和集体主义

中国一直是十分重要的经济体，了解中国商人至关重要。另外，那些在中国境外经商的中国人（霍夫斯泰德将他们叫做"海外中国人"）在华人世界甚至是全世界都成就斐然。然而，他们的许多公司并没有现代企业的特征，而是更加传统，很多是家族企业，规模小并且缺少职业经理人。大多数企业只经营一种产品，基于私人的家庭友谊与其他企业进行合作。

公司内部和公司之间几乎没有正式制度，只有以儒家伦理为指导的人际关系。例如，在父亲主导的家族企业中，儒家伦理要求儿子必须尊敬、顺从于父亲的指示；父亲要保护儿子，而且要为儿子着想。实际上，这意味着父亲要控制公司的决策权。待儿子长大后，父亲可能考虑让儿子接管一家新公司。然而继承家族企业后，兄弟可能会横向介入策略或决定，因为他们承担的家族责任不再垂直化。

这种家族企业现象不仅出现在中国，韩国和日本同样是集体主义社会，这决定着企业经营的方式。例如，很多西方企业会为了减少成本而与供应商断绝往来，但是，在日本不会出现这种情况，因为集体主义提倡日本公司要与供应商维持长期、私人的合作关系。

许多亚洲国家都是集体主义国家，但是并不完全一致。例如，日本公司以终身雇佣制而著称，中国公司却不一定会提供这种待遇。此外，日本员工不会与上级讨论薪酬问题，而中国员工却很可能互相之间或与上级讨论薪酬问题。

资料来源：Based on Dvorak, Phred. 2006. "Managing: Making U. S. ideas work elsewhere; Firms work to adapt management theory to local practices." Wall Street Journal, May 22, 31; Economist. 2012. "Pedalling prosperity." May 26, 3 - 5; Hofstede, Geert. 1993. "Cultural constraints in management theories." Academy of Management Executive, 7, 1; Li, Xinjian, and Martin Puettrill. 2007. "Strategy implications of business culture differences between Japan and China." Business Strategy Series, 8 (2): 148 - 154. and Syu, Agnes. 1994. "A linkage between Confucianism and the Chinese family firm in the Republic of China." In Dorothy Marcic and Sheila M. Puffer, eds. Management International. Minneapolis, MN: West.

图表 2 - 4 总结了高个人主义和低个人主义（集体主义）规范、价值观和信念的管理意义。

图表 2 - 4　　　　　　　　　　　个人主义的管理意义

管理流程	低个人主义	高个人主义
人力资源管理 　管理选择 　培训 　评估/晋升 　薪酬	团队身份；学校或大学 关注公司需要的技能 缓慢，团队；资历 基于团队成员/公司的家长式领导	普遍基于个人特质 关注达成个人成就的综合技能 基于个人绩效 外部奖励（金钱、晋升）基于市场价值
领导风格	责任和使命导向	基于个人绩效的奖惩制度
动机假设	道德导向	精明；个人的成本/收益
决策制定/组织设计	团队；缓慢；偏爱大规模的组织	个人责任；偏爱小规模的组织
战略	周期性变革引发的变化	冒进

资料来源：*Adapted from Hofstede*，*Geert*. 1980. Culture's Consequences：International Differences in Work-Related Values. *London*：*Sage*；*Hofstede*，*Geert*. 1991. Cultures and Organizations：Software of the Mind. *London*：*McGraw-Hill*；and *Hofstede*，*Geert*. 1993. "*Cultural dimensions in people management.*" *In Vladimir Pucik*，*Noel M. Tichy*，*and Carole K. Barnette*，Globalizing Management. *Hoboken*，*NJ*：*Wiley*，139 - 158.

2.2.10　男性主义

在所有社会中都存在对男性和女性的不同文化预期。在各种文化中，男性和女性的社会分工不同，所扮演的角色也不同。大量研究表明，大多数（当然并不是所有）文化更注重男性社会化角色中的成就、激励和自力更生。相反，女性社会化角色中关爱子女和照顾家庭的责任则更被看重。[20]

男性主义（masculinity）这一文化维度表示支持传统的男性主导的总体文化倾向。男性主义指数高的商业文化看重传统的男性主义价值观，比如社会重视事业成就和薪资收入。然而，每种文化中都在价值观和态度两方面存在性别的差异。

高度男性主义的国家拥有的规范、价值观和信念如下[21]：

- 明确不同性别的角色分工。
- 男性独断且处于统治地位。
- 拥有男子气概或夸张的男子特征是好的。
- 要有决断力，尤其是男性。
- 工作优先于责任，比如家庭。
- 晋升、成功和财富很重要。

在男性主义社会中，很多工作由性别决定。有男性的工作和女性的工作之分。男性通常选择长期事业型的工作，女性在结婚生子之前往往选择短期雇佣制的工作。然而，家庭成员越来越少、推迟生孩子、双职工家庭的压力以及变化的国家文化价值观很可能会改变传统的男性主义观念。思考下面的比较管理概览中提到的日本和瑞典的女性工作者。

比较管理概览

日本和瑞典的女性工作者：男性主义文化的对比

日本是当今男性主义最强的国家，但是它面临传统男性主义的文化价值观以及女性角色的挑战。传统上，日本公司会让大多数女性工作者甚至是大学毕业生在25岁之前辞职。日本女性主要以兼职工作为主，无法和男性工作者一样获得传说中的终生雇佣制工作。但是，随着日本经济的衰退，很多日本女性并没有像前面所说的那样离开工作岗位。日本知名出版社出版了许多关于日本公司存在"女性工作者问题"的小说。这种措辞也表明了正在改变的日本男性主义文化价值观的冲突。尽管在传统文化价值观念中，关于女性工作者在家庭和工作中"应该"做什么存在预期，但是若她们选择继续工作，不会有合法的或者其他可以接受的方式强迫她们离职。

也许是因为对平等的强烈要求，北欧国家在男性主义上排名最低。日本男性主义强，政府虽然支持女性工作，但是孩子的日托几乎没有。反观瑞典政府就为每一位需要的孩子提供日托。因为超过85%的瑞典女性在外工作，所以日托是非常有必要的。除此之外，孩子出生后，父母双方都有一年的假期，大约20%的瑞典男性选择享受此假。

另一个显示男性主义和女性主义影响的指标是一个国家中女性在董事会中所占的比例。大多数发达国家都鼓励企业选择更多的女性进入董事会，因为有研究表明，企业管理职位或是董事会成员中女性多的公司往往比女性少的公司业绩更加突出。因此，这表明男性主义/女性主义的文化维度影响董事会中的女性比例。例如，在女性主义很强的挪威，40%的公司董事会成员由女性担任，其他女性主义很强的国家如芬兰和瑞典，这一比例也超过20%。相反，男性主义很强的国家如奥地利、美国、英国和日本企业董事会中的女性比例就很低，分别是6.7%，11.4%，7.8%，0.9%。

资料来源：Based in part on Economist. 2012. *"Waving a big stick."* March 10th, 77; Gannon, Martin J., and Associates. 1994. Understanding Global Cultures. *Thousand Oaks, CA: Sage; Governance Metrics International.* 2012. *"Women on boards."* http://www.gmiratings.com.

除了工作与性别有清晰的联系，男性主义文化中，工作是人们尤其是男性的重心，而且非常重要。如在日本文化中，男性通常会在异国他乡工作超过一年，而家庭其他成员则留在家乡。

在提倡男性主义的文化中，对员工工作的认可往往被视为主要的激励因素，人们工作时间长，一周至少要工作5天，假期也很短。在大多数男性主义指数很低的国家，工作显然不是生活的重心，人们用更多时间的休假，有更长的假期，并注重生活质量。然而，也会有例外，比如，在男性主义很强的墨西哥，工作的性别差异很大，但工作并不是生活的重心，其文化的价值观是"为生活而工作"。

在男性主义文化中，管理者很有决断力，不会像女性那样靠直觉做出决定。他们更愿意在大企业工作，并且重视在决策过程中的表现和成长。

图表2-5展现了男性主义对于工作和组织的主要影响。

图表 2 - 5   男性主义的管理意义

管理流程	低男性主义	高男性主义

人力资源管理
  管理选择
 	
  培训
  评估/晋升
  薪酬
	与性别无关，教育背景并不是很重要；双性性格
	工作导向
	工作绩效；与性别无关的任务分配
	不同级别工资差异小；更多的休息时间
		以性别区分工作；重视教育背景和人际关系
		事业导向
		与性别有关
		
		效率高、工资高

领导风格	更多参与	X 理论；独裁
动机假设	重视生活质量、休假、假期；不以工作为中心	重视绩效和成长；追求完美；以工作为中心；看重工作酬劳
决策制定/组织设计	凭直觉判断/团体决定；较小的组织	决断性/个人决定；较大的组织
战略	追求持续增长	冒进

资料来源：*Adapted from Hofstede*，*Geert.* 1980. Culture's Consequences： International Differences in Work-Related Values. *London*：Sage；*Hofstede*，*Geert.* 1991. Cultures and Organizations：Software of the Mind. *London*：McGraw-Hill；*and Hofstede*，*Geert.* 1993. "*Cultural dimensions in people management.*" *In Vladimir Pucik*，*Noel M. Tichy*，*and Carole K. Barnette*，Globalizing Management. *Hoboken*，*NJ*：*Wiley*，139 - 158.

下面将介绍长期导向对工作和组织的影响。

2.2.11 长期导向

由于关于**长期导向**（long-term（Confucian）orientation）维度的国家数据不多，霍夫斯泰德和其他学者关于这一维度对工作和组织影响的研究较少。因此，有关这一维度的内容需要更多思考。

在高度长期导向的文化中，管理人才需要对社会关系有一定的敏感性，因此会依据人才的性格和教育背景来选择合适的公司管理者。相对而言，长期导向文化的企业在招聘员工时比短期导向文化的企业更容易忽视员工的特殊技能。通过培训和社会化可以让员工对公司形成长期的忠诚，足以弥补员工最初在工作专业技能方面的弱点。相反，短期导向文化的企业必须关注高效有用的技能，管理者也不会期待员工在公司工作更长的时间。他们对员工培训和社会化的投资回报并不确定。

在短期导向的文化中，领导者主要采用工资和晋升作为快速回报的管理方式。在长期导向的文化中，员工重视工作带来的安全感，并且管理者致力于承担对社会的义务。

霍夫斯泰德认为，倾向于短期导向的西方文化[22]往往运用逻辑分析的方法做出组织决策。管理者首先运用逻辑分析公司处境，然后制定可靠的实施计划。相反，倾向于长期导向的东方企业在组织决策中重视综合方法。综合方法不是为了得到正确的方式和策略，而是综合考虑各种观点和逻辑，寻求实际的解决方案。不足为奇的是，设计和管理短期导向文化的企业就是为了回应来自竞争环境的短期压力。管理者通常采取快速辞退"多余"员工的调整方式来应对产品需求的缩减。设计长期导向文化的企业其初衷就是管理企业内部的社会关系，基本假设就是良好的社会关系是公司成功的保证。在公司决策得出的目标上，长期导向和短期导向的企业有着很大的区别。美国企业的管理者追求快速的利益回报，他们对快速可计量的成功最为满意。长期导向的国家不会忽视金钱目标，但是更看重企业增长和长期回报。长期导向允许管理者通过不断改善他们的"游戏策略"来寻求成功。

图表2-6总结了长期导向的管理意义。

图表2-6　　　　　　　　　　　长期导向的管理意义

管理流程	短期导向	长期导向
人力资源管理 　管理选择 　培训 　评估/晋升 　薪酬	公司需要的客观技能 仅限公司一时需要的技能 快速；基于绩效的贡献 工资，晋升	个人性格和背景与公司的适合度 投资长期雇佣所需的技能 缓慢；发展技能和忠诚 安全感
领导风格	运用激励机制促进经济发展	培养社会责任意识
动机假设	必要的及时奖励	一时的满足服从于个人和公司的长期目标
决策制定/组织设计	运用逻辑分析问题；设计合理处理公司状况的方法	达成一致的综合方法；设计社会关系
战略	快速；可计量的回报	长期的利益增长；渐进主义

资料来源：*Adapted from Hofstede, Geert.* 1980. *Culture's Consequences: International Differences in Work-Related Values. London: Sage; Hofstede, Geert.* 1991. *Cultures and Organizations: Software of the Mind. London: McGraw-Hill; and Hofstede, Geert.* 1993. *"Cultural dimensions in people management." In Vladimir Pucik, Noel M. Tichy, and Carole K. Barnette, Globalizing Management. Hoboken, NJ: Wiley,* 139-158.

为了将霍夫斯泰德模型应用于特定国家（地区），图表2-7给出了霍夫斯泰德5个维度的国家（地区）文化模型中所选国家（地区）的百分比排名。需要指出的是，每个国家（地区）的百分比数值表示的是低于这个国家（地区）指数的其他国家（地区）占所有国家（地区）的比例。比如，美国是个人主义指数最高的国家，在图表2-7中就用100表示其他国家（地区）的个人主义指数都小于或等于美国的数值。75表示在某个文化维度上，有75%的国家（地区）等于或低于这个国家（地区）的指数。

图表2-7　　　　国家/地区的霍夫斯泰德模型文化维度百分比排名

文化群体/国家（地区）	权力距离	不确定性规避	个人主义	男性主义	长期导向
盎格鲁					
澳大利亚	25	32	98	72	48
加拿大	28	24	93	57	19
英国	21	12	96	84	27
美国	30	21	100	74	35

续

文化群体/国家（地区）	权力距离	不确定性规避	个人主义	男性主义	长期导向
阿拉伯					
阿拉伯国家	89	51	52	58	n/a
远东					
中国	89	44	39	54	100
新加坡	77	2	26	49	69
日耳曼					
奥地利	2	56	68	98	n/a
德国	21	47	74	84	48
荷兰	26	36	93	6	65
瑞士	17	40	75	93	n/a
拉丁美洲					
阿根廷	35	78	59	63	n/a
哥伦比亚	70	64	9	80	n/a
墨西哥	92	68	42	91	n/a
委内瑞拉	92	61	8	96	n/a
拉丁欧洲					
比利时	64	92	87	60	n/a
法国	73	78	82	35	n/a
意大利	38	58	89	93	n/a
西班牙	43	78	64	31	n/a
近东					
希腊	50	100	45	67	n/a
伊朗	46	42	57	35	n/a
土耳其	67	71	49	41	n/a
北欧					
丹麦	6	6	85	8	n/a
芬兰	15	42	70	13	n/a
挪威	12	30	77	4	n/a
瑞典	12	8	82	2	58
独立体					
巴西	75	61	52	51	81
印度	82	17	62	63	71
以色列	4	66	66	47	n/a
日本	32	89	55	100	n/a

注：100 表示百分比最高，50 表示中等。

资料来源：*Adapted from Hofstede，Geert*. 1980. Culture's Consequences：International Differences in Work-Related Values. *London：Sage；Hofstede，Geert*. 1991. Cultures and Organizations：Software of the Mind. *London：McGraw-Hill；Hofstede，Geert*. 1993. *"Cultural dimensions in people management." In Vladimir Pucik，Noel M. Tichy，and Carole K. Barnette*，Globalizing Management. *Hoboken，NJ：Wiley*，139-158；*Ronen，S.，and O. Shenkar*. 1985. *"Clustering countries on attitudinal dimensions：A review and synthesis."* Academy of Management Review，*September*.

　　简单总结一下霍夫斯泰德模型的数据就是，图表 2-7 将所有国家分成了不同的国家群体。[23] **国家群体**（country clusters）是指一组拥有相似文化形式的国家，如盎格鲁、拉丁美洲和拉丁欧洲。尽管在这些宽泛的分类下，各个国家的文化依旧有所不同，但是这种分类有助于简化文化信息，在缺少具体文化信息的情况下，有助于通过同一文化群体其他国家的信息预测可能的文化特征。

下面将介绍 GLOBE 项目模型。[24]这一模型与霍夫斯泰德模型密切相关，我们主要关注其中区别于霍夫斯泰德模型的两个维度。

2.3 GLOBE 项目国家文化框架

全球领导力和组织行为有效性（GLOBE）项目是由 170 多名学者收集 62 个国家和地区的 17 000 位管理者的数据进行的文化实证研究。[25]以霍夫斯泰德模型为研究基础，他们总结出 9 个重要的文化维度。这 9 个维度中只有 2 个与霍夫斯泰德模型不同。其余 7 个维度与霍夫斯泰德模型类似，它们是：

- 坚定导向和性别平等（类似于男性主义/女性主义）。
- 公共集体主义和群体集体主义（类似于个人主义/集体主义）。
- 未来导向。
- 权力距离。
- 不确定性规避。[26]

前面所述的霍夫斯泰德模型文化维度的多个都可应用到 GLOBE 项目的维度中。GLOBE 项目的两个独立维度是业绩导向和人性化导向。

业绩导向（performance orientation）指的是社会鼓励个人创新、提高绩效并取得杰出成绩的程度。这个维度与韦伯的新教工作伦理（Weber's Protestant work ethic）相似，反映了社会上对于成就的渴望。[27]美国和新加坡在业绩导向维度得分较高，而俄罗斯和希腊在这个维度得分较低。Javidan，Dorform，de Luque and House（2006）认为，在业绩导向维度得分较高的国家倾向于培训与开发，而在这个维度得分较低的国家更看重家庭和背景。[28]在业绩导向维度得分较高的社会，人们会因主动努力并在工作中拥有努力就会成功这一信念而受到奖励。相反，业绩导向维度得分较低的社会，与环境和谐的人才会受到奖励；他们强调忠诚和廉正，相反自信是不可接受的。

案例分析

业绩导向与支持可持续发展倡议的倾向

跨国公司在全球运营过程中面对实行可持续经营的强烈需要。一直以来，跨国公司因未采取有效措施减少公司运营对环境的影响而受到批评，然而，它们从事可持续发展的新项目时发现，成败的关键在于员工的参与度。员工对环保的态度越坚决、越乐于为环保作贡献，这些环保项目就越可能成功。因此，了解来自不同社会阶层的员工对可持续发展的观点就变得至关重要。

一项由 33 个国家和地区的 42 346 人参与的调查研究了国家文化对倾向于实施可持续发展的影响。简单来说，支持可持续发展倡议的倾向涉及个人对于环保项目的支持意愿，通过调查受访者如下问题来衡量：是否愿意将收入的一部分用于旨在减少环境污染的项目，或者是否愿意更多纳税来减少环境污染？

其中业绩导向是测量的重要文化维度之一。如本章所提到的，业绩导向是指在某一社会中对成就和卓越的重视程度。高业绩导向的社会其成员认为，他们可以通过对实现远大目标的追求来主宰外部世界，这种社会中成员很少支持可持续发展项目的提议。因为他们关注的焦点在于成就和物质，不会为

了治理环境污染而牺牲个人利益。

这项研究显示，在样本国家（包括阿尔巴尼亚、阿根廷、波兰和津巴布韦）的人如果居住在低业绩导向的地区则更倾向于支持可持续发展倡议。这些结果表明，跨国公司若想在高业绩导向的社会中实施环保项目，必须更加努力，并且要加大说服员工的力度，使他们认识到减少环境污染的重要意义。

资料来源：*Based on Parboteeah, K. P., H. M. Addae, & J. B. Cullen. 2012. "Propensity to support sustainability initiatives: A cross-national model." Journal of Business Ethics, 105: 403 - 413.*

图表 2 - 8 总结了业绩导向的管理意义。

图表 2 - 8　　　　　　　　　业绩导向的管理意义

管理流程	高业绩导向	低业绩导向
人力资源管理		
管理选择	基于个人成就和价值	强调资历和经验
培训	注重培训与开发	注重社会关系和家庭关系
评估/晋升	基于价值和成就	基于年龄
薪酬	工资，晋升	传统
绩效考核	制度强调结果	制度强调正直和忠诚
领导风格	有乐观进取的态度	强调忠诚和归属
动机假设	注重奖金和奖励	注重环境和谐与生活质量
沟通	注重直接、扼要的沟通	注重巧妙、隐晦的沟通

资料来源：*Adapted from House, R., P. Hanges, M. Javidan, P. Dorfman, and V. Gupta. 2004. Culture, Leadership and Organizations: The GLOBE Study of 62 Societies. Thousand Oaks, CA: Sage Publications.*

人性化导向（humane orientation）反映了一个社会期待个人公正、无私、关爱和宽容的程度。在高人性化导向的社会中，人们更强调对归属和从属关系的需要，而不是占有物质财富、自我实现和娱乐等需要。而在低人性化导向的社会中，人们则更重视自我利益和自我满足。[29]

马来西亚和埃及在人性化导向维度上得分较高，而法国和德国得分则较低。因此，诸如埃及等高人性化导向国家的公司有望更加关心员工，为员工提供更多福利，例如，帮员工分担孩子的学费，给员工提供带薪休假，甚至提供家电，而这些在美国公司却是不常见的。[30] 图表 2 - 9 列出了人性化导向的管理意义。

GLOBE 项目框架中的数据显示，国家可以分为 10 个文化族群，它们不同于之前的 9 种文化维度。GLOBE 项目中的文化族群包括盎格鲁族群、亚洲儒家文化族群、东欧族群、日耳曼欧洲族群、拉丁美洲族群、拉丁欧洲族群、中东族群、北欧族群、南亚族群以及撒哈拉以南非洲族群。图表 2 - 10 显示了不同的文

化族群及其得分。霍夫斯泰德模型文化维度的管理意义都能用于与其相似的 GLOBE 项目框架的 7 个维度。

图表 2-9　人性化导向的管理意义

管理流程	高人性化导向	低人性化导向
关系	其他因素的重要性（如家庭、朋友和社区）	强调自利
领导风格 类型 关心下属 方式 与下属的关系	领导风格更平易近人 个性化/全面的关心 更仁慈 人性化，随意	领导风格较少亲近 大众化/有限的关心 冷酷 非人性化，正式
动机假设	寻求归属	权力和物质激励
公司角色	支持员工	期待员工自己解决问题

资料来源：*Adapted from House*，*R.*，*P. Hanges*，*M. Javidan*，*P. Dorfman*，*and V. Gupta.* 2004. Culture，Leadership and Organizations：The GLOBE Study of 62 Societies. *Thousand Oaks*，*CA*：*Sage Publications.*

图表 2-10　GLOBE 项目文化模型

区域	业绩导向	坚定导向	未来导向	人性化导向	公共集体主义	群体集体主义	性别平等	权力距离	不确定性规避
盎格鲁族群	高	中	中	中	中	低	中	中	中
亚洲儒家文化族群	高	中	中	中	高	高	中	中	中
东欧族群	低	高	低	中	中	高	高	中	低
日耳曼欧洲族群	高	高	高	低	低	低	中	中	高
拉丁美洲族群	低	中	低	中	低	高	中	中	低
拉丁欧洲族群	中	中	中	低	低	中	中	中	中
中东族群	中	中	低	中	中	高	低	中	低
北欧族群	中	低	高	中	高	低	高	低	高
南亚族群	中	中	中	高	中	高	中	中	中
撒哈拉以南非洲族群	中	中	中	高	中	中	中	中	中

资料来源：*Based on Javidan*，*Mansour*，*Peter W. Dorfman*，*Mary Sully de Luque*，*and Robert House.* 2006. "*In the eye of the beholder*：*Cross cultural lessons in leadership for project GLOBE.*" The Academy of Management Perspectives，*February*，20（1）：67-90.

接下来我们将探讨由冯斯·琼潘纳斯和他的同事建立的模型。这个模型与霍夫斯泰德模型在某些方面很相似，但包含更多的维度，涉及更多的国家和地区。

2.3.1　七维文化模型

七维文化模型是基于传统的人类学方法理解文化的。人类学家认为，生存是人类必须解决的基本问题，所以文化应运而生。[31]这些问题包括人们如何与他人如家庭成员、上级、朋友和同事相处，如何安排时间，如何与环境共生。所有的文化都要寻求方法来应对这些基本问题，但策略不尽相同，这就是产生文化差异的原因。

七维文化模型的七个维度中有五个都在解决人与人如何相处的问题。每个维度都反映了一系列文化差异。处理人际关系的五个维度是：

1. 普遍主义与特殊主义。指与他人相处是基于规范还是基于个人关系。

2. 个人主义与集体主义。指关注群体成员还是个人特性。

3. 中立型与情感型。指在社会上情感向外表达的范围。

4. 具体型与扩散型。指人们交往的范围（从生活的各个方面到具体的某个要素）。

5. 成就型与归属型。指社会地位的确立是基于个人成就（如大学学历）还是基于继承权。

七维文化模型的最后两个维度涉及文化如何管理时间和文化如何与自然相处的问题。

6. 时间导向。指社会倾向于过去、现在、未来，还是这三者的综合。

7. 与环境的关系。指人要控制环境还是适应环境。

图表 2-11 总结了七维文化模型以及每一个维度所要解决的问题。下面将给出每个维度的定义及其管理意义。

图表 2-11　　　　　　　　七维文化模型

文化维度	关键问题
人际关系 普遍主义与特殊主义 个人主义与集体主义 具体型与扩散型 中立型与情感型 成就型与归属型	我们认为规范和个人关系哪个更重要？ 我们通常是个人作为还是集体作为？ 我们在多大程度上参与他人的生活？ 我们的情绪表达是自由的还是受限制的？ 我们是通过个人成就获取社会地位还是认为社会地位是生活（如性别、年龄、社会阶层）的一部分？
时间导向 历时与共时	我们是按顺序每次完成一项任务还是同时完成多项任务？
与环境的关系 内部控制与外部控制	我们要控制环境还是适应环境？

资料来源：*Adapted from Trompenaars，Fons，and Charles Hampden-Turner*. 1998. Riding the Waves of Culture：Understanding Cultural Diversity in Global Business. *New York：McGraw-Hill.*

2.3.2　普遍主义与特殊主义

普遍主义（universalism）与**特殊主义**（particularism）是指在一种文化中，人际交往是基于平等的规范还是个人关系。在普遍主义文化中，人际交往基于抽象的规范，如法律、宗教、文化（如"己所不欲，勿施于人"），因此普遍主义表明，做事情时存在适合的、可接受的方法，在各种情况下我们也在寻求相应的规范。

相反，在特殊主义文化中，规则只对生活起指导作用。每个判断都代表一种特殊情况，行为方式是否正确必须考虑行为者是谁，以及他与判断人的关系是怎样的。在特殊主义文化中，规范是存在的，且被大家普遍接受，但人们期望对于朋友、亲属和他人可以存在特殊情况。这种期待的焦点是基于实际情况的判断以及不断变化的特殊情况。[32]

在七维文化模型的构建过程中，冯斯·琼潘纳斯使用了两难推理，展示了各个维度在不同文化价值观中的差异。请考虑以下两难推理以及人们在做出"正确"选择时所用的文化假设。

用两难推理来解释普遍主义与特殊主义的差异的一个例子是汽车驾驶员以48千米/小时的速度在限速32千米/小时的路面行驶，撞上了行人。驾驶者的律师发现，如果有目击者坚称驾驶者就是以32千米/小时的速度行驶的，法官就会动摇。问题是：作为目击者同时也是肇事者的朋友，有义务为此作证吗？在普遍主义倾向的国家，如美国和瑞士，93%的人会说不。实话实说的原则超越了友谊。但在特殊主义倾向的国家，如韩国、尼泊尔和委内瑞拉，近40%的人会同意，在这些国家，友谊在法律规范之上。[33]

没有哪种文化是完全的普遍主义或特殊主义。然而，单一的内在倾向性影响着商业行为以及与来自不同文化的商业伙伴的关系。尤其是普遍主义倾向的国家通常使用合同和法律作为商业基础。当书面文件被视而不见，而合作伙伴的私人关系成为首要原则时，来自普遍主义倾向国家的管理者会感到不舒服。因此，普遍主义倾向国家的管理者在特殊主义倾向的国家从事商业活动时，容易受到关系的影响。然而，特殊主义倾向国家的管理者必须清楚，在普遍主义倾向的国家中强调合同和法律并非对合作伙伴不信任的表现。

图表2-12描述了普遍主义与特殊主义文化维度，以及在相应维度下进行商务活动的管理意义。

图表 2 - 12	普遍主义与特殊主义：差异与管理意义

普遍主义　　　　　　　　　　　　　　　　　　　　　　　　　特殊主义

←————————————————————————————————————→

| 美国 | 英国 | 捷克 | 尼日利亚 | 墨西哥 | 韩国 |

差异

关注规则	关注关系
合约很难被打破	合约很容易被修改
可靠的人信守诺言	可靠的人在互信的基础上适应彼此的需求
信仰是唯一的现实	现实与个人处境有关
交易是义务	交易灵活多变，视情况和人员而定

管理意义

对所有人实施程序	采用非正式网络建立相互理解
正规商业实践	巧妙地私下进行改变
对所有事件进行相似的处理	基于具体情况处理每一事件
公开宣布变化	仅仅对内部人宣布变化

资料来源：*Adapted from Economides*，A. A. 2008. *"Culture-aware collaborative learning."* Multicultural and Technology Journal, 2（4）：243 - 267；*Trompenaars，Fons，and Charles，Hampden-Turner*. 1998. Riding the Waves of Culture：Understanding Cultural Diversity in Global Business. *New York：McGraw-Hill.*

2.3.3　个人主义与集体主义

在前面的章节中我们谈到了霍夫斯泰德视角下的个人主义与集体主义。七维文化模型关注了同样的区别。尽管在七维文化视角下个人主义的概念与霍夫斯泰德的类似，但国家排名并非完全相同。一个原因是冯斯·琼潘纳斯的排名来源于最新的数据。另一个原因是七维文化模型与霍夫斯泰德模型所用的方法不同，它捕捉到了个人主义/集体主义更细微的方面。

冯斯·琼潘纳斯测试个人主义的文化差异时，常问到一个关于每个国家的典型组织的问题。一项选择代表某种组织，其中个人工作和个人信用普遍存在。另一项选择则代表群体工作和群体信用。在集体主义倾向的国家，比如印度和墨西哥，少于 45％ 的工人说他们在从事个人工作，涉及个人信用。一个令人惊讶的发现是，捷克、俄罗斯、匈牙利、保加利亚是个人主义倾向最明显的国家，排名甚至高于美国。

图表 2-13 描述了个人主义与集体主义文化维度，以及在相应维度下进行商务活动的管理意义。

图表 2-13　　　　　　　个人主义与集体主义：差异与管理意义

个人主义				集体主义
捷克	英国	尼日利亚	埃及	日本

差异

关注"我"	关注"我们"
个人成就和责任	群体成就和责任
个人决策	群体决策

管理意义

使用个体激励手段，如绩效薪酬	关注群体士气和凝聚力
为人员流动早做筹划	希望人员流动率低
提倡个体主动性	制定群体目标

资料来源：*Adapted from Economides*，A. A. 2008. *"Culture-aware collaborative learning."* Multicultural and Technology Journal, 2（4）：243 - 267；*Trompenaars, Fons, and Charles Hampden-Turner*. 1998. Riding the Waves of Culture：Understanding Cultural Diversity in Global Business. *New York*：*McGraw-Hill*.

2.3.4　中立型与情感型

七维文化模型中的**中立型与情感型**（neutral versus affective）维度指的是情感表达的可接受度。在注重中立性的国家，人们希望相互交流是客观且独立的。关注的重点在于事件本身而非情感因素。人们强调成就的客观性，没有情感因素的介入。相反，在注重情感性的国家，几乎在任何场合各种形式的情感都是适当的。愤怒、大笑、手势等一系列情感抒发的手段都是正常的、可以接受的。直接的情感爆发是自然的、受到青睐的。[34]

你可以通过冯斯·琼潘纳斯的两难推理测试自己在该维度下的表现：在谈判中，如果搭档说你的提议是愚蠢的，你会有何反应？来自中立型文化的人试图隐藏对于这种侮辱的情绪反应，因为把情绪表露出来会表明他们是软弱的、易受影响的。相反，来自情感型文化的人会立刻做出反应。他们意识到自己受到了侮辱，并相信他们的搭档应该也意识到了这一点。在情感型文化中，这是意料中的反应，不会被认为是负面的。[35]

图表 2-14 描述了中立型与情感型文化维度，以及在相应维度下进行商务活动的管理意义。

图表 2-14　　　　　　　中立型与情感型：差异与管理意义

中立型					情感型
瑞典	捷克	英国	挪威	墨西哥	中国

差异

不表露想法和感受	通过口头或非口头形式表达想法和感受
控制情绪	畅快地表达情绪
避免肢体接触和手势	运用生动的表情和手势，肢体接触也很常见

管理意义

通过控制行为来表明身份	避免可能产生距离的表现
确保对话简明扼要	期望对职位的强烈责任
	容忍情绪爆发

资料来源：*Adapted from Economides*，A. A. 2008. "*Culture-aware collaborative learning.*" Multicultural and Technology Journal，2（4）：243-267；*Trompenaars，Fons，and Charles Hampden-Turner*. 1998. Riding the Waves of Culture：Understanding Cultural Diversity in Global Business. *New York*：*McGraw-Hill*.

2.3.5　具体型与扩散型

具体型与扩散型（specific versus diffuse）文化维度指的是人们的个人生活在多大程度上介入工作关系。在具体型倾向的文化中，商业活动与生活的其他部分是分开的。建立起商业往来和工作关系的人们相互认识，但这种认识深度十分有限，而且只在特定的目的下共享。在这类社会中，书面合同通常会对这类关系做出规定。相反，在扩散型倾向的文化中，商业伙伴关系的涵盖面更广，倾向于同时涉及生活的多领域、多层面，真正意义上的私人空间和独立空间很小。在商业往来中，双方的关系更私密，对彼此的了解更深入，从生活的不同维度和层面渐渐熟络起来。[36]

冯斯·琼潘纳斯测试具体型和扩散型文化维度时提到的例子是上级要求下属帮他粉刷家里的墙壁。在具体型倾向的文化中，大部分人认为下属没有义务帮忙，因为在工作之外，上级没有权力要求他们这么做。而在扩散型倾向的文化中，人们认为他们有义务帮助上级做任何事情，哪怕已经超出了工作范围。[37]

图表 2-15 描述了具体型与扩散型文化维度，以及在相应维度下进行商务活动的管理意义。

图表 2 - 15　　　　　　　　　　具体型与扩散型：差异与管理意义

具体型				扩散型	
瑞典	捷克	英国	挪威	墨西哥	中国

差异

直接的关系	间接、微妙的关系
直率、明确的沟通	含糊、逃避的沟通
根据原则和道德质询	根据具体情况的道德决策

管理意义

使用目标和标准	力图持续改进
将生活和工作分开	将生活和工作混为一谈
提供明确的指导	给员工的指导模糊不清

资料来源：*Adapted from Economides*，A. A. 2008. "*Culture-aware collaborative learning.*" Multicultural and Technology Journal，2（4）：243 - 267；*Trompenaars，Fons，and Charles Hampden-Turner*. 1998. Riding the Waves of Culture：Understanding Cultural Diversity in Global Business. *New York：McGraw-Hill.*

2.3.6　成就型与归属型

成就型与归属型（achievement versus ascription）文化维度指的是一个社会如何定义身份地位。在成就型倾向的文化中，人们通过表现和成就获得地位。相反，在归属型倾向的文化中，一个人的先天特性和裙带关系决定了他的地位高低。例如，归属型倾向的社会通常会根据学校、学历或年龄来认证身份。归属型身份的确认不需要任何理由，它就是这样一种存在。在归属型倾向的文化中，人们的头衔以及头衔的高频率使用在交往中占很大一部分。[38]

图表 2 - 16 描述了成就型与归属型文化维度，以及在相应维度下进行商务活动的管理意义。

图表 2 - 16　　　　　　　　　　成就型与归属型：差异与管理意义

成就型			归属型	
挪威	爱尔兰	奥地利	日本	阿根廷

差异

只在相关场合使用头衔	使用头衔非常普遍，且希望称呼头衔
上级通过自己的工作表现赢得尊重	尊重上级是对组织的承诺
在管理中模糊性别和年龄	在管理中背景和年龄是重要的资质

管理意义

强调对技能、成就的奖励和尊重	强调资历
高级经理同样尊重技术和职能方面的专家	使用上级权力进行奖励
	强调行政管理系统

资料来源：*Adapted from Economides*，A. A. 2008. "*Culture-aware collaborative learning.*" Multicultural and Technology Journal，2（4）：243 - 267；*Trompenaars，Fons，and Charles Hampden-Turner*. 1998. Riding the Waves of Culture：Understanding Cultural Diversity in Global Business. *New York：McGraw-Hill.*

为了更好地理解这个文化维度，请思考以下专栏中的案例。案例描述了一位来自成就型倾向社会而目前就职于归属型倾向社会的年轻女性经理所遇到的文化冲突。

归属型文化下的成就型倾向管理

一位来自成就型倾向的西方社会的年轻有为的管理者，发现自己身处归属型文化中会发生什么事？

34 岁的摩尔（Moore）是美国公司一位成功的女性管理者，晋升为位于安卡拉的土耳其市场部主任。她在英国积累了丰富的跨国公司管理经验，并坚信能成功地赢得土耳其同事和下属的支持与信任。

然而，几个月过去了，摩尔女士发现自己的权威发生了动摇。63 岁的土耳其人哈桑（Hasan）正逐渐有意识地接管她作为老板的职位，成为市场项目的主要推动者。尽管大家承认摩尔女士市场方面的学识高于哈桑，她履行职责时却遭到了抵抗。公司员工宁愿服从哈桑的领导，即使结果并不理想。后来，摩尔女士了解到，之前与她年龄相仿的一位美国男士就曾因"未能掌控当地的管理者"而遭解雇。

如果让你推荐一位年轻的女性管理者完成此项任务，你会提出什么策略？

资料来源：Based on Trompenaars, Fons, and Charles Hampden-Turner. 1998. Riding the Waves of Culture: Understanding Cultural Diversity in Global Business. New York: McGraw-Hill.

2.3.7　时间导向

为了协调好工作，管理者必须对时间有一个共识。文化专家发现，在时间问题上人们差异很大。当来自不同文化的人共同参与商务活动时，这些差异尤为明显。对于管理者来说，一个重要的时间维度是时间层。**时间层**（time horizon）是指文化如何处理与过去、现在和未来的关系，以及与这些时间概念交互区域的关系。例如，墨西哥人和美国人有很长的时间层，在不同的时间层有不同的界限。[39]

图表 2-17 总结了不同时间层的文化特征，同时在不同的时间导向中给出了相应的管理意义。

在未来导向的社会，如美国，组织变化被认为是必要的，而且是有益的，静态的组织意味着濒临消亡。在过去导向的社会，人们通常认为生活遵循已定的轨迹，是基于传统或者上帝的意愿已经设定好的。因此，制定策略对于组织来说几乎不起作用。一个处于变化之中的组织对员工和社会都存有疑虑，因此崇尚稳定性。在这些组织内部，资历较长者被认为能做出最佳的决定，因为他们有权威、有智慧了解做事的正确方式。身份象征和礼仪习俗在组织文化中占上风。

想一想你的时间层。问一问自己，你的过去从多久之前开始，又在什么时候结束？你的现在从多久之前开始，又在什么时候结束？你的未来将从什么时候开

图表 2 - 17		时间导向：差异与管理意义	

过去/现在　　　　　　　　　　　　　　　　　　　　　　未来

| 以色列 | 俄罗斯 | 韩国 | 美国 |

差异

过去	现在	未来
围绕国家历史及起源、商业和家庭进行沟通	享受当下	沟通基于潜在的成就
尊重过去的荣誉和长者	计划很少付诸行动	重视计划
历史为当前提供了借鉴	即时影响最重要	强调未来潜在的优势

管理意义

过去和现在	未来
强调历史和传统，并对两者保持敏感	强调机遇
完成工作时要避免严格的截止日期	设定确切的截止日期

资料来源：*Adapted from Economides*，*A. A.* 2008. *"Culture-aware collaborative learning."* Multi-cultural and Technology Journal，2（4）：243 - 267；*Trompenaars*，*Fons*，*and Charles Hampden-Turner*. 1998. Riding the Waves of Culture：Understanding Cultural Diversity in Global Business. *New York*：*McGraw-Hill*.

始，又在什么时候结束？冯斯·琼潘纳斯用同样的问题测试了不同文化群体的时间层。[40]

2.3.8　内部控制与外部控制

内部控制与外部控制（internal versus external control）文化维度指的是关于控制命运的想法。最能体现这个文化维度的也许就是人类如何与自然环境相处了。那么，到底是环境控制我们，还是我们控制环境呢？

为了测量这个维度，冯斯·琼潘纳斯和他的同事给管理者提供了以下选项："试图控制重要的自然力量（如天气）是值得的"以及"应该遵循自然规律，我们只能接受自然自身的运作方式，尽力做到最好"。[41]来自阿拉伯国家（如巴林、埃及和科威特）的管理者最相信宿命论。在他们当中，只有不到 20% 的人选择了控制环境的选项。这与西班牙和古巴有超过 50% 的管理者选择控制环境形成了鲜明的对比。

图表 2 - 18 总结了内部控制与外部控制文化维度以及它们的管理意义。

关于人与环境关系的文化价值观会影响公司和管理者的战略和经营方法选择。在信奉环境控制人类的文化中，管理者更倾向于宿命论。他们相信人类应该接受不同的环境，并对其做出反应，而非改变环境。在这样的文化中，人们并不刻意强调计划和安排。工作日程安排必须根据其他优先的事项做出调整，如家庭。

相反，在信奉人类控制环境的文化中，管理者更加积极主动。他们相信环境是可以改变的。战略规划和经营反映了"困难是可以克服的"这一信念。有用的东西就是重要的。组织的重点是使用暗含解决问题最佳方式的具体数据。

图表 2 - 18　　　　　　内部控制与外部控制：差异与管理意义

内部控制　　　　　　　　　　　　　　　　　　　　　　　　外部控制

←————————————————————————————————→

波兰　　　　巴西　　　希腊　　　埃塞俄比亚　　　中国

差异

控制环境	强调妥协
表明信念	崇尚和谐与调适
强调自我或自己的群体	适应周期

管理意义

强调权威	强调耐心
控制下属	与下属、同级和上级建立并维持良好的关系
	强调双赢关系

资料来源：*Adapted from Economides*，A. A. 2008. *"Culture-aware collaborative learning."* Multicultural and Technology Journal，2（4）：243 - 267；*Trompenaars，Fons，and Charles Hampden-Turner*. 1998. Riding the Waves of Culture：Understanding Cultural Diversity in Global Business. *New York*：*McGraw-Hill*.

　　以上部分总结了我们对七维文化模型的测评。图表 2 - 19 反映了部分国家（地区）的七维文化模型百分比排名。

图表 2 - 19　　　　　部分国家（地区）的七维文化模型百分比排名

	集体主义	个人主义	中立型	具体型	成就型	过去导向	未来导向	内部控制
阿根廷	n/a	n/a	21	n/a	8	n/a	n/a	59
澳大利亚	n/a	71	69	73	84	32	n/a	78
奥地利	n/a	n/a	90	60	3	n/a	n/a	63
比利时	n/a	52	46	n/a	n/a	n/a	n/a	43
巴西	n/a	19	46	n/a	34	18	n/a	73
保加利亚	n/a	84	81	n/a	29	n/a	n/a	20
加拿大	95	74	77	80	92	n/a	47	88
中国	26	26	85	3	58	82	89	2
古巴	n/a	n/a	4	n/a	11	n/a	n/a	98
捷克	16	100	56	37	45	n/a	84	n/a
丹麦	n/a	61	33	70	82	n/a	n/a	80
埃及	n/a	10	2	n/a	n/a	n/a	n/a	n/a
埃塞俄比亚	n/a	n/a	100	97	37	n/a	n/a	24
芬兰	n/a	58	50	63	76	n/a	n/a	39
法国	63	n/a	25	53	71	77	74	90
德国	n/a	35	35	n/a	61	64	53	34
希腊	42	32	38	40	55	n/a	n/a	51
匈牙利	79	94	58	23	47	n/a	n/a	n/a
印度	21	16	83	27	18	9	39	27
印度尼西亚	47	n/a	85	17	n/a	36	39	32
爱尔兰	84	48	23	n/a	95	n/a	n/a	71
意大利	n/a	n/a	31	n/a	66	n/a	16	43

续

	集体主义	个人主义	中立型	具体型	成就型	过去导向	未来导向	内部控制
日本	58	6	98	57	53	59	63	n/a
肯尼亚	n/a	n/a	n/a	n/a	26	n/a	n/a	17
马来西亚	n/a	29	25	43	n/a	n/a	n/a	n/a
墨西哥	n/a	13	50	n/a	63	n/a	n/a	n/a
新西兰	n/a	55	63	93	n/a	41	32	54
尼日利亚	53	81	69	13	n/a	n/a	n/a	76
挪威	n/a	n/a	44	50	100	23	n/a	95
巴基斯坦	n/a	42	n/a	n/a	n/a	n/a	n/a	n/a
菲律宾	n/a	n/a	15	33	21	n/a	n/a	n/a
波兰	37	87	96	90	39	27	n/a	100
葡萄牙	n/a	39	67	n/a	74	n/a	n/a	46
罗马尼亚	68	90	n/a	n/a	n/a	n/a	n/a	n/a
俄罗斯	5	97	17	10	42	50	11	12
韩国	11	n/a	n/a	n/a	24	91	79	61
新加坡	32	23	69	47	68	73	5	10
西班牙	n/a	68	4	n/a	32	55	n/a	93
瑞典	89	45	63	100	79	86	68	22
瑞士	100	n/a	29	67	50	68	58	49
泰国	n/a	n/a	58	n/a	16	n/a	n/a	56
英国	74	65	n/a	83	87	45	26	68
美国	n/a	77	54	77	97	14	21	66

资料来源：*Computed from data reported in Trompenaars, Fons, and Charles Hampden-Turner. 1998. Riding the Waves of Culture: Understanding Cultural Diversity in Global Business. New York: McGraw-Hill.*

基于这两个文化模型，你应该掌握两项技能：(1) 运用模型判断和理解社会的基本文化价值观。(2) 运用这些信息来评估某个特定的文化特征是如何影响商业运作的。后面的章节会涉及文化和这些概念的相关知识。但是，深层次地理解文化远非应用文化模型这么简单。成功的跨国公司管理者将不断通过各种渠道收集信息。图表 2-20 列出了一些来自各国的谚语，它们以一种非正式的方式提供了相关国家文化的内在特征。

图表 2-20   谚语：国家文化之窗

文化信念/价值观	国家或文化	谚语
时间	美国	时间就是金钱。
	中国	水滴石穿。
率直	墨西哥	只有小孩和醉汉会说真话。
	阿拉伯	如果曾有一次悔恨我的沉默，那我会因我的唠叨悔恨多次。
谦虚	日本	枪打出头鸟。
	韩国	好狗不吠。

续

文化信念/价值观	国家或文化	谚语
集体主义	阿拉伯	我和哥哥对付表弟，我和表弟对付陌生人。
	印度尼西亚	人要同时承担轻重两种负担。
年龄的价值	土耳其	容颜易逝，智慧永存。
	尼日利亚	长者代表上帝的声音。
权力距离	罗马尼亚	如果每个人都充当上帝的话，世间就没有完美的协议存在了。
	中国	没有金刚钻，别揽瓷器活。
命运	阿拉伯	天有不测风云，人有旦夕祸福。
	中国	智者若水，随遇而安。
风险	韩国	哪怕它是一座石桥，也要确保安全。
	阿拉伯	只有蠢人才会用两只脚试水深。

资料来源：*Wederspahn*，*Cary M*. 2003. "*Proverbs*：*Windows into other cultures.*" Executive Planet，*October 4*，2002. *http*：//*www.executiveplanet.com/business-culture.*

本章最后将为敢于进行国际化的经营者提出几点注意事项。

2.4　警告和注意事项

理解国家文化和组织文化对于成功经营跨国公司来说十分重要，但跨国公司管理者也要意识到文化只是行为的参考。例如，尽管美国在个人主义维度得分很高，但它也是世界上最大的慈善捐助国（很显然这是一种集体主义行为）。同样，许多拉美国家倾向亲近的人际关系，但研究人员惊讶地发现相比人工服务，哥斯达黎加人更青睐自动取款机。[42] 这些例子都是**文化悖论**（cultural paradoxes）现象——人们的处境与文化惯例相悖。如果认为在同一种文化下所有人的行为、想法、感觉和行动都是一样的，这就属于文化**刻板印象**（stereotyping）。

谨慎运用文化刻板印象——人们行动的典型方式——理解某一文化，并非一定是错误的，概括性地理解文化是理解文化差异复杂性的开始。许多书籍都在讲如何运用已有的文化定义和理解某种文化下的商务活动，这类书籍对整体理解文化是有益的，但对认知文化内的各种差异却帮助甚微，管理者必须意识到即使同一文化的人也存在差异。

除了要考虑地区差异，跨国公司管理者还必须意识到在某一国内环境下，组织文化和职业文化也存在差异，文化的不同层面、不同个体也存在明显区别。因此，计划、组织、设计、人事等管理部门不仅必须解释国家文化差异，还要包括职业文化及组织文化差异。同样，领导风格、激励政策和员工个体的发展必须考虑他们各自的特点。

跨国公司管理者面临的最大挑战恐怕就是民族中心主义了。**民族中心主义**（ethnocentrism）是指某一文化内的人认为只有他们的规范、价值观和信念是正确的。民族中心主义者可能看不起其他文化的人，甚至认为他们落后、肮脏、奇怪、愚蠢。许多人类学家通过大量研究总结出一个结论：只有采取**文化相对主义**

（cultural relativism）的思维，跨国公司管理者才能消除民族中心主义的影响，真正理解其他文化。这是一个哲学立场，即所有文化——无论有多大差异——对文化内的人来说都是正确、道德的。

跨国公司管理者不可能由于强烈的民族中心主义以至于意识不到来自其他文化的行为差异，更确切地说，危险来自不易觉察的民族中心主义；换言之，管理者在对待其他文化时难以保持中立。例如，工作进度的变化、下属不愿承担责任或者令北美管理者头疼的行贿问题。尤其是首次外派的管理者必须谨慎地按照当地的文化价值观评判下属。通常民族中心主义者的反应是："为什么他们不能像我们那样正确地完成呢？"

鉴于国家文化的复杂性、微妙性，跨国公司管理者必须努力充分地理解每一种文化。

这常常需要在一个新的国家生活、工作数年后才能实现。第 11 章将探讨跨国公司如何为将在新文化情境下完成任务的管理者提供文化培训。一些培训可能非常严格，他们要置身于当地环境中。然而，在诸如外包等其他情况下，相对需要而言当地员工接受的跨文化培训不足更为明显。

跨国公司管理者的终极目标是成为有**文化智能**（cultural intelligence）的人。克罗（Crowe）等人定义的文化智能是在多元文化中做出有效反应的能力。[43]一个有文化智能的管理者能够理解不同的文化情境并做出合适的反应。例如，有文化悟性和文化智能的管理者能主动做出反应，并且可以避免许多文化误解。

管理者如何才能具备文化智能？克罗的调查显示，在其他国家接触新文化的经历会增强文化智能。因此，跨国公司把自己的员工送到国外以使他们接触当地文化。克罗的调查也指出，个人到国外学习和实习是发展文化智能的一种非常重要的方式。另外，该研究还显示，深入接触文化会增加文化智能。因此，跨国公司可能会受益于频繁指派员工执行不同的国外任务。

跨国公司管理概览

外包和跨文化培训

许多跨国公司为顾客提供外包服务以实现节约成本的目的。然而，美国顾客对这种外包服务反应并不是很积极。美国顾客常常觉得很难和位于其他国家的顾客服务提供者联系。交流意愿、文化障碍和口音之类的事情常常影响服务；消费者可能不愿意提供私人信息，因为他们会考虑在他国的信息安全。事实上，研究表明，印度呼叫中心接线员每小时都会让一个美国顾客感到不满意，甚至有人可能会给位于印度的顾客服务中心打电话斥责顾客服务代表。因此，跨国公司在追求成本优势时，必须首先解决许多类似的问题。

跨文化培训是解决使用国外顾客服务代表所存在问题的最为重要的方式之一。跨文化培训包括诸如消除地方口音这类简单的事，此类努力通常会有较好的反馈。另外，跨文化培训的方式可以是熟悉母国的文化，如了解美国的假日、流行电视节目、运动，以及典型美国家庭的活动。例如，要理解"橄榄球一次能得6分"或者"触地得分"这样的表达，在不同文化中计分方式甚至可能相反。还有其他情况，如当地呼叫中心被设计成母国文化的镜子，在印度呼叫中心将美国地图及其特征呈现出来，不同城市的时间显示在不同的时钟上，并且呼叫中心的员工只允许用英语对话。

资料来源：Based on Honeycutt，E. D.，Magnini，V. P. and Thelen，S. T. 2012. "Solutions for customer complaints about offshoring and outsourcing services." Business Horizon，55，33 - 42.

小 结

学习本章后，你应该知道文化差异会影响跨国公司及其管理者。本章对文化影响管理的阐述和案例只是广义解释。任何一本书或者章节都难以完全阐释世界各国巨大的文化差异。本章仅针对有关文化对管理和组织极其复杂又微妙的影响，提高读者对其的敏感度。

霍夫斯泰德、GLOBE项目研究者、琼潘纳斯及其同事提出的文化模型为分析文化差异提供了基本概念框架，有助于在不同的文化环境中理解文化并调整商务实践。

最成功的跨国公司管理者发现，理解不同的文化是一个没有止境的学习过程。他们通过尽可能多地了解将要去工作的国家（包括了解商务礼节），为完成国际任务做准备。除了理解一个国家的文化、历史、社会、审美、政治、经济形势，还要学习语言，因为不会说当地语言就无法理解前沿文化。最终，他们会变得敏锐且有洞察力，不断调整行为以适应当地工作。

本章仅对文化差异进行了简单介绍。阅读后面的章节，尤其是以文化比较为重点的章节时，你会拓宽对文化差异的理解。你将学会通过差异寻找优势，避免将文化视为一种潜在的障碍。

讨论题

1. 辨识当地文化中的五种文化礼仪、故事或者符号。例子可能包括国家节日、国旗、童谣、传统少儿故事和"趁热打铁"这样的俗语。讨论它们如何体现文化规范、价值观和信念。

2. 定义并比较落后文化和前沿文化。讨论不熟悉你文化的人对前沿文化行为会产生怎样的误解。

3. 讨论文化刻板印象、民族中心主义制约跨国公司管理成功的几种途径。

4. 定义文化层面，讨论不同层面的内在关联。

5. 比较霍夫斯泰德模型和七维文化模型。你认为哪种模型对管理者更有价值？为什么？

6. 比较GLOBE项目模型和七维文化模型。

7. 从图表2-7和图表2-19中选取三个国家（地区）。应用霍夫斯泰德模型概括并讨论文化差异的管理意义。

8. 什么是文化悖论？管理者如何为文化悖论做好准备？

网上练习

1. 登录 http：//www. executiveplanet. com。

2. 至少选择四个感兴趣的国家（金砖四国是不错的选择）。

3. 向你的同学展示这些国家的商务礼节。讨论诸如"就这样定了""商务交流"和"对话"这样的问题。

4. 你的发现和本书中的讨论一致吗？换句话说，在所理解的文化标准基础上，你所选取国家的商务礼仪和书上的这些标准一致吗？

技能培养 ───■

简　报

步骤 1：阅读以下情境。

你是刚毕业的大学生，在一家中等规模的跨国公司做初级行政人员。你的首席执行官下周要开启一个月的商务旅行。他要约见几个在沙特阿拉伯、波兰、中国、德国、希腊和巴西的潜在合资伙伴。因为你对国际商务有研究，所以首席执行官要求你准备一份关于她要去的这些国家及其商务文化的简介，她不希望自己出现任何文化失态。她期望有一份高质量的口述和书面报告，这是你第一次承担重要任务，因此必须有上佳表现。第一印象影响持久，你能否做好工作可能取决于它。

步骤 2：你的指导老师将会把全班划分成六组，给每组至少指定一个国家。

步骤 3：使用互联网和图书馆的资源，调查总体文化情况，例如（但不限于）可能影响到工作的基本文化规范、价值观和信念（总体工作态度，家庭对工作、食物和饮食的影响，宗教和语言的影响等）。研究具体商务文化问题，如着装、约会、商务招待、名片、头衔和称呼、问候、手势、礼尚往来、商务语言、互动方式、交流结束时间选择，以及面对女性管理者的适合行为。

步骤 4：将你的发现展示给同学。

注　释 ───■

1 Kroeber, A. L., and C. Kluckhohn. 1952. "Culture: A critical review of concepts and definitions." *Papers of the Peabody Museum of American Archaeology and Ethnology*, 47, 1.

2 Terpstra, Vern, and Kenneth David. 1991. *The Cultural Environment of International Business*. Cincinnati: South-Western.

3 Ibid.

4 *Craighead's International Business, Travel, and Relocation Guide 2000*. Detroit: Gale Research.

5 Hofstede, Geert. 2001. *Culture's Consequences: International Differences in Work-Related Values*, 2nd ed. Thousand Oaks, CA: Sage Publications.

6 Ibid.

7 House, R., P. Hanges, M. Javidan, P. Dorfman, and V. Gupta. 2004. *Culture, Leadership and Organizations: The GLOBE Study of 62 Societies*. Thousand Oaks, CA: Sage Publications.

8 Trompenaars, Fons, and Charles, Hampden-Turner. 1998. *Riding the Waves of Culture: Understanding Cultural Diversity in Global Business*. New York: McGraw-Hill. 2000. http://www.7d-culture.nl/.

9 Hofstede, *Culture's Consequences*.

10 Kirkman, Bradley L., Kevin B. Lowe, and Cristina B. Gibson. 2006. "A quarter century of *Culture's Consequences*: A review of empirical research incorporating Hofstede's cultural values framework." *Journal of International Business Studies*, 10(4): 1–36.

11 Hofstede, *Culture's Consequences*.

12 Hofstede, Geert. 1991. *Cultures and Organizations: Software of the Mind*. London: McGraw-Hill; Hofstede, Geert and Michael Harris Bond. 1988. "The Confucian connection: From cultural roots to economic growth." *Organizational Dynamics*, 16: 4, 4–21.

13 Hofstede and Bond.

14 Ibid.

15 Hofstede, *Culture's Consequences*.

16 Ibid.

17 Ibid.

18 Ibid.

19 Ibid.

20 Ibid.

21 Ibid.

22 Hofstede, *Cultures and Organizations*.

23 Ronen, S., and O. Shenkar. 1985. "Clustering countries on attitudinal dimensions: A review and synthesis." *Academy of Management Review*, September, 435–454.

24 House et al.

25 Ibid.

26 Leung, Kwok, Rabi S. Bhagat, Nancy R. Buchan, and Cristina B. Gibson. 2005. "Culture and international business: Recent advances and their implications for future research." *Journal of International Business Studies*, 36, 357–378.

27 House et al.

28 Javidan, Mansour, Peter W. Dorfman, Mary Sully de Luque, and Robert J. House. 2006. "In the eye of the beholder: Cross cultural lessons in leadership for project GLOBE." *The Academy of Management Perspectives*, February, 20(1): 67–90.

29 House et al.

30 Javidan et al.

31 Kluckhohn, Florence, and F. L. Strodtbeck. 1961. *Variations in Value Orientations*. New York: Harper & Row.

32 Trompenaars et al.

33 Ibid.

34 Ibid.

35 Ibid.

36 Ibid.

37 Ibid.

38 Ibid.

39 Ibid.

40 Ibid.

41 Ibid.

42 Osland, Joyce S., Allan Bird, June Delano, and Mathew Jacob. 2000. "Beyond sophisticated stereotyping: Cultural sensemaking in context." *The Academy of Management Executive*, February, 14(1): 65–79.

43 Crowe, K. A. 2008. "What leads to cultural intelligence." *Business Horizons*, 51, 391–399.

第3章

跨国公司管理的制度环境

学习目标

通过本章的学习，你应该能够：

- 理解国家环境如何影响商业环境。
- 理解国家制度环境对国家及个人的影响。
- 理解社会制度的概念及其基本范式。
- 解释社会制度如何影响组织和个人。
- 描述基本经济体制及其对跨国经营的影响。
- 了解工业化的基本阶段及其对跨国公司的影响。
- 讨论世界上宗教的基本类型及其如何塑造当地商务环境。
- 理解教育及其对跨国经营的影响。
- 定义社会不平等及其对跨国公司的影响。
- 理解国家环境的重要性以及与其他国际管理领域的关系。

案例预览

阿拉斯加壳牌石油钻井

阿拉斯加的外大陆架生活着很多极地野生动物。环海岸线地带是诸如鲸、海象和其他众多海洋物种的重要迁徙路线。这里的海洋生态系统被认为是世界上最完好无损的生态系统之一。然而，除了上述生态奇观，在阿拉斯加的大陆架下还有大约270亿桶未被开采的石油。而且，据勘测阿拉斯加还有超过21亿立方米的天然气。鉴于对诸如石油和天然气等矿物燃料难以满足的需求，这些资源的商业潜力是巨大的。如果石油一直保持高价，那么有能力开采这些资源的公司，投资于此就能够赚取巨额的利润。

荷兰跨国公司壳牌作为众多石油公司之一准备开始勘探阿拉斯加外大陆架。经过几十年的努力并获得许可后，壳牌公司终于可以进行勘探钻井了。然而，壳牌公司获得许可证并不容易，耗时两年取得开采许可后，英国石油公司发生了深海石油钻井平台重大石油泄漏事故，美国环境保护局决定中止壳牌公司2010年的钻井计划。政府部门要求壳牌公司在其船舶上安装6 000万美元的排气过滤设备。壳牌公司为了获得许可证，不得不暂停开采。

壳牌公司为了获取开采许可证，耗费了大量的时间和资源。壳牌公司声称，监管过程对该公司来说随机性太强，不同的美国机构有不同的要求，而且这些要求相互矛盾，最终并没有一个清晰明确的结果。许多环保组织提出要诉诸法律以阻止壳牌公司进行开采，而壳牌公司为防止石油开采计划功亏一篑，决定先发制人，对环保组织先提出法律诉讼。如果壳牌公司成功开始钻井开采，预计其钻探发现的石油量将会成为近年来美国所发现的最大产量之一。

资料来源：*Based Birger*, *J.* "*Why Shell is betting billions to drill oil…here.*" Fortune, *June* 11, 121 - 130.

在第2章中，我们讨论了几种比较国家文化的方法。除国家文化要素，教育、政府以及法律体系等社会要素也会导致社会间的重要商务差异。壳牌的案例显示出政府的政策和法律体系是如何重塑企业行为的。这些因素对于成功经营企业是至关重要的，而且其中一些因素甚至可能激发个人采用与国家文化不一致的价值观。因此，对于企业管理者而言，了解社会重要的制度环境以及认识其对个人和组织的影响是极其重要的。

了解制度环境对有效的跨国公司管理至关重要。从基本层面来说，如果管理者不去深入考察企业所处的国家文化和制度环境，那么他就不能充分理解社会状况。[1]国家文化和制度环境是一个社会的关键构成要素，并且会对跨国公司经营战略产生重要影响。图表3-1用一个模型展示了国家环境（即制度环境、国家文化和商业文化）如何造成对国家商业环境具有启示意义的差异。

图表 3-1　　　　　国家环境与跨国公司

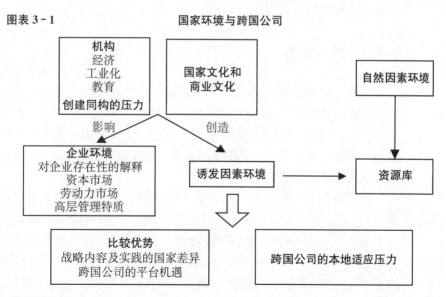

资料来源：*Adapted from Li*，*Peter.* 1993. "*How national context influences corporate strategy.*" Advances in Comparative International Management，8，*pp.* 55 - 78；*Rosenstein*，*Joseph*，*and Abdul Rasheed.* 1993. "*National comparisons in strategy.*" Advances in International Comparative Management，*pp.* 79 - 99.

　　不同的国家文化和社会制度构成了**国家环境**（national context）。如第 2 章所述，国家文化塑造了重要的社会规范、价值观和信念。这些文化要素对国家的商业文化（即可接受的、正确的商业方式）产生重要影响。然而，社会制度如经济体制、宗教信仰、教育制度等与国家文化紧密相连。在本章及后面的章节中可见，这些社会制度会对人的行为规范、价值观、信念及国家的商业文化产生重大影响。

　　为了对社会制度有一个初步认识，本章将首先介绍社会制度的影响。我们将简要讨论一个国家制度环境的主要因素，即社会制度及其对社会的影响。之后，我们将深入考察每种社会制度的内涵及其对跨国公司战略管理的影响。本章最后将讲述社会制度与后面章节所涉及的内容如何产生联系。

3.1　社会制度及其对社会的影响

　　社会制度（social institution）是"根植于独特的社会结构类型的一系列地位、角色、规范和价值观，并形成相对稳定的人力资源模式……在特定环境中维持可行的社会结构"。[2]除了国家文化，社会结构还对个人的生活条件产生深远影响，并且为人与人之间心理差异的产生提供环境。与国家文化类似，社会制度约束着人们的行为表现。也就是说，社会制度提供了人们面对不同社会情形所应遵循的行为准则。

　　我们将考虑三种对企业环境最有可能产生影响的社会制度：经济体制（例如，资本主义或社会主义）、工业化和宗教信仰。虽然教育、社会不平等对商业环境的影响不大，但它们也与商业环境相关联，所以，我们也将简要探讨教育、社会不平等的影响。

3.1.1　经济体制

　　国家的**经济体制**（economic system）是"为社会成员提供产品和服务的关联网络或包括信仰（涉及工作、财产、观念和财富）、活动（开发、生产和分配）、组织（公司、劳工组织、消费者协会、监管机构）和关系（所有权、管理、雇佣、销售）的体系"。[3]经济体制通常体现在政府的影响力上，尤其反映在生产活动是国有还是私有方面。

　　经济体制分为资本主义、社会主义、混合经济等类型。**资本主义或市场经济**（capitalist or market economy）是指私有产权所有者（或其代理人）在竞争性市场为获利而分散开展生产活动的一种经济体系。[4]与此相反，**社会主义或计划经济**（socialist or command economy）是国家拥有生产资源、集中进行生产决策的一种经济体系。[5]理想的社会主义经济追求社会公平和社会团结等集体目标。

　　混合经济（mixed economy）是指既有市场调节又有政府干预的经济。在这种经济体制中，一些经济产业私有私营，而卫生保健和教育等产业由国家掌控，国家规定个人（或私营企业）不能涉足其中，国家控制这些产业的资源分配并进行生产决策，瑞典、法国、丹麦、意大利和印度是混合经济体制的典型代表。

揭示经济体制的全部商业内涵是不可能的，但对战略性跨国经营而言，经济体制具有两个主要内涵：

1. 主导市场的类型。
2. 市场转型。

主导市场的类型

从基本层面看，跨国公司在一个国家是否开展业务，主要取决于该国主导市场的类型。例如，若想经营活动不受政府干预，跨国公司更愿意在美国或英国等资本主义国家开展业务。然而，如果跨国公司想在诸如法国或意大利之类的混合经济体制下开展业务，其经营目标就应该符合这些国家的经济发展目标，并且符合其社会目标。

大致来说，跨国公司管理者可以参考国家**经济自由指数**（index of economic freedom）来了解该国政府的干预程度。从 1995 年起，美国传统基金会每年都发布经济自由指数。经济自由指数将经济自由定义为"政府对产品和服务的生产、分配和消费没有强制性或限制性规定，从而使公民足以充分保护和维持自由"。该指数包括贸易自由（政府通过实施关税阻碍贸易自由的程度）、税收政策、政府对经济的干预程度、所有权（自由积累私有财产）、商业自由（获得商业经营许可的容易程度）等 10 项指标。基金会指定 0～100 的分值，100 表示最高的经济自由度。图表 3－2 展示了 2012 年经济自由指数得分最高的国家和得分最低的国家。

图表 3－2 所展示的结果是意料之中的。资本主义国家诸如加拿大、澳大利亚、美国、新加坡等的经济自由指数处在前 10 位。古巴、朝鲜等的经济自由指数最低，专制型国家诸如津巴布韦、利比亚的经济自由指数也处在后 10 位。

图表 3－2　　经济自由指数（5＝经济自由度最低，1＝经济自由度最高）

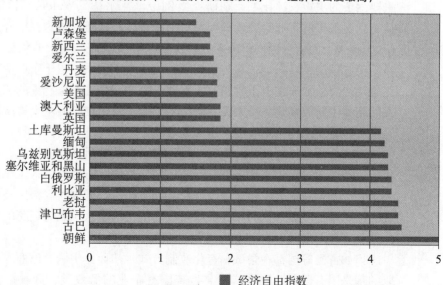

资料来源：*Adapted from Heritage Foundation*. 2009. *http//www.heritage.org*.

市场转型

经济体制的第二层含义是**市场转型**（market transitions），常常指社会经济由计划经济转向市场经济的变化过程。20 世纪 80 年代后，苏联、东欧和亚洲一大批国家（例如越南）大量引入市场经济，力图实现经济体制转型。对于大多数跨国公司来说，开放的市场政策带来了巨大的商业机会，因为这些转型国家具有广阔的新市场和便于获取的技术娴熟且成本低廉的劳动力。对于跨国公司而言，转型极其重要的一个方面就是增加了与转型国家当地企业进行战略合作、建立战略联盟的机会。这一点将在第 9 章介绍。

对于大多数跨国公司来说，市场转型的一个重要部分是理解社会主义及其对个人和组织的影响，以便更好地了解工人对引入市场机制的态度和反应。在计划经济体制下，大多数企业只是加工厂，无须对成本进行控制。[6]通常这些企业没有任何战略计划、会计账目或营销部门。此外，尽管生产效率极低，但政府计划部门通过规定价格——不能正确反映成本的价格——来确保这些企业能够生存。有时为了刺激政府指令生产的产品的消费，这些产品的价格定得很低。银行基于政府计划的需求运行，贷款的发放不是依据信用等级而是凭借相互联系及个人关系。

这就不难理解在促进向市场经济转型过程中跨国公司的经历。首先，跨国公司必须采取大量措施改制企业，将低效企业转变成能够执行核心商务职能的企业。其次，跨国公司必须彻底改变企业管理者的思维，使他们能够理解企业的管理职能和成本效益核算的必要性。最后，跨国公司要做到财务系统、企业和价格不受政府管制，以便更准确地反映市场需求而不是满足政府计划的需求。

跨国公司也必须清醒地认识到计划经济对工人的影响。皮尔斯（Pearce）分析了工人在计划经济社会的处境。[7]在计划经济社会，政府没有促进建立保证人与人之间可以依靠彼此的信任的体系。事实上，政府官员更可能拥有福利分配和重要薪资的决策权。比如，在研究案例中，瓦尔德（Walder）讨论了负责提供员工状况报告的企业管理者如何撰写书面报告，并随后将这些报告上报给上级部门。[8]报告上的信息用作解决工人住房需求和紧缺商品需求的依据。工人不能依靠精英管理制度，只能依靠与上级领导间的个人关系。由于企业所有的工人相互竞争，竭力争取非常有限的福利，因此工人之间往往产生严重的猜忌。结果，工人的精力主要放在建立个人关系网络上，而不是用在提升个人素质和能力上，因为个人社会关系网络更有助于工人的成功。

跨国公司在计划经济社会雇佣员工时会遇到前所未有的挑战。一般来说，跨国公司需要通过培训来建立彼此间的信任。当团队方式被引入工作设计后，跨国公司管理者发现工人不愿彼此合作和共同工作。与此同时，跨国公司也需要转变员工的思维——那种认为私人关系是成功关键的想法，因为当跨国公司导入开放的精英管理制度时，有时会遭到员工的强烈抵制。

诸如古巴等国都在尝试私有化改制方式，然而，中国、巴西等新兴经济体采取的却是国有民营改制方式。与传统国有企业的低效益、低收益、机构臃肿相比，毫不夸张地说，这些新型国有企业表明，国有企业也可以有很好的表现。

显而易见，经济体制影响跨国公司子公司之间的关系以及公司构建形式，对跨国公司的战略管理具有重要的意义。具体而言，许多计划经济国家向市场经济转型的过程给跨国公司带来了巨大的挑战。经济体制也会影响个人，尤其是影响员工的工作观以及道德行为的判断方式，这些内容将在下一章讨论。

接下来将主要讨论另一个重要的社会制度：不同工业化程度所展现的不同经济发展水平。

案例分析

国有企业的兴起

大多数西方国家盛赞资本主义，认为其优点是促进经济增长。不过，在国有企业占主导的新兴市场，经济也取得了快速发展。过去的几十年间，中国的国内生产总值增长了 3 倍多。目前，中国是全球第二大经济体。中国经济最令人瞩目的地方在于中国政府实际上是本国 150 个大企业的大股东。与此相反，大多数西方国家更愿意发展私营经济，消除国有经济发展模式。案例表明，国家资本主义也能发展经济，许多专家之前警告说国有企业创新缓慢，绝不可能取得持续成功。然而，巴西和中国公司的例证表明，这些断言可能并不总是正确的。这些国有企业是如何对抗这些刻板印象的？

考察全球国有企业的发展状况可以发现几个趋势：第一，国家对企业的管理经验越来越丰富，国家在严格控制国有企业董事会等的同时也常规性地撤换不称职的企业领导。第二，国有企业在处理国有资产的使用方面也变得越来越有效率。中国的国有企业已经经历了重大的裁员、整顿、机构精简。第三，国有企业拥有可以注入企业的无限资金。第四，国有企业也利用全球化优势，在全世界范围内和其他企业合资运营。中国的石油公司在非洲建立企业无疑是一项正确的选择。

这种模式会持久吗？专业人士认为，面临困境时国有企业的表现不如私营企业的表现好。首先，国有企业不太具备创新能力，不计其数的例子也证明其不具备这样的素质（例如，马来西亚耗资 1.5 亿美元的生物谷）。其次，由于依靠政府部门，国有企业生产率低、效率低，准确测量其绩效是很困难的。最后，因为国有企业管理常与政府管理联系密切，极易滋生腐败。

资料来源：Based on Economist. 2012. "The visible hand." January 21, 3–5; Economist. 2012. "New master of the universe." Jan 21, 6–8; Economist. 2012. "Theme and variations." January 21, 9–12; Economist. 2012. "Mixed bag." January 21, 13–15.

3.1.2　工业化

蒸汽机在采掘业和生产过程中的应用引发了欧洲工业革命。[9] 蒸汽机消除了社会对畜力的依赖，促进了高效新机器和新装备的制造和应用。大量工人融入机器网络，能源收集和转换能力的提高推动了西方社会机器大工业的快速发展。这些变化深刻地影响着西方社会的各个层面。

工业化（industrialization）是指社会生产组织和产品分配方式的根本变革导致的社会文化和经济的变迁。工业化有几种分类方法。在**前工业社会**（preindustrial society），农业占据主导地位并塑造社会经济环境，强调宗教规范和传统，不鼓励社会流动。[10] 职业分布以个人归属（家庭背景）为基础，社会地位主要由继承决定。**工业社会**（industrial society）的特征往往是制造业或第二产业居于支配地位，技术发展的盛行使经济快速增长成为可能。与前工业社会相比，工业社会通常要求劳动力具备更多的技能，职业分布依据诸如成就等普适性标准。**后工业社会**（postindustrial society）以服务业为主导，绝大部分劳动力在服务业就业，正规教育的地位日益增强，因为后工业社会需要大量训练有素、技能高超的劳动力。图表 3-3 展示了一些国家在第一、第二和第三产业的就业分布情况。

图表 3-3　　　　　　　　　　生产活动分配表

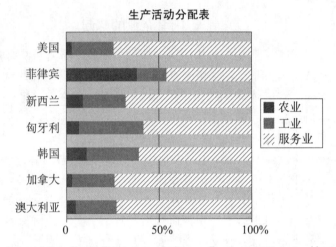

资料来源：*Adapted from World Development Indicators Database*. 2009. *http：//publications. world-bank. org/ecommerce/products*.

　　工业化的进程对于跨国公司战略管理具有重要的意义。

案例分析

印度与工业化

　　当前，印度正在经历工业化带来的巨大变化。尽管贫穷人口比重很大，但是随着诸如印孚瑟斯（Infosys）等服务企业的成长，一个数量不断扩大的中产阶层已经在印度形成。工业化产生的重要变化将会影响印度未来的工作环境。而且，即使是最贫穷的印度人，生活也正在不断好转。最新的报告表明，印度大约有 5 200 万穷人脱贫。

　　诸多变化之一是企业家的成功创业狂潮。现在，很多印度人主动从知名企业离职，开始自主创业。创业大赛（例如，发现最热门创业企业的国家创业网络大赛）激发了创业者的创业热情。候选公司之一就是 Sammaan。伊尔凡·阿拉姆（Irfan Alam）是一名参赛者，一个炎热的夏天，他坐在黄包车上向黄包车夫要水时想到了一个创意——黄包车夫一天能跑 10 千米，他们能够通过卖水或在黄包车上打广告补贴拉车的微薄收入。于是，阿拉姆通过黄包车推销广告。

资料来源：Economist. 2012. *"Unfinished journey."* March 24，27-30；Economist. 2008. *"Start-ups in India. A suitable business."* December 20，111-112.

　　上面的案例对跨国公司管理意味着什么？实际上，社会的经济发展水平与其工业化程度是直接相关的，因此，前工业社会经济通常最为落后，跨国公司可以依据经济发展指标来确定在前工业社会中开展国际业务的可行性。在任何国家，企业的长远发展都依赖于市场规模和收入。从这一点看，前工业社会往往缺乏企业长远发展的机会，但是，相对于工业社会，前工业社会却能提供廉价的劳动力。因此，很多公司纷纷在前工业社会投资设厂，这种现象毫不令人惊奇。同时，前工业社会往往基础设施和业务支持体系薄弱，在这样的社会中做生意可能代价很高，因为跨国公司或许不得不自建基础设施和提供支持性服务。许多非洲国家是前工业社会类型的国家，跨国公司常常不幸深陷政局动荡的泥潭。然而，一些非洲国家的前景是十分光明的，跨国公司必须清楚地认识到在发展过程中其所能够发挥的作用。

　　当技术的发展使生产重心向制造业转移成为可能时，社会经济环境的重大变化通常会影响战略管理。受宗教规范的影响，前工业社会重视传统，强调公共义务。与此相反，工业社会通常崇尚创新和个人主义，在工业社会中，经济规则和成就导向的规范占主导地位，经济成为工业社会的重中之重。[11]工业社会为跨国公司提供了更多的发展机会，跨国公司可以获得良好的经营环境和具有上进心、受过良好教育的劳动力。通常而言，工业社会的政府部门会支持跨国经营业务，非市场风险较低，因此可以预测，跨国公司在工业社会进行创业更加便利。

　　图表 3-4 显示了部分国家的物质主义得分，这些得分显示了社会对经济增长和维持秩序这两个工业化指标的重视程度。如图表 3-4 所示，当前正经历工业化的许多国家（例如，中国，印度、巴西和匈牙利）物质主义得分排名较高，意味着在这样的社会中，个人主要以成就为导向，并且追求物质财富。以经济成就为导向意味着跨国公司更适合用金钱激励员工。

案例分析

非洲的未来？

　　数十年来，在非洲，作为工业化指标之一的人均国内生产总值几乎没有增长。事实上非洲国家比其他发展中国家经济发展更缓慢。为什么大多数非洲国家的工业化水平落后？一般认为，从三个殖民国家（法国、比利时、英国）独立后，这些非洲国家大多建立了一党统治体制——"以政治垄断换取社会稳定和经济发展"。这些国家独立后缺乏政府治理和资本积累的经验，政府发展外向型经济会被视为前殖民国家对经济的干预，因而受到质疑。结果，大部分国家的政府迫于内部压力进行国家主导的内向型工业化尝

试，加之内部斗争和利益集团的干扰，非洲国家没有在经济发展上取得较大进展。

　　然而，最近的经济指标显示，许多非洲国家正在开始推动经济发展。至少 6 个非洲国家在过去 6 年的经济增长超过了 6%。许多非洲国家正持续推进工业化进程，加纳和莫桑比克等国家的经济增长超过世界上的大多数国家。一个拥有巨大购买力的中产阶层（预计很快将达到 1 亿人左右）正在出现。这里，并非所有增长都源于诸如矿藏和铜、黄金以及其他金属类产品。尽管缺少石油和其他产品，布基纳法索和加纳等东非国家的

经济增长速度还是比大多数非洲国家更快。这样的增长对于曾经被称为"无望之洲"的 非洲是极大的鼓舞。下面的图表列出了一些高增长率的非洲国家及其增长率。

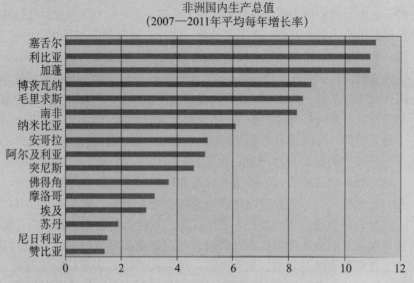

非洲国内生产总值
（2007—2011年平均每年增长率）

在未来非洲国家的发展和经济增长中，跨国公司扮演着重要角色。非洲拥有丰富的物质资源和人力资源，并显现出巨大的市场机遇。许多国家为了政局稳定正在向多党体制过度，随着越来越多的非洲国家获得政治自由，经济环境也会变得越来越有利于资本积累和增长。尽管安哥拉、赤道几内亚等国家仍存在政治抗议和政局不稳定现象，但是非洲重要并不断扩大的中产阶层表明，这些国家具有巨大的发展潜力。

资料来源：*Adapted from Bollen*，*Kenneth*. 1993. "*Liberal democracy*：*Validity and method factors in cross-national measures*." American Journal of Political Science，37，1207 - 1230；Economist. 2012. "*A sub-Saharan spring? The World in 2012*，" 76；Economist. 2011. "*The sun shines bright*." *December 3*，82 - 84.

图表 3 - 4 部分国家物质主义得分

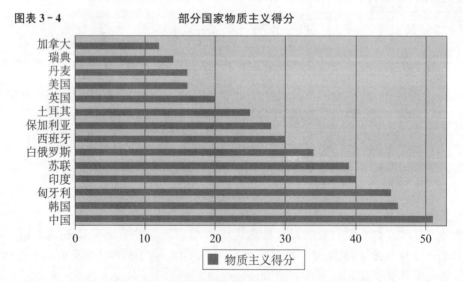

物质主义得分

资料来源：*Adapted from the World Values Survey*. 2009. *http*：//*www. worldvaluessurvey. org*；"*World values surveys and European values surveys*. 1981 - 1984 *and* 1990 - 1993 *and* 1995 - 1997"（*computer file*）. *Ann Arbor*，MI：*Inter-University Consortium for Political and Social Research*.

除了建立个人规范，工业化也对产业的形成具有重要影响。因此，工业化基于不同的社会环境呈现不同的形式、产生不同的效果。在一些案例中，工业化是内向型导向的，国家推动本国产业发展，满足国内市场和赚取外汇。[12] 相反，一些国家采取外向型导向的工业化战略——鼓励引进外资，努力扩大出口。

后工业社会的特点是服务业在生产活动中占主导地位。[13] 在这种社会形态下，社会生产率和经济增长率往往源于知识创造，通过信息处理创造的知识应用于所有经济部门。从工业社会向后工业社会的过渡过程中，国家的农业几乎完全消亡，制造业大幅下滑。由于服务业兴起，信息含量高的职业例如管理类、专业类以及技术类工作岗位大幅增加。随着后工业社会的不断发展，更多的工作岗位需要员工具有更高的技能和更高的学历。

在许多社会，后工业化导致了后现代化的转变。英格哈特（Inglehart）等提出，工业社会中典型的、规范的、以成就为导向的准则和价值观在后工业社会达到顶峰。[14] 在后工业社会中，突出经济成就优先的观念正日益被强调生活品质的观念取代。[15] 所以，人们更可能信奉与个人诉求相关的价值观，并且推动社会朝更为人性化的方向发展。

图表 3-5 展示了部分国家的后物质主义得分。从图表 3-5 中可以看出，许多发达国家具有很高的后物质主义得分，在这些国家开展业务，跨国公司必须清醒地认识到员工诉求的变化。具体而言，员工可能更看重具有自主性的工作，偏好非经济的精神激励胜过物质激励，企业应该努力找到满足员工需求的途径。

在本小节中，我们讨论了工业化对社会可能产生的影响。具体来说，我们回顾了工业化水平及其对个人和组织的影响。在下一小节中，我们将要讨论另一种重要的因素：宗教信仰。

图表 3-5　　　　　　　　**部分国家后物质主义得分**

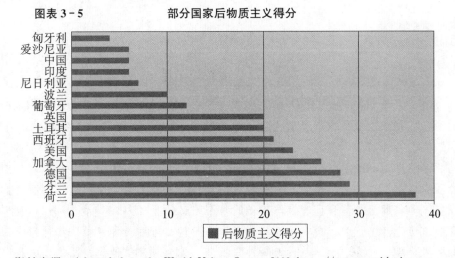

资料来源：*Adapted from the World Values Survey.* 2009. *http：//www.worldvaluessurvey.org*；*"World values surveys and European values surveys. 1981-1984 and 1990-1993 and 1995-1997"（computer file）. Ann Arbor，MI：Inter-University Consortium for Political and Social Research.*

3.1.3 宗教信仰

宗教（religion）指建立在对超自然力量信仰基础上的一系列共享的信念、活动和制度。同时，宗教也是大多数社会形态的重要方面。随着美国基督教的再度兴盛、中东宗教激进主义的高涨、拉丁美洲新教的快速发展以及苏联和东欧对宗教的热爱，宗教不断普及并对人们生活产生重要影响。[16]

宗教、工作以及二者之间的关系是人类社会的重要支柱。[17]事实上，宗教和为实现经济目标而构建社会制度的方法之间的关系成为马克斯·韦伯的著名理论——新教工作伦理的理论基础。[18]德国著名社会学家韦伯提出，新教伦理的主导地位导致了西欧现代资本主义的出现。他认为，新教教徒崇尚努力工作、创造财富和厉行节约等价值观，这种价值观促使个人努力工作、积累财富。新教信仰激励信徒将财富进行投资而不是消耗掉，这种财富的再投资构成了西欧资本主义扩张的基础。

宗教会对社会产生重要影响，为社会成员提供反映个人希望和活动意见的途径。[19]宗教也影响商业和其他组织流程，例如，伊斯兰教在斋月期间会对生产率产生影响，基督教在圣诞节假期会对消费行为产生显著影响。[20]我们将会在第4章学到宗教如何影响人们在世界不同地方经商的方式。

宗教对跨国公司管理的相关工作及其他方面会产生深远的影响，跨国公司海外经营时需要对宗教保持敏感性。因此本小节将讨论宗教的很多重要方面。

全世界宗教种类繁多，但是仅有4种宗教在全球拥有较大比例的信徒。接下来我们主要关注基督教、伊斯兰教、印度教和佛教，这些宗教形式对跨国公司管理产生了重要影响。图表3-6根据世界人口比例和追随者数量显示了世界各地宗教的分布情况。基督教、伊斯兰教、印度教和佛教追随者总数达到世界人口的71%，剩下的29%中差不多20%没有宗教信仰。

案例分析

宗教与工作

有关宗教如何影响工作的议题一直为人们所广泛关注，最近这个议题已经得到了证明：宗教会对工作产生重要影响。帕博蒂阿、赫格尔（Hoegl）和库伦（Cullen）研究了宗教对工作义务的影响，也就是说，人们在多大程度上相信自己有参与工作的社会义务。研究者们认为，所有宗教都把工作看做一种重要的义务，尤其是看做一种宗教范畴的义务。一项对来自45个国家的大规模数据进行的分析显示，信仰上帝和宗教行为（例如，去教堂做礼拜）对工作责任感具有积极影响。因此，跨国公司应该关注宗教，以此确定公司员工是如何看待工作的。

在其他研究中，帕博蒂阿和他的同事们讨论了4种特定的宗教（基督教、伊斯兰教、印度教和佛教）如何影响工作价值。员工尤其注重他们会从工作中得到什么。一些人偏好外在的工作价值，诸如收入和工作安全；而另一些人则偏好内在的工作价值，诸如在工作中的自治性和主动性。对来自 40 个国家和地区的大规模数据进行的分析显示，4 种宗教对内在的工作价值都有积极影响。此外，结果显示，其中 3 种（除了基督教）宗教对外在的工作价值具有积极的影响。

宗教对跨国公司如何在不同的社会环境中经营等相关问题产生了重要影响。McGuire，Omer and Sharp（2012）提出，在宗教标准高的国家中，公司的财务报告违

规行为发生率较低，原因在于宗教信仰会使人们对不道德商业行为的接受度降低。研究也切实表明，公司所处环境的宗教信仰越虔诚，公司财务违规行为的报告就越少。

资料来源：*Based on McGuire，S. T.，T. C. Omer，and N. Y. Sharp. 2012. "The impact of religion on financial reporting irregularities."* The Accounting Review，87（2），645 - 673；*Parboteeah，K. P.，Y. Paik，and J. B. Cullen. 2009. "Religious groups and work values."* International Journal of Cross Cultural Management，9（1）：51 - 67；*Parboteeah，K. P，M. Hoegl，and J. B. Cullen. 2009. "Religious dimensions and work obligations：A country institutional profile approach."* Human Relations，62（1）：119 - 148.

图表 3 - 6　　　　　　　　　　　宗教占世界人口的比例和追随者数量

宗教	宗教占世界人口的比例（%）	追随者数量（千人）
基督教	33.60	1 900 174
无宗教信仰	20.50	1 163 189
伊斯兰教	18.25	1 033 453
印度教	13.50	76 400
其他宗教	7.33	414 725
佛教	5.99	338 621
锡克教	0.36	20 204
犹太教	0.24	13 451
儒教	0.10	6 334
耆那教	0.07	3 951
神道教	0.06	3 387

资料来源：*Adapted from Fisher，Mary P. 2010. Living Religions，8th ed. Upper Saddle River，NJ：Prentice-Hall.*

"**基督教**（Christianity）是一种基于耶稣的生命、教义、死亡和复活的信仰"[21]，是全球信徒最多的宗教。大约 2 000 年前耶稣诞生，基督教随之产生，因内斗和分裂现在基督教已经分化为不同的教系。最主要的分裂发生在 1054 年，当时罗马天主教脱离东正教派。今天，东正教主要集中在俄罗斯、塞尔维亚、保加利亚、罗马尼亚、阿尔巴尼亚、芬兰和捷克，罗马天主教主要集中在西欧和美国。基督教历史上另一次大的分裂发生在 1517 年，由于对罗马天主教的权威和惯例极大不满，一个德国修道士马丁·路德（Martin Luther）开始传授对圣经的不同理解，致使基督教的新教分支形成。

尽管在基督教内部有很多派别，但是所有基督教信徒都信奉耶稣是上帝派来消除人类罪恶的使者。耶稣是爱的使者，并且允许人类通过修行、罪孽忏悔、自我约束和涤罪与上帝联系。

新教对资本主义发展的影响被看做宗教和社会经济之间联系的最有力明证。

为了上帝的荣誉努力工作进而获得财富是新教的信条，因此新教关注与经济发展和财富积累相关的目标。反之，天主教对追求财富积累持怀疑态度。这些差异解释了在西方新教社会中资本主义的持续发展。

总的来说，基督教信奉"人类生命的尊严、劳动和幸福的价值"[22]，普遍认可自由积累财富和财产。基督教鄙视人类的贪婪和自私，力求保证弱者的机会平等和公平。此外，基督教通过十诫提供制定行为道德准则的基础。尽管不是所有人都遵循这些戒律，这些戒律仍然被看做指导某些行为的准则，如偷窃（不应该行窃）、谋杀（不应该杀人）、保护个人财产（不应该觊觎邻居的房屋或任何属于邻居的财产）等。由此跨国公司获得了有利于经商的环境。

伊斯兰教（Islam）的本质在《古兰经》中就有描述：服从真主的意愿。伊斯兰教起源于公元前 570 年预言家穆罕默德诞生之时。基督教将奠基者耶稣视为神，穆斯林则不把穆罕默德看做神灵，而是当作安拉启示的信使，是继亚当、亚伯拉罕、摩西和耶稣之后安拉派到人间的最后一位使者。[23] 目前伊斯兰教是世界第二大宗教，主要集中在非洲、中东、中国、马来西亚和远东其他地区。在许多国家尤其是欧洲，伊斯兰教发展迅速。

伊斯兰教的准则和规范影响着穆斯林。伊斯兰教提供包括所有生活范畴的经济和社会准则。穆斯林相信，为真主安拉服务并且现实中只信仰真主安拉，死后才能进入极乐世界。[24] 同时，穆斯林也相信真主安拉希望他们依据伊斯兰教法生活。伊斯兰教法要求穆斯林遵守五项教律：忏悔、祷告、施舍、斋戒和到麦加朝圣。[25]

这些戒律对跨国公司管理具有重要影响。跨国公司在伊斯兰国家经营首先必须满足穆斯林早晨、中午、下午、傍晚和晚上五次祷告的要求[26]，而且在一个月的斋月期间，跨国公司要面对生产率下降的现实，因为穆斯林在斋月期间从早到晚不允许吃饭、喝水、抽烟、甚至吃药，跨国公司管理者必须采取措施保证企业活动不间断。斋月是非常神圣的，跨国公司应该理解：他们的员工会更多地关注神圣事物和高尚的精神氛围。

施舍戒律也对跨国公司管理以及伊斯兰教如何认识企业经营有重要的启示。总体来说，《古兰经》支持创业以及通过合法的业务活动赚取利润，也允许保护和积累私有财产，然而，穆斯林自然而然地会关注社会公平和公正的问题，他们很可能会谴责剥削他人而获取利益的行为。因此，跨国公司必须确保业务活动遵守社会公平的原则，而且在经营中践行施舍行为。穆斯林不论个人还是组织都要将积累的财富施舍给穷人，这些被看做减少社会不公平和人类贪婪的必要行为，跨国公司参与这些捐赠活动会使员工更好地为公司服务。

伊斯兰教痛恨剥削，因此穆斯林反对支付或收取利息。穆斯林将利息的支付和收取视为一种严重的罪过。这些信条不仅是一种理想，而且在许多国家付诸实践，包括巴基斯坦在内，一些国家的政府制定了利息非法的金融法。利息禁令对跨国公司在伊斯兰国家开展业务是一项严峻的挑战，许多伊斯兰社会已经或正在制定利润分享计划，杜绝利息支付和收取。例如，如果跨国公司从伊斯兰国家的银行贷款的话，那么作为利息支付的变通方式，企业应该与银行共同分享投资回报。因此，跨国公司应建立一套具有创新性、为伊斯兰社会所接受的资产管理方式。

未来伊斯兰国家会为跨国公司提供重大机遇。例如，单单远东地区的基础设施项目投资就已接近 300 项，私人投资金额可能高达 450 亿～600 亿美元[27]，很有可能跨国公司需要为这些项目提供重要的融资支持。因此，财务方面的挑战变成当务之急和必须处理的事情。

比较管理概览

伊斯兰教和财务运作

海湾战争后，科威特政府为恢复经济实施了吸引外资的战略，以弥补重建引发的亏空。科威特是伊斯兰社会，遵从伊斯兰教法或宗教法律，这些教法或法律禁止支付或收取利息。然而，尽管不用支付利息，但是并不意味着伊斯兰社会禁止以资产出借方式获取投资回报。伊斯兰教法没有采取细化利率的策略，但是主张出借方需要和借款方共担风险、共享利润，出资人仍允许获利。

伊斯兰教法除了这些财务方面的要求，还禁止不确定性和投机行为发生，强调在业务和货币交易过程中的诚信，因而，所有合同的条款必须清晰地标注。期货和期权被视为一种赌博行为，具有投机性，是不合法的。这些禁令对于国际资本提供者来说是一种挑战。

科威特乙炔产品项目是科威特石油公司子公司石化工厂公司和联合碳化物公司的合资项目。合资企业（为一家石油炼化厂提供 20 亿美元建设和运营资金的合资企业）面临很多财务挑战，例如，合资企业合作方想从伊斯兰银行获取部分建设和运营资金，但银行的资金涉及科威特人和其他投资者，因此，伊斯兰银行就不能把资金直接贷给合资企业，不得不以合伙这种间接方式投入资金，从项目中分享利润而不是赚取利息。伊斯兰银行购买资产，然后再将这些资产出租给合资企业。

与常规的贷款方式相比，这种出租资产进行合资的财务安排方式，给合资企业带来了极大的挑战——合资企业会面临所有权风险。例如，如果石油炼化厂对环境产生严重危害，那么伊斯兰银行应承担多大的损失？这些问题要通过具有有限责任的特殊机构配置资产来加以解决。这种财务安排中资产租赁产生的另一个挑战是，当合伙人是真正的资产使用者时，伊斯兰银行对资产具有所有权。按照资产租赁协议，伊斯兰银行负责出租资产的保值，并且为防止该资产发生可能的损失，必要时可以撤回出租的资产；而对合资企业而言，主要的期望是伊斯兰银行能对租赁资产采取保险和保全预防措施。违约法律的适用性是另一个挑战。租赁合同应该使用伊斯兰教法律还是其他法律？此外，合资企业延迟支付利润对伊斯兰社会的投资者来说是极其不利的，因为他们无法获取违约罚金，这些罚金将会被捐赠给慈善机构。最后，如果遇到破产的情况，伊斯兰银行仍然拥有资产，并且有权向合资企业主张所有权，这些行为将损害项目的现值并减少项目起死回生的机会。

资料来源：Based on Al-Kashif, A. M. 2009. "Shari'ah's normative framework as to financial crime and abuse." Journal of Financial Crime, 16 (1)：86-98；Esty, Benjamin C. 2000. "The EQUATE project：An introduction to Islamic project finance." Journal of Project Finance, 5, 7-20；Shaj, S. F., M. W. Raza, and M. R. Khurshid. 2012. "Islamic bank controversies and challenges." Interdisciplinary Journal of Contemporary Research in Business, 3 (10), 1018-1026.

最后，伊斯兰教对跨国公司管理影响的内容，还包含关于女性在伊斯兰社会中的角色问题。《古兰经》中把男性和女性视为平等的，只是对男人和女人角色的指导方针不同。[28]男性的角色是工作和养家；而女性则是在家里照顾孩子和稳固家庭。意料之中的是，许多伊斯兰国家根据性别进行严格的角色划分，跨国公司必须意识到性别角色区分对公司业务活动的影响。例如，在伊斯兰国家以男性为主导的部门中，不建议跨国公司安排女性担任负责人，而且人力资源管理实践需要考虑女性有限的社会角色。尽管在很多伊斯兰国家关于性别平等方面已经取得了很大进步，但是尊重当地性别规范对于跨国公司在伊斯兰国家的经营来说非常重要。

印度教（Hinduism）是一种广泛的、包罗万象的宗教，它的教徒尊重和接受印度古代传统，尤其是吠陀经文和社会阶层结构，特别尊重婆罗门（祭司阶级）。[29]与基督教和伊斯兰教不同的是，印度教没有明确的创立者，也不重视特殊的历史事件或时间发生的特殊顺序。在吠陀经文中，印度教被看做永恒的、不受时间影响的。目前，大约7.6亿印度教信徒生活在印度、马拉西亚、尼泊尔、苏里南和斯里兰卡。印度是印度教的发源地，其他国家的印度教来源于印度。

对于大多数印度教信徒来说，婆罗门是他们追求的终极目标。婆罗门指最终的现实和真理，"渗透和维持一切事物的神圣权利"。[30]个人需要寻找他的灵魂来发现婆罗门。印度教相信灵魂的转世源于一个人的因果报应，或者一个人以前的行为结果。印度教信徒认为任何人都应该遵守戒律、正义准则以及道德规范，努力生活，遵循了这些戒律、准则和规范将能够成功转世直至达到婆罗门。

印度教的种姓制度最有可能对跨国公司产生影响。印度种姓制度是在后期吠陀时代形成的，社会被划分为四个职业群体。第一等级的种姓包括僧侣，第二等级是国王和军人，第三等级是商人和农民，第四等级包括体力劳动者和工人。现在种姓制度在印度是非法的，其最初宗旨是创建使个人利益服从集体利益的更高戒律。这种制度仍然是今天印度人生活的主要特点，在印度经营的跨国公司必须意识到这一点。例如，较低种姓阶层的成员监督较高种姓阶层的成员会造成麻烦，而且由于他们的种姓关系，较低种姓阶层的成员面临在组织中晋升的障碍。最后，会议上各种种姓如何相互影响也应该重点关注。

印度美食世界（FoodWorld）连锁超市的案例说明，在印度开设新的零售超市时，企业必须聘用和培训管理者。[31]然而，一个零售经理在印度的社会地位并不高，只有那些较低种姓阶层的成员才愿意接受这份工作。由于印度的种姓制度无处不在，这些员工会感觉自己的社会地位很低。因此，企业培训计划必须考虑增强员工的自信心，以使他们能充分承担其工作职责。另一个主要的挑战是要想办法减少传统印度顾客的顾虑，他们可能不愿意与较低种姓的阶层接触。

一些人认为种姓制度在逐渐消亡。下面的聚焦新兴市场提供了一些印度社会的根本变化以及印度人如何看待种姓制度的知识。

种姓制度走向消亡了吗

种姓制度产生于 2 000 年前，它将劳动者清晰地划分为四个阶级：僧侣、军人、商人和工人。这种分类已经经历了几个世纪，产生了较强的歧视性。对于跨国公司来说一线希望是，大多数印度企业的员工属于种姓阶级的第三级（吠舍）。种姓制度分类的历史意味着吠舍级能够磨砺他们的业务技能，因此，跨国公司可以与商业网络中紧密相关的成熟公司进行商务往来。

种姓制度在印度历史上持续了很久，但是近期很多证据表明，这种歧视制度可能即将消亡。下面的例子说明了这一趋势。Seetanagaram 村的村民对自来水水管破裂感到无比厌烦，向当地官员反映也无济于事，村里的女人们不得不步行 2 小时去沙拉河取水。由于河水水质不好，村民经常感到不舒服。村里一个 23 岁的男青年拉奥参加了由英国水援助（Water Aid）慈善机构举办的水管维修培训项目，参加培训之后，拉奥的水管维修工作应接不暇。拉奥属于传统印度种姓制度中地位最低的成员（达利特人），这个阶层被称为不可接触的阶层，是低于其他四种种姓阶层的第五阶层。Seet-anagaram 村是一个孤立的村庄，上层阶层生活在一个独立的社区，甚至不允许达利特人参加社区的婚礼和节日庆祝。面对那些破裂的水管，起初上层阶层成员并不愿意与这个达利特人联系，最后迫于无奈逐渐接受了这个达利特人帮助修理水管。类似于水援助的培训项目已经培训了 490 位达利特村民，由此逐渐削弱了基于偏见的种姓制度。

政治环境也表明种姓制度在慢慢消亡。印度已经在很多职业领域扩大了定额指标，确保较低阶层具有公平的表现机会。许多印度公司正在执行自愿计划以增加劳动力中较低阶层的人数。一些公司正在考虑为较低阶层提供更好的教育和培训机会，而另一些公司正在举办辅导班以鼓励较低阶层人员接受更多的教育。印度政府也对一些给贫穷地区底层人员提供就业的公司实施税收优惠。

资料来源：Based on Economist. 2006. "Asia: Caste and cash," April 29, 67; Harding, Luke. 2002. "Indian villagers given a taste of equality: Lower-caste Dalits trained to fix pumps gain clean water and modicum of respect." Guardian, December 7, 20; Rao, A. 2012. Managing diversity: Impact of religion in the Indian workplace. Journal of World Business, 47, 232 - 239.

印度教的教义和理念对跨国公司管理也具有其他意义。宗教为伦理行为提供了清晰的指导方针，履行职责、尊敬父母是一个不变的信条。与种姓制度相关，大部分人都有应该遵循的清晰路径，建议跨国公司也对这些准则予以考虑。印度教中尊敬父母的教律对企业也具有重要的意义，跨国公司会发现，很多印度家族企业以及企业中的男性长者通常是重大决策的制定者。因此，跨国公司即使在与年轻人打交道时也应接受家长会产生影响的现实。最后，印度教信徒相信在生活中应以四种目标为导向：精神成就、物质财富、愉快和自由，这些目标根据生活的阶段不同而有所变化。[32]跨国公司应该意识到，印度教不会谴责物质财富的追求；这正是跨国公司通常期待的、有助于企业和财富积累的环境。

佛教（Buddhism）是一种广泛的、多方面的宗教传统，主要关注世间苦难和所有众生从中得到自由的方式。佛教的创立者释迦牟尼是出生于公元前 6 世纪的印度王子。佛经中对其生活的记述是：他的父亲为帮他做好准备继承王位，尽力保护他，不让他看到苦难。然而，释迦牟尼不满足于生活的暂时安定，29 岁时为寻求真理，放弃了所有的荣华，成为"一个游荡的苦行僧"。[33]大多数佛教的追随者分布在柬埔寨、中国、日本、韩国、老挝、斯里兰卡和泰国等国家，不过在欧洲和美国也存在。

佛教在本质上强调觊觎和欲望不可避免地会产生苦难。然而，佛教认为，人可能会达到再也没有任何苦难的状态。要想消除苦难，一个人必须遵循恰当的理解、恰当的意图、恰当的话语、行为、谋生之道、努力、谨慎和关注等八层路径。佛教信徒还相信，为了训练和舒缓意志、最终获得启示或达到极乐世界，终结苦难的方式就是冥思。

纳纳亚克拉（Nanayakkara）对释迦牟尼教诲的解释为，释迦牟尼将贫穷看做社会道德行为减少的主要原因。[34]因此，佛教规定了员工应努力工作并提升主动性、坚持不懈的职业操守。懒惰被看做一种负能量，会挫败士气。信奉佛教的员工应该具有积极的工作观，但是跨国公司管理者必须意识到，佛教所提出的工作操守是强调团队协作以及达到成功的伦理方式，跨国公司应该提供有利于这些价值观的工作环境。

由于佛教着重强调怜悯和仁爱，一些人也建议以利润为主导的西方企业应该采纳佛教的教律。基于此种情况，古尔德（Gould）提出，员工（和跨国公司管理者）应进行大量的实践活动以强化企业的伦理目标。[35]例如，如果每一个人都被看做一个大家庭中的成员，那么他将会更关心自己的行为对其他人造成的影响。而且，一个人如果表现出与生俱来的将他人作为关系密切的亲戚一般的怜悯和关爱，将有助于跨国公司解决员工多样化问题。佛教的另一条教律是承认别人的积极行动使生活更多彩，因此，如果跨国公司管理者基于道德约束视角认识员工的努力，那么他们可能会长期获益。最后，工作是生活的重要组成部分，其他领域也需要平衡，跨国公司应该尊重员工的工作生活平衡理念。

对世界上四个主要宗教的描述表明，它们都会对经济环境产生重要影响。

本小节我们介绍了世界上的主要宗教形式并考察了其对跨国公司管理的影响。后面我们将阐述两种主要的社会制度：教育和社会不平等。虽然这两种社会制度对跨国公司管理的影响不如其他三种社会制度明显，但它们仍是大多数社会的核心。

3.1.4 教育

教育（education）是"个体融入社会的社会化经历的组织网络"，并且"它也是社会组织中构建能力、促进创造职业和培养专业人士的核心要素"。[36]教育是经济发展和社会进步的重要途径。大多数国家均想实现教育大众化[37]，因为教育能够传授技能，改变态度、行为，传承知识，使人们有更多的需求，同时，人们也会更多地回馈社会。这种交互效应促进了社会扩大和社会现代化。

案例分析

尼日利亚的教育和创业

很多国家通过提供教育实现国家的各种目标。大多数国家期望教育系统为社会成员提供必要的能力和技能，以便这些社会成员充分地履行公民的职责和义务。然而，尼日利亚希望自己的教育体系发挥更大的作用。当前的经济危机对尼日利亚的经济冲击很大，尼日利亚国内的就业机会减少，工资水平下滑。经济恶化、就业机会缺乏严重地打击了尼日利亚的年轻人，对于这一群体来说，摆脱贫穷变得非常困难。

人们摆脱贫穷的一种途径是开始自己做生意。专业人士认为，在尼日利亚教育体系

中设置创业课程会极大地增强尼日利亚年轻人摆脱贫穷的能力。最近的一份报告讨论了初级创业课程（使学生初步了解创业技能对创业的重要性）和后续的中级创业课程（聚焦于创业精神、市场营销、商业计划以及法律要求的高级课程）。开设创业课程旨在将自主创业作为一种可行的就业选项，同时增强尼日利亚人对自主创业能力的自信心。

资料来源：Based on Ejiogu, A. O. and C. A. Nwaji-uba. 2012. *The need for inclusion of entrepreneurship in Nigerian school curricula*. Thunderbird International Business Review, 54 (1), 7-13.

教育对跨国公司管理的影响是显而易见的。一方面，教育水平揭示了员工的技能和生产率。[38] 员工接受的教育越多，他们所拥有的技能就越多，并且越有可能提高一国的生产率。在第 11 章和第 12 章你将看到，教育制度影响如何解决劳动力问题以及如何执行政策等问题。教育制度决定了劳动力的性质，拥有大量接受过良好教育的个体有利于发展中国家吸收发达国家的先进技术。跨国公司能够通过衡量不同国家的教育水平来预期这些国家工人的能力。具体来说，跨国公司可以通过平均受教育年限或受教育程度了解一个社会的人力资本潜力。为了评估服务型跨国公司人力资源的适用性，跨国公司可以考察受过高等教育的人口百分比。图表 3-7 显示了部分国家相关年龄群体接受高等教育的比例，其中的分数是对教育潜力的大致估算。

图表 3-7　　　　　　部分国家相关年龄群体接受高等教育的情况

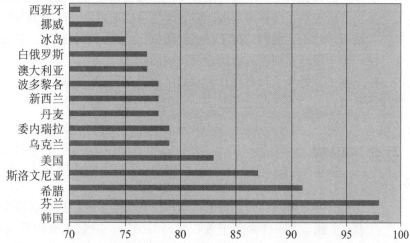

资料来源：Based on Economist. 2012. Pocket World in Figures. London：The Economist.

　　不同国家教育的焦点存在差异。在第 11 章中你将看到，一些国家的社会化教育体系只重视学术教育，而另一些国家，诸如德国力求职业教育和学术教育两者的平衡。依据学生的国际性对比测试成绩，跨国公司可以了解受教育者从教育系统中获取的技能和经验。例如，国际教育发展和教育成就评估委员会指导下的数学和科学测试分数就能很好地反映劳动力的素质和教育体系在专业领域的教育优势。如果跨国公司从事高水平的研发工作，那么选择在具有高研发水平的国家建立公司是非常必要的。图表 3 - 8 显示了部分国家研发费用占国内生产总值的比例。

 图表 3 - 8　　　　　　　　　　研发费用占国内生产总值的比例

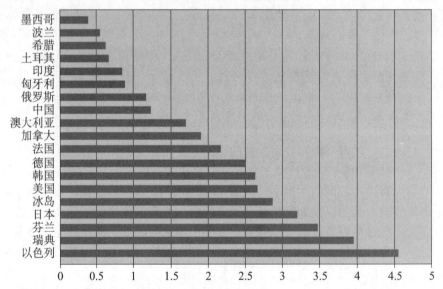

资料来源：*Based on Economist*. 2012. Pocket World in Figures. 2012 *Edition. London*；*The Economist*.

　　如图表 3 - 8 所示，重要的问题之一是教育制度鼓励学生创新和创造的程度。很多亚洲国家正在着力重新设计教育体系，扭转强调死记硬背及中学阶段竞争过于激烈的教育状况。不过，这些亚洲国家在研发上却取得了极大的成功。下面的案例分析表明，在许多亚洲国家，学生可能通过发奋学习取得成功，跨国公司必须清醒地认识到他们的员工接受过机械记忆式的学校教育。然而，一些证据也显示，未来亚洲在创新方面将扮演重要的角色。

　　本小节解释了教育对社会经济结构具有深远的影响。下一节我们将讨论社会不平等。

3.2　社会不平等

　　社会不平等（social inequality）指在社会中人们拥有获得资源和社会地位的特权的程度。[39]在社会不平等程度高的国家，少数人有权控制和使用重要的资源。这些重要的资源允许少数人利用资源获取权来换取更多的权力，这反过来进一步固化了社会不平等。人们通常把社会不平等阶层化视为理所当然，诸如学校和父母等很多社会化代理人往往教育他们的孩子接受阶层分化。

社会不平等对跨国公司管理具有重要的影响。在下一章中你将会看到，在社会不平等程度高的国家开展业务，跨国公司经常会遭到公众激烈的抨击。因低薪和雇用童工，许多跨国公司饱受负面舆论的困扰，而且社会不平等程度越严重，越会加剧这种负面困扰。因此，许多跨国公司逐渐意识到，积极采取社会活动缓解社会不平等是自己的利益所在。下面的案例分析从性别的角度探讨了社会不平等。

下面的案例分析揭示，社会不平等对于跨国公司的选址决策具有重要影响。为了防止负面舆论的困扰，许多跨国公司现在主动避开在社会不平等程度高的国家开展业务。在后面的章节我们将会看到，社会不平等程度高的国家产生了很多重要的伦理问题。跨国公司认为，基尼系数（GINI index）是反映社会不平等程度的重要指标。基尼系数指人们的收入分布曲线与完全平等收入分布曲线的离散程度。图表 3-9 显示了部分国家的基尼系数。

图表 3-9　部分国家的基尼系数（0 表示完全平等，100 表示完全不平等）

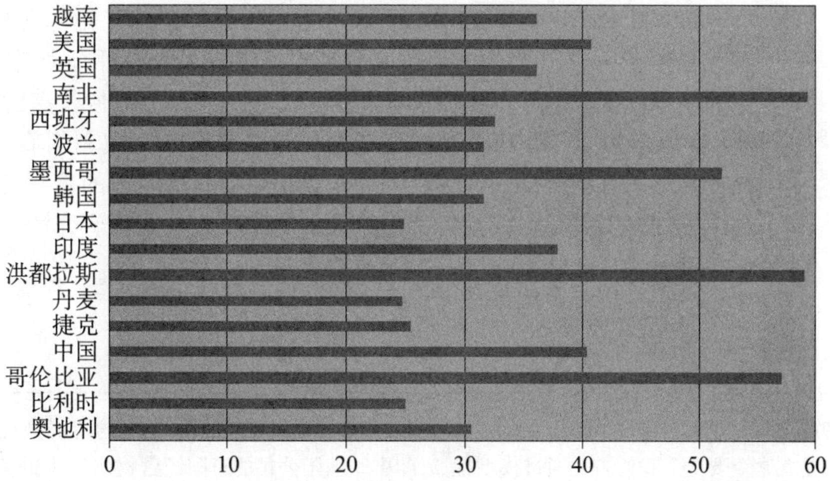

资料来源：*Adapted from* World Development Indicators Database. 2009. *http：//publications. world-bank. org/ecommerce/products.*

案例分析

性别歧视和奇基塔香蕉

在强大的压力下，涉足香蕉贸易的跨国公司不得不改善所雇用员工和供应商员工的工作环境。奇基塔公司（Chiquita）已经制定了一套综合性的企业社会责任政策，其主要内容是自主性行为准则，奇基塔及其生产商必须遵从这些准则。对尼加拉瓜香蕉业女员工的调查显示，这些自主性行为准则并没

有使她们的生活发生太大的改变。

为什么这项准则在尼加拉瓜女性以及其他国家的女性中没有效果呢？普列托·卡伦（Prieto Carron）认为，在诸多因素中，结构性性别歧视因素已经降低了自主性行为准则的有效性。在诸如危地马拉、洪都拉斯、尼加拉瓜、哥伦比亚和厄瓜多尔等国家，香

蕉产业大约雇用了 482 000 名女员工，大多数女员工从事低薪和高强度的包装工作，与男员工相比，女员工面临严重的社会不平等。女员工受雇于一个季节性很强的行业，伴随着国内动荡的社会环境，对女性的负面观念是普遍存在的，这些歧视进一步导致了女员工面临比男员工更加艰苦的工作环境。

奇基塔公司在减少性别歧视方面能做什么？大多数专家认为改善女性的工作环境是一项艰巨的任务，当地政府和企业能够为实现同工同酬做一些努力。性别意识培训有助于鼓励男员工转变对女员工的看法；雇用更多的女性管理者能减少性骚扰；还要实施一些关于女性安全报告、惩治暴力侵害者的制度；最后，企业可以积极主动地为女性权利提供更好的条件。

特别值得注意的是，政府部门也正在采取措施消除社会不平等对个人的影响。欧盟针对扶贫领域提出了许多倡议，SAMPLE 和 GUSTO 研究项目的目标都是更好地理解欧洲社会不平等现象、寻求减少社会不平等的措施。

资料来源：*Based on Harkiolakis*，*N.*，*D. Prinia*，*and L. Mourad. 2012. Research initiatives of the European Union in the areas of sustainability*，*entrepreneurship*，*and poverty alleviation.* Thunderbird International Business Review，54（1），73 - 78；*Prieto-Carron*，*Marina. 2006. "Corporate social responsibility in Latin America."* Journal of Corporate Citizenship，21，85 - 94.

考察社会不平等对工作影响的跨文化研究并不多。帕博蒂阿和库伦对 26 个国家和地区 30 270 名个体的创新性研究表明，社会不平等严重影响了人们对工作的喜爱程度。[40]社会不平等导致社会仅为一些社会地位较高的个人提供工作机会。而且，社会不平等越严重，越会导致员工自认为被剥削而士气低落。因此，在社会不平等程度高的社会，人们很难把工作视为生活的重要内容。事实上，社会不平等程度越高，人们对工作氛围的满意度越低。该研究清晰地展示了社会不平等的重要性及其对跨国公司的潜在影响。

小 结

理解国家文化和制度环境对于充分了解一种社会形态是非常重要的。我们首先通过模型检验了国家文化和社会制度如何共同作用形成国家背景及其对社会企业文化的影响。本章应用第 2 章提供的专业背景资料阐述了四种重要的社会制度，并分析了四种社会制度对企业及员工的影响。

本章定义了社会制度，并阐释了社会制度如何对个人和组织产生影响。接着描述了经济体制、社会制度的极端类型。本章表明，在社会主义制度下政府拥有产品的所有权，而资本主义制度下私人拥有产品的决策权，在这两种极端的经济体制之间是混合经济体制。经济体制影响跨国公司管理的两个主要方面是：在商业领域政府的干预程度；从计划经济向自由市场经济的转型。

制度环境包括工业化进程。基于此，本章讨论了前工业社会、工业社会和后工业社会三种工业化形态，以及这三种工业化形态对跨国公司管理的影响。前工业社会典型的特征是社会发展缓慢，对跨国公司的跨国经营提出巨大的挑战；相反，工业社会通常经济发展迅速，加工制造业在经济中占有主导地位；在后工业社会，服务业成为主导产业，人们的社会价值开始从经济成就导向朝高品质生活转变。

宗教在很多社会中都是一种重要的社会制度。我们讨论了世界四种主要宗教类型——基督教、伊斯兰教、印度教和佛教。本章也概括了每一种宗教对商业的影响。

就社会中劳动力获得的技能和经验而言，教育制度具有重要的意义。而教育制度的另外一些方面，例如关注科学和数学，也在本章进行了讨论。

最后，我们探讨了社会不平等对跨国公司产生的重要影响。本章以此主题结束：社会制度的差异性，无论现在还是未来都很重要。我们认为，成功的跨国公司管理者应该恰当地评估社会制度环境，并且设计适合制度环境的工作环境。

┌ 讨论题 ───────■

1. 经济体制的三个主要类型是什么？经济体制对社会中企业的组织结构有何影响？

2. 前社会主义社会所经历的市场转型的意义是什么？在前社会主义国家，跨国公司在激励员工时面临怎样的挑战？

3. 为什么非洲的经济发展水平落后于其他国家？跨国公司在非洲促进其经济发展过程中能做什么？

4. 世界四大宗教的哲学理念是什么？选择两种宗教并且讨论其对企业环境的影响。

5. 讨论具体的佛教教律，并讨论如何应用这些教律使跨国公司管理者更具伦理道德。

6. 国家的教育体系如何影响商业环境？

7. 社会不平等是指什么？社会不平等对商业重要领域的影响是什么？

┌ 网上练习 ───────■

经济自由指数

1. 浏览美国传统基金会的网站（http：//www. heritage. org）并搜索最新的经济自由指数报告。

2. 什么是经济自由？为什么经济自由对跨国公司如此重要？

3. 讨论如何计算经济自由指数。基金会采用了哪 10 项指标构建经济自由指数？

4. 经济自由指数排名前 10 位的国家和地区有哪些？哪些国家和地区排在后 10 位？

┌ 技能培养 ───────■

简　　报

刚刚接到通知，你的公司已经同意和捷克的一个企业合资。贵公司不仅为捷克企业提供生产电灯泡的新技术，而且提供管理和激励员工的技能。刚开始你要对这个合资企业管理的方方面面负责，并且培训在公司管理岗位工作的捷克人。

借助互联网和图书馆研究诸如捷克文化、捷克员工对于工作的态度、在贵公司使用的西方激励机制是否适合捷克合作伙伴以及捷克员工的管理潜力这样的一般性问题。找出你在促成这种企业间的合并时将遇到的主要挑战，讨论潜在的解决办法。试图培训一个捷克人成为公司的管理者时，你面临的挑战是什么？讨论你可能采取的培训措施。将你自己的想法向全班展示。

┌ 注　释 ───────■

1 Schooler, C. 1996. "Cultural and socio-cultural explanations of cross-national psychological differences." *Annual Review of Sociology,* 22, 323–319.

2 Turner, J. H. 1997. *The Institutional Order.* New York: Addison-Wesley, 6.

3 Olsen, M. E. 1991. *Societal Dynamics: Exploring Macrosociology.* Englewood Cliffs, NJ: Prentice-Hall, 35.

4 Tsoukas, Haradimos. 1994. "Socio-economic systems and organizational management: An institutional perspective on the socialist firm." *Organization Studies,* 15, 21–45.

5 Ibid.

6 Healey, Nigel M. 1996. "Economic transformation in Central and Eastern Europe and the commonwealth of independent states: An interim report." *Contemporary Review,* 268, 229–236.

7 Pearce, Jones L. 2001. *Organization and Management in the Embrace of Government.* Mahwah, NJ: Lawrence Erlbaum Associates.

8 Walder, A. G. 1986. *Communist Neo-Traditionalism.* Berkeley: University of California Press.

9 Turner, *The Institutional Order.*

10 Blau, Peter, and Otis Duncan. 1967. *The American Occupational Structure.* Hoboken, NJ: Wiley.

11 Inglehart, Ronald, Miguel Basanez, and Alejandro Moreno. 1998. *Human Values and Beliefs: A Cross-Cultural Sourcebook.* Ann Arbor: University of Michigan Press.

12 Gereffi, Garry, and Donald L. Wyman. 1990. *Manufacturing Miracles: Paths of Industrialization in Latin America and East Asia.* Princeton: Princeton University Press.

13 Kuruvilla, Sarosh. 1996. "Linkages between industrialization strategies and industrial relations/human resource policies: Singapore, Malaysia, the Philippines, and India." *Industrial and Labor Relations Review,* 49, 635–657.

14 Ibid., 652.

15 Bell, Daniel. 1973. *The Coming of Postindustrial Society.* New York: Basic Books.

16 Stark, Rodney, and William S. Bainbridge. 1985. *The Future of Religion.* Berkeley: University of California Press.

17 Iannaconne, Laurence R. 1998. "Introduction to the economics of religion." *Journal of Economic Literature,* 36, 1465–1496.

18 Harpaz, Itzhak. 1998. "Cross-national comparison of religious conviction and the meaning of work." *Cross-Cultural Research,* 32, 143–170.

19 Weber, Max. 1958. *The Protestant Ethic and the Spirit of Capitalism.* Translated by T. Parsons. New York: Scribner's.

20 Terpstra, V., and K. David. 1991. *The Cultural Environment of International Business.* Cincinnati: South-Western.

21 Harpaz.

22 Fisher, Mary P. 1999. *Living Religions,* 7th ed. Upper Saddle River, NJ: Prentice Hall 273.

23 Ludwig, Theodore M. 2001. *The Sacred Paths,* 3rd ed. Upper Saddle River, NJ: Prentice Hall, 425.

24 Fisher.

25 Ibid.

26 Ludwig.

27 Esty, Benjamin C. 2000. "The EQUATE project: An introduction to Islamic project finance." *Journal of Project Finance,* 5, 7–20.

28 Ludwig.

29 Ibid., 64.

30 Ibid., 84.

31 Wylie, David. 1996. "FoodWorld supermarkets in India." In A. A. Thompson and A. J. Strickland, *Strategic Management,* 11th ed. Boston: Irwin/McGraw-Hill.

32 Ludwig.

33 Ibid., 117.

34 Nanayakkara, S. 1992. *Ethics of Material Progress: The Buddhist Attitude.* Colombo, Sri Lanka: The World Fellowship of Buddhist Activities Committee.

35 Gould, Stephen J. 1995. "The Buddhist perspective on business ethics: Experiential exercises for exploration and practice." *Journal of Business Ethics,* 14, 63–70.

36 Meyer, John W. 1977. "The effects of education as an institution." *American Journal of Sociology,* 83, 55–77.

37 Meyer, John W., Francisco O. Ramirez, and Yasemin N. Soysal. 1992. "World expansion of mass education, 1870–1980." *Sociology of Education,* 65, 128–149.

38 Barro, Robert J., and Jong-Wha Lee. 2000. "International data on educational attainment: Updates and implications." Working Papers, Center for International Development at Harvard University.

39 Olsen.

40 Parboteeah, K. Praveen, and John B. Cullen. 2003. "Social institutions and work centrality: Explorations beyond national culture." *Organization Science,* 14(2): 137–148.

第4章
跨国公司伦理管理和社会责任的挑战

✏️ **学习目标**

通过本章的学习，你应该能够：

- 了解国际企业伦理和社会责任的定义。
- 理解与企业伦理相关的伦理哲学的基本原理。
- 理解社会组织和国家文化如何影响伦理决策的制定和管理。
- 理解在伦理管理中应用伦理相对论和伦理普适论的含义。
- 了解美国《反海外腐败法》的基本理念和规定。
- 理解国际协议如何影响国际企业伦理。
- 理解企业问题中经济、法律和伦理分析的区别。
- 培养从伦理影响的角度制定国际决策的技能。

案例预览

遍及全球的不道德行为

虽然大多数社会都期望它们的企业是道德的，但是有证据表明在世界范围内仍然存在很多不道德的行为，正如下面的案例所示。

- 曾任法国著名电信公司阿尔卡特公司执行总裁的克里斯蒂安·萨普斯奇安（Christian Sapsizian）被判入狱 30 个月，并处罚金 26.15 万美元。他承认在与哥斯达黎加国有电信公司的移动电话交易中，用 250 万美元贿赂哥斯达黎加的政府高官。虽然阿尔卡特公司不是美国企业，萨普斯奇安也不是美国公民，但他是在美国法院被宣判有罪的，因为阿尔卡特公司在美国纽约证券交易所上市，其行为违反了美国的《反海外腐败法》。

● 2012 年 2 月 3 日，韩国著名的韩华集团公司宣称其董事长金升渊正在接受挪用公款的调查。韩华集团公司总裁崔泰源也涉嫌和他的兄弟挪用公款进行期货投资，由于 990 亿韩元的公司资金去向不明受到了调查。这两起案件都与韩国家族经营的大财阀企业有关联，而且这些企业都在韩国跨国经营中扮演着重要角色。公司治理缺陷使得这些企业的经营方式对小投资者极为不利，大财阀经常通过与家族成员拥有的其他公司签订合同来转移公司资产，这些公司也采用破产等形式从姐妹公司得到财务支持。这些交易不可避免地牺牲了小投资者的利益，而使家族内部人员获利。

● 印度最大的软件技术公司之一萨蒂扬（Satyam）如今被称为印度的"安然"，萨蒂扬公司的创始人兼总裁拉朱（Raju）涉嫌欺瞒 147 万美元的公司资金。例如，他虚报企业利润、夸大企业资产。直到公司准备收购家族成员拥有的其他两家公司时，这些欺瞒行为才暴露出来。股东的强烈抗议导致交易中止，这些阴谋的曝光表明，印度企业界存在很多亟须解决的问题。

● 德国著名的集团公司、欧洲最大的电子电器公司之一西门子也面临贿赂丑闻。多年来，西门子公司都有三本现金账，员工可以为了赢得合同使用现金贿赂相关人士。据报道，大约有 8.5 亿美元的资金用来贿赂外国官员，以帮助西门子公司在世界范围取得合同。

资料来源：Based on Economist. 2012. "Minority report." February 11，74；Economist. 2011. Based on Economist. 2008. "Bavarian baksheesh," December 20，112 - 113；Economist. 2009. "India's Enron," January 10，56 - 57. Sanyal, R. 2012. "Patterns in international bribery：Violations of the Foreign Corrupt Practices Act." Thunderbird International Business Review, 54 (3)，299 - 309.

诸如安然公司、世通公司等企业不断被揭露出丑闻，表明世界范围内不道德行为是经常发生的。实际上，这些例子只是跨国公司不道德行为中的一小部分，这些不道德行为不仅对于这些企业，对社会也是不利的。因为跨国公司的这些行为会带来负面的宣传效果，进而使公司丧失信誉和声誉，更有甚者，一些跨国公司被起诉并因此缴纳罚金。最终，企业既失去了顾客，又失去了顾客对它们的信任。因此，跨国公司伦理对于大多数跨国公司来说是一个非常关键和重要的问题。

本章将回顾企业伦理目前的状况，并讨论跨国公司管理中特殊的企业伦理和社会责任问题。企业中各层级的管理者每天都面临伦理（道德）问题，例如，"如果我解雇了一名业绩差的员工，他的孩子靠谁抚养？""如果在海外某个国家雇用廉价的童工是合法的，那我们因为竞争者这么做就要雇用童工吗？""我们是否应该不去贿赂收入低的政府官员从而失去合同、让竞争者获益？""我们是否因为倾倒垃圾在某些国家不违法而向河流中倾倒垃圾废物？"

到底是什么原因使得跨国公司伦理问题为众人所关注？伍兹（Woods）认为，目前大约有 6 万家跨国公司经营着跨国业务，而且绝大多数公司及其 50 万家子公司都设立在发展中国家。[1]跨国公司的进入为这些国家带来了大量的资金、人才，这样就限制了发展中国家监管这些企业的能力。在很多情况下，为了争夺外国投资，发展中国家的政府不愿意去监管这些跨国公司，因此，面对这种监管缺失的情况，跨国公司做出伦理决策的能力也在经受考验。

除了这些被揭露出来的不道德的行为及其带来的不良声誉，目前的研究也表明，以伦理准则经营企业会给企业带来很多益处。范伯登（Van Beurden）和高斯林（Gossling）通过对几百篇文献的研究发现，遵守伦理准则的企业会有更高的绩效表现，涉及企业财务绩效、企业市场价值、股票价值、股票市场收益、未来财务绩效等方面。有道德的企业财务绩效会更好。企业伦理到底有多重要？思考以下案例。

案例分析

道德村协会

道德村协会致力于领导全球企业建立、发展、分享企业伦理、社会责任、反腐败和可持续发展的最佳实践。每年道德村协会都会选出一些企业作为全球最具商业道德企业，并给予嘉奖。全球企业基于道德商数（ethics quotient）评估获得提名，主要包括道德与合规结构、市场声誉、严格的公司治理、企业社会责任和道德文化五大类别。道德村协会根据提名企业的道德商数评选出全球最具商业道德企业。

为什么被评选为全球最具商业道德企业是件值得骄傲的事情？因为获得这个称号的企业证明了道德努力的重要性。例如，美国江森自控有限公司（Johnson Controls）——

一家全球知名的综合公司，曾经连续6年获得这个称号，它认为这个荣誉是公司16.2万名员工每天严格遵守道德规范的结果，而且公司也体会到遵守道德规范对于提高企业竞争力的重要作用，因为遵守道德规范体现了企业的社会责任，由此增强了企业的竞争力。

全球最具商业道德企业来自世界各个地区。图表4-1列出了部分获奖企业所属的行业和国家。

由于企业伦理具有重要作用，所以本章下面将介绍一些跨国公司管理者处理伦理问题时需要了解的背景和具备的能力。

图表 4-1　　　　道德村协会选出的部分全球最具商业道德企业

行业	企业	所属国家
农业	伦理水果有限公司（Ethical Friuit）	英国
服装业	Comme Ⅱ Faut	以色列
服装业	盖璞	美国
服装业	巴塔哥尼亚（Patagonia）	美国
汽车业	江森自控有限公司	美国
金融业	澳大利亚国民银行	澳大利亚
金融业	拉博银行（Rabobank）	荷兰
商业服务	埃森哲	爱尔兰
计算机软件	Adobe 公司（Adobe Systems）	美国
计算机软件	维布络	印度
消费电子产品	伊莱克斯公司（Electrolux）	瑞典
消费电子产品	得克萨斯仪器公司（Texas Instruments）	美国
能源产业（石油）	阿拉斯加管道服务公司（Alyeska Pipeline Service）	美国

续

行业	企业	所属国家
能源产业（石油）	挪威国家石油公司（Statoil）	挪威
美容保健	欧莱雅	法国
美容保健	资生堂	日本
餐饮业	星巴克（Starbucks Coffee）	美国
食品零售业	凯斯科	芬兰
食品零售业	索纳（SONAE）	葡萄牙
零售业	好市多	美国
运输物流业	日本邮船株式会社	日本
运输物流业	巴拿马运河管理局	巴拿马
运输物流业	联合包裹服务公司（UPS）	美国

资料来源：*Based on http：//www.ethisphere.com*；Transportation Business Journal. 2012. *"Johnson Controls named one of 'World's Most Ethical Companies' for Sixth consecutive year."* April 8，59.

4.1 什么是国际企业伦理和社会责任

在了解跨国公司经理面对的伦理困境之前，需要对企业伦理的概念进行初步界定。大多数专家把企业伦理看做对所有伦理行为的广泛关注与论证推理，这些行为关系到人们自身及其福利。当经理决定是否销售一种有用但是存在危险的产品时，就面临伦理决策。伦理解决的是生活中"应该做的事"，即伦理是指决定与他人交易的商业目标和行为时应该遵守的规范和价值观。[2]

虽然经济逻辑（即盈利）是企业制定决策时的主导原则，但是大多数企业决策都影响到人的利益（工人、供应商、消费者和社会成员）。因此，伦理决策贯穿组织管理全过程。例如，产品安全、裁员、关闭或迁移工厂、广告的诚实度等决策都会对相关的人及其利益产生影响。当企业经理做这些决策时，不论是否有意识，他们的决策都具有伦理结果。

伦理问题很少有清晰明了且人们一致接受的答案。例如，制造出比目前更安全的汽车是有可能的，但是，如果法律规定必须生产这种汽车，那么汽车的价格将会非常昂贵（只有少数富人才买得起）；还可能导致汽车生产规模缩小（更多的人将会失业）；导致汽车需要配置更大的发动机（增加了石油消耗和污染）；导致利润降低（违背了经理对股东们的伦理责任）。因此，汽车制造商经常面临制造更安全的汽车还是更经济适用的汽车的伦理困境。

国际企业伦理（international business ethics）是企业跨国经营中管理者面临的特殊伦理问题。国际企业伦理和国内企业伦理存在两点不同：首先，最重要的就是国际企业的跨国经营使国际商务变得更复杂，不同的文化价值观和组织系统意味着人们对特定环境下个人应有的行为持有不同的看法，外派管理者有可能会面对当地企业的某种经营活动违背母国文化和法律的情况；其次，某些大型跨国公司拥有的权力和资产甚至可以与一些国家政府相提并论，因此，这些强有力的大型跨国公司的管理者可能会遇到如何运用这种权力的伦理困境的挑战。

与企业伦理紧密相连的概念是企业社会责任。**企业社会责任**（corporate social responsibility）是指企业除了赚取利润还应该承担的社会责任，这就意味着企业不仅要考虑股东的利益，还要顾及其他利益相关者的利益，包括消费者、供应商等。企业伦理的概念只涉及作为个体的管理者面对的伦理困境，而企业社会责任通常关系到企业政策和程序的伦理结果。因此，监控供应商的工作情况、支付工人的子女教育费、为社区捐款等行为都是企业社会责任的内容。

聚焦新兴市场

印孚瑟斯和企业社会责任

印孚瑟斯是印度一家著名的软件公司。虽然公司创立时正值国家腐败蔓延，但是从公司创立的那天起，印孚瑟斯就立志以道德的方式经营企业。在最近的一次访谈中，印孚瑟斯的创始人穆尔蒂（N. R. N. Murthy）回忆了他如何从一家专业的软件公司辞职而组建自己的公司的过程。他邀请6个同事在孟买的家中开会，在这次会议中，他们讨论了各自希望印孚瑟斯是个什么样的公司。有人说，希望印孚瑟斯成为印度最大的公司；而穆尔蒂提出，"我们为什么不将印孚瑟斯建成印度最受尊敬的公司？"印孚瑟斯道德经营的原则由此产生。

公司的经营方式其实十分简单，主要基于C-LIFE价值系统，即顾客至上、领导表率、正直透明、公平、卓越。从印孚瑟斯诞生起，这些价值准则就指导着公司的经营活动，并通过应用它们统领每一个股东的想法。

印孚瑟斯还承担起企业社会责任。公司创立了印孚瑟斯基金，每年从中拿出一部分利润投入慈善事业。在印度，印孚瑟斯基金资助穷人，建造医院、房屋，为家境贫困的孩子设立奖学金。印孚瑟斯还在大约1.5万个村子建立了图书馆，为上千所学校捐赠计算机。而且，印孚瑟斯正在支持美国市中心贫民区学校的科学、数学项目的倡议。

资料来源：*Based on Raman*，A. 2011. *"Why don't we try to be India's most respected company?"* Harvard Business Review，*November*，2-7.

伦理和社会责任在实践中并不容易区分。一般来说，企业中关于社会责任的程序和政策都反映了伦理价值观和高层管理团队的决策。[3] 而且，跨国公司面对的伦理和社会责任问题是复杂多样的。图表4-2展示了跨国公司中的部分利益相关者以及跨国公司面临的影响利益相关者的典型问题。如图表4-2所示，跨国公司的利益相关者包括主要利益相关者和次要利益相关者。**主要利益相关者**（primary stakeholders）直接关系到企业的生存，包括顾客、供应商、员工和股东。**次要利益相关者**（secondary stakeholders）间接关系到企业的生存，包括大众媒体、贸易协会和一些特殊的利益群体。[4] 虽然次要利益相关者看起来对跨国公司的影响不明显，但是就其影响而言，最近的事例表明这些利益相关者与主要利益相关者同样重要。例如，壳牌石油公司曾经被迫承认与尼日利亚的腐败政府有关联。同样，著名的农业巨头孟山都公司（Monsanto）由于要生产农业生物技术产品，所以必须与绿色和平组织、地球之友等次要利益相关者搞好关系。[5]这些例子都表明满足这两类利益相关者的需求是非常重要的。

图表 4-2　　　　　　　　跨国公司伦理和社会责任的关注领域

受影响的利益相关者	伦理/社会责任问题	跨国公司问题举例
顾客	产品安全 公平价格 适当的信息披露	跨国公司是否应该削弱产品的安全特性以使贫穷国家的人买得起？ 一个国家的独家供应商应该利用其垄断优势吗？ 跨国公司应该承担将其所有产品信息翻译成其他语言的成本吗？
股东	公平的投资回报 公平工资 安全的工作条件	如果一种产品因为不安全而被一个国家取缔，是否应该为了维持利润率而将其销往其他没有被取缔的国家？ 如果高管陷入财务丑闻，公司应该怎么做？为了保护股东的利益，公司应该采取什么保护措施？ 应该给首席执行官多少薪酬？股东们应该忽略巨额的遣散费吗？ 当市场水平工资导致其他人生活贫困时，公司应该支付高于市场水平的工资吗？ 公司应该对供应商员工的工作环境负责吗？
员工	童工 性别、种族、肤色或信仰的歧视 对地方经济的影响	如果在东道国使用童工是合法的，跨国公司应该使用童工吗？ 公司应该将女性员工派遣到一个在公共场合女性和男性保持距离的国家吗？ 跨国公司应该通过转移定价和其他内部核算手段来减少其在国外的实际税基吗？
东道国	遵守地方法律 对地方社会机构的影响 环境保护	跨国公司应该遵守那些有违母国反对歧视的当地法律吗？ 跨国公司应该要求工人在宗教节日工作吗？ 跨国公司是否有义务控制有害废物以达到比当地法律要求更高的程度？
整个社会	原材料消耗	跨国公司应该消耗一些国家同意其消耗的自然资源吗？

国际管理者应该如何应对诸如图表 4-2 显示的不断出现的伦理挑战？为了在社会责任方面获得成功并从中受益，跨国公司管理者必须权衡其决策中的经济、法律、伦理结果。本章接下来将探讨管理者如何用伦理原则分析企业面临的情况。首先回顾管理者做伦理决策时遵循的基本伦理哲学；其次分析企业伦理和社会责任的国家差异；再次思考国际企业伦理的发展趋势，跨国公司不可能依赖于任何一个国家的伦理原则和伦理哲学；最后探讨从伦理的角度平衡企业和管理者的行为需求。

4.2　伦理哲学

在这个部分，我们将考察两种制定伦理决策的方法。第一种方法来源于传统的伦理哲学，第二种方法是如何思考伦理问题的现代哲学观点。

4.2.1　传统观点

有两种伦理推理的基本体系：一种是目的论体系；一种是道义论体系。

在**目的论伦理观**（teleological ethical theories）中，行为或实践是否道德取决于它的影响。主流的目的论理论就是**功利主义**（utilitarianism）。功利主义认为，道德的行为就是能为大多数人带来最大收益的行为。例如，从功利主义的观点来看，为了养活饥饿的家庭，偷窃面包的行为是道德的，因为能否吃到面包关系到这个家庭的存亡。很多跨国公司的经济决策都是基于功利主义而制定的，如跨国公司在哪个国家开设工厂要进行成本收益分析，这代表功利主义一个最流行的应用。当功利主义被应用到极限时会发生什么？思考以下案例。

案例分析

鲁伯特·默多克和新闻集团

新闻集团是一家与娱乐产业相关的多元化全球公司，业务部门涵盖的领域包括电视节目、有线电视、网络编程、卫星电视服务以及报纸和图书出版业务。在美国，新闻集团因并购福克斯电视台而闻名遐迩。

2011 年，新闻集团被曝出可能会导致公司破产的一个特大丑闻。《世界新闻报》是新闻集团旗下一家在英国出版发行报纸的公司。2011 年末的调查揭露，该报的员工通过电话窃听获得有关名人、政客和体育明星的私人信息。调查还揭露了新闻集团的员工入侵一个被绑架的年轻女孩的手机，并删除了几封语音邮件。这不仅没有给女孩的父母带来她生存的希望，也妨碍了警方破案。其他邮件还显示，新闻集团通过贿赂警方来获取敏感信息。

大多数新闻集团高管认为，他们并不了解这些获取机密信息的策略和方法。然而，新的证据表明，许多高管不仅清楚这些非法和不道德的行为，而且支持此类行为。事实上，伦敦警方也卷入其中，伦敦警方一些最高级别成员与新闻集团的记者串通，为其提供未经充分调查的非法活动的机密信息和建议。

新闻集团的丑闻是毁灭性的。《世界新闻报》不再发行。此外，鲁伯特·默多克（Rubert Murdoch）的儿子詹姆斯·默多克（James Murdoch），新闻集团的创建人，也从公司辞职，许多人都怀疑他在新闻集团是否还有未来。鲁伯特·默多克继续遭受着各种丑闻的困扰，同时股东们要求他辞职。美国联邦调查局也对新闻集团员工是否窃听了"9·11"事件受害者的电话进行了调查。此外，新闻集团还因被指控在俄罗斯行贿而受到调查。

资料来源：Based on Economist. 2011. "Officers down." July 21, online edition；Economist. 2012a. "Rising sun, setting son." March 3, online edition；Economist. 2012b. "An old new scandal." March 31, online edition. Katz, G. 2011. "News of the World hacked into murdered girl Milly Dowler's phone." July 5, Huffington Post；http://www.huffingtonpost.com.

从成立之初《世界新闻报》就决定，无论采取何种手段，都要获取那些人们所关注事件的信息。《世界新闻报》的记者通过贿赂警方来获得机密信息，以此

提高报纸的销售量。表面上看，窃听电话、监控电子邮件和贿赂警方等不道德活动的收益似乎远远超过其参与这些活动的成本。遗憾的是，最近的事件表明，新闻集团和《世界新闻报》都低估了这些不道德行为的成本。

不是所有公司都支持功利主义思想。与目的论伦理观相比，**道义论伦理观**（deontological ethical theories）并不注重结果。相反，在这种思维方式中，行为好与坏的道德观与结果无关。例如，一个人选择不去偷一块面包是由于偷窃不道德，即使这样会使他饥饿。按照道义论，这种行为是道德的。基于此，许多宗教教义中常见的禁止偷窃的道德原则比一个糟糕的结果更重要。同样，道义论者认为，关闭一家工厂是不道德的，因为工人没有得到有尊严的对待。

也有道义论者认为，道德是直观且不言而喻的，有道德的人知道什么是对的，一个有道德的人应该如何表现是显而易见的；也有道义论者认为，人们不能依赖直觉，反而应该遵循至关重要的道德原则或价值观，例如遵守黄金法则或关注司法；还有道义论者认为，应制定一套更全面的道德原则或规范，以此指导人们的行为，例如《十诫》或《古兰经》中包含的戒律。[6]

4.2.2 道德语言

一种更具当代性的伦理审视方式得到国际企业伦理专家托马斯·唐纳森（Thomas Donaldson）的认同，这种方式强化了目的论和道义论伦理观之间的区别。唐纳森认为，国际企业伦理可以通过"国际企业伦理语言"[7]来理解。根据唐纳森的观点，**道德语言**（moral languages）描述了人们思考道德决策和解释其道德选择的基本方法。唐纳森确定了 6 条基本的道德语言。[8]

1. 善与恶：这种语言识别一个人好的或有道德的品行，并将其与恶进行对比。例如，节制对比欲望。展现或具备正直品行的人或团体被视为有道德的。从行为中得到什么结果并不重要，重要的在于行为中有道德的意图。

2. 自我控制：这种语言强调在控制思想和行动中达到完美，例如激情。这一道德语言不仅出现在佛教与印度教的世界观里，也出现在许多西方的传统观念中，例如，柏拉图的哲学和"欲望"的控制。

3. 人类福利最大化：这是功利主义观点的基本语言，强调为多数人谋取最大的利益。例如，使用这种道德语言时一些人会认为，如果社会中大多数人可以受益，那么将少数人暴露于危险化学品中是可以接受的。

4. 避免伤害：如同为多数人谋取最大利益的思想，这种道德语言依据结果识别好与坏。它关注避免不愉快的结局或结果而不是利益最大化。例如，有人可能会认为，"如果他不会伤害到任何人，就是好的。"

5. 权利和义务：这种语言关注指导伦理行为的原则。这些原则规定了所需的义务，例如父母照顾孩子的义务。这些原则也规定了人的权利，例如言论自由的权利。根据唐纳森的观点，权利和义务的语言在法律情境中非常适合。

6. 社会契约：社会契约语言构造了一种人与人之间协议的道德。这些协议并不需要写下来，但可能会被各方认为是理所当然的。在这个意义上，道德就是在我们的文化或组织中人们已经认同的道德。

伦理哲学提供了一种关于思考伦理决策和伦理困境的语言或结构，有助于管理者理解决策制定和企业伦理或社会责任政策的哲学基础。跨国公司管理者还面临在陌生文化和制度背景下做出伦理决策的额外挑战。下一节将介绍文化和社会制度如何在复杂的伦理决策中发挥作用。

4.3 企业伦理和社会责任的国家差异

在大多数跨国商务活动中，国家文化和社会制度均发挥着作用；在这里，它们影响了管理企业伦理和社会责任的方法。图表 4 - 3 展示了一个反映国家文化、社会制度和企业伦理之间关系的简单模型。

图表 4 - 3　　　　　　　　制度和文化对企业伦理问题和管理的影响模型

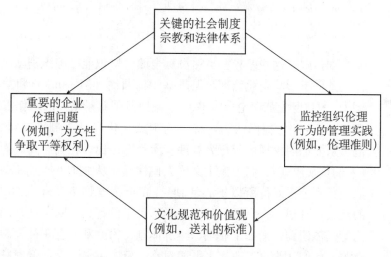

正如第 2 章中所解释的那样，国家文化通过文化规范和价值观影响着重要的商业行为，例如在工作中如何对待女性和少数族裔，对送礼和行贿的态度，以及对成文法律一致的期望。与此相类似，第 3 章所介绍的社会制度，例如宗教和法律体系，也是一种关键的制度，影响着哪些伦理问题比较重要以及通常如何处理这些问题。

尽管人们对道德持有不同的观点，福赛斯（Forsyth）、小奥博伊（O'Boyle, Jr.）和麦克丹尼尔（McDaniel）认为，某些行为从道德立场来看是要受到谴责的。[9]例如，对别人说谎、伤害或杀害孩子、不信守承诺以及拿走他人的贵重物品等，所有这些行为都会受到道德谴责。尽管有这些普适性的观点存在，还是会存在一些显著差异。图表 4 - 4 清楚地显示，对具有道德后果的行为存在明显不同的看法。

图表 4-4　　　　　　　　关于接受伦理可疑行为文化差异的例子

跨文化研究的结果

- 美国学生认为，汽车修理厂的员工对顾客谎称修理已经完成，这一行为在道德上是错误的。然而，这一行为对于俄罗斯的学生来说却被认为在道德上可以接受。
- 大部分西方人会违反版权法，即使他们承认违反这样的法律是错误的。
- 使用商业贿赂敲定交易是许多国家的通行做法，例如墨西哥、俄罗斯、泰国和海地，这一做法在美国却难以被接受。
- 奥地利人认为，一个男性老板只提拔社会交往中的女性是理所当然的；美国管理者却认为，这种行为是不道德的。
- 在马来西亚工作的穆斯林和白人管理者通常最为重视利润，而澳大利亚管理者则更多地考虑员工、顾客以及环境。
- 在美国评价老板是可以接受的，但是在很多国家则被认为是不道德的。
- 一项比较告密形式的研究发现，相对于土耳其和韩国的学生来说，英国的学生更倾向于内部形式的告密。

资料来源：Based on Forsyth，D.R.，E.H.Boyle，Jr.，and M.A.McDaniel. 2008. "East meets West：A meta-analytic investigation of cultural variations in idealism and relativism." Journal of Business Ethics，83（4）：813 - 833；Park，H.，J.Blenkinsopp，M.K.Oktem，and U.Omurgonulsen. 2008. "Cultural orientation and attitudes toward different forms of whistle blowing：A comparison of South Korea，Turkey and the U.K." Journal of Business Ethics，82，929 - 929；Yong，A. 2008. "Cross-cultural comparisons of managerial perceptions on profit." Journal of Business Ethics，82，775 - 791.

　　如何解释这些差异？虽然没有全面的知识能准确识别国家文化和社会制度在什么条件下影响企业伦理，但是基于梅斯纳（Messner）和罗森菲尔德（Rosenfeld）的制度失范理论[10]，库伦、帕博蒂阿和赫格尔的著作表明了跨国公司伦理可能的应用。[11]他们认为，特定的国家文化和社会制度有可能刺激人们打破规范，从而证明伦理可疑行为有理。库伦等提出，在具有高成就的国家文化价值观（人们重视成就）、高个人主义（人们注重个人的自由）、高普遍主义（人们因为期望得到公平对待所以雄心勃勃）、高金钱唯物主义（人们具有高物质化倾向）的社会，有很多人会做出犯罪这样不正常的行为。除了这些国家文化价值观，库伦等具体谈到，诸如工业化、经济体制、家庭和教育等社会制度与违反伦理准则有关。他们认为，工业化水平相对高、资本主义制度、低家庭离婚率和易得到受教育机会的社会更容易产生异常行为。为了验证他们的理论，库伦等以 28 个国家和地区的 3 450 个管理者为样本进行验证，结果表明大部分假设得到了支持。跨国公司管理者可以使用这一理论理解人们如何遵守伦理准则。然而，管理者通常只能依靠本国社会制度和文化知识，去推断哪些伦理议题重要以及如何更好地管理。

　　其他研究关注了国家背景如何影响企业伦理。例如，塞利姆（Seleim）和邦提斯（Bontis）对 GLOBE 项目（第 2 章）进行了研究，关注文化维度如何影响腐败。[12]他们发现，重视未来导向的国家具有相对较低的腐败水平。他们可能关注未来导向的行为，比如战略计划、创建未来前景、防止腐败。研究者也发现，践行制度性集体主义的社会腐败水平较低，这些社会中人们的融入和联系程度较高，很可能增强了道德标准。在其他研究结果中发现，高群体集体主义的社会腐败程度相对较高，在这些社会中，人们从事的行为要对他们自己的群体或朋友有益而非有利于更广泛的群体，因而滋生了腐败。

美国是一个对伦理行为广泛实施法律控制的国家。下一部分将主要讨论国际商务中治理伦理行为的一部法律，这很可能对美国跨国公司的所有立法具有最重要的影响。

4.3.1 可疑付款与行贿

除了图表4-2给出的一些可能的伦理问题，对许多跨国公司来讲，有关行贿或所谓的可疑付款问题是常见的特别伦理难题。在很多社会，人们习惯性地通过贿赂或礼物来加速政府行为或获得交易优势。甚至著名的德国跨国公司西门子也卷入了众多的贿赂丑闻。"腐败金"能够加速货物的进出口，或者另辟蹊径获得海关代理权。代理人在选择某个公司代理产品时，一般都期望有礼品或回扣。这种行为在所有国家都存在。例如，在墨西哥贿赂被称为 *mordida*；在法国被称为 *pot-de vin*；在德国被称为 *nutzliche Abagabe*；在日本被称为 *jeitinho*。[13]

跨国公司管理挑战

墨西哥的沃尔玛

美国著名零售商沃尔玛最近在墨西哥因贿赂被调查。经过一系列调查，《时代周刊》发布了一则措辞严厉的报道，宣称沃尔玛贿赂墨西哥官员的资金超过2 400万美元。沃尔玛在墨西哥取得了巨大的成功，随着沃尔玛的迅速扩展，沃尔玛为墨西哥人提供了成千上万的正式工作岗位，而且以其销售价格吸引着墨西哥的消费者。然而，有人开始质疑，沃尔玛之所以能取得成功，是不是因为付出了相当高的代价？

墨西哥被认为是一个贪污腐败猖獗的国家。沃尔玛决定通过贿赂获得成功。同时，有报道说，沃尔玛凭借贿赂墨西哥官员在数天或几周就可以获得许可权，而不是通常的几个月或几年。《时代周刊》的调查问卷表明，早在2006年以前，沃尔玛就凭借贿赂加速获得新店设立的许可权。在个人访谈中沃尔玛的一个前任高管说，他曾经派两名信任的律师携带数个装满现金的信封去贿赂市长、市政府议员以及更低级别的官员。然而，最麻烦的是，报道声称沃尔玛的管理人员都清楚这些贿赂行为。实际上，有人认为，沃尔玛墨西哥公司一位雄心勃勃的新任CEO加速了贿赂行为，新任CEO卡斯特罗-赖特（Castro-Wright）认为，贿赂是建立更多的商店、阻止竞争者的必要策略。他的努力非常成功，而且在美国被提升到更高的职位。

资料来源：*Based on Barstow, D. 2012. "Wal-Mart hushed up a vast Mexican bribery case."* New York Times, *April 21, online edition; Jenkins, H.W. 2012. "Wal-Mart innocents abroad."* Wall Street Journal, *April 25, A13.*

上述报道宣称，沃尔玛通过贿赂行为加速获得在墨西哥的许可权。如果这种指控是真的，根据美国《反海外腐败法》，沃尔玛很可能会被处以巨额罚款，这部法律我们将在后面讨论。实际上，贿赂不仅会损害公司，还会给社会造成毁灭性的影响。孔德（Compte）、兰伯特-莫基利安斯基（Lambert-Mogiliansky）、维迪尔（Verdier）认为，公司会通过提高合同的价格来补偿大量的贿赂支出。[14]这样，许多发展中国家会受害，因为它们要支付更高的价格。公司也会照例用质量低的产品或原材料生产出劣质产品来弥补贿赂支出。而且，腐败也会导致企业相互勾结，甚至进一步抬高产品价格。因此，腐败和贿赂经常导致更高的公共支出、更劣质的项目、遭到破坏的竞争、无效率的资源分配。此外，有人认为，腐败会使创业精神受挫，因为贿赂变成了一种税收形式。[15]对创业精神的妨碍影响投资增长与发展，导致经济效益下滑。[16]

为了解一个国家的腐败程度，跨国公司可以依靠腐败感知指数（corruption perception index，CPI）。CPI由透明国际组织（Transparency International）开发，反映对一个国家腐败程度的认知评级。图表4-5给出了部分国家和地区的CPI，CPI越高，表明腐败程度越低。[17]

图表4-5　　　部分国家和地区的CPI（0＝腐败最严重，100＝最清廉）

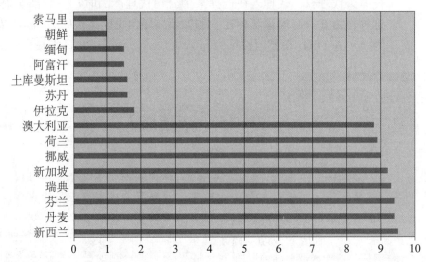

资料来源：Based on Transparency International 2012. http：//www.transparency.org.

很多国家与美国一样，有正式的法律禁止腐败。然而，国家之间的法律条款存在较大的差异，执行也大相径庭。可接受的馈赠礼物数额和与业务交易相关的招待额差异巨大。例如，甚至对于学术科研基金，日本教授也要预算出大约总额的20%作为招待费用，而在美国的学术界却没有此项规定。

1977年，为回应美国基金会的几项调查，吉米·卡特总统签署了**《反海外腐败法》**（Foreign Corrupt Practices Act，FCPA）。[18]图表4-6是从《反海外腐败法》中直接摘录的内容。

《反海外腐败法》禁止美国公司为了获取或维持业务向外国官员提供报酬或赠送礼品。不过，法律允许在国际业务中某些报酬形式的存在。为免受伤害或暴力侵害而向外国官员支付报酬的行为是法律许可的。例如，在政局不稳定的国家，跨国公司可能会贿赂当地官员避免自己的员工受到骚扰。仅仅用于保证当地官员依法行政、按律行事的少量贿赂金是合法的。不超过一国法律限度的酬金也是可以接受的。这些"油水"酬金不可以试图达到非法目的，仅仅是为了加速或顺利完成诸如文书工作等正常商业职能。

图表 4-6　　　　　　　　　　　　《反海外腐败法》条款摘录

海外贸易禁令

对于任何国内当事人、官员、企业主管、企业员工、相关代理人或代表该当事人的利益相关者，为了该国内当事人的利益，通过邮寄或州际商业贿赂的任何其他手段或媒介，出于下述动机向外国官员提供、支付、承诺支付或授权支付现金，提供、赠送、承诺给予或授权给予有价物的行为均为非法行为：

A. 影响（或干预）外国官员、政党、政党领导、候选人在其权利方面的任何行动和决策；

B. 诱使外国官员、政党、政党领导、候选人违反该外国官员、政党、政党领导、候选人的法律义务而使其采取或不采取任何行为；

C. 诱导外国官员、政党、政党领导、候选人利用自己的影响力影响政府或政府组织的决策和法令，为违法行为发起者谋求、保留业务或将业务指定给任何人。

同时，在知晓任何形式的现金或有价物的全部或部分是出于以上三项目的直接或间接提供、给予、承诺给予外国官员、政党、政党领导、候选人的情况下，法律禁止提供、支付、承诺支付或授权支付现金，提供、赠送、承诺给予或授权给予有价物给任何人。

定义

1. 国内当事人是指美国公民、国民、常住美国的居民，和/或主要营业场所在美国境内或组织机构在美国领地、领土或美国州域内的任何企业、合伙人、协会、股份公司、企业托拉斯、非公司组织或独资企业。

2. 外国官员是指外国政府、部门、机构的官员和其他工作人员，以及代表外国政府、部门、机构以官方身份行使权力的任何人员。

3. 在下列情况下，一个人的心理状态可判定为知晓行为、条件或结果：

（1）该人清醒地认识到自己在采取该行为、存在该环境或非常确定会导致该结果；

（2）该人坚信存在该环境或非常确定会出现该结果。如果一个人了解这种条件的存在具有很高的概率，那么就可以确定是了解，除非该人实际上相信该条件不存在。

4. 常规性政府活动是指跨国公司在国外开展业务需取得所在国商业许可、营业执照或其他资格证书时外国官员按例通常要执行的活动。常规性政府活动不包括基于何条件授予某一团体（组织）新业务或保留其现有业务等决策活动，并且不包括外国官员参与促成决定向某一方（组织）授予新业务或保留其现有业务的任何行动。

5. 州际贸易是指美国不同州之间、外国与美国任何州之间、州和州外的任何地方或船上进行的贸易、交易、运输和交流。

例外

A. 出于促进和加快目的的对外国官员、政党、政党官员的支付，其目的是加速或保证外国官员、政党、政党官员履行常规性政府活动。

B. 以前所做的支付、赠送、提供或承诺给予有价物按照外国官员、政党、政党官员、候选人所在国的成文法律和规定是合法的。

C. 以前所做的支付、赠送、提供或承诺给予有价物是合理和真实的开支，如由外国官员、政党、政党官员、候选人所花费的旅费和住宿费，并直接与产品或服务的促销、展示及介绍相关，或与外国政府或其代理机构之间合约的执行和履行有关。

处罚

1. 任何国内当事人违反本法将被处以最高 200 万美元罚金，并处以由首席检察官提起的诉讼中规定的最高 1 万美元的民事处罚。

2. 国内当事人的官员、主管或代表国内当事人的利益相关者违反本法将被处以最高 10 万美元罚金或 5 年以下监禁，或者最高 10 万美元罚金并处 5 年以下监禁。

3. 美国公民、国民或常住居民以及其他受美国管辖（不包括国内当事人的官员、主管或代表该当事人的利益相关者）国内当事人的员工或代理人违反本法，将被处以最高 10 万美元罚金或 5 年以下监禁，或者最高 10 万美元罚金并处 5 年以下监禁。

4. 国内当事人的官员、主管、员工或代理人，或代表该国内当事人的利益相关者违反本法将被处以首席检察官提起的诉讼中规定的最高1万美元的民事处罚。
5. 国内当事人的官员、主管、员工、代表该国内当事人的利益相关者，其所处罚金均不能直接或间接地由国内当事人代付。

资料来源：*U. S. Code*，*Title* 15—*Commerce and Trade*，*Chapter2B-Securities Exchanges*，*Section 78dd*—1.

对于美国公司来说，《反海外腐败法》条款的微妙之处在于有理由知晓条款，即一个公司应该对其代理人实施的贿赂或可疑性支付行为负责，即使公司员工实际上没有参与或者没有看见他人这样做。为了借助当地人懂国情、熟悉如何行事的优势，美国跨国公司管理者常常会雇用当地人做代理进行跨国业务。如果代理人使用部分佣金贿赂当地政府官员从事非法经营活动，那么美国公司就存在违法行为。但是，如果美国跨国公司不知晓代理人的违法行为或没有理由会预料到代理人的非法行为，那么按照规定，美国跨国公司不需要为代理人的非法行为承担法律责任。术语知晓系指一个人事实上知道非法贿赂将会发生，知道周围的环境状况将可能导致贿赂的发生，或者很清楚非法行为发生是大概率事件。图表4-6给出了违法处罚类型。注意违法处罚既适用于个人，也适用于企业，并且个人的罚金不能由公司承担。

尽管《反海外腐败法》于1977年就颁发了，但几十年来一直没有执行过。2007年开始，几家公司已经受到法律的惩处。而且，最近的迹象表明，美国司法部正在积极起诉违反法律的个人。最新报道披露了几起个人违法被控事件，比如某公司首席执行官乔尔（Joel Esqueazi）就被指控向海地电信公司官员行贿89万美元，并被判处15年监禁（Berger，Yannett，Hecker，Fuhr，and Gorhmann，2012）。

图表4-7和图表4-8分别列出了2002—2011年违反《反海外腐败法》的案件数量和收缴罚金总额。因此，跨国公司将不得不确保海外业务不违反《反海外腐败法》的法律条款。

图表4-7　　　　　　　　　违反《反海外腐败法》案件的数量

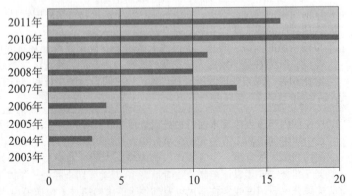

资料来源：*Based on Weissman*，*J.* 2012. *"The corruption law that scares the bejesus out of corporate America."* Atlantic，*April* 25，*online edition*，http：//www. theatlantic. com/business/archive/2012/04/the-corruption-law-that-scares-the-bejesus-out-of-corporate-america/256314/.

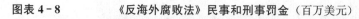

图表 4 - 8　　　　《反海外腐败法》民事和刑事罚金（百万美元）

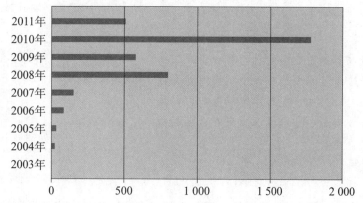

资料来源：*Based on Weissman，J. 2012. "The corruption law that scares the bejesus out of corporate America." Atlantic，April 25. online edition，http：//www.theatlantic.com/business/archive/2012/04/the-corruption-law-that-scares-the-bejesus-out-of-corporate-america/256314/.*

4.4　跨国伦理

全球化极大地增加了来自不同伦理和文化体系的人们的接触。这种接触要求伦理趋同并促使不同国家达成跨国伦理协议以管理商业活动。下面的案例分析表明，一场政商关系反腐战役正在展开。

案例分析

世界各国的反腐状况

任何国家在其商业行为中都免不了有违反伦理规范的现象。最大的区别在于各国法律制度对于这种现象的监管手段及公众对其容忍程度。举个例子，在亚洲有这样一个常见的问题：如果不准备很多支票，是不可能签合同的，因为贿赂是正常经商的一部分。但是有资料表明，现在世界范围内出现了对商业行为特别是与政府间不正当的商业关系进行整顿的趋势。从巴黎到首尔再到墨西哥城，股东势力的日益强大对商业与政府间曾经舒适安逸的关系造成了威胁。平民百姓、检察官员及新闻媒体也在对商业精英发出挑战，呼吁更加规范的企业管理方式。

思考一下印度积极活动家安纳·哈扎尔（Anna Hazare）的事例。2011 年，印度政府没有按提议案规定创建反腐机构，哈扎尔因此进行绝食抗议。印度政府没有回应他的要求，而是将他拘捕，进行警戒性监禁。但由于 2010 年印度几起主要腐败事件曝光，印度民众开始展开示威游行支持哈扎尔。印度政府别无选择，只能将他释放，让他继续进行绝食抗议。不仅如此，哈扎尔还声称，如果政府不对 14 位内阁部长展开腐败调查，他还会于 2012 年 8 月再次进行绝食抗议。在国际上，世界银行和国际货币基金组织已经停止或威胁停止贷款给肯尼亚、尼日利亚、印度尼西亚等国家，这些国家的腐败和贿赂行为已经遏制了经济增长。经济合作与发展组织的 29 个成员国及 5 个非成员国签署了反贿赂公约，同美国的《反海外腐败法》一样，该公约要求各国将贿赂外国官员以便赢得或者保留业务的行为视为犯罪。

美国政府还积极追查违反《反海外腐败法》的公司，该法所规定的定罪及处罚标准得到了有效实施，这也说明政府对贪污腐败问题的日益重视。

资料来源：*BBC Monitoring South Asia*. 2012. "*Indian activist warns government if anti-corruption law not passed.*" *March 26, online edition*；*Economist*. 2011. "*No modern-day Mahatma. There are better ways to curb corruption than those proposed by Anna Hazare.*" *August 27, online edition*. "*A global war against bribery.*" *Economist.com, January 16, Story_1 D-18208*；*Financial Times*. 2009. "*Battling bribery.*" *February 16, p.8*；*Rossant, John*. 1995. "*Dirty money.*" *BusinessWeek Online, international edition, December 18*；*Weissman, J*. 2012. "*The corruption law that scares the bejesus out of corporate America.*" *Atlantic, April 25, online edition*，http：//*www. theatlantic. com/business/archive/2012/04/the-corruption-law-that-scares-the-bejesus-out-of-corporate-america/256314/*.

接下来，我们将介绍伦理趋同和跨国伦理协议的发展趋势。

4.4.1 伦理趋同的压力

尽管在文化与社会制度方面存在巨大差异，但对跨国公司而言，在遵照相同规则管理伦理行为和社会责任方面面临的压力不断增强，该趋势称为伦理趋同。**伦理趋同**（ethical convergence）存在以下四个基本原因：

1. 国际贸易和北美自由贸易协议、欧盟等贸易集团的发展要求形成超越国家文化和制度差异的共同伦理方式。不同国家贸易伙伴间可预测到的交流和往来会使贸易更加高效。此外，许多贸易组织及国际协议也在致力于反腐工作。

案例分析

全球反贿赂风潮

我们在前一部分讨论了美国通过《反海外腐败法》与腐败作斗争的方式，伦理趋同的压力也推动世界其他组织去制定反贿赂措施。经济合作与发展组织是由 30 个经济巨头组成的组织，这些国家就国内生产总值而言皆是世界上较大的经济体，其中包括比利时、加拿大、爱尔兰、韩国、新西兰、西班牙、英国和美国等。经济与合作组织成员国也正式批准了打击贿赂行为的指导方针（http：//www. oecd. org）。更为重要的是，这些成员国已同意采取措施将贿赂定为刑事犯罪，它们还会互相提供法律援助、起诉参与贿赂的个人。此外，成员国还将采取必要的措施，防止和打击与贿赂有关的洗钱活动。除了为根除贿赂行为提供清晰的指导方针，经济合作与发展组织还针对企业内部的贿赂行为制定了相关管理条例。在经济合作与发展组织成员国内以及在其他国家运营的跨国公司，预计将采取恰当的会计管理办法和内部管控以确保企业依照反贿赂法行事。

资料来源：*Based on http：//www. oecd. org*.

2. 贸易伙伴之间的交往也有助于模仿其他国家的经营方式。随着来自不同文化背景的人们之间的交往不断加强，人们接触到不同的道德传统，这促使人们去适应、模仿和采取新的行为和态度。

3. 全球经营的公司有来自不同文化背景的员工，这些员工需要共同的行为标准和规范。跨国公司常依赖企业文化为管理伦理问题提供一致的规范与价值观。

4. 越来越多的经营监察机构，如伦理投资公司及一些非政府组织，也促进了跨国公司的伦理化进程。

消除腐败活动既源于道德压力，也源于与日俱增的财务压力。大量的腐败行为耗费了金钱，削弱了公司的国际竞争力，也使公司面临曝出令人尴尬且代价高昂的丑闻的风险。

4.4.2　跨国公司的指导性伦理

唐纳森主张三种道德语言，即避免伤害、权利和义务、社会契约应指导跨国公司发展。他提倡**跨国公司的指导性伦理**（prescriptive ethics for multinationals），即跨国公司应在不损害其利益相关者（例如员工、当地环境）的前提下从事经营活动。跨国公司保有基本权利，如追求公平利润，但权利就意味着责任，例如向当地员工支付合理的工资。跨国公司与其利益相关者间还存在一种社会契约，这一点被视为理所当然，但却道出了其关系的本质。例如，若跨国公司要进入一个国家，就要接受社会契约——遵守地方法律。

这三种道德语言在成文法则（如合同和国际法律）中是最简单的伦理体系。唐纳森坚信，道德语言对于具有不同文化的跨国公司而言是管理伦理行为最恰当的方式，即无论在何种国家文化下，公司与利益相关者在伦理行为的基本准则方面能够达成一致。[19]

要实施唐纳森的观点，必须制定一套不受国家界限限制的行为守则来指导跨国公司。这套守则必须包括指导性和禁止性规则来引导跨国公司的行为。指导性规则向跨国公司及其管理者指明什么可做，而禁止性规则规定什么不可做。

一些学者认为，如今这样的伦理指导存在于许多国际协议以及联合国和国际劳工组织等国际管理机构的守则中。[20]

图表 4-9 总结了以下国际文献对于跨国公司的伦理规定：

- 联合国《世界人权宣言》。
- 联合国《跨国公司行为守则》。
- 《欧洲人权公约》。
- 《国际商会国际投资指南》。
- 《经济合作与发展组织跨国公司指南》。
- 《赫尔辛基最后议定书》。
- 国际劳工组织《关于多国企业和社会政策的三方原则宣言》。

图表 4-9 列出的跨国公司行为准则有两个支持依据。第一个依据来自基本义务论中有关人权的原则，例如工作权和安全权。从广义上讲，国际条约对跨国公司的责任与义务中被认为是跨文化的部分作出明确了规定，也就是说，无论一

图表 4-9	跨国公司行为准则
尊重基本人权和自由 ● 尊重人的基本生存权、自由权、安全权及隐私权。 ● 不因种族、肤色、性别、宗教、语言、种族本源或政治立场歧视他人。 ● 尊重个人自由（宗教、观点等）。 **保持高标准的当地政治参与** ● 避免非法卷入当地政治。 ● 不进行行贿或其他不正当支付。 ● 不干涉地方政府的内部关系。 **转移技术** ● 加强向发展中国家的技术转移。 ● 依据当地需求调整技术。 ● 尽可能实行当地研发。 ● 给予公平使用技术的许可。 **保护环境** ● 遵守当地环境保护法。 ● 积极保护环境。 ● 修复公司经营对环境的损害。 ● 帮助建立当地标准。 ● 准确评估公司对环境的影响。 ● 彻底公开公司经营对环境的影响。 ● 建立监测环境影响的标准。	**消费者保护** ● 遵守当地消费者保护法。 ● 提供准确适当的安全说明。 **雇用行为** ● 遵守东道国的相关政策及雇用法律。 ● 帮助有需要的地区创造就业职位。 ● 增加当地就业机会，提高用人标准。 ● 向当地员工提供稳定的就业和工作保障。 ● 提倡平等就业机会。 ● 尽可能优先雇用当地居民。 ● 向所有员工提供培训。 ● 提拔当地人到管理岗位。 ● 尊重当地劳资谈判的权利。 ● 与当地劳资谈判部门合作。 ● 工厂关闭时提前发布公告。 ● 在劳资谈判交易中不以撤资离开相要挟。 ● 向终止雇用的工人提供收入保障。 ● 遵守或改进当地的雇用标准。 ● 充分保护员工的健康与安全标准。 ● 向员工提供与职业相关的危害健康的信息。

资料来源：*Adapted from Getz*，*Kathleen A.* 1990. "*International codes of conduct*：*An analysis of ethical reasoning*." Journal of Business Ethics，9，567-578；HR Focus. 2008. "*Why global ethics count and how HR can help*." October，85（10）：13-15；*Frederick*，*William C.* 1991. "*The moral authority of transnational corporate codes*." Journal of Business Ethics，10，165-177.

个公司的母国是哪里，现在经营地在哪里，这些基本的伦理原则都适用。第二个依据源自国际贸易往来的历史经验。[21] 例如，由于跨国公司经常忽视在其他国家运营对环境的影响，一些国际协议便明确规定了跨国公司在环境方面的责任。

尽管管理跨国伦理行为的协议多种多样，而且并非所有协议都能够实施，但这些协议还是有价值的，它们为跨国公司管理人员进行伦理管理提供了可靠的指导。无论是在个人行为还是在领导公司的过程中，若管理者能遵循图表4-9中列出的行为准则，那几乎在任何情况下都能做到行为符合伦理。

跨国公司管理概览

思科公司的伦理文化建设

思科在全世界有超过6.3万名员工。这些人来自世界各地，但都保持一种共同的伦理文化。事实上，思科已不止一次名列《企业责任官》（*Corporate Responsibility Officer*）杂志评选的"百佳企业公民"。此外，它连续5年被美国纽约智库机构评为"全球最具商业道德企业"。那么，这家公司是如何构建其企业文化的？

思科的高层管理人员鼓励和支持伦理文化建设，高层管理者都努力成为公司的道德模范。同时，思科还会定期更新伦理准则。例如，思科最近重新修订了伦理准则，在文件中通篇使用主动语态语句。大约95％的受访思科员工表示，伦理准则十分简单易懂。除此之外，思科也使培训过程更加充满乐趣。例如，它设立了与时下流行的音乐偶像系列相似的道德偶像项目。为了将相关信息传递到高级技术工作层，思科设计了四个乐趣模块，竞争者将其伦理困境用歌曲唱出来，然后由评判员给出他们的意见，接着员工基于此阐述面临困境后的感受，对评判员的意见进行评价。这个项目激发了所有思科员工对于伦理讨论的极大热情，最终，伦理在思科成为一种经营方式。除了设立伦理项目，思科还经常进行伦理问题交流。道德行为始终是伦理会议的中心话题，且一般都以员工的母语进行交流。这一系列措施确保了伦理在思科一直居于显著地位。

资料来源：Based on Ethisphere Institute. 2012. "Ethisphere Institute unveils the 2012 World's Most Ethical Companies." http://ethisphere.com/ethisphere-institute-unveils-2012-worlds-most-ethical-companies/；Ramos, Luis. 2009. "Outside-the-box ethics." Leadership Excellence, 26 (4): 19.

下一节将对本章进行总结，重点在于跨国公司管理者的个人伦理决策。

4.5　跨国公司管理中伦理的两难问题：你将如何决定

各国伦理系统和伦理管理方法的潜在巨大差异给跨国公司管理者造成了困难。本节首先着眼于跨国公司管理者面对本国和东道国的伦理系统应如何选择的问题，其后针对跨国公司管理者介绍一个伦理决策模型。

4.5.1　伦理相对论和伦理普适论

文化价值观的差异对各地区管理者有广泛影响，在处理母国与东道国之间的伦理差异时尤为明显。管理者是要将母国的伦理系统应用于他国，还是要遵循入乡随俗的准则？

回想一下第2章中提到的文化相对论概念。从人类学的角度讲，文化相对论是指所有文化作为指导人类生活的方式，都是合情合理且正当可行的。也就是说，人们所认为的真善美均取决于文化规范与价值观。

企业伦理中有一个与之相似的概念，称为**伦理相对论**（ethical relativism）。它意味着跨国公司管理者认为每个社会的道德观念都是合理合法的。例如，如果一个国家的公民认为类似协助自杀的事情在道义上是不对的，那么对于他们来讲，这就是错误的；相反，如果另一个国家的公民认为协助自杀是符合道义的，那么对于他们来讲，这就是正确的。对跨国公司而言，伦理相对论意味着管理人员必须且只能遵循其经营所在地的伦理观念。因此，举个例子，如果贿赂在某个国家是一种被普遍接受的做生意的方式，那么跨国公司管理者遵循当地惯例也无妨，即使这有违其母国的法律。

与伦理相对论相反的是**伦理普适论**（ethical universalism）。其核心思想是存在不受文化和国家影响的基本道德准则。例如，至少对于母国公民，所有国家都有禁止谋杀的规定。

伦理普适论作为一种跨国商业行为的指导理念，其应用的难度在于，各国文化很少能就某一道德原则问题达成共识。此外，即便各国均实行同样的原则，也不能保证均以同一方式实行。例如，每个社会可能都禁止凶杀。但若食物资源匮乏，为了整体有更高的存活率，老年人不得不自杀，新生女婴也可能被杀害。这些社会的人不认为这种行为是凶杀，而是将其看做一种保障整个群体生存的道德方式。大多数社会都容忍某些形式的杀戮，例如，处死罪犯或是战死沙场。即使这些是人为行动导致的死亡，也不会被定义为谋杀，而是被看做社会的合法行为。

对跨国公司而言，无论是遵循伦理相对论还是遵循伦理普适论都存在实际困难。一些伦理学家认为，虽然文化相对论是进行公正的人类学研究的一个必要条件，但这并不能应用于伦理标准。例如，托马斯·唐纳森认为，跨国公司肩负着比伦理相对论更高的道德责任。[22]他指出，在极端情况下，伦理相对论会转变为**方便相对论**（convenient relativism）。公司利用伦理相对论的行为逻辑或以文化差异为借口随心所欲时，方便相对论便产生了。唐纳森给出了发展中国家存在雇用童工现象的例子。有时，一些年仅7岁的童工拿着微薄的薪水，生产出来的产品最终为大型跨国公司所采用。

极端的伦理普适论也有其陷阱。假设一个人能够识别全民应遵循的普适伦理，那么该设想可能会导致一种被唐纳森称为文化帝国主义的民族优越感。那些自认为通晓正确和符合伦理的行为方式的管理者，很容易将外国文化的道德体系视为低级的或不道德的。如果跨国公司规模庞大，财力雄厚，且在发展中国家拥有子公司，这将会变得十分危险。

基于上述因素，管理者该如何决定哪种方法是最佳选择呢？思考下面的案例。

案例分析

遵循地方规则还是国际规则

汉密尔顿、克努斯和希尔（Hamilton, Knouse, and Hill, 2009）为决定最佳选择提供了很好的指导。他们建议管理者用一系列启发式的问题来决定是遵循地方规则还是国际规则。其中，第一步是明确决策中有疑问的行为。在这种情况下，常见的问题是公司需求与当地规则和惯例所体现的价值观之间的矛盾。管理者需要清楚地认识存疑行为的本质。第二步是了解这个存疑行为是否合

法。若有违法律，那么建议管理者不进行决策似乎也合乎逻辑。但如果不违法，那管理者就可以进行第三步了。在第三步，管理者需要弄清这个有疑问的行为仅仅属于文化差异，还是涉及伦理问题。根据汉密尔顿、克努斯和希尔的观点，若一个决策伤及他人或违反大众普遍接受的原则，那么它就是一个伦理问题。这一步完成后进行第四步：管理者要思考这个伦理问题或者文化差异是否有

违任何行业或国际守则。无论这个有疑问的行为是伦理问题还是文化差异，若它没有违反任何行业内大的规则或公司具体行为守则，那么管理者最好遵循当地规则。但如果它违反了任何一种形式的规则，管理者可进行第五步，也就是最后一步。在第五步，管理者需要思考公司在东道国是否有优势或者影响力，即是否可给东道国带来某些好处，以便其同意公司遵循母国的行为准则。若有，管理者则可按公司自己的方式来做生意；若没有，那就彻底离开这个国家。

通过如此程序评估，跨国公司管理者就可以决定是遵循当地规则还是国际规则。这一方法的优势之一是让我们认清一个事实——公司有时不得不完全撤离某一国家，因为无论是以当地方式还是母国方式都不适合与其做生意。

资料来源：Based on Hamilton, J.B., S.B. Knouse, and V. Hill. 2009. "Google in China: A manager-friendly heuristic model for resolving cross-cultural ethical conflicts." Journal of Business Ethics, 86, 143-157.

4.5.2　跨国公司管理者的个人伦理决策

尽管公司形成了产生道德结果的政策、程序、组织文化及商业惯例，但公司管理者仍然是最终决策者。

管理者的首要任务是考虑一个决策对公司是否具有经济意义，即经济分析。在**经济分析**（economic analysis）中，首要的是从公司利润角度制定最佳决策方案，但是如果仅以利润来衡量决策的道德性，管理者就几乎不会考虑决策会对公司所有者以外的人造成的影响。一些人认为这样的决策方式完全不道德，因为在仅由市场控制的行为下，公司可能会出现欺诈和危险的做法。

考虑公司决策的商业影响后，跨国公司管理者必须考虑其行为的法律及伦理后果。[23]图表 4-10 给出了一个决策流程图，包含跨国公司管理者在面对伦理决策时应考虑的除利润之外的因素。

在伦理问题的**法律分析**（legal analysis）中，首先管理者要遵守经营所在地的法律，如果需要的话，还要遵守母国的法律。如果法律没有禁止，那么该行为就是合乎伦理的。在只有经济分析和法律分析的情况下，管理者应当在法律规定范围内寻求利益最大化。从这个意义上讲，法律为公司和个人提供了竞争规则。由于各国的法制系统不尽相同，对伦理问题仅采用法律分析的跨国公司管理者完全可以根据所在国家的法律行事，前提是其母国对此没有其他规定。一些学者，例如诺贝尔经济学奖获得者米尔顿·弗里德曼（Milton Friedman）坚信，在自由公开竞争的规则中，利润最大化是主要的责任。[24]许多跨国公司管理者也认为，法律分析不仅是检测他们的行为及结果是否符合母国和东道国的伦理标准，也是同国际标准的比较。这些标准来自国家间的协议以及由此产生的行为准则，具体见图表 4-9。

2002 年颁布的《萨班斯-奥克斯利法案》（Sarbanes-Oxley Act）是一部适用于伦理行为的重要法律。该法案要求跨国公司的行政部门和高级管理层对自己的伦理行为负责，同时规定了审计委托人与客户的关系。这项法案是美国证券交易委员会针对像安然、世通公司这样的企业出现的财务丑闻而采取的措施。但是，

图表 4 - 10　　　跨国公司管理者做出伦理决策时应考虑的因素

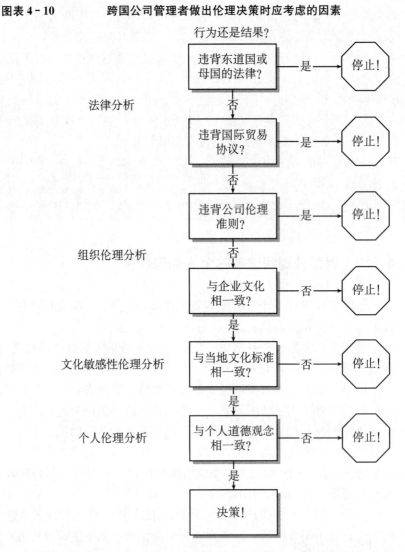

正如本章开头所言，并不是只有美国的公司有财务丑闻，欧洲和亚洲的公司中也存在大量为增加利润而进行的数字操控行为。随着跨国公司与他国交往的日益密切，管理人员在合法运营方面特别是在财务问题上，面临越来越大的压力。加拿大和英国也在实施类似《萨班斯-奥克斯利法案》的法律规定。未来我们很有可能看到，世界上越来越多的国家实行类似的具有突破性的法律。

　　尽管以利润为导向的公司管理者在决策时必须考虑经济和法律因素，但是管理者难以完全忽视其决策的道德性。这涉及决策者关于行为标准的个人道德观念、公司关于对待所有利益相关者（例如，消费者、员工、社会成员等）合理方式的相关政策以及伦理的文化环境。[25]因此，除了经济分析和法律分析，跨国公司管理者一定要对问题进行**伦理分析**（ethical analysis）。也就是说，他们要考虑的不仅仅是简单的盈利目标和法律规范，还要决定究竟怎么做是正确的，管理者必须将一些额外的问题纳入商业决策范畴。

案例分析

建立跨国公司的行为准则

本章谈到，各国对于伦理的看法具有文化差异。例如，法国的隐私保护机构不允许麦当劳实施其检举方案，因为该机构认为这违反法国隐私法。那么，跨国公司该如何为其众多的子公司制定可行的行为准则呢？专家给出如下建议：

● 让人力资源管理部门参与管理：相比求助于司法部门，专家建议利用人力资源管理部门，建立一个以价值观为基础的框架来解决伦理问题，而不仅仅是遵纪守法或通过法律途径。

● 建立国际咨询委员会：让了解当地文化需求的员工参与管理。避免仅让外派员工参与，因为他们可能对文化知识没有很深入的了解。

● 草拟行为准则并确保具有文化中立性：咨询委员会可通过各子公司提供的信息来决定准则的实施区域，草拟的内容要尽可能地保持文化中立。

● 确定行为准则的最终内容：由各地区的公司核心成员确定行为准则的最终内容，解决任何文化上的差异之处。

● 行为准则翻译成不同语言：将行为准则译为所有员工的母语，确保每位员工都能够全面理解其内容。

资料来源：Based on HR Focus. 2008. *"Why global ethics count and how HR can help,"* October, 85 (10)：13 - 15.

伦理分析有三个组成部分：所在组织、所在国文化、个人道德观念。

在组织伦理分析中，管理者必须注意成文的伦理准则和不成文的企业文化规范。很多组织都有具体的伦理准则来指导管理者的决策和行为。将伦理准则作为一种指导时，管理者会采用道义论进行伦理分析，他们清楚并遵循明文规定。除此之外，所有组织的企业文化中还包含一些不成文的潜规则，允许或禁止一些行为。例如，在一些公司，所有管理者都知道类似"只要守法，利润远比环境重要""若能做成生意还不被抓到或没人受到伤害，就可以贿赂"这样的潜规则。通过理解所用的道德语言，管理者可以更好地理解企业文化的伦理基础。例如，是增加福利还是规避风险？

在制定行为准则的过程中，大多数跨国公司面临的一个重要挑战是如何在全球范围内进行广泛应用。跨国公司该怎么做才能确保行为准则适用于全球？接下来的跨国公司管理概览提出了一些见解。

跨国公司管理概览

通用电气公司及其行为准则

通用电气公司名列《财富》美国 500 强第 6 位和《财富》世界 500 强第 11 位。公司主要经营运输设备制造、电气器材制造、多媒体和医疗产品制造等，在生产涡轮机、火车、电视机、超声波机器这样的产品的同时提供金融服务，且在许多规范标准大相径庭的国家均有经营活动。尽管跨越多个行业和国家，通用电气公司仍被认为是一家具有很高伦理和诚信标准的公司。那么通用电气公司是如何保持兼顾收益与伦理的？它主要遵循以下几条重要原则：

● 恪守承诺的高层管理团队及率先垂范的高层管理者：通用电气公司之所以在全球范围内都能兼顾收益与伦理，一个关键原因就是其高级管理层致力于诚信经营，所有管理人员都恪守伦理准则且在各项活动中履行这一承诺。此外，公司高管与普通员工一样要严格遵守伦理行为标准。在之前的两起案件中，由于通用电气公司的某些高级管理人员违反了公司伦理准则，因此虽然具备各国深厚的知识和经验，公司仍毫不犹豫地解雇了他们。这样的举措在公司上下传递出一条重要信息：任何人在任何情况下都不能违反伦理准则。

● 超越经济、法律和国家通行规则：为了在全球范围内维持一致标准，通用电气公司通常会在全球采用一样的最严格标准。公司会向利益相关者寻求建议，以确定哪些是需要应对或处理的关键区域。公司成立企业风险评估委员会，该委员会由公司高级管理人员组成，定期开会讨论需要伦理准则地区的相关问题，并制定出最严格的伦理准则推行实施。

● 始终走在监管机构之前：通用电气公司一直主动修改和完善公司相关规定，确保比监管机构先行一步。公司内有个团队始终密切关注国际发展趋势，审时度势，从而预测可能颁布的新规章制度并与公司已有制度进行对比，以确保其政策的前瞻性。

● 公司员工人人有责：通用电气公司确保每位员工在各自领域都承担相应的责任。公司没有按照传统惯例，只将伦理责任分配给司法部门和财务部门，而是认为员工比其他任何人都更清楚地知道自己工作中的伦理困境，由此赋予员工在其各自工作领域中保持和不断完善伦理准则的权力与责任。例如，工厂经理对厂内的环境、健康、安全问题直接负责。

● 公司员工在伦理准则问题中有一定的话语权：通用电气公司发现，特别是在新收购的公司和新兴市场中，员工的教育与培训极其重要。但是，如果员工对现行伦理准则和新的伦理问题没有发言权，培训就很难达到效果。因此，通用电气公司开设了员工表达意见的多种渠道。例如，公司有一套申诉系统，员工可以毫无顾虑地表达自己的看法，而不必担心会被打击报复。

● 管理者始终对伦理准则负责：通用电气公司确保员工能接收到诚信与伦理方面的反馈意见。每位管理者都要接受关于伦理责任履行情况的评估，管理者是否履行了适当的准则体系？是否制定了合适的目标？在每个领域是否都融入很高的伦理准则？公司会根据这些评估标准给予适当的奖励。

资料来源：Based on Ethisphere Institute. 2012. "Ethisphere Institute unveils the 2012 World's Most Ethical Companies." http://ethisphere.com/ethisphere-institute-unveils-2012-worlds-most-ethical-companies/; Heineman, B., Jr. 2007. "Avoiding integrity land mines." Harvard Business Review, April, 100 - 108.

跨国公司管理者在其他国家是客人，因此，所做的伦理决策必然会超越法律范畴，而遵守公司的准则和文化标准。管理人员一定要明确所做的是否符合或尊重当地的文化标准。例如，公司是否应该因为世界其他地区的企业处于正常的工作日，就让当地的员工在宗教假日加班工作？

管理者可能会在不同节点开始进行分析。对于一些问题，他们可能会首先考虑个人道德观念；而对于另一些问题，先考虑法律因素可能更为合理。但有时，在考虑了所有管理决策因素后，作为一个管理者，你必须做出个人道德判断：这对你来讲是正确的吗？你才是最终负责人。世界上大多数法庭都不会接受"是组织让我这样做的"之类的辩护词。

因此，跨国公司管理者在决策时必须将纯粹的伦理问题与经济和法律分析放在一起权衡。企业要盈利才能存活，谁也不想锒铛入狱或是缴纳罚款，大多数人都想遵纪守法，因此有时难以找到答案。例如，在迁厂会造成许多人失业的情况下，仍然要将工厂迁到拥有廉价劳动力的国家去吗？只因发展中国家消费者难以承受安全却又高价的产品，是否就应将有潜在危险却又实用的产品销售给发展中国家？因为孩子的家里急需用钱，是否就应该忽视一些供货商雇用童工的行为？有的竞争对手采用这些供应商的产品，是否就可以忽视这些供货商雇用童工的行为？

面对经济、法律、伦理之间如此复杂的矛盾，管理者该如何确定他们的行为是否道德？尽管并不是所有文化中人们遇到的每个伦理困境都有相应的解决措施，伦理哲学理论常常有助于人们进行伦理决策。遗憾的是，哲学家已为各派系统的优点争论了千年，目前还没有一个公认的理论或系统来指导管理者解决伦理问题。尽管如此，管理者仍可以应用普遍接受的伦理理论理解伦理问题和伦理决策的本质。

虽然图表 4-10 中那样的伦理分析并未就伦理问题给出一个"正确"的答案，但它有助于阐明决策背后的原理，也有助于提升管理者对商业决策伦理本质的认识。

小　结

跨国公司管理者和国内管理者一样，面临相似的伦理挑战。但跨国公司管理者处于不同的国家和文化背景之中，因此面临的问题更复杂，挑战更险峻。本章第一部分介绍了关于企业伦理的基本背景信息，这对任何条件下的伦理管理都大有用处。本章是理解国际企业伦理的起点：理解伦理与社会责任的关系；理解伦理哲学如何为我们大多数伦理推理奠定基础；理解经济分析、法律分析及伦理分析的区别。

与国内管理者不同，跨国公司管理者必须考量一个国家的社会制度和文化对伦理行为管理能力的影响。案例表明，不同的法律制度、宗教制度和基本文化价值观往往导致对企业伦理定义的看法不同。虽然有资料表明，由于国际贸易和投资的增长，企业伦理有趋同的趋势，但是对于其他文化中

的伦理行为这样重要的问题，跨国公司管理者始终保持高度敏感永远也不为过。

除了理解经营所处的文化背景，跨国公司管理者永远也不能忽视其母国的法律。在这方面，美国管理者可能面临最严格的约束。《反海外腐败法》不允许美国管理者在进入其他社会后，施行在当地可接受但却为美国法律所禁止的行为。任何国家的跨国公司管理者都应清楚了解其母国加入的国际条约。遵照图表 4-9 对这些条约的总结有助于管理者在国际商务中避免陷入法律和伦理困境。

本章最后阐明了跨国条件下进行伦理决策的一个模型。尽管这个模型没有明确要做什么，但它确实列出了一些管理者应该考虑的问题。在全球环境下进行伦理管理并非易事，而且随着各国间的交流日益密切，挑战也一定会不断增加。

讨论题 ▪

1. 讨论一些说明国际企业伦理比国内企业伦理更为复杂的事例。

2. 什么是伦理相对论？利用伦理相对论来评判所有伦理决策存在哪些危险？

3. 举例说明法律分析和伦理分析的区别。说明是否管理者只遵循东道国的法律就能做到行为道德？

4. 讨论伦理目的论和伦理道义论的区别。举例说明在面临贿赂诱惑时，管理者怎样做才能遵循上述任何一种理论。

5. 社会制度和文化是如何影响不同国家企业伦理的运作的？这些差异对持伦理相对论和伦理普适论的管理者有何影响？

6. 讨论其他国家的公司是否应该遵循美国的《反海外腐败法》。

7. 讨论形成普遍企业伦理准则这一趋势产生的原因。

网上练习 ▪

1. 登录透明国际组织官网（http：//www.transparency.org）。

2. 查找有关腐败感知指数的信息。如何测得腐败感知指数？测量腐败感知指数时，加入不同指标的逻辑是什么？

3. 查找有关贿赂指数（bribe payer's index）的

信息。如何测得贿赂指数？

4. 比较腐败感知指数和贿赂指数。各国在这两类指数的排名类似吗？为什么？

5. 腐败感知指数高的国家的本质特点是什么？与腐败感知指数低的国家有何不同？

技能培养 ▪

雷克斯·里维斯的伦理困境

步骤 1：再次阅读有关托马斯·唐纳森道德语言观点的部分。

步骤 2：阅读下面的案例。ICS 是美国一家小型膳食补充剂生产商，25 岁的雷克斯·里维斯（Rex Lewis）是 ICS 的一名管理人员。毕业后，他在位于内布拉斯加州莱克星敦市的公司担任过不同职务。里维斯是学国际商务出身，他抓住机会获得了曼提尼亚区域经理的职位。他花了 4 年时间学习当地语言，在读大学时也曾在该国旅游一个夏天。因此，兼具管理和文化经验的里维斯相信自己肯定能胜任这个职位。

ICS 的主打产品是 SUPALL。这是一种成本低廉的、能给儿童提供所需的所有基本营养的产品。该产品在类似曼提尼亚这样贫穷的国家十分受欢迎，因为该国的粮食产量不足以养活所有人口，而近几年的干旱更是雪上加霜。尽管比全面基础膳食的花销要少，一个孩子每月购买 SUPALL 的花费仍大约占工人平均工资的 1/4，而且大多数家庭还

不止一个孩子。

在曼提尼亚的第一周，里维斯有了许多惊人的发现。尽管 SUPALL 的价格相对较高，但其市场需求依然很大。而且，ICS 在该产品上能得到 50% 的利润！现在里维斯终于明白为什么仅 SUPALL 的利润就能支撑起公司其他重要产品的研发。回到美国总部后，执行总裁私下告诉他，若 ICS 再不尽快研发出新产品，其他大型公司很快就会生产出 SUPALL 这类产品，那样的话产品价格将急剧下降。

里维斯是一名虔诚的基督徒，他开始思考这种价格对于当地人来讲是否公平。SUPALL 确实比食物的价格低，但它实际上要花费整个家庭的很多收入，而同时，ICS 也需要这笔利润来维持生存。里维斯在当地有定价权，但他必须对他的决定向美国总部作出充分解释。

步骤 3：将全班分为六个小组，每个小组代表一种道德语言。每个组都代表具有由该道德语言主

导的企业文化的 ICS 公司。

步骤 4：以小组为单位，回顾图表 4 - 10 并进

行相关分析，达成共识后向里维斯提出建议。

步骤 5：向全班展示并讨论你们的研究结果。

注　释 ────■

1 Woods, Walter. 2006. "Hyundai scandal delays 2nd plant." *The Atlanta Journal-Constitution*, April 25, C4; Beurden, Pieter van and Tobias Gossling. 2008. "The worth of values—A literature review on the relation between corporate social and financial performance." *Journal of Business Ethics*, 82, 407–424.

2 Buchholz, Rogene A. 1989. *Fundamental Concepts and Problems in Business Ethics*. Englewood Cliffs, NJ: Prentice Hall.

3 Cullen, John B., Bart Victor, and Carroll Stephens. 1989. "An ethical weather report: Assessing the organization's ethical climate." *Organizational Dynamics*, 18, 50–62.

4 Ferrell, O. C., John Fraedrich, and Linda Ferrell. 2005. *Business Ethics*. New York: Houghton Mifflin.

5 Hall, Jeremy, and Harrie Vredenburg. 2005. "Managing stakeholder ambiguity." *MIT Sloan Management Review*, 47(1), 11–13.

6 Buchholz.

7 Donaldson, Thomas. 1992. "The language of international corporate ethics." *Business Ethics Quarterly*, 2, 271–281.

8 Ibid.

9 Foryth, Donelson R., Ernest H. O'Boyle, and Michael A. McDaniel. 2008. "East meets West: A meta-analytic investigation of cultural variations in idealism and relativism." *Journal of Business Ethics*, 83(4): 813–833.

10 Cullen, J. B., K. Praveen Parboteeah, and Martin Hoegl. 2004. "Cross-national differences in managers' willingness to justify ethically suspect behaviors: A test of institutional anomie theory." *Academy of Management Journal*, 47(3): 410–421.

11 Messner, S. F., and R. Rosenfeld. 2001. *Crime and the American Dream*. Belmont, CA: Wadsworth.

12 Seleim, A., and N. Bontis. 2009. "The relationship between culture and corruption: A cross-national study." *Journal of Intellectual Capital*, 10(1): 165–184.

13 Mendenhall, Mark E., Betty Jane Punnet, and David Ricks. 1994. *Global Management*. Cambridge, MA: Blackwell.

14 Comte, O., A. Lambert-Mogiliansky, and T. Verdier. 2005. "Corruption and competition in procurement actions." *The Rand Journal of Economics*, 36(1): 1–15.

15 Bayar, Guzin. 2005. "The role of intermediaries in corruption." *Public Choice*, 122, 277–298.

16 Soon, Lim Ghee. 2006. "Macro-economic outcomes of corruption: A longitudinal empirical study." *Singapore Management Review*, 28(1): 63–72.

17 Transparency International 2012. http://www.transparency.org.

18 Gleich, Oren, and Ryan Woodward. 2005. "Foreign corrupt practices act." *The American Criminal Law Review*, 42(2): 545–571; Berger, R. P., B. E. Yannett, S. Hecker, D. M. Fuhr, and N. D. Grohmann. 2012. "The FCPA in 2011: The year of the trial shapes PCPA enforcement." Debevoise and Plimption LLP. Online edition, http://www.debevoise.com/files/Publication/f1606dac-62eb-4299-9bfa-5de993090940/Presentation/PublicationAttachment/db0149b4-0ec7-4633-87b6-69b728577aa1/FCPA_Update_Feb_2012.pdf.

19 Donaldson, Thomas. 1989. *The Ethics of International Business*. New York: Oxford University Press.

20 Frederick, William C. 1991. "The moral authority of transnational corporate codes." *Journal of Business Ethics*, 10, 165–1 77; Getz, Kathleen A. 1990. "International codes of conduct: An analysis of ethical reasoning." *Journal of Business Ethics*, 9, 567–578.

21 Frederick.

22 Donaldson, Thomas. 1992. "Can multinationals stage a universal morality play?" *Business and Society Review*, 81, 51–55.

23 Hosmer, Larue Tone. 1987. *The Ethics of Management*. Homewood, IL: Irwin.

24 Friedman, Milton. 1970. "The social responsibility of business is to increase its profits." *New York Times Magazine*, September 13, 122–126.

25 Victor, Bart, and John B. Cullen. 1988. "The organizational bases of ethical work climates." *Administrative Science Quarterly*, 33, 101–125.

第 2 部分
跨国公司的战略内容和战略制定

Strategy Content and Formulation for Multinational Companies

第5章
跨国公司战略管理：内容与制定

学习目标

通过本章的学习，你应该能够：

- 明确基本竞争战略中的低成本战略与差异化战略。
- 理解低成本战略与差异化战略如何获取收益。
- 回顾应用基本竞争战略的跨国公司案例。
- 理解竞争优势和价值链的概念及其应用于跨国公司经营的方式。
- 理解跨国公司如何运用进攻性竞争战略和防御性竞争战略。
- 理解跨国公司多元化经营的基本内容。
- 理解如何将传统的战略制定方法、产业与竞争分析以及公司环境分析应用于跨国公司。
- 认识国情对跨国公司战略的趋同化与差异化所产生的影响。

案例预览

宜家如何抵御经济衰退

宜家是世界最大的家具零售商，致力于经济型北欧风格家具。目前宜家在40个国家和地区经营338家商店。从20世纪40年代早期创立开始，宜家就一直是经营成功的典范。

宜家的战略重点是向消费者提供物美价廉的家具。自2000年以来，宜家将产品的平均价格每年降低2%～3%。为了使低价战略获得成功，宜家必须保持低成本。宜家降低成本的方式包括：使用低成本的制造流程，大批量采购原材料，通过扁平包装实现运输环节和储存环节产品体积的最小化，并让消费者自行组装所购买的家具。正如宜家的网站上所说："宜家的设计师在他们的本职工作中通过独特的、前所未有的方式利用其他领域的生产能力，从而保证宜家产品的低价格。例如，让衬衫厂家生产家具装饰，或者使用制造其他产品时产生的边角料创造出一个全新的产品。"

当经济环境变差时，即使是像宜家这样非常成功的跨国公司，也面临挑战。2008年，世界大部分国家都处在经济衰退状态，宜家面临供需两方面的难题：一方面，宜家的供应商提高了价格；另一方面，宜家主要市场潜在消费者的需求在下降。

尽管世界经济形势不容乐观，但宜家仍然坚持为消费者提供物美价廉家具的战略。宜家的一位高级管理者伊恩·沃林（Ian Worling）指出，宜家在21世纪初经营状况良好，成本有些偏高。为了应对不断上升的成本，宜家并没有减少商店的数量，而是将目标锁定在大多数消费者无法察觉的四个

方面。第一，宜家努力寻求降低运营成本，沃林认为，出差选择经济舱和住便宜酒店等效果显著。第二，宜家通过提供更多、价格更低的产品来扩大销量，通过提高现有门店的销售收入而不是靠增加门店数量来提高运营效率。第三，宜家深入研究供应链的每个环节以实现节约成本。第四，宜家鼓励最接近供应商的员工以及最接近消费者的店员进行决策，此举有助于精简总部。

依靠在新兴市场销量的增长、成本的压缩以及更低的利息，宜家在2012年初宣布利润增长了10.3%，利润额达到30亿欧元，与此同时其产品的平均价格却比前一年下降2.6%。

资料来源：Based on Caglar, D., M. Kesteloo, and A. Kleiner. 2012. "How Ikea reassembled its growth strategy." strategy+business, online, May 7; Cripps, P. 2012. "Ikea profits up 10%." The Independent, January 20, http://www.independent.co.uk/news/business/news/ikea-profits-up-10-6292433.html; www.ideafans.com/idea/idea-whyidea; http://franchisor.ikea.com/range.html.

案例预览描绘了企业如何在新的竞争环境中调整战略。尽管处于极具挑战性的经济环境中，宜家通过调整企业的低成本战略仍然获取了竞争优势。与宜家相似的成功企业能够对瞬息万变的商业环境进行准确预测并做好相应准备。此外，现今企业面对的复杂环境前所未见——全球化的竞争、变化莫测的环境、瞬间的技术变革、激烈的市场竞争、越来越强调性价比的苛刻消费者。[1]面对如此高度竞争的环境，跨国公司管理者需要巧妙设计竞争战略，引导企业获得收益和长期成功。本章将介绍跨国公司管理者必须面对并精通的基本战略。

本章将主要阐述战略管理过程中的关键要素，以促进对这些战略的了解。首先将介绍适用于跨国公司基本战略内容的背景知识，包括可用的战略选择。其次将回顾跨国公司战略制定的原则及其在跨国公司中的应用，包括管理者如何对所处的产业和公司情况进行分析从而进行战略选择。

读完本章后，读者应该能够了解跨国运营中战略管理过程的基本要素，同时应该了解，与那些只需要面对国内市场的管理者相比，跨国公司管理者将面对更为复杂的挑战。

5.1 跨国公司基本战略的内容

什么是战略？战略研究学者汉布瑞克（Hambrick）和弗雷德里克森

（Fredrickson）认为，诸如"我们的战略是成为低成本供应商"或"我们的战略是为消费者提供杰出的服务"等表述并非真正的战略。[2]这些只是战略的要素。事实上，**战略**（strategy）是公司为了发掘其核心竞争力、实现公司目标而进行的一系列重要的、综合的、整体的并且以外部环境为导向的决策。[3]理想情况下，战略应涵盖公司的重要领域，例如公司打算从事什么方面的业务，公司如何进入一个市场，以及公司如何赢得顾客。对于跨国公司的战略来说，其中一个主要问题就是在何时进入哪一个国家，或生产什么样的产品。下面的案例分析中，空客公司和波音公司通过选取不同的目标顾客群体、提供差异化的产品获得了成功。

案例分析

空客公司与波音公司：不同的目标顾客群体

空客公司和波音公司花费了数百万美元研发出差异巨大的商业飞机，每家公司都希望自己对市场的预测是正确的。空客公司向市场提供的产品是 A380 客机，它认为航空公司期望往返于航线枢纽之间的飞机能够搭载 550 名或更多乘客，乘客可以在航线枢纽换乘小飞机到达旅途终点。A380 取代波音 747 成为世界最大的商用喷气式飞机。与之相反，波音公司认为航空公司希望拥有能够有效进行长距离飞行的飞机。波音公司的产品梦幻（Dreamliner）系列（波音 787）是该公司 10 年来的第一个新机型。2011 年 12 月，梦幻喷气式飞机以 10 710 海里的距离，创造了同重量级飞机飞行最远距离的世界纪录，并且以不到 43 小时的纪录完成了环绕飞行。梦幻者拥有新型、复合材料制成的轻型结构发动机，这使其能够在运载超过 200 名乘客的同时，比其他类似飞机拥有高出 20% 的效率。

新飞机在投产时会遇到的共同问题导致两家公司都不同程度地延迟交付飞机。空客公司在前期获得了大量 A380 的订单，但是制造方面的困难使其不能按时交付飞机。波音公司在梦幻者上也面对同样的问题，一些下了订单的航空公司甚至要求波音公司退还订金。

随着许多早期问题得以顺利解决，究竟哪一家公司获得了胜利？或许，两家公司都胜利了，因为不同的航空公司有不同的用户群，面对不同的消费者需求。空客公司自 2007 年将 A380 投入市场到 2012 年已经获得 257 架飞机的订单，到 2012 年 8 月已经交付了 81 架，每架售价为 38 990 万美元。波音直到 2011 年 9 月才交付了第一架波音 787，但到 2012 年 8 月已经获得 835 架飞机的订单，其中 25 架飞机的交付价格从 20 680 万～24 360 万美元不等，视订单情况有所不同。

资料来源：*Based on Betts*，P. 2009. "*Boeing and Airbus fly in face of industry's tailspin.*" FT.com，April 20；Daily Mail. 2006. "*Setback for Boeing's Dreamliner.*" June 20，68；Michaels，Daniel. 2006. "*Leading the news：Airbus scrambles to fix wiring problems；Effort aims to put production，delivery of 380 back on track.*" Wall Street Journal Asia，June 26，3；*www.boeing.com/commercial/prices*；*http：//active.boeing.com/commercial/orders/index.cfm；www.airbus.com/company/market/orders-deliveries；www.airbus.com/newsevents/news-events-single/detail/new-airbus-aircraft-list-prices-for-2012/.*

跨国公司的大部分战略与国内公司所执行的战略类似，接下来我们将对这些战略进行概述。对于学习过战略管理的学生来说，这一部分可作为对战略知识的复习。这里的讨论还专门阐述了跨国公司如何使用基本竞争战略。本章中的案例特别真实地展示了跨国公司国际商务中基本竞争战略的应用方式。接下来的章节将关注跨国公司独特战略的选择。

5.1.1 竞争优势及基本竞争战略在跨国公司中的应用

基本竞争战略（generic strategies）是国内公司和跨国公司都采用，以获得并保持竞争优势的最基本途径。当一个公司的战略能够为目标客户创造卓越的价值，并且这种能力很难被竞争者模仿或竞争者模仿的成本很高时，公司就具有了**竞争优势**（competitive advantage）。[4]波特（Porter）认为，公司可以通过使用两种类型的基本战略——差异化战略和低成本战略——获得竞争优势。[5]

采用**差异化战略**（differentiation strategy）的公司会从其所拥有的资源中探索出为客户创造优越价值的方法，例如，高于消费者期望的产品质量、独特的产品特征、快速的革新或者高质量的服务。例如，宝马公司通过为消费者提供高质量、高性能的旅游房车在世界市场上进行竞争。卡特彼勒公司（Caterpillar）在重型工程机械设备领域不仅为世界范围内的客户提供高质量的机械设备，更重要的是，还承诺为不同国家的客户提供寄送零配件的售后服务。

采用**低成本战略**（low-cost strategy）的公司会生产和提供与其竞争者相同的产品或服务，但是这些企业会找到比竞争者更有效率的生产方式和服务方式。换句话说，这些公司削减成本，但不会以降低产品质量、导致顾客不满意为代价。节约成本可以体现在从产品制造至产品最终销售的每个环节——寻求更廉价的原材料资源、雇用更廉价的劳动力、使用更有效率的生产方式、使用更有效率的运输方式。例如，波特表示，在与美国公司和日本公司的竞争中，韩国的钢铁公司和半导体公司就是通过使用低成本战略获得优势的。[6]韩国公司通过雇用廉价但富有生产效率的劳动力、使用先进高效的生产方式来降低成本。案例预览中所讨论的实行低成本战略的专家——宜家在每一运营环节中寻求节约成本的同时，仍然能向忠诚的顾客提供高质量的产品。

低成本公司和差异化公司如何获利

差异化战略能够带来更高的利润，因为消费者通常会为优质产品或服务带来的额外价值支付更高的价格。因为李维斯品牌（Levi's）具有特殊的吸引力，所以李维斯牛仔系列在世界市场上的价格相对较高。与好时公司（Hershey）大规模生产的巧克力产品相比，瑞士托杰公司（Tobler/Jacobs）能够为其定制化的巧克力产品制定更高的价格。托杰公司更优质的原材料、更长的制作时间和特别的分销渠道，创造出了高质量产品以及与之相配的更高价格。[7]

差异化产品的优质、服务及其他特点通常会提高成本，也就是说，制造差异化产品或提供差异化服务需要使用更昂贵的劳动力或更高质量的原材料。而且，为了让消费者感知到其所提供的产品或服务的特殊价值，公司必须在市场营销上投入更多。因此，为了保持可以接受的利润率，实行差异化战略的公司必须提高价格以抵消额外的成本。

低成本公司提供与竞争者价格和价值类似的产品或服务。这些公司的竞争优势和收益来自成本的节约。它们节约的每一元都会提高利润率、增加盈利。图表 5-1 展示了差异化公司和低成本公司与一般竞争者的成本、价格和利润的比较情况。正如图表中数据所显示的那样，差异化公司和低成本公司能比一般竞争者获得更高的利润。接下来的专栏通过瑞安航空公司（Ryanair）的案例介绍了一个低成本竞争者在欧洲航空公司中获得主导地位的途径。

图表 5-1　　　　　差异化战略和低成本战略的成本、价格和利润

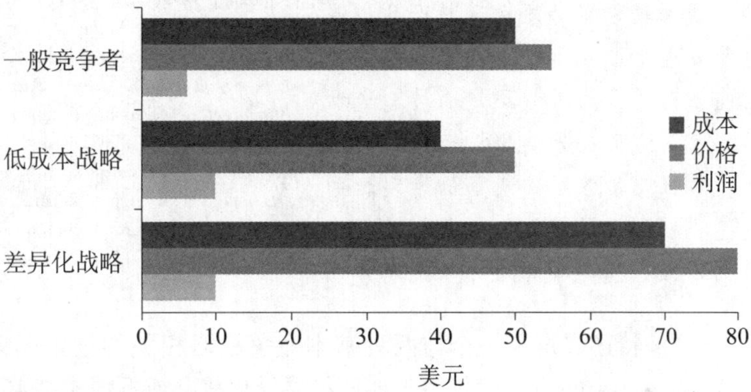

跨国公司管理概览

瑞安航空公司：将低成本战略进行到底

瑞安航空公司已经成为欧洲最著名、效益最好的航空公司之一。当欧洲其他航空公司处于水深火热之中时，瑞安航空公司通过执着地坚持低成本，为其最新的年度报告带来了令人吃惊的 23% 的利润增长。瑞安航空公司与西南航空公司（Southwest Airlines）的相似并不是偶然的。该公司的首席执行官迈克尔·奥莱瑞（Michael O'Leary）曾去达拉斯与西南航空公司的管理者见面，学习适用于爱尔兰的经验。与西南航空公司类似，瑞安航空公司使用单一类型的飞机并且往返于更小、更便宜的机场。瑞安航空公司为乘客提供开放自由入座，意味着该公司不需要维护复杂的选座系统。基于西南航空公司的经验，瑞安航空公司还发现了其他降低成本的创新性做法。例如，它决定移除所

有飞机上的椅背口袋，这个做法不仅降低了重量，让燃油消耗更有效率，还减少了清洁开支。

采用整个航空产业的普遍做法，瑞安航空公司作为一个成本领先者，也持续地专注于如何从每一位乘客获得更多的利润。例如，瑞安航空公司的收费包括：登机牌重印费（60 欧元/人）、姓名更改费（在机场支付，160 欧元/人）、超重行李费（20 欧元/千克）、信用卡/借记卡费（5 欧元/人/航班）、优先登机费（5 欧元/人）以及昂贵的机上餐饮服务（是英国和爱尔兰所有航空公司中收费最高的）。

98% 的瑞安航空公司的消费者都在网上购买机票，使该公司网站成为欧洲最大的旅行网站。这使瑞安航空公司能够利用其网页

进行更多的市场营销活动，并从其他项目中收取佣金，例如租车或酒店预订服务。瑞安航空公司对飞机外观进行重新装饰时，也会将广告位进行出售。该公司正在考虑飞机上仅保留一个洗手间，移除其他洗手间以增加50个座位。虽然乘客对此表示质疑，但是该公司持续关注寻找新的方式来降低成本、获取利润意味着未来的财务成功。

瑞安航空公司的成本领先战略也带来了一定风险。成本领先者必须保证其产品和服务的质量及安全性。最近，3架瑞安航空公司的飞机在西班牙因为燃料不足而被迫进行紧急降落。为了避免额外重量，瑞安航空公司要求飞行员只携带该航次所需的燃料。而法律规定，飞机在满足航线飞行所需燃料的基础上，必须额外携带满足至少30分钟飞行的燃料。当被迫转移到另一个机场时，瑞安航空公司的飞机会因为燃料不足而被迫进行紧急降落。这些事件在欧洲导致各界对该公司的批评报道和调查。

资料来源：Adapted from CAPA. 2012. "Ryanair defeats European recession and posts all-time annual high net profit, but outlook less rosy." May 25 http://centreforaviation.com/analysis/financials/ryanair-defeats-european-recession-and-posts-all-time-annual-high-net-profit-but-outlook-is-less-ro-74750；M2 Presswire. 2009. "Ryanair's 5.3 April passengers double those of British Airways." May 6；Maier, Matthew. 2006. "A radical fix for airlines: Make flying free." Business 2.0, April, 32-34；Reilly, J. 2012. "Three Ryanair mayday calls go out on same day." August 12, http://www.independent.ie/national-news/three-ryanair-mayday-calls-go-out-on-same-day-3197081.html；Smyth, C. 2009. "Ryanair may charge passengers 1 pound to use lavatories on flights." Wall Street Journal, online edition, February 28；http://www.ryanair.com/doc/investor/2011/Annual_Report_2011_Final.pdf.

波特还界定了一个与两种基本竞争战略相关的竞争问题，称为**集中化战略**（focus strategy），就是关于如何将差异化战略或低成本战略应用于范围较小的利基市场。[8]集中化战略是基于公司的**竞争范围**（competitive scope）——一个公司向多大范围的目标市场提供产品或服务。举例来说，竞争范围较窄的公司可能仅专注于有限的产品、特定类型的消费者、特定的地理区域。竞争范围较广的公司可能会为不同层次的消费者提供多种产品。例如汽车制造商宝马公司的目标定位于高收入消费者，因而仅仅提供少数几种型号汽车，而大多数美国和日本汽车制造商则向更广泛收入层次的消费者提供大量不同型号的汽车。图表5-2展示了波特的基本竞争战略分类，包括基本的差异化战略和低成本战略在选择不同范围市场时的应用。

图表5-2　　　　波特的基本竞争战略

竞争范围	竞争优势的来源	
	低成本	差异化
宽泛目标市场	一般成本领先	一般差异化

资料来源：Adapted from Porter, Michael E. 1990. Competitive Advantage of Nations. New York：Free Press.

5.1.2　竞争优势与价值链

一个公司能够通过从获取原材料、生产、销售到售后服务的过程中，找到低成本来源或发现任何行动方面的差异化，来获得超越其他公司的竞争优势。例如，一家跨国公司可以通过在其他国家获取廉价的原材料或劳动力来降低成本；另一家跨国公司可能将其差异化建立在其子公司出色的研发基础上，而该公司设立在工程人才成本低且质量高的国家。不少跨国软件设计公司就从大量使用印度或新加坡的高质量工程师中获得了收益。

价值链（value chain）是思考跨国公司行为的一种简便方式。根据迈克尔·波特的定义，价值链代表一个公司用以"设计、生产、营销、运输和支持其产品"的所有活动，因此囊括了一个公司能为消费者创造价值的所有领域。[9] 更好的设计、更有效率的生产、更好的服务都代表价值链中的附加值。最终，一个公司产生的价值代表了消费者愿意为该公司的产品或服务支付的价格。图表 5 - 3展示了一个价值链的示意图。接下来你将会看到价值链为跨国公司提供了一种有效的运营思维。

图表 5 - 3 价值链

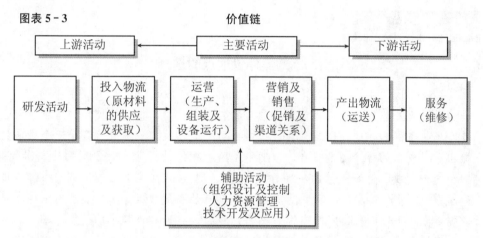

资料来源：*Adapted from Porter*，*Michael L.* 1985. Competitive Advantage：Creating and Sustaining Superior Performance. *New York*：*Free Press.*

波特将价值链活动划分为主要活动和辅助活动。这些活动分别代表：（1）创造产品或服务的相关流程；（2）支持创造活动所必不可少的组织机制。主要活动包括产品（或者服务）的生产、销售以及售后服务。诸如研发和与供应商之间的业务往来等发生在价值链早期的活动称为上游活动，而诸如销售、分销渠道等发生在价值链后期的活动则称为下游活动。辅助活动包括人力资源管理（招聘和甄选流程）、组织设计及控制（组织结构和会计流程）以及公司的基础技术。

价值链有一种常用的用途，就是公司利用价值链来评估不同活动的成本情况，从而确定公司内在的成本结构。[10] 通过将其内部成本结构与行业或是其他竞争者进行对比，跨国公司能够了解其内部活动的相对效率。这种对标方法（benchmarking exercise）使跨国公司能够了解哪些内部活动具有成本优势或成本劣势。大多数跨国公司都需要找到扭转成本劣势的方法来提升竞争力。

在所有扭转成本劣势的方法中，外包（outsourcing）是最常用也最具争议的方法，即公司让外部成员或是战略合作伙伴从事价值链中特定活动的战略。[11] 如今，跨国公司不仅能在国内进行外包，而且可以越来越多地进行跨国外包以利用外国的低成本。2011 年，美国有超过 200 万个工作被外包至国外，这些工作岗位分布于整条价值链：制造（53%）、IT 服务（43%）、研发（38%）、分销（18%）以及呼叫中心（12%）。虽然控制或降低成本被认为是公司采用外包的最主要因素，但大部分外包也会被其他因素驱动，如提高当地生产的质量等。[12]

何时跨国公司应该进行外包？通常来说，外包只有在外部成员能更好或能以更低的成本完成价值链中的任务时才是有意义的。[13]但需要注意的是，外包出去的活动不应是公司获得竞争优势的重要环节，否则，公司就可能面临培育一个新的竞争者的风险。因此，战略价值较低的活动（例如结算服务、维护服务、福利管理）通常会被外包。

尽管如此，仍然有许多跨国公司正在将制造和 IT 服务等活动向金砖国家（巴西、俄罗斯、印度和中国）等新兴市场转移，这主要是出于节省成本的考虑。聚焦新兴市场专栏中探讨了外包地点的选择问题。

聚焦新兴市场

外包地点的选择

新兴市场国家为跨国公司提供了将价值链活动进行外包的机会，当前世界最大的外包市场是中国和印度。中国为许多跨国公司提供了低成本的生产制造平台，印度则是跨国公司进行 IT 业务外包的一个主要选择。印度前十大 IT 公司，如印孚瑟斯和萨蒂扬占据了全球 IT 市场45%的份额。然而，还有许多因素是跨国公司选择外包地点时需要考虑的。

Sourcing Line 是一家外包活动咨询研究公司，该公司使用成本竞争力、资源和技能以及商业和经济环境三个领域的几十个关键统计指标，对国家的外包潜力进行排名。虽然印度在其最新的调查中综合评分排名是最高的，但并不是在所有维度上都领先。英语技能和大规模的技术基础是非常具有吸引力的，但印度的工资水平在不断上升。下面的表格展示了一些国家各自的资源情况。

Sourcing Line 的服务外包国家排名

国家	总体评价	商业环境	成本指数	资源/技术	高效劳动力
印度	7.1	4.2	8.3	6	1 430 000 000
印度尼西亚	6.9	4.4	8.6	4.3	1 033 000 000
中国	6.4	5.6	7	5.6	780 000 000
保加利亚	6.4	5.2	8.8	2.9	3 000 000
菲律宾	6.3	3.9	9	2.8	39 000 000

资料来源：Based on Kathawala, Y. and C. Heeren. 2009. "China presents a major threat to India in the global IT outsourcing industry." Graziadio Business Review, 12, gbr. pepperdine. edu；Overby, S. 2010. "Offshore outsourcing：24 ways to compare India vs. China." November 29, www. cio. com；www. statisticbrain. com/outsourcing-statistics-by-country/；www. sourcingline. com/top-outsourcing-countries.

综上所述，在投入、中间生产以及产出三个环节，价值链分析使跨国公司能够找到差异化或更低成本的资源。为了获得比竞争对手的产品或服务更高的价值或更低的成本，公司必须利用其价值链的独特优势。那么这些优势是什么，又来自何处？这是我们下一部分要讨论的内容。

5.1.3　独特竞争力

独特竞争力（distinctive competencies）是指公司在效率、质量、革新或消费者服务等价值链活动的某一方面领先于竞争者的优势。[14]一个公司的独特竞争力来源于两个相关联的因素——资源和能力。**资源**（resources）是指公司在生产流程和服务流程中的投入，可以是像货币资产、建筑、土地、设备以及训练有素的员工一样的有形资产，也可以是像客户信誉、专利、商标、组织知识以及研发创新一样的无形资产。**能力**（capabilities）则是指公司有效组合和协调资源以生产出低成本或差异化产品的能力。

资源为公司提供了潜在的能力。资源是原材料——正如一个人在体力或智力上的潜力——只有当这些原材料被有效利用时，才形成能力。能力则是构筑独特竞争力的材料。尽管能力是构筑独特竞争力的前提条件，但仅仅有能力是不够的。为了获得长期利益和成功，能力必须转化为可持续的竞争优势。接下来我们将讨论公司如何获得可持续竞争优势。

5.1.4　可持续竞争优势

对于一个长期盈利的公司来说，成功的低成本战略或差异化战略必须是可持续的。**可持续性**（sustainable）意味着该战略不能轻易被竞争者压制或击溃。[15]可持续性根源于公司能力的特性。使公司具有竞争优势的能力必须具有四个特质：有价值、稀缺、难以模仿和不可替代。[16]

有价值的能力会为公司的服务或产品创造需求或者给公司带来成本优势。稀缺的能力是指为一家公司所拥有而别的公司没有或只有少数几个竞争者拥有的能力，例如波音和空客这两家公司在设计和制造大型商用飞机方面所具有的特别的技术能力。

正如之前提到的，不论是为消费者提供卓越价值，还是以更低的成本递送产品或服务，都能提高公司的边际效益。竞争者会通过模仿或取代这些能力来追求高利润。因此，对于持久或长期的竞争优势，不仅需要有价值和稀缺的能力，而且这些能力必须难以模仿或不可取代。

难以模仿的能力是指那些不易被竞争者复制的能力。在国际市场，廉价的劳动力是最容易模仿的获取低成本资源的做法之一。有能力进入同一人力资源市场的竞争者，会很快地将在拥有廉价劳动力的国家建立生产设施，以此模仿获得成本优势。从另一个方面来说，劳动力廉价的国家中工资的增长往往比生产力的提高更快，因此，廉价劳动力所带来的成本优势会逐渐丧失。

不可替代的能力使竞争者没有任何办法获得这一优势。例如，许多像亚马逊一样的早期电子商务公司已经发展起利用互联网经营业务活动的能力。然而这样的商业模式不仅容易被竞争者复制，而且竞争者还能通过外包、建立网站及翻译等流程来取代这些能力。相反，我们在接下来丰田公司相关的案例分析中可以看到丰田公司如何运用其竞争对手很难模仿或根本找不到替代物的战略能力。

案例分析

丰田公司基于价值链的独特竞争力：成本、质量和服务的战略能力

丰田公司是世界汽车销量第一的制造商，与其他来自日本、欧洲和美国的汽车制造商相比，它的竞争优势源于低成本、高质量原材料及服务等方面的独特竞争力。丰田公司通过使用即时生产（just-in-time production）和精益生产（lean manufacturing）等技术，从一个小型汽车制造商成长为一个全球巨人。

它是怎样成就如此壮举的？在价值链的上游，为了快速并廉价地将新车型推向市场，丰田公司把制造和生产管理结合起来，实现在消除生产设计错误的同时降低成本。丰田公司在设计汽车时追求的目标是：使用更少的零部件和生产设备，花费更短的生产时间。基于以上目标，丰田公司重新设计卡罗拉系列的汽车，使得该系列汽车的零部件数量减少25%，重量比原来减轻10%，并且比上一代燃油效率更高。在设计一个新车型并为其建造工厂进行生产所必需的10亿美元中，工具和机器的配置会占到成本的3/4。

丰田公司熟练掌握看板管理（kanban），就是即时生产系统，这为其削减成本和提供顾客服务打下了基础。丰田公司不仅能像许多美国公司一样做到使供应商及时提供原材料，还能够让其整个价值链都进行无缝化工作。

在市场营销及销售等价值链的下游领域，丰田公司的经销商能直接在互联网上预订车型。丰田公司通过虚拟生产系统能够实现五天内一辆汽车从下单到制造完成运送到经销商处。当需要进行特殊加工时，这套系统能够精确地计算所需部件的型号和到达生产线的准确时间。不管设计如何复杂，丰田公司组装一辆汽车仅需要14个工时，而本田和福特则需要22个工时。

丰田工厂的生产不断创新，公司认为这是非常重要的，因为汽车成本的60%来自工厂。在距离东京2小时车程的大衡村，丰田公司的新工厂使用U形组装线进行汽车生产，能比其他工厂节约2/3的时间。与悬挂在天花板上组装汽车相比，汽车在一个简易的升降平台上进行滚动传送，组装所需的工作量和成本都更低。传送系统简单地固定在地面上，使得生产建造、缩短、加长甚至移动到另外一侧的成本都大大降低。丰田公司的汽车并不像传统工厂中在生产线上那样移动，而是像停车场似的并排移动，这样的生产安排能够减少35%的生产时间和生产成本。

生产效率的提升为丰田公司带来了极高的利润，与通用汽车公司每辆汽车3%的边际利润率相比，丰田公司每辆汽车的边际利润率达到9.4%。丰田公司并不只有低成本优势，还始终在消费者心目中保持高质量汽车制造商的形象。尽管存在日元升值、对一些车型的召回以及2011年的自然灾害等不利因素，丰田公司依然在2012年成为世界第一家年生产量达到1 000万辆的汽车制造商。

资料来源：*Based on Bunkley，Nick. 2006. "Gas prices stall U. S. sales of big vehicles：Detroit's Asian rivals benefit，helped by fuel efficiency reputation."* International Herald Tribune，June 5，11；Jiji Press English News Service. 1999. *"Toyota shrinks car production time to 5 days." August 6；Norton，L. P. 2009. "Toyota hits a roadblock.*" Barron's, April 27, 89 (17), M9; Peterson, Thane. 2000. "*Toyota's Fujio Cho: Price competition will be brutal.*" April, http: www. businessweek. com; Pande, S. 2009. "*Lean manufacturing, just-in-time are hallmark manufacturing philosophies that have dominated production practices since the 1950s.*" Business Today, April 19; Williams, Chambers G., III. 2003.

"*Toyota strategy includes San Antonio expansion.*" Knight Ridder Tribune Business News, February 7; Schmitt, B. 2011. "*Toyota's secret weapon: Low cost car factories.*" February 16, www. thetruthaboutcars. com; Tabuchi, H., 2012. "*After recalls and woes, Toyota posts huge profit.*" August, 3, www. nytimes. com.

图表 5-4 总结了资源、能力、独特竞争力和最终利润之间的关系。

图表 5-4　　　　　　　　核心竞争力是如何促进战略成功的

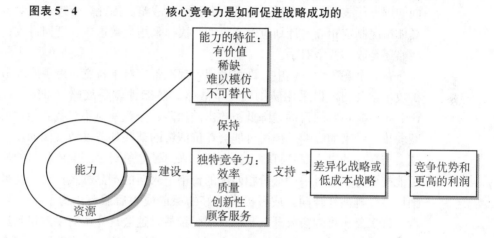

公司也会采用直接针对竞争对手的战略，接下来我们将从跨国公司所占优势的角度进行讨论。

5.1.5 国际市场的进攻性和防御性竞争战略

在运营中除了使用基本竞争战略，跨国公司还会使用一些称为**竞争战略**（competitive strategies）的行动。竞争战略可能是进攻性的，也可能是防御性的。在进攻性战略下，公司希望直接争夺竞争者的市场份额。例如，一个进攻性的公司会通过突然降低其产品价格或是向产品中增加新特性来与竞争者竞争。在防守性战略下，公司会尽力回击或挫败竞争对手的进攻性战略。例如，一个公司可能对竞争者的低价战略采取针锋相对的回应，或是给予分销商很大的折扣来阻止消费者转向购买竞争者的产品。

进攻性竞争战略（offensive competitive strategies）包括直接进攻、迂回进攻（end-run offensives）、先发竞争战略（preemptive strategies）和收购。[17]

● 直接进攻：直接进攻包括降价、增加新特性、使用表明对手产品质量较差的对比性广告，或者追逐被忽略和服务质量低下的细分市场。

● 迂回进攻：公司避免直接竞争并去寻求还未被占领的市场。在国际竞争中，未被占领的市场通常属于被竞争对手忽视或服务不到位的市场。

● 先发竞争战略：这种战略就是首先获得某种优势地位。这些优势可能包括获得最好的原材料供应商、购买最好的位置、争取到最好的顾客。在国际市场，首先采用全球战略能够获得巨大优势，例如，跨国公司可以在世界范围内获得最好的原材料，或者成为世界范围内第一知名品牌。

● 收购：在收购中，一个公司买下其竞争对手。这可能是打败竞争对手最有效的竞争战略，因为竞争对手将不复存在。然而，如果被收购公司对于公司的整体业绩没有好处的话，那么该战略对提高公司的效益就不可取。对于跨国公司来说，收购其他国家的公司，除了获取利润，可能还包括其他方面的利益，如扩大产品覆盖的地理范围、增强公司在重要国家的市场地位。

通常情况下，跨国公司管理者会逐个国家地分析竞争对手的优势和劣势。不同的国家代表不同的市场，通常需要不同的战略。因此，管理者针对各个国家的具体情况制定相应的计划应对竞争者，抉择采用直接进攻、迂回进攻、先发竞争战略还是收购竞争对手。

在一个竞争性行业中，许多管理者都准备应对来自竞争对手的攻击。为了抵御攻击，公司可以采用防御性竞争战略。**防御性竞争战略**（defensive competitive strategies）的目的是降低被攻击的风险、令竞争对手寻找其他攻击目标或者减弱攻击带来的影响。公司可能会在价值链的某些环节设防。例如，一些公司可能会与最好的供应商签订排他性协议，来封锁竞争对手获取原材料的途径；公司可能按照与竞争对手的低价相匹配的价格引入新的产品款式；公司还可能会与分销商签订排他性合同，或者提供更好的保证或售后服务；为了吓退潜在的挑战者，许多公司可能会公开宣布愿意接受挑战，这会让竞争对手意识到进攻的代价很大，不值得冒这个风险。被攻击的公司还可以采用一个在跨国公司广泛应用的战略——**以攻为守**（counter-parry）战略。

在国际市场，以攻为守就是通过在一个国家——通常是竞争对手的母国——攻击竞争对手，来抵御竞争对手在另一国家的进攻。这个战略就是抽取竞争对手的资源，减弱它的攻击。当竞争对手被迫保护其在母国已经占有的市场时，就能获得非常好的效果。固特异公司（Goodyear）曾采用这一战略抵御法国轮胎制造商米其林公司（Michelin）。

米其林公司使用低价战略进入美国市场时，以为固特异公司会被迫随其进行降价。然而，面对收入将可能急剧下降的局面，固特异公司并没有以在美国市场进行降价作为回应，而是出乎意料地在米其林公司的欧洲核心市场进行降价，以此作为对米其林公司的反击。固特异公司在欧洲市场的降价战略使得米其林公司遭受了巨大的损失，最终，米其林公司不得不将美国市场的产品价格调整到降价前的水平。[18]

接下来我们将讨论跨国公司如何在国际市场上运用多元化战略的。

5.1.6　跨国多元化战略

目前为止所讨论的大部分战略选项均适用于单一业务的运营，因此这些战略都被称为**业务层战略**（business-level strategies）。然而，许多公司经营不止一种业务，多业务公司的战略被称为**公司层战略**（corporate-level strategies）。公司层战略关注的是公司如何选择其不同业务组合。当一个公司从单一业务转向两项或更多业务时，就称为多元化。多元化战略有相关多元化和不相关多元化两种类型。

在**相关多元化**（related diversification）中，公司创办或收购的业务与其初始或核心业务在某种程度上是相似的，这些相似性可能存在于整个价值链。公司选择相关多元化战略主要基于三点——行为共享（sharing activities）、传递核心竞争力（transferring core competencies）、建立市场势力（developing market power）。[19]价值链中的行为共享包括共同购买类似的原料，共同生产相似的部件，共享销售力量、广告以及分销活动。本田公司通过在其摩托车内燃机和割草机内燃机中采用相似的技术，实现了在不同业务单元间传递核心竞争力。当耐克公司将其服装系列加入运动鞋业务时，则转移了其品牌识别上的核心竞争力。公司使用相关多元化建立市场势力，可以通过多点、多领域、垂直一体化来实现。垂直一体化让公司能够将供给（例如，星巴克这类公司从事咖啡种植）或价值链下游其他部分（例如，直销）实现内化。如果一体化能够降低成本或提升多元化基础，就能为公司带来更高的利润。

在**不相关多元化**（unrelated diversification）中，公司会收购不同行业的企业。它们主要考虑的是投资项目的收益，收购业务可以当作一项长期投资。[20]通常在这种情况下，被收购的公司应该具有增长潜力，但是不具备增长所需的财务及其他资源。为了实现其潜力，公司需要向被收购公司配置财务或管理资源。收购业务也可以是一项短期投资，在这种情况下，母公司则希望以高于收购成本的价格出售被收购公司的资产。另外，有些公司会在具有不同经济周期的行业中寻找收购的目标企业，这样，即使一个产业陷入不盈利的经济周期中，母公司也可以盈利。

与许多国内公司类似，跨国公司也实施多元化战略。收购其他国家的企业是快速提高知名度和品牌价值的方式。实施相关多元化的跨国公司可以协调和利用来自世界各地不同企业的资源——比如研发等资源——来获得竞争优势；有助于跨国公司为相关差异化产品创造全球品牌；通过跨国和跨公司的交叉互补，有助于进攻不同国家的竞争对手。交叉互补意味着来自一个国家或一个股份公司的资金，可以为其他国家或公司的兄弟公司进行降价竞争提供资源。

多元化并不是没有成本，跨国公司要获得利益就需要相应地追加成本。例如，一个公司进入某一新的国家实施多元化经营，就需要面对社会责任、新进入者及外来者身份所带来的相关成本，以及管理一个更为复杂的组织体系所带来的协调和行政管理成本。文化方面和社会组织的差异，加之地理距离都使得跨国公司的多元化经营更具挑战性。然而，一项研究（Qian, Li, Li and Qian, 2008）认为，跨国公司通过基于区域的多元化在某一平衡点能获得巨大的收益。[21]在区域内推行多元化能够使跨国公司进入非常熟悉的市场，从而随着多元化不断深入而降低相关成本，但是，多元化程度一旦超过某个临界点，就可能损害公司的利润。跨国公司在适当数量的区域内开展多元化，就能够使其绩效最大化。图表 5-5 展示了《财富》世界 500 强中实行多元化战略的跨国公司的主要业务情况。

图表 5-5　　　　　　　　　　　　　　　　多元化跨国公司的例子

公司 （总部所在地）	主要的业务范围	国家或 地区数量	员工数量	收入 （百万美元）	利润 （百万美元）
通用电气公司 （美国）	飞机发动机、航空航天（工业）、机械设备、通信和服务、电力传输和控制、金融服务、工业和电力系统、照明、医药系统、自动化、（美国）全国广播公司、塑料、运输	150＋	301 000	147 606	13 900
西门子公司 （德国）	自动化与驱动装置、自动化系统、计算机、工业项目和技术服务、移动信息和通信、信息通信网络、医疗工程、电力传输和变压器、能源生产、生产和物流系统、建造技术、商业服务、设计和展览、金融服务、房地产管理、运输系统	190	360 000	113 349	8 562
三星公司 （韩国）	电子设备、精密材料、移动显示器、数字影像、重工业部门（造船）、建筑、石油化工、精细化工、人寿保险、物业水火保险、证券、信托投资管理、风险投资、广告、新罗酒店及度假村	97	221 726	148 944	12 059
宝洁公司 （美国）	保健、美容护理、工业化学品、饮料和食品、洗衣和清洁洗涤剂、食品服务和房屋出租服务、造纸	140	129 000	11 797	3 763
三井物产株式会社（日本）	钢铁、有色金融、房地产、服务、建筑、机械设备、化学制品、能源、食品、纺织品、日用品	88	44 937	5 503	116.5
飞利浦公司 （荷兰）	照明、元器件、消费电子产品、家用电器及个人护理、医药系统、声控系统、信息系统、通信系统、半导体、办公设备	100＋	184 000	32 339	1 371

资料来源：Based on http：//money. cnn. com/magazines/fortune/global500/2012/full＿list/index. html and company websites.

5.1.7　战略内容：简要结论

　　本章的第一部分提供了关于基本战略内容与制定的一个概览，包括基本战略、竞争战略和多元化战略。与国内公司一样，跨国公司使用这些战略获得和保持相对竞争对手的竞争优势。接下来的部分将讨论应用于跨国公司的传统战略制定方法。

5.2　战略制定：传统方法

　　管理者在制定战略时，会有一些方法作为辅助。通常来说，**战略制定**（strategy formulation）是管理者为公司选择战略的过程。

　　在这个部分，我们将考察一些流行的分析方法，它们为管理者制定成功的战略提供了必要的信息，能够帮助管理者理解：（1）公司所在行业的竞争动态；（2）公司在行业中的竞争地位；（3）公司面临的机会和威胁；（4）公司的优势和劣势。这些信息能够让管理者做出最适合公司特有环境的战略选择。

5.2.1　行业及竞争分析

　　公司主要在行业内竞争，意味着行业是公司业务活动的主要竞争场所。为了制定有效的战略，管理者必须很好地了解所在的行业。他们必须了解影响行业的力量、经济特点以及行业中竞争变化的驱动力。

　　波特的五力模型（Porter's five forces model）是一种常用的分析工具，有助于跨国公司管理者了解行业竞争的主要力量和行业的吸引力。[22]波特模型中需要考虑的第一种力量是行业现有的竞争程度。例如，在全球范围内汽车制造竞争非常激烈，竞争对行业盈利能力以及行业成员的战略动向产生重要的影响。

　　第二种力量是潜在进入者的威胁，是指在行业中公司要面对新进入者的可能程度。潜在进入者的威胁通常取决于行业的进入壁垒。这在接下来的案例分析中将有所展示。

　　第三种力量是购买者的议价能力，即产品的购买者对行业中竞争者的影响程度。许多学者认为，购买者变得越来越精明和全球化，因此购买者对大多数行业的影响将变得更大。因此，为了保持竞争力，大部分公司不得不进行产品和服务创新，同时要保持低价。[23]

　　在分析任何一个行业时，跨国公司都必须考察第四种力量——供应商的议价能力。如果供应商能够对行业中的竞争者施加重要的影响，则其拥有很大的话语权。例如戴比尔斯公司（DeBeers）通过控制世界上大部分的钻石供应，对全球钻石市场施加影响。

　　第五种力量是替代品的威胁，即竞争者需要面对其产品被替代的威胁。例如，从事网络 DVD 租赁业务的奈飞公司（Netflix）与亚马逊等竞争者一样，都面对来自消费者对互联网电影需求的替代威胁。[24]在这样的行业中，替代品的威胁是巨大的。

　　波特的五力模型不仅是分析国内竞争的一种有力工具，也可供跨国公司用于其他国家所处行业的竞争情况分析。通过这一模型，跨国公司可明确其所处行业的吸引力以及最需要关注的影响势力，此分析方法有助于管理者制定战略。

理解行业的下一个重要步骤是评价主要经济特征，这些特征会影响战略的实施效果。影响战略选择的因素包括：市场规模、进入和退出的壁垒以及生产是否存在规模经济。[25]例如，一个高成长的市场通常会吸引许多新的竞争者，因此处于这类行业中的公司必须制定好应对新竞争者的防御战略。迈克尔·波特认为，战略还必须监控驱动力量在行业中的变化。[26]这些驱动力包括：新产品革新的速度、技术的改变、社会态度和生活方式的转变。比如快速的技术进步可能会让公司有被竞争者迅速赶超的风险，因此公司必须重视技术创新。行业也受竞争程度影响，关键的供应商和购买者议价能力的提升或潜在进入者的威胁都会加剧行业竞争。[27]了解所处的行业是战略生存的关键。

对一个行业的分析，有助于管理者识别公司及其产品或服务的成功特征，例如，在某些行业中，快速地向市场中推出新产品可能是成功的关键。英特尔公司之所以能够在微处理器行业居于主导地位，是因为它能够不断地以新一代计算机芯片在市场上击败竞争对手。而有的行业中，高质量的设计则可能是在竞争中获得成功的关键。

行业中能够带来成功的因素称为**关键成功因素**（key success factors，KSF）。同一因素在不同行业或同一行业不同时点上的重要程度是不同的。关键成功因素可能包括[28]：

- 创新的技术或产品；
- 范围较宽的产品线；
- 有效的分销渠道；
- 价格优势；
- 有效的促销；
- 优越的物理设施或训练有素的员工；
- 公司经营经验；
- 原材料成本；
- 生产成本；
- 研发质量；
- 金融资产；
- 产品质量；
- 人力资源质量。

了解行业变化动态以及关键成功因素，有助于跨国公司和国内的管理者制定最适于达到目标的战略。管理者通过了解驱动行业竞争的因素以及成功企业取得和保持其盈利能力的方式，就能够制定出最佳的战略。接下来的案例分析展示了南非米勒啤酒公司（South African Breweries Miller）如何运用关键成功因素来捍卫其在南非啤酒市场的垄断地位。

案例分析

精通当地的关键成功因素：南非米勒啤酒公司

南非米勒啤酒公司是南非最大的跨国公司之一，已经从一个本土化的小型酿酒公司成长为世界第二大酿酒公司。在与摩森康胜（Coors and Miller）公司合并后，它在世界 6 个大洲的 75 个国家和地区开展业务。它是如何变得如此强大的？

南非米勒啤酒公司成功的一个关键因素是它对当地市场的谙熟。南非米勒啤酒公司是南美酒精饮料市场的领先竞争者之一，它占据了啤酒市场 97% 的市场份额和烈性酒市场 60% 的市场份额。然而，南非米勒啤酒公司主导南非市场并不是靠独特的口味或质量，而是因为公司具有独特的优势，可迎合当地市场复杂的需求。

在南非市场销售啤酒的关键成功因素是控制销售渠道。在南非，大部分啤酒是通过地下酒吧销售的。这些酒吧是种族隔离时期遗留下来的产物，其中的大部分是没有经过许可的，因为在当时向黑人出售酒精是违法的。尽管政府现在正在推动地下酒吧合法化，但大部分在当地运营的小型地下酒吧依旧没有得到许可。据南非米勒啤酒公司估计，这个国家 265 000 个销售点中超过半数都是非法的。

南非米勒啤酒公司并不会向这些非法酒吧直接销售产品，而是与当地分销商、独立的货车司机打交道。许多货车司机都曾受雇于南非米勒啤酒公司，他们是在南非米勒啤酒公司的帮助下开始运送业务的，因此对南非米勒啤酒公司很忠心。尽管严格意义上，司机和分销商只能够在合法渠道中销售产品，但是向地下酒吧——在政府控制之外确实存在的实体——销售产品在黑人社区已经是约定俗成的。南非米勒啤酒公司在现有分销系统中游刃有余，但也在积极推动地下酒吧合法化，这样就能够直接为公司的客户提供产品。

资料来源：Based on Business Report. 2011. "License shebeens to tackle abuse—SAB." November 18, www. iol. co. za; Fin24. 2012. "Gauteng shebeens granted permit extension." July 4, www. fin24. com; Gilmour, C. 2005. "Distribution holds the key to brewer's success." Financial Mail, August 12, free. financialmail. co. za; Mawson, N. 2009. "SABMiller grows from 'dusty operation' into a global giant." Business Day, March 27; Reed, John. 2005. "How SAB Miller stayed dominant at home while aiming to go global." Financial Times, October 12.

了解一个行业并识别关键成功因素，仅仅是制定成功战略所需分析方法的一部分。管理者还必须能够认清和预测竞争对手的战略。一种评估竞争对手的方法是竞争对手分析。**竞争对手分析**（competitor analysis）的目的是对竞争对手的战略与目标建立起大致的轮廓，这有助于跨国公司管理者根据竞争对手当前与预期的行动，选择进攻性或防御性竞争战略。

竞争对手分析的四个步骤如下：

1. 确定竞争者的基本战略意图：战略意图包含广义的公司战略目标，例如要成为市场份额领先者或以技术创新闻名。

2. 确定竞争对手正在使用的或预期将要使用的一般战略（例如，以最低的成本进行生产），这个信息能够帮助管理者了解竞争者当前和未来的关键成功因素。例如，廉价的劳动力成本可能是竞争者成本领先战略的一个关键成功因素。

3. 识别竞争对手现在或预测未来将应用的进攻性或防御性竞争战略。

4. 评估竞争者当前的竞争地位，例如，确认竞争者是市场领先者还是正在丧失市场份额的公司。

理解竞争对手的竞争行为有助于管理者制定本公司的进攻性或防御性竞争战略。例如，如果竞争者采取以高质量产品为基础的差异化战略，那么公司可采用质量相当或更高但价格相对较低的战略攻击竞争对手。

为了制定公司的竞争战略，跨国公司应逐一国家进行分析。在这种方法中，基于不同国家的竞争者，公司可有针对性地制定相应的竞争行动。图表 5-6 展示了假定的来自不同国家的 4 个公司的竞争战略概貌。利用这种对假设情况的说明，跨国公司管理者可以决定避免在其母国市场进攻布朗森公司（Bronson），因为布朗森公司是处于支配地位的领先者，并具有威胁反击能力。

图表 5-6　　　　　　　　按照不同国家的竞争者进行假想竞争分析

竞争对手	战略问题	国家			
		加拿大	墨西哥	法国	中国
布朗森公司（美国）	战略意图	支配地位领先者	保持地位	支配地位领先者	进入前五
	基本战略	低成本	低成本	低成本	基于外国形象的差异化
	竞争战略	基于报复威胁的防御	无	进攻性降价	进攻性降价
	当前位置	市场领导者	中间水平	逐渐增长的市场份额：第二位	新进入者
Leroux公司（比利时）	战略意图	超过领导者	上升一个档次	支配地位领导者	生存
	基本战略	基于品牌名称的差异化	基于品牌名称的差异化	基于品牌名称的差异化	基于品牌名称的差异化
	竞争战略	以攻为守的降价	以攻为守的降价	为抵挡对方提供资源	以攻为守的降价
	当前位置	保持市场第三位	市场领导者	新进入者，不便过早定论	保持市场第二位
Shin公司（新加坡）	战略意图	获取和保持市场份额	获取和保持市场份额	获取和保持市场份额	获取和保持市场份额
	基本战略	基于高质量的差异化	基于高质量的差异化	基于高质量的差异化	基于高质量的差异化
	竞争战略	通过对比性广告实行进攻性竞争战略	通过对比性广告实行进攻性竞争战略	通过长期合约实行防御性竞争战略	通过长期合约实行防御性竞争战略
	当前位置	中间水平	中间水平，但是正在上升	市场领导者	市场领导者
Keio公司（日本）	战略意图	赶超市场领先者	赶超市场领先者	赶超市场领先者	赶超市场领先者
	基本战略	基于廉价人力的低成本	基于廉价人力的低成本	基于廉价人力的低成本	基于廉价人力的低成本
	竞争战略	基于销量给予大量的折扣	基于销量给予大量的折扣	基于销量给予大量的折扣	基于销量给予大量的折扣
	当前位置	增长很快的新进入者	增长很快的新进入者	期望在年内进入	增长很快的新进入者

5.2.2　公司环境分析

在竞争激烈的商业世界中，每个公司均面对独特的环境。管理者必须知道公司能够做得最好和做不好的事情，必须客观地评价公司的战略能力。另外，他们还必须确认针对公司独特的行业地位所存在的机会和威胁。

分析公司环境最常用的工具是 **SWOT** 分析。SWOT 是优势（strengths）、弱势（weaknesses）、机会（opportunities）和威胁（threats）4 个英文单词的首字母缩写。SWOT 分析既包括组织优势与弱点的内部因素，也包括来自环境的机会与威胁这样的外部因素。

优势是指一个组织相对竞争对手来说所特有的能力、资源优势、技术优势或其他优势。优势可能来源于领先的技术、创新的产品、较高的效率和较低的成本、人力资源能力、营销及促销的力量以及其他因素。

弱势是指一个公司相对竞争对手的竞争劣势。为了确认相对的优势或劣势，管理者必须评估组织的独特竞争力，即匹配恰当的战略后公司可持续竞争力的基础。相对的优势和劣势通常具有行业特性，并且取决于公司所在行业的关键成功因素。公司总是试图依据其优势来制定战略，例如，如果能以较低的成本进行生产，那么就可以与竞争对手进行价格竞争。如果能够快速进行创新，那么就能够率先为市场提供新产品。

机会是指公司外部环境中的有利条件，威胁则是公司外部环境中的不利条件。威胁是对公司行业地位产生挑战的变化，例如新的竞争者（如韩国的电子设备制造商进入美国市场）、技术创新、政治变动或者进口管制规则的变化。机会通常与威胁具有相同的来源，因此，对一个公司的威胁可能是另一个公司的机会。例如，平板电脑市场和智能手机市场的成长为苹果公司和三星公司提供了销售新产品的机会，这些新产品会在某些方面替代个人电脑，那么相同的发展趋势对于微软来说就可能是一个威胁，因为微软的操作系统是与个人电脑紧密相连的。新兴市场通常包含重要的机会。

相较于国内公司，SWOT 分析对于跨国公司来说要复杂得多，对于评估机会和威胁来说尤其如此。因为跨国公司在两个或更多的国家从事经营活动，所以面对更为复杂的运营环境。每个国家有不同的经营环境，这可能会带来独特的机会或威胁。进出口壁垒可能会使进口的产品和供给品变得异常昂贵；汇率的波动可能会使原本有吸引力的投资环境变成一种威胁；当地的通货膨胀可能会严重冲击国际市场的价格；政府政策的变化也可能影响利润汇出（即将公司的资金进行调配的能力）。在进行 SWOT 分析时，跨国公司管理者必须十分彻底地分析每个国家的经营环境，逐个国家进行 SWOT 分析可能是最谨慎的方法。

5.2.3　公司战略选择

多元化公司拥有一个业务组合（或选择），主要的投资目标是盈利的业务，主要的战略问题是确定组合中哪些业务是增长与投资的目标，以及哪些业务是撤资或获益的目标。因为管理者预期在这些业务中会得到较高的投资回报，所以增长与投资的目标会得到公司额外的资源支持。撤资的目标是管理者将出售或清算的业务，而获益的目标通常是成熟的并且盈利的业务，管理者将其看做其他投资的资金来源。

评估一个公司业务组合的常用方式是矩阵分析。咨询专家和公司开发出各自的业务矩阵体系，用以评价业务组合。最著名的是波士顿咨询集团（BCG）提出的增长-市场份额矩阵，这个矩阵有助于公司在不同的业务单元间进行资源分配的决策。波士顿咨询集团的增长-市场份额矩阵依据行业增长率和相关企业的相对市场份额，将公司业务划分为四种类型。最具有吸引力的业务处于快速成长的行业，在这些行业中，公司与该行业最成功的公司共享较大的市场份额，这样的业务被称为明星业务；瘦狗业务是指相对市场份额较低并且所处行业增长率不高的业务；现金牛业务是指处于增长缓慢的行业但公司拥有较大市场份额的业务；问题业务是指处于高增长的行业但公司拥有较低市场份额的业务。对每种业务类型，增长-市场份额矩阵都会提出一个明确的战略，其对应关系如图表 5 - 7 所示。

图表 5 - 7　　　　　　　　多元化跨国公司的波士顿矩阵分析

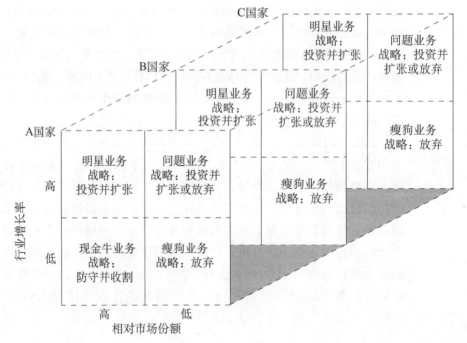

另一个常用的业务组合矩阵是 GE 矩阵。这个矩阵依据行业吸引力高、中、低三个等级和公司业务在行业竞争中强势、一般和弱势三个地位，将业务组合分成九个方格。行业优势的指标是市场规模和行业成长率。竞争地位基于企业的战略能力，例如更低的生产成本。这个矩阵常被用来确定一项业务在行业中的竞争地位。

对多元化跨国公司来说，评价业务组合更为复杂，因为在跨国公司进行竞争的不同国家市场，市场份额和行业增长很少是相同的。因此，必须针对经营所在的每个国家或地区的每种业务进行组合分析。

这里只是对跨国公司用以制定战略的分析方法进行了简单的回顾。对于跨国公司的管理者来说，如何在复杂多变的国际竞争中运用这些方法以及其他方法来制定战略是一个巨大的挑战。

下一个部分将阐述制度力量是如何广泛地影响跨国公司及其竞争对手的战略选择的。特别地，我们将回顾不同国家环境如何导致战略管理在国与国之间实践的差异。

5.3　国家环境与组织战略：概述和评论

国家环境——公司竞争所在地最直接的环境——直接影响组织的战略和组织设计。这些环境会给公司带来一个国家特有的机会和威胁，换句话说，在一个特定国家内会形成特定机会与威胁的组合，这样的组合在其他任何国家都是不同的。因此，国家环境的多样性使得不同的行业能够繁荣，不同的战略取得不同的效果。

国家环境是通过以下几个步骤来影响组织设计以及战略制定和战略内容的：

● 在每个国家，社会制度、国家文化和商业文化对特定的商业模式及战略都会有各自的好恶。进行商务往来时，会有普遍被接受和不被接受的方式。

● 每个国家都必须依赖其具有的要素禀赋来发展行业以及行业中的企业。要素禀赋在形成每个国家独特的资源基础时发挥了重要作用，并且当地公司能够更容易地获取当地资源。因此，当地公司很可能偏好某种相似的战略来利用独特的当地资源。

● 社会制度和文化决定了利用哪些资源、资源的利用方式以及积累哪些资源。资源基础限制了跨国公司可使用的战略选项。

这些要点只是对国家环境影响战略管理的一般性描述。跨国公司管理者可以进行归纳，并将这些观点应用于理解竞争者或联盟者在一个国家中开展业务的行为。

━┃ 小　结 ━━━━■

商务环境日益全球化。读过本书的学生，未来 　　　　几乎不可能在缺乏全球竞争的行业中工作，许多学生都将为跨国公司或其子公司工作。管理者需要很好地理解跨国公司的商业战略。本章为跨国公司管理者理解战略问题提供了基础和基本术语。

为了制定战略，跨国公司管理者也会运用许多与国内公司管理者相同的分析工具。但是，与单一国内公司所不同的是，跨国公司总是面对更为复杂的情形。在一个国家中有效果的基本战略可能不会在另一个国家中奏效，竞争战略需要按照国家的不同进行不同的考虑。跨国公司与竞争者不可能在所有国家中拥有相同的竞争地位。尽管现在有采取一致性战略的全球趋势，但制度和文化条件的不同更倾向于需要根据国家来制定不同的战略。跨国公司管理者必须意识到这些差异，因为这些差异会影响他们的合作者和竞争者。由于跨国经济及政治环境的复杂性，跨国公司管理者在制定战略时面对持续的挑战。

跨国公司管理者也必须意识到战略是愿景适应变化环境的结果。本章和下一章所讨论的是战略计划的部分：在公司自身情况、竞争以及一般环境都确定的条件下，管理者决定什么是最好的计划。在当今激烈的跨国竞争中，跨国公司管理者必须根据新出现的机会和威胁调整或改变战略。

除了面对传统的战略问题，跨国公司管理者还必须面对其他与战略相关的问题。第 6 章将直接解决这些问题并介绍跨国公司遇到的全球化-本土化两难困境，也将列举跨国公司在进入不同市场时使用的一系列战略。

讨论题

1. 讨论为什么某一跨国公司在一个国家使用低成本战略，却在另一个国家使用差异化战略。

2. 理解本章中讨论的跨国公司使用竞争战略的方式。

3. 像沃尔玛一样的跨国公司，如何通过以攻为守战略去攻击其他跨国竞争者？

4. 讨论相对于国内竞争者，跨国公司在保持竞争优势上可能拥有的优势。

5. 选择并讨论哪些关键成功因素最有可能因国家的不同而不同。为什么？

网上练习

印度市场的机会与威胁

步骤 1：通过互联网找到与印度有关的商业出版物。

步骤 2：确定近期印度法律的变化以及对国外公司的普遍态度。

步骤 3：根据收集的资料，讨论不同类型的业务进入印度时面临的机会和威胁。

步骤 4：为一个公司准备与其相关的行业报告。

技能培养

确定独特竞争力和基本竞争战略

步骤 1：选择一个全球性行业，例如汽车行业或手机行业，并确定行业中 2～4 个主要竞争者。

步骤 2：在权威的商业出版物中查找选中公司的情况，并且为每个公司列出其独特的能力。确定这些能力在价值链中的位置。

步骤 3：针对每个公司，书面分析这些能力如何形成独特竞争力。

步骤 4：针对每个公司，书面分析公司如何使用这些独特竞争力，以便成功地实施基本竞争战略。分析公司是否对不同的产品或不同的细分市场使用不同的基本竞争战略。

注　释

1　Hitt, Michael A., B. W. Keats, and S. M. DeMarie. 1998. "Navigating in the new competitive landscape: Building competitive advantage and strategic flexibility in the 21st century." *Academy of Management Executive*, 12, 22–42.

2　Hambrick, Donald C., and James W. Fredrickson. 2005. "Are you sure you have a strategy?" *Academy of Management Executive*, 19(4), 51–62.

3　Hitt, Michael A., Ireland, R. Duane, and Hoskisson, Robert E. 2013. *Strategic Management*. Mason, OH: South-Western.

4　Hitt, p. 4.

5　Porter, Michael E. 1990. *Competitive Advantage of Nations*. New York: Free Press.

6　Ibid.

7　Ibid.

8　Ibid.

9　Porter, Michael E. 1985. *Competitive Advantage: Creating and Sustaining Superior Performance*. New York: Free Press.

10　Thompson, Arthur A., Jr., Margaret A. Peteraf, A. J. Strickland III, and John E. Gamble. 2012. *Crafting and Executing Strategy*. Homewood, IL: McGraw-Hill Irwin.

11　Ibid.

12　http://www.statisticbrain.com/outsourcing-statistics-by-country/; http://www.sourcingline.com/top-outsourcing-countries.

13　Kakumanu, Prasad, and Anthony Portanova. 2006. "Outsourcing: Its benefits, drawbacks and other related issues. *Journal of American Academy of Business*, September, 9(2), 1–7.

14　Hill, Charles and G. R. Jones. 2013. *Strategic Management Theory*. Cengage Learning: Mason, OH.

15　Barney, J. B. 1991. "Firm resources and sustained competitive advantage." *Journal of Management*, 17, 99–120.

16　Ibid.

17　Thompson, Peteraf, Strickland, and Gamble; Yip, G. S., and G. T. Hult. 2012. *Total Global Strategy*. Englewood Cliffs, NJ: Prentice Hall.

18　Yannopoulos, P. 2011. "Defensive and offensive strategies for market success." *International Journal of Business and Social Science*, 2, 1–12.

19　Thompson, Peteraf, Strickland, and Gamble.

20　Thompson, Peteraf, Strickland, and Gamble.

21　Qian, G., L. Li, J. Li, and Z. Qian. 2008. "Regional diversification and firm performance. *Journal of International Business Studies*, 39, 197–214.

22　Porter, Michael E. 1979. "How competitive forces shape strategy." *Harvard Business Review*, 57, March–April, pp. 137–145.

23　Porter, Michael E. 1979. "How competitive forces shape strategy." *Harvard Business Review*, 57, March–April, pp. 137–145.

24　Heilemann, John. 2005. "Showtime for Netflix." *Business 2.0*, March, 36–38.

25　Thompson, Strickland, and Gamble.

26　Porter, Michael E. 1979. "How competitive forces shape strategy." *Harvard Business Review*, 57, March–April, pp. 137–145.

27　Porter, Michael E. 1979. "How competitive forces shape strategy." *Harvard Business Review*, 57, March–April, pp. 137–145.

28　Thompson, Strickland, and Gamble.

第6章

跨国战略与进入模式战略：内容与制定

>>> 学习目标

通过本章的学习，你应该能够：

- 认识跨国公司应对全球化-本土化两难困境的复杂性。
- 理解多国战略、跨国战略、国际战略及区域战略等跨国公司战略的内容。
- 应用诊断性问题解决全球化-本土化两难困境，制定跨国公司战略。
- 理解出口、联盟/国际合资企业、许可及外国直接投资等进入模式战略的相关内容。
- 了解政治风险以及跨国公司控制此类风险的方式。

案例预览

宝马：高档汽车销售的成功案例

按照汽车制造业的标准，宝马公司只是一个规模较小的汽车制造商。与丰田和通用汽车等汽车制造巨头千万辆的汽车年销量相比，宝马公司年销量不足200万辆。尽管许多人认为宝马公司规模太小、过于高档以及过于以欧洲为中心，难以在世界范围内获得成功，它还是在高档车市场上赚取了极为可观的利润。宝马公司是如何成为如此成功的高档汽车销售商的？

从战略视角分析宝马公司也许能找到一些答案。因为宝马公司的规模较小，所以许多人认为它的重点应该在市场营销上。然而，宝马公司最近的五位首席执行官中有四位属于制造方面的专家，宝马公司一直以卓越制造和技术创新为导向。更重要的是，追求制造完美表现的激情让公司不断致力于提高效率。比如，宝马公司的1系和3系产品有60%的零部件相同。

宝马公司清晰定位于高档汽车，因此它不能仅仅依靠效率来获得成功。事实上，宝马公司的成功在很大程度上依赖技术创新。为了保持或接近奢侈汽车市场的顶尖水平，宝马公司建立了一个全球范围的创新中心网络系统，旨在理解和适应当地市场，同时通过网络系统分享创新的成果。宝马公司在德国慕尼黑、奥地利施泰、日本东京、中国北京以及美国的 3 个地点（纽伯里公园、奥克斯纳德和帕罗奥图）都拥有研发和创新中心。此外，宝马公司在 6 个国家和地区拥有 17 处生产单位，在 12 个国家和地区拥有组装生产线，在 34 个国家和地区拥有营销子公司。至于世界范围内子公司间的协作，宝马公司表明："世界范围内的团队合作是宝马公司日常工作的重要准则。宝马集团灵活的创新和生产网络，因为其非传统的、灵活的思维和行动而变得与众不同。"

资料来源：Based on Taylor III, Alex. 2009. "Bavaria's next top model." Fortune, March 30, 100 - 105; BMW Group. 2012. http://www.bmwgroup.com/bmwgroup_prod/e/nav/index.html?http://www.bmwgroup.com/bmwgroup_prod/e/0_0_www_bmwgroup_com/unternehmen/unternehmensprofil/strategie/strategie.html.

案例预览介绍了宝马公司以及它以创新为中心的全球战略诸多方面的情况。选择进入哪个市场、在哪个国家安排生产或者生产何种新产品这些问题涉及宝马公司多国战略各个方面的内容。宝马公司的案例还表明，将子公司分布在不同地理区域以便接近各个国家的消费者，并在这些地区进行创新活动和分享成果可以获得收益。

本章我们将介绍跨国公司进入国际市场并成功进行竞争所用的基本战略，包含三个主要部分：第一部分介绍跨国经营的一般战略；第二部分介绍跨国公司进入国际市场的具体方法；第三部分提供对政治风险的认识，这是许多跨国公司都要面临的一个重要风险。

6.1　跨国战略：应对全球化-本土化两难困境

跨国公司在国际竞争战略中都会遇到一个基本的两难问题：全球化-本土化的困境。一方面，跨国公司面临压力——针对经营所在国市场的独特需求做出反应，公司对独特需求进行响应，就成为**本土适应性方案**（local-responsiveness solution）；另一方面，跨国公司也面临效益压力，需要忽略当地市场差异，在世界范围内开展类似的经营，由此公司倾向于采用**全球一体化方案**（global integration solution）。

所谓**全球化-本土化两难困境**（global-local dilemma）的应对，就是在本土适应与全球整合之间进行选择，由此构建跨国公司的基本战略导向。[1]这个战略导向会影响组织设计、管理系统设计以及生产、市场营销和财务管理等辅助职能战略。在这里，我们只考虑战略内涵。在后续的章节中你将会发现，跨国公司这一基本问题会影响管理的其他领域，例如人力资源管理和组织设计的选择。

倾向于使用本土适应性方案的公司，强调根据国家或地区差异来确定组织结构与产品，其核心是根据不同的需要调整产品或服务以满足当地顾客的需要。促使采用本土适应性方案的外部力量，主要来自顾客偏好方面的国别差异或文化差异，以及顾客需求的多样性。此外，行业的运作方式和政治压力上的国别差异也会导致公司倾向于本土化。例如，政府的规定可能要求公司与当地公司共享所有权，有的政府还要求公司在产品销售国生产所售产品。[2]

倾向于使用全球一体化方案的公司，会尽可能地在各个国家采用标准化的产品、促销战略和分销渠道，以便降低成本。一些全球化导向的跨国公司会充分利用国家之间的差异化，在价值链的各个环节以及世界各地积极寻找低成本或高质量的供应源。通过价值链活动的全球配置，可在全世界范围内寻求更低成本或更高质量的资源。例如，这类公司的总部、研发、生产或分销中心可能会配置到能通过提高质量或降低成本使价值最大化的区位。[3]

对于每个产品或每项业务来说，跨国公司必须谨慎地选择战略的全球化导向和本土化导向。本章的后续部分你将看到管理者在选择适当的跨国公司战略之前必须回答的问题。在此之前，我们先介绍跨国公司管理者解决全球化-本土化两难困境过程中的一般战略选择。

有四种广义的跨国公司战略可以提供解决这一两难困境的途径：多国战略、跨国战略、国际战略和区域战略。多国战略和跨国战略代表了全球化-本土化两难困境的两个极端反应；而国际战略与区域战略则代表试图平衡两难冲突力量的折中态度。跨国公司通常不会单纯地只使用某一战略，管理者通常会在强调某一种战略的同时，将最适合公司所在行业、产品和内部能力的战略选项进行组合。

6.1.1 多国战略

多国战略（multidomestic strategy）会将当地响应置于首要位置，从许多方面看，它不过是差异化战略的一种形态。公司为尽可能满足顾客的需要而试图提供能够吸引消费者的产品或服务，以便尽可能满足各个国家独特的文化需求和期望。例如，广告、包装、销售渠道和定价都根据当地标准进行适应性调整。

大部分差异化战略会带来额外的成本，与为所有国家提供标准化的产品或服务相比，跨国公司针对不同国家生产和销售独特或特殊的产品或服务成本会更高，调整每种产品适应当地的要求（如不同的包装规格和色彩）会导致额外的成本支出。因此，为了获得成功，多国战略通常要求公司制定更高的价格以弥补适应当地需要而产生的调整成本。如果认识到公司为适应其偏好，通过分销体系、行业结构和产品调整带来了额外的价值，消费者就会愿意支付较高的价格。[4]

尽管人们都认为世界正在变得更为扁平化，或者世界正因为全球化而变得更为相似，但是跨国公司并不能忽视国家之间差异所带来的影响。[5]下面的案例分析关于沃尔玛和乐购在韩国的经历对比足以表明这一观点。聚焦新兴市场专栏则认为多国战略可能会在那些欠发达经济体中发挥更大的作用。

多国战略并不限于有能力设立海外子公司的大型跨国公司，即使是仅仅出口其产品的小型公司，也可以通过适应不同国家和文化的需求广泛地调整其产品线，实施多国战略。然而，对于在许多国家拥有生产和销售机构的大型公司来说，多国战略通常意味着将其海外子公司视为独立的业务单元。总部关心最基本的经营事务，而将每个国家视为一个利润中心；每个国家的子公司可以根据需要自主地进行经营管理，同时必须通过赚取利润来获得资源。除了在当地拥有生产设施、营销战略、销售团队和分销系统，跨国公司子公司一般会充分利用当地原材料资源以及雇用当地员工。

案例分析

本土化适应：世界最大跨国公司的失误

经过近 10 年的努力，沃尔玛将它的商店出售给韩国当地的一个竞争对手，退出了韩国市场。为什么？首尔早安新韩证券公司（Good-morning Shinhan Securities）的分析师南洪硕（Na Hon Seok）认为，沃尔玛是在韩国当地经营失败的商业巨头的典型代表，它没有准确地把握韩国家庭主妇购物的真正需求。沃尔玛没有根据当地需求做出必要的改变：

● 与廉价的商品相比，韩国人更喜欢高质量的产品。

● 韩国人期望零售商能够提供高质量的顾客服务。

● 韩国人认为仓储式零售降低了产品的质量形象，并不认可这种做法。

● 韩国人更看重食品的新鲜度。他们会多次去超市而每次只买少量的新鲜食物。

与沃尔玛相反，来自英国的主要竞争对手乐购通过采用本土适应性战略，在韩国获得了超过预期的绩效。截至 2011 年，韩国是乐购全球市场中利润率最高的。通过与三星公司合作建立一个当地合资企业，乐购进入了韩国市场。合作过程中乐购充分利用三星公司的当地市场经验和专业知识，主动适应韩国人的偏好。乐购没有试图在韩国引进母国的零售模式，而是在西方零售模式与要求额外服务、更小包装及更高质量的韩国零售模式之间，试图取得平衡。考虑到韩国已是世界上网络最发达的国家之一，最近乐购又据此进行新的开发，允许韩国人通过智能手机使用二维码在实体超市购物，目标市场是年轻的韩国人——他们没有时间购物但会应用智能手机购物（韩国是工作时间最长的国家之一）。

资料来源：Based on Choe, Sang-Hun. 2006. "Wal-Mart quitting South Korea." The New York Times, March 26; Kim, Renee B. 2008. "Wal-Mart Korea: Challenges of entering a foreign market." Journal of Asia-Pacific Business, 9, 344 – 357; Strother, Jason. 2011. "Shopping by phone at South Korea's virtual grocery." BBC News, October 20.

聚焦新兴市场

运用多国战略，LG 公司在新兴市场获得成功

LG 现在是全球顶级的空调生产商，并且在洗衣机、微波炉和冰箱等市场也位居前三。在新兴国家市场上，LG 几乎各个门类的家用电器和电子产品都处于统治地位，特别是在金砖国家中的印度和巴西；LG 占据中东和非洲等离子电视机市场 40% 的市场份额；尽管刚进入中国市场，LG 也获得了成功，中国市场的销售额达到 80 亿美元。

LG 采用彻底的本土化战略，试图通过在当地建立研发、生产和营销机构，理解当

地市场现状及其细微差别。LG 在印度的本土化战略是一个很好的例子。为了满足印度人的需求，LG 生产的冰箱拥有较大的隔间用于储存蔬菜和水，并且拥有防浪涌电源以应对频繁停电的状况。LG 甚至为了迎合当地消费者的颜色偏好而改变产品，在印度南部地区销售红色冰箱，而在北部地区销售绿色冰箱。LG 还生产内部为黑色的微波炉，用于掩盖咖喱渍。LG 的电视机有图形菜单屏幕显示，说明书包括印度的 16 种官方语言。LG 的竞争对手三星的电视广告的目标客户是最富有的印度人，而 LG 则使用货车营销（van marketing），用卡车将产品运送到偏远地区，那里的消费者接触不到电视机。此外，为了迎合印度人对板球运动的热情，LG 的电视机提供板球电子游戏。

LG 在中东地区的本土化战略亦值得关注。LG 生产出了《古兰经》电视机，《古兰经》的全文被显示在该电视机的屏幕上，电视机还能朗读《古兰经》。LG 已经在等离子电视机中加入蓝牙连接，因为更多的消费者希望有这种连接方式，比如，消费者可用电视机浏览他们手机中的照片。

LG 在新兴市场的本土化战略获得了成功。LG 认为，在一般情况下新兴市场的消费者尚没有较高的品牌忠诚度。通过生产适应当地需求的产品，LG 开始建立自己的品牌。LG 通过外国市场调研开发了一系列新产品，例如，在伊朗生产有预设烤羊肉串功能的微波炉；在中东地区生产带有专门储存海枣隔间的冰箱；寒冬季节俄罗斯人愿意在室内进行娱乐活动，为此 LG 生产了一款深受当地欢迎、可储存 100 首俄罗斯歌曲的卡拉 OK 手机。

资料来源：Based on Choe, Son-kyoo. 2012. "Unique case：How LG surpassed Samsung in India." The Korean Times, April 6. Kim, Yoo-chul. 2007. "LG seeks localization in emerging markets." The Korean Times, August 30；Middle East Company News. 2009. "LG—A plasma powerhouse in Korea, Middle East and Africa." April 27.

6.1.2　跨国战略

跨国战略（transnational strategy）有两个关键目标——寻求**区位优势**（location advantages）以及在世界范围内经营而获得经济效率。[6] 利用区位优势意味着跨国公司根据条件要求，将其价值链活动（例如制造、研发及销售，在前一章中有详细介绍）分布或配置于世界范围内，位于"最好地或以最低成本完成任务"的区位。例如，许多美国和日本的跨国公司在东南亚国家拥有生产工厂，因为这些国家人力成本低廉。迈克尔·波特认为，为了进行全球竞争，公司不仅要将各国视为潜在市场，而且要视为全球平台。[7] **全球平台**（global platform）是指跨国公司可最好地进行其价值链中的某些活动而不必是全部活动的一国区位。

与特定国家相联系的成本或质量优势，通常称为一个国家的**比较优势**（comparative advantage）。比较优势与竞争优势不同，竞争优势是指一个公司与其他公司相比的优势，比较优势则是指一个国家相对于其他国家所拥有的优势。例如，一国拥有成本低并受过良好教育的劳动力，该国相对其他国家就具有比较优势。比较优势对于一国企业十分重要，因为企业可利用比较优势获得与其他国家竞争对手相比的竞争优势。

长期以来，跨国公司通常会利用其比较优势在世界市场上进行竞争，例如美国跨国公司利用美国丰富的自然资源。然而，一个国家的比较优势不仅给当地公司带来了竞争优势，换句话说，各国所具备的天然或后天的资源也为跨国公司提供了潜在的全球平台，这些平台为跨国公司创造出基于区位的成本和质量方面的竞争优势。大多数情况下，区位资源为类似的研发和生产等价值链上游活动提供支持。因此，跨国战略不仅能为公司的价值链上游活动奠定更低成本的基础，还可以增加创造产品或服务附加值的潜力。

区位优势还存在于价值链其他活动中，诸如接近供应商、关键消费者和最挑剔的消费者。例如，在日本市场，跨国公司通常需要保证产品的世界级质量。跨国公司将每一个国家视为一个全球平台，开展其价值链活动，因此一国的比较优势不仅局限于当地企业。随着各国的自由与开放程度不断提高，每一个公司，不论其所属国籍，只要拥有在世界选择区位开展业务的灵活性和意愿，就都可将各国的比较优势转变为竞争优势。然而，并非所有的区位优势都是可持续的，有些区位优势能轻易被竞争对手模仿。

区位优势为跨国公司各种价值链活动提供了成本或质量方面的收益。为了进一步降低成本，跨国公司尽可能在全世界范围内采用统一的营销和促销活动：在销售产品或提供服务的每个地方，都使用相同的品牌名称、广告和促销手册等。例如，可口可乐这样的软饮料公司一直是塑造品牌最为成功的公司之一。当一个公司可以在全世界做相同的事情时，它就具备规模经济的优势，例如，在世界范围内的各生产工厂里采用相同颜色和规格的包装是最具效率的。

6.1.3　国际战略

像玩具反斗城（Toys "R" Us）和波音这样主要采取**国际战略**（international strategy）的公司，采用一种折中办法解决全球化-本土化两难困境。与跨国战略类似，遵循国际战略的公司力图销售全球性产品，并在世界范围采用相似的营销方法。如果需要为适应当地顾客和文化而进行调整，那么仅局限于产品提供方式与营销战略稍作改变。然而，实施国际战略与跨国战略明显的区别在于，前者并不会将所有价值链活动在世界范围内配置，特别是价值链的上游活动和辅助活动，这些活动仍然会集中于母国的总部。国际战略的推崇者认为，相对于跨国战略的分散活动，研发和制造活动集中于母国可以产生规模经济效益和更低的协调成本。例如，总部位于美国的波音公司长期在美国进行大部分生产和研发活动，同时利用相似的营销方法在全世界销售波音757这样的飞机，营销方法以价格和技术为核心，以美元报价并作为支付货币。

由于追求跨国战略的优势，波音公司将其最新飞机波音787的很多工作外包给各国公司，包括三菱（Mitsubishi）、川崎重工（Kawasaki）、富士通（Fuji）、萨博（Saab）和意大利的阿莱尼亚航空航天公司（Alenia Aeronautica）。分散的供应链导致协调和管理出现困难，致使波音 787 飞机的交付大大延迟。鉴于此，波音公司商业部首席执行官表示："我们正将更多的工程收回，尝试缓解所面对的问题。"[8]

有时由于经济或政治的需要，采用国际战略的公司通常也会在主要的经营国家建立营销和生产机构。但母国总部仍保持对当地机构战略、市场营销、研发、财务和生产的控制，当地机构仅仅是母国生产和营销机构的"缩影"。[9]

6.1.4　区域战略

区域战略（regional strategy）是另一种折中战略，它试图将某些经济效率、区位优势同某些本土适应性调整优势相结合，在更高的全球化水平上将跨国战略与国际战略融合。执行区域战略的公司并非一定要拥有全球范围内的产品和价值链，而是会在一个特定区域内管理原材料采购、生产、市场营销和一些辅助活动。例如，执行区域战略的公司拥有一系列产品满足北美市场，同时拥有一系列产品满足墨西哥和南美市场。这个战略不仅能像跨国战略和国际战略那样节省成本，还能为公司预留响应当地需求的灵活性。管理者能够在区域范围内处理区域性问题，例如竞争地位、产品组合、促销战略和资本来源。[10]

在欧盟和北美自由贸易区这样的区域性贸易集团中，通常成员国消费者的需求和期望方面会趋于一致。贸易集团会减少政府和行业对产品规定方面的差异。因此，在所有价值链活动上贸易集团内的公司可以利用区域性产品与区位优势。贸易集团的发展迫使一些以前遵循多国战略的公司，特别是在欧洲和美国的公司采用区域战略。例如，宝洁公司和杜邦公司都将原本分布在墨西哥、美国和加拿大的子公司合并成一个区域性组织。在这种战略下，这些公司能够分别获得本土适应性战略和跨国战略的一些优点。

6.1.5　简要的总结和提示

跨国公司管理专业的学生需要认识到这些战略是跨国公司战略选择的一般性描述，并且通常跨国公司不会只采用其中某种单一的战略。拥有多种业务的跨国公司可能会对每项业务采用不同的战略；即便单一业务公司也有可能为适应产品的差异而调整战略。另外，政府在贸易方面的规定、公司的历史沿革以及战略转变的成本都会阻碍公司完全实施某一特定的战略。

图表 6-1 概括了四种跨国公司基本战略的内容。跨国公司战略组合决策意味着选择某一战略时，管理者必须谨慎地分析公司所处的环境，找出哪一种战略最有效。不同的公司采用不同的战略实现其需求，正如之前的案例分析专栏中描述的，在不同市场 LG 应用本土化方法都获得了成功。

图表 6 - 1　　　　　　　　　　　　　跨国公司基本战略的内容

战略内容	跨国战略	国际战略	多国战略	区域战略
世界市场	是，具有尽可能适应当地条件的灵活性	是，具有少许适应当地条件的灵活性	否，将每个国家视为独立的市场	否，但是主要区域被作为相似市场来对待（例如欧洲）
某一价值链活动的世界定位	是，对公司最有价值的任何地方——低成本，高质量	否，仅限于营销或当地生产复制总部的情况	否，全部或大部分价值链活动定位于生产国或销售国	否，但是区域内可以进行不同活动
全球化产品	是，达到最高可能的程度，必要时有一些当地产品，公司依赖于世界范围的品牌认同	是，达到最高可能的程度，几乎没有本土适应性改变，公司依赖世界范围的品牌认同	否，产品在当地生产，遵循当地偏好以及最好地服务于当地顾客的需求	否，但是在一个主要的经济区域内提供相似的产品
全球营销	是，与全球产品开发相似的战略	是，尽可能	否，营销专注于当地消费者	否，但是整个区域通常实施相似的战略
全球竞争活动	利用任何国家的资源来进攻和防御	在所有国家中进行进攻和防御，但是资源来自总部	否，以国家为单位计划竞争活动并为其融资	否，但是从区域内获得的资源可用于进攻或防御

　　下一节将讨论常见的诊断性问题，跨国公司的管理者可以利用这些问题来选择与其公司相适应的战略，这些诊断性问题可以指导跨国公司解决全球化-本土化两难困境。

6.2　解决全球化-本土化两难困境：制定跨国公司战略

　　正如前面的案例和图表 6 - 2所阐述的，为了进入国际市场，跨国公司面临战略抉择的矛盾和压力。跨国公司是选择跨国战略、多国战略、国际战略或区域战略，还是将这些战略进行组合，取决于跨国公司所处行业的全球化程度。多元化公司需要考虑其参与竞争的每个行业的全球化程度。

　　推动一个行业全球化的力量是什么？乔治·伊普（George Yip）将驱动一个行业全球化的趋势称为全球化驱动器。**全球化驱动器**（globalization drivers）是指一个行业中倾向于以全球化为导向的跨国战略或国际战略的条件，而非以本土化为导向的多国战略或区域战略的条件。[11]

　　全球化驱动器包括全球市场、成本、政府和竞争四个方面。管理者选择跨国公司战略的全球化水平时，必须回答与上述四个方面相关的诊断性问题。对其中每个问题的回答越是肯定，公司就越应该选择全球化水平更高的跨国战略或国际战略。

图表6-2   多国战略制定的行动平衡

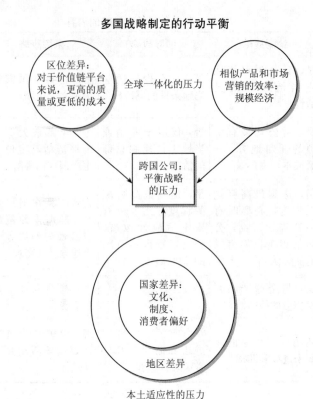

6.2.1　全球市场

● 消费者是否有共同的需求？在诸如汽车、制药和消费电子产品等行业，消费者需求日益趋同。但是，越是在文化差异、收入和物质环境重要的行业，消费者越不可能有相同的需求。

● 全球消费者是否存在？全球消费者通常是组织（并非个人消费者），它们在全球市场上寻求供应商。例如，个人电脑制造商一般是个人电脑零部件的全球顾客。

● 营销是否可以转移？如果你能够使用相同的品牌名称、广告及分销渠道，那么这个行业就更加全球化。

6.2.2　成本

● 全球的规模经济是否存在？在某些行业，例如一次性注射器行业，没有哪个国家的市场规模能够达到购买有效生产规模的总产量。要具有成本竞争力，该行业的公司必须走向全球，在世界范围内销售其产品。

● 全球资源是否能够提供低成本的原材料？如果可以，在获取原材料方面公司的战略追求就是到国外实施区位制造；如果不可以，公司在母国生产产品成本更低，还可以避免运输与管理的额外成本。

● 高技术水平的廉价劳动力是否存在？如果存在，与原材料的情况类似，公司所应采取的战略应该是在国外进行生产制造。美国的许多制造运营中心向墨西哥的转移，以及德国公司在东欧建立生产设施，就是跨国公司寻求全球低成本资源的实例。

6.2.3　政府

● 目标国家的贸易政策是否有利？政府的贸易政策依行业和产品而不同，进口关税、配额以及对当地公司的补贴都是限制全球化战略的政策。例如，在日本，进口限额以及对水稻种植农场主的大量补贴是在排斥外国竞争者，维护通常高于世界市场价格近 4 倍的国内价格。世界贸易组织、欧盟和北美自由贸易区之类的组织有利于全球化战略，因为它们力图减少成员之间的政府贸易限制。

● 目标国家是否有限制外国经营者的规定？对外国企业所有权、广告、促销内容及外籍管理的范围等限制，对于充分实施跨国战略或国际战略会成为障碍。

6.2.4　竞争

● 竞争对手采用哪种战略？如果跨国公司/国际公司成功进入多国公司的市场，那么多国公司将被迫提高其全球化水平。

● 行业有多大的进出口规模？巨大的贸易量表明，公司可以从更高水平的全球化战略中寻找优势。

6.2.5　谨慎抉择

跨国公司以同一产品进入世界市场，推行日益普遍的全球化战略有时可能会引火烧身。文化和国别的差异仍然存在，因此即便跨国战略和国际战略也必须根据国家或区域需求的根本差异做出调整。

接下来我们将讨论全球化驱动器是如何推动一些公司选择跨国战略，却让其他公司选择国际战略的。

一些公司可能在价值链下游活动中具有竞争优势，如消费者服务，但却在具有较强的全球化驱动器的行业内进行竞争；一些公司可能能够高效率地生产高质量的产品，但却在具有本土适应性压力的行业内竞争。在这种情况下，跨国公司一般会妥协地选择区域战略。对于在价值链上游活动有竞争优势（如高质量研发）的公司来说，区域战略可以对产品价值链下游做出适应区域差异的调整；对于在售后服务等价值链下游活动有竞争优势的公司而言，区域战略则会获取由集中化购买和统一产品等活动带来的规模经济效益。

图表 6-3 表明了如何将这些因素与全球一体化压力、本土适应性压力相结合，进行跨国公司战略决策。

图表6-3　跨国战略、获取竞争优势的价值链区位配置、全球一体化/本土适应性压力

全球一体化/ 本土适应性压力	价值链中竞争优势的主要来源	
	上游	下游
全球一体化压力高	跨国战略或国际战略	折中的区域战略
本土适应性压力高	折中的区域战略	多国战略

6.2.6　跨国战略或国际战略：全球公司应走哪条路

　　在全球化水平较高的行业中，采用高水平全球化战略（类似于国际战略或跨国战略）的公司一般要比采用多国战略或区域战略的公司拥有更好的绩效，因为它们通常能够提供成本更低或质量更好的产品或服务。全球化战略应该如何选择——是选择跨国战略还是选择国际战略？

　　如果选择跨国战略而不是国际战略，那么跨国公司管理者必须明确，世界范围内配置经营活动的利益足以弥补协调更为复杂的组织所产生的成本。举例来说，公司可能在一个国家进行研发活动，在另一个国家进行零部件生产活动，最终的装配和销售也分布在其他不同的国家。跨国公司协调分布于世界各国的经营活动，其难度和成本都会增加。

跨国公司管理挑战

把握改变跨国战略的时机：IBM 的经验

　　自 1924 年托马斯·沃森（Thomas Watson）创建 IBM 以来，公司几乎一直位于国际业务排行的前列。直到近期，它依然在欧洲的发达国家和日本拥有非常牢固的业务基础。在它悠久的国际化战略中，控制权都集中于母公司，位于不同国家和地区的运营机构只是母公司的小型复制品。

　　2007 年新任首席执行官彭明盛（Samuel J. Palmisano）上任后，这种情况就不复存在了。这位首席执行官决定将公司的重心转向美国以外的地方。接下来的几年，IBM 都试图成为一个"全球一体化的公司"，用我们的话说，就是采用跨国战略的公司。如今，IBM 将它的价值链活动配置于价格和技术都适合的国家。例如，公司的 IT 业务安排在印度；除中国以外的全球供应链管理

工作、全球融资机构设立在巴西；还有 86 个软件开发中心分布于全球各地。

　　如此变化并非易事，IDC 的分析师弗兰·金斯（Fran Gens）认为，这样的改变会对管理造成巨大的挑战，势必引起企业文化的巨大变革，对众多员工产生重要影响。IBM 在美国、西欧和日本削减了近 20 000 个工作岗位，而在印度和中国分别拥有超过 50 000 和 10 000 名员工。与变化同时发生的是：IBM 总利润的 2/3 来自美国以外的地区。公司不仅关注迅速成长的中国和印度市场，同时注意诸如捷克、菲律宾和越南等规模较小的市场。

　　跨国战略更为适合 IBM 的一个原因是，IBM 已完成从一个硬件生产商向服务和软件商的转变。不顾公司内部众多的反对声

音，彭明盛将该公司的个人电脑业务出售给中国的联想公司；加之出售磁盘驱动器和其他硬件业务，IBM 获得了可观的现金流进行其他投资，例如用 35 亿美元收购了普华永道会计师事务所（Pricewaterhouse Coopers）。现在 IBM 的主营业务集中于开发软件以及将之应用于不同的行业，由此更容易从全世界的平台上获得数据和信息，随之变得更为灵活。

资料来源：Based on Ham，Steve. 2007. "IBM's global hold." BusinessWeek，August 13；Lohr，Steve. 2010. "Global strategy stabilized IBM during downturn." The New York Times，April 19；Lohr，Steve. 2011. "Even a giant can learn to run." The New York Times，December 31.

与奉行跨国战略相反，奉行国际战略的观点认为，研发之类关键活动的集中可以降低协调成本，带来规模经济效益，来自规模经济的成本节约可抵补跨国战略获取低成本、高质量原材料或劳动力的收益。

跨国公司管理者明确国际化的战略方向即跨国公司战略后，还必须选择进入不同国家所需的战略，接下来的部分将详细讨论这些进入模式的选择。

6.2.7　进入模式战略：内容的选择

不管跨国公司选择哪一种国际化战略（多国战略还是跨国战略），都必须明确进入每个市场的方式。例如，跨国公司管理者必须决定，是向目标国家出口产品还是在目标国家建设生产设施。进入外国市场的方式选择称为**进入模式战略**（entry-mode strategy）。下面我们将介绍出口、许可交易、战略联盟和外国直接投资等常用的进入模式战略。

6.2.8　出口

出口是向国际市场销售产品的最简单方式。处理外国市场订单就像处理国内市场订单一样简单的出口通常称为**消极出口**（passive exporting）。在另一种极端情况下，跨国公司可能在出口上投入大量的资源，设立专门负责出口的部门或分部以及国际营销团队。下面将详细讨论消极出口之外的其他出口方式。

出口通常是一种简单但又重要的进入模式战略。在美国，以美元定价的大部分出口销售额都来自大公司。例如，飞机制造商波音公司一半的利润是从出口中获得的。美国大部分出口商都是小公司。正如我们将在下一章中看到的，出口通常是小公司唯一有能力选择的战略。

大多数政府都清楚出口对于其经济的重要性，美国联邦机构与州政府密切合作支持小公司开展出口业务。

6.2.9　出口战略

一旦迈过消极出口阶段，跨国公司就可以利用两种一般的出口战略：间接出口和直接出口。

小公司和新的出口商一般认为，**间接出口**（indirect exporting）是最可行的选择。在间接出口的情况下，中介或中间商提供出口所需的知识和联系。间接出口可以为公司提供出口选择，而又没有直接出口的风险与复杂性。

最普遍的中介是**出口管理公司**（export management company，EMC）和**出口贸易公司**（export trading company，ETC）。出口管理公司通常专门从事特定类型产品、特定国家或地区的贸易，但也有可能同时具有产品和国家两方面的专业化技能。通常为了获取佣金，它们向公司提供进入国际市场的成熟渠道。例如，一个希望向日本出口苹果的美国种植者，应该选择一个专门从事亚洲水果市场出口业务的出口管理公司。好的出口管理公司都拥有国外分销网络，并且非常了解它们的产品和出口国家。出口贸易公司和出口管理公司类似，两类公司提供许多相同的服务。然而，出口贸易公司通常在出口前获得产品的所有权，换句话说，出口贸易公司会先向出口商购买产品，然后把产品销售到海外。出口管理公司或出口贸易公司所拥有的最重要的优势，是能够让一个公司以较低的管理成本和财务成本快速地进入国外市场。

与间接出口相反，**直接出口**（direct exporting）是一项更具有进攻性的出口战略，出口商在这一战略中承担中介公司的责任，换句话说，出口商与国外市场中的当地公司直接建立联系。直接出口商经常使用外国的销售代理、分销商、零售商，将产品销售给外国市场的最终用户。在最高的投资水平上，公司可能会在外国建立自己的分支机构。

外国销售代理使用公司的促销资料和样品，向外国顾客销售公司的产品。销售代理既不在产品上贴上其标识，也不受雇于直接出口商，而是与公司签订明确其佣金、授权地区、协议期限及其他细节的合同。与外国销售代理不同，外国分销商则会以一定折扣向直接出口商购买产品，然后再将这些产品以获取一定利润的价格在外国市场出售。外国分销商一般是向外国零售商而非最终用户销售的中介。

6.2.10　许可交易

国际**许可交易**（licensing）是在国内许可方和国外受许可方之间的一种契约协定。许可方通常拥有可提供给国外受许可方的有价值的专利、专有技术、商标或是公司品牌。作为回报，国外受许可方向国内许可方支付使用费。许可交易为公司走向国际市场提供了一种程序最简单、成本最低和风险最小的机制。但是，许可交易并非仅适用于小公司或资本有限的公司，条件适合的情况下，即使是大型跨国公司也会使用许可交易。与迪士尼在世界其他地方的主题公园不同，东京迪士尼乐园就是东方乐园株式会社（Oriental Land Company）与所有者迪士尼公司之间的许可交易。东方乐园株式会社被授权使用迪士尼的标识和布景，然后将一部分门票收入作为特许费支付给迪士尼公司。

许可协议或合同为许可方与受许可方之间的关系提供法律规范，这些合同可能是相当复杂的，涉及从对许可产品或技术的限定性说明到终止许可协议的方式等方方面面，通常要由来自双方国家的专业律师准备在两国均有效的文件。图表6－4 展示了一份典型许可协议的内容。

图表 6－4　　　　　　　　　　　　许可协议的内容

许可内容	使用条件	补偿	其他条款
专有技术：特殊的知识或技术	谁：哪个公司可以使用许可的专利（以及是否排他使用）	货币：使用什么货币	终止：如何终止协议
专利：使用发明的权利	时间：许可持续多长时间	日期：何时必须支付补偿	争端：使用什么类型的争端解决机制
商标：品牌名称，例如李维斯	地点：许可在哪些国家可以使用，在哪些国家不能使用	方式：可以是一次性支付、分期支付或者作为利润百分比的许可使用费	语言：合同官方语言是什么
设计：复制生产设计或最终产品的权利	保密协议：保护商业机密或设计的条款	最低支付款：有关支付最少特许权使用费的协议	法律：合同适用哪个国家的法律
版权：知识产权的使用，例如书籍或 CD	业绩：受许可方要做什么	其他：技术服务、产品和培训等的费用	惩罚：任何一方违背履约保证将有何种惩罚措施
	改进：与许可产品的改进有关的许可方和受许可方的权利		报告：受许可方何时及报告什么
			检验和审计：许可方有何权利

资料来源：*Adapted from Beamish*，*Paul J*．，*Peter Killing*，*Donald J. Lecraw*，*and Allen J. Morrison*. 1994. International Management. *Burr Ridge*，*IL*：*Irwin*；*Doherty*，*A. M.* 2009．"*Market and partner selection process in international retail franchising*．" Journal of Business Research，62，528－534；*Root*，*Franklin R*. 1994. Entry Strategies for International Markets. *New York*：*Lexington Books*.

6.2.11　一些特殊的许可协议

许多跨国公司使用与基本许可协议类似的协议进入国际市场，这些协议使公司在不需要大规模资本投资的情况下就能在国外运营。

国际特许经营（international franchising）是综合许可协议的一种形式。特许经营权转让方允许受让方引入整套商业模式，通常包括商标、企业组织形式、技术、专有技术和培训。麦当劳这样的世界特许经营商甚至提供公司拥有的店铺。为使运营标准化，特许经营权受让方同意遵循严格的规则和流程。作为回报，特许经营权转让方通常会得到基于销售收入的特许经营权使用费和其他形式的补偿。假日酒店（Holiday Inn）、麦当劳、7—11 和肯德基等美国公司主要将特许经营作为跨国进入模式战略。[12]下面的案例分析将提供一些国际特许经营战略的背景资料。

乐购：F&F 服装商店向特许经营转变

乐购不仅是英国最大的零售商，还是世界第三大综合商品零售商。它在包括英国在内的 13 个国家和地区拥有业务，并且在海外拥有超过 2 400 家商店，而其中大部分商店是特许经营店。F&F 是乐购零售商店之一，专门销售服装和配饰。2010 年之前，乐购都是在自己的超市里销售 F&F 品牌的服装。2010 年 F&F 在布拉格开了第一家独立的商店，2011 年又在捷克开了第二家商店，第三家商店于 2012 年开设于欧洲中部的波兰华沙。现在它已经成为欧洲中部一个领先的时尚品牌。

2012 年 1 月，乐购将 F&F 的进入模式战略转变为特许经营，目标是将该品牌打造成一个主要的全球时尚品牌。它计划通过与当地的合作伙伴一起努力，将商店建在购物中心以及超市和百货公司中。F&F 的首席执行官杰森·特里（Jason Tarry）表示："特许经营模式是我们将 F&F 发展为一个全球时尚品牌过程中的自然延伸。我们在很短的时间内，在中欧创造了一个市场领先的时尚品牌，现在这个品牌的价值超过 4 亿英镑。我们有机会在乐购尚没有进入的市场进一步发展这个品牌。"与其他参与选择相比，特许经营模式让世界范围内的消费者快速认识了 F&F 品牌。

它的第一个特许经销商是沙特阿拉伯最大购物商场的拥有者——Fawaz Abdulaziz Al Hokair & Co，它在 11 个国家和地区经营超过 80 个特许零售商场。在特许经营协议签订 4 个月后，第一家商店就在吉达的 Haifa 购物中心开业了。特里认为："Al Hokair 对于 F&F 来说是一个出色的合作伙伴，它所拥有的当地经营专业知识技能以及在特许经营方面的丰富经验，会给当地消费者带来与众不同的消费体验。"

资料来源：Based on Whiteaker, Jon. 2012. "Tesco unveils F&F franchise model." Retail Gazette. January 17; www.tescoplc.com. 2012. "Tesco opens first F&F store in Saudi Arabia." May 11; www.tescoplc.com. 2012. "Tesco fashions F&F franchise concept." January 17.

有时，跨国公司通过与外国当地公司签订合同，允许当地公司在海外生产产品。同典型的许可协议类似，外国公司可以使用跨国公司的技术和规范，然后面向当地市场或其他市场生产产品。然而，与典型的许可协议不同的是，跨国公司仍然向市场销售这种产品并控制市场营销活动。这种形式的协议称为**合同制造**（contract manufacturing），代表另一种快速的低成本进入方式，特别是进入不能保证直接投资有效性的小规模市场。[13]

而在**交钥匙经营**（turnkey operations）中，跨国公司在将承包的项目交付给外国的所有者之前，保证该项目正常运转。之所以称为交钥匙，是因为跨国公司不仅要建设项目，还要培训工人和管理者怎样使该项目运转起来。此后，跨国公司交给所有者一个可完全运转的项目，所有者只需"转动钥匙"就能使该项目运转。

交钥匙经营主要集中于公共建筑项目领域，通常是跨国公司承担东道国政府的项目。例如，柏克德公司（Bechtel）一类的国际建造公司可能会为中东地区的政府建造一家核电厂。除了建设工厂，建筑公司还要为当地工人和管理者提供培训，确保设施能够在当地人手中正常运转。

6.2.12　国际战略联盟

国际战略联盟（international strategic alliance）是指来自不同国家的两个或两个以上公司签订共同参与商业活动的合作协议，这些活动可能是从研发到销售和服务的任何价值链活动。

在过去 10 年中，随着越来越多管理者的重视，国际战略联盟逐渐成为跨国公司的一种主要进入模式战略。即使是像 IBM 和通用汽车这类拥有独自运营资源的传统公司，也逐渐将国际战略联盟作为基本的进入模式战略。[14] 因为战略联盟的重要性，我们将在第 9 章更为详细地介绍这种战略的设计以及管理合资企业的方法。

6.2.13　外国直接投资

外国直接投资（foreign direct investment，FDI）通常指跨国公司全部或部分拥有他国的一个企业，国际合资企业是直接投资的一种特殊形式（涉及所有权）。与国际合资企业——母公司并没有建立一个独立的法律实体不同，外国直接投资标志着国际化的最高阶段，不仅投资最大和风险最高，而且最有可能获得最大的回报。

跨国公司可应用外国直接投资在其他国家白手起家，建立任何类型的子公司（研发中心、销售机构、生产机构等），这称为**绿地投资**（greenfield investment）。与此相反，跨国公司也可以通过收购其他国家现有的公司来进行直接投资。绿地投资能够让一个公司使用它自己的管理和技术系统，并且雇用和培训员工使用这些系统。与此相反，虽然收购能较快启动，使用现有人员和组织机构，但是被收购公司与母公司间的整合会遇到困难，尤其是当两个公司和国家的文化存在较大差异的时候。

《世界投资报告》表明[15]，伴随快速的技术变革和各国对外国直接投资政策的放开，收购已成为外国直接投资的主要驱动力。绿地投资总额仍然大于收购，在新兴市场更倾向于采用绿地投资，2/3 的绿地投资都流向新兴经济体。收购则在发达国家更为普遍。最近，印度等新兴市场的跨国公司收购发达国家公司的案例逐渐增多，塔塔集团是印度公司中的领先者。[16]

有的跨国公司进行跨国经营仅仅是为了获得原材料以支持母国的生产。这种类型的后向垂直一体化在钢铁业、铝业和石油业中较为常见。有的跨国公司进行跨国经营主要是为了获得低成本劳动力、元器件、零部件或最终产品，外国子公司会将制成品或元器件运回母国或运往其他市场。例如，福特公司在墨西哥和泰国组装部分汽车的目的是出口。市场渗透依然是跨国投资的主要动机。有的跨国公司在外国投资设立子公司的目的，是在目标国家拥有生产或销售的基地。[17]

当跨国投资和跨国经营管理可获得更大的回报或者降低风险时，跨国公司对外直接投资的规模会不断扩大。举例来说，一个跨国制造公司起初可能只有一个销售办事处；接下来可能会增加一个仓库；再接着可能会建造工厂，或收购当地有能力进行产品组装或包装的公司；最终会扩大投资规模，在当地建立或收购全套的生产设施。[18]

外国直接投资非常重要，但在 2008—2009 年经济衰退时期，大多数经济体经历了外国直接投资下滑。因为经济萎缩，许多跨国公司都减少了其外国直接投资。2011 年绿地投资和收购显著增加，但仍未达到 2007 年的水平。[19]

虽然跨国公司进入国际市场有多种选择，但最难以抉择的是怎样选择最适合企业及其产品的进入模式战略。下一个部分将详细讨论这些问题。

6.2.14 制定进入模式战略

正如制定其他任何战略一样，制定进入模式战略必须考虑一些因素——各种进入模式战略的基本功能、跨国公司及其战略意图、产品及市场战略，以及最适合企业的跨国经营战略。下面我们将依次讨论这些问题。

6.2.15 进入模式战略的基本功能

决定采用出口战略

出口战略不一定是最有利的，但却是最简单、成本最低的进入模式战略。它是公司开始国际化或试探新市场的一种方式，大多数公司即使采用了较高级的进入模式战略，也会继续出口。一个出口公司必须回答这一问题：应该选择哪一种出口形式？

每种出口战略都有其优缺点。对于大多数企业，直接出口较大的潜在利益被需要承担更大的财务风险和资源投入抵消。[20] 此外，还要考虑公司的需求和能力。下面的诊断性问题可以帮助跨国公司管理者为其公司选择最好的出口战略[21]：

● 管理者是否认为必须控制外国销售市场、顾客信誉以及产品的最终销售？如果答案是肯定的，那么应该选择直接出口的方式。

● 公司是否具备创建并管理出口经营组织所需的财务资源和人力资源？如果答案是否定的，那么应该选择间接出口的方式。

● 公司是否具备设计和实施国际促销活动（例如，国际贸易展会和外语广告）所需的财务资源和人力资源？如果答案是否定的，则应该依赖中介公司的专业知识，选择间接出口的方式。

● 公司是否具备进行大量国际旅行以及拥有海外销售力量所需的财务资源和人力资源？如果答案是肯定的，则应该选择直接出口的方式。

● 公司是否具备发展海外关系和网络的时间和专业知识？如果答案是否定的，则应该依赖中介公司的专业知识，选择间接出口的方式。

● 出口业务所需要的时间和资源是否会影响公司国内的运营？如果答案是否定的，则倾向于选择直接出口的方式。

公司应何时进行许可交易

许可交易决策的三个影响因素是：许可交易产品的特征、目标受许可方国家的特征、许可方公司的特质。

产品　最适合进行许可交易的产品涉及公司老化或即将被替代的技术。利用老化的技术进行许可交易的公司，既可以避免将最新技术送给潜在的竞争对手，又可以通过许可交易继续从早期的投资中获益。

许可的产品通常在国内不再具有销售潜力，市场可能已经饱和，或是购买者可能期望最新的技术。但是，老化的技术由于某些原因对于国际市场依然具有吸引力：第一，没有新技术竞争对手的国家，虽然采用老化的技术，但是仍然有很强的产品需求；第二，外国受许可方不具备产品的最新技术或生产设施；第三，从受许可方的角度看，仍然能从许可方老旧的技术中学习到生产方式或其他信息知识。[22]

目标国家　目标国家的条件可能会让许可交易成为唯一可行的进入模式战略。影响产品出口成本上升的因素通常会使许可交易比出口更有吸引力，诸如关税或配额一类的贸易壁垒会增加最终产品的成本，从而使出口无利可图。在这种情况下，公司往往不销售实物产品，而是通过许可交易转让无形的专有技术。例如，一个国际酿酒公司出口桶装啤酒可能会面临难以逾越的进口关税，但通过许可交易将酿酒工艺转让给当地的啤酒制造商，可以避免关税或进口配额。

影响许可交易决策的因素还涉及目标国家的其他相关问题。许可交易有时可能是跨国公司唯一的选择。对于一些军事或高技术产品来说，当地政府会要求跨国公司在当地进行生产。一般情况下，许可交易是一种低风险的选择。一国政治不稳定或是存在政府接管公司的威胁会使许可交易方式更具吸引力，因为公司采用许可交易方式既不用投资股本，也没有向东道国转移产品，动荡环境下其唯一的风险就是失去许可经营权的收入。最后，选择许可交易战略有可能仅仅是因为目标市场规模不够，难以支撑比许可交易更大的投资。[23]

公司　有的公司缺少足以支持出口或直接投资海外经营的财务、技术或管理资源。通过许可交易，公司就不必管理国际经营，没有必要建立出口部门、海外销售团队或是海外制造基地。公司的管理者也不需要了解国外的经营，以及为适应当地需求调整产品，而是由受许可方承担这些事务和责任。因此，许可交易是低成本的选项，它对公司的要求不多，特别对于小公司而言，是更具有吸引力的选项。[24]

对于一个拥有多种产品的公司来说，许可交易方式则更有优势。多产品公司可以将其比较外围或辅助的产品采用许可交易方式，而保留关键或最重要的产品，这可以防止其核心技术泄露给潜在的竞争者，同时又可以从许可交易中获利。[25]

许可交易的缺点　许可交易具有低成本和低风险的优势，但是也有四个主要的缺陷[26]：

第一，最重要的是许可交易战略会使公司失去控制。一旦签订协议，转让商标、技术或专有技术，许可方就很难控制受许可方的行为。例如，受许可方可能没有充分或正确地营销该产品。

第二，公司可能会制造新的竞争者。不仅在受许可方所在的国家，而且在世界其他市场，受许可方都可能利用许可方的技术与许可方展开竞争。尽管双方的合同可能规定受许可方不得在其他国家使用受许可的技术，但是当地法律有可能并不支持许可协议中的此类条款；即使协议受到当地法律的保护，外国诉讼也会使得执行成本过高。

第三，许可交易的收入通常较低。特许经营费率很少有超过5%的，受许可方一般对分享利润的许可产品缺乏营销动力，往往难以超过其自有产品。

第四，许可交易存在机会成本。公司采用许可交易方式，则会失去诸如出口或直接投资等进入该国市场的机会。许可交易合同一般会规定排他性条款，受许可方在其国家范围内享有独家使用商标或技术的权利，甚至包括许可方都被排除在外。

公司为何要寻求战略联盟

考虑到战略联盟对于跨国公司的重要性，我们将在第9章单独讨论这个问题。

外国直接投资的优缺点

除了经验丰富的跨国公司，一般跨国公司在选择外国直接投资之前，都会尝试其他进入模式战略。出口、许可交易或者战略联盟都能为外国直接投资做前期准备，由此能够尽可能地降低失败的风险。无论何种情况下，跨国公司管理者都必须谨慎地权衡外国直接投资战略的优缺点，图表6-5总结了外国直接投资的优缺点。

图表6-5　　　　　　　　外国直接投资的优缺点

优点	缺点
对产品营销和战略有更强的控制	资本和投资增加
能够以更低的成本向东道国提供产品	外国直接投资或当地员工培训方面的管理人员匮乏
避免对原材料供应或最终产品的进口配额	分布于世界各地机构的远距离协调成本增加

续

优点	缺点
拥有更多的机会——为适应当地市场需求进行产品调整	面临被当地政府征收资产的更大的投资风险
更好的当地产品形象	更大的金融风险
更高质量的售后服务	
更大的利润潜力	

资料来源：*Adapted from Root*，*Franklin R.* 1994. *Entry Strategies for International Markets. New York*：*Lexington Books.*

跨国公司管理者考虑各种可行进入模式战略的优点后，还需要思考一些更宽泛的战略问题：（1）关于盈利与学习的公司战略意图；（2）公司所具有的能力；（3）当地政府的法规；（4）目标产品和市场的特征；（5）东道国和母国之间的地理和文化距离；（6）风险与控制之间的权衡。[27]

跨国公司的战略意图很大程度决定了进入模式战略。如果只是对短期的利润感兴趣，那么跨国公司管理者可以比较不同进入模式战略的成本和收益，然后选择一个会带来最多盈利的战略。但是，许多跨国公司进入国际市场并不是看重短期的利润，通常情况下在最具成长潜力的市场中获得领先地位或者学习一项新的技术等其他目标，才是驱使跨国公司进行国际化尝试的主要因素。例如，许多跨国公司进入中国、俄罗斯以及东欧国家时都有这样的认识——只有在遥远的未来才有可能盈利。

跨国公司必须评估自身能力以决定国际化的程度。对于许多公司来说，出口是唯一可行的选择。公司也应该考虑人力资源的问题，即公司是否有能够管理全资子公司、派遣到合资企业，或者管理一个出口部门的管理者？如果公司需要调整产品以适应外国市场，那么生产能力也很重要。

国际市场上与产品相关的因素也会影响跨国公司参与国际市场的决策。例如，保质期不长的产品或难以运输的产品可能并不适合出口；几乎不需要针对当地情况做出调整的产品则十分适合许可交易、合资企业或是直接投资。另一个与产品相关的重要问题是在什么地方以及以何种方式销售。这意味着公司必须重视如何将产品推向市场的问题。公司能否利用当地的分销渠道？如果不能，公司可能需要通过出口方式或是通过建立合资企业来销售产品。如果能够发展自己的分销渠道，那么直接投资可能是最佳的战略。

两个国家地理或文化上的距离也有非常大的影响。地理距离会带来一些问题：如果产品生产国远离消费国，过高的运输成本可能会限制出口。即使是直接投资进行生产，有时也需要将生产所需的零部件或原材料从其他国家运输到生产国。同样，文化距离至少与地理距离同等重要。文化距离是指国家文化间在基本信念、态度和价值观上的差异程度。通常情况下，如果两个国家拥有差异显著的文化，那么外国公司会尽量避免进行直接投资，取而代之的是与当地公司建立合资企业，因为合资企业可以让当地的合作伙伴解决许多与当地文化相关的事务。

许可交易和出口可以进一步减少外国公司与当地文化的直接接触。接下来我们将讨论控制与风险之间的权衡。

控制与风险的权衡：控制的必要性

国际化公司必须明了监督与控制海外经营的重要性。控制的关键领域包括制造过程中产品的质量、产品的价格、广告及其他促销活动、产品销售的市场定位以及售后服务。像麦当劳这类将统一的产品质量作为竞争优势的公司，通常对控制有极高的要求。外国直接投资通常能提供最高程度的控制。

通常情况下，随着控制力的提高，风险会增加。例如，出口和许可交易是低风险的方式，但出口与许可交易也将控制权让渡给了对方；而在各种形式的外国直接投资下，公司拥有最高程度的控制力，但也面临最大的财务风险和政治风险。图表6-6展示了常见的国际进入模式战略的风险与控制之间的权衡关系。

图表 6-6　　　　　　　　　　　风险与控制的权衡

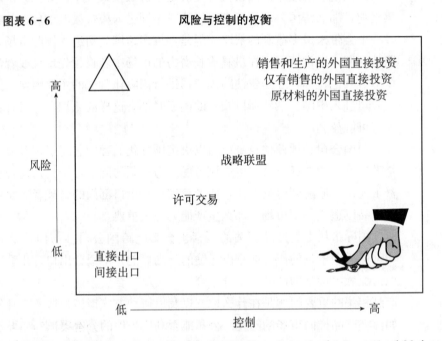

资料来源：*Adapted from Root*，*Franklin R*. 1994. Entry Strategies for International Markets. *New York：Lexington Books*.

图表6-7是公司面对不同情况时最适合的进入模式战略的决策矩阵。最为重要的是要始终牢记：进入模式战略会随着产品和国家而改变，跨国公司需要根据环境的变化，改变组合及其战略。下面的跨国公司管理挑战专栏展示了一个小公司面临新的挑战时，如何通过改变进入模式战略应对挑战。

最后也可能最重要的是，进入模式战略必须与跨国公司战略相匹配，这是下一个部分将要讨论的主题。

图表 6 - 7　　　　　　　制定进入模式战略的决策矩阵

公司情况		进入模式战略				
		间接 出口	直接 出口	许可 合同	合资及 其他联盟	外国直 接投资
战略意图	了解市场			👍	👍👍	👍👍
	立即获利	👍👍	👍👍👍	👍	👍	👍
公司资源	较强的 财务实力				👍👍	👍👍
	国际化 专业人才				👍👍	👍👍
当地政府	良好的管制		👍	👍	👍👍	👍👍
产品	很难运输			👍	👍	👍
	很容易调整	👍👍	👍👍	👍	👍	👍
地理距离	不同市场 距离较远			👍	👍	👍
文化距离	文化间有 显著差异	👍👍	👍	👍	👍	👍
控制需要	高				👍	👍👍
风险程度	低	👍👍	👍👍		👍	👍

　👍 =对进入模式战略有利的条件
　👍👍 =对进入模式战略较为有利的条件
　👍👍👍 =对进入模式战略最为有利的条件

资料来源：*Adapted in part from Root*，*Franklin R*. 1994. Entry Strategies for International Markets. *New York*：*Lexington Books*.

跨国公司管理挑战

知道改变进入模式战略的时机：圆顶国际的案例

　　面对发展中国家对高效廉价住宅的需求，一个在田纳西州孟菲斯拥有国际销售办公室、总部位于密西西比州的公司，恰好拥有这样的产品：圆顶住宅。圆顶国际公司（Domes International）使用玻璃纤维制造它的球根状结构。一些结构像爱斯基摩人用雪块砌成的圆顶小屋，另外一些则像棉花糖一样。这种玻璃纤维的圆顶设计最具吸引力的优点是低廉的维护费用。这种设计也能对白蚁进行有效防护和对能源进行有效利用，并且能抵御恶劣的气候条件，包括会造成严重破坏和大量人员伤亡的极端季风气候。

　　当圆顶国际公司决定向国际市场扩张时，美国军方已将其房子应用到遥远的热带小岛上的军事基地。国际业务拓展和营销部门的负责人史蒂夫·帕珀（Steve Pope）承担这项任务，他同时兼任一家出口管理公司——世界发现公司（World Discoveries）的主席，圆顶国际公司与它签订了在全球进行制造运营的协议。

帕珀联系美国政府的出口协助中心以获得支持，这一中心在田纳西州孟菲斯和密西西比州杰克逊都设有办公室。在与中心的贸易专家交谈后，帕珀和他的公司将目标市场确定为印度。进行初步市场调查，以及研究与印度政府进行商业往来的方式后，他便联系古吉拉特邦的政府官员，因为这个城市需要为无家可归的人建造房屋。双方签订了合同，接着印度军方也下了订单。

帕珀和他的合作伙伴不久就意识到，他们需要在印度建造一个工厂组装从美国运来的零部件。帕珀认为，在当地建造一个工厂是双赢的做法，因为"所创造的工作岗位能够帮助当地发展经济，同时通过提供高端的零部件使得美国本土也能获益。"当圆顶国际公司开始根据当地需求调整产品时，当地的市场经验带来了更多的销售额。圆顶国际公司产品的用户包括办公室、学校、军队和仓库，甚至有一个宗教团体希望能够用玻璃纤维的圆顶建筑代替昂贵的大理石寺院。帕珀认为："如果只是观察人们有什么需求，你永远也不会知道有什么新的机会。"

在另一个案例中，一个学校建设项目的政府代表指出，他们国家某些地区的人认为圆形带有一个洞的结构会带来厄运。帕珀解释道："当地的信徒并不会接近这些建筑，因此，我们开发了一种扁平状的、玻璃纤维的平板，并且在其中加入肋拱和钢筋结构作为支撑。"这使得房屋变成一个方盒而不是圆顶。

帕珀认为："从我们在印度的经历来看，圆顶国际毫无疑问是一家优秀的公司。我们拥有更多的灵活性和创新能力。顾客希望有更便宜的结构，因此我们就回到实验室中，用一种绝缘材料来满足他们的需求。如今我们使用这些发现去改进核心产品，提供更多的产品调整空间。我们现在对于开拓一个新市场更加充满信心——倾听，改进，然后找到最佳解决方案。我们最近几年在海外实现转变的经历是激动人心的。"

资料来源：Based on excerpts from http://export.gov/basicguide/eg_main_043073.asp.

6.2.16 进入模式战略与跨国战略

跨国战略中是否应该尽量采用外国直接投资？国际战略中是否应该尽量利用出口？对此，并不存在明确的答案。

原因在于，答案是由公司在东道国所使用的基本战略决定的。跨国战略寻求区位优势并可能在任一国家从事任一价值链活动；多国战略希望适应当地的需求，必须明确本土适应性调整的最好方式——是调整母国的出口还是在每个国家配置从研发到服务的完整价值链。因此，对跨国公司而言，最基本的诊断性问题是：哪个进入模式战略能够更好地服务于公司在特定国家或区域的目标？从这个意义上讲，进入模式战略代表公司综合性跨国战略在国际市场和国家层面的具体实施。图表 6-8 展示了进入模式战略与跨国公司战略之间的关系。

图表 6-8　　　　　　　　　进入模式战略与跨国公司战略

进入模式战略	跨国公司战略			
	多国战略	区域战略	国际战略	外国直接投资
出口	为不同国家出口定制化的产品	向每个区域出口相似的产品	在世界范围内出口母国生产的全球产品	在最具区位优势的区域生产产品，向其他国家或区域出口

续

进入模式战略	跨国公司战略			
	多国战略	区域战略	国际战略	外国直接投资
许可	许可当地公司根据当地的条件灵活地生产适应性产品	许可当地公司根据当地的条件灵活地生产适应性产品	只有当出口壁垒或当地其他要求限制母国进口时，才采用许可	只有当出口壁垒或当地其他要求限制最具区位优势区域进口、当地风险因素或其他壁垒限制外国直接投资时，才采用许可
战略联盟	当合作伙伴的知识被用来进行产品或服务的适应性调整时，才使用	当合作伙伴的知识被用来进行产品或服务的适应性调整时，才使用	当需要掌握资源时，对价值链上游活动使用联盟（例如投资成本）；在与许可条件相同的情况下，使用下游环节联盟	当需要掌握资源时，对价值链上游活动使用联盟（例如投资成本）；在与许可条件相同的情况下，使用下游环节联盟
外国直接投资	在每个国家拥有完整的价值链活动——从原材料到售后服务	在区域内拥有完整的价值链活动——在区域内按区位优势进行分销活动	在价值链下游的销售和售后服务活动中使用	在世界任何一个具有资源、研发、生产或销售等区位优势的地方进行投资

6.3　政治风险

　　之前的部分我们研究了公司参与国际市场竞争的一些途径。但是，跨国公司在参与决策时，需要考虑和解决的另一个问题就是目标国家相关的政治风险。在当今的世界环境中，政府政策和政局的不稳定所产生的政治风险，会对投资决策产生比以往更大的影响，特别是对于新兴市场。新兴市场拥有巨大的发展潜力，但同时其中许多国家具有较高的政治风险。本章最后一部分将关注政治风险，以及如何降低其影响。

　　政治风险（political risk）是指政治决策或事件对一个国家商业环境的改变，会对跨国公司全球运营的盈利性和灵活性产生消极影响。[28]例如，俄罗斯商业巨头霍多尔科夫斯基（Mikhail Khodorkovsky）因为政治因素而入狱[29]，乌克兰充满争议的大选使总统人选变得不确定[30]，巴西政府坚持政府代理商和私人都只能使用开源软件，伊朗、黎巴嫩和苏丹等国家发生骚乱。这些情形中，政府行为或相关事件都会给商业环境带来不确定性，而跨国公司必须谨慎地评估这些不确定性对于其投资的影响。

　　为什么跨国公司应该重视政治风险？历史上看，许多跨国公司都已经意识到政治风险会对它们的盈利产生非常大的影响。事实上，为了获得石油储备，荷兰皇家壳牌公司经常要进入政局不稳的国家。政治风险对于公司而言举足轻重，公司需要召集所有部门进行风险评估。全球局势的变化使得充分理解政治风险的重要性显著提高。例如，尽管许多跨国公司认为，将生产外包到印度或肯尼亚等国家能够降低成本，但同时它们也不断发现这些国家的员工都在极为恶劣的条件下工作，而这很有可能加剧社会的动荡。[31]此外，整个世界都依赖于来自高政治风险地区的能源资源（例如委内瑞拉、沙特阿拉伯和尼日利亚），而这些地区的政局动荡会对跨国公司产生巨大的影响。另外，因为世界的相互联系变得更为紧密，所以一个国家的政局动荡会在全世界产生持续的影响。思考接下来的案例分析专栏。

案例分析

南美洲的政治风险：外资公司国有化

费尔南德斯（Cristina Fernandez）在阿根廷2011年的总统选举中，击败左派对手查韦斯（Hugo Chavez）当选。与之前的总统相比，起初她似乎很少反对私有化和外资公司。但后来，她出乎意料地将西班牙雷普索尔（Repsol）拥有的YPF公司51%的资产进行了国有化。这对于许多阿根廷人来说是一个受欢迎的举措，因为雷普索尔看起来没有充分开发YPF公司在阿根廷拥有的大量石油储备。这个举动是一把双刃剑，因为西班牙是阿根廷最大的投资者，而《经济学人》则预计西班牙的许多银行、公用事业和电信业可能会开始离开阿根廷。

阿根廷的YPF公司被国有化两周后，玻利维亚总统莫拉莱斯（Evo Morales）宣布，将"拿回本属于我们的东西"，将西班牙的REE公司进行国有化。REE公司为该国提供超过70%的电力能源。自2006年上任以来，莫拉莱斯利用国际劳动节庆典，对不同经济部门进行了国有化。上任后的第一

年，他接管了天然气产业，强迫国外公司将生产移交给玻利维亚国家石油公司（Yacimientos Petroliferos Fiscales Bolivianos）。接下来，玻利维亚政府占有了拥有玻利维亚大部分发电站的巴西公司Ruralec。

虽然在接管外国运营机构时，国家常常会承诺给予外国公司合理的补偿，但是这些补偿通常要比公司的估值少得多。REE公司的国有化事件中，公司发言人安东尼奥·普拉达（Antonio Prada）说道："我们对玻利维亚政府的决定表示遗憾，因为我们不了解此举背后的动机，这些行为与自由市场以及本应协调国际投资的法理相违背。"这些国有化行为向跨国公司传递的信息是，外国投资所面临的政治风险在增加。

资料来源：*Based on Arostegui, Martin and Alex Macdonald. 2012. "Bolivia seizes Spanish power firm." The Wall Street Journal. May 2; Economist. 2012. "Nationalising YPF: Cristina scrapes the barrel." April 21; Economist. 2012. "Expropriations in Bolivia: Just when you thought it was safe." May 5.*

正如上面的案例分析所描述的，考虑到政治风险的重要性，在任何社会环境中了解一些对政治风险产生影响的因素十分必要。布雷默（Bremmer）认为，所有在政治方面影响到一国稳定性或者造成动摇的因素，在政治风险评估中都十分重要。[32]一些常见的因素包括：政府的更替、政府政策或意识形态的突然转变、社会的动荡、新法律的颁布、领导层的更替及其可能带来的动乱和腐败的程度。[33]跨国公司应如何评估如此种类繁多的因素呢？接下来的跨国公司管理概览

专栏列出了一些跨国公司在对外投资前必须回答的重要问题。

跨国公司管理概览

政治风险评估

政治风险评估是一项非常主观、具有难度的工作。然而，专家建议提出一些关键问题，有助于跨国公司对所选目标国的政治风险有一个基本了解：

- 政治系统的持久性和修复性怎样？
- 以往政府过渡过程的平稳程度如何？
- 诸如贸易联合会、宗教和媒体等其他非政府组织，在保持国家政治稳定的过程中有什么作用？
- 诸如社会团体、种族或宗教冲突等内部因素是否会导致社会动荡或内战？
- 国家的腐败程度怎样？
- 国家法律的可靠性如何？
- 国家遭到海啸或地震等自然灾害袭击的可能性有多大？

资料来源：*Based on Bremmer，Ian.* 2005. *"Managing risk in an unstable world."* Harvard Business Review，*June*，51－60；*Wade，Jared.* 2005. *"Political risk in Eastern Europe."* Risk Management Magazine，*March*，52（3）：24－29；*https：//www.prsgroup.com/PRS_Methodology.aspx#calculate.*

并不是所有公司都能像荷兰皇家壳牌石油公司一样，投入许多资源来评估政治风险。在这样的情况下，许多代理机构会为跨国公司提供风险评估排名，这些机构也为跨国公司做出恰当的投资决策提供咨询服务，其中最著名的咨询公司之一是政治风险服务（Political Risk Services），该公司为跨国公司提供国家风险的排名。图表6-9展示了所选国家的政治风险排名。

图表6-9　　　　所选国家的政治风险（1＝没有风险，0＝最高风险）

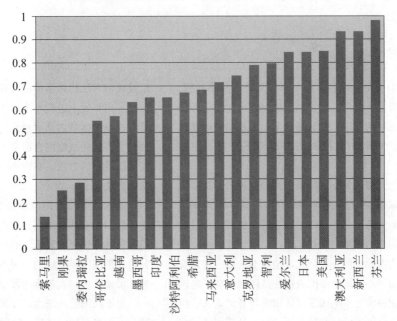

资料来源：*Based on data reported in info.worldbank.org/governance/wgi/pdf/PRS.xls from Political Risk Services International Country Risk Guide*（PRS）.

考虑到政治风险对运营和盈利的影响，跨国公司必须采取适当的措施来评估和控制政治风险。有一些可供选择的选项。一些私人组织为政治风险提供保险。政府机构海外私人投资公司（OPIC）提供各种政治风险的担保，比如政治暴力、不可兑换国外货币、征用以及其他对商业经营带来影响的不同类型风险。然而，因为风险不易量化，所以保险可能非常昂贵，并且对于一些类型的保险来说，承保人可能根本不能提供全面的保护。比如，现在许多保险公司拒绝为在玻利维亚、厄瓜多尔和委内瑞拉等拉丁美洲国家运营的外资所有的自然资源开发公司提供担保。[34] 在这些国家，政府的一些行为已经极大地限制了跨国公司的业务运作。

跨国公司还可以依靠当地的合作伙伴来减轻政治风险。例如，日本的住友化学公司（Sumito Chemical）与沙特阿拉伯国家石油公司（Aramco）共同出资 43 亿美元，建立了一个合资企业——沙特阿拉伯的一个石油化工厂。[35] 这样的合资企业会帮助公司解决当地的政治风险。另外，在一项关于许多跨国公司的案例研究中，兰克瓦（Lankova）和卡茨（Katz）认为跨国公司可以通过建立一个与政府、商业和公共合作伙伴组成的网络，实施高度参与的战略，这一战略有助于应对当地政治风险。[36]

跨国公司显然会继续在具有较高政治风险的国家进行投资。大多数具有较大发展潜力的新兴市场（例如埃及、哥伦比亚和约旦）都存在较高程度的政治风险[37]，但是，这些市场通常呈现出无限的潜力。另外，正如布雷默的观点所示[38]，这些非常不稳定的国家进一步加剧的不稳定也不会产生多大的影响。政治风险评估是一项非常主观的工作，并且会因地区或产业的不同而具有非常大的差异。因此，跨国公司必须充分评估政治风险，然后设计出合适的方法控制好政治风险。

小 结 ■

跨国公司管理者面对一系列复杂的战略问题。前一章我们学习了如何将基本战略管理应用于跨国公司所面对的环境。在此基础上，本章集中阐述跨国公司管理者怎样面对跨国情境下特有的战略问题。

不论大型还是小型跨国公司的管理者，都必须解决全球化-本土化两难困境。解决这个两难困境的选择称为跨国公司战略，并且其中的每一种战略都各有相应的成本与利益。

作为差异化的一种形式，追求本土适应性是有利可图的。不论采取多国战略还是区域战略，跨国公司都能够满足不同国家或区域消费者的需求。由于针对每个国家的特殊性需要调整产品或服务，多国战略的成本最高，但它能够解决不同文化、语言以及政治和法律体系中的特殊问题。区域战略仅仅是在一定程度上进行本土适应性调整。区域性调整是对在整个区域内从事经营活动效率的权衡。一些公司会将这些战略结合起来，在市场较大的国家使用多国战略的方法，在较小的国家采用类似区域战略的方法。

国际战略和跨国战略将整个世界看做一个市场，试图在全球范围内经营全球性产品，目标是以最有效的方式生产高质量的产品。采用跨国战略的公司与采用国际战略的公司不同，后者主要利用世界区位或平台，实现生产效率和质量的最大化。

对于跨国公司来说，在价值链的任何一个环节都有可能参与国际市场。跨国公司大多会选择以销售其产品或服务等下游活动为核心的进入模式战略。从出口到外国直接投资的各种进入模式战略，都可以应用于销售。出口关注销售，当然也存在诸如了解市场等其他战略利益；包括许可交易、战略联盟和外国直接投资在内的其他进入模式战略，也会服务于包括销售在内的其他价值链活动。例如，跨国公司可以利用战略联盟在一个国家从事研发和销售，同时在另一个国家利用外国直接投资从事生产和销售。

在全球化趋势下，对于跨国公司管理者来说，跨国公司战略和进入模式战略决策的复杂性是一个重大的挑战。例如，产品的特性、公司所处国家的政府和政治制度、投资的风险以及公司控制经营的必要性（仅列举部分因素）都会对跨国公司的战略选择产生影响。本章的案例表明了实践中跨国公司管理者在跨国公司战略和进入模式战略决策中面对的挑战及其灵活应对的策略。

最后，政治风险正成为投资决策中一个越来越重要的影响因素。本章最后一部分讨论了政治风险的一些组成因素，以及跨国公司控制政治风险的举措。

讨论题 ■

1. 在什么条件下，跨国战略或国际战略可以比多国战略或区域战略取得更好的绩效？在什么情况下，多国公司更有可能获得成功？

2. 试比较跨国战略与国际战略区位优势的差异。

3. 选择一种产品并运用伊普的诊断性问题来分析其全球化的潜力。

4. 一家小型制造公司如何成长为一个全球性生产者？

5. 假设你供职于一家拥有创新型低成本技术、生产激光碟片的小型公司。一家中国公司希望通过许可交易应用贵公司的技术，公司首席执行官让你写一份报告，详细阐述这项许可交易的潜在风险和收益。

6. 假设你供职于一家拥有创新型低成本技术、生产激光碟片的小型公司。一家比利时公司希望与贵公司一起建立一家合资企业，公司首席执行官让你写一份报告，详细阐述建立合资企业的潜在风险和收益。

7. 讨论选择一个进入模式战略时需要考虑的关键问题。

8. 什么是政治风险？跨国公司应如何控制政治风险？

网上练习 ■

1. 在网络上搜索跨国战略和多国战略。
2. 仔细研究你找到的每一个案例。

3. 总结这些案例，并将这些公司的情况与教材中的一般性描述加以比较。

技能培养 ■

步骤 1：你被一家以生产大豆制品为主的当地公司聘用，这种农作物可以有很多用途。查找以大豆为原料的主要产品。

步骤 2：该公司的首席执行官希望进行国际化。这家公司很小、资源有限。讨论公司有哪些选择，并阐释最有效的方式及其原因。

步骤 3：进一步查找进口大豆最多的国家。准备一份报告，阐述该公司最适合向哪一个国家出售产品，应该怎样进入该国市场。

注　释 ━━━━━■

[1] Humes, Samuel. 1993. *Managing the Multinational: Confronting the Global-Local Dilemma*. New York: Prentice Hall.

[2] Ghoshal, Sumatra. 1987. "Global strategy: An organizing framework." *Strategic Management Journal*, 8, 424–440.

[3] Doz, Yves L. 1980. "Strategic management in multinational companies." *Sloan Management Review*, 21, 2, 27–16; Ghemawat, Pankaj. 2007. Managing differences: The central challenge of global strategy." *Harvard Business Review*, March, 59–68; Porter, Michael E. 1986. "Changing patterns of international competition." *California Management Review*, 28, 2; Porter, Michael E. 1990. *Competitive Advantage of Nations*. New York: Free Press.

[4] Ghoshal.

[5] Ghemawat.

[6] Bartlett, C. A., and S. Ghoshal. 2002. *Managing Across Borders: The Transnational Solution*. Boston: Harvard Business School Press.

[7] Porter.

[8] Weber, Joseph. 2009. "Boeing to rein in Dreamliner outsourcing." www.businessweek.com. January.

[9] Hill, Charles W. L. 2011. *International Business*. McGraw-Hill.

[10] Morrison, Allen J., David A. Ricks, and Kendall Roth. 1991. "Globalization versus regionalization: Which way for the multinational?" *Organizational Dynamics*, Winter, 17–29.

[11] Yip, George S. G. and Tomas M. Hult. 2012. *Total Global Strategy*, 3rd ed. Upper Saddle River, NJ: Prentice Hall.

[12] Root, Franklin R. 1994. *Entry Strategies for International Markets*. New York: Lexington Books.

[13] Ibid.

[14] Beamish, Paul J., Allen J. Morrison, Philip M. Rosenzweig, and Andrew Inkpen. 2011. *International Management*. McGraw-Hill.

[15] United Nations Conference on Trade and Development (UNCTAD). 2000. *World Investment Report: Cross-Border Mergers and Acquisitions and Development*. New York: United Nations.

[16] United Nations Conference on Trade and Development (UNCTAD). 2011. *World Investment Report 2011: Non-Equity Modes of International Production and Development*. New York: United Nations.

[17] Root.

[18] Beamish et al.

[19] UNTC, 2011.

[20] U.S. Department of Commerce. 2008. *A Basic Guide to Exporting*. http://export.gov/basicguide: Wolf, Jack S. 1992. *Export Profits: A Guide for Small Business*. Dover, NH: Upstart Publishing Company.

[21] Wolf.

[22] Beamish et al.

[23] Ibid.

[24] Root.

[25] Beamish et al.

[26] Root.

[27] Ibid.

[28] Clilck, Reid W. 2005. "Financial and political risks in U.S. direct foreign investment." *Journal of International Business Studies*, 36, 559–575.

[29] Ibid. Wade, Jared. 2005. "Political Risk in Eastern Europe." *Risk Management Magazine*, March, 52(3): 24–29.

[30] Bremmer, Ian. 2005. "Managing risk in an unstable world." *Harvard Business Review*, June, 51–60.

[31] Wade.

[32] Bremmer.

[33] Ibid.

[34] Ceniceros, Roberto. 2006. "Political risk insurers leery of Latin America." *Business Insurance*, May 29, 40(22): 21–22.

[35] Baker, Greg. 2006. "Peace Dividends." *Financial Management*, March, 16–18.

[36] Lankova, Elena, and Jan Katz. 2003. "Strategies for political risk mediation by international firms in transition economies: The case of Bulgaria." *Journal of World Business*, August 38(3): 182.

[37] Davis, Chris. 2006. "Emerging markets still a good bet despite recent volatility: Long-term outlook remains strong but be careful, investors told." *South China Morning Post*, May 28, 15.

[38] Bremmer.

第7章
小企业和国际企业家精神：
克服障碍，寻求机遇

> ▶ **学习目标**

通过本章的学习，你应该能够：

- 了解企业及小企业的基本定义。
- 理解小企业全球化创业起步或者实现国际化战略的方式。
- 了解小企业如何克服国际化障碍。
- 辨识小企业或者企业家国际化起步的时机。
- 熟悉小企业或者企业家寻求国外顾客、合作伙伴或者分销商的方法。
- 了解在国外市场新企业进入楔子战略的运用。
- 解释国际企业家精神的驱动因素。

案例预览

中国的小企业

中国经济的成功部分得益于小企业的发展。10年前，大部分经济产出来源于国有企业；现在，小企业的经济产出占中国经济产出的60%。粗略估计，中国的小企业解决了75%的就业。这些小企业生意兴隆，通常与少数几家客户做生意，或通过薄利多销获得发展。

持续的经济危机对中国小企业的经营产生了严重的影响。广东省大约有62 400家企业关闭，其他地方也有企业倒闭。例如，中国企业家叶剑群的企业来自欧洲和美国顾客的订单数量迅速下降。他的小企业专营太阳镜制造，2008年的利润比2007年减少了80%。现在公司正在拓展开发其他产品，例如钥匙链与验光镜，希望能在经济下行的环境中得以生存。

据专家预测，小企业对于经济下行的反应会直接影响中国的经济。最近中国政府已经意识到小企业的重要性，要求银行扩大对小企业的信贷。事实上，通过最近对毕马威中国主席姚建华（Stephen Yiu）的采访不难发现，小企业的融资问题是阻碍其成长的最大障碍。据了解，中国政府正在考虑推出新的产权交易制度，这能让小企业的所有股东进行股份交易。与此同时，中国政府也对那些在当前困难期难以生存的小企业进一步加大信贷支持力度。

资料来源：Based on Asia News Monitor. 2012. "China: Finance, small business cited as keys to growth." April 23, online edition; Chao, L., and A. Batson. 2009. "China's small factories struggle." Wall Street Journal, January 31, A6; Wall Street Journal. 2012. "China weighs new equity exchange." March 23, online edition.

大部分国家的经济在很大程度上都少不了来自小企业的贡献，正如案例预览所示，中国变成经济大国部分得益于小企业。小企业创造了大部分经济产值，解决了数百万人口的就业问题。事实上，有报道表明，小企业占所有企业的98.9%，实现了65.6%的经济产出（Cao, Hartung, Forrest, and Shen, 2011）。甚至在欧洲、北美以及日本这样的发达地区，小企业也解决了超过50%的就业问题，产值占国民生产总值的近50%。

美国经济同样依赖于小企业。事实上，美国大型企业裁员期间，小企业创造了近2/3的就业机会。[1] 小企业对美国经济有多重要？以下列举了有关美国小企业的相关事实，以供思考[2]：

- 小企业占所有雇佣型企业的99.7%，其雇用的员工总数占所有私企员工总数的近一半；
- 小企业每年提供了60%～80%的新岗位；
- 小企业高新技术人员占全美国所有高新技术人员的41%；
- 小企业支付的工资薪酬占私企工资薪酬总额的近45%；
- 所有已认证出口商中，小企业占97%，在2007年创造了27%的出口产值；
- 小企业员工的人均专利数比大企业员工的人均专利数多出13～14倍。

如果假定小企业对大部分国家的经济发展以及推动商务全球化具有重要作用，那么这些小企业迈出国界寻找发展机会就并不奇怪了。开启国际化进程时，小企业可以向比其规模更大的企业学习，采用相同的参与战略以及跨国战略，通过出口、合资、许可或者对外直接投资扩大经营。小企业可以在产品调整方面扮演多国战略者，或者形成跨国供应商、制造商或分销商的网络。例如在韩国，小企业创造了全国出口总值的近40%，以及制造业对外直接投资的65%。[3]

由于小企业规模小且通常由企业家或创立者经营控制，它们面临的问题与大型跨国公司有所不同。本章将举例说明和审视小企业在国际化进程中遇到的必须跨越的障碍，同时提出小企业将自己的产品或服务打入全球化市场的基本创业战略。

你是否考虑过创业？请思考下面的案例分析。

案例分析

小企业管理与自问问题

在大多数国家，小企业对国家发展都非常关键。因此，许多国家都设立专门的政府组织，为新企业的创立和生存提供便利条件。在美国，小企业管理局（Small Business Administration，SBA）便承担这个角色，主要向有兴趣自主创业的个人提供帮助，为他们应对创业进程的各个阶段提供导航。你对创业感兴趣吗？如果感兴趣，美国小企业管理局建议你先回答以下几个问题：

- 你已经做好准备投入时间、金钱以及资源创办企业吗？
- 你想要经营什么样的企业，生产什么样的产品，为社会提供什么样的服务？
- 你为什么想要创业？
- 你的目标市场是什么？谁会与你进行竞争？
- 你的经营想法有什么不一样的地方？
- 你需要多少资金？在实现利润之前还需要融资多久？
- 你需要贷款吗？
- 你将如何定价你的产品和如何进行营销？
- 你将如何依法组建你的企业？
- 你将需要多少员工？
- 你想在哪里建立企业？
- 为了确保合法纳税，你觉得应该怎么做？

资料来源：Based on Small Business Administration. Twenty questions before starting a business. http://www.sba.gov.

7.1　什么是小企业

小企业（small business）的定义有很多。联合国以及经济合作与发展组织定义的小企业为员工人数少于 500 人的企业。[4]大众媒体所提到的小企业通常是指员工人数少于 100 人的企业。

美国小企业管理局对小企业的定义更为复杂：按照不同行业以及企业的销售额和员工人数加以定义。例如，建筑行业的小企业年营业额不能超过 1 700 万美元，但是对于批发贸易行业的小企业，则其年营业额可以放宽至 2 200 万美元。在制造行业，小企业的员工人数视其所从事的具体产品门类，最大浮动范围设置在 500～1 500 人之间。[5]

7.2　国际化与小企业

小企业如何进行国际化？本节将指出两种路径：第一，一些组织按照国际化参与阶段进行，每完成一个阶段，国际化参与程度就增进一步，这种方法称为**小企业分阶段国际化模式**（small business stage model）。第二，从成立之日起就以全球化企业的身份进行经营。这类小企业在国内设立之时，就同时开启国际化经营。这种从成立之日起就开始全球化的企业称为**全球型新设小企业**或**天生全球化企业**（global start-up or born-global firm）。

7.2.1 小企业分阶段国际化模式

小企业国际化传统上采用分阶段国际化模式，即采取渐近方式逐步实现国际化。这些小企业起初只是被动的出口商，虽然承接国际订单，但并不主动追求海外市场销量。人们一般认为，这些小企业都是在国内建立起一个强大基地后才考虑出口业务。[6]随着更加积极地追逐国际市场销量，这些企业会增设出口部门或者国际部门。合资以及其他形式的直接投资随后也会跟进。这个分阶段国际化模式基本适用于绝大多数小企业的国际化发展，因为大多数小企业并不拥有立刻实现国际化的管理资源和财务资源。

一家小型创业企业实现国际化的代表性阶段划分如下[7]：

第一阶段：被动出口阶段，即企业承接国际订单，但并不主动寻求海外市场销量。在这一阶段，许多小企业主并没有意识到自己拥有国际市场。

第二阶段：实施出口管理阶段，即首席执行官或指定的经理专门寻找出口业务。由于资源限制，处于这一阶段的大部分小企业依赖间接出口渠道（见第 6 章）。但是，这一阶段经常是企业家或小企业经理的定位发生重大改变的阶段。

第三阶段：设立出口部门阶段，即企业利用已有的重要资源从出口业务获取更多销售额。在这一阶段，经理们不再认为出口业务的风险大得让人望而却步。对于大部分企业而言，最关键的是寻找较好的当地分销伙伴。

第四阶段：设立销售分支阶段，即一国或区域市场对企业产品的需求极为旺盛，从而意味着设立当地销售分支机构具有合理性。小企业必须拥有资源，将母国经理调动到海外销售机构任职，或在东道国雇用和培训当地的经理和员工开展经营活动。

第五阶段：进行国外生产阶段，即在当地生产以充分利用当地区位优势，企业超越以往价值链下游活动范围。例如，有利于解决产品本土适应性问题或者提高产品生产率等。企业可以采用发放许可证、合资经营或直接投资等形式。这个阶段通常对于小企业来说较为困难，因为如果直接投资失败，将会对整个企业的生存带来风险。

第六阶段：实现跨国化阶段，即企业较小的规模并未阻碍企业发展全球化网络，而是具备跨国公司的典型特点。正如我们下面将要看到的，一些企业家在设立企业之日起就将其作为跨国公司来经营。

许多小型或一些大型企业发现，这种渐近式国际化进程非常符合企业的战略定位，采用分阶段国际化模式，企业可将风险降至最低程度，逐步提升国际化专有知识水平。相比之下，还有一类创业型企业，它们所生产的产品通常需要企业立即国际化或快速完成国际化阶段。下面我们将讨论逐渐增多的天生全球化企业现象，探究这些新设企业如何快速实现全球化经营。

7.2.2　全球型新设小企业或天生全球化企业

当小企业作为跨国公司设立时，就成为全球型新设小企业。事实上，通过定义可知，天生全球化企业必须在企业成立之初就有全球化视野并且迅速全球化。[8]这是不是有点天方夜谭？但在当今的国际市场上，这并非痴人说梦。接下来的跨国公司管理挑战专栏说明了一个企业是如何在其成立之初就实现全球化的。

跨国公司管理挑战

你能让企业第一天就全球化吗？冲浪板技术公司做到了

兰迪·弗伦奇（Randy French）创立的冲浪板技术公司（Surftech）是一家小型模具冲浪板制造商。凭借其在冲浪板行业的领先地位，兰迪·弗伦奇已经将精力投放在跨国经营上。为了能够让冲浪板质轻且坚固，弗伦奇尝试使用多种不同的材料。他的冲浪板价格高达 800 美元，主要定位于高端市场。该企业的冲浪板由模具制作，而典型的高端产品是由手工制作或由工匠制作的。但是，通过展示产品拥有其他手工产品一样的功能，弗伦奇成功说服 25 位世界顶尖设计师为其设计产品。由于创新了产品制造过程，并且拥有顶尖的设计人员，弗伦奇需要有一个生产工作间实现大量生产。正如许多跨国公司一样，他并没有在加利福尼亚州当地，而是在泰国一家擅长制造冲浪板的公司设立了生产工作间。

来自世界各地的设计师设计了很多样品，弗伦奇从中做出选择以用于制造最终生产的模具。4 个月后，在泰国生产的冲浪板运送到美国公司所在地（佛罗里达、夏威夷以及加利福尼亚）的仓库，甚至运送到澳大利亚、日本、新西兰及英国。

开始经营的第一年，冲浪板技术公司只卖出了库存的 75%，但仍然坚持只销售给世界顶级冲浪手。现在，冲浪板技术公司获得了大部分顶级冲浪手的认可，2006 年卖出了 18 000～20 000 架冲浪板。如今，冲浪板技术公司与许多世界顶级冲浪手合作，由此验证了弗伦奇的信念——冲浪板技术公司能够制造出质量很轻、很坚固的高质量冲浪板。

资料来源：Based on Pitta, Julie. 2003. "Kowabunga! A surfin' safari supply chain." http://www.worldtrademag.com; Surftech. 2012. http://www.surftech.com.

天生全球化企业对国际商务环境至关重要。事实上，有观点认为，传统的跨国公司惧怕天生全球化企业。天生全球化企业通常反应灵敏且行动快捷，尤其是在高新技术领域。因为这些天生全球化企业往往都是知识密集型企业[9]，这样的企业有能力持续创新，从而改变国际商务环境。

图表 7-1 展示了沿用分阶段国际化模式的企业与天生全球化企业之间的一些主要区别。

当条件允许时，建立全球型新设小企业日益成为许多创业企业的选择，虽然这对于一个新企业而言不一定行得通。所有企业创业都面临一定的风险，尤其全球型新设小企业会面临更大的风险。即使面临很大的风险和问题，在快速全球化的行业中全球型新设小企业也是成功的唯一路径。

图表 7-1　沿用小企业分阶段国际化模式的企业与天生全球化企业的比较

属性	天生全球化企业	沿用小企业分阶段 国际化模式的企业
管理视野	从创立开始就国际化	打造好国内市场根基之后，再进行市场国际化
全球化经验	创立者一般要有较丰富的经验	国际化经验较少
网络	充分利用国内外个人及商业网络	较为松散，仅国外分销商在国际化努力中发挥关键作用
国际市场知识	从创立开始知识就十分丰富	知识欠缺，基于国内市场知识缓慢地逐步积累
创新程度	较高，基于最先进的技术与技术创新成就产品差异化	较低，缺少创新
国际化战略性质	利基导向（niche-oriented）与积极的国际化战略，在全球关键市场获得市场份额	扩大市场运营，反应型国际化战略
应对环境的方式	快速灵活	灵活性较差
与外国消费者的关系	消费者导向，亲密或直接的关系	在国际化初始阶段，通过中介建立间接关系

资料来源：Based on Rialp，Alex，Josep Rialp，David Urbano，and Yancy Vaillant. 2005. "The born-global phenomenon：A comparative case study research." Journal of International Entrepreneurship, 3，133 - 171；Vapola，T. J.，P. Tossavainen，and M. Gabrielsson. 2008. "The battleship strategy：The complementing role of born globals in MNC's new opportunity creation." Journal of International Entrepreneurship, 6，1 - 21.

7.2.3　小企业的电子商务

在某种程度上，技术为小企业创造了一个参与公平竞争的环境。如今，坐落在缅因州偏远农村的一家小企业，可以通过互联网向 38 个国家和地区出口其机器设备。生活在密西西比州的人可以向加拿大出口食品。在科罗拉多州手工制作的碗具也可以卖向日本。[10]

不管小企业采用小企业分阶段国际化战略模式还是天生全球化战略模式，相对而言，电子商务网站都是成本较低、快速将产品销往外国的方式。此外，互联网还为小企业提供了进行其他商务活动的可能性。详见下面的案例分析专栏。

案例分析

全球主机模式开放式操作系统

看到女儿整理邮件很辛苦，出生于英国的兹维·施赖伯（Zvi Schreiber）萌发出从多台电脑读取文件的想法。于是，他决定组建全球主机模式开放式操作系统（G. ho. st）。全球主机模式开放式操作系统的总部设在巴勒斯坦拉马拉，其首席执行官施赖伯居住在耶路撒冷，因为他是以色列人。事实上，他从未参观过公司总部。那么，他是如何建立起这家小企业的？

　　施赖伯充分利用互联网所提供的众多机会。形成创业想法时，他就决定以雇用巴勒斯坦人为途径，实现他的和平夙愿，以及为巴勒斯坦人创造就业机会。于是，他用谷歌搜索巴勒斯坦的软件总经理，结果显示出穆拉德·塔赫布卜（Murad Tahboub）。穆拉德·塔赫布卜在拉马拉经营着一家高新技术外包公司，他同意帮助施赖伯开始全球主机模式开放式操作系统的创建，并且把近 30 名软件工程师召集到拉马拉一同工作。施赖伯和他手下的 3 位以色列员工在西耶路撒冷办公，其他工程师全部在拉马拉工作。拉马拉镇距离耶路撒冷 10 英里，两个城镇被一道隔离墙分隔。

　　施赖伯组织了一次集会，所有员工都参加了，这是为全球主机模式开放式操作系统工作的巴勒斯坦员工与以色列员工首次聚集一堂，彼此之间拉家常、谈论新产品的上市。遗憾的是，由于缺乏资金且与其他同类服务器，如谷歌驱动（Google Drive）和谷歌文档（Google Docs）相比缺乏竞争力，全球主机模式开放式操作系统不得不关闭停业。

　　资料来源：Based on Lev-Ram，M. "A fighting chance." Fortune Small Business. 2009. March 19，2，62 - 63；Mossberg，W. S. 2012. "Google Stores，Syncs and Edits in the cloud." Wall Street Journal，April 25，on-line edition.

　　尽管全球主机模式开放式操作系统最终关闭停业，但是该专栏表明，通过当今的互联网技术，创办一个小企业易如反掌。本书第 10 章将详细介绍应对一些与互联网相关的挑战的措施。电子商务的主要优势如下。[11]

电子商务的优势

- 小企业具备在当地、全国乃至全球与其他企业竞争的能力；
- 创办企业时有机会拥有更多样化的消费者；
- 商业交易更方便（不局限于某个固定的上班时间，而是全天 24 小时、每周 7 天开放）；
- 对于小企业而言，（相比在互联网兴起之前的纸张、印刷和邮寄成本等）通过这种方式与大企业竞争，成本较低；
- 产品可销售到世界各地。

　　尽管国际化的途径增多，但由于心理、资源等方面问题的存在，仍然对小企业国际化构成了障碍。下一节我们将审视小企业国际化的主要障碍。

7.3　克服小企业国际化的障碍

　　传统观点认为，小企业国际化会遇到很多障碍。规模小通常意味着投入在国际化事务中的财力与人力资源受到限制，同时意味着不能像更大规模的公司那样具有足够的生产或服务规模。小企业高管层的国际化经验通常比较有限，而且很可能对国际化行为抱有负面态度，比如，国际化过于冒险且没有潜在利润。持国际化负面态度的管理者及其之前国内经营的成功经验，常常导致企业形成浓厚的国内组织文化。

除了很多来自企业内部的国际化障碍，小企业还不得不面对周边以及其他环境问题，这些都加大了国际化经营方面的障碍。这些障碍产生的原因很多，为了对之更了解，请看下面的案例分析专栏。

案例分析

世界银行及其创业项目

世界银行非常重视创业，每年投入很多有价值的资源开展创业项目（"Doing Business" project）。创业项目评价世界各地创办企业的环境与难易程度，予以评分。该评价项目有一个基本假设，即创业活动只会在那些拥有公开透明、公平公正的良好制度的环境下发生。如果所有的企业经营规则是透明的，易于遵守，则人们将更容易创业。与之相反，在一些经营规范冗杂的地方，获得经营许可证依赖于与政府的关系时，创业则会变得困难重重。

世界银行测评创业障碍（或难易度）时，一般采用哪些因素？它对当地环境从10个方面进行客观评估，其中一些关键因素如下：

● 企业创设：正式组建和创设企业所需花费的时间与成本。

● 信贷获取：通过现有信用机构以及基于对借贷双方的保护，获得信贷的难易程度。

● 财产注册：购置财产以及将财产转到名下所需要的步骤多寡。

● 合同执行：双方解决合同纠纷时花费的时间、成本以及复杂程度。

● 投资者保护：对投资者（特别是小投资者）加以保护而使其免受公司资产滥用之风险的程度。

世界银行创业项目指数是一个较为综合的评价指标，有助于理解小企业所面临的经营障碍。当一国（地区）小企业准备国际化时，特别建议参考世界银行创业项目指数，选择更具有吸引力的国家和地区。

资料来源：Based on World Bank. 2012. *Doing Business Report*. 2012. *http://www.doingbusiness.org.*

尽管小企业国际化面临的障碍很多，仍然有很多小企业锐意进取，进入国际市场并取得成功。接下来我们将列举一些实例，分析小企业是如何克服重重障碍成功建立起跨国经营业务的。

7.3.1 建立小企业全球化文化

当组织管理层和员工都有全球化而非本土化战略的发展意识时，该企业就建立了**全球化文化**（global culture）。在拥有全球化文化的企业中，各层级员工对国际化经营的描述使用共同的语言，而这一共同语言正好向企业员工提供了一个阐释和理解其所在企业国际化运作行为的框架。[12]

一般来说，不断加剧的国际化竞争和国际市场风险已迫使大型企业，如汽车制造业中的大型企业，去发展更多的全球化文化。为生存所迫，所有国家的企业高层都应该对全球化竞争有所反应。然而，小企业通常会忽略国际机会，这是由于企业的主要决策者拘泥于自己企业的组织文化，只看到了国内的竞争现实。在一个真正的全球化文化中，企业所有者不仅自身逐渐产生全球化思维，而且会将这种全球化思维应用到企业经营中，把企业中发生的一切行为均与全球化联系起来加以思考。国家边界并不是多大的问题，企业可以在世界任何地方进行创业和开展价值链活动（诸如研发、制造、筹措资金等）。

企业主要决策者影响所形成全球化文化的主要特点[13]：

● 对外国市场的心理感知距离：这一特点是指管理层认定外国市场"实在是截然不同"而无法进入的程度。澳大利亚的小企业发现，澳大利亚的中央市场和欧洲市场之间的心理距离是一个重大制约因素。[14]然而，当企业的关键管理人员能够克服这种认识时，就可能在企业中形成全球化文化。

● 国际化经验：未接受外国语言培训以及缺乏外国旅行经验的管理者，通常会拒绝国际化。然而，具有国际化经验的管理人员，哪怕其经验仅仅是从个人外国旅游和观光中获得的，也会更容易认识和捕捉到国际化的机会。通常，甚至仅仅在外国度假时的一次偶遇，也有可能成为设立国际化小企业的一大诱因。

● 风险厌恶程度：不愿意承担风险的管理者很难支持国际化。企业进行国际化要求决策者具备企业家精神，愿意面对风险。

● 对国际化战略的总体态度：有的管理者只是简单地看到国际化战略对于企业现阶段所构成的威胁，而有的管理者则看到国际化战略对于企业及其个人职业生涯所带来的裨益。当企业所有者或企业家推崇那些支持和奖励寻求国际化机会的企业价值观时，就很容易在企业中形成全球化文化。[15]

此外，正如图表 7-1 所示，天生全球化企业很有可能拥有全球化文化。在这些企业中，企业创始人或者高层管理者已经具有极高水平的国际化经验[16]，并且能利用已有经验来影响企业经营的方方面面。下面的案例分析专栏表明，首席执行官对于建立企业全球化文化具有重要作用。

案例分析

澳大利亚天生全球化企业中首席执行官的影响力

对有关天生全球化企业研究提出的批评是，这些研究一直忽略了导致创设天生全球化企业的历史因素。大部分已有文献关注该类企业的特征，但却忽视了首席执行官在企业快速国际化中起到的几个关键作用。最近对 15 家中小企业的研究表明，首席执行官对一个企业在全球化市场上取得成功至关重要。该研究发现，企业的快速国际化未必总是由于企业执行官所得到的机遇而引起的。相反，这些企业中的大多数首席执行官在其行业中拥有重要的经验。最为重要的是，这些执行官通过各国的工作经历拥有重要的国际经验。而且，许多企业创始人还在其想要拓展的市场上拥有重要的人脉。此外，研究还表明，相对于开始阶段国际化的较慢速度，随着首席执行官的知识不断积累，企业的国际化进程迅速加快。换句话说，通过在一两个新的全球化市场上扩张，掌握了重要的专业技术知识后，企业能够向更多国家以更快的速度扩张。

资料来源：*Based on Chadra，Y.，C. Styles，and I. F. Wilkinson*. 2012. "*An opportunity-based view of rapid internationalization.*" Journal of International Marketing，20，1，74-101.

7.3.2　改变主要决策者的态度

在中小企业国际化路径中，分阶段国际化及天生全球化路径均依赖于企业主要决策者的态度。对于采用分阶段国际化路径的企业，每进入一个阶段都体现出决策者对国际化战略的投入在不断增大。在这一进程的先期阶段，管理者感受到国际市场存在风险，成本较高，收益较低。由于对待国际化存在这些消极态度，中小企业的大部分国际销售额仅来自文化和地理距离相近的国家。例如，大多数加拿大企业最初都是把出口业务投向位于其南部、地理和文化相似的邻国——美国。这些早期谨慎的国际化行为有助于高层管理者克服对国际化市场的顾虑。在这一进程的后面各阶段，对待国际化的态度逐渐发生转变，国际化市场通常被认为相对于国内市场更具利润空间。[17]例如，如图表7-2所示，在美国工业设备行业，出口企业和非出口小企业对于国际化的态度截然不同。

图表7-2　　　　　出口小企业与非出口小企业对待国际化的不同态度
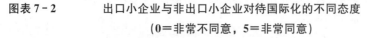
（0＝非常不同意，5＝非常同意）

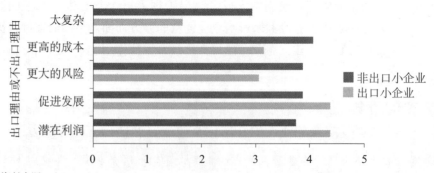

资料来源：*Adapted from Kedia，Ben，and Jagdeep Chhokar*. 1985. "*The impact of managerial attitudes on export behavior.*" American Journal of Small Business，*Fall*，7-17.

相对于缓慢进入国际化市场的企业来说，对于天生全球化小企业，积极对待海外市场或许更为必要。专家认为，天生全球化小企业要取得成功，企业创始人必须将全球化视野恰当地传递至组织内所有成员。[18]管理者要以全球化视野使企业从创立之日起便成为跨国公司。

7.3.3　获得经验：小企业首席执行官的责任与个人生活

　　相较于大企业，小企业首席执行官个人生活所受的国际化影响，对中小企业的国际化活动具有更为重要的作用。小企业所有者通常担任企业的首席执行官，并且是企业创业的推动者。经营一家企业总是需要花费时间并且极具挑战，即便只在国内市场环境中经营也是如此。[19]但是，企业国际化需要投入更多的时间，当国际化努力影响到首席执行官时，就会威胁到整个组织结构。[20]

　　对于小企业，寻求一个新的市场通常是首席执行官个人的责任。小企业的首席执行官在出口业务或其他国际化事务上可能要花费 20％的时间，也需要承受更多经济成本的付出。[21]小企业首席执行官必须做好准备付出社会和商业成本，因为他们肩负着引领企业国际化这一新的责任，国际旅行和压力不断增加。许多首席执行官认为这些活动对家庭生活会产生一些负面影响，并且他们不喜欢远离企业的日常管理。[22]此外，当企业成为跨国公司时，小企业首席执行官的工作会随之发生改变。一项对加拿大制造商的调查显示，这些制造企业最近已开始从事出口业务，50％以上的首席执行官察觉到自己在企业中的责任因企业国际化而发生改变。企业国际化对于首席执行官的影响大大超过对于企业员工的影响。相比之下，同一企业中只有略高于 20％的员工由于企业国际化而需要工作重组或者接受再培训。[23]

　　作为新上任的跨国公司管理者，加拿大企业的首席执行官还认为，他们需要就国际化业务对所需技能进行更新。图表 7 – 3 列出了首席执行官认为的他们所需要的主要技能。

图表 7 – 3　　　　进入国际化阶段的小企业首席执行官的培训和知识需求

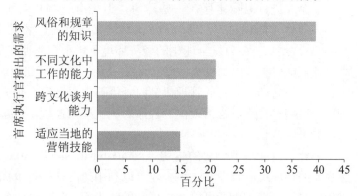

资料来源：*Adapted from Wright*，*Phillip C.* 1993. *"The personal and the personnel adjustments and costs to small businesses entering the international marketplace."* Journal of Small Business Management，*January*，83 – 93.

7.3.4　企业规模是小企业国际化的障碍吗

　　一般情况下，更多大企业而非小企业较易进入出口市场。大企业拥有更多的资源来抵御出口市场可能带来的风险，且当国内市场饱和时有更大的动力开展出口业务。[24]大企业拥有很多优势，例如更容易获得优秀的员工，擅长与世界各地的经营伙伴进行谈判。[25]相比之下，小企业通常只能靠数量有限的几个员工疲于奔命地出差。为更好地了解东道国的当地企业和国家文化，大企业拥有更多的资源投资跨文化培训。这些培训对于仅拥有有限资源的小企业来说是一个难题。

因此，许多学者与小企业管理者认为，只有大企业才具有成为跨国公司的资源。[26]事实上，大部分研究发现，企业规模越大，出口产品的可能性越大。[27]甚至在出口型企业中，规模相对较大的企业更热衷于出口，规模较小的企业出口热情较低。大企业也为更多的国家市场提供出口服务。例如，对加拿大企业的一项调查表明，总销售额超过 5 000 万美元的企业，平均出口到 27 个国家或地区市场；总销售额不足 5 000 万美元的企业，出口市场数目则略微多于 12 个。[28]

这些统计数据表明，小企业的确**因规模小而受制约**（liabilities of smallness）。换句话说，相对于大企业，小企业较难获得国际化所需的必要资源。[29]

小企业因规模小而受制约可能仅存在于国际化的初始阶段。企业规模较大，使之更容易开展出口业务或进行直接投资。但是，一旦企业选择发展成为国际化企业，小企业的**国际销售额占比**（international sales intensity）就可能与大企业持平，甚至会超过大企业。[30]国际销售额占比是企业国际销售额占其总销售额的比例。变成国际化企业，小型跨国公司通常会获得相对于大企业而言更多的销售利润。[31]

7.3.5　利用小企业的优势

小企业进行国际化存在一些障碍，但也有一些相对于大企业的优势。事实上，《全球化的悖论》（*The Global Paradox*）的作者约翰·奈斯比特（John Naisbitt）预测，在愈发全球化的经济环境下，小企业拥有更大的优势。他认为，小企业能够以更快的速度去改变产品以及内部的运营机制来使用新技术。相反，大企业选择新产品或新的管理机制时，需要克服已经在很大程度上占主导地位的流程。这些具有绝对统治地位的程序影响了决策速度，通常会导致在国际化市场中错失机会。

因此，速度是**小企业的优势**（small business advantage）。当大企业对于快速变化的环境反应较慢时，小企业可以利用速度这一竞争优势。在大企业还未做出反应时，先进入市场可以获得可观的销售额。[32]这种小企业的优势对于跨国公司而言尤其重要，因为全球化经济需要企业快速反应以占领新市场。

7.3.6　未来：对跨国小企业的阻碍逐步减少，迎来更多的全球化新设小企业

对于小企业国际化，许多障碍变得越来越容易克服。支持小企业出口及扩大

销售额的政府项目在不断增加。具有较大影响力的贸易协议，如北美自由贸易协议及世界贸易组织，使国际贸易变得更为简便，减少了许多资源需求，而之前这些都曾阻碍小企业的贸易活动。政府以及其他渠道，如互联网，在不断快速地更新国际经营信息，这为企业提供了大量有关国际化机会的信息。互联网使世界的距离变为仅有点击鼠标之遥。反之，这些与国际化经营机会相关的知识，会激发更多企业家考虑组建全球型新设小企业，同时有助于促使现有小企业成为跨国公司。请看下面的案例分析。

案例分析

创业型国家

在 2009 年出版的著作中，森诺（Senor）和辛格（Singer）将以色列称为创业型国家（start-up nation）。为什么要给以色列贴上这一标签？这是由于统计数据显示，在以色列创办新企业的速度相当快。这种企业家精神源于多种因素。根据世界银行创业项目指数，在以色列创办企业相当简单。事实上，以色列在 188 个国家和地区中排名第 34 位。此外，在以色列还有很多其他因素促进了企业的创立。首先，信息技术先进意味着人们可以根据需求以非常低的价格购置计算机。以色列的高新技术企业数量众多，而且购买所需计算服务的操作也相对简单易行。例如，智能手机应用（APP）设计专家现在可以轻松地租到服务器空间，而无须购买提供计算服务的设备。其次，政府与当地行业组织重视、支持创业。在加速项目（accelerator programs）中，企业家可以获得帮助和资金支持以实现他们的创业想法。

上西部实验室（UpwestLab）已经启动了一个项目，为新创立的科技企业提供咨询服务和专家。而且，上西部实验室计划将 5～10 位这样的以色列企业家带到硅谷，进行为期 10 个星期的培训。再次，大多数国家认为企业创立初期的资金支持是企业发展的一个重要障碍。因此，以色列成立一些基金以扶持新企业。最后，以色列召开大量会议，旨在为创业企业提供必要的帮助。在以色列港口城市特拉维夫召开的国际数字生活（DLD）大会上，鉴于会议安排极为紧凑，每位企业家有 5 分钟时间向专家以及潜在投资者陈述自己的企业。对此，有 300 多家企业申请前来角逐 30 个创业机会，最终入选的企业均获得了很好的指导建议以及资金支持。

资料来源：Based on Economist. 2012. "What next for the start-up nation?" January 21, 69－70.

上面的专栏显示，已经有许多项目支持小企业获得成功，这使越来越多的小企业寻求国际化，也使企业更容易建立起全球化文化。潜在国际化企业不仅能拥有更好的国外经营机会，同时能从其他成功小型跨国公司复制企业文化。另外，由于管理者在国际业务中获得了一定经验，因此小企业所有者以及意欲获得国际销售额的企业家，对国际化的消极态度也逐渐减少。

总体上，小企业国际化将变得越来越容易。事实上，许多专家认为，小企业获得生存和发展的唯一途径就是进行国际化。出口作为国际化的第一步，能为小企业的未来发展带来更长远的意义。[33]出口能让小企业增加销售额与收入，因此提供了更多必要的现金流。更重要的是，在出口业务中通过接触新文化以及与外国建立新的业务联系，能让小企业更好地理解全球化市场。这些都有助于小企业更好地进入国际市场并形成竞争力。

下一节我们将介绍对小企业的一些诊断方法，以帮助企业家更好地做出国际化决策。之后将介绍小企业如何与顾客和潜在合作伙伴保持一定的联系。

7.4 什么时候小企业应该进行国际化

在考虑是否成为跨国公司时，小企业会面临与大企业同样多的问题，并且需要对之做出回应。但是，由于大多数小企业的产品、服务以及资源有限，因此对于小企业而言，某些有助于国际化的驱动因素将变得更加重要。

如果对下列问题均能做出肯定回答，则表明小企业已经做好准备成为跨国公司：

- 是否拥有全球化产品或服务？全球化产品可以在全球范围内销售，在面向每一个国家时产品调整幅度较小。因为小企业很难拥有适应所有国家当地需求的资源，生产标准化产品使全球化相对更容易。正如第 6 章内容所示，如果消费者有相同的需求，或者消费者在世界任何地方都能买到自己想要的产品和服务，那么全球化的机会就来了。[34]

- 是否拥有国际化所需的管理、组织及财务资源？企业国际化，即使是实施简单的国际化战略，也需要非常重要的可获得的财务资源支持与人力资源支持。图表 7-4 列出了小企业资源需求上的一些问题。

- 在已经拥有所需资源的情况下，面对国际化可能带来的风险，是否愿意投入？小企业管理者必须将企业国际化看做一次创业。国际化创业中只有产品成功才会最终实现盈利，并使之成为有价值的风险行为。为了获得潜在利润，管理者必须克服相关的心理与文化障碍。

- 是否存在一个国家，在那里投资和经营企业比较容易？由于对当地国家文化以及企业经营环境缺乏了解，小企业管理者通常会在文化相似的国家实施国际化战略。

- 企业的产品和服务在投资国是否有利润空间？如果已经有了较好的产品和服务，那么最关键的问题变成了选择进入哪个国家。例如，爱克唯尔热带农场（Ekkwill Tropical Farm）的管理者研究后认为，捕鱼是许多国家的爱好，目前，公司 1/3 的产品进入亚洲、拉丁美洲、加拿大以及西印度群岛。[35]

- 是否选定了进入哪个国家？针对这个问题，首先需要有较为全面的统计数据。企业需要识别所要进入国家的潜在威胁与机会，例如产品的当前需求和未来需求的国家差异；每个国家也都有不同的竞争者和进入障碍，例如关税、复杂的分销体系。图表 7-5 总结了小企业在外国寻找消费者的步骤。

图表7-4　　　　　　　　　　小企业进行国际化时需要考虑的一些问题

管理目标

● 为什么进行国际化？

● 高层管理者对国际化决策的态度怎样？

● 管理者期望国际化战略何时实施？

管理者的经验和资源

● 企业拥有什么样的国际化专家（国际销售经验、语言能力等）？

● 谁来负责企业的国际化组织结构（例如出口部门）？

● 中高层管理者应该如何分配花费在国际化事务上的时间？

● 需要什么样的组织结构？

生产能力

● 如何利用当前的生产能力？

● 国际销售会影响国内销售吗？

● 在国内或者国外当地增加额外生产能力成本怎样？

● 产品和服务需要怎样调整？

财务能力

● 国际化生产和市场需要投入多少资本？

● 能在多大程度上支付国际化运营所需的运营成本？

● 为实施国际化战略，还需要其他哪些财务支持？

资料来源：*Adapted from U. S. Department of Commerce*. 2012. Basic Guide to Exporting. *Washington，D. C.：Government Printing Office.*

图表7-5　　　　　　　　　　寻找国外市场的步骤

1. 寻找潜在市场

● 收集可能出口国的相关数据，分析产品或替代产品的市场情况。

● 找到5~10个可能的投资东道国，这些东道国对企业产品有较大或者快速增长的市场空间，通过分析过去几年的市场需求趋势，并结合不同的经济环境预测未来的市场空间。

● 另外找出一些目前产品市场需求量较小的新兴市场，这些国家可能会提供优先进入优势。

● 将目标锁定在3~5个最有潜力的新兴市场。根据企业管理者对风险的承受能力，综合考虑新兴市场与既有市场。

2. 评价目标市场

● 分析企业产品或服务的市场需求趋势，同时对替代产品做市场需求预测，这些替代产品可能会影响产品的市场需求。

● 找出产品消费者的结构变化趋势（例如，收入、年龄、教育水平以及其他人口统计学特征等）。

● 估计产品或服务的总体需求，以及国内外对该产品的供给量。

● 找到当地的分销渠道。

● 评定产品或服务需要改良的地方。

● 识别进入东道国市场可能存在的文化差异。

● 识别是否存在出口或其他进入模式的壁垒（例如，关税、所有权比例限制、母国出口控制等）。

● 找到外国或母国是否有进入市场方面的相关激励政策。

3. 得出结论并做出选择

资料来源：*Adapted from U. S. Department of Commerce*. 2012. Basic Guide to Exporting. *Washington，D. C.：Government Printing Office.*

● 是否拥有大型跨国公司或者当地企业难以复制的、差异化的产品或服务？

虽然小企业可能拥有进入市场的速度优势，但是大企业可以利用其经济规模优势来模仿创新，并且压低产品价格。为了保持相对于大企业的竞争优势，小型跨国公司必须拥有稀缺的（比如不可复制的）、有价值的资源，这些优势能让企业生产出顾客认同的产品或服务，例如技术领先、创新或者高质量。[36]

● 在价值链上游是否存在区位优势？小企业国际化不仅仅是价值链下游的活动，例如市场国际化，当拥有供应或制造更低成本或更高质量产品的优势时，小型跨国公司也可以通过寻求稀缺资源，或者在外国制造来寻求相对于大型跨国公司的区位优势。

● 若不成为跨国公司是否无法生存？即使对于小企业，也存在一些因素促使其必须成为跨国公司才得以生存。竞争激烈的国内市场导致企业必须国际化才能保持销售利润。为了保持产品价格竞争力，小企业非常有必要找到成本更低的原材料或者生产设备。小企业会发现，为了吸引新的顾客和投资者，有必要成为跨国公司。

7.5 与国际市场建立联系

7.5.1 进入模式战略

中小型跨国公司与大型跨国公司拥有一样的进入模式战略，包括出口、许可、合资企业或者外国直接投资。但通常情况下，小企业会将出口作为其主要国际化进入模式战略。由于一些小企业没有足够的外国消费者知识，或者没有足够的资源建立外国办事处，因此出口最有效。这些企业利用出口贸易公司或者出口管理公司所提供的服务，可将其产品打入国际市场。

7.5.2 找到消费者和合作伙伴

为进入国际市场，小企业必须找到途径获得外国消费者，要么直接接触，要么与外国一些与最终消费者接触的合作伙伴（如分销商、合资伙伴或许可途径）组成团队。大型跨国公司则没有固定的模式，多依赖于产品特性、国家以及企业的特点或资源。对于小企业而言，获取外国消费者有一些标准的技术步骤，以便于学习和操作。下面列举了小企业**获得消费者的技巧**（customer contact techniques）：

● 贸易会展：国内外贸易会展为小企业获得潜在客户与合作伙伴提供了较为廉价的途径。贸易会展中，小企业可以展示产品、发放宣传手册以及其他产品或服务的介绍资料。小企业可以在展会中独立租用展位，也可以结队租用展位。美国商务部（U. S. Commerce Department）运营了一个为美国供应商与国际客户提供信息交流的网站展览平台，该网站为每个企业的产品提供相关描述、图片以及视频。[37]

● 产品目录展示：产品目录展示与贸易会展相似，但产品目录展示只是对产品的目录、销售手册以及其他有关产品或服务的图表材料进行展示，而不展示实际产品，正如一些美国大使馆和领事馆为美国产品提供产品目录一样。由于产品目录展示只需企业提供相关材料的印刷品，因此为国际化提供了一条低成本路径。

● 国际广告商或咨询公司：国际广告商或咨询公司在全球各地都拥有自己的工作室，并且在不同的产品或服务上拥有相应的专家。国际广告商可以提供广告或者促销服务来迎合国内市场环境。咨询公司相对了解当地规章制度、竞争者以及分销渠道的情况，这些广告商或咨询公司都能为企业提供一定程度的帮助，但同时意味着企业国际化成本的上升。

● 受政府资助的贸易代表团：为促进国际贸易发展，政府通常会对一些贸易代表团进行资助，这就意味着企业或者某个行业有望在所访问的国家打开市场。东道国政府通常会为当地可能的销售代表、分销商以及最终用户提供相关介绍。

● 直接接触：虽然直接接触这一路径相对更困难并且成本更高，但小企业主或管理者还是能够直接找到渠道合作伙伴、合资伙伴以及最终用户。如果管理者或小企业主能够找到关键的中间介绍者，即潜在的联盟合作伙伴或分销商，就有可能直接接触到最终客户，随后的直接接触就有可能取得最佳成效。

图表 7-6 给出了一些网站，任何跨国公司都可以充分利用网络平台。

图表 7-6　　　　国际贸易指引：国际进出口贸易指引的相关网页采集

澳大利亚出口商网（Australian Exporters）：澳大利亚出口商网站（Australianexporters. net）是澳大利亚出口商搜索工具，列出了澳大利亚每个出口企业的产品、联系方式以及规模，也能提供出口业务方面的指导。

金砖四国资本货物网（BRIC-Capital Goods for BRIC Buyers）：这是一个将巴西、俄罗斯、印度以及中国的消费者链接到全球供应商的在线市场。该网站旨在促进金砖国家与全球供应商之间的贸易往来。

中国环球商业网（ChinaBusinessWorld. com）：提供中国和外国供应商、顾客以及产品清单，并且按产品分类，也提供近期购买渠道清单。

出口网（Export. gov）：该网站提供任何国家或区域、行业的潜在渠道的全球数据，但需要注册。

印度贸易网（Tradeinindia）：致力于服务印度，提供企业最新简介、国家进出口机会、电子公告、进口商和出口商企业名录。

购买韩国网（BuyKorea）：提供免费的贸易指引以及为客户定制投标通知服务。

非洲贸易空间网（MBEndi-African Trading Space）：该网站的前身是非洲商务信息网站。通过产品或服务类型搜索可以查询所发布的贸易信息。

加拿大 Nudeal B2B 外贸网站（Nudeal）：总部设在加拿大，提供国内外贸易领先企业以及公司名录。

开放俄罗斯网（OpenRussia）：有偿提供/购买俄罗斯企业的产品、客户信息以及在外国进行贸易活动的信息。

澳大利亚白马商业网（Wbiz. net）：为进口商和出口商提供业务、产品目录和公司名录的网站。

资料来源：*Michigan State University. http*：//*globaledge. msu. edu/ibrd/*. 2012. *Used with permission.*

7.5.3 准备建立联系：简介

在前面的国际化步骤中已经提供了一些诊断性问题，通过回答这些问题，小企业可以思考何时进行国际化。这些问题首先集中于企业是否有合适的产品和资源开展国际化，然后推进企业主思考企业进行业务拓展时可能存在的竞争以及国家环境等问题。

如果企业准备进行国际化，并且东道国存在一些很有吸引力的机会，那么，小企业建立客户之间或合作伙伴之间的国际联系，有一些较为普遍的做法可参考。前一节已经回顾了小企业容易获得的资源。然而，如果小企业经营者有雄心壮志，那么将会发现更多的资源，并且越详细的研究越能增加企业国际化成功的可能性，关键是找到合适的海外合作伙伴。

即使自身合适、产品合适，拥有潜在客户，小企业也需要在合适的契机，突破进入新市场的障碍。下一节将介绍企业如何利用传统战略启动以及建立一个国际化企业。

7.6 小型跨国公司的新企业战略

不管是全球型新设企业还是在原有业务上进行国际化拓展的企业，新的小企业都需要一些进入战略以明确在新的国际化市场上的初步定位。新企业方面的著名专家卡尔·维斯伯（Karl Vesper）将**进入楔子**（entry wedge）定义为"一种战略竞争优势，可以借此突破进入既有的商业活动模式"。[38]本节将介绍一些企业常用的进入楔子在国际化经营中如何发挥作用，同时列举大量小企业利用进入楔子成功开展国际化活动的例子。

7.6.1 新产品或服务与先发优势

企业进入楔子战略的基本目标是，成为第一个提供某种新产品或服务的企业，我们称之为**先发优势**（first mover advantage）。[39]借此，企业迅速进入新市场，并且在其他企业做出反应之前抢占市场。先发优势想要成功，则所提供的产品除了创新，还应该相对更全面。全面是指产品必须迎合消费者的期望，如质量保证和顾客服务等。没有全面性，新产品很容易被其他竞争者模仿。

技术领先（technological leadership）是先发优势最常见的形式。企业第一个使用或引入某种新技术，是因为已经做过最初的研发，最了解产品特性，因此通常最能理解如何利用该技术制造产品。这些企业引导新产品发展和创新，并保持竞争优势。

先发优势还包括其他做法。首先，可能是拥有自然资源使用权，如采矿权及与研究型大学之间的密切联系等；其次，不仅获取原材料是先发优势，选择最接近消费群体的地理区位也构成先发优势；最后，良好的社会关系同样属于先发优势范畴，这在国际化经营中或许更加重要。社会关系能将一些个人关系构建为有效的分销渠道，并且在合作伙伴和顾客之间建立信任感和承诺。

先发优势也可能来自**转移成本**（switching costs）。转移成本是指消费者突然转向竞争者所带来的成本。因为消费者使用某种产品时会逐渐熟悉产品，通常要投入一定的时间和精力学习使用产品。例如，如果消费者已经对苹果操作系统或微软操作系统有了较好的掌握，就难以购买其他操作系统。此外，由于品牌忠诚度，许多顾客在更换使用另一种品牌的产品或服务时，会有不舒服的感觉。

7.6.2　复制型企业

复制型企业（copycat businesses）是指那些采取既有战略的企业，也就是根据已存在企业的战略提供产品或服务的企业。这种企业的竞争优势来自提供异质性产品或服务，或者提供产品或服务的方式有所差异。[40] 成功的复制型企业不会完全照搬已有战略。它们会寻找利基市场或者通过某一点的创新来吸引客户，与模仿企业拉开距离。有时，创新行为很简单，比如设立产品服务新区位，使消费者更容易获得产品。企业如何找到利基市场实现复制模式？请看下面的一些建议。[41]

- 成为第一个建立新标准的企业：新的质量标准或者国际认证的规格标准，均为新加入竞争的企业提供了功能强大的进入楔子。
- 服务于消费倾向固定的顾客：已有企业经常远离对价格和质量较为敏感的顾客群，但这类顾客恰恰能提供利基市场机会。
- 关注消费者产品需求的细微差别：一些企业经常忽略消费者需求的细微差别，但正是这些细微差别能为竞争者提供机会完善产品，以满足需求的差异性。
- 转移企业所在区位：一个企业如果能在一国某个地区经营良好，那么也有可能在其他地区甚至其他国家经营良好。美国特许经营商麦当劳的全球成功经营案例表明，这种战略是可行的。
- 成为一个专注的供应商或分销商：专注的供应商找到对其所提供的产品或服务有需求的企业，竭尽全力专注于服务这类企业。例如，华盛顿的一家小企业就通过直接为波音飞机提供货物集装箱，间接将其产品销售到世界各地。
- 寻找已被忽略的市场：一个行业里，大部分企业不可能覆盖所有市场，也不会在所有市场上均有完美无缺的表现。
- 并购已经获得成功的企业：在国内市场，并购已发展成熟的企业是小企业开拓市场的一般战略，这种战略也可运用于外国市场。特别地，原来属于东欧国家的国有企业是世界各地企业的较好并购目标。

读者可能已经注意到，小企业国际化中创业发挥着重要作用。最后一节将说明国际创业中的几个关键点。

7.7　国际创业

　　企业家（entrepreneur）创办企业，寻求利润和企业发展。企业家需要处理新业务中可能出现的风险和不确定性。进入新的市场，提供新的产品或服务，引进新的方法、技术，或者基于原材料进行创新等，都会促使一家**新企业**（new venture）诞生。新企业的风险来自不确定性，例如企业的生存与利润都存在变数。一些企业生存下来，也有一些企业倒闭。一些企业获得利润并有所发展，也有一些企业仍然维持原状。企业创立者无法预言企业的结局，因此新企业具有不确定性。[42]

　　国际创业（international entrepreneurship）是指"发现、评估和探索国际市场机会"。[43]为什么国际商务专业的学生要关注国际创业？大部分专家认为创业是小企业的驱动力。如果没有创业精神，小企业几乎无法生存。想要完全理解一国的小企业，就需要考察当地的创业情况。在任何国家，当地的创业者都需要面对一些风险和不确定性。因此，创业是所有国家创新以及经济发展的驱动力。[44]例如，像美国和英国这样快速工业化的国家，正是由于国内环境适合创业活动大量出现，不仅增加了就业，也创造了新的财富，支持了经济增长。现在，世界各地有许多人成为化解社会问题的企业家。思考后面的案例分析。

案例分析

创业与慈善

　　创业正极大地改变着当今人们对慈善事业的看法。事实上，许多人成立企业不仅是为了赚钱，也是为了解决社会问题。创业在社会志愿活动方面扮演着重要的角色。

　　● 健康骑士（Riders for Health）成立于非洲，起初源于摩托车爱好者发现医疗提供商所使用的运输工具并没有得到妥善维护。现在，该组织为居住在非洲偏远地区的100多万人通过摩托车提供医疗服务。

　　● 沙恩·伊梅尔曼（Shane Immelman）惊讶地发现，南非许多贫困学校的学生没有课桌，因此他为孩子们发明了一种手提桌（a lap desk），将其放置于大腿上，就能为孩子们提供光滑平坦的桌面。通过在手提桌上印刷广告特写，他已经可以免费供应手提桌。

家境改善后人们仍然在购买这种手提桌。伊梅尔曼已经开始将其出口到更加贫穷的国家。

　　● 维奥多·卡普尔（Vinod Kapur）的梦想是为印度乡下穷人提供食物。因此，他把大部分精力投入饲养"超级鸡"，且已经成功饲养出了一只。这种鸡的抗病能力很强，靠食用农场里的垃圾废渣就能存活，并且长得极为强壮，完全可以抵御捕食它的食肉动物。最重要的是，这种鸡的产肉量是其他品种的2倍，产蛋量更是其他品种的5倍。维奥多·卡普尔还建立起一条重要的供应链，以确保人们可以买到这种鸡。

　　● 一群在肯尼亚的瑞典学生想到一个新方法来制造卫生棉。对于发达国家的女性来说，使用卫生棉是很正常的事儿；但对于许多非洲国家的女生来说，卫生棉则贵得根本买不起。因此，由于这些国家对女性经期有一些禁令，致使女生经常无法上学。现在，这些瑞典学生正在利用当地植物制造一种卫生棉，以让当地所有女性都买得起。

资料来源：Based on Business Week. 2012. "Social entrepreneurship：Why mentors matter." March 9, online edition；Economist. 2009. "Saving the world." March 14, "Special Report on Entrepreneurship." 19 - 20；World Challenge. 2011. "Innovators across Africa drive down price of sanitary pads." http：//www. theworldchallenge. co. uk/down _ to _ business/news/read/85/Innovators _ across _ Africa _ drive _ down _ cost _ of _ sanitary _ pads.

理解国际创业的重要性还在于，许多跨国公司进入新市场时依赖小企业及其业主来经营。小企业可提供关键产品或服务，有助于进入新市场。可以参见汉丹戈公司（Handango）进入日本市场时遇到的挑战。[45]汉丹戈公司发现，日本消费者在购买商品时并不使用信用卡，于是与当地一家小企业合作，为日本消费者提供另一种支付方式。洛（Low）、亨德森（Henderson）和韦勒（Weiler）认为，企业家为进入市场提供新思路，实现创新。[46]因此，小企业可以协助跨国公司提供和发展新产品。例如，视频预警公司（Pixalert）是一家总部设在都柏林的小企业，它开发了一种新型图像认证软件，即当员工在线查看不雅图片时，该软件会发出警报[47]，上班时间浏览不雅图片会降低工作效率，并且可能引发企业的性骚扰。但是传统的防火墙无法甄别驱动器或即时信息中出现的不雅图片，视频预警公司开发的软件系统通过图像分析对之做出鉴别。[48]

理解新兴市场的创业同样至关重要。请看后面的聚焦新兴市场专栏。

最后，跨国公司可基于投资目标国企业家精神的强弱程度，选择投资区位。目前，全球创业观察（Global Entrepreneurship Minitor，GEM）正在开展一个国际创业活动的研究项目。该研究团队已经开发出几种衡量企业家精神的方法，并且研究了支持当代经济发展的文化和制度条件。图表 7 - 7 对样本国家的总体创业活跃程度（total entrepreneurial activity，TEA）进行了排名。[49]根据全球创业观察的定义，总体创业活跃程度又称创业活动指数，表示一个国家每 100 个成年人中企业家的数量（由新设企业的数量来测定）。

聚焦新兴市场

创业与新兴经济体

大部分新兴经济体已经逐步开放国门，越来越融入全球化经济。目前世界上最大的 25 个经济体中，新兴经济体占到 1/3。而且，这些新兴经济体的经济增长速度是发达经济体的 3 倍。尽管出现令人惊奇的增长，但是创业相关知识在这些国家仍极其有限。大部分专家都认为，理解企业家精神在这些经济体中至关重要。这些国家不可能仅依靠大型组织或政府来谋求发展，其中许多国家都必须依赖国民的企业家精神保持经济增长。

最近，关于国际创业的评述为理解这些新兴经济体的创业提供了一些视角。共有 88 项相关研究，涵盖了非洲（南非、加纳、尼日利亚等）、东亚和太平洋（中国、韩国等）、中欧和东欧（波兰、匈牙利、斯洛文尼亚等）、拉丁美洲（哥斯达黎加、智利等）以及南亚（印度、孟加拉以及斯里兰卡等）。该评述主要关注发达经济体与新兴经济体之间创业的不同之处及其影响因素。

关于新兴经济体创业的评述指出了一些比较有趣和关键的发现。首先，大部分研究都认为，新兴经济体中网络（社会和组织网络）对创业过程具有重要意义。假定新兴经济体经常存在一些制度真空和其他障碍，这让创业者仅仅依靠制度很难按部就班实现创业，因此这样的结论并不奇怪。其次，新兴经济体市场创业方面的研究更多关注企业家

的个人特质，如自我贡献、精力、经验等，而不是像以前那样一般聚焦于创办企业时的企业或行业特点。这表明，在新兴经济体中创立企业，相对于其他环境因素，个人想要成为企业家的欲望以及克服障碍的决心更为重要。

资料来源：*Based on Kiss，A. N.，W. M. Danis, and S. T. Cavusgil. 2012. "International entrepreneurship research in emerging economies：A critical review and research agenda." Journal of Business Venturing, 27, 266 - 290.*

图表 7-7　　　　　样本国家的总体创业活跃程度排名

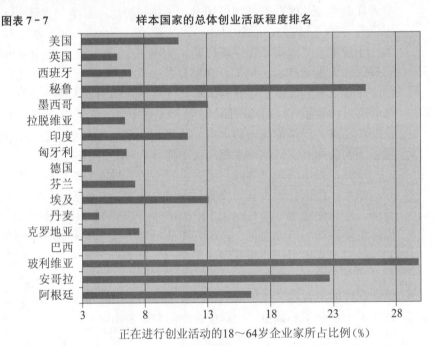

正在进行创业活动的18～64岁企业家所占比例（%）

资料来源：*Based on Global Entrepreneurship Monitor. 2012. http：//www. gemconsortium. org.*

■— 小　结 ——■

小企业对所有国家的经济都具有非常重要的作用。通常一国的大部分就业机会都由小企业提供，小企业也贡献了最大的经济增长，其创新能力最强。目前小企业必须面对成为跨国公司进入国际市场的挑战，这一点正成为越来越明显的趋势。但是，小企业进入全球化竞争环境时有其自身特有的问题和前景。本章主要讲述了适用于小型跨国公司的国际化战略。

认识小企业及其创业的基本特点后，本章介绍了小企业进行国际化的模式：分阶段国际化模式或

天生全球化模式。而且，天生全球化企业正在逐渐替代沿用分阶段国际化模式的企业，所处行业变化迅速的高科技企业迫于生存时更是如此。

小企业必须克服国际化的传统障碍。本章讨论小企业如何建立全球化文化，改变重要决策者对全球化的态度，获得关键的国际化经验，克服由于规模引起的相关障碍。本章还给出了一些诊断性问题，通过不断自问这些问题，有助于选择开展国际化的时机。

对于小企业而言，找到外国消费者和经营伙伴

至关重要。小企业也有与大企业相同的国际市场进入战略，但是通常没有资源来判断或者直接接触到外国客户。幸运的是，对于想要国际化的企业来说，可以获得很多公共和私人资源。本章提供了一些小企业可获得的公共及私人资源。而且，目前互联网能提供越来越方便的途径获得这些资源。图表 7-6 列举了部分跨国公司信息网站。

对于小企业，进入国际市场是一个具有风险的创业行为，这种行为需要进入楔子。关于创业的传统书籍一般只考虑在国内市场的进入楔子，本章则介绍了在全球范围内进入楔子的作用。一些相关案例也揭示了企业家如何利用战略实现国际化，成功与大型跨国公司竞争。

如果不了解国际创业，就很难全面理解小企业。因为创业能解决就业、创造财富，所以对国家而言非常重要。同样，由于小企业能为大企业提供创新思想和关键产品或服务，对于跨国公司而言，小企业也至关重要。至于国家之间的创业环境差异，需要明确导致这些差异的影响因素。

讨论题 ■

1. 为什么对于大多数经济体，小企业都非常重要？

2. 相比天生全球化模式，小企业选择分阶段国际化模式开展国际化有哪些优势？

3. 冲浪板技术公司是一个较为成功的天生全球化企业案例，讨论促成该战略成功的条件。

4. 列举两三个小企业国际化可能面临的障碍。假设你受雇进入一个小企业做管理者，面对外国市场，你将如何克服这些障碍？

5. 一位小企业经理向你咨询企业是否应该开展出口业务，你会向他提出哪些问题，为什么提出这些问题？

6. 讨论小企业经理实施出口战略时，能成功拿到合作合同的一些途径。

7. 为复制型企业提供三个战略行动方案。企业在外国市场实施这些战略时，相比国内市场，还可能会遇到哪些困难？

8. 什么是国际创业？国际创业会为跨国公司带来哪些好处？

网上练习 ■

世界银行创业项目

1. 通过链接 http：//www.doingbusiness.org 进入世界银行创业项目，找到最新的关于世界各地创业难易程度的相关报告。创业难易程度排名前 10 位的有哪些国家和地区？这些排名靠前的国家和地区都有哪些相似点？排名靠后的国家和地区都有哪些共同点？

2. 关于创业难易程度的最新报告有哪些发现？

各地创业是否变得越来越容易？哪些区域进步最大？为什么？

3. 讨论评价创业难易程度的 10 个指标。为什么要考虑这 10 个指标？你是否认为这 10 个指标是同等重要的？

4. 对于跨国公司而言，如何利用创业难易程度的报告结果？

技能培养 ■

产品国际化

步骤 1：教师将班级分组。

步骤 2：选择你所在区域生产的一种农业或工业产品，采访小企业关于企业产品国际化的看法。在美国，可以在许多大学设立的小企业发展中心找到可能的企业主。

步骤 3：使用图表 7 - 5 中的步骤和网络资源（见图表 7 - 6）以及图书馆，为你所选产品寻找一个外国市场。

步骤 4：使用网络资源（见图表 7 - 6），找到

一些可能的贸易展会、贸易伙伴或者其他中间商（如出口贸易公司等），帮助你的产品打开国际市场。

步骤 5：在课堂上介绍你的发现。若条件许可，向小企业主介绍你的发现。

注　释

1 Organization for Economic Cooperation and Development (OECD). 2002. *OECD Small and Medium Enterprise Outlook*. Paris: OECE Publication Services.

2 U.S. Small Business Administration. 2009. "Advocacy: The voice of small business in government." June. http://www.sba.gov/advo.

3 OECD.

4 Ibid.

5 Scarborough, Norman M., and Thomas W. Zimmer. 1996. *Effective Small Business Management*. Upper Saddle River, NJ: Prentice Hall.

6 Rialp, Alex, Josep Rialp, David Urbano, and Yancy Vaillant. 2005. "The born-global phenomenon: A comparative case study research." *Journal of International Entrepreneurship*, 3, 133–171.

7 Dollinger, Marc J. 1995. *Entrepreneurship*. Burr Ridge, IL: Irwin.

8 Vapola, T. J., P. Tossavainen, and M. Gabrielsson. 2008. "The battleship strategy: The complementing roles of born globals in MNC's new opportunity creation." *Journal of International Entrepreneurship*, 6, 1–21.

9 Ibid.

10 U.S. Small Business Administration. 1999. *E-Commerce: Small Businesses Venture Online*. Washington, D.C.: Government Printing Office.

11 Ibid.

12 Caprioni, Paula J., Stefanie Ann Lenway, and Thomas P. Murtha. 1994. "Understanding internationalization: Sense-making process in multinational corporations." In Tamir Agmon and Richard Drobnick, eds. *Small Firms in Global Competition*, New York: Oxford University Press, 27–36.

13 Dichtl, Drwin, Hans-Georg Koeglmayr, and Stefan Mueller. 1990. "International orientation as a precondition for export success." *Journal of International Business Studies*, 1st quarter, 23–40.

14 Freeman, Susan, and Imogen Reid. 2006. "Constraints facing small western firms in transitional markets." *European Business Review*, 18 (3): 187–213.

15 Ibid.

16 Rialp et al.

17 Calof, Jonathan L., and Wilma Viviers. 1995. "Internationalization behavior of small- and medium-sized South African enterprises." *Journal of Small Business Management*, October, 71–79; Miesenbock, Kurt J. 1988. "Small business and internationalization: A literature review." *International Small Business Journal*, 6, 42–61.

18 Oviatt and McDougall.

19 Dalin, Shera. 2005. "Owning a business isn't a 9-to-5 job." *St. Louis Post-Dispatch*, October 30, E6.

20 Wright, Phillip C. 1993. "The personal and the personnel adjustments and costs to small businesses entering the international market place." *Journal of Small Business Management*, January, 83–93.

21 Beamish P. W., and H. J. Munro. 1987. "Exporting for success as a small Canadian manufacturer." *Journal of Small Business and Entrepreneurship*, 4, 38–43.

22 Wright.

23 Ibid.

24 Bonacorsi, Andrea. 1992. "On the relationships between firm size and export intensity." *Journal of International Business Studies*, 4th quarter, 605–633.

25 Freeman and Reid.

26 Bonacorsi.

27 Christensen, C., Angela da Rocha, and Rosane Gertner. 1987. "An empirical investigation of the factors influencing export success of Brazilian firms." *Journal of International Business Studies*, Fall, 61–78.

28 Calof, Jonathan L. 1993. "The impact of size on internationalization." *Journal of Small Business Management*, October, 60–69.

29 Lu, Jane W., and Paul W. Beamish. 2006. "Partnering strategies and performance of SMEs' international joint ventures." *Journal of Business Venturing*, 21, 461–486.

30 Calof.

31 Bonacorsi.

32 Scarborough and Zimmer.

33 Hilton, Gregory. 2005. "Knocking down export barriers to smaller firms." *Business and Economic Review*, July–September, 51(4): 18–20.

34 Yip, George S. 2001. *Total Global Strategy*. Englewood Cliffs, NJ: Prentice Hall.

35 Knowlton, Christopher. 1988. "The new export entrepreneurs." *Fortune*, June, 6, 98.

36 Barney, J. B. 1991. "Firm resources and sustained competitive advantage." *Journal of Management*, 17, 99–120.

37 Barry, Doug. 2000. "From Appalachia to India: U.S. small businesses are going global." *Business Credit*, 102(6): 49–50.

38 Vesper. Karl M. 1980. *New Venture Strategies*. Englewood Cliffs, NJ: Prentice Hall.

39 Dollinger.

40 Vesper.

41 Dollinger.

42 Ibid.

43 Baker, Ted, Eric Gedajlovic, and Michel Lubatkin. 2005. "A framework for comparing entrepreneurship processes across nations." *Journal of International Business Studies*, 36, 492–504.

44 Busenitz, Lowell W., Carolina Gomez, and Jennifer W. Spence. 2000. "Country institutional profiles: Unlocking entrepreneurial phenomena." *Academy of Management Journal*, October, 43(5): 994–1003.

45 Bright, Beckey. 2005. "How do you say 'Web'? Planning to take your online business international? Beware; E-commerce can get lost in translation." *Wall Street Journal*, May 23, R11.

46 Low, Sarah, Jason Henderson, and Stephan Weiler. 2005. "Gauging a region's entrepreneurial potential." *Economic Review–Federal Reserve Bank of Kansas City*, 3rd quarter, 90(3): 61–89.

47 Hosford, Christopher. 2006. "Selling strategies for small business." *Sales and Marketing Management*, April, 158(3): 30–33.

48 Ibid.

49 Minniti, Maria, William D. Bygrave, and Erkko Autio. 2005. "Global Entrepreneurship Monitor 2005 Executive Report." *GEM*, 1–67.

第3部分
战略实施中的管理过程：跨国公司的设计选择

Management Processes in Strategy
Implementation: Design Choices for
Multinational Companies

第8章
跨国公司的组织设计

学习目标

通过本章的学习，你应该能够：

- 理解组织设计的要素。
- 了解组织结构的基本组成。
- 理解跨国公司的结构选择。
- 理解跨国公司采用子公司的原因。
- 观察跨国公司的战略与结构之间的联系。
- 理解组织协调与控制的基本机制。
- 理解组织内部知识管理系统的需求。

案例预览

武田公司的全球卓越中心

武田（Takeda）是以研发为基础的全球性医药公司，是日本最大的医药公司，也是全球医药行业的领导者。公司主要为常见病如糖尿病和高血压生产药物，也生产治疗诸如胃溃疡和癌症等疾病的药品。武田公司将处方药视为其核心业务，销售网络覆盖70个国家和地区，目前共在14个国家和地区建立了17个工厂。

最近，武田公司宣布了其组织结构的调整重点，通过建立新的公司职能部门重新优化执行情况的汇报关系。武田公司正在创建

新的卓越研发中心，由新任命的首席科学主管负责经营，并担任国际化运营主管这一新角色。所有任命的新岗位执行人员都直接向董事长汇报工作。而且，武田公司正在将在日本大阪的总部搬到伊利诺伊州迪尔菲尔德学院。

武田公司的以上举措都源于想要建成高度整合经营的全球性企业的目标。武田公司期望组织结构的这些变化能够促进国际化业务最大化。而且，将公司总部的迁址视为优化公司发展的一种手段。武田公司认为，这些改变对利用国际市场潜力来说非常关键。

鉴于药物配发体制受当地条件影响，武田公司的这些变化将能更好地为国际化市场服务。

资料来源：*Based on* PR Newswire. 2009. "*Takeda to create Global Centers of Excellence.*" *March* 30；Takeda. 2012. *http：//www. takeda. com/*.

再好的跨国公司战略也无法保证一定成功。跨国经营战略的实施要求管理者建立合适的组织结构，也就是管理者必须尝试建立一个拥有最强执行力的组织，实施国内外的战略。案例预览中的全球性医药企业武田希望组织设计能够为下一个 10 年的全球战略提供支持。考虑到国际竞争中的组织复杂性，本章将向读者介绍组织设计选择。

本章讨论能够实施跨国公司战略的组织设计选择。什么是组织设计？**组织设计**（organizational design）即组织如何设计其子单元，并利用一定的机制来调节和控制子单元以达成战略目标。本章表明，设计合理的组织结构对跨国公司实现战略目标至关重要。

组织设计选择复杂多样。每一种组织设计都是为国内外消费者提供产品或服务的最好途径，会耗费一定的成本，也能带来一定的收益。

案例预览专栏表明，国际化扩张非常复杂。为了支持企业在产品或服务提供方面的弹性，一些跨国公司的组织设计能够输送适应不同国家和区域市场的产品，或者利用世界各地不同区域的资源。另一些组织设计主要为了提高企业运营效率，这种组织设计能向世界各地输送最低成本的产品。思考下面的案例分析。

案例分析

沃尔玛与印度

许多专家认为，印度有望成为世界上下一个超级大国。印度在过去 10 年经济增长惊人，政治稳定，人均收入上升，农村贫困率下降。但是，尽管如此，对于许多投资者而言，由于印度新政府损害了投资者的利益，印度仍有不确定性。随着外国投资额的下降，越来越多的政府开始为外国投资者提供更友好的环境。现在印度积极鼓励外国投资者在印度各地建立超级市场。

沃尔玛试图抓住并利用印度政府的这种转变。沃尔玛已经与巴蒂（Bharti）合资建立一家后端批发店（50％控股）。但是，由于政府允许更多的外国人在印度投资，沃尔玛现在准备和巴蒂进一步合作，共同建立前端批发店。过去的限制政策解除以后，瑞典跨国公司宜家也考虑在印度进一步投资。之前，印度政府规定，从当地制造业进行采购时强制征收 30％ 的费用，导致从印度各行业中小企业采购几乎不可能，现在这一规定取消了。

沃尔玛和宜家决定在印度投资，同时也都面临许多组织设计和调整问题。外国零售店的组织结构应该是什么样的？应该采用哪种方式与印度当地企业成为合作伙伴？应该给予国子公司多大的自主权？如何协调全球范围内的子企业高效运营？

资料来源：*Based on* Economist. 2012. "*Special Report：India. Aim Higher.*" *September* 29，3 - 5；*Rishi*, R. 2012. "*Wal-Mart may be first to buy into retail FDI story.*" *September* 17，Financial Express，*online edition.*

本章将首先查看一个关于组织设计的调查以及关于组织结构的基本知识，然后讨论跨国公司的组织设计。由于组织结构有效地将经营业务分配到各地实体企业，因此对各实体之间进行协调与控制必不可少，本章还将介绍几种协调机制。最后，对于如今竞争愈发激烈的市场环境，知识变得异常关键，本章最后一节将介绍有关组织设计的知识管理。

8.1　组织设计的本质

关于组织设计有两个基本问题：（1）如何在子单元间分配工作？（2）如何协调和控制子单元的工作？[1]

组织规模非常小时，组织内每个人工作相同，并且能干所有的事情。因此几乎没有理由分配工作。但当组织不断壮大时，管理者就要将工作进行专业化分工，每个员工的工作任务并不相同。当许多人共同完成一项任务时，就需要一个监管人员，这时组织就逐渐被管理人员划分成承担不同专业化分工的子机构。小型组织中子单元通常称为部门，大型组织中部门或者子机构则变成主要的子单元。

一旦组织拥有专业化的子单元，管理者就必须开发出一种协调和控制机制。例如，制造企业必须确保生产部门制造出市场部门向顾客所承诺的产品。类似地，跨国公司必须确保其海外运营部门能够支持母公司的战略目标。一些跨国公司对子公司严格监管，母公司集中决策（centralize），以确保产品或服务能够符合严格的标准。一些公司的监管比较灵活，决策权较为分散（decentralizing）。接下来我们将说明为什么一些企业监管较严，另一些企业监管松散。

为什么跨国公司比较关注组织设计？当今世界，由于超优势竞争和行业边界模糊，相比以往任何时候都更需要关注组织设计。近几十年来，许多企业包括通用汽车、IBM、西尔斯以及柯达，由于组织设计不当都遭受过重大挫折，利润直线下降。当全球需求变化加快、企业更为灵活时，臃肿、官僚的企业结构应对变化迅速的市场环境难以做出及时的反应。[2] 合理的组织设计能保证企业迅速应对不断变化的市场环境。

8.1.1　组织结构入门

理解实施跨国公司战略中组织设计的必要性，还需要一些有关组织结构的基本知识。为了提供这种背景知识，下面我们将对组织结构设计模式的选择进行简要总结，管理人员设计组织结构时可以参照，要做组织结构相关作业的学生也可以有一个总体认识。

组织结构设计中通常根据部门职能、地理位置、产品或者综合标准对任务进行分工。每种组织模式都有其优点和缺点。企业管理者应根据自己的判断，选择适合战略的最佳模式。

8.1.2 基本职能型结构

职能型结构（functional structure）中，各部门承担独立的业务，比如营销或制造，是小企业最简单、最典型的一种组织结构。即使是大型组织，组织结构中也会有这样的子机构。由于大部分组织用图表来展示其组织结构，因此本章也使用组织结构图来说明每一种组织结构。图表 8-1 为基本职能型结构。

图表 8-1　　　　　　　　　　基本职能型结构

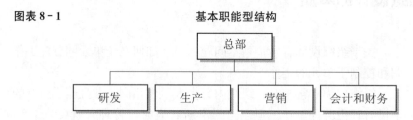

组织选择职能型结构主要是源于其有效性。职能型结构中，每个组织单元中许多人在同一场所共同完成一件事情，这样能节约成本，实现规模经济，从而获得效率。例如，企业可以将其所有的营销人员或者生产人员放在一个单元部门，并且配备一位辅助员工以及一套管理系统。但是，由于职能型结构的各部门相互独立，各自完成所分配的目标任务，因此部门之间工作协调困难。这些相互独立的部门对环境的反应也会较慢。当企业产品种类较少、分布地区较少或者没有较多客户群体时，职能型结构能发挥很好的功效；同样，当组织结构处于相对稳定的环境中、不需要企业太多关注环境时，职能型结构也能很好地发挥作用。[3]

职能型结构的工作效率会因受到很多因素的影响而下降。当组织提供多种产品，为不同的客户群体服务或者子机构地理距离遥远时，职能型结构的效率会下降。对此，最常见的做法是根据产品或地理距离划分组织部门。

8.1.3 基本产品型结构和地理型结构

以产品或者地理位置来建立部门或子机构形成的组织结构安排，分别称为**产品型结构**（product structure）和**地理型结构**（geographic structure）。图表 8-2 和图表 8-3 所示为基本产品型结构和基本地理型结构。产品型或者地理型结构必须执行职能型结构的任务（如营销、会计）。与职能型结构不同，产品型或者地理型结构并没有把某个职能具体分配给子机构。因此，这种组织通常需要更多的管理人员和员工实现任务目标。

产品型或地理型结构必须仍然保留一些职能型任务（如营销会计）。但是，与职能型结构不同，这两种结构主要以产品或地理位置而非职能为导向设置子公司，而在两种组织内分别复制了职能型结构的功能，这样往往就需要更多的管理人员和员工。

产品型或地理型结构的职能复制，体现了这两种结构的最大劣势即损失规模经济。这种结构的组织通常不如单纯的职能型组织有效率。

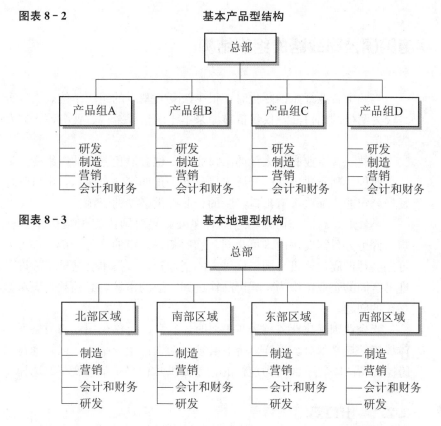

图表 8 - 2　　　　　　　　　　基本产品型结构

图表 8 - 3　　　　　　　　　　基本地理型机构

管理者采用效率缺失的产品型或者地理型结构，主要考虑两点：第一，随着客户群的细分和产品的增加，协调成本和控制成本也会增加，职能型结构的效率会随之下降。第二，即便对于小企业，产品型或者地理型结构相对于更有效的职能型结构而言也有竞争优势。

根据地理位置设计组织结构，可在不同地理区域内服务于不同客户群。也就是说，企业在每个区域都建立了一个职能型组织，这种小型的、按地理位置划分的子机构，使子机构活动满足当地客户的特殊需求，而不像一个大型的职能型组织那样服务于所有顾客。因为每个子机构专注于一个特定的顾客群体，因此管理人员能更容易、更迅速地甄别客户需求，并据此调整产品。

当管理者认为其产品或产品组的特殊性需要专门的生产时，就会依据产品来设计组织结构。这种结构要求不同的职能型区域之间做好协调以支持产品组。选择产品型结构，要么是基于对产品独特性或变革技术的需求，要么是根据不同的产品区分不同的客户群。

几乎没有企业会采用某一单纯的类型结构。因为效率、产品形式以及客户需求不同，各种组织结构具有独特的利弊权衡。企业通常采用几种组织结构类型的混合，认为这样才能最好地实施企业战略。这种混合形式的组织结构包括职能型、产品型、地理型，称为**混合型结构**（hybrid structure）。

8.2 实施跨国公司战略的组织结构

当一个企业开始国际化时，很少改变其基本的组织结构。大部分企业一开始是较为消极的出口商，仅仅依靠原来本土的组织结构、业务流程以及人力资源完成订单。

即便一些企业有较大量的出口业务，也会避免基本的组织变革，而是借助其他企业进行国际化经营，开展出口业务。正如第6章所示，出口管理公司和出口贸易公司能为那些没有出口经验的企业提供必要的资源。

类似地，跨国公司战略之一的许可交易对国内组织结构并不会产生太大影响。许可方只需要协商许可合同，然后获得一定的许可费用。许可方的企业律师可能会帮助商议许可合同，许可方的企业管理人员也会帮助实施许可行为。获得许可合同的企业组织为将其产品输送到合适的市场，必须独自应对原有组织可能存在的问题。

当企业国际化业务越来越重要时，复杂的跨国公司参与战略就会变成企业总体战略的核心部分。这样，企业必须重新设计组织结构，以管理跨国业务和实施跨国经营战略。下面将为这样的企业提供几种组织结构变革的选择。

8.2.1 出口部门

当出口业绩占企业总销售业绩的比例较大时，企业希望对出口运营增加一些管理，管理人员通常会创建一个独立的**出口部门**（export department）。下面的案例分析专栏表明，许多小企业开展绿色出口时有可能建立出口部门。

案例分析

绿色出口

当今全球经济中，绿色技术很重要。许多国家鼓励消费者使用绿色能源如太阳能或风能。据专家估计，全球环保市场估值为7 290亿美元。而且，最近的一项研究表明，拥有绿色供应链的企业相比那些在此领域没有尝试的企业，会有更好的业绩。显然，从事这一行业的企业在未来发展和利润增加上会有更多的机会。

但是，该行业企业也面临一个弊端，即企业业务规模小并且资金短缺。随着出口业务的增长，企业希望建立一个出口部门，以更好地管理出口业务和客户。有了出口部门，企业可以更好地了解当地客户的需求并对之做出回应。

美国的一家政府组织——美国进出口银行（Ex-Im Bank），是一个独立的联邦机构，日前决定帮助小企业出口环保产品，例如为一家取名为电源指示灯（Powerlight）的公司向德国和韩国出口太阳能追踪技术提供资金支持。电源指示灯公司希望企业这项业务能有所发展并最终建立起出口部门。

资料来源：*Based on Conlin*, *L. M.* 2008. *"Banking on green exports."* Journal of Commerce, *November 10*; *Lee, S. M.*, *S. T. Kim, and D. Choi.* 2012. *"Green sup-* ply chain management and organizational performance." Industrial Management and Data Systems, 112（8），1148 - 1180.

最高管理层相信，企业想要维持和开展国际化业务，有必要对出口业务相关的人力和财务资源进行一定的投资，建立出口部门，负责所有产品和所有国际客户。出口部门的管理层控制国际市场的产品定价和促销，相关管理人员有一定的国家或产品方面的经验。出口部门管理层有责任与出口管理公司、外国分销商以及外国客户进行交涉。当企业使用直接出口战略时，在其他国家的销售代表也会向出口管理公司汇报。

图表 8-4 是职能型结构与出口部门相结合的组织结构。

图表 8-4　　　　　　　　有出口部门的职能型结构

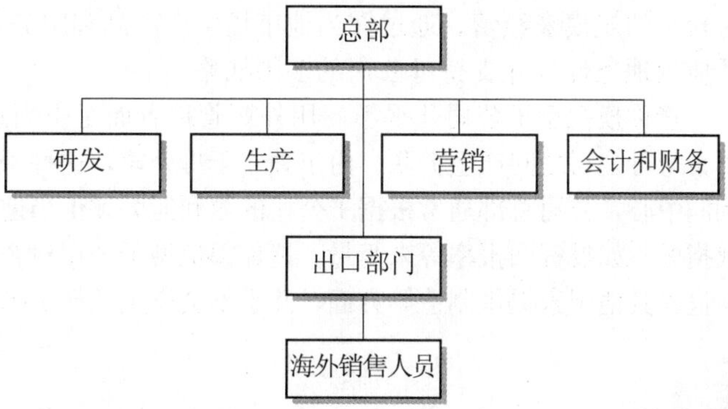

随着企业的逐渐演进，除了最初的出口和许可交易方面的国际化战略，企业还需要一些更为复杂的组织结构来实施必要的跨国公司战略。这些复杂的组织结构包括国际部门、世界地理型结构和产品型结构、矩阵型结构、跨国网络型结构等。

具体讨论以上这些结构之前，需要了解一些在国外建立的子单元类型。

8.2.2　外国子公司

有些海外参与战略需要一些更为复杂的组织结构，例如外国直接投资。外国直接投资需要建立一个母公司控制下的海外子单元，这些子单元称为**外国子公司**（foreign subsidiary）。外国子公司隶属于母公司，但与母公司不在同一个国家。外国子公司越来越成为一种国际化经营的趋势。例如，联合国估计，已有超过 65 000 家跨国公司在海外建立了超过 850 000 家子公司，就业人数达 25 000 000 人。[4]2005 年，德国巨头西门子的年度报表报告，公司拥有 900 家全资子公司和 400 家多数股权子公司。道达尔（Total）和 ABB 集团（Asea Brown Boveri）两家跨国公司均称其与超过 1 000 家外国子公司之间有关联；通用电气也有超过 8 000 家外国子公司。[5]

8.2.3 子公司

跨国公司对不同的子公司拥有不同程度的控制权。[6]有些母公司在子公司设置董事会，并积极参与子公司的管理。这种控制方式在新兴经济体如印度和中国较为典型，属于合资模式，母公司希望能控制子公司的经营活动。另一种控制方式是按法律委派董事到子公司，这种橡皮图章式的董事会多数情况下只是一种形式，并不拥有实权，通常用于支持子公司的活动。大部分跨国公司采用第三种控制方式，母公司避免直接插手管理当地子公司，将决策权下放到当地子公司，用这一方式尽可能地保证子公司有效率地运行。

跨国公司的外国子公司有几种形式。若要追求多国本土化战略，外国子公司通常变成母公司的缩略版。[7]这种形式的子公司称为**迷你模拟型子公司**（minireplica subsidiary），迷你模拟型子公司采用与母公司一样的技术和流程，但以相对较小的规模来经营。通过在当地市场生产产品和服务，迷你模拟型子公司能够适应当地条件，并支持母公司的多国战略。

迷你模拟型子公司几乎不雇用外籍管理者而是由当地管理者经营，这样几乎不会与母公司之间产生关联。由于独立于母公司，这种子公司通常是利润中心。在利润中心，公司总部通常根据子公司的盈利能力评价当地管理者，采用一些财务绩效指标，如投资回报率等来衡量。迷你模拟型子公司对企业总目标，如提供研发或向世界其他国家提供制造等方面，几乎不会产生任何贡献。思考下面的案例分析。

案例分析

大学及其国际扩张

企业进行国际化的动机已众人皆知，最近的研究开始关注大学如何进行国际扩张，充分利用区位优势或区域市场。现在已经有向阿拉伯联合酋长国、中国、新加坡和卡塔尔等国进行国际扩张的案例。但是，这种扩张极具风险，快速发展战略可能会导致重大损失或名誉毁损。我们看一下新南威尔士大学的案例，其在新加坡的分校成立仅仅 2 个月就被关闭。这种退出导致超过 3 800 万美元的损失。

大学海外扩张的一种最为普遍的做法是在海外建立分校。报告显示，全球共有至少 181 家海外分校。因此，理解大学开设海外分校的原因十分重要。国际分校隶属于母国，学生获得母国大学的学位。

最近的研究发现，通常因母国政府支持日益减少，为了弥补收入损失，大学会设立海外分校。而且，有的东道国确实制定了一些支持外国大学设立分校的鼓励政策，中国就鼓励为当地提供高质量教育的国际合作项目。一些享有盛誉的名牌大学，如剑桥大学、宾夕法尼亚大学和耶鲁大学等，已经在海外开设分校，希望控制其海外所提供的教育，同时保持其声誉。

资料来源：Based on Wilkins, S. and J. Huisman. 2012. "The international branch campus as transnational strategy in higher education." Higher Education, 64, 627-645.

与迷你模拟型子公司相反的一种形式是**跨国子公司**（transnational subsidiary）。这种子公司利用区位优势支持跨国公司战略。跨国子公司没有完整的公司架构或功能，每个子公司发挥所长，从而共同实现总公司的目标。

基于当地条件，跨国子公司可能生产出适合当地消费者的产品。跨国公司经常在当地生产消费品。一些产品如洗涤剂就需要根据当地消费者的偏好、清洗技术以及自来水的特点而有所调整。为了保持公司的整体效率，跨国子公司可能也会面向全球生产产品。为了促进组织学习，跨国子公司可能会向母公司提供有关当地市场的信息，帮助分布于其他国家的子公司解决相关问题或者开发新技术。例如，荷兰的飞利浦公司安排位于澳大利亚的子公司开发和生产了全公司第一台立体声彩色电视机。[8]

为了利用区位优势实施跨国战略，跨国公司可能基于成本考虑（如更为廉价的劳动力或者原材料），而将子公司设置在世界各地来获取其他资源（如工人拥有良好的教育背景或特殊技能），或者进入某个国家的市场。例如，为了从独特产品和管理技术集中管理中受益，杜邦公司将对莱卡品牌业务的全球控制权转让给其瑞士子公司。

一些外国子公司最初只是被当作销售办公室设立，后来逐渐发挥其他功能。在其他国家生产产品之前，企业通常会成立一个外国销售办公室来测试市场。如果该市场看起来较有前途，企业将会在此投资设厂进行当地生产。与此相反，也有些子公司的设立初衷是为母公司供应原材料，它们通常不具备生产或销售能力。例如，英国石油公司之类的大型石油公司，其众多子公司都仅提供原材料。最后，一些跨国公司将它们的子公司当作海外生产厂或组装工厂，旨在最终把产品出口返销回母公司所在国。

大部分子公司既不是纯粹的迷你模拟型子公司，也不是纯粹的跨国子公司。外国子公司经常采用多种形式，以实现多种职能。跨国公司的外国子公司承担多种职能，主要基于以下原因：（1）企业的跨国战略；（2）子公司的能力和资源；（3）在其他国家建立并管理子单元的政治和经济风险；（4）子公司与跨国公司总体组织结构的契合等。

外国子公司是跨国公司国际化经营中的结构单元，换言之，一旦企业不再限于出口业务，为实现跨国战略，外国子公司就会成为跨国公司组织设计过程中的重要部分。基于上述有关外国子公司的背景知识，下面我们将介绍跨国公司如何利用组织结构实施跨国战略。

8.2.4 国际部门

随着企业国际销售团队的壮大，以及在其他国家建立制造运营部门，出口部门通常会发展成为一个国际部门。**国际部门**（international division）不同于出口部门，通常规模更大、职责更多。除了管理出口业务和国际销售团队，该部门还要监督其外国子公司发挥各种不同的职能。子公司通常是销售部门，但采购原材料和生产产品的业务单元也较为常见。国际部门拥有更多的具备国际经营专门知识的员工。高层管理者期望这些国际专家能够在企业经营许可谈判、合资协议磋商以及宣传材料翻译等方面尽其所能，或者为企业就不同的国家文化和社会制度献计献策。

图表 8-5 是关于国内产品型结构中国际部门的一个例子。这个例子中，国际部门掌握所有产品，控制在欧洲和日本的外国子公司，并且管理在亚洲其他国家的整体销售团队。

图表 8-5　　　　　　　　　国内产品型结构中的国际部门

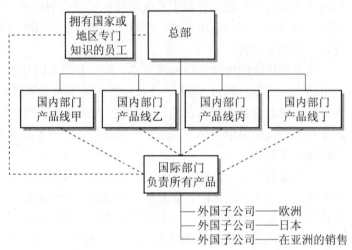

大型跨国公司偏爱国际部门结构的程度已有所下降。[9] 对于在多个国家经营多种产品的企业，国际部门结构并不是一种很有效的组织结构。[10] 但是，对于中等规模的企业，因其产品和国家区位的数量有限，国际部门结构一直颇受欢迎，极具潜在效率。

为了克服国际部门结构的劣势，跨国公司有几种选择：世界产品型结构、世界地理型结构、世界矩阵型结构以及跨国网络型结构。下面我们讨论世界地理型结构和世界产品型结构。

8.2.5　世界地理型结构和世界产品型结构

世界地理型结构（worldwide geographic structure）中，区域或市场规模庞大的国家一般成为跨国公司的地理部门。

跨国公司管理概览

库博标准汽车公司

库博标准汽车公司（Cooper-Standard Automotive）是美国密歇根州一家领先的全球汽车产业供应商，创立于 1960 年，目前在 80 个国家和地区共拥有 19 000 名员工。该公司生产儿童安全座椅及其他流体处理系统之类的产品，同时为包括混合动力汽车和电动汽车在内的所有类型汽车，生产冷却和加热管理系统。该企业也开发动力传动系统和其他车身安装系统，以便车内震动降至最低程度，确保乘车人的舒适。

库博标准汽车公司最初沿着其产品线组织企业，但在 2009 年开始转变成地理型结构，不再按照生产线组织结构，而是将企业分成两个分部：一个分部为北美分部，负责北美市场；另一个分部为国际分部，负责欧洲、南美和亚洲市场。同时，该企业终止了车身、底盘及流体系统部门的工作。

库博标准汽车公司希望组织结构上的这种改变能够保持全球化。地理型结构意味着企业可以更好地满足不同地区消费者的需求。因为不同地理区域的消费者需求和目标不同，地理型结构使库博标准汽车公司能够更有效地满足不同的需求，实现企业的全球化目标。

资料来源：*Based on Cooper-Standard. 2012. http://www.cooperstandard.com*；*PR Newswire. 2009. "Cooper-Standard Automotive reorganizes operations into geographic structure." March 26.*

正如跨国公司管理概览所述，选择地理型结构的主要原因是实施多国战略或区域战略，这要求企业根据国家或者区域将其产品或服务差异化，从而根据地理位置更为灵活地进行组织设计。地理型结构中的这些半自治型区域或者按国家设立的子单元，提供了调整或开发产品的灵活性，以满足当地或区域市场的特殊需求。通常，产品或服务区域需求的差异或者分销渠道的不同，会更为需要地理型结构。图表 8 - 6 显示了荷兰一家专门从事化学品经销的跨国公司皇家孚宝（Royal Vopak）采用的地理型结构。

图表 8 - 6　　　　　　　　　　皇家孚宝公司的世界地理型结构

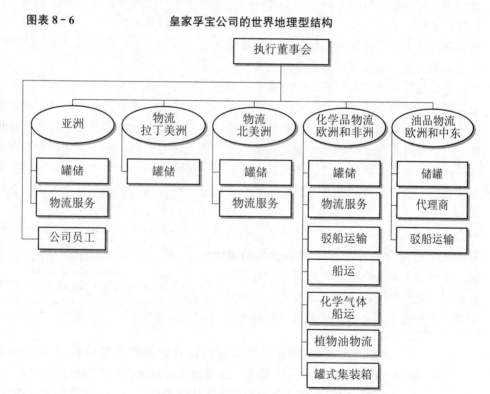

资料来源：*Vopak. 2009. "Vopak corporate structure and senior management." http://www.vopak.com.*

实践中，即便已有多国战略，通常也只会在一国市场足够大或足以支持组织时，才建立国家分部。在市场规模庞大的美国、法国、德国或者日本等国家单独设立分部，通常具有经济意义。而地区分部则把在较小的、相似的国家的业务组合起来，如管理意大利、西班牙和葡萄牙业务的南欧分部。

对于区域战略使用者而言，国家之间应尽可能建立联系。这种联系通常是基于消费者需求的相似性，对相同产品的各种效能做出权衡。但是，有趣的是，丰田公司对其地理型结构做了一些重要的改变。丰田的销售运营和计划运营团队曾根据区域（国内和海外）进行设置，但后来企业决定把国内部门和国际部门的业务加以整合。[11] 作为一家全球型企业，丰田希望更好地协调其在各个区域的业务，包括日本在内，以便实施最适宜的全球化战略。

但是，随着新兴市场重要性的凸显，一些企业已将注意力转向这些市场。详见聚焦新兴市场专栏。

聚焦新兴市场

思科公司与新兴市场

思科公司的组织结构是传统的地理型，或者形成了思科所称的剧院型。这些剧院包括美国、美洲（Americas International）、欧洲、中东和非洲、亚太、日本。这种组织结构对思科公司意义重大，因为这些区域存在充足的需求，也有对产品调整的需要。然而，最近思科公司在新兴经济体的爆发式增长，以及其他市场的变化，促使其创设了一个全新的地理型结构，具体包括新兴市场剧院、欧洲市场剧院、美国和加拿大剧院。

由于地理型结构的发展，思科公司的组织重建很重要。例如，思科公司意识到拉丁美洲、加勒比、中东和非洲、俄罗斯和东欧等代表的新兴经济体，在新网络能力上投资巨大，因此对于企业发展来说具有巨大潜力。通过创立新兴市场剧院，思科公司希望以适当的流程和资源，满足这些新兴市场的需求。思科公司认为，在新兴市场剧院中许多区域都有相似的消费需求，通过在这些区域设立专门部门，能够应用所学的当地知识去解决当地难题。思科公司也希望，通过创设新兴市场剧院之举，能够表现出对新兴市场的重视，并创造出需求，谋求未来的发展。

这一战略对于思科公司似乎发挥了作用。最近的报告显示，思科公司的季度利润和营业额大大超出预期。但是，思科的执行官同时意识到，在诸如美国和欧洲等西方市场的业绩不佳，可能会减少其在技术上的投资。因此，思科计划将员工由绩效增长缓慢的欧洲市场转移到新兴市场。

资料来源：Based on Business Wire. 2005. "Cisco System announces three new geographic theatres：New 'emerging markets' theatre created to drive growth." June 6; Cisco. 2012. http：//www.cisco.com; Dembosky, A. 2012. "Cisco defies gloom as it boosts dividends and beats profit targets." Financial Times, August 16, online edition.

正如图表 8—7 所示，产品部门构成**世界产品型结构**（worldwide product structure）的基本单元。每个产品部门负责向世界生产和出售其产品或服务。因此产品型结构能为全球化生产和销售战略提供支持。这种结构通常被认为是实施国际化战略的理想结构，该组织结构下，企业企图利用一国国内大部分供应链上游活动，向全球销售产品从而获得规模经济效益。

图表 8-7　　　　　　　　　　世界产品型结构

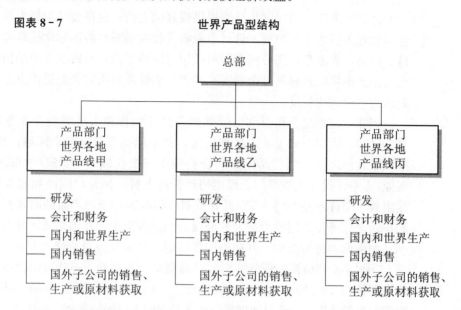

世界产品型结构之所以能支持国际化战略，是因为它能为相似产品的全球生产和销售提供一条有效率的途径。这种结构为了追求生产和制造的规模经济，牺牲了地理型结构中产品所具备的区域或当地适应能力。例如，福特公司实施福特2000 战略，解散福特欧洲分部，并在底特律集中进行产品工程设计。如此逐渐形成了产品团队，称之为汽车中心，负责全球范围内新型卡车与轿车的开发。这种以产品为导向的组织设计，由于所需要的全球供应商减少且消除了不同区域产品开发可能存在的重复设计，因此能节省大量成本。[12]

现在有观点认为，福特公司的这种世界产品型结构导致其与欧洲当地顾客之间失去了必要的接触。[13]相对于地理型结构更强调产品型结构，诸如福特公司这样的企业存在一定的风险，也就是当这种结构生产的产品无法满足当地消费者的需求时，所获得的成本节约并不能抵消营业额下降带来的损失。

世界产品型结构中的外国子公司可能生产全球化产品/要素、提供原材料或者仅专注于当地的销售。但是，它们服从于产品部门管理者制定的产品销售目标。生产或供应商型子公司通常并不关心当地市场，销售子公司执行总部的全球营销战略，最小化本土适应性。产品型结构的制造子公司可能为全球市场生产产品的零部件，再出口到母公司用于最终产品组装。这种情况下，销售子公司可能重新进口已全部完成的产品用于当地销售。[14]例如，美国飞机制造商波音在美国以外的很多国家生产飞机零部件，然后子公司将这些零部件出口到美国完成最后的组装，再将成品卖给许多航空公司。

8.2.6　混合型结构和世界矩阵型结构

对于多国战略的实施而言，世界产品型结构和世界地理型结构都有其优缺点。产品型结构能为强调全球化产品及其合理化（采用全球化、低成本原材料以及全球营销战略）的国际化战略提供最好的支持；地理型结构能为强调本土适应性（管理人员通常是当地人且对当地需求较为敏感）的国际化战略提供最好的支持。但是，大多数跨国公司会同时应用这两种结构，形成混合型结构。市场的特点（主要市场的差异与复杂程度）和产品的性质将决定企业把重点聚焦于产品还是地理（全球化程度）。

例如，在索尼公司总部，世界产品团队的管理人员对企业业务实行广泛监督。同时，索尼公司也关注区域需求，将全球运营分为四个区域：日本、北美、欧洲及其他地区。消费品巨头联合利华在三个区域——非洲/中东、拉丁美洲、东亚/太平洋设立地理部门，聘用当地管理人员。但是，欧洲和北美的管理者直接隶属于全球产品部门。[15]当世界范围内的顾客对公司产品的需求相似时，联合利华对全球产品部门给予最大的放权。当顾客需求存在国家或区域差异时，联合利华则强调地理型结构，并在不同区域的子公司配备当地管理人员。[16]

为了平衡与协调地理型结构和产品型结构的益处，一些跨国公司创造了**世界矩阵型结构**（worldwide matrix structure）。不像混合型组织，矩阵型组织拥有一个对称的组织结构，企业对地理部门和产品部门予以同等重视，如图表8-8所示。

图表8-8　　　　　　　　　　世界矩阵型结构

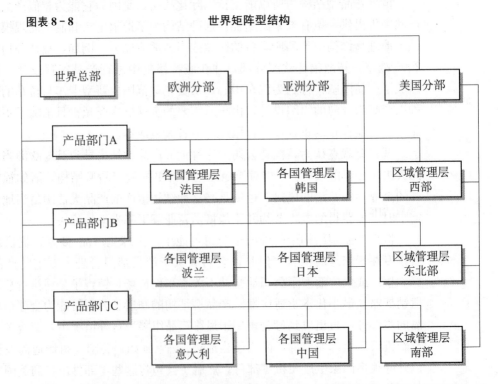

理想的矩阵型组织提供了一种地理型结构与产品型结构并重的组织结构。地理部门关注不同区域消费者的反应；产品部门寻求全球化效率。当本土适应性需求与产品标准化需求不相上下时，矩阵型结构最为有效。当这两种需求存在距离时，根据产品型结构和地理型结构在企业竞争优势中的地位，矩阵型结构会逐渐发展成产品型结构或地理型结构。

蒙特利尔的飞行模拟仪制造公司 CAE 及其矩阵型组织

CAE 公司坐落于蒙特利尔，是为民用航空工业提供模拟和其他培训技术的一家全球领先企业。目前，公司在全世界共有 100 个办公室、8 000 多名员工，通过在全球 45 个地区的子公司，每年为超过 100 000 人提供培训服务。它同时提供民用和军用服务，也涉足一些新的核心领域如采矿和医疗。企业 90% 的业绩都来自国际业务。

CAE 公司采用职能与项目矩阵。例如，当建设模拟装置时，基于职能的同时，借助一些有紧密工作联系的项目管理者共同完成模拟装置的建设。对于更加复杂的项目，CAE 公司使用项目导向的矩阵型组织，项目管理者与职能经理人共享权利来完成项目的实施。

CAE 公司矩阵型结构的优势是可以更快地向市场推出产品，但由于项目管理者与职能经理人之间会产生冲突，也存在协调的困难，并且临时分配的项目对员工的将来会产生一定的不确定性。尽管如此，CAE 仍然认为这种结构最适合公司。

资料来源：Based on Appelbaum, S., D. Nadeau, and M. Cyr. 2008. "Performance evaluation in a matrix organization: A case study (Part One)." Industrial and Commercial Training, 40 (5), 236 - 241; Appelbaum, S., D. Nadeau, and M. Cyr. 2008. "Performance evaluation in a matrix organization: A case study (Part Two)." Industrial and Commercial Training, 40 (6), 295 - 299; CAE. 2012. http://www.cae.com.

理论上讲，对于当地需求与全球需求的平衡，两个维度的管理者意见一致时，矩阵型组织也可以形成高质量决策。处于产品部门与地理部门交叉位置的管理者，称为有两个老板的管理者（two-boss managers），因为他既要听命于产品部门，又要听命于地理部门。产品部门的老板倾向于强调效率以及产品全球化之类的目标，但地理部门的老板倾向于强调本土化或本土适应性。二者之间需要在全球化-本土化的压力之间寻求平衡。事实上，对于所有层级的管理者来说，矩阵型组织要求产品需求与地理需求持续相互平衡。

为了成功解决全球化-本土化之间的冲突，矩阵型组织的管理层之间需要更大范围地进行沟通交流。中高层管理人员必须擅长人事关系处理，防止产品部门和地理部门之间的利益之争产生人事冲突；中层管理者必须学会应对存在两位老板，并且两位老板时常出现利益之争的状况；高层管理者必须做好准备解决地理部门与产品部门管理人员之间的冲突。

矩阵型结构是否值得企业投入精力？20 世纪 80 年代，矩阵型结构是解决全球化-本土化两难困境时最受欢迎的组织结构。但是，这种结构近来受到指责，主要原因是地理部门与产品部门之间达成一致决策的速度慢、麻烦多。许多这类企业的组织结构官僚化、会议化和冲突化。有的企业诸如荷兰壳牌集团不得不放弃矩阵型结构，重回产品型结构。有的企业重新设计其矩阵型结构，力图使组织结构变得更加灵活，更快速地做出决策。在相对更灵活的矩阵型结构中，管理的关键是根据需求进行有关产品或地理方面的决策，例如，有些特点突出的地理区域需要一定的战略调整的自由度。面对这种情况，美国电话电报公司和欧文斯-康宁玻璃纤维有限公司（Owens-Corning Fiberglas）在中国创立了高度自治的子公司，它们认为中国和亚洲市场瞬息万变，当地管理者（包括中国国籍和外国国籍的管理者）需要更大的自由度寻求商机。[17]

国际化经营不断加剧的竞争，导致战略演变不能仅聚焦于地理或产品，跨国战略的形成就是对此的预见。为了有效地实施跨国战略，出现了一种新的组织形式——跨国网络型结构。

案例分析

壳牌和飞利浦的变革

1995年，皇家骑士和壳牌集团的主席赫斯特拉特尔（Cornelius A. J. Herkstruter）宣布要对企业进行激进式变革。在向英国伦敦与荷兰海牙的公司总部同步传达的一次演讲中他表示，矩阵型结构要淘汰，全球产品部门，如产品开发、生产与化学制品部门将直接向高层管理人员汇报，高层管理人员集权进行决策，不再与总部或职能型经理协商。

壳牌集团原先的矩阵型结构非常复杂。对于跨国公司，矩阵型结构通常是地理型结构和产品型结构的结合。然而，壳牌集团的矩阵型结构拥有三个维度，有的管理者同时拥有职能型、产品型和区域型三种老板。例如，财务管理者可能有一个职能型老板（如财务总监）、一个国家型老板（如区域市场），以及一个产品型老板（如化学产品部）。

赫斯特拉特尔认为，壳牌集团经过多年的发展，其复杂的矩阵型结构已经高度官僚化。矩阵型结构需要过多的管理者。而且，

其中的会议和标准化流程减缓了决策速度。为了保持企业的行业竞争力，壳牌集团不得不削减一些管理岗位，并且快速寻求经营机会。

荷兰电子巨头飞利浦公司是最早采用矩阵型结构的跨国公司，其结合了产品部门和地理部门。例如，位于意大利的清洗工具部门必须向负责意大利的领导者汇报，还必须向新西兰清洗工具总部的领导者汇报。这成为飞利浦公司发展的主要障碍，造成了持续不断的难题。这种组织制度令子公司利润或损失的责任人模糊不清——是东道国负责人还是产品负责人？最终，飞利浦改为围绕主营业务设置几个子公司，这几个子公司对总部负责。

资料来源：*Based on Dwyer, Paula, and Heidi Dawley.* 1995. *"The passing of the Shell man: An era ends as Royal Dutch Shell vows to centralize power."* BusinessWeek Online, *international edition*, April 17; Economist. 2006. *"Survey: The matrix master."* January 21; Shell. 2012. http://www.shell.com.

8.2.7　跨国网络型结构

为了充分利用全球规模经济与当地优势（诸如东道国知识资源），子公司需要满足所面临的复杂要求，**跨国网络型结构**（transnational network structure）应运而生。与矩阵型结构相似，跨国网络型结构力图保留各种结构组织的所有优势——职能型、产品型、地理型子公司的优势。但是，与对称型矩阵型结构有所区别的是，跨国网络型结构没有基本的形式，产品部门与地理部门之间既不对称也不平衡。相反，这种结构将世界不同类型的子公司连接起来。位于网络中心的

节点子公司负责产品、职能及地理信息的协调。产品部门与地理部门采用不同的组织结构，没有相似的子公司。无论位于何处，跨国子公司均可充分利用所有的资源、智慧和市场机会，资源、人员和创意在网络中全方位流动。

荷兰跨国公司飞利浦是跨国网络型结构难得的分析案例。[18]飞利浦在全球 60个不同的城市设有子公司，生产包括防御系统和灯泡等之类的产品。基于产品相似性，企业建立了 8 个产品部门，下设 60 个子团队。产品部门在全球各地都有其子公司。这些子公司或专门从事研发，或专门从事制造、营销等。一些子公司只专注于销售，一些子公司高度独立于母公司，但也有一些子公司受母公司直接控制。

在地理结构上，飞利浦将世界市场分成三个区域：关键国家/地区，如新西兰和美国，生产本土化及全球化产品，并且负责当地的销售；大型国家/地区，如墨西哥和比利时，有一些本土化或者全球化的生产设备，并且负责当地的销售；当地业务国家/地区，包括一些更小的国家/地区，主要从世界各地的产品部门进口产品进行销售。所有这一切都是为了使企业效率、组织学习以及本土适应性达到最优。[19]

ABB 公司的组织结构通常被视为跨国网络型结构的原型。下面的案例分析将讨论 ABB 的跨国网络型结构，这种结构被其前执行总裁称为松散化矩阵（loose matrix）。

案例分析

ABB：矩阵型组织及其跨国成效

ABB 是瑞士电子设备公司，比西屋电气公司（Westhouse）更大，发展目标是取代通用电气公司。目前共有 135 000 名员工，分布于 100 多个国家/地区。尽管总部在瑞士苏黎世，但公司最高领导者在会议上只使用英语。英语虽是全球通用语言，但毕竟是当地的第二语言，然而对该公司的管理层而言却是第一语言。会议语言的选择象征了 ABB 的全球文化。

据 ABB 前执行总裁佩尔西·巴列维（Percy Barnevik）说，ABB 是一个松散且分散的矩阵型结构。ABB 有接近 100 个国家/地区的管理者，大部分来自东道国。全球化的管理者将许多产品分支如运输、流程、自动化操作、环保、金融服务、电子设备以及电力生产、转化和分销等变成一个个产品部门。矩阵型组织同时有两个管理者，大约 1 100 个东道国公司存在这种情况。这些当地公司的管理者必须与东道国管理者一道应对当地的生产问题，同时还要与全球管理者共同解决全球化的效率问题。

ABB 的结构具有跨国网络型特征，因为其矩阵型结构并不是平衡的，子公司的功能也并不完全统一。根据当地环境，分管东道国产品或全球产品的老板会对子公司进行干预管理。ABB 的组织文化鼓励通过生产线分享技术和产品。例如，ABB 的美国汽轮机业务就吸收了瑞士开发的技术，用于维修美国生产的机器设备。组织内的技术使用并不存在"不是这里发明"的偏见。管理专家甚至期望当地开发的技术能贡献于全球企业。例如，分布在16个国家/地区的电力变压器工厂，每个月通过德国各环节带头人曼海姆（Mannheim）分享绩效数据。有一个工厂出现问题，其他工厂都会一起帮助解决。最近，ABB在向松散化矩阵型结构转变，这是其可持续发展的关键所在。管理者现在的目标是，企业的工作和产品对于顾客都更有效率。

资料来源：*Based on Karunakaran*，N.2012. "*How ABB is tweaking products to make sustainability and integral part of its business model.*" The Economic Times（Online），*August 31*；*Taylor*，*William*.1991. "*The logic of global business*；*An interview with ABB's Percy Barnevik.*" Harvard Business Review，*March - April*，91 - 105；*Rapoport*，*Garla*.1992. "*A tough Swede invades the U. S.*" Fortune，*June 29*，76 - 79；*Ferner*，*Anthony*.2000. "*Being local worldwide*；*ABB and the challenge of global management.*" Relations Industrielles，*Summer*，527 - 529.

跨国网络型结构有三个要素：分布式子公司、专业化运营和相互依存的关系。[20] 跨国子公司是该结构的基本单元。**分布式子公司**（dispersed subunits）是分散在全球各地能为公司创造盈利的子公司。一些子公司鉴于当地成本较低而成立（如较低的人力成本）；其他子公司提供新技术、新战略和新消费趋势。所有子公司都试图挖掘全球范围内的管理和技术人才。

专业化运营（specialized operations）是指子公司能够专业化分工运营，如专门从事生产、研发或是营销。通过利用当地专家或其他资源，以及子公司之间的扩散，各子公司逐步实现专业化。例如，飞利浦在6个国家/地区设立了8个研究实验室。有的子机构实行托管形式，如荷兰艾恩德霍芬的中心实验室。其他子机构专注于某个领域，如雷德希尔实验室主要为英国研发固态电子元件。[21]

相互依存的关系（interdependent relationships）介于分布式子公司和专业化运营之间，进行持续的信息和资源分享。子公司之间必然存在相互依存的关系。为了实现这样的关系，跨国公司通常应用最新科技建立子公司之间的交流系统。例如，通用电气执行总裁理查德·斯通斯弗（J. Richard Stonesifer）每个周五的早晨7点与亚洲分公司进行视频会议。接下来5个小时，他依次与美国、亚洲分公司管理人员进行视频会议。[22] 福特为来自欧洲、日本以及美国的设计工程师创建了虚拟团队，这些工程师使用电子通信方式，相互分享书面材料和设计图。

跨国公司管理概览专栏针对跨国活动给出了一个真实案例。

跨国公司管理概览

跨国活动

跨国公司的结构模型中并没有固定的组织要素和活动，看看下面的企业是怎样将跨国活动融入组织设计中的。

- 快速决策的扁平化组织结构：ABB在超过140个国家/地区运营，但在高层管理者和业务单元之间只有一个层级。

- 基于产品生命周期缩短的研发分散化：芬兰手机制造商诺基亚将研发放在分布

于全球的 5 个工厂中。公司的文化支持分享来自世界各工厂有价值的工程信息。

- 采用松散化矩阵型结构实现经营的持久性：ABB 现在正重新安排运营结构，让持久经营成为公司每个行为的关键目标。为了持久性，每一个商业决定都被慎重审视，设计运营结构的宗旨就是要让企业稳定长久。

- 寻找全球产品：得克萨斯仪器公司创立了一个托管团队，在全世界范围内寻找可能的全球化产品。

- 开发各国人才：ABB 公司在瑞士设计火车车头，也倾向于在瑞典进行火车车身制造。新加坡的工程师为摩托罗拉开启了新的篇章。

- 整合劳动力：为了在新加坡和其美国姐妹工厂的工人之间建立复合型文化，摩托罗拉将工人们带到美国科罗拉多州进行团队建设活动。

- 使用邮件、信息系统、IP 电话以及维基（一种服务软件，能创建或改变一个网页的内容）：联合利华分布于全世界的 31 000 名员工通过电子邮件或者 Lotus Notes 进行交流。西麦斯集团位于墨西哥，基于西班牙子公司的支持，筛选出应用于烤炉的关键能源。

- 使用网络合作系统，如思科的子公司网讯易通（WebEx）或者办公电子协作平台企业 Lotus Notes：总部位于达拉斯的福陆公司（Fluor）是公共工程服务公司，在全球 8 个主要国家的 50 个不同地区拥有 46 000 名员工。公司使用不同的网络合作系统如 Lotus Notes 和 SkillSoft 进行合作和在线学习。Aperian GlobeSmart 的文化多样性培训工具对文化培训也能提供一些帮助。

资料来源：Based on Bolch，M. 2008. "Going global." Training, 45 (4)，28 - 29；BusinessWeek Online. 1994. "Grabbing markets from the giants." November 18；BusinessWeek Online. 1994. "Tearing up today's organization chart." November 18；Copeland, Michael V. 2006. "The mighty micro-multinational." Business 2.0, July, 107 - 114；Forteza, Jorge H., and Gary L. Neilson. 1999. "Multinationals in the next decade." Strategy & Business, 16, 3rd quarter，1 - 11；Karunakaran, N. 2012. "How ABB is tweaking products to make sustainability an integral part of its business model." The Economic Times (Online)，August 31.

8.3　跨国方面：跨国公司是否还有新的结构

一些证据表明，跨国网络型结构并不是跨国公司组织结构演化的最终形式。伊夫·多茨（Yves Doz）教授认为正在诞生一种新的结构，即**超国家型结构**（metanational structure）。[23] 超国家型公司是"大型跨国公司，能开发分布于世界各地尤其是新兴市场中的潜在的创新、技术和市场"。[24]

在许多方面，超国家型结构与跨国网络型结构相似。它是一种网络型结构，在全球各地有不同形式的平台；它是一个无中心的组织，减少了层级设置，将关键决策下放到外国子公司或者全球不同节点的子公司。与超国家型结构相比，在有目的学习和分享世界各地子公司的知识方面，跨国网络型结构存在差距。超国家型组织应用虚拟链接中的最新技术联系全球的团队。

超国家型结构的主要特点如下[25]：

- 当地活动没有统一的标准经营模式。
- 将新兴市场不仅视为当地劳动力的来源，也视为知识和创新思想的来源。

- 创建一个先进的文化交流系统，支持全球学习。
- 广泛使用战略联盟，从不同渠道获得知识。
- 合作伙伴之间高度信任，鼓励知识分享。
- 非中心结构型，将战略职能从总部迁移到主要市场。
- 决策分散化，为关键顾客和战略伙伴服务的管理人员负责决策，而不是推向公司总部。

8.4 跨国战略和组织结构：概述

图表8-9显示了不同的跨国战略和组织结构之间的关系。方框之间的联系体现了跨国公司组织结构演变的典型路径。

图表 8-9 　　　　　　　　跨国战略、组织结构及其演变

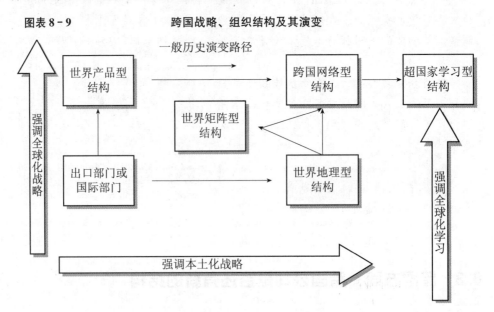

资料来源：Based on White, Roderick E., and Toomas A. Poynter. 1989. "Organizing for world-wide advantage." Business Quarterly, Summer, pp. 84-89; Daft, Richard L. 2004. Organization Theory and Design. Minneapolis/St. Paul: West.

国家或区域响应战略的实施（如第6章的多国本土化或区域战略）建议采用地理型结构。如果采用全球化战略，就应该考虑产品型结构并拥有全球化产品。

大部分企业的国际化起步于出口部门或国际部门。然后，如图表8-10所示，根据公司的全球化战略，逐渐演变成世界产品型或地理型结构。接着，由于本土适应性压力的持续存在以及全球化目标，许多企业逐渐转变为矩阵型或跨国网络型结构。但是，大多数公司不会是纯粹的矩阵型、跨国网络型或者超国家型结构状态，而是采用混合型结构，既有矩阵型也有一些跨国网络型的特点。随着产品的增多和竞争力的增强，大型跨国公司给予产品部门更多的权力，创建更多的跨国子公司。

图表 8-10　　　　　　　　　　　跨国公司组织结构中控制机制的使用

跨国公司组织结构	产出控制	官僚主义控制	决策控制	文化控制
国际部门	最可能成为利润中心	大部分跟随企业政策	可能有一些集权	与其他部门一样
世界地理型结构	通常是利润中心	有一些必要的政策和流程	当地子公司自治	当地文化可能更重要
世界产品型结构	主要为了供应和销量	对产品质量和产品可持续性有严格的过程管理	在产品部门的总公司中有决策集中现象	可能会对一些子公司有文化控制，但并非总是必要的
世界矩阵型结构	产品部门和地理部门共享利润	母公司控制不太重要	地理部门和产品部门之间平衡	文化必须支持共同决策
跨国网络型结构	用于供应产品部门，以及某些独立的利润中心	母公司控制不太重要	总部较少为子公司制定决策，决策一般由关键的网络节点做出	组织文化超越国家文化，支持共享和学习，是最重要的控制机制

我们已经讨论了为支持企业战略公司如何将组织划分成子单元。接下来我们来看如何使这些子单元共同发挥作用以实现组织目标。

8.4.1　控制和协调系统

除了选择不同的子公司来执行专门任务和责任，高层管理人员还需要设计组织系统来控制和协调子公司之间的活动，这个任务比较艰巨。外国子公司能挖掘到的人才和资源各不相同，地理区位、当地市场、文化以及法制又千差万别。[26]本部分主要对这种支持系统进行阐述。

对于跨国公司来说，一些程序构成了组织控制系统，这些程序主要聚焦于支持企业战略的子公司活动。**控制系统**（control system）能在垂直方向将组织的上下层级联系起来，主要通过两条路径达成这种联系：第一，衡量或监督在企业战略中承担一定角色的子公司的业绩；第二，对子公司效率方面的问题予以反馈。衡量或反馈机制有助于高层管理者与子公司交流企业战略目标。此外，奖励系统（如提升或加薪）能帮助管理者指导子公司朝适当的方向发展。

协调系统（coordination system）在水平方向上将组织联系起来，为子公司之间提供信息交流，使子公司之间协调活动。例如，福特公司实施企业战略时就使用先进的信息系统，使欧洲、美国以及日本的设计工程师之间就销往全世界的汽车的设计进度进行协调。工程师能够直接相互交流，即时分享复杂的设计信息。

8.4.2　控制系统的设计选择

控制系统有四种形式：产出控制、官僚主义控制、决策控制以及文化控制。

产出控制系统（output control system）基于子公司的产出结果来评价其绩效。企业高层管理者与子公司经理经常一起讨论和制定子公司符合企业整体战略的产出目标。总部根据子公司实现目标的程度来评价其绩效并给予奖励，由此实现控制。

产出控制最普遍的做法是负责盈利。如前所述，**利润中心**（profit center）是指控制利润和损失的单元。总部基于各利润中心的收益和损失对各子公司进行比较。复制型子公司通常是一个利润中心。利润中心型子公司通常独立于总部，可以制定本机构的战略、雇用当地的工人。高层管理者根据子公司为总部所创造的利润来评价子公司。

除了利润，其他产出如市场份额、开发新技术及提供高质量的原材料，也是控制子公司的绩效目标。例如，公司战略和组织结构不同，对子公司的评价方式也不尽相同，或许会基于子公司对世界型产品的开发贡献，或许会基于子公司市场渗透占领的市场份额。

官僚主义控制系统（bureaucratic control system）关注组织内部管理行为而非结果。典型的官僚主义控制机制包括预算、统计报告、标准化运营流程（SOP）以及集权决策。[27]这种控制系统主要包括以下内容：

- 为某一特定时期的支出做预算。通过预算机制来控制子公司的行为，主要是指为子公司设立规则限制其活动开销。预算机制主要关注成本控制，强调有效目标，也就是说，如果子公司设立的目标有效，则能在固定预算内产生更多的产出。

- 统计报告为高层管理者提供非财务产出的相关信息。例如，服务型组织可能每周汇报其顾客投诉率，制造业组织可能汇报产出量或质量不合格比例。

- 标准化运营流程能为企业提供规定合理行为的规则与制度。例如，标准化运营流程会规定所有子公司按照标准指导人力资源评价。

决策控制（decision-making control）系统体现组织层级的控制等级水平，即管理人员决策时的集权程度。组织的高层管理者几乎不可能包揽所有决策。分权化组织中，较低一级的管理者会做更多重要决策。大部分产品型结构中，产品部门负责人集中控制部门职能及战略活动（如产量、财务、营销以及产品战略），位于各国的子公司管理者只是与当地管理人员、法律和金融相关事务打交道。[28]相反，分权化的决策行为在地理型结构中更为常见。跨国网络型结构极少集权化，跨国公司的几位高层管理者基于子公司的当地专家和战略环境来控制其决策，基于子公司的能力高低，决策权有可能由负责人控制，也可能下放到更低的管理层。

文化控制系统（cultural control system）使用组织文化来控制员工的行为和态度（见第2章）。强组织文化能在员工中形成共同的规则、价值观以及传统。这种文化鼓励员工对企业更高的忠诚度和更大的支持力。员工和管理者理解管理目标，并直接予以支持。现在许多专家认为，对于跨国公司分散于不同国家文化的管理者之间的协调，强组织文化是唯一有效的途径。

文化控制系统多用于跨国网络型结构。虽然跨国公司也采用官僚主义和产出控制机制，但由于国际环境的不确定性和复杂性，这些控制机制不如文化控制有效。例如，巴黎总部设立的预算和产出目标，对于改变布达佩斯或新加坡子公司的状态而言，存在滞后性。相反，总部会依靠当地管理者对企业目标的承诺，并且相信他们会根据当地条件适当地调整目标。

跨国公司根据不同的组织结构，综合使用上述控制机制。图表 8 - 12 展示了基本的跨国公司组织结构类型与控制机制之间的关系。

8.4.3　协调系统的设计选择

横向协调系统有 6 种基本形式：文本式沟通（如电子形式、书面形式的内部通知或报告）、直接沟通、联络角色、全职协调人员、任务团队、团队。[29] 下面按照协调的效果从最差协调机制到最有效协调机制依次介绍。

所有组织都使用文本式沟通，如邮件、内部通知、报告来协调子公司之间的活动。部门通过电子邮件汇报其活动，保证其他部门了解问题、企业产出水平、创新或者其他重要信息。随着计算机等设备的成本降低和购置更加便利，无纸化通知和报告越来越普遍，邮件或本地网站公告形式越来越多地被采用。因为相距较远或存在时差的子公司之间更需要快速交流，所以这种电子交流方式更受跨国公司的欢迎。

直接沟通（direct contact）意味着管理者和员工面对面交谈。对于跨国公司，直接沟通常需要更复杂的视频技术来支持，并且要求沟通者掌握通用的语言。例如，通用电气公司医药系统（GE Medical System）每年将近有 1 000 小时用于电子会议。福特公司引入计算机辅助设计，欧洲与美国的工程师之间可以相互交流设计想法。[30]

联络角色（liaison roles）是部门中某个员工的具体工作职责，负责与另一个部门联系。联络角色只是管理层工作职责的一部分。例如，在跨国公司，各国子公司管理者都有责任协调本区域内的营销工作。

全职协调人员（full-time integrator）与联络角色相似，但全职协调人员只负责协调这一项任务。通常情况下，产品经理就是一个全职协调人员。产品经理要与设计团队、生产部门、销售和促销部门进行协调。跨国公司的产品经理经常是产品部门与各国当地运营机构之间的协调者。

任务团队（task force）是为了解决特殊问题，如进入一个新市场而临时设立的团队，通常涉及两个以上部门。例如，为了抓住中国这一新兴市场中的机会，联合丽华从其 100 个国家或者地区子公司的运营机构中，挑选出能说中文的专家，成立一支团队，前往中国。这支团队单独成立工作室，制定战略，成为一个新组织，待完成任务后再各自回到原机构。[31]

团队（team）是最有效的一种协调机制。不像任务团队那样存续时间较短，团队是组织中永久存在的。团队的人员来自不同的子公司，会针对一些特殊问题专门成立团队。例如，进行新产品开发的团队包括产品部门的研发人员以及营销部门的管理人员。跨国公司得克萨斯仪器公司组建了一支名为"游牧民族"（Nomads）的永久性专门团队，这支团队主要负责在意大利和新加坡建立芯片制造工厂。[32]

与控制选择一样，跨国公司即使不采用以上全部协调机制，也会在某一时期选择使用其中的几种。矩阵型和跨国网络型结构非常需要协调机制，任务团队、全职协调人员、团队的共同应用会发挥显著的作用。对于跨国网络型组织，由于其子公司的分散式地理分布，团队越来越成为一个虚拟型组织，团队成员几乎很少碰面。鉴于团队协调机制的重要性，下面我们进一步了解团队的协调机制。

8.4.4 团队

为了满足各国消费者的需求，跨国公司调整组织设计，寻求世界各地的专家，此时团队协调机制对跨国公司愈发重要。[33]

跨国公司管理概览

团队与跨国公司

跨国公司中越来越流行团队。团队协调被认为是企业应对全球化挑战的一种有效途径。随着跨国公司面临越来越激烈的竞争、越来越复杂的环境，团队协调可以使各国或各区域的员工共同合作，实现一致的目标。而且，当缺乏面对面交流时，许多跨国公司开始使用虚拟团队进行协调工作。

以波音及其梦幻飞机这一最新机型为例，波音公司依靠大量外部供应商共同进行梦幻飞机的设计。许多供应商并不在美国，因此波音公司更有必要进行团队协调以确保生产如期进行。例如，当公司面临飞机制作材料方面的挑战时，工程师要找到控制被测材料属性的方法，新材料通常需要大量测试。为此，波音公司创建了一支创新材料设计团队，将世界各地的员工组织在一起合作研发。当日本工程师的设计发生变动时，美国工程师会立即分享。新加坡国家钢铁公司（National Steel of Singapore）也采用团队协调机制，寻求企业可持续发展路径，组织员工一起想方设法节约能源，而且许多想法都付诸了实施。

资料来源：Based on Business Times. 2012. "Keeping the business on the boil." September 19, online edition; Wadia, C. 2012. "Competing faster." Technology Review, 11; Zander, L., A. I. Mockatis, and C. L. Butler. 2012. "Leading global teams." Journal of World Business, 47, 592 - 603.

正如跨国公司管理概览所述，通过团队协调，全球化企业能更好地协调分散于世界各地子公司的工作及专家，共同开发新产品，使企业组织更加灵活。例如，国际卡车和发动机公司（International Truck and Engine Corporation）成立跨职能型项目团队，团队成员分布于加拿大、美国和墨西哥，团队目标是共同开发出新产品。[34]通过聚集工程部、生产部、财务部及项目管理部的员工，国际卡车和发动机公司寻求快速进入市场的途径，以及提高生产效率。这个全球跨职能型项目团队更多地应用全球虚拟团队形式，**全球虚拟团队**（global virtual team）是指通过信息通信技术如企业内联网、网络会议、跨职能型项目团队（WIKI）、邮件及即时信息，世界各地的工作人员能共同工作的团队。[35]

虽然全球团队很受欢迎，但是面临一些巨大的挑战。团队成员多数情况下分布于世界各地，具有不同的文化背景。研究表明，团队成员之间的语言和文化多样性不利于团队合作。[36]

尽管存在这些挑战，跨国公司还是可以按照以下提示逐步克服困难，确保全球团队富有效率地工作[37]：

- 建立关系和信任。鼓励团队成员相互了解、彼此信任是非常重要的一步。例如，企业组织的第一次面对面会议，不仅要让团队成员相互认识，还应该确立团队目标并分配成员的角色。甚至有人建议第一次会议应该至少持续三天。但是，如果差旅费太高，第一次会议也可以采用电话会议或者其他形式。建议团队成员借第一次会议相互了解对方的个性，这个工作可以交由全职协调人员来做，全职协调人员负责对团队成员间的信息交流与沟通进行规划和管理。例如，工作人员可能要求团队成员必要时给予更多反馈，或者介绍团队成员时采用不同的交流方式，如电子邮件及视频会议。

- 注意项目规划，定期召开项目进度例会。一国之内的团队确保项目如期按预算完成已经十分困难，因此，对于召集分布于世界各地的人员所带来的问题及其复杂性，跨国公司需要投入更多资源规划项目，以确保项目按期进行。所有的团队成员都应该了解项目目标以及时间限制，项目领导者必须清晰地传递一些关键问题的信息，以及这些信息与战略目标之间的关系。进度例会要汇报项目进展情况，具备纠错能力。

- 进行文化、语言及主动聆听方面的培训。只有团队成员完全融合时，全球团队才会发挥作用。跨国公司需要投入资源适当培训全球团队成员，评价团队的文化能力水平。为了实现团队成员之间的语言交流，语言培训有时是必要的。例如，在第 13 章所讲的国际谈判中，谈判双方母语不同时，双方接受关于交流方面的指导会有一定的作用。当团队成员感到冗长的交流在浪费时间时，团队可能会遭遇失败。全球团队成员必须接受训练，对各种不同交流方式都能保持极为敏感的状态，练习成为主动聆听者，避免交流中漏掉重要的信息。

本部分通过说明管理层如何控制以及协调子公司，完整介绍了组织设计选择。最后一节是知识管理，这对于大多数跨国公司变得越来越关键。

8.5　知识管理

正如第 7 章所述，大多数跨国公司都将面临一个无序的、复杂的环境。企业边界变得模糊，竞争越来越激烈，产品生命周期越来越短。大部分跨国公司正迈入非常严重的信息过剩时期。[38] 为了应对这种挑战，企业必须充分利用已有知识，换言之，通过获得有效的知识，建立创新文化。面对瞬息万变的市场、不断缩短的产品生命周期以及过度竞争时，知识就是跨国公司可持续竞争优势最为重要的源泉。[39]因此，企业需要建立知识管理系统。

下面，我们将介绍有关知识管理的关键设计问题。

知识管理（knowledge management）由系统、机构以及其他组织设计要素构成，以确保某一特定时间内知识形式恰好适合组织相应的人员。[40]

案例分析

不同跨国公司的知识管理

知识管理系统对于跨国公司的成功至关重要。挪威电信公司（Telenor Mobile）是世界领先的移动通信企业，20 世纪 80 年代引进了世界上第一台自动蜂窝服务器。它进入国际市场的战略主要是与当地电信企业合资。挪威电信并购的企业多处于起步阶段，因此挪威电信的技术人员是合资企业的基础。但是，随着手机技术的标准化，挪威电信依靠已有专家技术的做法导致企业逐渐失去了竞争优势。

挪威电信这样的通信公司意识到，只有开发新系统，辨识市场中的最佳实践及其运营中快速传播的实践，才有可能获得成功。因此，挪威电信设计出知识管理系统，借此识别出当地的最佳实践，通过中心系统收集信息。当地子公司识别出最佳实践后，挪威电信再试图将其应用到其他子公司。只有建立了知识管理系统，挪威电信才有可能从外国合作伙伴的知识中获益。

保险行业也能从知识管理系统中获得巨大收益。DKVA 是德国的一家保险公司，主要为居住于欧盟其他国家的德国居民处理医疗保险索赔，每年要处理 120 万美元的索赔，以及 10％～15％ 的案例纠纷。DKVA 公司选择的是 Process 360 系统，该系统能显示所有索赔以及支付、打印发票、检索关键文件，同时能看到纠纷处理的进度。最重要的是，该系统非常灵活，能够应对欧盟在健康保险以及付款规则上的频繁变动。

资料来源：Based on Britt，P. 2008. "KM reaps benefits worldwide for insurers." KMWorld, October, 20, 26; Goodermam, P. N., and S. Ulset. 2007. "Telenor's third way." European Business Forum, Winter, 31, 46-48.

为什么企业的知识管理如此重要？对于国内企业，有效管理现有知识是产生新知识的有力工具，由此能产生创新及创造价值。[41]但是，跨国公司通常要面对特殊的挑战，因此知识管理更为重要。许多跨国公司如今在实现全球化目标时，不得不面对国际整合与本土差异化的双重压力。因此，为了创新并将新产品推向国际市场，跨国公司需要有能力利用知识管理系统，将世界各地的知识融合到一起。

适当的知识管理是跨国公司创建全球灵活性的最佳方法，这有助于跨国公司的生存和发展。[42]

为了建立一个有效的知识管理系统，第一步是鉴别阻挠组织内部知识分享的障碍，这些障碍可能存在于各个层面，包括个人层面及组织层面。[43]分布于不同地理区位的子公司之间进行知识分享，将面临大量跨文化和远地理距离带来的挑战。图表 8-11 总结了几个最重要的个人、组织以及跨文化层面的障碍。

接下来，跨国公司需要调查分析几种障碍的严重程度，采取适当措施减少这些障碍。例如，跨国公司可以与企业员工适当交流知识分享的重要性，激励和鼓

图表 8-11	知识管理的障碍

个人层面

缺乏分享知识的时间和兴趣

不理解分享知识的重要性

彼此之间缺乏信任

利用科层制职位或权力，鼓励分享显性而不是隐性知识

缺乏沟通技能

组织层面

缺乏有关知识管理重要性方面的沟通

组织使命、目标与知识分享的动机、战略之间缺少适当设计

缺乏知识分享机制（在线途径和面对面途径）

缺乏促进和鼓励知识分享的奖励系统

沟通交流只局限于单一方向

业务单元之间有内部斗争与矛盾

跨文化层面

语言障碍

文化障碍

时区及其他与地理相关的障碍

资料来源：*Based on Britt*，*P*. 2008. *"KM reaps benefits worldwide for insurers."* KMWorld，*October*，20，26；*Goodermam*，*P. N.*，*and S. Ulset*. 2007. *"Telenor's third way."* European Business Forum，*Winter*，31，46-48.

励员工个人获取知识，对将知识广泛传播给组织内其他需要人员的行为予以奖励。[44]而且，组织结构应该依据知识管理的需求而设计。多层级结构是组织信息交流的天然障碍，因此，有必要将其变成更适合信息顺畅流动的扁平化结构。最后，知识管理的一个重要方面是计算机技术的应用。[45]应用计算机和互联网技术，跨国公司能建立简单的数据库，存储显性知识（指那些可以存储和分享的知识）；通过网络、商务合作以及其他决策支持系统学习到隐性知识。杜邦引入了 Lotus Notes，研发人员可以共同合作，以及向其他公司或者专家进行咨询。[46]因此，跨国公司为分布于世界各地的员工投资建立一个整合性的平台非常重要。

小　结

跨国公司单凭好的战略难以成功，战略实施同样重要。战略实施中最重要的就是具备有能力实现组织目标的组织设计。本章对跨国公司如何通过组织设计实施组织战略进行了阐述。组织设计具体而言，包括子单元选择（如何分配工作）、协调与控制机制选择（如何统一子单元的工作）。

本章回顾了基本的组织结构类型——职能型、产品型及地理型，并且对这三种结构的优缺点进行了比较。了解这些基本知识十分必要，因为职能型、产品型及地理型是组织结构的基础。

当企业战略趋向国际化时，通常是从出口部门或者国际部门向更复杂的组织结构演变。更复杂的组织结构要求外国子公司实现价值链上的一系列活动（如制造），一些子公司是复制型——小型化母公司，另一些子公司根据当地优势和母公司需求开展业务。企业根据战略目标决定子公司的形式。

如果企业采用多国本土化战略或区域战略，其组织结构通常会是地理型结构，这种结构强调产品满足当地市场的需求；与之相反，产品型结构支持国际化战略，促进开发和销售全球化产品。混合型结构和矩阵型结构为不同的产品和业务提供不同的战略组合，结合了产品型结构和地理型结构的优势。跨国网络型结构是另一种组织结构，它没有固定的模式，子公司对全球化效率的压力、公司学习的需求或者当地需求都有特殊反馈，组织学习以及虚拟信息分享成为该类组织发展的驱动力。

组织设计如果没有整合机制，就不是完整的。

这种机制连接子机构、协调子机构之间的活动。控制系统如官僚主义控制和文化控制，在垂直方向上连接组织；协调系统如任务团队，在水平方向上连接组织。跨国公司通常使用这两种整合机制，其中控制系统相对更加重要。强组织文化有助于跨国公司建立不同文化员工之间的沟通桥梁。

最后，当今跨国公司的一个重要组成部分就是知识管理系统。通过知识管理系统，跨国公司鼓励分布于世界各地的员工之间分享知识。为了成功实施该系统，跨国公司必须首先找到知识分享的障碍，推广知识网络。

讨论题

1. 你负责企业的三种主要产品，企业执行总裁已决定将这三种产品打入国际市场。执行总裁向你询问有关组织设计的建议。在给出建议之前，关于企业国际化战略你需要与他讨论哪些问题？

2. 世界产品型结构与世界地理型结构相比有哪些优势？什么类型的企业会选择这两种结构？

3. 建立矩阵型结构的组织会有哪些成本和收益？

4. 当小公司只拥有出口部门或者国际部门时，有可能进行哪些跨国经营活动？

5. 对于跨国公司来讲，哪种组织结构中文化控制会比官僚主义控制更有效？

6. 跨国公司鼓励什么样的文化价值观，以有助于联盟企业及分散的子公司之间分享知识？

7. 什么是虚拟团队？虚拟团队能给企业带来什么？

8. 当跨国公司采用团队作为企业整合机制时，会遇到哪些典型问题？如何解决？

9. 什么是知识管理系统？如何设计知识管理系统？

网上练习

1. 访问任何一个大型跨国公司的主页（如西门子、壳牌、麦当劳）。

2. 找到企业的组织结构图，看看该企业属于哪种类型的组织结构。

3. 你认为该企业当前的组织结构合适吗？为什么？

4. 从该企业的组织结构中，你看到它将面临哪些挑战？

技能培养

为宝洁公司建立组织结构

步骤1：宝洁公司是美国一家大型跨国公司。从一些流行商业杂志如《华尔街日报》《财富》《经济学人》《商业周刊》中，找到关于宝洁公司的报道并阅读。

步骤2：基于已获得的背景知识，设计一种你认为最适合宝洁公司的组织结构。图表8-12和图表8-13给出了宝洁的区位分布以及主要的全球化产品。

步骤3：准备一个书面或口头报告，说明你的组织结构选择及其合理性。

图表 8 - 12   宝洁公司的区位分布及其设立时间

阿尔及利亚，2001	丹麦，1992	印度尼西亚，1970	巴拿马，2000	坦桑尼亚，1997
阿根廷，1991	埃及，1986	爱尔兰，1970	秘鲁，1956	泰国，1985
澳大利亚，1966	萨尔瓦多，1988	以色列，2001	菲律宾，1935	土耳其，1987
奥地利，1966	爱沙尼亚，1995	意大利，1956	波兰，1991	乌干达，1995
阿塞拜疆，1998	南斯拉夫，1996	日本，1973	葡萄牙，1989	乌克兰，1993
孟加拉，1995	波黑，1998	哈萨克斯坦，1996	波多黎各，1947	阿拉伯联合酋长国，2001
白俄罗斯，1995	芬兰，1971	肯尼亚，1985	罗马尼亚，1994	英国，1930
比利时，1995	马其顿，1998	韩国，1988	俄罗斯，1991	美国，1837
巴西，1988	法国，1954	拉脱维亚，1995	沙特阿拉伯，1957	乌兹别克斯坦，1996
保加利亚，1994	德国，1960	黎巴嫩，1959	新加坡，1969	委内瑞拉，1950
加拿大，1915	加纳，1998	立陶宛，1997	斯洛伐克，1993	越南，1994
加勒比岛，1986	希腊，1960	马来西亚，1969	斯洛文尼亚，1996	也门，1995
智利，1983	危地马拉，1985	墨西哥，1948	南非，1994	
中国，1969	洪都拉斯，1985	摩洛哥，1958	西班牙，1968	
哥伦比亚，1982	匈牙利，1991	荷兰，1964	斯里兰卡，1996	
哥斯达黎加，1995		新西兰，1985	瑞典，1969	
克罗地亚，1991		尼加拉瓜，1985	瑞士，1953	
捷克，1991		尼日利亚，1992	叙利亚，1998	
		挪威，1993		
		巴基斯坦，1989		

资料来源：*Adapted from Procter & Gamble*. 2003. Facts About P&G 2002 - 2003 Worldwide. *Cincinnati：Procter & Gamble*.

图表 8 - 13   宝洁的全球产品大类及产品类型

产品大类	产品类型	净销售额（百万美元）
婴儿、女性以及家庭用品	婴儿纸尿裤，婴儿毛巾，婴儿围兜，婴儿床垫 卫生纸，厨房纸巾，面巾纸 女性保护垫，内裤，卫生巾	11.9
护肤品	化妆品 除臭剂 香水 染发剂 护肤品	11.6
织物和家庭护理	漂白剂 特殊纤维洗涤剂 洗涤剂家用吸尘器 洗衣粉 彩妆 宝洁化学品	8.1
食品及饮料	饮料 点心	3.8
保健品	口腔和个人护理 宠物保健和营养 处方药 滤水	5.0

资料来源：*Adapted from Procter & Gamble*. 2003. Facts About P&G 2002 - 2003 Worldwide. *Cincinnati：Procter & Gamble*.

注 释

[1] Jones, Gareth R. 2009. *Organizational Theory, Design and Change.* Upper Saddle River, NJ: Pearson-Prentice Hall.

[2] Ibid.

[3] Duncan, Robert. 1979. "What is the right organization structure? Decision tree analysis provides the answer." *Organizational Dynamics,* Winter.

[4] United Nations Conference on Trade and Development (UNCTAD). 2003. *World Investment Report.* New York and Geneva: United Nations.

[5] Brellochs, Jochen, and Ulrich Steger. 2006. "Most multinationals now derive most of their value from subsidiaries. So, why do so few have robust systems in place to ensure that principles of governance are applied consistently across their organizational networks?" *Financial Times,* June, 2, 4.

[6] Ibid.

[7] Beamish, Paul W., J. Peter Killing, Donald J. Lecraw, and Allen J. Morrison. 1994. *International Management.* Burr Ridge, IL: Irwin.

[8] Bartlett, Christopher A., and Sumantra Ghoshal. 1989. *Managing Across Borders: The Transnational Solution.* Boston: Harvard University Press.

[9] Humes, Samuel. 1993. *Managing the Multinational: Confronting the Global-Local Dilemma.* New York: Prentice Hall.

[10] Stopford, J. M., and L. T. Wells, Jr. 1972. *Managing the Multinational Enterprise.* New York: Basic Books.

[11] Toyota. 2006. "Toyota announces board of directors and organizational changes." June 23. http://www.toyota.co.jp.

[12] *BusinessWeek Online.* 1994. "Borderless management: Companies strive to become truly stateless." May 23; Treece, James B., Kathleen Kerwin, and Heidi Dawley. 1995. "Ford: Alex Trotman's daring global strategy." *BusinessWeek Online,* April 3.

[13] *Economist.* 2000. "Ford in Europe: in the slow lane." October 7; *Economist.* 2002. "From baron to hotelier." May 9; Lublin, Joann. 2001. "Division problem—place vs. product: It's tough to choose a management model—Exide tore up system based on countries for one on centered battery lines—rolling over European fiefs." *Wall Street Journal* (Eastern edition). June 27, A1.

[14] Beamish et al.

[15] *BusinessWeek Online.* 1994. "Borderless management: Companies strive to become truly stateless." May 23.

[16] *Economist.* "From baron to hotelier."

[17] *BusinessWeek Online.* 1994. "High-tech jobs all over the world." November 18.

[18] *Economist.* 2006. "Survey: The matrix master." January 21.

[19] Ghoshal, Sumantra, and Christopher A. Bartlett. 1990. "The multinational corporation as an interorganizational network." *Academy of Management Review,* 15, 603–625; Humes, S. *Managing the Multinational: Confronting the Global-Local Dilemma*; Philips Electronics N.V. 2003. *Annual Report.* February 11.

[20] Ghoshal and Bartlett.

[21] Ibid.

[22] *BusinessWeek Online.* "High-tech jobs all over the world."

[23] Doz, Yves, J., Jose Santos, and Peter Williamson. 2001. *From Global to Metanational: How Companies Win in the Knowledge Economy.* Boston: Harvard Business School Press.

[24] Fisher, Lawrence M. 2002. "ST Microelectronics: The metaphysics of a metanational pioneer." *Strategy & Business,* 19, 3rd quarter, 2–10.

[25] Ibid.

[26] Cray, David. 1984. "Control and coordination in multinational corporations." *Journal of International Business Studies,* Fall, 85–98.

[27] Daft, Richard L. 2004. *Organization Theory and Design.* Minneapolis/St. Paul: West; Jones.

[28] Beamish et al.

[29] Daft.

[30] *BusinessWeek Online.* "Borderless management: Companies strive to become truly stateless."

[31] *BusinessWeek Online.* "Tearing up today's organization chart." November 18.

[32] *BusinessWeek Online.* "High-tech jobs all over the world."

[33] Barczak, Gloria, Edward F. McDonough III, and Nicholas Athanassiou. 2006. "So you want to be a global project leader?" *Research Technology Management,* May–June, 49(3), 28–35.

[34] Rosswurm, Gretchen, and Patricia Bayerlein. 2004–2005. "Overcoming barriers to global success at International." *Strategic Communication Management,* December–January, 9(1), 14–17.

[35] Brake, Terence. 2006. "Leading global virtual teams." *Industrial and Commercial Training,* 38(3), 116–121.

[36] Barczak, Gloria, and Edward F. McDonough III. 2003. "Leading global product development teams." *Research Technology Management,* November–December, 46(6), 14–18; Barczak, McDonough III, and Athanassiou, "So you want to be a global project leader?"; Rosswurm and Bayerlein.

[37] Barczak, McDonough III, and Athanassiou, "So you want to be a global project leader?"; Kumar, Janaki Mythily. 2006. "Working as a designer in a global team." *Interactions,* March–April, 25–27; Rosswurm and Bayerlein.

[38] Davis, Joseph G., Eswaran Subrahmanian, and Arthur W. Westerberg. 2005. "The 'global' and the 'local' in knowledge management." *Journal of Knowledge Management,* 9(1), 101–112.

[39] Ibid.

[40] Wang, Junxia, Hans Peter Peters, and Jiancheng Guan. 2006. "Factors influencing knowledge productivity in German research groups: Lessons for developing countries." *Journal of Knowledge Management,* 10(4), 113–126.

[41] Voelpel, Sven C., and Zheng Han. 2005. "Managing knowledge sharing in China: The case of Siemens ShareNet." *Journal of Knowledge Management,* 9(3), 51–63.

[42] Davis, Subrahmanian, and Westerberg.

[43] Riege, Andreas. 2005. "Three-dozen knowledge-sharing barriers managers must consider." *Journal of Knowledge Management,* 9(3), 18–35.

[44] Ibid.

[45] Holsapple, Clyde W. 2005. "The inseparability of modern knowledge management and computer-based technology." *Journal of Knowledge Management,* 9(1), 42–52.

[46] Davis, Subrahmanian, and Westerberg.

第9章

国际战略联盟：设计与管理

学习目标

通过本章的学习，你应该能够：

- 了解成功实施国际战略联盟的步骤。
- 阐述在国际战略联盟中跨国公司链接价值链的方式。
- 理解选择一个合适的联盟合作伙伴的重要性。
- 了解潜在联盟伙伴应具备的重要特征。
- 辨识股权式国际合资企业与其他国际合作联盟类型。
- 了解国际战略联盟契约的基本组成要素。
- 理解联盟组织中的控制系统和管理结构。
- 了解联盟组织中人力资源管理面临的独特挑战。
- 认识公司之间的承诺与信任对于构建成功的国际战略联盟的重要性。
- 理解跨国公司评估国际战略联盟绩效的方法。
- 了解联盟继续或应该解散的时机。

案例预览

新兴市场中的战略联盟

中国、印度、俄罗斯、巴西以及南非等新兴市场能够持续健康发展，源于其成熟的经济政策。有的新兴市场采取措施控制潜在的、不利的经济因素，例如，应用紧缩性货币和财政政策控制通货膨胀。跨国公司可以充分利用新兴市场显著的成本优势，以及这些国家正在形成的中产阶层及其蕴藏的巨大市场潜力。接下来的 10 年，中国、印度、俄罗斯及巴西将拥有超过 8 亿人的中产阶层，由此将产生超过 1 万亿美元的消费市场。

许多跨国公司意识到，想要在这些市场中发挥优势，关键是要与当地企业建立战略联盟。例如，麦当劳与中国石油化工集团签署了一项重要协议。该集团旗下有大约 3 000

家加油站，并且还在以每年将近500家的速度增长。麦当劳希望通过该联盟，在数千个中石化加油站开设免下车餐厅，吸引年轻、富有的驾车一族。

在中国，星巴克已经开设了500多家门店，这仅仅是其亚洲市场扩张的一部分。2012年，星巴克与印度塔塔全球饮料公司建立了8 000万美元投资额的合资企业，该企业在孟买开设了第一家星巴克咖啡店。从2006年起，星巴克就开始了针对印度市场的扩张计划。虽然近期印度修订了法律，印度外商投资促进局（FIFB）允许外商投资者持有100%所有权，但很多跨国公司依然愿意寻求当地合作伙伴，克服进入如此复杂的市场时面临的困难。另外，近期在印度还出现了其他合资企业，如美国服装零售商布鲁克斯兄弟（Brooks Brothers）和穆克什·阿巴尼（Mukesh Ambani）的瑞恩品牌（Reliance Brands）以51：49的比例投资建立合资企业，类似案例还有意大利珠宝商达米亚尼（Damiani's）与印度合作伙伴欧洲之星（Eurostar）之间建立的合资企业。

资料来源：*Based on Bajaj, Vikas. 2012. "Starbucks opens in India with pomp and tempered ambition." New York Times, October 19; Crabtree, James, James Fontanella-Khan, and Barney Jopson. 2012. "Starbucks plans $80m Indian joint venture." Financial Times, January 30; Jain, Dipti. 2012. "Damiani, Brooks Bros ventures get FIPB nod." Times of India, October 20; Litterick, David. 2006. "Fast food McDonald's takes meals on wheels to China." Daily Telegraph, June 21, 1.*

正如本章案例预览所描述的那样，新兴市场经济健康发展的良好势头，给跨国公司带来了巨大的潜力。战略联盟使企业能快速、灵活地获取互补性资源，因此在新产品开发和进入新区域或新市场的战略中越来越常见。埃森哲公司（前身为安信达咨询公司（Andersen Consulting））的最新研究发现，多数跨国公司期望联盟能在未来5年内最高实现40%的公司价值。此外，发展中经济体的合资企业增幅会更大。[1]然而，该研究同时也发现，高层管理者认为，最终获得成功的联盟只有30%。

为什么联盟难以达到预期要求？最常见的原因是设计或者联盟组织管理方面的漏洞，而不是构建联盟时战略选择的失误。越来越多的战略联盟涉及两个或更多国家的公司，境外合作伙伴常常具备最有吸引力的资源或技术而成为最佳选择。然而，与不同国家的合作伙伴结盟却会增加管理的难度。因此，跨国公司管理者需要学习国际战略联盟的运营与管理。

由于多种原因，战略联盟很有吸引力，但其自身存在不稳定性，会带来巨大的管理挑战。据估计失败率高达30%～60%，结盟合作伙伴之间沟通不畅或经营策略方案无法达成一致等矛盾，终将导致利益结盟关系的破裂，即使盈利的联盟企业也无法幸免。成功的联盟应该不仅具有战略意义，而且要执行得当。通过本章，你将了解成功实施战略联盟的必要步骤。下面我们将遵循图表9-1所示的步骤分别加以阐述。

图表 9 - 1　　　　　　　　　　　　战略联盟策略的实施

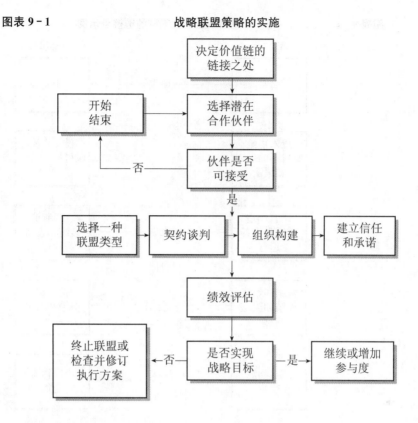

9.1　价值链的链接之处

　　战略联盟有许多优点，诸如获取当地合作伙伴的市场信息、满足当地政府的要求、共担风险、共享技术、获得规模经济效益、利用低成本原材料和劳动力等。跨国公司选择哪种价值链链接之处取决于公司的目标。

　　图表 9 - 2 展示了两条价值链，以及跨国公司通常建立链接以获得战略利益的领域。

　　将价值链中相同活动结合在一起的联盟通常是为了获得有效的经营规模、整合人才或共担风险。当企业不够强大、缺乏必要的人才或不愿意从事冒险的业务时，这种联盟富有吸引力。例如，在研发联盟中，高科技跨国公司常利用联合研发，合并不同的技术领域，或分担研发新产品的高成本以及技术风险。对于类似东芝这类公司来说，跨国联盟是其战略核心。东芝通过与苹果、IBM 联盟，补充或加强自身的技术优势。为什么它们不各自独立研发？因为没有一个公司愿意独自承担高科技研发所带来的高风险和高成本，仅芯片的研发就需要投入数十亿美元。

　　生产运营联盟中，跨国公司常联合生产或装配，以达到一个有利可图的经营规模。例如，美国通用汽车公司与法国雷诺公司建立了联盟，针对轻型商用车市场，共同开拓和推销皮卡和厢式货车。[2] 两家公司已经合作了 10 多年，为欧洲

图表 9－2　　　　　　　　　战略联盟中价值链的链接点示例

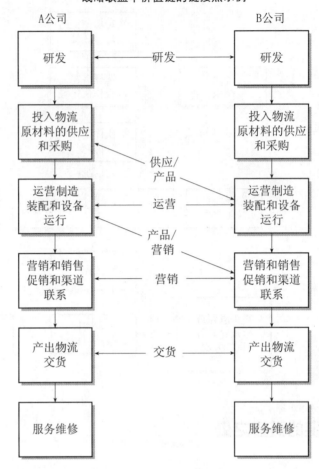

资料来源：*Adapted from Lorange，Peter，and Johan Roos*. 1992. *Strategic Alliances. Cambridge，MA：Blackwell.*

市场生产轻型商用皮卡（详见下面的案例分析），由于领导技能丰富以及聚焦于成效的执着，通用汽车公司和雷诺公司之间的联盟卓有成效。[3]

案例分析

通用汽车/雷诺战略联盟的演化

针对商务市场上的实用型商用车，美国通用汽车公司和法国雷诺公司建立了联合开发、共同生产的合作联盟。自 2001 年第一辆面包车下线到 2012 年，该联盟企业合作生产了近 200 万辆汽车。雷诺负责设计、开发和引擎供应，而通用汽车欧洲公司负责在英国卢顿制造。由于联盟很成功，投资双方决定在雷诺与日产的合资工厂生产更多的汽车。同样的面包车，通用汽车销售的型号是维瓦罗（Vivaro）；雷诺销售的型号是交通（Trafic）；而日产销售的型号是天际（Interstar）。

资料来源：*Based on GM Authority. 2010. "Open/Vauxhall continues van collaboration with Renault." September 27, http://gmauthority.com; GM Europe/Renault Press Release. 2006. "General Motors Europe and Renault*

pursue cooperation on LCVs. ” http：//www. renault.
com/SiteCollectionDocuments/Communiqu% C3% A9% 20de%
20presse/en-EN/Pieces % 20jointes/11497 _ CP-VU _ GB.
pdf；Just-auto. com. 2011. “UK：Luton immediate fu-

ture secure as Vauxhall confirms Vivaro build. ” March 2；
Wardsauto. 2006. “GM, Renault maintain joint van pro-
duction. ” March 9，http：//wardsauto. com.

通过营销和销售联盟，跨国公司可以增加产品的销售范围和数量，共享分销系统，甚至共享商品标识。在荷兰皇家航空集团（KLM）与达美航空公司的联盟中，两家公司共享营销推广其联合订票和航线系统的广告。汽车行业中，联盟伙伴经常共享它们各自的经销商系统。

服务联盟在航空业极为常见。例如，国际联盟——天合联盟（Sky Team Alliance）的 18 个航空公司成员，通过一个名为"代码共享"（共享预订座位的代码）的流程，共同提供服务。乘客可以在某一国家航空公司购买国际机票，持有一张机票，搭乘不同航线，飞往任一合作伙伴所在地。

链接价值链上下游组成部分的联盟可以实现低成本供应或制造的目标。在一些供应/运营联盟中，一方为另一方（制造方）提供低成本的资源或零部件。同样，在此运营/营销联盟中，一方为另一方（最终销售方）提供低成本的生产制造。例如，由于当地工资持续上涨，许多日韩公司与东南亚区域的公司建立生产/营销联盟，在东南亚低成本国家进行生产和组装，日韩公司则承担下游的营销活动。

对于美国企业来说，大多数国际战略联盟集中于运营方面。图表 9 - 3 显示，所调查的 4 年内美国近 800 家跨国公司宣称，所建立的国际战略联盟属于混合价值链链接。[4]

图表 9 - 3　　　　　美国国际战略联盟中的价值链链接点

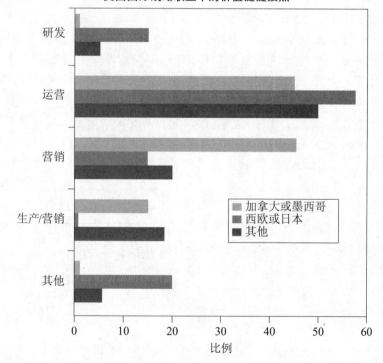

资料来源：Adapted from Murray，Janet Y. 1995. “Patterns in domestic vs. international strategic alliances：An investigation of U. S. multinational firms. ” Multinational Business Review，13，pp. 7 - 16.

　　图表 9-2 和图表 9-3 中所示的仅是国际战略联盟中可能出现的部分链接。在建立国际战略联盟时，每个公司必须明确通过联盟可以加强以及有助于实现战略目标的价值链活动。只有确定了该价值链活动，管理者才能进行战略联盟最为重要的一步——选择合适的合作伙伴。

9.2　合作伙伴：最重要的抉择

　　多数专家将战略联盟成败的关键归结于合作伙伴之间的关系。特别是建立关系的初期阶段，各方都必须确信对方是信守承诺、值得信赖的合作伙伴。下面的案例分析表明，当公司选择了错误的合作伙伴时，有可能会遇到一些困难。

案例分析

选择了错误的合作伙伴

　　秋明英国石油公司（TNK-BP）是俄罗斯的一家石油公司，是世界主要原油生产企业之一。该公司最初是由英国石油公司和俄罗斯 AAR 公司（Alfa，Access，Renova Group，由俄罗斯亿万富翁财团拥有）建立的股权对等的合资企业。AAR 在合资协议中声明，不允许英国石油公司从事除秋明英国石油公司外的任何涉及俄罗斯的石油业务。然而，对于秋明英国石油公司来说，俄罗斯秋明石油公司（TNK）的大部分油田开发时间较早，导致英国石油公司无法在北极海域探测一些更新的、更具盈利潜力的区位。因此，英国石油公司针对北极探测又与其他俄罗斯公司进行了二次联盟。

　　2011 年 1 月，英国石油公司联合由俄罗斯政府控制的俄罗斯石油公司（Rosneft）共同探测北极油田。这一行为使得秋明英国石油公司本已不良的关系彻底崩溃，董事会成员辞职，公司决策陷于瘫痪，俄罗斯一方

控告英国石油公司毁约。俄罗斯 AAR 公司总结道："很明显，鉴于目前 AAR 公司与英国石油公司之间战略和管理上的重大分歧，平等所有权结构已经无法继续实施。"2012 年 6 月，俄罗斯的亿万富翁、秋明英国石油公司的执行总裁米哈伊尔·弗里德曼（Mikhail Fridman）辞职，3 个月后，俄罗斯石油公司同意收购两家合作伙伴联合投资的公司，联盟最终解散。

　　选择错误的合作伙伴给俄罗斯 AAR 公司和英国石油公司都带来了惨痛的教训。秋明英国石油公司现已由俄罗斯石油公司控股，英国石油公司在新公司中仅保留了 20% 的股权，持有少数股权对英国石油公司有何益处尚待观察。

　　资料来源：*Based on Julia Werdigier and Andrew E. Kramer. 2012. "PB to exit its venture in Russia." New York Times, June 1, www.nytimes.com; http://tnk-bp.ru/en/company/; Economist. 2012. "PB and Rosneft, Unhappy families." October 20, www.economist.com.*

　　专家们提出，选择适合的合作伙伴的关键标准如下[5]：

- 寻求**战略互补**（strategic complementarity）。在形成战略联盟之前，潜在

合作伙伴必须对该投资的战略目标有很清晰的认识。各方都应该明确彼此期望的长期目标和短期目标。各自的目标可以不尽相同，虽然具有相似的诸如迅速发展之类的战略目标对双方都有利，但战略目标也可以是互补性的。例如，一家美国公司或者日本公司可能拥有一项先进的计算机零部件加工制造技术，该技术对某一中国公司很有吸引力。而该中国公司在相关的中国市场上占有主导地位，可为合作伙伴提供强大的潜在市场及销售渠道。因此，它们之间存在互补性战略目标，美国公司或者日本公司希望扩大其在中国的市场份额，而中国公司则期望获得对方先进的制造技术。

- 选择拥有**补充性技术**（complementary skill）的合作伙伴。对于合资项目，合作伙伴不应仅仅提供资金，还需要给对方提供补充性的技术或资源。迈克尔·格林格（J. Michael Geringer）认为，技能互补性是最重要的标准。[6] 例如，一个典型的互补性联盟中，一家公司（通常是外国公司）提供技术，而另一家公司（通常是东道国公司）提供营销技巧。另一个建议是寻找具有相似性但产品或市场不尽相同的伙伴，由此避免与直接竞争者相处所带来的难题。[7]

- 寻求管理风格互融的公司。英国通用电气公司（GEC，与美国通用电气公司无关）的常务董事温斯托克勋爵（Lord Weinstock）是一名战略联盟专家。在长达 27 年的任职期间，他见识过许多成功或失败的联盟。英国通用电气公司与德国西门子公司结盟，最终以失败告终。咨询专家指出，西门子是一家工程公司，很多价值观与德国商业文化的价值观一致，而英国通用电气是一家金融公司，迥异的管理风格导致双方管理者无法融洽相处。温斯托克认为，成功的联盟"必须压制自我意识——它对于合资企业是绝对有害的"。[8]

- 寻求能产生适度相互依赖的合作伙伴。正如婚姻一样，相互依赖意味着联盟中的公司会相互依存，促进合作。在良好的匹配关系中，为联盟提供独特的资源或能力是合作伙伴的共同需要。合作双方都认为各自的贡献对合作关系以及联盟的最终成功至关重要。相互依存度最好是平衡的，这样，双方会感到对等依赖于合作事业的成果。格林格建议，通过建立保障协议来维持这种相互依存，如支付某种形式的"分手赡养费"，并在一段时期内限制对方进入相同的业务领域。[9]"分手赡养费"条款要求，如果联盟关系在规定期限之前解除，那么负有责任的一方就要向合作伙伴支付相应费用。

- 避免所谓的**抛锚伙伴**（anchor partner）。抛锚伙伴会阻碍战略联盟的成功发展，因为它们不能或不愿提供应分担的资金份额。合作双方应该仔细研究对方的财务状况和投资计划。若潜在合作伙伴有某个薄弱部门或正在其他领域进行扩张，那么可能会减少给予联盟的资金支持。如果潜在合作伙伴的财力薄弱但因其他方面的因素仍然具有吸引力，建议可采取预防性措施。例如，合同中可约定，合作伙伴之间联盟利润（或联盟其他产出）的分配根据其对联盟的财务贡献比例而定。

- 警惕**象-蚁难题**（elephant-and-ant complex）。如果两家公司规模悬殊，就会出现象-蚁难题。这种情况下，可能会出现一系列严重的潜在问题。首先，规模大的公司可能会主导规模小的公司，控制联盟的战略与管理。其次，企业文化可能会发生重大改变。例如，大的老牌公司通常官僚主义严重、决策速度缓慢；而小公司往往更具创业精神和灵活性。由于文化上的差异，小公司的高管认为大公司的管理人员会忽视企业的眼前问题；大公司的合作伙伴则认为小公司的管理人员缺乏专业性。例如，瑞典的电信巨头特利亚（Telia）与挪威的电信巨头挪威电信之间的战略联盟，失败的原因之一可能就是象-蚁难题。[10]仔细研究可发现，在此联盟中，挪威电信遭遇特利亚公司的不公平对待时，引发了挪威人的民族主义情绪。象-蚁难题反映在"大公司（瑞典，大象）在欺负小公司（挪威，蚂蚁）"这样的看法中。尽管存在这些潜在的问题，但是并非象-蚁型联盟一定会失败。当联盟存在其他有利因素（如补充性技能）时，管理者会想办法克服规模差异。图表9-4分析了象-蚁型国际战略联盟中小公司的一些动因和关注点。

图表9-4　　　　小型跨国公司的国际战略联盟：动因和关注点

动因	关注点
● 获得合理性 发挥审批图章的作用	● 相对贡献水平 必须比大公司共享相对更多的资产
● 建立分销渠道链接 利用大公司现有的渠道	● 进行大规模运营 缺乏大规模运营的经验
● 获取资源 加速进入市场	● 不平等的产权信息暴露风险 小公司的信息更容易被获取
● 分散风险 与更有实力的伙伴共同分担风险	● 有业务往来的管理人员不匹配 小公司的企业家与大公司的职能或产品专家
	● 失去控制权 大公司完全主宰关系

资料来源：*Adapted from Ghisi*，*F. A.*，*J. A. G. da Silveria*，*T. Kristensen*，*M. Hingley*，*and A. Lindgreen*. 2008. "*Horizontal alliances amongst small retailers in Brazil.*" British Food Journal，110（4/5）：514-538；*Peridis*，*Theodoros*. 1992. "*Strategic alliances for smaller firms.*" Research in Global Strategic Management，3，129-142.

● 评估与潜在合作伙伴经营策略上的差异。婚姻伴侣需要解决怎样挤牙膏、什么时候吃饭、谁铺床、谁打扫房间和其他所有操持家务的细节问题。同样，战略联盟中的合作伙伴可能在公司的日常运营方面存在差异。因为组织或文化上的差异，会计制度、人力资源管理制度、金融制度、报告制度等都可能有所不同。例如，欧洲合作伙伴可能要在某些特定假期停止营业，日本合作伙伴可能认为战略联盟中需要尊重管理层的年龄级别。为了顺利运作，在战略联盟开始运作前，合作伙伴应就双方都认可的经营策略达成共识。

● 评估与潜在合作伙伴之间的跨文化沟通困难。即使合作伙伴使用对方的语言进行交流，跨文化沟通也不如在自己的文化或组织中沟通那么容易。管理者必须预料到沟通速度慢和理解中的诸多失误等问题。例如，在一家日本公司和美国飞机制造商波音公司的合资企业中，协议要求机身仪表盘达到"镜面抛光"。日本工人从字面上去理解这个规定，因而将金属抛光到像镜子一样光亮。结果，劳动力成本奇高，而且需要进一步讨论以解决"镜面抛光"的真正内涵。[11]

　　下面的跨国公司管理概览将讨论在选择联盟伙伴时需要提出的一些关键问题。

跨国公司管理概览

联盟伙伴抉择

　　选择联盟合作伙伴是一项非常重要的任务，有时十分困难。有专家认为，合作伙伴选择是决定联盟最终成败的关键因素之一。根据对许多成功或失败案例的广泛研究，专家建议，跨国公司需要就潜在合作伙伴进行提问，基于问题的回答决定是否要进行联盟合作。访谈参与者建议，若管理者对下述问题的回答均为否定，那么公司就应该避免建立这一跨国联盟：

- 合作伙伴是否有必要的资源？
- 潜在合作伙伴是否愿意提供获取这些必要资源的途径？
- 合作双方是否能就战略联盟达成明确的一致目标？
- 是否尝试过与潜在合作伙伴尽量减少竞争和摩擦？
- 潜在合作伙伴与你的竞争对手是否有任何联盟？
- 对于国际战略联盟的发展，潜在合作伙伴是否与你有同样的愿景？
- 潜在合作伙伴是否愿意并能够提供必要的技能和资源来确保联盟成功？
- 潜在合作伙伴是否曾有战略联盟的成功经历？
- 在价值创造方面，你是否将潜在合作伙伴与其他合作伙伴进行过比较？
- 该国际战略联盟是否与你未来的联盟网络愿景相契合？

　　资料来源：Based on Beamish，P.W. and Nathaniel C. Lupton. 2009. "Managing joint ventures." Academy of Management Perspectives，23，75 - 94；Holmberg，S. R.，and J. L. Cummings. 2009. "Building successful alliances." Long Range Planning，42，164 - 193；Jagersma，Peter Klaas. 2005. "Cross-border alliances：Advice from the executive suite." Journal of Business Strategy，26（1）：41 - 50.

　　在找到满意的潜在合作伙伴之后，来自各个相关跨国公司的管理者将确定所准备建立联盟的类型。接下来我们将研究国际战略联盟类型的普遍选择。

9.3　选择联盟类型

　　战略联盟有三种主要类型：非正式的国际合作联盟、正式的国际合作联盟、国际合资企业。[12]图表 9 - 5 概括了这三种类型的主要区别。我们接下来将逐一分析。

9.3.1　非正式的和正式的国际合作联盟

　　非正式的国际合作联盟（informal international cooperative alliance）是两个或两个以上国家的企业之间不具有法律约束力的协议。这种协议可能是某一类型的协议，提供了公司之间在价值链某一环节上的联系。例如，当地公司可能会非

图表 9－5 国际战略联盟的类型和特征

联盟类型	参与度	解散难度	对竞争者的公开性	契约要求	法人实体
非正式的国际合作联盟	往往规模和时间方面受到限制；便于结合	容易，任何一方都可以很方便地解散	竞争者通常不了解	无	无
正式的国际合作联盟	深度参与，以换取对方的知识和资源	因为公司的法律义务和资源承诺，所以较难在合约终止前解散	通过商业出版物中的声明，竞争者有一定了解，但细节是保密的	有	无
国际合资企业	深度参与，以换取资金、对方的知识和管理资源	由于公司投入了大量资源并对独立的法人实体具有所有权，因此很难解散	因为合资企业是独立的法人实体，因此对双方的情况都很清楚	有	有，独立公司

正式地同意在其市场销售某一外国公司的产品，以换取其独家经销权。尽管相比正式协议，这里并不存在维持双方合作关系的法律约束，但有的公司还是宁愿采用非正式协议开展合作。如果非正式联盟无法正常运行，双方都可以随时终止。

由于没有协议提供法律保障，通常管理者会限制对方与其他公司的合作范畴。一般也不愿为联盟投入比较多的资源，诸如为合作伙伴的利益而改变产品等。此外，非正式结盟的跨国公司禁止对方披露相关的专有信息，跨国公司认为该信息是自己专属的，需对竞争者保密，例如特殊的制造工艺等。

正式的国际合作联盟（formal international cooperative alliance，ICA）要求各成员高度参与。这一类型的联盟通常需要通过正式契约明确各个公司必须作出的贡献，可能是管理者、技术专家、工厂、信息、知识或资金。为实现单一企业自身难以但通过联盟可以达成的目标，跨国公司常常需要通过正式的国际合作联盟，共享某些知识、技能、特殊资源。这种专有信息或知识的分享提升了伙伴的参与程度。联盟双方都必须先给对方提供某些有价值的东西，然后才能得到相应的回报。此外，结合契约规定的明确义务，专有信息披露使从正式联盟退出比从非正式联盟退出困难得多。有时，通过双方相互持有对方的股权或所有权协议，企业构建正式的国际合作联盟开展某些价值链活动的合作。

汽车行业经常采用带有股权分享性的正式国际合作联盟。日产/雷诺联盟就是此类案例。[13]日产拥有雷诺 15％的股权，雷诺拥有日产 44％的股权。两家公司共同采购大多数零部件，共享工程专业技术，如日产在汽油发动机方面和雷诺在柴油发动机方面的优势。

9.3.2 国际合资企业

国际合资企业（international joint venture，IJV）是由来自不同国家的母公

司拥有的、独立经营的法人实体，参与公司在该独立公司里拥有股权或所有权。最简单的国际合资企业形式是两个母公司拥有对等的投资所有权。作为全球公司分享资源的一种方式，国际合资企业越来越受欢迎。[14]

虽然最为普遍的方式是两个合作伙伴联合投资，但并非所有合资企业都只有两个合作伙伴。如果多个企业组成国际合资企业，这一法律实体通常称为财团。例如，空中客车工业公司（Airline Industries）就是一个财团，包括法国航空航天工业公司（Aerospatiale）、德国梅塞施密特-伯尔科-布洛姆公司（Messer-schmitt Boklow Blohm）、英国航空航天公司（Brithish Aerospace）和西班牙航空制造有限责任公司（Construcciones Aeronauticas）。

合资企业中各公司的所有权不一定均等，某一方常拥有较多的所有权。一些国家的法律要求当地合作伙伴拥有主导权，例如，在两家公司组建的合资企业中，外国公司拥有的国际合资企业股份不能超过 49%。企业也可以增减其所有权比例。协议可能会要求外国公司在一段时间后让渡其所有权，例如俄罗斯的第一家麦当劳，其联合投资计划是最终转变为俄罗斯的独资企业。另外，有些母公司也会随着国际合资企业的绩效或母公司的战略目标变化，而增加或减少其所有权。某一方也有可能收购其合作伙伴，将合资企业变为全资子公司。

确定合资企业最初所有权面临的困难主要源于非资金的股权贡献。双方投入相等的资金具有相同的股权，但是各方也许会投入其他非资金资源。如果合作伙伴双方认可贡献的资源具有经济价值，那么该资源将成为该合作伙伴对合资企业股权贡献的一部分。例如，一个母公司在股权对等的合资企业中，可能只提供其先进技术，而其他合伙人则提供所有资金。

正式的国际合作联盟和国际合资企业都需要正式的契约。接下来我们将讨论跨国公司管理者在联盟契约谈判中需要注意的一些问题。

9.4　契约谈判

对于国际合资企业或正式的国际合作联盟来说，必须经过谈判并签署契约。与许可协议相类似，联盟契约是把合伙人捆绑在一起的法律文件。然而，正式契约从来都不如管理者共处的能力重要。图表 9-6 列举了一些**国际合资企业谈判问题**（IJV negotiation issues）。

图表 9-6	关于战略联盟的谈判问题

针对国际合作联盟和国际合资企业：
- 联盟生产什么产品或提供什么服务？
- 在哪里成立新的联盟？
- 契约的执行以哪一方的法律为依据？
- 各方的基本职责是什么？哪一方提供生产技术、厂址、员工培训及营销等？
- 合作伙伴的高层管理者需要作出什么贡献？
- 合作伙伴的其他员工需要作出什么贡献？
- 特许权使用费或利润怎样分配？

- 如何管控公司?
- 如何构建公司?
- 哪一方拥有新公司研发出的新产品或技术?
- 战略联盟的产品在哪些地方销售? 销售给谁?
- 联盟是否需要签订"婚前"协议?
- 如何解散联盟?

主要针对国际合资企业:
- 如何命名新的国际合资企业?
- 各方的股权贡献是什么?
- 国际合资企业的董事会如何构成?

一般情况下, 专家建议, 应由具备谈判技术和谈判经验的谈判小组处理联盟契约。跨文化谈判应遵循第13章中提到的相应步骤。

公司与合作伙伴达成协议后, 就应构建经营联盟的组织, 这个过程包括组织设计和人力资源管理问题。首先, 我们考虑组织结构与组织设计问题。

9.5 组织构建: 战略联盟的组织设计

战略联盟的组织设计取决于联盟类型。非正式的国际合作联盟通常不需要正式的组织设计, 各方参与公司管理者合作时并没有正式的管控分工。正式的国际合作联盟需要将来自各方母公司的员工置于一家公司, 建立一个独立的组织。有些正式的国际合作联盟仅要求具有最低的组织形态, 以分享信息和产品。例如, 两家航空公司可能会出售对方航线的机票, 但不需要共同的组织实体。国际合资企业作为独立的法人实体, 必须存在独立的组织以实现该联盟的目标。

本节讨论联盟组织设计中的两个关键要素: 决策控制和管理结构。这些设计问题更适用于国际合资企业以及需要设置组织的正式的国际合作联盟。

9.5.1 决策控制

母公司在设计联盟组织结构时, 必须考虑决策的两个主要层面: 经营决策与战略决策。经营决策包括有关组织日常运营的管理决策, 例如生产经营规模、流水线工人的招聘; 而战略决策则涉及联盟组织长期生存的核心问题, 例如建立新工厂和推出新产品。

母公司持有国际合资企业的大部分所有权, 并不一定意味着就控制其运营和战略决策。同样, 一方为正式的国际合作联盟提供厂址, 也并非一定获得对合作伙伴的控制权。根据联盟各方的技能, 公司之间可能会达成一致意见, 将管理决策任务分配给各个合作伙伴。

国际合资企业通常由董事会或高层管理团队做出战略决策。为了更好地控制战略决策, 母公司也会尽可能安置更多的人员进入国际合资企业的董事会或高层管理团队。为更多地控制经营决策，母公司会尽可能安排更多的人员进入到国际合资企业的中层和基层管理岗位。

在非股权的正式国际合作联盟中，通常母公司负责战略决策，联盟管理者则专注于经营决策，诸如产品交付或管理来自各方母公司的知识等。

9.5.2　管理结构

联盟伙伴的战略决策与经营决策控制组合经常十分复杂和独特。但是，为了规范决策控制，联盟伙伴必须选择一种管理结构，正式明确各个联盟伙伴管理控制责任的分工。在正式国际合作联盟和国际合资企业中，跨国公司经常采用的管理控制结构有 5 类[15]：

- 母公司主导：**主导母公司**（dominant parent）是指国际合资企业中的大股东，或者在某些情况下（尤其是不可能有大股东时）正式的国际合作联盟中重要资源的贡献者。此类结构中，母公司控制或主导战略决策与经营决策，其管理者在国际合资企业或国际合作联盟中占据最重要的职位。在国际合资企业中，主导母公司将国际合资企业视为子公司。

- 共同管理：**共同管理结构**（shared management structure）中，合作伙伴各方拥有几乎相同数量的董事，高层管理团队实施其管理职能（如生产或销售）。

- 分工控制：**分控管理结构**（split-control management structure）类似于共同管理结构，合作伙伴各方共同制定战略决策。然而，在某些职能领域（例如，市场营销、生产和研发），合作伙伴独立进行决策。当合作伙伴一方拥有不愿意完全共享、独有的技能或技术时，该方就会坚持在受保护的领域进行自主决策。

- 独立管理：**独立管理结构**（independent management structure）中，联盟管理者更像是一家独立公司的管理者。该结构是成熟的国际合资企业的典型特征——该机构必须是法律上独立的组织——在正式的国际合作联盟中很少出现。特别是对于经营决策，国际合资企业的管理人员几乎拥有全部的决策自主权。由于这一结构的独立性，国际合资企业一般从各方母公司之外的组织招聘经理及其员工。

- 轮换管理：对重要的管理岗位，合作各方管理者进行轮岗。例如，联盟的高层管理者或者管理团队可能每年都会发生变化，合作伙伴各方会任命自己的管理者。轮换管理结构常见于与发展中国家的联盟，它有助于培训当地的管理人才和技术人才，以及向发展中国家的知识转移。[16]

9.5.3　战略联盟管理结构的选择

不同联盟的关系特征会影响其管理结构的选择。通常情况下，当母公司拥有绝对大的股权或贡献了最重要的资源时，联盟会倾向于主导型管理结构，至少在战略决策方面如此。当联盟合作方所有权持平（国际合资企业）或资源贡献基本相等（正式的国际合作联盟）时，将趋向于回避主导型管理结构，取而代之，会采用更加趋向于均衡的管理控制系统，如共同管理、分工控制或轮换管理的结构。

随着公司的需求或对联盟贡献的改变，管理结构会随之变化。如对于汽车制造商，中国政府要求建立合资企业，初期外国公司提供专业知识和技术，中国企业则投入劳动力及场地。然而，随着中国汽车行业的发展，组织设计需要有所改变。[17]

管理结构的选择还涉及母公司的战略、组织特性以及所处行业属性。换言之，母公司及其行业特征决定管理结构对相关公司的效果或吸引力。[18]下面归纳出跨国公司管理者设计国际战略联盟结构时需要考虑的问题。[19]

- 如果合作伙伴有相似的技术或方法，并且将这些技术知识均等地贡献给联盟，那么它们会倾向于共同管理结构。
- 如果合作伙伴有不同的技术或方法，并且将这些技术知识均等地贡献给联盟，那么它们会倾向于分控管理结构。
- 如果联盟对其中一方更具战略重要性，则倾向于主导型管理结构。

针对国际合资企业：

- 当国际合资企业的管理团队获得专业知识时，成熟的合资企业会转向独立管理结构。
- 处在政府高度干预的国家中的合资企业，会出现当地母公司主导的国际合资企业模式。
- 当市场扩张、合资企业并不需要太多的资金或者不需要母公司很大的研发投入时，可能会采用独立管理结构。

战略联盟就像一场婚姻。如果没有相互的信任和承诺，这种关系迟早会失败。接下来我们将分析在战略联盟中如何处理这些问题。

9.6 信任和承诺：联盟管理中的软环境

对于战略联盟，一个永恒的主题就是合作伙伴之间的相互信任和承诺最为重要。无论合资企业初期看起来多么合理完美，如果缺乏信任和承诺，联盟的结局不是完败，就是难以发挥战略潜力。[20]

9.6.1 信任和承诺的重要性

战略联盟中的**承诺**（commitment）意味着合作伙伴彼此关照并付诸额外的努力促进联盟高效运行。**表态性承诺**（attitudinal commitment）是指合作伙伴承诺并愿意提供资源和力量共同面对联盟的运营风险，促进联盟高效运行。正式地说，表态性承诺是对关系的心理认同，对与合作伙伴结盟引以为傲。在国际战略联盟中，表态性承诺体现在很多方面：公平的财务承诺；支持合作伙伴战略目标的承诺；对合作伙伴员工的承诺；理解合作伙伴方的国家文化、政策和经济的承诺等。如果联盟的所有成员都表现出这些承诺，合资企业就会建立在**公平交换**（fair exchange）原则的基础之上[21]，即所有的合作伙伴都认同，各方有关联盟的收益与付出是对等的。

为什么承诺很重要？不同文化背景的两个或多个公司联姻时，会产生巨大的潜在冲突和不信任。如果缺乏对彼此及联盟的责任感，合作伙伴往往无法解决这些问题。相反，它们会退回到自己原来的公司或文化，从而使这些问题悬而未决，且常常认为不值得对联盟付出努力。亨利·莱恩（Henry Lane）和保罗·比米什（Paul Beamish）指出："成功的合作关系需要不断地关注和培育。正如一位主管所阐释的，'必须珍惜和照顾好优秀的当地合作伙伴。'"[22]

承诺有一个实践层面，**评估承诺**（calculative commitment）源自评价、期望及关心未来联盟的潜在回报。企业需要实际成效来促进联盟关系的继续推进。一项关于国际合资企业承诺的研究显示，当双方实现战略目标时，如有关财务或相关市场准入或学习一项新技术等，承诺会增加。然而，如果是为了实现相同的战略联盟目标，合作方确保或加大承诺则没有必要。[23]就如同婚姻，如果谨慎选择合作伙伴，那么就很容易发展优势互补的战略目标和实现最终的联盟承诺。

信任和承诺通常相辅相成。如承诺一样，信任也有两种形式。**信誉信任**（credibility trust）是对合作伙伴的意图和履行所承诺义务的能力的信心。**善良信任**（benevolent trust）是相信合作伙伴品行端正，会公平交易。[24]

联盟伙伴之间信任的建立可能需要一段时间。合作伙伴往往在开始时会怀疑对方的动机。常见的害怕与质疑的问题是：它们要窃取我的技术吗？要试图打败我吗？我是在树立一个新的竞争对手吗？我是不是付出太多了？它们会提供约定好的东西吗？这种最初的怀疑导致难以建立信任。

大多数专家认为，信任以一种所谓的信任循环的方式不断发展。就像人们之间的关系一样，在国际合资企业和正式的国际合作联盟中合作伙伴往往感到联盟关系很脆弱。这种早期的脆弱感使得合作伙伴建立各方关系时采取试探性的做法，而不愿意透露其真实动机、经营技巧或技术。随着双方多次相处，怀疑逐渐减少，彼此的信任不断增加。[25]图表 9-7 描述了战略联盟中信任和承诺的这种循环。

为什么信任很重要？成功的合作需要联盟参与各方进行巨大的投入，如果合作伙伴不信任对方，彼此隐瞒信息或者不公平地利用对方，那么联盟不可能获得双方预期的效益。比如上面提到的瑞典特利亚与挪威电信两个电信巨头之间的联盟，缺乏信任是导致联盟最终破裂的重要原因。结盟前首席执行官之间的互相信任没有传递到联盟实施的每个参与者。[26]

图表 9-7　　　　　　　　　　　信任/承诺循环

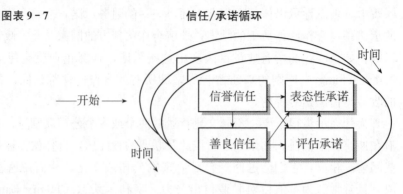

资料来源：*Cullen, John B., Jean L. Johnson, and Tomoaki Sakano.* 2000. *"Success through commitment and trust: The soft side of strategic alliance management."* Journal of World Business, 35 (3), pp. 223-240.

信任是必不可少的，因为正式合同不可能涵盖战略联盟中可能出现的所有情况。随着联盟日趋成熟，大部分联盟伙伴所面临的事务以非正式的方式处理，此外，组织的技术及隐性知识，包括规则、程序以及行为方式都逐渐成为组织文化的一部分。隐性知识无法记录，往往也不易觉察。因此，两个组织必须存在对彼此的信任才能分享敏感信息，并且不再局限于合同规定的细节。如果信任缺失或演变成一个失信的循环，那么将会发生什么情况呢？

9.6.2　建立并维系信任和承诺

在国际战略联盟中建立和维持信任和承诺时，跨国公司管理者需要关注以下几个关键点[27-28]：

● 慎重选择合作伙伴：挑选合作伙伴时不能只考虑潜在的战略互补和资源贡献。联盟合作伙伴必须笃信能彼此信任、相互承诺。

● 了解你自己以及合作伙伴的战略目标：双方彼此表明各自的战略目标是信任循环中的关键步骤，促使合作双方在联盟中尽早认识到其是否可以给对方提供承诺。当然，联盟合作伙伴也必须意识到，国际合作联盟或国际合资企业的战略目标是可以改变的。

● 寻求双赢局面：为了达成并维持彼此的承诺，联盟双方都必须从联盟关系中获得一些回报。虽然从联盟中获取的回报不尽相同，但双方必须在信任和承诺的基础上，将其视为一个公平交易来进行运作。

● 放缓步伐：国际战略联盟的参与者应认识到，出现的各种问题需要一段时间才能解决。信任和承诺的形成不是一蹴而就的。

● 投资于跨文化培训：在所有国际合资企业中，深谙跨文化敏感性和语言表达能力强的管理者更容易取得成功，因为他们了解合作伙伴的需求和利益。高质量的跨文化互动可以使合作伙伴的员工之间避免冲突和误解，提升彼此的信任和承诺。

● 致力于直接沟通：为克服国家、企业和组织文化的差异，面对面解决问题有助于联盟管理者有效地建立起信任和承诺。

● 寻找信任和承诺的适当水平：图表 9-8 描述了信任和承诺与脆弱性和收益之间的关系。

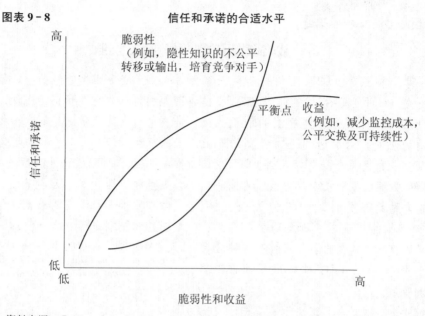

图表 9-8　　　　　　　　　　信任和承诺的合适水平

资料来源：*Cullen，John B.，Jean L. Johnson，and Tomoaki Sakano.* 2000. *"Success through commitment and trust：The soft side of strategic alliance management."* Journal of World Business，35（3），*pp.* 223-240.

组建国际合资企业或正式的国际合作联盟的目的是获得短期利益、长期利益，或两者兼而有之。因此，公司必须评估该联盟是否会达到预期。接下来我们将讨论国际战略联盟的绩效评估。

9.7　评估国际战略联盟的绩效

正如所有的商业投资一样，战略联盟应该有助于母公司盈利能力的提升。当联盟的战略目标是产生直接效益时，联盟的绩效评估并不困难。通常，可采用常用的标准财务绩效指标和效率绩效指标，如利润、销售收入、生产的单位数量等。这类联盟尤其是国际合资企业已成为给母公司带来直接经济利益的独立利润中心。利润中心联盟在开放的市场生产和销售自己的产品。母公司对该联盟的评估视同该公司的其他分支，采用传统的财务盈利能力比率指标，如投资回报率。

其他类型的战略联盟带给母公司的贡献大部分是间接的，而且联盟组织可能永远不会产生利润，但会产生其他有价值的贡献，例如，支持母公司开发具有潜在利益的新技术等。战略联盟的间接收益可能来源于渗透到高风险的市场、了解新的市场或技术、开发新技术、克服当地的政策障碍、建立市场知名度、支持其他竞争战略等。下面的跨国公司管理概览将探讨对新药物开发风险市场中联盟绩效的评估。

跨国公司管理概览

战略联盟中的非财务绩效标准

牛津生物治疗（OBT）和制药巨头葛兰素史克（GSK）签订了一项战略联盟协议。OBT专注于基于抗体疗法的创新性抗癌药物的研发。由于这种药物研发的专业性，葛兰素史克参与联盟以获得OBT在该药物研发方面的专业技术。为换取可能高达3.7亿美元的预先付款和其他资金支持，OBT将根据临床证据来研发药物，葛兰素史克最终将研发成果进行临床检验并使之商业化。作为回报，OBT将收取新药物销售的专利费用。

该联盟的成功与否取决于是否能研发出带来巨大资金回报的新药物，但这无法采用诸如利润一类的指标直接衡量。为确保联盟进展顺利，葛兰素史克制定出相应的里程碑式的节点，若OBT达到节点就给予一定补偿：一项具体的发现、随后进一步的研发、合规性和商业化等。葛兰素史克和OBT的成败都基于里程碑式的节点评估，双方都希望新药物能取得商业成功。

资料来源：Based on PR Newswire. 2009. *"Oxford Bio Therapeutics and GlaxoSmithKline form strategic alliance to develop novel cancer therapeutic antibodies."* May 18.

所有的公司最终都希望从国际合作联盟或国际合资企业中获利。该联盟本身可能不会产生利润，但知识的获取可能有利于母公司未来赢得成功。但在此期间，高层管理人员如何评估战略联盟的绩效及主管该项目的管理者？**国际合资企业和国际合作联盟的绩效标准**（IJV and ICA performance criteria）又有什么不同？

对以间接收益为目标的战略联盟而言，仅仅采用财务指标来评价绩效是不可取的。根据联盟的特定目标，母公司必须制定更为主观的评价标准，如创建和谐的伙伴关系、识别产品在新市场中的适应性、获取市场份额、获得相对竞争对手的先发优势。[29]

对联盟评估相关方面的关注激发了学者对联盟绩效评估形式的兴趣。[30]例如，有人提出将联盟满意度作为衡量绩效的标准；有人将重点聚焦于诸如目标完成情况一类的衡量标准；还有人提出其他选择以替代更为直接的绩效衡量标准，比如联盟持续的时间，如果提前终止联盟则意味着失败。[31]然而，大多数衡量方式都存在一些问题，最好的衡量标准应依据联盟的本质属性确定。例如，有时联盟持续时间可能不是一个适当的指标，因为大多数联盟建立时就约定一旦合作伙伴的目标得以实现，联盟就将解散，提前终止有可能是因为目标比预期更早实现。

评估联盟的绩效要求母公司使用的衡量指标与战略联盟的目标相匹配。如果直接利润是战略目标，那么利润就必须包括在衡量指标内。如果目标是长期的，比如了解一个新的市场或技术，那么就要采用其他绩效衡量指标，而不能用突出短期利益的衡量指标。

图表 9 - 9 给出了用于评估战略联盟的备选绩效指标。

图表 9 - 9　　　　　　　　　用于评估战略联盟的备选绩效指标

管理过程	竞争性
良好的合作关系：没有冲突，或很好地 处理冲突 员工士气高 实现社会责任目标 人力资源开发 当地政府的关系处理	获得市场份额 尽可能减少向合作伙伴泄露知识（或未打算分 享给合作伙伴知识） 影响竞争对手（使其无法在该国市场站住脚）
组织学习	**营销**
理解新市场 学习新技术 缩短研发周期 提升新的管理技能 开发创新技术 带来其他潜在机遇	总销售量 客户满意度 洞察客户需求 促进其他产品的销售
	财务
	投资回报 资产回报

资料来源：*Adapted from Anderson，Erin.* 1990. "*Two firms，one frontier：On assessing joint venture performance.*" Sloan Management Review，*Winter*，19 - 30；*Gomes-Casseres，Ben.* 1998. "*Strategy before structure.*" Alliance Analyst，*August.*

并非所有的联盟都能够实现其战略构想。下一节将讨论管理者应该怎样处理未达成绩效目标的联盟。

9.8　联盟未达到目标的对策

如果联盟没有达到预期战略目标，管理者有两个基本选择（见图表 9 - 1），若双方战略意图保持一致，可以谈判终止双方达成的契约，或者着手改善联盟的绩效。

懂得何时应该退出、何时投入更多的资源建设联盟，属于战略联盟的管理艺术。当然，没有一成不变的规则可遵循，每个案例都有特殊性。

联盟所有出现的问题中，**承诺扩大化**（escalation of commitment）是一种特殊的危险[32]，这意味着公司因为过去的资金和感情投资而不必要地延长了联盟关系。分析下面的跨国公司管理概览中丰田公司发生承诺扩大化的可能性。丰田将一条产品生产线的成功寄托在一个单纯生产电池和电动汽车的小公司身上，这是一个风险很大的联盟决策。

跨国公司管理概览

承诺扩大化：丰田是否知道何时退出？是否应该退出？

丰田正在动摇它"自给自足"的企业文化。几十年来，在以联盟闻名的行业里，丰田公司一直限制与其他汽车制造商联盟。丰田利用庞大的国债和企业集团（keretsu）（通过交叉持有股权连接起来的日本企业集团）进行新产品开发。然而，这种情况开始发生改变，丰田为填补其产品线空白，开始组建一系列联盟，采取更加冒险的战略。东京一吉投资管理公司（Ichiyoshi Investment Management）的秋野充成（Mitsushige Akino）指出："如果丰田不能获得来自其他公司的技术援助，将难以维持其市场份额。"

产品召回和前所未有的自然灾害，以及新首席执行官、公司创始人的孙子丰田章男（Akio Toyoda）的到来，这些因素都促使企业转变战略。熟悉新首席执行官的人认为，比起前首席执行官，他在公司的管理方面更勇于挑战风险。

特斯拉汽车是一家位于美国加利福尼亚州专长于电池和电动汽车的小型初创企业。丰田公司与其联盟风险很大，可能出现的问题会迫使丰田不断为其注资。丰田将纯电动汽车 RAV4-EV 的生产制造交给了特斯拉，该电动汽车采用特斯拉发动机和丰田的车身。丰田公司已经投资超过 5 000 万美元，并且可能还需要为未来的电动汽车生产继续投入数百万美元。特斯拉作为一家汽车生产商尚未得到市场检验，丰田需要谨慎行事以防出现问题。在 5 000 万美元的初始投资后，公司面临很大的压力，需要"承诺扩大化"以进行"修补"。

资料来源：Based on Automotive News. 2011. "Toyota's alliances with BMW, Tesla signal end of goit-alone strategy." December 16, www.autonews.com; Eisenstein, Paul A. 2012. "New RAV4-EV shows Toyota no longer willing to go it alone." Detroit Bureau, May 7, www.thedetroitbureau.com; Ohnsman, Alan, Anna Mukai, and Yuki Hagiwara. 2011. Bloomberg, December 15, www.bloomberg.com.

改进实施意味着通过回顾实施过程的每个步骤，明确需要改进之处，例如，合作伙伴未能提出合适的联盟组织设计，或者选择了一个能力较弱的联盟管理者。当然，如果一方选错了合作伙伴，则必须解除合作关系，如果有必要，再寻找另一个合作伙伴。

从联盟形成开始，就要为结束做好准备。联盟契约类似于婚前协议，具体规定联盟最终如何解体。这一契约阐释联盟解体的过程，声明双方必须遵守联盟生效的期限，同时也可明确规定任何一方提前终止所面临的惩罚。联盟开始前就明确这些条款的好处是，这种协商可以在积极的、友好的合作关系情况下进行，而不是当合伙双方发生冲突和高度失信时再进行。

战略联盟关系结束与关系破裂不应混为一谈。许多联盟的目标是短期的，一旦合作双方实现战略目标，就会分道扬镳。例如，联盟最终结束可能是因为完成了一项新技术的开发、成功进入了一个新市场、弥补了暂时性的产品缺口等。此外，有的合作伙伴需要国际合资企业作为进入直接投资阶段的过渡。

接下来将分析母公司管理国际合资企业的资产组合时发挥的作用。

9.9 向伙伴学习：建立专业战略联盟单元与吸收跨境联盟的经验

在当今的全球商业环境中，联盟非常普遍——《财富》世界 500 强公司平均每家有 60 个联盟——这些公司正在设立专业单元负责其联盟设计。这些专业单元为联盟提供流程和程序，例如，帮助管理者鉴别联盟需求、评估合作伙伴、洽谈协议、构建联盟组织结构并制定具体的绩效衡量指标。

很多联盟经验丰富的跨国公司正在从成功和失败的案例中吸取经验教训，以开发出成功的实践模式。例如，最近的一项研究表明，拥有联盟管理单元的跨国公司，如惠普和朗讯科技，联盟的绩效超过了没有联盟管理单元的公司。[33] 然而，联盟管理单元并非对所有公司都是有效的。通常情况下，只有大型跨国公司才有足够多的联盟贡献出必要的资源，以建立这样一个专业单元。

正如本章中所看到的，由于跨国公司希望利用新兴市场的优势降低成本，战略联盟在未来可能会更加重要。下面，根据对彼得·贾格斯马（Peter Jagersma）的采访和对参与成功的跨境联盟的关键人物的调研，总结了从成功的跨境联盟中可获得的重要经验[34]：

● 理解、欣赏商业和文化的差异：只有在合作伙伴认识到商业和文化的差异、能主动适应它们时，跨境联盟才有可能成功。

● 保持强大的领导层支持：成功的跨境联盟一直得到领导层的强力支持。领导层的参与表明对联盟的承诺和支持。

● 沟通：沟通对跨境联盟的成功至关重要。合作双方对联盟有不同的愿景是最糟糕的。

● 承诺、信任、奉献：在成功的跨境联盟中，合作伙伴承诺致力于联盟发展、愿意投入资源和人力（包括高级管理人员的时间），才能使联盟正常运行。

● 当联盟正在实施时，要有检查重点：建立继续/不继续的检查节点，以确保合作伙伴了解并满意合作的进展情况。

● 复查联盟的可行性：跨国公司应经常回顾和检查各联盟，以确保联盟的可行性和获益性。

小 结 ▬

作为全球商务一种重要的参与战略，国际战略联盟日益增多。实施这一战略要很好地了解与联盟管理相关的问题和前景。本章提供了有关联盟管理的一些基本知识，包括在价值链上哪个环节进行链接、如何选择合作伙伴、如何设计联盟组织、联盟人力资源管理、如何建立信任和承诺、如何评估联盟绩效、如果联盟失败该如何处理等。

成功管理战略联盟最重要的是选择合适的合作伙伴。要选择具有合适技能的、能和谐相处的合作伙伴，这基本决定了联盟的最终命运。

战略联盟在所有权、决策控制或管理控制方面没有固定的结构模式。合作伙伴必须通过谈判最后形成支持双方战略目标的联盟结构。大多数专家认为，信任和承诺是国际合资企业或正式的国际合作联盟成功的基础，其重要性仅次于挑选合适的合作伙伴。信任和承诺之所以如此重要，是因为并不是一切事项都可以在合同中做出相关规定。为了长期的成功，合作伙伴要互相信任、作出应有的贡献而不是利用合作关系中的伙伴。

联盟的战略目标多样且微妙，国际合资企业或正式的国际合作联盟的绩效往往难以确定。通常情况下，公司希望战略联盟带来的不仅仅是短期的财务回报，还包括其他目标，如组织学习和市场渗透，这些往往在绩效评估中举足轻重。

战略联盟本质上是不稳定的，并且很多都会失败。因此，当一个国际战略联盟不能达到战略目标时，跨国公司管理者应做好准备改进或放弃联盟。不过，当实现了战略目标或被合作伙伴一方的母公司收购时，许多战略联盟会自然解体。

目前，国际战略联盟在跨国公司中很常见，很多公司都有规范的实施流程和组织单元，如美国礼来公司（Eli Lily）称其为联盟管理办公室。

讨论题

1. 在战略联盟中，好的合作伙伴应具有什么特征？这些合作伙伴特征如何有助于联盟的成功？

2. 本章中谈到的联盟契约要点中，你认为哪些是最重要的？为什么？

3. 讨论不同管理结构中的成本和收益。在什么情况下公司会选择某一特定管理结构？

4. 什么类型的人员通常会被派到战略联盟中任职？对于每种类型的人员来说，国际合资企业的工作任务对他未来的职业发展会有哪些影响？

5. 国际合资企业或正式的国际合作联盟的绩效评估有哪些困难？对于不同的战略目标，绩效评估的困难会有什么不同？

6. 为什么信任和承诺对战略联盟如此重要？合作伙伴怎样证明其对合资企业的信任和承诺？

网上练习

大多数跨国公司拥有很多合资企业或战略联盟。你的任务是确定你所选公司的联盟。

第1步：选两个《财富》世界500强企业。

第2步：进入企业网站，查阅其年度报告。

第3步：从报告中查找该公司有多少个战略联盟，并选定几个进一步研究。

第4步：使用搜索引擎搜索这些联盟的信息。

第5步：总结这些联盟对公司战略的重要性。

技能培养

比较和对比国际合资企业的契约

这个练习会促使你仔细审查国际合资企业的复杂性。重点关注国际合资企业的契约。

步骤1：登录 http://contracts.corporate.findlaw.com，并搜索合资或结盟契约。许多知名公司都能找到。

步骤2：选择某一行业的两个联盟契约，对契约中提到的关键点汇总并列出清单。

步骤3：将这些契约的全面性及其细节与联盟中双方关系的灵活性进行对比和比较。

步骤4：总结你的发现。

注　释

[1] Accenture. 2009. http://www.accenture.com; Brunier, Frédéric. 2011. *Joint Ventures in Banking: A Source of Growth and High Performance.*

[2] Kimberley, William. 2001. "Renault and GM target the light truck market." GM Automotive Design and Production. December. http://www.autofieldguide.com, accessed 2001; GM Europe/Renault press release. 2006. "General Motors Europe and Renault pursue cooperation on LCVs," http://www.renault.com/SiteCollectionDocuments/Communiqu%C3%A9%20de%20presse/en-EN/Pieces%20jointes/11497_CP-VU_GB.pdf.

[3] *Strategic Direction.* 2006. "Create successful international mergers and alliances," 22(1): 25–28; GM Europe/Renault press release. 2006. "General Motors Europe and Renault pursue cooperation on LCVs," http://www.renault.com/SiteCollectionDocuments/Communiqu%C3%A9%20de%20presse/en-EN/Pieces%20jointes/11497_CP-VU_GB.pdf.

[4] Murray, Janet Y. 1995. "Patterns in domestic vs. international strategic alliances: An investigation of U.S. multinational firms." *Multinational Business Review,* 13: 7–16.

[5] Geringer, J. Michael. 1988. *Joint Venture Partner Selection.* Westport, CT: Quorum Books.

[6] Ibid.

[7] Main, Jeremy. 1990. "Making global alliances work." *Fortune,* December 17, 121–126.

[8] Ibid.

[9] Geringer.

[10] *Strategic Direction.*

[11] Geringer.

[12] Lorange, Peter, and Johan Roos. 1992. *Strategic Alliances.* Cambridge, MA: Blackwell.

[13] *The Economist.* 2010. "All together now: The Renault-Nissan alliance has become a template for the car industry," June 10, www.economist.com.

[14] Kealey, Daniel L., David R. Protheroe, Doug MacDonald, and Thomas Vulpe. 2006. "International projects: Some lessons on avoiding failure and maximizing success." *Performance Improvement,* March, 45(3): 38.

[15] Gray, Barbara, and Aimin Yan. 1992. "A negotiations model of joint venture formation, structure, and performance: Implications for global management." *Advances in International Comparative Management,* 7: 41–75; Killing, J. P. 1988. "Understanding alliances: The role of task and organizational complexity." In F. J. Contractor and P. Lorange, eds. *Cooperative Strategies in International Business,* 241–245. Lexington, MA: Lexington Books.

[16] Vernon, R. 1977. *Storm over Multinationals.* Cambridge, MA: Harvard University Press.

[17] Bosshart, Stephan, Thomas Luedi, and Emma Wang. 2010. "Past lessons for China's new joint ventures," *McKinsey Quarterly,* December, 1–6.

[18] Ibid.

[19] Ibid.

[20] Taylor, Andrew. 2005. "An operations perspective on strategic alliance success factors: An exploratory study of alliance managers in the software industry." *International Journal of Operations & Production Management,* 25(5/6): 469–490.

[21] Lane, Henry W., and Paul W. Beamish. 1990. "Cross-cultural cooperative behavior in joint ventures in LDCs." *Management International Review,* 30, Special Issue, 87–102.

[22] Ibid.

[23] Cullen, John B., Jean L. Johnson, and Tomoaki Sakano, "Success through commitment and trust: The soft side of strategic alliance management." Cullen, John B., Jean L. Johnson, and Tomoaki Sakano. 1995. "Japanese and local partner commitment to IJVs: Psychological consequences of outcomes and investments in the IJV relationship." *Journal of International Business Studies,* 26(1): 91–116.

[24] Johnson, Jean L., John B. Cullen, Tomoaki Sakano, and Hideyuki Takenouchi. 1996. "Setting the stage for trust and strategic integration in Japanese–U.S. cooperative alliances." *Journal of International Business Studies,* 27: 981–1004.

[25] Ibid.; Ring, Peter Smith, and Andrew, H. Van De Ven. 1992. "Structuring cooperative relationships between organizations." *Strategic Management Journal,* 13: 483–498.

[26] *Strategic Direction.*

[27] Cullen, Johnson, and Sakano, "Success through commitment and trust."

[28] Barmford, Jim and David Ernst. 2002. "Measuring alliance performance." *McKinsey on Finance,* 5: 6-10; Lei, David. 1993. "Offensive and defensive uses of alliances." *Long Range Planning,* 26: 32–44.

[29] Anderson, Erin. 1990. "Two firms, one frontier: On assessing joint venture performance." *Sloan Management Review,* Winter, 19–30.

[30] Rahman, Noushi. 2006. "Duality of alliance performance." *Journal of American Academy of Business,* September, 10(1): 305–311.

[31] Ibid.

[32] Cullen, Johnson, and Sakano, "Japanese and local partner commitment to IJVs."

[33] Dyer, Jeffrey H., Prashant Kale, and Harbir Singh. 2001. "How to make strategic alliances work." *Sloan Management Review,* 42: 37–44.

[34] Jagersma, Peter Klaas. 2005. "Cross-border alliances: Advice from the executive suite." *Journal of Business Strategy,* 26(1): 41–50.

第10章
跨国电子商务：战略与结构

> ✏ 学习目标

通过本章的学习，你应该能够：

- 了解电子商务的类型。
- 理解互联网经济的结构。
- 掌握电子商务战略构成的基本要素。
- 理解跨国电子商务企业的基本模式。
- 了解跨国电子商务企业的运营问题。
- 掌握跨国电子商务企业的运营方法。

案例预览

全球互联网经济

互联网和电子商务已经彻底改变了国际商务的运作方式，通过联网创建一个虚拟的全球展示平台，任何公司都可以进行跨国经营活动，由此跨国公司极大地改变了自身展示及其与全球客户的沟通方式。任何公司都可以应用公司网页进行广告活动，发布对顾客购买决策有重要影响的信息。事实上，将网站作为广告媒介推销产品已经变得日益重要。此外，互联网促使公司通过实施电子商务运营，分析改善其价值链，不断提高效率和竞争力。世界正在经历一场变革，智能手机的普及使得顾客购买产品的方式发生了革命性变化，以脸书和推特为代表的社交软件的快速成长，意味着跨国公司必须正视新兴媒体所带来的机遇与挑战。

考虑以下与互联网经济和电子商务相关的事实，可以预计这种趋势正在加速：

- 由于全球经济下滑，与2011年相比，2013年IT产业的增速放缓。尽管增速下滑，但技术费用依然有6%的增长，其中硬件费用的增长为9%，软件费用的增长为3%。

- 新兴经济体将是IT产业的主要市场。估计全球平均每卖出5台电脑就有1台销往中国市场。而印度等其他新兴市场也将具有更大的需求。

- 拉丁美洲将继续保持强劲的增长势头。鉴于这个地区的个人电脑渗透率较低，预计个人电脑销量增长将达到 10%。
- 互联网广告费用将出现最大幅度的增长。2012 年，电视广告费用增长了 6.1%，而互联网广告费用增长了 15%。
- 互联网用户数将达到世界人口的近一半。
- 互联网经济的影响将持续增强，互联网产业将会成为中国、韩国等国家前六位的产业。

- G20 国家在线广告预计年增长将达到 12%，交易额将达到 1 250 亿美元。
- 消费者对消费者电子商务模式发展十分迅猛，增长速度令人吃惊。例如，中国领先的电子商务网站——淘宝网，其产品销售量远远超过中国最大传统零售商的销售量。

资料来源：Based on Dean, D., S. DiGrande, D. Field, A. Lundmark, J. O'Day, J. Pineda, and P. Zwilenberg. 2012. "The Internet economy in the G-20." BCG Perspectives, http://www.bcgperspectives.com; Economist Intelligence Unit. 2012. "The World in 2012." Information Technology and Media, 121.

尽管互联网经济的规模与传统经济相比还比较小，但与历史上任何一次商业变革相比，互联网经济的发展都更加迅猛。正如案例预览所述，互联网经济不仅呈指数级增长，而且成为一种全球性现象。因此，跨国公司管理者必须全面认识电子商务，为应用推动互联网进行跨国商务活动做好充分的准备，推进电子商务变成新的全球化平台。

前面我们重点讨论了跨国公司战略设计及其有效实施，以及组织结构所涉及的错综复杂的问题。本章将集中于跨国公司如何应用互联网拓展新的跨国运营机会。

尽管国际商务应用互联网运营与传统方式所涉及的许多问题都是类似的，但是新一代跨国公司管理者在跨国战略及其实施中，必将面临来自互联网经济的一些独特挑战。

本章将阐释互联网经济的背景和电子商务的本质。首先，本章将讨论电子商务的基本战略、结构和运作。其次，本章将讨论跨国公司所面对的独特问题，其中包括应用互联网来实现全球化的成本与优势、跨国电子商务的基本模型以及包括网站设计等与跨国电子商务相关的实际问题。通过本章及其前面章节有关跨国公司管理问题的讨论，将会对跨国公司当前与未来面临的电子商务挑战有更加深刻的感悟和理解。

10.1　互联网经济

10.1.1　什么是电子商务

电子商务（e-commerce）是指通过互联网销售商品或提供服务。这些商品或服务的交付方式有两种类型：一种是线下，例如，美国 UPS 将一本在亚马逊订购的图书配送给世界上某个国家的一位消费者；另一种是线上，例如，顾客下载一款计算机软件。大多数人谈论电子商务时主要关注两种交易形式：一种是**企业对消费者**（B2C）的交易，例如，在 eToys 网站上购买玩具；另一种是购买和销售都在商家之间达成或称**企业对企业**（B2B）的交易。目前，电子商务交易中 B2B 所占的比例为 70％～85％，B2B 交易相对于 B2C 交易占比较高的趋势将会持续下去。[1]

B2B 电子商务之所以重要，关键原因在于供应链管理的变革，这一变革使得企业和供应商之间通过电子商务链接成为可能。企业顾客和供应商之间信息共享，使供应商在了解顾客需求的同时及时了解到产品的价格、可用性以及其他属性。从下面的案例分析中可窥见一斑。

案例分析

IT 与制造业

IT 及其相关技术的发展提升了企业在价值链各个方面的合作能力。IT 相关技术的发展使得公司开始更多地依赖自动化和机器人。新型机器人与人类一起工作，而不是人类的替代品。比如，现在的机器人可以搬运零部件、进行商品分类，甚至做清洁工作。

最近，IT 技术的一些发展，比如社交媒体，将会给企业带来更多的机遇。一些专家将当今 IT 技术爆炸式的发展视为第三次产业革命。以位于纽约的 Qurky 公司为例，借助在线社区，公司力争每周开发出两种新产品。通常，在线社区会有用户提交有关某一产品的创意，如果有足够多的人喜欢这一产品，Qurky 公司的产品开发团队将会据此设计产品原型。用户可以检验这一产品模型，并且参与该产品的设计和价格决策。随后，Qurky 公司与位于亚洲的制造企业合作，共同生产这一产品，并在 Qurky 公司的网站销售。如果该产品在网上销售成功，随后将在零售店销售。Qurky 公司提供了一种利用在线社区开发新产品的模式。公司还协助完成专利申请并同时获得专利 30％的收入。迄今为止，公司最成功的产品是 Pivot Power，这是一个售价 29.99 美元的可扩展和调节的电源插座。用户可以在插座上一次性插入几个大的充电器，这对于传统的接线板来说是很难做到甚至不可能实现的。

资料来源：Based on Economist. 2012. "All together now." April 21, 18-19；Economist. 2012. "Making the future." April 21, 19-20.

正如上述案例所示，利用 IT 技术能为创新带来新的机遇。例如，瑞典移动电话巨头爱立信公司已开始采用无纸化采购模式。通过公司的局域网或内部网搜寻合适的供应商，内部网提供了与供应商网站的链接，而购买行为在预先规定的层级中完成。此前，爱立信公司处理每个订单的平均花费为 100 美元，而无纸化的努力使得平均交易费用降低到 15 美元。[2]类似地，微软公司采用一个名为"微软市场"的企业内部网采购流程，将其商业采购交易费用从平均 60 美元降低到平均 5 美元。[3]图表 10-1 展示了电子商务活动是如何沿着价值链推进的。

美国一项纵向研究证实了互联网使用的广泛性。通过对大量公司的调查，该研究发现的最有趣的一点是：所有公司都分享到其价值链由互联网应用带来的增长。受访公司正利用互联网推动某些价值链活动，比如人力资源、销售、广告及

图表 10－1 　　　　　　　　 电子商务价值链

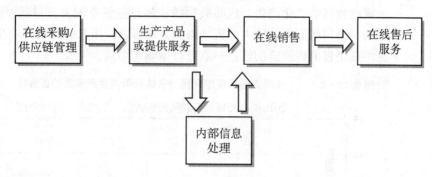

其他运营活动。[4]这项研究表明，未来这些价值链活动中将会出现更多的电子商务。

除了以上几种电子商务模式，互联网还催生了其他商业交易形式。例如，eBay 是一家采用**消费者对消费者**（C2C）拍卖模式的全球化企业，这种模式中，任何人都可以在线销售产品并且为其标价；其他商业模式还有**消费者对企业**（C2B）的交易，例如，价格比较网站中，AddALL 这个网站可以搜索全世界的在线书店，进行价格比较、提供运输以及配送信息。

当前，电子商务的全球发展态势如何？一份来自 OECD 的报告指出，衡量电子商务的发展态势越来越困难。[5]其中一个重要原因是，当今的一些互联网活动不能利用传统的互联网度量指标来衡量，而这些大多与智能手机、云计算以及社交网络的使用相关，许多此类新兴活动无法应用诸如光纤长度和 IP 地址一类度量指标进行测算。因此，未来衡量电子商务的发展态势会更加变得困难。

OECD 的报告采用了两个衡量指标。一个指标是安全服务器的数量。**安全服务器**（secure server）是一种互联网主机，用户以此传输加密数据，以避免该网络连接之外的人看到信息。安全服务器鼓励用户通过网络发送信用卡信息，这对促进电子商务繁荣是十分有必要的。另一个指标是**互联网主机**（Internet host）的数目。在 OECD 的统计中，任何一个连接到互联网上拥有自己 IP 地址的电脑均被视为一台服务器。IP 地址是电脑在互联网上的唯一地址，这样其他网络用户可以在这里获取相应的公共信息。

尽管衡量互联网经济并非易事，但仍有便捷方法可寻，衡量互联网经济的影响力就是其中之一，即估算互联网对于一国国内生产总值的贡献。它为测量互联网经济对于总体经济的重要性提供了方法。最近一项研究表明，互联网的重要性将会继续增强。[6]例如，2011 年，互联网经济占英国国内生产总值的 8.3%，预计很快就将会达到该国国内生产总值的 12.4%。

为了更形象地说明这些变化，图表 10－2 展示了部分国家互联网经济 2010 年的占比，以及 2016 年的占比。如前所述，电子商务应用的增长非常显著但难以衡量。有人认为，与工业革命相比，互联网将会为世界带来更大的影响。事实上，正如之前所述的那样，互联网已经给企业生产方式带来了革命性的变革。诸如 Qurky 公司这类企业借助社交网络和在线社区来开发和销售新产品。为更好地洞察互联网的重要性，图表 10-3 展示了来自世界不同国家或地区互联网接入的家庭数目的变化趋势，这些数据源于最近的调查测算。[7]持续增长的数据显示了跨国公司所面临的巨大商机，跨国公司可以应用互联网工具，在从原材料采购到终端销售的价值链的任意一点进行全球化运营。

图表 10-2　　　　　被调查国家互联网经济占该国国内生产总值的百分比

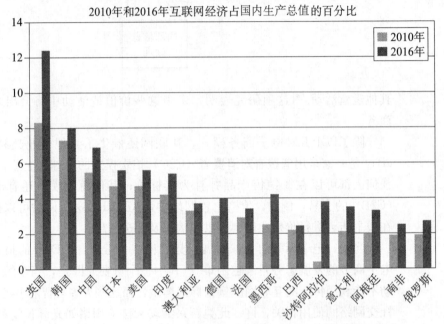

资料来源：Dean，D.，S. DiGrande，D. Field，A. Lundmark，J. O'Day，J. Pineda，and P. Zwilenberg. 2012. "The Internet economy in the G-20." BCG Perspectives，http：//www.bcgperspectives.com.

图表 10-3　　　　　　　接入互联网家庭的百分比

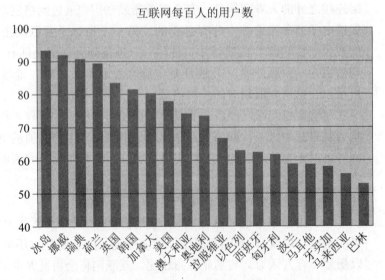

资料来源：Economic Intelligence Unit. 2012. Pocket World in Figures，2012. London：Profile Books.

宽带和宽带盈余

信息和其他通信技术（ICT）提高了大多数国家的生产率。最近一项文献回顾指出，ICT 的投资对生产率具有积极、重要的影响。ICT 在较大范围应用及广泛渗透，并且允许广泛的实验和拓展，为企业带来了更低的成本和更多的创新。同样，ICT 在企业和国家层面也具备许多优势。

最近一项报告显示，投资宽带的国家会比通过其他途径接入互联网的国家获得更大的"生产率盈余"。大多数国家最初接入互联网是通过拨号连接，但是，当更多的用户开始使用宽带时，宽带的价格下降，促使更多的用户变为宽带的使用者。随着更多用户使用宽带、享受到更快速的互联网服务，用户获得了更好的在线应用。这些应用增加了宽带的经济影响。宽带也为企业带来了巨大的好处，使其可以更便捷地销售产品。同时，速度更快的网络为企业带来了更高级别的合作以及更高的效率。最近一项针对 30 个 OECD 国家的研究发现，接入宽带为人均国内生产总值额外贡献了 1% 的增长率，这为宽带红利效用提供了证据。

资料来源：Based on Greenstein, S., and R. McDevitt. 2012. "Measuring the Broadband Bonus in Thirty OECD Countries." OECD Digital Economy Papers, No. 197, OECD Publishing. http://dx.doi.org/10.1787/5k9bcwkg3hwf-en; Kretschmer, T. 2012. "Information and Communication Technologies and Productivity Growth: A Survey of the Literature." OECD Digital Economy Papers, No. 195, OECD Publishing. http://dx.doi.org/10.1787/5k9bh3jllgs7-en.

10.2 电子商务战略与结构的基本原理

尽管电子商务发展迅猛，许多电子商务创业公司的失败教训表明，互联网经济也并非毫无风险。互联网经济的每个阶段都会面临机遇和挑战（见图表 10-4）。下面我们将了解当今成功的电子商务企业为应对这些挑战所采取的策略。

OECD 认为，宽带的发展对互联网和电子商务非常关键。[8]宽带是数字技术的结合，使数据和其他数字服务得以快速传递。这是人们接受信息技术产品和服务的一个主要原因。这些应用可先后带来经济增长、社会便利、文化发展甚至创新。根据上述案例不难理解这些结论。

正如案例所述，宽带为某一企业及整个国家都会带来很多优势。宽带加快信息交换速度从而提高效率，使中小企业从中获益。OECD 指出，宽带的使用使健康、教育以及其他社会服务更高效、更可用，同样也使政府从中受益。[9]

10.2.1 电子商务战略制定步骤

电子商务战略制定是一项全新的、不断变化的管理挑战。跨国公司管理者的跨国经营应基于合理的基本战略开展。对此，专家提出了 7 项基本原则[10]：

1. 领导力：只有通过动态的、强有力的领导，才可能实现成功的电子商务。至少，首席执行官以及中层管理者应坚信电子商务所带来的益处，同时具备专业知识来客观地评估企业电子商务的水平以制定最适宜的电子商务战略。

图表 10 - 4　　　　　　　　电子商务商业模式：全球化的机遇和挑战

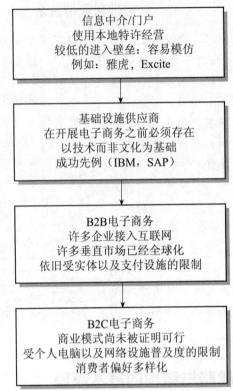

```
信息中介/门户
使用本地特许经营
较低的进入壁垒：容易模仿
例如：雅虎，Excite
```

```
基础设施供应商
在开展电子商务之前必须存在
以技术而非文化为基础
成功先例（IBM，SAP）
```

```
B2B电子商务
许多企业接入互联网
许多垂直市场已经全球化
依旧受实体以及支付设施的限制
```

```
B2C电子商务
商业模式尚未被证明可行
受个人电脑以及网络设施普及度的限制
消费者偏好多样化
```

资料来源：*Adapted from Sawhney，Mohanbir，and Sumant Mandal*. 2000. *"Go global."* Business 2.0，May，178 - 213；*OECD，"E-commerce：Impacts and policy changes." Economics Department Working Paper No. 252. May，178 - 213；Coppel，Jonathon，2000. "E-commerce：impacts and policy changes." OECD，Economics Department Working Papers，No，252. Paris. June 23.*

2. 基于目前的商业模式，探索新的电子商务模式：寻找电子商务的应用方式，以降低成本或提升传统业务。电子商务交易可能费用低廉，同时为顾客带来额外价值。消费者能够及时获得最新信息。以 American Airlines Alert 为例，这是一项通知顾客航班时刻变动情况的电子邮件服务。还有一些公司则把其电子商务提升到创新的新层面，详见下面的跨国公司管理概览。

跨国公司管理概览

耐克与电子商务

在应用互联网和电子商务提高公司绩效方面，耐克是目前最具创新性的公司之一。当许多企业仍然依赖于传统广告时，耐克已经逐渐将焦点从电视广告转向与顾客进行更加直接的对话。2010 年，耐克公司非传统广告费用为近 8 亿美元，在其广告总预算中所占百分比远远超过其他美国 100 强广告投放商。耐克公司不再投放大型电视广告，而是将注意力集中于小型在线广告，以使公司与顾客建立更加紧密的联系。

耐克公司紧紧抓住电子商务带来的机遇增加销售量，比如，耐克开发的 Nike＋可以将慢跑数据同步到 iPod。通过采用耐克跑步鞋里的一个内置传感器，获得跑步者的跑步数据，从而告知跑步者还需要跑多久，或者为消费者推荐适合的音乐类型。消费者的详细锻炼数据将传送到 Nikeplus.com 网站，使用者从网站可以获得更多的训练技巧，也可与其他人的表现进行比较。此外，网站帮助耐克公司研究分析其顾客的数据，这有助于针对跑步人群进行更好的营销。

耐克公司还致力于数字化运动，将 Nike＋拓展到其他运动项目。公司正在建立一个涵盖不同运动项目的大型顾客网络，对顾客进行更精准的广告推送以提高产品销量。不少业内人士赞赏耐克的新型数字化方式，认为耐克公司通过其在线社区对顾客需求有了深度认识。

资料来源：*Based on Cendrowski*，*S.* 2012. *"Nike's new marketing mojo."* Fortune，*February* 27，80 - 88.

3. 建立电子商务组织结构：基本决策涉及两种组织模式，一是为电子商务建立一个独立自主的实体组织，二是将电子商务无缝集成到现行模式中。当消费者难以从当前的商业模式中分辨出电子商务时，集成模式最为有效。同时，该模式需要高层管理者积极致力于将电子商务作为公司战略的一部分，公司上下都必须做好准备，主动接受电子商务模式，这也是 Egghead Software 公司完全转变为以网络为基础的公司后得出的经验。

4. 资源配置：成功的电子商务战略需要财务、人力和技术资源的投入，如果组织缺乏这些资源和能力，可将电子商务业务外包给第三方或战略合作伙伴。

5. 建构电子商务战略：公司不应该随意推动电子商务，可采用第 5 章的战略管理技术构建一个强有力的战略性电子商务计划。最近的一些数据表明，一个定位恰当的品牌对消费者的重复购买至关重要。但是，企业需要确保能提供可靠的顾客服务，因为人们常认为这比一个强大的品牌更为关键。公司没有必要在线上提供和实体店完全相同的产品。例如，欧迪办公（Office Depot）在线上提供的产品比线下多；与此相反，好市多在线上提供的可选产品范围则更小也更专业化。

6. 开发适宜的电子商务系统：为充分从电子商务中获益，组织内信息流动的方式需要进行变革。公司必须竭尽全力消除传统障碍，确保公司内部协作得到提升，信息在组织的各职能部门间流动顺畅，包括制造、销售、服务和运输部门。如果公司对采用电子商务非常重视，那么还需要调整人力资源政策和赔偿政策等以适应电子商务的目标。

7. 开发适宜的评价指标：企业需要有适当的评价指标来评估电子商务的成败。产出评价指标包括网站点击率、新的电子商务客户的数量、电子商务的收益以及通过其他渠道了解并购买新产品的消费者数量。企业还可以评估过程型指标，如高层管理人员致力于实施电子商务的程度、企业电子商务内部和外部运营的集成度。

互联网经济已催生许多新型企业，同时为传统企业应用这一不断发展的商业工具提供了机会。下面我们将介绍传统企业参与电子商务时面临的主要问题。

10.2.2 电子商务的组织结构：集成还是独立

每个公司都需要考虑电子商务适应其当前组织设计和管理系统的方式。美国西北大学的兰杰·古拉提（Ranjay Gulati）和波士顿咨询集团的杰森·加里诺（Jason Carion）将其称为"砖头和鼠标的恰当混合"[11]，含义是企业必须考虑互联网运作参与其传统经营运作的比重。在新兴的电子商务行业中，传统企业运营模式通常被称为企业的"砖头加水泥"（brick-and-mortar）部分。

传统的商业运作和互联网商业的集成度会反映在价值链上，包括从原材料采购到售后服务的任何环节。此外，这种集成度的范围可以是从无缝集成运营模式（如欧迪办公）到完全独立运营模式（如巴诺书店和 Barnessandnoble. com）。

每种模式都有其优点。从企业的科层体系中解脱出来后，独立运营模式行动更迅速，也更具有创业意识，可以从倾向于投资电子商务企业的风险投资者的口袋里寻求到资金支持。而集成运营模式通过共同的分销渠道实现交叉促销共有产品、共享顾客信息、增加大批量采购的杠杆效应以及规模经济从而获益。[12]

在无缝集成运营以及完全独立运营中做出选择并非易事，而且很少能清晰地界定。对于大多数企业而言，最好的选项是介于两者之间。详见下面的案例分析。

案例分析

线上研究　线下购买

最近一份关于 G20 国家的研究报告表明，有效结合传统模式和在线商店十分必要。报告显示，消费者线上研究线下购买（ROPO）占据非常大的比例。2010 年，ROPO 在消费总额中占有 8% 的比例。例如，在中国，食品杂货倾向于采用典型的 ROPO 采购形式。在美国，消费者通过 ROPO 形式购买汽车。在印度，消费者更多通过 ROPO 形式购买技术产品。而在巴西，消费者通过 ROPO 形式购买电子产品、家用电器以及旅行类产品等。

为什么跨国公司要考虑 ROPO？报告中提到，消费者在购买商品之前会更多地使用网络来获取信息。因此，跨国公司需要理解网络的信息传递角色，同时重视这些产品在其传统经营店铺的销售。电子商务不一定会在所有国家广泛推广。诸如货物运送的基础设施不健全和网络覆盖率低等问题是电子商务发展的障碍。在这些地区，传统的实体经营模式是必需的，但建立网站来支持实体运营模式，以刺激顾客的购买行为还是非常必要的。

资料来源：*Based on Dean，D.，S. DiGrande，D. Field，A. Lundmark，J. O'Day，J. Pineda，and P. Zwilenberg. 2012. "The Internet economy in the G-20." BCG Perspectives，http：//www. bcgperspectives. com.*

与大多数战略实施问题一样，管理者必须通过评估企业现状才能有效决策。图表 10-5 提供了一个决策模型，描述了选择电子商务单元的最佳集成度时管理者所要思考的问题。

尽管图表 10-5 提供了关于合适集成度的指南，但实践中更多的美国公司正设法整合线上与线下渠道。[13]消费者越来越老练，购买时会选择提供最佳价格的渠道。当消费者无法获知定价或者零售商线上线下产品的差异时，就会感到不满意。下面列举企业整合线上线下运营模式的一些方法。[14]

● 让顾客知情：许多零售商发现，保持网站和实体店的产品定价和库存水平相同是不现实的，但这种差异本不该成为消费者不满的根源。企业常会发现消费者其实很想了解这些差异性。

● 跨渠道分享顾客数据：企业开始意识到跨渠道分享顾客数据所带来的好处。比如，零售商可以基于实体店购买信息向顾客发送推销定制型产品的电子邮件。公司可以通过不同渠道（在线和实体店）间的比较进行市场细分，从而更深入地了解顾客的购买行为。

电子商务集成度的选择非常关键，与此同时，我们还应考虑运营面临的其他挑战。

10.2.3　电子商务运营面临的其他挑战

企业发展电子商务时，还会面临哪些挑战？纽约一家咨询公司韬睿咨询（Towers Perrin Internetworked Organization）调查了美国和欧洲的 300 多家重要公司后发现，许多公司在认同电子商务优势的同时，也预见到许多问题和挑战。简要总结如下：

图表 10-5　　　　　　　　　互联网经营集成的关键决策

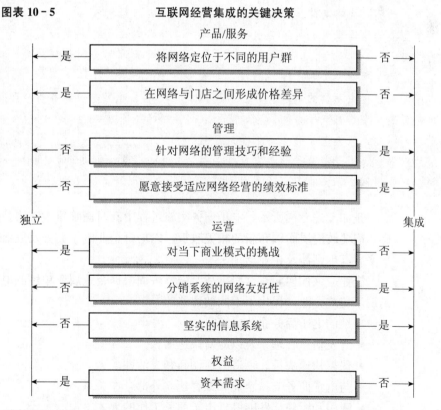

资料来源：*Adapted from Gulati*，*Ranjay*，*and Jason Garino*. 2000. *"Get the right mix of bricks & clicks."* Harvard Business Review，*May - June*，*pp.* 107 - 114.

● 许多企业难以找到合适的客户或第三方成为合作伙伴或结成联盟。

● 由于缺乏电子商务方面的技术人才，电子商务部门很难吸引、留住员工并提升其潜能。

● 电子商务方面的培训与开发还不充分。

● 寻求途径，以向员工提供发展机会、提升工作满意度，促使员工在电子商务企业留任。

● 很难抉择外包哪些电子商务功能。绝大多数被调查公司外包很多电子商务功能，但不愿外包涉及直接接触消费者的那部分业务。

根据互联网的渗透程度，不同的国家可能面对的挑战也不相同。详见下面的跨国公司管理概览。

跨国公司管理概览

沙特阿拉伯的电子商务障碍

正如之前所提到的，互联网经济是一个国家的重要优势。互联网的蓬勃发展降低了企业成本，提升了创新能力。因此，大多数经济体都有实施电子商务战略的设想，并不足为奇。然而，战略实施的成功与否还与这些国家面临的阻碍息息相关。克服这些障碍尤为关键。

最近的一项研究分析了沙特阿拉伯在实施电子商务过程中面临的困境。虽然沙特阿拉伯一直是一个具有竞争力的国家，吸引了全世界的投资，但其电子商务却依然处于较初级的水平。为了弄清电子商务发展的关键阻碍，研究者调查了来自237个公司的237个关键的IT高管。发现的问题如下：

● 对电子商务技术和电子商务的好处缺乏认知。

● 缺乏有技术的IT人力资源。

● 市场规模小。

● 电子商务基础设施不足。

● 顾客和公司信任缺失，存在数据安全方面的担心。

● 很难将电子商务整合到现有系统。

资料来源：Based on Ahmad，I.，and A. M. Agrawal. 2012. "An empirical study of problems in implementation of electronic commerce in Kingdom of Saudi Arabia." International Journal of Business and Management，7，15：70 - 80.

正如上述专栏所示，电子商务实施过程中有时面临重大障碍。要消除这些障碍，需要政府层面颁布新的相关政策，以培育企业电子商务发展潜能及信息技术水平，其他则涉及企业培训。

企业应该如何应对这些挑战？稻睿咨询根据企业属于单纯的电子商务企业还是属于传统企业，提出了不同的建议。

单纯的电子商务企业应该：

● 开发信息管理系统以应对快速增长。

● 保持快速决策、创造力、创新和灵活性。

● 与电子商务支持企业和顾客建立外部合作关系。

● 吸引和留住那些能胜任电子商务工作的人才。

● 建立有效的管理团队。

拥有电子商务单元的传统企业应该：

- 在整个组织中建立对电子商务运作的共同愿景和承诺。
- 改变组织结构，着眼于资产和能力的快速重新配置。
- 改变组织文化，创造支持电子商务的环境。
- 吸引和留住那些拥有电子商务技能的员工。
- 改变人力资源项目以适应对电子商务员工的不同技能需要。

图表 10-6 展示了跨国公司推进电子商务战略时面临的组织变革。

图表 10-6 拥有电子商务业务的主要跨国公司最近和预期的组织变革

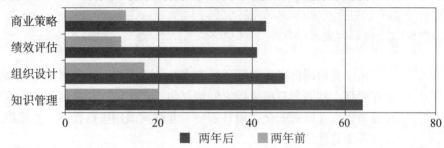

资料来源：*Adapted from research by Towers Perrin*，*New York*，*as reported in Kathleen Melymuka*. 2000. "*Survey finds companies lack e-commerce blueprint.*" Computerworld，*April 17，34（16），pp*. 38-39.

企业和机构应用电子商务时面对一个新的重大挑战：**电子商务安全**（e-commerce security）。[15]电子商务安全涉及顾客对互联网公司所收集的个人信息和隐私安全程度的感知。在互联网上浏览或购买产品和服务时，数亿人会留下其个人信息。[16]这些信息的收集、保存及处理方式是大多数互联网用户所关心的问题。热门网站遭到黑客的攻击导致成千上万消费者的信用卡密码被盗。互联网银行等特殊行业正遭受着大量钓鱼网站以及木马程序的攻击。[17]银行监管机构指出，互联网银行欺诈所占费用达到银行总收入的 2%～5%。[18]另外，最新观察报告互联网犯罪越来越复杂，网络犯罪不再攻击操作系统和在线互联网服务，而是将注意力集中在应用程序和网络操作系统上。网络犯罪紧盯某些具体企业的薄弱环节。软件侵权增加了电子商务安全的风险，详见下面的案例分析。

案例分析

盗版软件与电子商务安全

盗版软件即违法抄袭软件，会给电子商务行业带来极大的负面影响。一方面，软件公司的收益蒙受损失，调查显示，软件在一国每销售 1 美元，由于技术外溢，当地的 IT 服务商就会损失 3～4 美元的收入。盗版软件也会导致当地员工失去工作。最大的一个隐患是网络犯罪的潜在可能性和安全问题极大地增加。合法获得的软件可以定期升级，但盗版软件不能，这给黑客带来了可乘之机。

最近一项研究报告表明，随着更多的公司移向云端，软件侵权也随之出现。由于使用云计算服务，网页邮件和通过浏览器进行文字处理变得越来越重要。报告指出，富裕国家 30％的用户和较贫穷国家 45％的用户，具有共享有偿服务登录细节的倾向。尽管报告进一步指出，这种情况可能被高估了，但是，认识到软件侵权会出现在云这种新媒介中是非常重要的。

哪里是软件侵权的重灾区？调查显示，侵权度最低的国家是美国、日本、新西兰和卢森堡，在这些国家侵权率为 20％；孟加拉国和亚美尼亚的侵权率最高，达到 90％；中东欧和拉丁美洲的国家侵权率达到 66％；欧盟和北美地区侵权率最低，分别为 35％和 21％。研究指出，幸福度越高和个人主义越强的国家，侵权率越低。

资料来源：Based on Economist. 2012. "Heads in the cloud：Online software piracy." July 25, online edition；U.S. Newswire. 2009. "A fifth of PC software in the U.S. is pirated." May 12, http：//www.bsa.org；Yang, D., M. Sonmez, D. Bosworth, and G. Fryxell. 2009. "Global software piracy：Searching for further explanations." Journal of Business Ethics, 87, 269 - 283.

由于互联网已成为国际贸易和商务的重要媒介，各国提升互联网安全的压力正在增强。欧盟和东南亚国家联盟（包括新加坡、马来西亚和印度尼西亚等）不仅需要提高互联网安全，而且需要对互联网滥用进行控制，在线欺诈和钓鱼网站往往源于这些地区。

跨国公司也要加强其互联网的安全性。大多数企业要特别关注信息安全问题：(1) 机密性（确保个人信息得到保护）；(2) 可用性（确保信息能为授权者所用）；(3) 完整性（确保所采集信息的可靠性和准确性）；(4) 认证（拥有适当的系统以保证用户合法地使用系统）。[19] 由于越来越多的个人信息被诸如保健企业、银行和金融企业、旅游企业以及政府等收集、保存和分享，所以企业保护个人隐私的压力也随之增加。[20]

专家建议采取以下措施：一是防火墙[21]、防病毒和保护软件；[22] 二是数据加密，以及为用户提供不同级别的身份验证；[23] 三是遵守隐私规则来解决网络安全问题。[24]

上面讨论了企业发展电子商务的基本战略、结构以及所面临的挑战。接下来我们将讨论企业进行跨国电子商务经营时面临的特殊挑战。

10.2.4 通过互联网实现全球化

互联网和电子商务提升了信息交换的效率，使企业有可能接触到全球客户。但互联网也促使一种新型跨国公司出现——天生全球化企业。天生全球化企业自诞生之日起，其收益的很大比重就来自国际市场销售（见第 7 章）。[25]

尽管传统实体经营企业的网站可以使其产品和服务迅速为全世界所知，但其面临的国际化挑战依然存在。企业必须解决全球化-本土化两难困境（见第 6 章）。管理者必须考虑企业产品或服务的内容及其配送（是实现全球化还是局限于国内或地区内）。同时，电子商务企业还需解决涉及国家文化、商业文化、国家制度背景等的传统跨国公司经营面临的问题（如货币/支付、当地法律、配送或采购基础设施）。本书其他章节会更为详细地讨论这些问题。此处将分析电子商务运营中的一些独特问题，以加深对跨国电子商务战略的构成和实施的理解。

10.2.5　跨国电子商务战略的构成：商业的本质

哪一类互联网公司更容易实现全球化？这在很大程度上取决于公司通过电子商务所提供商品或服务的类型。电子商务专家绍尼（Mohanbir Sawhney）和曼达尔（Sumant Mandal）[26]认为，电子商务企业主要从事三个领域的工作：（1）传输大量计算机化的信息；（2）传送支付流中的资金；（3）配送实物商品。每种类型的经营模式都需要基础设施提供支持。通信基础设施支持传输部分，支付基础设施支持资金的流动，而实物商品的运输则需要有形的基础设施。实现电子商务全球化的难易度取决于所需综合基础设施的状况。

绍尼和曼达尔认为，根据对基础设施需求的不同，电子商务存在难易差异。信息门户和信息中介可以提供互联网入口。信息门户主要是指用于定位网站的搜索引擎，信息中介的服务则更进一步，除了提供链接还提供信息，比如时事新闻。这两类是最早实现全球化的电子商务模式。

接下来是诸如旅游服务、数字音乐以及软件供应商等类型的业务。虽然它们并不传送有形产品，但仍必须依靠当地基础设施来接收付款。技术和管理挑战来自处理诸如信用卡支付（某些地区存在欺诈行为或极少使用信用卡）、货币兑换以及令人困惑的一系列税法问题。最难实现全球化的是那些依赖实体基础设施的电子商务企业，如同其传统经营的同行一样，这些企业必须根据顾客订单运送货物并管理遍布全球的供应链。此外，还要应对通过多种支付基础设施接收付款所造成的挑战。

对需要东道国具备实体基础设施的电子商务类型而言，已经实现全球经营的大型跨国公司进入电子商务领域时往往具有独特的优势。因为公司已拥有合适的传统经营单元或者用来建立物资基础设施及本土化网站的资源。中小企业以及首次面对复杂国际商务的企业，推进全球化经营过程中会面临更大的挑战。

10.2.6　跨国电子商务面临的主要机遇与威胁

电子商务运营是否向国际化发展？不管是一家传统经营企业还是一家单纯的电子商务企业，管理者都需要权衡国际电子商务的吸引力与阻力。[27]同样，这依旧是一个传统的战略决策，战略决策前管理者必须思考机遇与威胁。然而，电子商务环境有其独特性，我们主要关注以下内容。[28]

电子商务全球化的主要吸引力如下：

- 降低成本：通过网络关联全球跨国用户，费用比较低。
- 技术：通过联网的电脑与任何人取得联系的技术更容易获得。
- 效率：电子交流的过程非常高效。
- 方便：网站可以实现任意地方、每周 7 天、每天 24 小时不间断运转。
- 获取速度快：只要网站正常运行，人们就可以在世界上任何地方获取该公司的产品和服务。

电子商务全球化的主要阻力如下：

- 退货/收货压力以及配送成本：如果使用目录销售方式，企业在线销售的退货率会达到 30%～40%。[29]
- 网站建设、维护以及升级成本：多语言、多币种和多种税法环境导致企业建设和维护网站的费用达到每年数百万美元。
- 渠道冲突：通过网站直接销售给终端客户可能会损害企业产品经销商或零售商的利益。如果汽车生产厂家采取直接从工厂销售的做法，将会给许多汽车经销商带来恐慌。仔细思考一下，当越来越多的人直接从航空公司在线购票时，那些旅行代理商面临什么状况？
- 模式易被模仿：如果跨国公司的产品、服务和商业模式展示在网络上，当地的竞争者可以轻易发现并进行模仿。
- 文化差异：在网络上理解全球各地消费者、克服文化障碍以及语言差异并非易事。网站不仅需要多种语言，还需要适合不同的文化模式。
- 传统跨界交易的复杂性：包括汇率、不同的税法以及政府调控。
- 标准化网站或本土化网站：公司必须确定是使用标准化网站还是根据当地环境定制。
- 顾客信任和满意：企业必须确定外国消费者对企业电子商务模式，尤其对企业网站的满意度。

下面的案例分析将讲述一家企业在日本克服文化差异并获得成功的做法。

案例分析

使电子商务适应文化差异

大多数专家认为，通过互联网走向国际是赢得新市场的一个有效途径。公司在应对低迷的当地市场时，可以借助在线销售进入更多地区的新市场。然而，通过互联网实现全球化意味着，跨国公司不能仅仅依靠采用当地语言的网站，还要考虑文化、风俗以及技术复杂性等其他因素，使其产品满足当地市场的需求。调查显示，52%的在线消费者只会从使用母语的网站上购物。因此，尽管专家认为，网络接入在蓬勃发展，越来越多的消费者也逐渐适应电子商务模式，但巨大的文化差异依然是电子商务面临的严峻挑战。事实上，最近一项报告指出，互联网正越来越本土化，反映出国家的特点以及不同国家独特的社会和政治影响。

以汉丹戈公司为例，公司注意到日本消费者愿意从公司的美国网站上购买产品之后，就决定拓展日本市场。虽然公司欣喜地发现其产品没有受到运输限制，但是一个巨大的障碍随之而来。日本消费者喜欢使用一种名叫 konbin 的支付方式在线付款，这种方式要求消费者去当地一家便利店进行现金支付，之后店员再将钱转到卖家的在线账户。基于此，汉丹戈公司决定与一家当地的电子商务企业建立合作关系，由其负责市场营销和产品销售。

资料来源：*Adapted from Bright，Becky. 2006. "E-commerce：How do you say 'Web'? Planning to take your online business international."* Wall Street Journal，May 23，R11；*Dean，D.，S. DiGrande，D. Field，and P. Zwillenbegr. 2012. "The connected world."* Boston Consulting Group Perspectives，http：//www. bcgperspectives. com；*Murphy，S. 2008. "A touch of local flavor."* Chain Store Age，May，144.

10. 2. 7　挑选一个市场

克莱·舍基（Clay Shirky）认为，网络企业应该基于两个因素来选择目标市场国家。[30]首先，对于电子商务来说，有吸引力的市场是那些现有效率较低的市场。许多被政府控制的市场经济绩效并不佳，在这些市场上通过电子商务可使消费者购买到更好品质、更低价格的商品，因为摆脱了政府的控制。其次，将目标瞄准在人口统计学特征方面有吸引力的地区，包括当地网民人口比例至少为5％、识字率较高（预示互联网人口未来将会增长）、国家至少参与一项自由贸易协议、当地拥有可行的法律体系。

舍基认为，由于存在南方共同市场这一贸易共同体，南美电子商务潜力巨大。同样，在隶属于东盟的东南亚国家也是如此。舍基指出，欧盟是下一个电子商务繁荣地区，因为许多国家，如法国、意大利和德国仍停留在前欧盟时代的市场低效率水平。欧盟开放边界以及统一货币后，将会成为电子商务发展的沃土。

并不是所有国家都为电子商务做好了准备。人们必须能够用上电脑，并且拥有连接互联网的基础设施，政府和金融机构必须准备好保护和处理电子商务交易。图表 10 - 7 展示了部分国家网络指标的排名。它以万维网为基础，根据各国的网络使用和发展情况进行排名。网络指标是一种复合的衡量方式，表明一国的网络影响力和网络价值，以及跨国公司在这些国家的机遇。[31]

图表 10 - 7　　　　　　　　　部分国家的网络指标

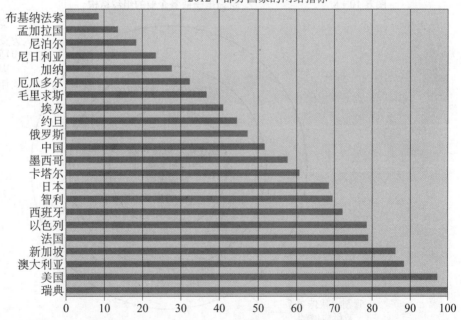

2012年部分国家的网络指标

资料来源：*Based on World Wide Web Foundation. 2012. Web Index. http*：*//www. webfoundation. org/Webindex.*

电子商务的巨大发展表明，随着企业越来越多地使用互联网来实现全球化经营，全球电子商务带来的好处明显超过其面临的风险。然而，在快速发展的互联网环境中，竞争日趋激烈，当商业模式会轻易被竞争者复制时，要想获得持久的竞争优势是非常困难的。

10.2.8　跨国电子商务战略的实施

成功实施跨国电子商务战略，要求公司必须构建适当的组织结构，以及具备发展电子商务交易的技术能力。以下内容供跨国公司管理者参考。

10.2.9　跨国电子商务组织结构

如何构建跨国电子商务组织结构？亚马逊和雅虎提供了最佳模板。[32]这类组织使用包括三个层级、融合全球与当地功能的组织结构。

1. 公司总部是全球业务的核心，提供推动全球产品和服务电子化营销的愿景、战略和领导。

2. 总部负责诸如网络基础设施的共享服务。总部和共享功能领域的管理者肩负着全球范围内运营的责任。

3. 当地子公司实际上承担货物运送工作，它们主要负责那些最好在当地完成的任务，比如管理供应链以及处理当地的法律事务。这些组织试图通过整合相似的技术功能（如网络服务器设计）解决全球化-本土化两难困境[33]，同时进行诸如网页翻译之类的适应性调整。图表10-8展示了这种组织结构类型的层级和功能。

图表 10 - 8　　　　　　　跨国电子商务企业的组织结构

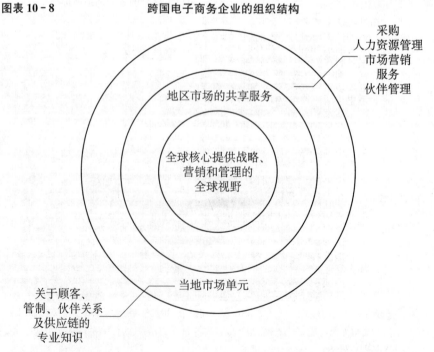

资料来源：*Adapted from Sawhney，Mohanbir，and Sumant Mandal．*2000．*"Go global．"* Business 2.0，*May，pp.*178-213.

10.2.10　跨国电子商务的技术能力和实施选择

跨国公司成功开展网络业务需要电子技术能力来支持整条价值链。[34]这些能力包括：

- 软件支持多币种定价。（最复杂的软件不仅支持显示不同货币价格的支付处理系统，而且接受用户以自己喜欢的货币支付。）
- 系统能计算和显示有关国际运输、关税以及诸如增值税的当地税率（增值税在欧洲很普遍）等信息。
- 系统能检查是否符合当地及国际法律规定。
- 服务中心支持多语言服务。
- 防止诈骗。
- 有作为信用卡补充模式的电子支付模式（在美国，信用卡使用更加普遍）。

此外，当地的实际情况影响着跨国公司国际化的进程。世界上许多地区采用不同的方式处理数据。例如，在一些国家，名字中姓氏在前；类似地，并不是所有国家都使用信用卡和借记卡，这对电子商务来说是一个大难题。下面的案例分析将介绍 7—11 便利店和其他公司如何在不使用信用卡的情况下管理电子支付。

案例分析

姓氏与支付

尽管互联网和电子商务具有全球化的本质，但互联网依然保留着本土化现象。比如，不同国家并非以相同的方式处理数据。以在亚洲某国际酒店举办的一场大型会议为例，酒店登记了 200 位客人的全部信息，但是却无法在系统中查找到客人的姓名。酒店审查系统处理数据的方法是姓名输入时为名字＋姓氏，但是许多参会者理解的却是姓氏＋名字。这样一个简单的问题成为酒店的一个大麻烦，该数据处理方式随后得到修正。

出现的另一个问题是，由于信用卡或借记卡未能普及，电子商务在世界上许多地区受到限制。没有信用卡和借记卡，如何进行电子支付？即便在日本这样的先进工业国家，信用卡的普及也远远不及美国，日本使用信用卡支付的交易不足 10%，日本人经常在便利店支付日常生活费用账单。日本 7—11 便利店运用创新性思维，利用现有的支付结构进行网络购买的支付。日本用户在 7dream.com 网站可以选择 "7—11 店铺支付" 的选项，由此可在日本 8 000 多家 7—11 便利店中提取和支付所购买的商品。

与此相类似，汉丹戈公司发现，许多德国消费者会在下单的过程中离开，因为德国人对于借款和使用信用卡有很大的文化偏见。基于此，汉丹戈公司最终和当地的公司合作，以方便德国消费者直接从其银行账户汇款。

资料来源：*Adapted from Bright，Becky.* 2006. *"E-commerce：How do you say 'Web'? Planning to take your online business international."* Wall Street Journal, *May* 23，R11；*Dean，D.，S. DiGrande，D. Field，and P. Zwillenbegr.* 2012. *"The connected world."* Boston Consulting Group Perspectives, http：//www. bcgper-spectives. com；*Litchy，T. R.，and R. A. Barra.* 2008. *"International issues of the design and usage of websites for e-commerce：Hotel and airline examples."* Journal of Engineering and Technology Management，25，93 - 111；*Sawhney，Mohanbir，and Sumant Mandal.* 2000. *"Go global."* Business 2.0，*May*，178 - 213.

10. 2. 11　网站：本土化还是标准化

越来越多的跨国公司应用基于产品的网站或企业网站，展示、销售以及与公众和顾客进行沟通，网站的适应性是一个关键的问题。[35] 关于本土化与标准化两难问题，跨国公司必须做出抉择，是建立一个**标准化网站**（standardized website，在设计和布局上全世界都基本相似）还是一个**本土化网站**（localized website，价值观、诉求、标志甚至是主题都要适应当地文化）。[36]

有的企业网站的本土化程度很低。戴尔电脑在全球 50 个国家和地区拥有 21 种不同语言的网站，但是所有网站的布局相同。与此相反，作为一家在线销售高尔夫设备的网站，Chipshot. com 根据当地的文化需要建设其网站。为了利用日本高尔夫爱好者对于商标品牌的敏感性，Chipshot. com 网站在日本显著地展示其商标名称，并且强调公司提供定制服务的俱乐部；而在美国的网站则通过强调 50％ 的折扣来吸引更多特别在意价格的美国消费者。[37]

应该标准化还是本土化？业界和学术界对此未置一词，但已有一些研究开始就此问题提供指导。下面的案例分析将详细阐述文化差异及其对世界范围内网站设计的影响，同时介绍麦当劳全球网站的差异性。研究证明，文化因素对网站设计和布局具有影响。

案例分析

麦当劳的全球网站

毋庸置疑，一个国家的文化和制度会对网站的设计产生影响。最新研究显示，跨国公司的网站在不同国家存在差异，不同国家网站的语言不再仅是公司母国语言的直接翻译版本，而必须做某种形式的本土化。

目前，麦当劳在全球经营超过 33 500 家餐厅，在 119 个国家和地区拥有 170 万员工。麦当劳努力提供定制化产品来满足当地顾客的需要，因此，麦当劳定制化地设计网站以适合当地消费者的偏好。关于麦当劳在全球网站的研究中，伍茨（Wurtz）比较了麦当劳网站在高语境文化（该文化环境下，沟通不直接，而是将信息隐含在身体语言和沉默中）与低语境文化（该文化环境下，沟通较直接，如文本和讲话）中的差异。通过将日本、印度、韩国这类高语境国家，与丹麦、德国、芬兰、挪威、美国这类低语境国家进行比较，伍茨发现了麦当劳网站适应当地文化的重要依据。例如，在高语境国家的网站上，会有更多的以人物为中心的动画，以展示对交流复杂性的偏爱；而在低语境国家的网站上，则有更多的静态图片以及更少的动画。低语境网站上的导航更线性化，而高语境国家的网站上会开启较多新的浏览窗口，指引也不那么透明。伍茨还研究了霍夫斯泰德其他文化维度对网站设计的影响。例如，在更倾向个人主义的瑞士和德国，其网站会展示个人听音乐和放松的图片（一项非常个体化的活动）；相反，印度网站显示的图片则是一位男士推着一辆坐着孩子的购物车奔跑，由此突出符合典型的集体主义社会的家庭关系和群体特性。

资料来源：*McDonald's.* 2012. *http：//www. mcdonalds. com*；*Nacat，R. and S. Burnaz.* 2012. "*A cultural content analysis of multinational companies' web sites.*" Qualitative Market Research：An International Journal，14，3，274 – 288；*Wurtz，Elizabeth.* 2005. "*A cross-cultural analysis of Websites from high-context cultures and low-context cultures.*" Journal of Computer Mediated Communications，11，25 – 43.

开发一个全球化网站还需要面对文化敏感性和语言差异之外的组织建构的挑战。许多公司发现，必须让组织适应信息流以及来自世界各地网站本土化所创造的顾客需求，由此带来的企业组织结构和内部信息系统的改变，可以使公司更好地实现全球整合。

如图表 10 – 9 所示，福雷斯特研究公司（Forrester Research）的研究表明，组织设计方面的挑战是影响网站全球化最为重要的因素。

图表 10 – 9   网站全球化中的主要问题

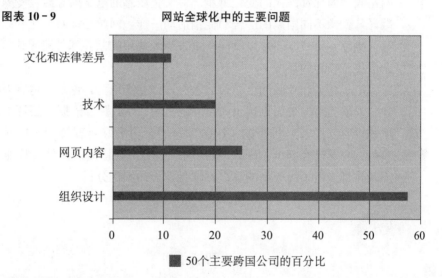

■ 50个主要跨国公司的百分比

资料来源：*Adapted from research by Forrester Research，as reported in Engler，Natalie.* 1999. "*Global e-commerce.*" InformationWeek，*October* 4，p. 755.

10. 2. 12　自建技术能力还是外包

与选择出口战略相似（直接出口或由出口管理公司提供服务来实现间接出口），企业经营全球化电子商务公司也有两个基本选择：一是完全由自己实现所有电子商务功能；一是外包给被称作**电子商务推动者**（e-commerce enablers）的电子商务履行专家，由其提供服务和软件，以完成网站翻译、货运量计算、增值税计算、关税测算及其他涉及不同国家的特殊收费等工作。此外，还可以提供其他功能，诸如接收顾客购买商品的订单、储存、打包到最终配送。与优秀的出口管理公司一样，成功的电子商务履行专家了解当地的文化，知道当地税率和法律方面的要求。[38]

无论规模大小，许多企业并不具备实现电子商务全部功能所必备的所有内部资源和能力，所以电子商务履行专家应运而生。如此快速发展、竞争激烈的环境中，极少企业拥有足够的时间来开发电子商务战略。例如，福雷斯特研究公司估计，美国85％的电子零售商不能履行国际订单，因为公司缺乏处理跨境货运复杂情况的能力，甚至一些规模庞大的公司，比如耐克和百视达（Blockbuster）也将电子商务业务外包给电子商务履行专家。

许多电子商务履行专家擅长帮助企业实现电子商务全球化。例如，全球网站公司（Global Site）能为用户建立多种语言版本的网站。这些组织实现了翻译程序自动化，由此网站的更新速度更快。这种服务非常受欢迎，据福雷斯特研究公司估计，每年会有50％的增长。

除了电子商务履行专家能提供交易服务之外，大量的公司也提供网站翻译服务，其中有的具有自动翻译功能。翻译程序面临的一个挑战是，能够跟上全球化网站频繁而耗资巨大的变化脚步。对文化敏感的电子商务履行专家超越了简单的翻译，就像不同国家的广告和促销活动一样，网站必须对文化和宗教差异十分敏感，颜色、符号、图片以及同一语言当地使用的差异都可能导致负面反应，这完全取决于当地的环境。

电子商务和互联网会如何演进？许多专家认为，论坛、博客及社交网络的爆炸式发展为跨国公司创造了大量新的机遇。[39] 消费者依据产品评论之类的用户生成的内容（UGC）进行购买决策，跨国公司最好要理解和适应这种新媒介。许多跨国公司已经利用 UGC，并且这一趋势将会持续。此外，智能手机井喷式的增长将带来电子商务新的革命，详见下面的案例分析。

案例分析

智能手机

智能手机的普及表明，更多人将用手机连接互联网。事实上，相比固定电话来说，新兴市场的消费者可能更熟悉手机。来自 G20 国家的数据显示，只有21％的宽带连接是来自诸如笔记本或电脑的固定连接，同时有 21.34 亿个连接来自手机连接。

智能手机井喷式的发展给了跨国公司重大的启示。例如，新兴市场的消费者依赖智能手机来实现信息获取和产品购买。跨国公司越来越需要针对智能手机优化网站，与此同时，智能手机正积极努力作为支付方式来取代银行卡。在亚洲和欧洲，许多国家已开始使用智能手机作为支付手段，而不再使用现金或银行卡进行支付。跨国公司也需要投资这方面的技术以确保交易的实现。最后，智能手机越来越多被用来研究、比较和购买产品，大多数跨国公司打算利用这些机会，就需要通过多种渠道提供产品。在发展中的新兴市场，随着智能手机价格的大幅下降，这将会变得越来越重要。

资料来源：Based on Dean, D., S. DiGrande, D. Field, and P. Zwillenbegr. 2012. "The connected world." Boston Consulting Group Perspectives, http://www.bcgperspectives.com; Helft, M. 2012. "The death of cash." Fortune, July 23, 118 – 128.

小 结

本章介绍电子商务，尤其是跨国电子商务的基本概念，讨论电子商务的基本形式，包括 B2C、B2B、C2C 以及 C2B。目前，B2B 是互联网经济的主体，但是 B2C 有望占据电子商务交易的主要份额。总的来说，电子商务正急剧快速扩张。目前，美国是电子商务的主导，但数据表明，世界上其他地区正在快速追赶。

电子商务战略的基本原则强调以传统模式为基础，享受应用互联网可能带来的成本降低和业务差异化。建立一个成功的电子商务企业没有简单的规程可以遵循。具有创新精神和创造力的管理者要寻求有效途径，运用电子商务工具提升成本优势或执行差异化战略。因为互联网使得电子商务模式透明且易于模仿，只有那些最具创新精神且反应迅速的企业才可能长期生存。

通过互联网来进行跨国运营的企业面临很多与传统企业相同的挑战。全球化-本土化两难困境，以及不同文化和制度环境下的经营问题依然存在。然而，互联网为那些乐于从事电子商务的企业提供了一条捷径，这将会成为未来全球化最重要的驱动力之一。

讨论题

1. 定义电子商务并讨论电子商务交易的类型。

2. 确定并讨论互联网经济的层级。互联网如何创造了新的商业类型？

3. 比较和对比一家充分整合了传统经营模式和电子商务的企业的成本与收益。

4. 相比传统企业，电子商务企业在进行全球化运营时的优势是什么？劣势是什么？

5. 讨论将全球电子商务经营活动外包给电子商务履行专家的优点和缺点。

6. 讨论成功的跨国（公司）网页的特点。

网上练习

波士顿咨询集团的数字经济视角

1. 登录波士顿咨询集团网站 http：//www.bcgperspectives.com，查找文章 The Digtal Manifesto：How Companies and Countries Can Win in the Digital Economy，网址是 http：//www.bcg-perspectives.com/content/articles/growth _ innova-tion _ connected _ world _ digital _ manifesto.

2. 阅读文章。讨论"新"互联网和"旧"互联网有什么差异。

3. 在这种全新的数字化世界，企业和国家所共同面对的主要机遇和挑战是什么？

4. 跨国公司应该如何更好地适应这种新型互联网环境？

技能培养

建立一个网店

步骤 1：教师将班级分成几个小组。

步骤 2：选择所在国家某一地区的农业或工业产品。如果可能，采访一名小企业主，了解他如何看待其产品面临的国际化机遇。在美国，找到一名潜在企业主的方式之一是通过许多美国大学附属的小企业发展中心。教师也可以指定一个企业或一个产品。

步骤 3：根据图表 7-5（见第 7 章）所示的步骤，利用网络资源或图书馆获取信息，为产品明确一个外国市场。

步骤 4：建立一个模拟或真实的网站以展示公司的产品或服务。如果你拥有技术能力并且从事过实际业务，则可以建立一个网店。简单、免费或低成本的网店版本可以从 http：//www. authstores. com 等网站下载。新站点频繁出现，可定期搜索网站，获取更多的无偿电子商务资源。

第 5 步：将网站翻译成目标国家的语言。可以使用谷歌或其他搜索引擎提供的免费翻译软件。

第 6 步：与使用当地语言的人一起检验翻译和网站布局。如果是一个真实的网站，请等待订单的到来。

第 7 步：在课堂上展示你的网站及其运营情况。如果可能，也可将其展示给相关的小企业主。

注 释

1 Andersen, Poul Houman. 2005. "Export intermediation and the Internet: An activity-unbundling approach." *International Marketing Review,* 22(2), 147–164.

2 ebusinessforum.com. 2000. "Ericsson: The promise of purchasing cards." December 18. http://www.ebusinessforum.com.

3 Neff, Dale. 2001. *e-Procurement.* Upper Saddle River, NJ: Prentice-Hall.

4 Koh, Chang E., and Kyungdoo "Ted" Nam. 2005. "Business use of the Internet: A longitudinal study from a value chain perspective." *Industrial Management + Data Systems,* 105(1/2), 82–95.

5 Lehr, W. 2012. Measuring the Internet: The Data Challenge. OECD Digital Economy Papers, No. 194, OECD Publishing. http://dx.doi.org/10.1787/5k9bhk5fzvzx-en

6 Dean, D., S. DiGrande, D. Field, A. Lundmark, J. O'Day, J. Pineda, and P. Zwilenberg. 2012. "The Internet economy in the G-20." BCG Perspectives, http://www.bcgperspectives.com.

7 Economic Intelligence Unit. 2012. *Pocket World in Figures, 2012.* London: Profile Books.

8 Organization for Economic Cooperation and Development (OECD). 2009. *Measuring the Internet Economy 2008.* Paris: Organization for Economic Cooperation and Development.

9 Ibid.

10 Epstein, Marc J. 2005. "Implementing successful e-commerce initiatives." *Strategic Finance,* March, 86(9), 22–29; Venkatraman, N. 2000. "Five steps to a dot-com strategy: How to find your footing on the Web." *Sloan Management Review,* Spring, 15–28.

11 Gulati, Ranjay, and Jason Garino. 2000. "Get the right mix of bricks & clicks." *Harvard Business Review,* May–June, 107–114.

12 Ibid.

13 Beasty, Colin. 2006. "Retail's 2 worlds: Tips on integrating online and offline channels." *Customer Relationship Management,* March, 10(3), 30–35.

14 Ibid.

15 Kim, Hyunwoo, Younggoo Han, Sehun Kim, and Myeonggil Choi. 2005. *Journal of Information Systems Education,* Spring, 16(1), 55–64.

16 Peslak, Alan R. 2006. "Internet privacy policies of the largest international companies." *Journal of Electronic Commerce in Organizations,* 4(3), 46–62.

17 Grimes, Roger. 2006. "E-commerce in crisis: When SSL isn't safe." *InfoWorld,* May 1, 28(18), 26.

18 Claburn, Thomas. 2005. "New path of attack." *InformationWeek,* No. 1066. November 28.

19 Gordon, Lawrence, and Martin P. Loeb. 2006. "Budgeting process for information security expenditures." *Communications of the ACM,* January, 49(1), 121–125.

20 Karat, Clare-Marie, Carolyn Brodie, and John Karat. 2006. "Usable privacy and security for personal information management." *Communication of the ACM,* January, 49(1), 56–57.

21 Fahmy, Dalia. 2005. "Making financial data more secure." *Institutional Investor,* December, 1; Grimes.

22 Chandra, Akhilesh, and Thomas Calderon. 2005. "Challenges and constraints to the diffusion of biometrics in information systems." *Communications of ACM,* December, 48(12), 101–106.

23 Mientka, Matt. 2006. "Behavioral biometric to improve e-commerce security." *AFP Exchange,* January–February, 32–33.

24 Peslak.

25 Knight, Gary A., and Tamer Cavusgil. 2005. "A taxonomy of born-global firms." *Management International Review,* 45, 15–35.

26 Sawhney, Mohanbir, and Sumant Mandal. 2000. "Go global." *Business 2.0,* May, 178–213.

27 Rosen, Kenneth T., and Amanda L. Howard. 2000. "E-retail: Gold rush or fool's gold?" *California Management Review,* Spring, 42(3), 72–100.

28 Cyr, Dianne, Carole Bonanni, John Bowes, and Joe Ilsever. 2005. "Beyond trust: Web site design preferences across cultures." *Journal of Global Information Management,* October–December, 13(4), 25–54; Singh, Nitish, George Fassot, Hongxin Zhao, and Paul D. Boughton. 2006. "A cross-cultural analysis of German, Chinese and Indian consumers' perception of Web site adaptation." *Journal of Consumer Behavior,* 5, 56–68; Singh, Nitish, Olivier Furrer, and Massimiliano Ostinelli. 2004. "To localize or standardize on the web: Empirical evidence from Italy, India, Netherlands, Spain and Switzerland." *Multinational Business Review,* 12(1), 69–87.

29 Rosen and Howard.

30 Shirky, Clay. 2000. "Go global or bust." *Business 2.0,* March 1, 145–146.

31 World Wide Web Foundation. 2012. Web Index. Http://www.webfoundation.org/Webindex.

32 Sawhney and Mandal.

33 Ibid.

34 Hudgins, Christy. 1999. "International e-commerce." *Network Computing,* November 15, 10(23), 75–50.

35 Singh, Furrer, and Ostinelli.

36 Singh, Furrer, and Ostinelli.

37 Engler, Natalie. 1999. "Global e-commerce," *InformationWeek,* October 4, 755.

38 Wilkerson, Phil. 2000. "Enabling global e-commerce." *Discount Store News,* April 17, 39(8), 15–16.

39 *Retailing Today.* 2008. "UGC, CGC: The hot new buzz words both online and off," December, 5.

第 4 部分
跨国公司的战略实施：
人力资源管理

Strategy Implementation for
Multinational Companies:
Human Resource Management

第11章
国际人力资源管理

✏️ **学习目标**

通过本章的学习，你应该能够：

- 了解人力资源管理的基本职能。
- 明确国际人力资源管理的概念。
- 理解国际人力资源管理与国内人力资源管理的区别。
- 了解跨国公司的员工类型。
- 了解跨国公司何时以及如何外派管理者。
- 了解海外任职成功所必备的技能。
- 理解如何补偿和评估外派管理者。
- 正确评价有关女性管理者海外任职的问题。
- 了解让女性外派员工更容易完成任务的举措。
- 理解国际战略抉择与国际人力资源管理的关系。

案例预览

快车道上的跨国公司

美国企业及其他国家的跨国公司越来越依赖外派员工来运营其海外机构。随着企业开发海外新客户和海外新市场的进度加快，公司越来越需要那些具备必要技术、能胜任全球任务的管理者。实际上，美世咨询（Mercer Consulting）等很多咨询公司的最新研究表明，越来越多的跨国公司依靠外派员工实现其目标。显而易见，恰当地管理外派员工对企业来说既是重大机遇也是挑战。

有的企业野心勃勃，想成为全球主要竞争者，投入很多资源来管理国际任务。杜邦的外派员工管理计划常规性地派遣员工完成国际任务，例如，墨西哥和美国的工程师可能会被派往中国的化工厂。这种国际任务对杜邦提出了挑战，因为同一项任务有多种国籍的人参与，需要解决多国籍问题。杜邦每

年有 300～400 项国际任务，为了有效完成
这些工作，杜邦正在探索制定标准化的国际
工作政策，而不是让各区域、部门分别制定
政策。杜邦的全球专业调任中心管理着各类
员工外派事项，涵盖从筛选外派员工到为外
派员工的子女解决受教育问题等各个方面。

很多企业也意识到外派任务这波大潮。
请思考英国跨国公司毕马威的案例，该公司
大约有 300 名外派员工在国外工作，同时，
它还有大约 350 名入境员工在英国工作。毕
马威最明显的趋势是在中国（增加 25%）、
南非（增加 52%）和巴西等国家的岗位急
剧增加。与此相反，外派到美国和欧洲等国
家的人员却在减少。

资料来源: Based on Hamm, S. 2008. "Internation-
al is't just IBM's first name." Business-Week, January
28, 36 - 40; Minton-Eversole, T. 2009. "Overseas as-
signments keep pace." HR Magazine, 72 - 74; Mercer
Consulting http://www.mercer.com; Syedain, H. 2012.
"From expats to global citizens." People Management,
January, online edition.

案例预览告诉我们，更多的跨国公司正在寻找具有国际经验的管理人才，以
管理其在全球市场的经营项目。此外，随着金砖四国的不断发展，跨国公司在这
些国家的员工数量持续增加。随着世界经济的全球化，更具全球性的跨国战略正
日益受到欢迎。正因如此，才越来越强调具有国际经验的管理人才。然而，随之
而来的还有很多挑战。成功地实施跨国战略的一个关键因素是运用适当的人力资
源管理政策。跨国公司需要创造性地充分利用劳动力。

本章首先将对国际人力资源管理给出基本定义，并指出国际人力资源管理与
严格的国内人力资源管理之间的区别。其次将讨论跨国公司怎样选择不同国籍的
员工和管理者以在不同的国家展开经营。本章将专门讨论如何选择、培训和评估
被派遣完成国际任务的跨国公司管理者及其作用。再次将阐述有关女性海外任职
的问题，以及女性外派管理者所面对的特殊情况。最后将讨论国际人力资源管理
的四种基本导向，以及这些导向怎样支持不同的跨国战略。

11.1　国际人力资源管理的概念

企业组织为完成某项工作，必须将实物资产（如建筑物和机器）、金融资产
以及工艺和管理过程结合起来。然而，没有人，组织就不存在。人力资源管理的
主要目标是管理和开发人力资源。因此，**人力资源管理**（human resource man-
agement，HRM）涉及人和组织之间的全部关系。人力资源管理的基本功能包
括：招聘（为组织空缺职位甄别合格人选）、选拔（选拔员工填补空缺职位）、培
训（为帮助员工提升绩效向其提供学习知识的机会）、绩效考核（衡量和评价员
工的工作业绩）、薪酬（为员工提供恰当的待遇）和劳工关系（管理企业与员工
之间的关系）。[1]

11.1.1　国际人力资源管理和国际员工

人力资源管理的功能应用于国际环境时就成为**国际人力资源管理**（international human resource management，IHRM）。当一个公司进入国际舞台时，人力资源管理的所有基本功能仍然保留，但会更加复杂。导致出现这种复杂性的因素主要有两个：首先，跨国组织的员工有不同的国籍；其次，跨国公司管理者必须调整公司的人力资源管理政策以适应公司经营所在国的国家文化、商业文化和社会制度。

11.1.2　跨国组织中的员工类型

国际人力资源管理必须考虑跨国组织中员工的若干类型。**外派员工**（expatriate）是指来自工作所在国之外国家的员工。来自母国的外派员工被称为**母国公民**（home country national，HCN）；来自东道国和母国之外国家的外派员工被称为**第三国公民**（third country national，TCN）。当地员工来自东道国，东道国是这些业务单元（工厂、销售单元等）的所在地。我们将这些员工称作**东道国公民**（host country national）。通常，来自母国和第三国的海外员工一般属于管理人员和专业人员，而不是低层次的劳动力。劳动力的全球化也产生了一种特殊类型的外派员工，被称为**内调员工**（inpatriate）。内调员工是指那些来自国外而在母公司所在国工作的员工。最新的趋势中出现了一种新的外派类型，可称为**机动外派**（flexpatriates）。[2]机动外派员工是指被频繁派出执行短期国际任务的员工。跨国公司会建立独立的管理队伍专门到国际管理岗位任职，称为**国际骨干**（international cadre，IC）或全球职业者（globals）。国际骨干有永久的国际任职，可能聘自任何国家，会被派往世界各地以培养跨文化技能，这也同时扩大了公司的全球视野。[3]最近，一种新的员工类型开始出现：**通勤任务员工**（commuter assignments employee，CAE）。这是指居住在一个国家但至少每周有一段时间在另一个国家上班的员工；他们也代表了一种正在兴起的潮流。赛义丹会计师事务所（Syedain，2012）*的报告显示，45％的欧洲企业和35％的美国企业现在雇用这种通勤任务员工。

11.2　跨国公司：外派管理者还是东道国管理者

美国企业在美国以外的地区雇用了超过 700 万名员工。虽然他们绝大多数是低级别员工，但也需要相当数量的管理者。管理职位什么时候应配备外派员工？什么时候应配备东道国员工？有关使用多少外派员工、多少当地管理者的决策主要取决于跨国公司的战略。跨国公司战略管理专家认为，跨国公司管理者的招聘应该在全世界范围内进行，而更多的战略专家则偏爱当地管理者，或者只在短期任务中聘用外派员工。无论实施哪类战略，跨国公司管理队伍通常由外派员工和

---

　　*　Syedain 是一家英国会计师事务所。——译者注

东道国当地员工组成。对于特定的工作职位，公司可通过回答下列问题做出任职决策[4]：

● 考虑公司战略对这一职位有何偏好（东道国、母国还是第三国）？例如，公司注重区域战略时可能更愿意雇用第三国公民作为国家层面的管理者。

对于外派管理者（母国公民或第三国公民）：

● 公司是否有管理者候选人胜任职位技能要求？要外派管理者，公司内就必须有合适的管理者人选，或者必须能够在母国或第三国招聘到合格的管理者来填补这一空缺。

● 管理者候选人是否愿意外派任职？并不是所有管理者都愿意接受海外任职，有些管理者认为，国际任职会影响他们的国内晋升。而且，越来越多管理者的配偶也在工作，由此极大降低了管理者到海外任职的可能性。或许这种状况未来可能会发生变化。考虑下面的案例分析。

● 外派管理者的做法是否会受到当地法律的限制？有些国家对外国人从事管理职位有严格的限制。对员工来说，获得临时性的签证可能很难，甚至是不可能的。

案例分析

时代差异和国际任务

对外派员工的传统研究习惯性地假设员工不愿意被外派。不情愿是因为他们认为外派会影响到自己的事业发展。然而，最新的研究表明，不同时代的人对国际任务的看法有潜在差异。生育高峰期（1946—1964年间出生的人）出生的那一代人现在已经接近退休，他们喜欢执行国际任务。然而，他们更愿意获得丰厚福利所带来的被照顾感。而且，公司为了鼓励外派，使大多数人享受到了慷慨的福利。与之相反，X一代（1965—1980年间出生的人）在令人满意的福利情况下，也喜欢国际外派。然而，他们希望自己照顾自己，而不是被照顾。

目前，大多数跨国公司关心千禧一代（1981年以后出生的人），未来10~15年这一代会成为国际任务的主要力量。这些人的心态与前人不同，他们更有可能将国际任务视为一种必要和理所当然的工作，而并非无须承担、讨厌的工作。他们更有可能认为公司是无边界的。因此，与前人相比，他们更有可能以开放的视角看待国际派遣，并将国际派遣视为重要的个人提升过程。另外，与前人主要被物质激励的外派所不同的是，千禧一代更有可能是为了寻找感兴趣、能提供机会的任务。因此，随着人才竞争越来越激烈，跨国公司在提供福利计划时应该越来越有创新性，才能吸引到稀缺的人才。

为了让读者更深入地了解千禧一代对国际认知的接受度，图表11-1显示了调查所发现的各国家（地区）千禧一代愿意参与外派工作人员的占比。

资料来源：*Based on PriceWaterHouseCoopers. 2012. "Talent mobility 2020." Accessed online http://www.pwc.com; and Syedain, H. 2012. "From expats to global citizens." People Management, January, online edition.*

图表 11-1　各国家（地区）千禧一代工作期间愿意参加外派任务的人员比例

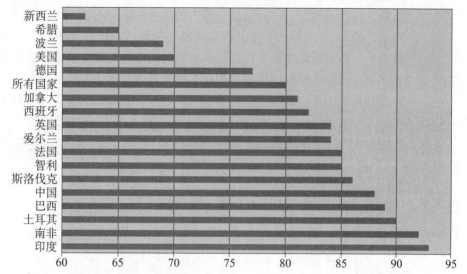

资料来源：*Based on PriceWaterHouseCoopers*. 2010. *"Talent mobility 2020."* *Accessed online http://www.pwc.com.*

对于东道国管理者：

● 东道国管理者是否具备该职位所需的专门知识？要利用东道国管理者，就必须能够在当地劳动大军中，找到受过培训并具备职位所需专门知识的管理者人选。相对于跨国公司外派管理者，东道国管理者常常缺乏必要的专门知识。

● 能否从公司外部招聘到具有合适技能的管理者？即使一国有合格的管理人才，外国跨国公司也可能会因为没有足够的声誉或当地关系吸引到东道国的管理人才。例如，在日本，许多大学毕业生不愿意为跨国公司工作，因为跨国公司不具备日本公司所提供的工作保障。

11.2.1　外派是否值得

国际人力资源管理进行外派管理者决策时，必须考虑外派成本。通常，外派管理者的总收入是国内员工薪酬和福利的 4～5 倍。在一些费用高的区域，成本甚至会更高。在中国，一位懂汉语的美国高级管理人员的底薪接近 40 万美元，艰苦条件津贴高达薪水的 35%，还需要两处免费的住宅以及私人汽车及其司机。[5]估计一个底薪 10 万美元、4 口之家的外派管理者的平均成本，在东京是 36 万美元；在香港是 27.5 万美元；在新加坡是 21 万美元；在伦敦是 25 万美元。一家西北太平洋地区的制造业公司在外派员工薪酬方面每年大约要花费 50 万美元。[6]

外派管理者的报酬取决于他们被派往国家的消费水平。对于这种情况，经济

＊　经济学人集团（The Economist Group）旗下的经济分析智囊机构，通常译作经济学人智库、经济学人信息部或经济学家情报社。——译者注

学人智库*以世界上大多数高消费城市为基础，建立了一个生活成本指数。这个指数以纽约为基准，比较了其他城市的消费水平。图表11-2展现了经济学人智库给出的10个消费水平排名最高和最低的城市。正如其中所示，在调查的所有城市中，苏黎世是跨国公司外派成本最高的地方。此外，很多高消费水平城市分布在相对比较成熟的市场中，相反，很多低消费水平城市分布在新兴市场，诸如印度和其他中东国家。

图表11-2　　　　世界上10个消费水平最高城市和最低城市的排名

十大高消费城市	十大低消费城市
瑞士苏黎世	阿曼马斯喀特
日本东京	孟加拉达卡
瑞士日内瓦	阿尔及利亚阿尔及尔
日本大阪	尼泊尔加德满都
挪威奥斯陆	巴拿马巴拿马城
法国巴黎	沙特阿拉伯吉达
澳大利亚悉尼	印度新德里
澳大利亚墨尔本	伊朗德黑兰
新加坡	印度孟买
德国法兰克福	巴基斯坦卡拉奇

资料来源：*Based on Economist Intelligence Unit.*2012.*"Worldwide cost of living 2012."http：//www.eiu.com.*

即使如此高的成本也不能保证外派任职成功。与欧洲和日本的跨国公司相比，美国企业的海外任职记录特别糟糕。调查显示，美国跨国公司海外任职管理者的失败率常在10%～40%之间。[7]而其他国际调查显示，83%的被调查企业都经历过海外任职失败。[8]最近的一项研究显示，21%的被调查企业有外派员工中途终止了国际任职。[9]显然，保证海外任职的成功是企业面临的重要挑战。

一般认为，海外任职不成功是由于外派员工没有为海外任职做好充分准备。此外，其他因素也会导致失败，比如，企业没有与外派政策兼容的人力资源管理政策就会导致失败。[10]很多组织将员工派往海外时常常忽视适当的人力资源管理措施。同时，也存在其他形式的失败。[11]有的外派员工可能因为绩效低而被召回国内；有的外派员工可能因为自身或家庭不适应当地文化而选择回国；外派员工也可能因为发现自己的工作没有成效而主动选择回国。在一些企业中，也有外派员工因为跳槽而提早结束外派任务。因此，美国外派任职失败典型的成因包括个人因素、家庭因素、文化因素和组织因素。[12]

个人因素如下：

- 管理者的个性；
- 缺乏对技术的精通；
- 没有国际任职的动力。

家庭因素如下：

- 配偶或家庭成员不能适应当地的文化或环境；

● 配偶或家庭成员不愿意待在当地。

文化因素如下：

● 管理者不能适应当地的文化或环境；

● 由于与不同国家的人进行合作的复杂性，管理者不能在新的国家与关键人物发展良好的关系。

组织因素如下：

● 国际任职的任务过重；

● 文化培训及其他重要前期任务的失败，比如语言和文化学习的培训；

● 公司没有选好合适的人；

● 公司的技术支持没有达到国内管理者已经习惯的水平；

● 公司筛选候选人时考虑性别平等导致失败。

由于存在一些与外派相关的问题，美国有些跨国公司已对外派的做法提出了质疑。将外派员工安置到海外的高成本、与任职失败相联系的高成本，以及难以找到具备诸如语言流利等技能的管理者，都使有些公司感到失望。

与此相反，许多跨国公司特别是那些采取跨国或区域战略的公司，都以一种更为广阔、长远的眼光看待国际任职。为在 21 世纪取得竞争的胜利，这些公司将国际任职提高到重要的战略地位。考虑以下好处：

● 国际任职有助于管理者获取全球化背景下战略制定所必需的技能。未来10 年，战略管理需要懂得全球竞争、顾客、供应商和市场的管理者。如果没有全球眼光，管理者就很难做出有效的战略决策。没有国际管理的经验，未来的高层管理者就无法理解外国顾客或外国政府等。正是意识到这种挑战，有些公司比如高露洁为高潜质的管理者和那些刚从学校毕业的管理者提供多种形式的国际任职。[13]请看下面的跨国公司管理概览。

跨国公司管理概览

国际任职的重要性

IBM 是一个全球性跨国公司，在全世界拥有 375 000 名员工。在美国它有大约127 000 名员工，在日本（25 000 名）、印度（75 000 名）、巴西（13 000 名）、英国（20 000 名）和法国（11 000 名）等国家也有大量员工。2004 年，IBM 转型成为一个彻底全球化的综合性企业。在转型之前，IBM 在 160 个国家和地区有子公司，它们类似缩小版的 IBM。然而，这个系统非常耗费资金，IBM 没有充分发挥其全球劳动力的优势。IBM 现在的经营哲学是，把一项工作安排到最适合的区位去做。IBM 理解新兴市场的重要性，对超过 100 个国家和地区进行投资，在金砖四国之外就新开设了100 个分支机构。

为了实现全球一体化，IBM 意识到外派员工执行国际任务对传递公司价值观具有重要意义。以 IBM 巴西公司为例，当巴西资源紧张时，巴西人更偏袒于当地顾客的项目，而来自其他国家的员工则努力为自己国家的客户争取资源。IBM 委派美国人罗伯特·佩恩（Robert Payne）去处理这个冲突，他任 IBM 高管长达 22 年，致力于促进全球一体化过程。他通过鼓励员工多考虑公司长远利益，成功减少了一些冲突。IBM 会将管理人员外派到重要的子公司去帮助实现公司的一体化运营。

资料来源：*Based on Hamm，S. 2008. "International isn't just IBM's first name." BusinessWeek，January 28，36 - 40；IBM. 2012. Annual report. http://www. ibm. com.*

• 外派员工有助于公司协调和控制地理和文化上分散的经营活动。在将公司的需要和价值观传递给文化与地理上分散的当地子公司的过程中，与公司有着相同观点和目标的外派员工发挥着纽带作用。此外，外派员工还掌握了当地情况的第一手资料，并将当地的需要和战略信息传递给总部。相反，过多地使用东道国管理者可能导致员工主要认同与东道国下属单位的联系，而忽略与全球组织的联系。[14]

• 国际任职能够提供重要的战略信息。与总部人员的短期访问相比，典型的海外任职时间较长（2～5 年），因此外派管理者有足够时间收集复杂的信息。[15]例如在具有政治风险的国家，有经验的外派管理者可向母公司高层管理者及时提供重要信息，包括与东道国政治、经济和金融环境的重要趋势有关的信息。[16]

• 国际任职能够提供有关当地市场的关键细节信息。外派管理者对于当地市场拥有大量深入的知识。[17]这些信息应成为公司战略计划的一部分，因为这些信息对于拥有宽广的地域分布的公司可能是极其重要的。例如，高露洁公司外派员工有关当地市场的细节信息使管理者意识到，在非洲小袋装的清洁剂比美国通常出售的 64 盎司瓶装清洁剂要更畅销。同样，对美国在波兰银行业工作的 16 位外派员工的采访揭示，银行从业人员需要对当地市场条件如法律体系有充分的了解。[18]

• 国际任职为管理者个人发展提供了机会。正如之前所述，千禧一代的外派员工希望在他们的职业生涯中得到一些国际任职机会。同样，国际任职也能够为企业提供培养职业经理人的机会，同时为经理人提供非常具有激励性的挑战（Pinto，Cabral-Cardoso，and Werther，Jr.，2012）。

• 国际任职提供了重要的知识网络。由于外派员工会遇到许多不同的人，比如客户、供应商以及下级工作人员，他们在东道国建立了非常重要的网络。由于是东道国和母公司之间最主要的联系，他们也可能在母公司发展一个新的网络。这样的网络会非常有用，借此他们能够创造新的商业机会并且帮助下级更好地发挥作用。[19]

接下来我们将介绍怎样充分利用外派管理者以获得最大的战略优势。

11. 3　外派管理者

一旦决定外派管理者或发展专职国际骨干，要想获得成功，公司就要制定能使外派管理者潜在效能最大化的国际人力资源管理政策。这一部分我们将考察有关外派跨国公司管理者的有效选拔、培训与开发、绩效考核、薪酬以及归国问题。

11.3.1　选拔外派管理者

无论什么工作，选择错误的人都会导致失败，也会使公司浪费大量的费用。[20]这一点在外派管理者的身上体现得尤为明显，因为一个外派职位的花费是国内职位年收入的 2～5 倍。[21]事实上，每一次因外派员工提前离开而导致外派任务失败均大约会耗费企业 100 万美元。[22]此外，据说因人员选择错误而导致业绩不突出但还继续留在职位上的外派管理者，比那些提前回国的管理者对公司的损害更大。[23]因此，公司更加意识到首选合适的人员的战略重要性。

跨国公司传统上认为，国内业绩预示了海外派遣的业绩。这种看法导致公司在寻求海外职位候选人时，总是瞄准技术技能和专业能力最强的人员。当将这些因素作为国际任职人员主要的（但不是唯一的）选拔标准时，公司通常会忽视其他重要的选拔标准。[24]

有些国际人力资源管理专家已经提出了**外派任务的关键成功因素**（key success factors for expatriate assignments）。[25]除了技术与管理能力，成功的关键因素还包括社交能力、家庭状况、个性和语言技能等。

● 技术与管理能力：相对于国内相似的层级，海外任职通常赋予管理者更多的任务和更大的责任。此外，与总部之间的地理距离导致管理者具有更大的决策自主权。只有具备优秀的技术、管理与领导才能的管理者在这一职位上才会有更大的成功可能性。

● 个性：海外任职不可避免地会遇到一些从未想到或遇到的问题和新情况。如果外派员工会变通，愿意并且希望学习新的事物，有能力处理模棱两可的情况，对于其他的人和文化有兴趣，并且有很好的幽默感，那么将有助于他们应对不确定和新奇的情况。外向的性格对成功非常重要。[26]外向的人更合群和健谈，所以更有动力构建、发展当地关系。当地关系不仅能帮助外派员工更好地适应新的国家，还能让他们有机会获得有关得体行为举止的重要信息。

● 社交能力：强社交能力有助于员工避免国际任职中的一个主要陷阱——无法适应不同的文化。社交能力强的人有能力适应陌生或模糊无序的情况，会变通并且对不同的文化标准、价值观和信念十分敏感。此外，他们还能灵活地调整其行动和态度来适应新的文化环境。他们更喜欢同心协力的谈判形式，避免正面冲突。

● 家庭状况：对国际任职人员的选择还必须考虑外派员工的家庭状况。海外任职既会影响员工，也会影响其配偶和子女。有助于海外任职的家庭状况是外派员工成功的关键。需要考虑的一些关键因素包括：配偶到国外生活的意愿、可能派遣的地区对配偶的职业生涯和子女教育的影响以及配偶的交际能力。随着双职工家庭的增多，跨国公司可能需要提供两个工作职位或者对配偶减少的收入进行补偿，以保证任职的成功。

● 抗压能力：适应一种新的文化和环境会让人很有压力。抗压能力是一个能帮助外派员工成功完成国际任务的重要品质。[27]外派员工在强压之下能保持镇定，则更有可能成功完成国际任职任务。

● 语言技能：用东道国语言说、读、写的能力是另一个关键的成功因素。具备良好语言技能的管理者会更容易、更好地发挥其技术与管理技能，并在与当地同事、下属和顾客打交道的过程中获得更大的成功。懂得当地语言也会增进对当地文化的了解，减轻适应一种新文化环境的压力。

● 情商：研究表明，情商是一个重要的成功因素。情商涉及自知的能力、理解与别人关系的能力、同情并管理别人情绪的能力。[28]外派员工不可避免地会与别人联系，而且需要管理他们的态度。高情商的外派员工更可能与当地密切联系并在本土化适应的过程中表现出更好的情感。

相对于选拔国内管理者，选拔更为全面的外派管理者通常要付出更大的努力，在国际任职中需要考虑的关键成功因素也要比国内任职多得多。大多数成功的跨国公司综合运用若干种选拔方法来识别具备海外职位所需能力的人员。普遍使用的方法包括面试、标准化的智力测试或技术知识测试、评价中心（用于测试候选人解决模拟管理问题的能力）、个人资料、工作样本和推荐信。图表 11 - 3 显示了一些有代表性的关键成功因素和海外选拔中应用的选拔方法。

图表 11 - 3　　外派的关键成功因素和外派员工的选拔方法

关键成功因素	选拔方法					
	面试	标准测试	评价中心	个人资料	工作样本	推荐信
技术与管理能力						
● 技术能力	√	√		√	√	√
● 管理能力	√		√	√	√	√
● 领导能力						
社交能力						
● 沟通能力	√		√			√
● 文化容忍力和接受力	√	√				√
● 对模棱两可的容忍度	√		√			
● 灵活适应新的行为和态度	√		√			√
● 适应能力	√		√			
国际任职动力						
● 愿意接受外派职位的程度	√			√		
● 对外派地区文化的兴趣	√					
● 对国际任务的责任感	√					

续

关键成功因素	选拔方法					
	面试	标准测试	评价中心	个人资料	工作样本	推荐信
● 与职业发展阶段吻合	√			√		√
家庭状况						
● 配偶愿意到国外生活的程度	√					
● 配偶的社交能力	√	√	√			
● 配偶的职业目标	√					
● 子女的教育要求	√					
语言技能						
● 用当地语言沟通的能力	√	√	√	√		√

资料来源: *Adapted from Black*, *J. Stewart*, *Hal B. Gregersen*, *and Mark E. Mendenhall.* 1992. Global Assignments. *San Francisco*: *Jossey-Bass*; *Ronen*, *Simcha.* 1986. Comparative and Multinational Management. *Hoboken*, *NJ*: *Wiley.*

外派的关键成功因素并不是对于所有的外派任职都同等重要。成功因素的重要性取决于 4 个方面: 任职的时间长短、文化的相似性、必要的交流和沟通以及工作的复杂性和责任。[29] 每种条件都影响到选拔标准，如下所示:

● 任职的时间长短: 外派员工预计在东道国停留的时间从一个月左右或更短直到若干年不等，短期任职的选拔标准通常主要强调技术和专业能力。任期长短的变化趋势如何呢? 请阅读跨国公司管理概览。

跨国公司管理概览

外派任职时间

最新的研究表明，任职时间长度从本质上正在发生变化。传统上讲，公司会以线性方式看待国际任务，区分为短期和长期。然而，很多新的任务形式正在涌现，包括驴友型、通勤型和随着科技的使用而出现的虚拟临场型。随着越来越多的公司依靠全球合作科技，全球合作科技将会使传统的、高报酬的、长期的国际任务转变成相对更短的、更灵活的国际任务。最近的一项研究中，25%以上的公司是短期任务形式，只有 17% 的公司还有长期任务形式。为了让读者对这种潮流有更清晰的认识，图表 11-4 展现了短期任务地区的增长。显然，所有地区公司都更多地采取短期任务形式。

资料来源: *Based on O'Neil*, *J.*, *and D. Mikes.* 2012. "*Latest trends in international assignment policies and practices.*" Mercer Consulting, *http: //www. mercer. com.*

● 文化的相似性: 有些文化差别很大，有些文化彼此之间比较相似。例如，相对于美国与中国或法国与沙特阿拉伯之间的文化，日本与韩国之间的文化相似性更高。因此，在选拔法国或美国外派员工前往中东或亚洲时，更需要强调家庭状况、社交能力和语言技能。来自相似文化背景的管理者通常更容易适应这些方面。

图表 11 - 4　　　　　　　　　　采用短期任务形式的公司占比

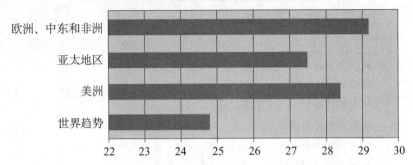

资料来源：*Based on O'Neil*，*J.*，*and D. Mikes.* 2012. *"Latest trends in international assignment poli-cies and practices."* Mercer Consulting, *http*：//www. mercer. com.

● 必要的交流和沟通：一些工作需要与东道国人员（如下属、供应商、顾客、合资伙伴）进行更多的交流和沟通。因此，在这种情况下，增强社交能力以及对东道国语言和文化的了解就变得更为重要。

● 工作的复杂性和责任：在工作中承担更复杂的任务和更大的责任，常会对任职的成功产生重要影响。由于这个原因，专业与技术能力总是十分重要。对组织而言，工作越重要，在选拔决策中候选人的技能和成就就越重要。

图表 11 - 5 总结了外派员工选拔过程中需要考虑关键成功因素的先后次序。根据外派任务的任职条件，不同的关键成功因素重要程度不同。

图表 11 - 5　　　　外派员工选拔过程中需要考虑关键成功因素的先后次序

外派员工 关键成功因素	任务特征			
	更长的 持续期	更大的 文化差异	与当地人 更多的相互 沟通要求	更高的工作 复杂性和 更大的工作责任
技术与管理能力	高	无	中	高
社交能力	中	高	高	中
国际任职动力	高	高	高	高
家庭状况	高	高	无	中
语言技能	中	高	高	无

资料来源：*Adapted from Black*，*J. Stewart*，*Hal B. Gregersen*，*and Mark E. Mendenhall.* 1992. Global Assignments. *San Francisco*：*Jossey-Bass*；*Tung*，*Rosalie L.* 1981. *"Selection and training of personnel for overseas assignments."* Columbia Journal of World Business, 16（1）：68 - 78.

为保证外派管理者具有最大的成功机会，公司需要注意的远不止选拔过程。即使是最好的人才也需要培训与开发。下面我们就来考察对外派员工的培训与开发问题。

11.3.2　培训与开发

有力的证据显示，提前进行**跨文化培训**（cross-cultural training）可以降低外派员工的失败率，提高外派员工的工作绩效。[30]跨文化培训的重要目的在于增强未来外派员工及其配偶和家庭的交际能力。培训方式和强度取决于外派员工任职期间预期有可能遇到的情况。下面的跨国公司管理概览展示了尼日利亚的外派员工跨文化培训的内容。

跨国公司管理概览

尼日利亚的跨文化培训

最新的趋势和调查表明，未来几年非洲将会在世界贸易中发挥非常重要的作用。随着更多的非洲国家政治趋于稳定，人民生活水平提升，越来越多的跨国公司把非洲看做一个新的市场。因此，更多的西方跨国公司将会外派员工到这些国家。这一趋势更加凸显了跨文化培训的重要性。

一项针对尼日利亚阿布贾、拉各斯、瓦里等城市226个西方跨国公司外派员工的研究，重点调查了跨文化培训和外派员工适应性之间的关系。调查的4种跨文化培训包括：(1) 一般习俗培训（信息通过单向传递，如大学和管理发展中心的培训）；(2) 具体习俗培训（有关具体文化的信息通过单向传递）；(3) 普通实验培训（参与者通过真实生活和工作情境模拟学习一般文化）；(4) 具体实验培训（参与者通过真实生活和工作情境模拟学习具体文化）。

为了检验这些培训的影响，研究者考虑了3种形式的外派员工适应情况：(1) 普通适应（适应国外生活的能力）、工作适应（适应工作条件的能力）、互动适应（与东道国其他成员互动的能力）。结果表明，所有4种形式的跨文化培训对3种形式的适应都有积极影响。这个研究的结果证明，各种形式的跨文化培训都会影响外派员工的适应性。这项研究对那些忽视培训、视之无用的跨国公司具有很重要的意义。此外，结果还表明培训的具体实验形式是最有效的。研究发现，更为严格的实验性项目作用最大。

资料来源：*Based on Okpara，J.O.，and J.D. Kabongo. 2011. "Cross-cultural training and expatriate adjustment：A study of western expatriates in Nigeria."* Journal of World Business，46，22-30.

虽然有证据表明跨文化培训有助于外派任务的成功，但许多跨国公司依然并未致力于跨文化培训。[31] 然而，情况正在发生变化，有些美国跨国公司，比如美国运通、高露洁以及通用电气，都在不断加强对国际培训的重视。文德汉国际咨询公司（Windham International）对264家跨国公司的74 709名外派员工进行了调查。[32] 结果显示，大约63%的跨国公司进行外派任务之前的跨文化培训。

培训强度（training rigor）是指培训者和受训者为外派所做的努力和准备程度。[33] 低强度意味着培训是短期的，包括与当地文化有关的讲座、录像以及与公司经营有关的手册；而高强度培训可能会持续一个月以上，包括更多的经验学习和广泛的语言培训，还经常与当地员工沟通。图表11-6列示了多种培训方式及其目标。

外派任职条件既影响选拔外派任职成功因素的先后次序，同时影响对外派员工培训强度的要求。任职时间越长，母国与东道国的文化差异越大，要求与当地员工的交流和沟通越多，工作的复杂性与责任越大，就越要求在为外派任职做准备方面加大培训强度（见图表11-7）。[34] 由于外派失败的一个主要原因是家庭状况，对于不同文化环境下的长期任职人员的培训，可能不仅限于外派员工，还包括外派员工的家庭成员。

图表 11-6　　　　　　　　增强跨文化培训强度：方法和目标

高

培
训
强
度

低

方法：去东道国考察，与具有东道国经验的管理者会谈，与东道国的人会谈，集中语言培训
目标：与东道国国家文化、商业文化和社会制度融洽相处

方法：文化间的经验学习、练习，角色扮演，模拟练习，实例研究，生存语言培训
目标：培养有关东道国文化的一般知识和具体知识，减少民族中心主义

方法：授课，观看录像，阅读背景材料
目标：提供有关东道国商业和国家文化的背景信息以及有关公司经营的基本信息

资料来源：*Adapted from Black，J. Stewart，Hal B. Gregersen，and Mark E. Mendenhall.* 1992. *Global Assignments. San Francisco：Jossey-Bass；Ronen，Simcha.* 1986. Comparative and Multinational Management. *Hoboken，NJ：Wiley.*

图表 11-7　　　　　　　　培训的需要和外派任职的特点

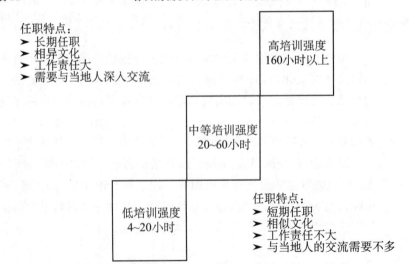

任职特点：
➤ 长期任职
➤ 相异文化
➤ 工作责任大
➤ 需要与当地人深入交流

高培训强度
160小时以上

中等培训强度
20~60小时

低培训强度
4~20小时

任职特点：
➤ 短期任职
➤ 相似文化
➤ 工作责任不大
➤ 与当地人的交流需要不多

资料来源：*Adapted from Mendenhall，Mark E.，E. Dunbar，and Gary R. Oddou.* 1987. *"Expatriate selection，training and career-pathing：A review and critique."* Human Resource Management，26（3）：331-345.

正如下面的跨国公司管理概览所述，培训有时并不能使外派员工完全准备好应对陌生国家的生活，很多公司现在正引入导师制与伙伴项目来促进外派员工

与东道国的融合。

导师制与外派伙伴项目

根据调查，外派员工开始执行国际任务时面临的挑战主要有：为孩子找学校、找房子、开设银行账户、寻找商店、取得驾照以及了解社区。遗憾的是，这些挑战中很多不能在行前培训中得到解决。通常情况下，外派员工在开始国际任职时就必须处理这些问题，因此，专家建议实行导师制或者伙伴项目。

最新的研究调查了 299 位外派员工，研究者检测了导师制在外派任务关键方面所发挥的作用。研究者检测了母国导师和东道国导师的影响。研究发现：有一个东道国导师会对外派员工的组织知识、工作绩效、提升力和团队工作有积极的影响。同时研究发现，母国导师也有好处，但是仅限于对外派员工的组织知识、工作绩效和提升力有正向影响。

鉴于东道国导师的重要性，很多跨国公司例如毕马威和 Balfour Beatty，已经实施了伙伴项目来帮助外派员工适应新环境及应对挑战。在这些项目中，外派员工都被安排了东道国伙伴。在 Balfour Beatty，外派员工到达之前，这些伙伴会提前接受文化意识培训；等外派员工到达之后，他们与其伙伴共同参加更具文化性的培训。伙伴会利用闲暇时间陪外派员工购买必需品及选择学校。在毕马威，伙伴起到了很重要的作用，他们邀请外派员工共进晚餐，并帮助他们适应新环境下的社交活动。小公司会通过现金等激励和调动外派员工参与当地交流及社交俱乐部。总体而言，跨国公司正寻找像伙伴项目这样有效的方法，以确保外派员工能够顺利地适应东道国环境。

资料来源：Carraher, S. M., S. E. Sullivan, and M. M. Crocitto. 2008. "Mentoring across global boundaries: An empirical examination of home-and host-country mentors on expatriate career outcomes." Journal of International Business Studies, 39, 1310 - 1326; Krell, Eric. 2006, "Budding relationships." HR Magazine, 50 (6): 114 - 118.

外派员工到岗工作后，国际人力资源管理仍在继续，必须采用适宜的方法对国际任职人员进行有效的绩效考核。

11.3.3　外派员工的绩效考核

对外派管理者进行可靠、有效的绩效考核是跨国公司在国际人力资源管理方面所面临的最大挑战之一。公司通常难以将同样的业绩考核标准及方法应用于东道国。影响外派员工业绩考核难以进行的因素包括[35]：

● 国际经营在跨国战略中的地位。正如第 6 章所讨论的，公司进入国际市场常常是出于战略方面的考虑，而不一定是由于特定的国际经营项目所带来的直接利润。熟悉陌生的市场或者挑战国际竞争对手的战略目标，可能会导致有些子公司陷入亏损状态，但这些子公司对于公司总目标仍然具有积极的意义。在这种情况下，如果采用诸如投资收益率一类的经营绩效考核指标，那么当地管理者的绩效就会显得十分糟糕。

● 数据的可靠性。用以衡量当地下属单位绩效的数据可能并不能与母国机构的数据或其他国际经营的数据相提并论。例如，当地会计准则可能会改变财务数据的含义。还有其他情况，比如由于当地法律要求充分就业而不允许加班，生产效率看起来十分低下。

● 环境的复杂多变性。国际环境是复杂多变的，经济及其他环境条件的快速变化通常是母国总部管理者所难以预料的。结果是，对于外派管理者来说，以前制定的合理的可实现的绩效目标很快就变得难以达到了。

● 时差和地理距离。尽管有更为迅速的通信和旅行方式，但当地组织与母国总部之间的地理距离和时差，对于评价当地管理者仍是个问题。常常是"眼不见，心不烦"，外派管理者和当地管理者与总部人员之间缺乏及时、密切的沟通，总部无法随时了解当地各方面的管理问题。

如果没有大量的直接沟通，绩效考核时就会缺乏对外派管理者情况的广泛了解。

为了克服外派管理者及其他员工绩效考核方面的困难，专家建议采取以下几个步骤改进考核过程[36]：

● 使考核标准与战略相适应。例如，如果目标是进入市场以取得长期的竞争地位，那么采取短期财务业绩考核就会失去现实意义。

● 调整合适的考核标准。高层管理者需要认真考虑其国际经营的所有目标，并且出访经营地区，以更加清楚地理解外派管理者和当地管理者所面临的问题和环境。新近回国的管理者也可以很好地提供有关当地环境的知识。

● 将多种渠道考核与不同时期考核相结合。国际环境的复杂性要求国际考核比国内考核掌握更多的信息，因此高层管理者应有多重信息来源。图表 11 - 8 展示了海外业绩考核的一些基本内容，包括考核渠道、考核标准和考核时期。

图表 11 - 8　　　　　　　外派员工的考核渠道、标准、时期

考核渠道	考核标准	考核时期
自我评价	达到目标 管理技能 项目成功	6 个月和主要项目结束时
下属	领导技能 沟通技能 下属发展	主要项目完成后
同等地位的外派管理者和东道国管理者	团队建设 人际交往技能 跨文化沟通技能	6 个月
现场监管	管理技能 领导技能 达到目标	重大项目完成时
消费者和客户	服务质量和及时性 谈判技能 跨文化沟通技能	每年

资料来源：*Adapted from Black*，*J. Stewart*，*Hal B. Gregersen*，*and Mark E. Mendenhall*. 1992. *Global Assignments. San Francisco：Jossey-Bass.*

下一个需要考虑的问题是：跨国公司如何为外派管理者确定公平合理的薪酬。

11.3.4 外派员工的薪酬

外派员工薪酬的确定对跨国公司提出了巨大挑战。一方面，由于外派任务的失败率非常高，跨国公司面临控制由此产生的日益增加的管理费用的压力；[37]另一方面，跨国公司需要向外派员工支付合适的薪酬，这个薪酬水平不仅要能使外派员工定居，也要尽可能留住和鼓励外派员工。

薪酬通常包括以下共同因素[38]：

● 当地的生活成本：决定外派员工薪酬最重要的因素之一就是在东道国的生活成本。为了保证海外员工不会因为重新定居而受到损失，公司通常会调整薪酬水平。例如，派到日本的员工其补助可能会增加将近 50%，作为商品和服务补助。

● 住房：很多跨国公司通常提供某种形式的住房津贴，其中，有的公司会为外派员工提供免费住房。为外派员工提供同等水平的住房比提供住房津贴要难得多，因为不同地区可接受的住房面积差别很大。例如，一位美国的外派员工可能会从美国 300 平方米的房子搬到伦敦 180 平方米的公寓里。

● 税收：由于外派员工既在东道国纳税又在母国纳税，所以他们可能会面临双重税收。除了一些例外的情况，美国公民和在美国的居住者的全球收入都会被征税。因此，跨国公司必须承担税款以确保员工不会遭到双重征税。[39]

● 福利：退休金和医疗保险是薪酬体系中的重要组成部分。[40]在东道国，很多外派员工对他们的福利感到失望。通常来说，外派员工的福利与其在母国时不一样，或他们在东道国享受的福利不足。因此，公司需要给这些外派员工找到更好的提供福利的途径。同时，世界的时事新闻表明，外派员工有时需要急救福利（emergency benefits）。

为外派员工计算出合理的薪酬是一项十分艰巨的任务。接下来我们将讨论确定福利水平的一些方法。

11.3.5 资产负债表法

美国超过 85% 的跨国公司决定外派员工的薪酬时采用**资产负债表法**（balance sheet method）。[41]这一方法提供了一种薪酬体系，使外派员工在东道国的购买力与其在母国的购买力相等或平衡。[42]其最基本的目的是使外派员工不会由于被派到外国而在经济上变好或者转差。为了使国际任职获得的报酬与母国国内的报酬相平衡，跨国公司通常提供额外的资金。额外增加的资金包括税收差别调整、住房费用以及基本商品和服务费用。商品和服务包括食品、娱乐、个人护理、衣着、教育、家庭装修、交通工具以及医疗保健。[43]图表 11-9 简单描述了怎样运用资产负债表法。

图表 11-9　　　　　　　　　确定外派员工薪酬的资产负债表法

国内任职： 费用和可支配收入			外派任职： 费用和平衡后的 可支配收入加补贴
底薪		+	底薪
		=	
税收		=	税收
		+	
商品和服务		=	商品和服务
		+	
住房		=	住房
		+	
可支配收入		=	可支配收入

■ 用以鼓励接受任职的补贴、国外服务津贴、艰苦条件津贴

▨ 平衡税收超出部分的补贴

▨ 用以弥补生活成本差异、住房、子女教育、医疗成本、汽车、娱乐、回国旅行的补贴

▨ 迁移费用、安置费用、初始住房成本和装饰补贴

除了满足外派员工的购买力需求，公司还经常向外派员工提供其他补贴和奖金，称为额外补贴（perquisites）。这些福利包括最初的国际迁移成本（比如迁移时的宾馆住宿费用）、为母国和东道国生活方式的差别提供的补偿、为鼓励接受任职而提供的激励等。额外的津贴和补贴具体包括[44]：

● 国外服务津贴。跨国公司常常提供底薪 10%～20% 的国外服务津贴，用于补偿与海外任职有关的个人与家庭方面的困难。在美国主要跨国公司中，大约有 78% 的公司支付这种津贴。

● 艰苦条件津贴。这是由于高风险或者生活条件艰苦等原因而支付给特别艰辛的工作职位的一笔额外报酬。

● 安置迁移津贴。根据家庭迁移至国际任职地的基本费用，许多公司在任职开始和结束时提供一笔相当于一个月薪水的费用以弥补迁移费用。

● 母国度假津贴。为外派员工及其家庭一年一次或两次的回国提供旅行费用。

11.3.6　其他方法

外派员工的薪酬过高以及跨国公司的员工在世界各地做相似的工作这种趋势，致使公司对传统的资产负债表法进行调整。有些公司，无论外派员工工作地

点在哪里，一律按照母国工资水平支付，这叫做**以总部为准的支付体系**（head-quarters-based compensation system）。如果母国工资与任职所在地的生活成本相比水平较高，这种做法很好。[45]但是，如果外派员工是在巴黎或者东京这样的高成本地区，这种做法就有问题了。

很多专家建议，跨国公司应该逐渐降低外派员工对额外津贴和补助的依赖。这些额外的津贴和补助可能使外派员工维持与母国相同的生活方式，或者有时甚至在国外生活得更好。[46]有些公司认为，外派员工特别是长期任职的外派员工，并没有什么特别之处。[47]因此，在任职一段时间后，就应该减少补贴，公司应该根据当地或者地区市场来决定薪酬水平。这些公司期望外派员工适应当地的生活方式和生活消费，进而成为一名有效率的消费者，这被称为**以东道国为准的支付体系**（host-based compensation system）。

在国际任职中，为跨国公司工作的骨干人员就薪酬提出了不同问题。为了解决多样、持续的全球任职薪酬问题，一些跨国公司制定了**全球支付系统**（global pay system）。全球支付系统采用世界范围的工作评价和绩效考核方法，目的在于评价工作对公司的价值，由此公正地支付员工的薪酬。全球支付系统与资产负债表系统在某种程度上具有相似性，仍然保留由于生活费用、税收、定居和住房方面的费用差别而支付的补贴。然而，全球支付系统并未对薪酬加以平衡以确保外派员工维持在母国的生活水平。公司采用世界范围内的薪酬标准，并对这一标准只做必要的调整，目的是减少对外派员工进行额外补贴所造成的浪费，消除薪酬的过大差异，达到所有长期国际骨干的薪酬平等。[48]

国际骨干不存在"回家"问题，但大多数其他类型的外派管理者却要返回到母国公司。回国并不像许多管理者预料的那么容易，跨国公司常面临归国问题。

11.3.7　归国问题

对许多公司而言，将外派员工召回国内并使其重新融入公司是一个很困难的问题。例如，对北美公司的调查研究发现，在结束国外任职的管理者中，有25％的人想离开公司。[49]回国两年内，流动率在33％～50％之间。[50]最近，美国胜腾集团（Cendant）的流动性研究显示，被调查公司中大约有一半没有归国项目。这是一件非常令人头疼的事情，因为美国公司将一名员工派往海外职位要花费100万美元。因此，公司有必要留住归国的外派员工。

管理者在返回母国重新从事原来相关工作时面临的困难叫做**归国问题**（repatriation problem）。然而，通过外派员工和公司适当的准备和策划，这些难题可以得到解决。

外派员工在归国时至少面临三个基本的文化问题。[51]其中许多与"逆文化冲击"有关。逆文化冲击指的是人们必须重新学习其文化观念、价值观和信念。第一，外派员工必须适应总部新的工作环境和组织文化，这可能导致任职后的工作业绩降低或工作变动。第二，外派员工及其家属必须重新学习与母国文化中的朋友和同事进行沟通。通常，因为适应了以前的东道国文化，回国后外派员工并未意识到自己使用的是与母国不同的沟通方式。第三，尽管绝大多数生活在母国的人认为不可思议，但是，许多外派员工的确需要时间来适应母国的基本生活环境，如学校、食物和气候等。

即使归国不是个问题，对于外派员工和公司来说，又存在组织问题。一项调查指出，61%的外派员工认为没有机会应用自己的国际经验。在结束多年充满挑战性的国际任职后，3/4的归国人员认为他们的工作级别降低了。对于归国的外派员工，也没有已经规划好的职业发展道路。[52]归国3个月后，1/3的外派员工仍在暂时的工作岗位上。[53]最后，外派员工已经适应了在外国的自主权，他们回到总部后可能感到工作不再具有挑战性。

公司可以采取一些战略来解决归国问题，包括[54]：

● 为归国人员提供战略目标。利用外派员工的经验推进组织目标的实现。外派员工通常是公司需要充分利用的知识和经验的绝佳来源。

● 建立帮助外派员工的小组。人力资源管理部门和外派员工的上级可以帮助归国员工规划归国活动。要向将要回国的外派员工提供咨询，使他们意识到归国之后的挑战以及本部的情况所发生的变化。这个小组也可以找出明显的逆文化冲击症状（厌倦、疲劳、退缩、受挫以及与同事的隔绝感），并提供所需要的帮助。

● 提供母国的信息资源。许多公司安排顾问或者主管专门负责向外派员工通报公司当前的变化，包括工作机会。

● 为归国提供培训和做好准备工作。这种准备可能在归国前6个月开始，为下一项任职所准备的归国访问和特定的培训可以降低这种转变的难度。

传统意义上，在大部分跨国公司中，海外工作都是男性占主导地位。前面部分讨论了造成这些趋势的原因，这些做法是否还在继续？由女性担任国际外派职位时会出现哪些问题？

11.4　女性的国际任职

在女性的国际任职方面，一个突出的事实是人数很少。据估计，只有12%的外派管理者是女性。[55]在北美，管理人员中有45%是女性，而只有14%的海外职位由女性管理者担任。[56]在英国，女性管理者只占外派员工的9%。[57]这些数据显示，即使跨国公司愿意在国内提升女性员工，也不愿意委派女性去海外任职。[58]这些公司的人力资源管理者认为，外国人会歧视女性管理者。[59]此外，接受国际任职的女性中很少有人进入高级管理层。[60]如果考虑到北美公司比亚洲公司或欧洲公司，在国际任职中雇用了更多的女性，那么结果就更加令人吃惊了。[61]所有一切使研究者得出结论：女性管理者不仅在国内面临玻璃天花板，同时也面临**外派玻璃天花板**（expatriate glass ceiling）。[62]换句话说，跨国公司不愿意将女性安排在外国的职位上。此外，即使跨国公司决定让女性担任外国的职位，她们也会出现各种问题。考虑下面的案例分析。

案例分析

外派玻璃天花板

最新情况表明，在那些认为女性仅仅承担极其传统角色的国家，女性的工作环境正在不断改变。例如，沙特阿拉伯已经允许女性外出工作。2012 年 1 月 4 日，超过 7 000 家内衣店解雇了大部分男员工。接着，这些零售商雇用了沙特阿拉伯的女性。此外，甚至是在印度，更多已婚女性留下她们的丈夫和孩子去担任海外职位，她们认为这些海外职位对职业发展至关重要。

琳达·迈尔斯（Linda Myers）决定担任韩国 SK 电信集团（SK Telecoms）人力资源管理者一职。然而，她刚开始在首尔工作时就遇到了障碍。第一，尽管她认为自己是个优秀的沟通者，但却发现自己不能有效地沟通。她在很多会议中都需要翻译人员，她逐渐发现，无法通过第三方获得有效的沟通。第二，她意识到自己是变革的推动者，但是在实施变革时会遇到很大困难。管理层对这种变革感到很紧张。第三，对琳达来说，最大的挑战是她工作的地方是一家由男性主导的公司。她常常意识到自己是会议中唯一的女性，而会议室里其他女性都是秘书。此外，SK 电信集团有着非常严格的等级制度，她很快意识到只能与同级别的人交谈。最终，迈尔斯女士为自己的决定付出了代价，她的合同没有续约。

资料来源：Based on Green，S. 2011. "*The would-be pioneer.*" Harvard Business Review，*April*，124 - 126；Knickmeyer，E. 2012. "*Saudis push young people，including women into jobs.*" Wall Street Journal，*January* 31，*online edition*；Sharma，S.，and Tejaswi，M. J. 2012. "*Married women executives opting for foreign stints to boost careers.*" Economic Times，*March 9*，online edition.

美国商学院毕业生中几乎有一半是女性，为什么甚至是在美国这样的国家，女性获得国际任职的阻碍也会如此之大呢？就如同我们在案例分析中看到的那样，一些社会对于女性的角色有着非常传统的看法。在这样的国家要理解女性外派员工是非常困难的。此外，这种基于文化的男女性别角色期望直接影响到遴选决定。有些管理者认为，家庭问题是女性面临的一个较大难题，而家庭问题是一个众所周知的导致外派失败的因素；人们也怀疑女性是否愿意为外派工作而在一段时间内离开家庭。如果她们愿意离开，人们会问：女性的配偶如何适应？如果双方都有工作又会怎么样？有些人甚至认为女性不够坚强，无法忍受国际任职所带来的身体伤害、隔绝和孤独。[63]

但是，数据表明，这样的偏见是错误的。研究国际任职中女性问题的著名专家南希·艾德勒（Nancy Adler）注意到，存在两种误解使人力资源管理人员和高层管理者在国际任职中忽视合格并有积极性的女性。[64]

● 误解 1：女性不希望接受国际任职。一项对获得工商管理硕士学位的女性的调查显示，3/4 以上的女性表明会在职业生涯的一段时间内选择国际任职。

● 误解 2：女性无法胜任国际任职。为澄清这种误解，南希·艾德勒调查了在北美公司中担任国际职位的 100 多名女性管理者。其中 95% 以上的女性在海外任职方面都是相当成功的，远远高于男性的平均成功率。

11.4.1 成功的女性外派员工：外国人，不是女性

在一篇标题为《一个外国人，而不是一个女性》（*A Gaijin，Not a Woman*）的经典文章中，南希·艾德勒澄清了一个与女性外派有关的重大误解。[65] Gaijin 是日本人对外国人的称谓。艾德勒通过研究得出结论：假定来自他国文化甚至来自传统男子主义的亚洲文化的人，会将外国女性与当地女性视为同种性别角色是错误的。恰恰相反，甚至来自非常传统文化的人也似乎认为，外国职业女性与当地女性之间存在巨大差异，以至于商业目的下性别变得无关紧要。例如，一位在苏丹工作的职业女性对其苏丹东道主的行为感到吃惊。她问他是否能为自己分菜，传递一个坐垫，甚至是饭后帮她清洗一下。根据苏丹传统的性别角色，男人是从来不会为女人做这些事情的。而这位苏丹的东道主却回答："好的，没问题。女人不做生意，因此你不算女人。"[66] 在艾德勒看来，在建立商业关系之后，由跨文化冲突引起的实际问题更多地取决于东道国文化中的人们对于外派员工的反应，而这种反应更多的是针对其国籍而不是性别。

下面的案例分析描述了一个情境，表明女性的商业地位决定了日本男性对她的态度。

案例分析

非性别名片

在日本和许多其他亚洲文化中，相互介绍时要交换商业名片（日语中为 meishi）。名片的作用是表明一个人在公司中的地位，并决定其如何与商业伙伴交往，甚至能够决定彼此在语言中使用的敬语类型。

两位美国教授（一对夫妇）组成的一个研究项目小组，观察了名片如何决定与女性交往的方式。对于男女两个人，如果先介绍男性或者两个人被作为已婚夫妇来介绍，日本商界人士和教授就会将注意力集中于男性，而对妻子很礼貌，很明显是将她作为妻子（oksuma）来对待。然而，如果在介绍时，女性与丈夫同时递上她的名片，那么妻子的身份就会被忽视，日本人会按她的职业头衔做出反应。如果她是一位 sensei（"教授"的礼貌说法），那么其性别和婚姻地位就变得无关紧要了。这里，在一开始就亮出职业头衔似乎特别重要，因为如果一开始就以妻子的身份被介绍给日本人，那么再让日本人以对待职业女性的方式对待她似乎就十分困难了。

11.4.2 女性的优势和劣势

有研究表明，女性在外派职位上具有某些优势，在亚洲更是如此。[67] 独特性会带来一些好处。由于外派任职的女性非常少，因此，那些接受国际任职的女性就特别显眼。当地商人更有可能记住她们，并常常在商业往来中更多地找这些女

性而不是她们的男同事。据北美外派的女性反映，受传统文化熏陶的当地商人认为这些女性是"最适当的人选"，"要不然你们为什么会派一位女性过来呢？"

女性在人际交往方面也可能更为出色，这也是外派成功的一个主要因素。据女性员工反映，当地男性管理者在与外派女性沟通时显得更为开放。当地男性甚至是来自传统文化的男性，也可能与外派女性谈论一些传统上只属于男性沟通范围的话题。结果，与男性外派员工和当地女性相比，商人和女性的双重身份赋予女性外派员工更广泛的交际范围。[68]

虽然女性外派员工拥有一些明显的优势，但对于她们当中的许多人来说，情况还是不容乐观。对欧洲 50 多位女性外派员工的深入访谈显示，她们面对的情况要比男性外派员工面对的情况更为糟糕。[69]女性外派员工更可能：

● 面临玻璃天花板问题。在职业生涯初期，女性外派员工想要被重视会面临更多的困难。她们在持续努力证明自己的过程中，也更有可能面临隔绝、孤独和寂寞。[70]她们也需要比男同事更加努力地工作。研究显示，在许多情况下，女性员工在被派往海外任职以前必须比她们的男同事职位更高。

● 需要平衡工作和家庭的责任。研究显示，由于社会化和孩童时期的经历，女性外派员工在保持工作和家庭平衡方面，比男性外派员工可能要承担更大的负担。她们被期望平衡好工作和家庭的责任。也有证据显示，女性外派员工经常由于从配偶那里得不到支持，而更有可能被迫在家庭和外派职业两者之间做出选择。因此，女性管理者比男性管理者更有可能未婚或没有孩子，就不足为奇了。[71]

● 需要担心陪伴配偶的问题。许多女性外派员工认为，只有当她们配偶的事业重要性居于第二位时，她们才会成功。然而，由于约定俗成的社会观念，让一个男性将妻子的事业放在第一位还是很困难的。另外，由于签证条例和东道国其他工作政策，公司并不总能满足女性外派员工配偶的要求，同时，女性外派员工的配偶很可能有自己的事业，由此就更难满足其要求了。[72]

此外，尽管在一些社会中女性由于其独特性而有一些优势（例如日本的 gaijin），她们还是会面对一些重大障碍。比如，尽管一些研究发现，西方女性因被视为外国人而非女性享有一些优势，但她们仍然面临巨大的障碍，这些障碍影响了她们在日本的适应能力以及她们在工作中的表现。[73]一项新的研究分析，西方女性在日本应该比日本女性更加轻松。[74]日本经历了很多制度变革，例如，更加灵活的市场、更多外国跨国公司的出现、女性劳动者的增加以及 1986 年实施的《平等就业机会法》，这些变化应该会使日本和西方对于女性的态度趋于一致，并给女性创造一个更好的环境，西方女性在日本应该会更加轻松。然而，研究结果表明，10 年前类似研究中发现的许多障碍如今还是同样难以解决，外国女性管理者仍然面临文化障碍，这使得她们更难适应新工作，难有很好的表现，进而难以被日本社会接受。

下一部分我们将说明，女性在外派员工中的数量在不断增加，公司可以实施一些项目确保女性有发展的机会。

11.5　公司如何确保女性外派员工的成功

　　尽管女性面临种种劣势，但是跨国公司委派女性作为外派管理人员的机会在增加。学者们认为有几方面的因素使得女性外派员工数量增长。

　　很多跨国公司和全球公司都面临优质跨国公司管理者严重短缺的问题。[75]同时，由于双职工夫妇增多，愿意接受国际任职的男性越来越少[76]，解决这一问题的方法之一就是启用女性管理者。在不受当地文化障碍对任用女性管理者的限制情况下，跨国公司可以选拔最优秀的人员而不需要考虑性别。女性由于在人际交往方面可能能力更强，因此常常会比其男同事更胜任国际任职。

　　因为女性外派员工的数量可能会越来越多，她们也像男同事一样有动力并愿意担任国际职位，所以公司必须采取措施保证女性外派员工成功完成任务。公司应该为其提供指导顾问[77]，并提供机会使其与其他职业女性建立社交网络。[78]最后，跨国公司也需要确保自己能够为其识别并清除障碍。[79]社交网络对女性有多重要？从以下跨国公司管理概览中可见一斑。

跨国公司管理概览

女性外派员工与社交网络

　　社交网络对女性外派员工有多重要？最近一项针对石油、天然气和矿业行业18位女性外派员工的研究，就该问题提出了一些深刻的见解。该研究采访了66名外派女性中的18位，这些女性外派员工来自一家涉及石油和天然气开采的英国公司。2009年，该公司提出了建立一个女性社交网络的倡议，旨在给女性的职业发展提供帮助。这个社交网络由5名高级女性管理者管理，其中有3名拥有全球高层次外派职位的经历。她们直接向公司的多元化与包容性委员会（diversity and inclusion committee）汇报。

　　研究结果发现，社交网络十分重要。这种社交网络有助于：（1）提供关于理解外派国家文化和生活方式的信息；（2）提供重要的社会支持；（3）提供关于双职工和家庭问题的重要建议；（4）提供有关新地区空缺职位的重要信息，从而帮助女性的职业发展；（5）必要时进行联系以了解工作面临挑战时，如何采取适当的行动；（6）在归国或重回母国公司再次融入时提供必要的支持。

　　资料来源：*Based on Shortland*，S. 2011. *"Networking: a valuable career intervention for women expatriates."* Career Development International，16（3）：271-292.

11.6　跨国公司战略与国际人力资源管理

　　在战略执行方面，跨国公司制定合适的国际人力资源管理政策有几种选择，审查国际人力资源管理的导向或者理念就是其中之一。专家指出，有四种国际人力资源管理导向，下面我们将考察这四种导向如何支持跨国公司战略的实施。

11.6.1　国际人力资源管理导向

四种**国际人力资源管理导向**（IHRM orientation）反映了一个公司在协调涉及管理人员及技术工人的国际人力资源管理活动中的基本策略和理念，它们分别是民族中心、多国中心、区域中心和全球化。图表 11-10 展示了国际人力资源管理导向与国际人力资源管理职能之间的关系。

图表 11-10　　国际人力资源管理导向与国际人力资源管理职能的关系

国际人力资源管理职能	国际人力资源管理导向			
	民族中心	多国中心	区域中心	全球化
招聘和选拔	母国公民占据关键职位，根据技术专长和过去在母国的绩效得到选拔；东道国公民仅担任最低层级的管理职位	母国公民占据高层管理职位和技术职位，东道国公民担任中层管理职位；母国公民的选拔方法和民族中心相似；与母国文化的契合程度（如运用母国语言的能力）构成对东道国员工的选拔依据	母国公民占据高层管理职位和技术职位；区域内国家的公民担任中下层管理职位	整个公司在全球范围内选择最适合该职位的人选
跨文化适应性培训	十分有限或者没有；没有语言要求	对母国人员来说有限；有一些语言培训	对母国公民仅限于适度水平的培训；母国公民和东道国公民使用商业语言，常为英语	持续的文化适应性和多语言培训
国际任职对个人事业发展的影响	可能会损害个人事业	可能损害母国公民的事业；东道国公民的提升仅限于在本国内	对个人事业没有影响或者有些许积极影响；更长期的国际任职	职业发展需要国际任职
考核	基于对公司绩效贡献大小的母国标准	基于对本单位绩效贡献大小的东道国标准	基于对公司绩效贡献大小的区域标准	基于对公司绩效贡献大小的全球标准
薪酬	向外派员工支付额外的薪酬和奖励	向外派员工支付额外的薪酬和奖励；对东道国公民实行东道国薪酬标准	由于任期较长，对外派员工的额外薪酬较少	全球相似的薪酬和奖励，有一些本土适应性调整

资料来源：*Adapted from Adler，Nancy J.，and Fariborz Ghadar*. 1990. "*International strategy from the perspective of people and culture：The North American context.*" Research in Global Business Management，1，179-205；*Heenan，D. A.，and H. V. Perlmutter*. 1979. Multinational Organization Development. *Reading，MA：Addison Wesley*.

11.6.2　民族中心国际人力资源管理导向

民族中心国际人力资源管理（ethnocentric IHRM）导向意味着，对管理者和技术员工人力资源管理的各个方面，公司都倾向于遵循母公司的人力资源管理习惯。在招聘中，重要的管理者和技术人员来自母国，当地员工仅担任低层级和辅助性职位。在实行民族中心国际人力资源管理政策的公司中，员工过去在母公司的绩效和技术专长是公司海外任职的选拔依据。[80]

除了在管理和技术职位选用母国公民，员工的评价和晋升也采用母国标准。公司采用与母国相同的标准和手段来评价管理者的绩效。由于国别环境的差异，在对东道国管理者进行评价和晋升时，公司可能不得不采取不同的方法。但是，这种本土化做法常常仅对公司底层管理人员的晋升程序有所影响。公司任用外派员工时，针对国际任职的培训常常很有限或者不存在。除了较高的国家层级或者区域层级职位，大多数国际任职都是短期的，从事的工作也常常仅为营销或者销售。使用母公司的评价和晋升标准、缺乏培训以及海外任职的短期性，都限制和阻碍了外派员工的文化调整。例如，很少有来自母国的外派管理者懂得当地国家的语言。

民族中心国际人力资源管理导向的成本与收益如下所示。

收益[81]：

● 无须为高层管理职位招聘合格的东道国公民。当地员工将只担任较低层级或者中层管理者职位。通常，东道国员工的发展受到玻璃天花板的限制。

● 母国员工有更大的可控性和忠诚度。母国员工很清楚，他们的职业生涯受到母国文化的支配，几乎不会与当地国家的子公司立场一致。

● 无须培训母国员工。管理者依靠总部进行人员配备和考核，并遵循总部的政策和程序。

● 重要决策集中化。人事决策权掌握在总部手中。

成本：

● 可能限制了东道国员工的职业生涯发展。高素质的东道国员工可能永远无法突破玻璃天花板的限制，从而造成人才的浪费。

● 东道国员工可能永远无法与母公司立场一致。东道国员工处于当地人力资源管理方法的管理之下。他们常常意识到玻璃天花板的存在，因此对当地公司比对母公司更加忠诚。

● 外派管理者通常在国际任职方面的培训很少，容易出错。培训得不到重视，任职通常是短期的。

11.6.3 多国中心和区域中心国际人力资源管理导向

采用**多国中心或者区域中心国际人力资源管理**（regiocentric or polycentric IHRM）导向的公司，会更积极地应对东道国在人力资源管理习惯上的差异。两种导向在强调适应当地文化与制度差异方面具有相似性，两者的区别仅表现为多国中心导向的公司按国家调整国际人力资源管理方式，而区域中心导向的公司则按区域进行调整。考虑到它们在国际人力资源管理理念上的相似性，所以本部分将它们结合起来讨论。

多国中心国际人力资源管理导向的公司根据不同人力资源管理目标，区别对待每一个国家级组织。母公司总部一般让各国家级子公司遵循当地的人力资源管理习惯。区域中心导向的公司则采用区域范围的人力资源管理政策。公司招聘和选拔管理者时也与这些倾向一致，主要范围是东道国或区域。区域中心导向的公司也可能从母公司物色已掌握该区域国家文化和语言的重要人选，来自东道国管理者的选拔标准则遵循当地或者区域的做法。然而，为增强与跨国公司总部的沟通，东道国管理者通常需要掌握母公司国家语言的听、说、写的能力。

在高层管理职位或技术职位上，多国中心与区域中心导向的跨国公司通常使用母国公民，任用母国管理者控制海外经营或将技术转移到海外生产地。[82] 与民族中心导向的公司一样，对外派员工仍然沿用母国人力资源管理政策。此外，除非总部重视国家或区域特有的国际经验，否则国际任职仍会对母国管理人员的职业生涯有负面影响。[83]

多国中心和区域中心国际人力资源管理导向的成本和收益如下所示。[84]

收益：

● 培训支出减少。主要使用区域内的东道国公民或第三国公民，可以减少从总部外派管理者的培训成本；成功的外派任职特别是到与本国文化存在巨大差异的文化任职，常常需要大量的培训投资。

● 较少的语言和调整问题。更多任用东道国公民和第三国公民，减少了面临语言障碍和调整问题的母国外派员工的数量，因为当地管理者都使用本区域语言。该区域第三国国籍管理者常常来自相似的文化背景，很可能具备使用当地语言的能力。因此，没必要对语言培训进行投资。跨国公司在管理外派员工对当地文化的适应性调整，以及重新将公司外派员工调回总部方面，面临的问题大大减少。

● 雇用和迁移的成本减少。来自该区域的东道国员工和第三国员工通常比母公司外派员工雇用费用低；外派员工的成本通常相当高昂。

成本：

● 与总部基于文化、语言和忠诚度差异的协调问题。即使东道国或者区域管理者会说跨国公司总部所在国的语言，双方的沟通也会相当困难并且产生一些误解。东道国经理可能对当地组织比对跨国母公司更加忠诚。

● 限制了东道国管理者和区域管理者的职业发展。由于民族中心国际人力资源管理导向的习惯做法，东道国经理和区域经理可能会面临升职过程中的玻璃天花板，即其升迁局限在某一国家或者区域内。

● 母国管理者有限的国际经验。由于国际经验通常不被重视或者得不到奖励，因此吸引不到最优秀的管理者。如果行业已实现全球化并要求其加快国际经营步伐，那么缺乏国际业务管理能力的公司将会面临很大困难。

11.6.4　全球化国际人力资源管理导向

具有真正**全球化国际人力资源管理**（global IHRM）导向的公司会将最优秀

的管理者派往国际任职[85]，在世界范围内招聘和选拔最优秀的员工，管理者是否符合职位要求比所有其他因素诸如国籍或工作任务都更重要。优秀的管理者很容易适应不同的文化，而且通常精通两种或多种语言。此外，在全球化导向的公司中，国际任职是管理者获得成功的职业生涯的前提条件。

全球化导向的公司选拔和培训管理者管理公司内外的文化差异。组织内员工具有不同的文化背景，公司多国的区位配置会形成具有文化差异的顾客及供应商等。[86]除了面临文化差异问题，全球化导向的管理者还必须应对总部对协调和控制的要求。[87]为了成功应对这些挑战，管理者需要在文化适应性方面加强培训，并训练平衡当地需求与公司整体目标的技能。[88]

与其他类型的国际人力资源管理导向一样，全球化国际人力资源管理导向也有其成本和收益。[89]

收益：

● 更大的人才库。管理和技术的人才库不再受国籍和地域的限制。

● 高端的国际专业化知识。跨国公司培养了大批有经验的国际管理者。

● 有利于建立跨国组织文化。管理者更多地与组织文化，而不是国家文化保持一致。

成本：

● 难以引进管理和技术人员。东道国制定的移民法会限制外籍员工的使用或增加其使用成本。

● 其他费用。培训和迁移的成本很高，外派员工的薪酬常常高于东道国员工。

随着新兴市场跨国公司不断全球化，它们也在采用基于不同区域背景的、适当的国际人力资源管理战略。但是，对于这样的公司，它们所处的市场类型直接影响了其国际人力资源管理导向的类型。详见下面的聚焦新兴市场。

聚焦新兴市场

新兴市场跨国公司外派员工的成功

关于人力资源管理导向的研究大多集中于发达国家的跨国公司向其他发达国家或发展中国家扩张的情况。但是，当前出现了来自新兴市场的跨国公司，例如印孚瑟斯和塔塔汽车公司等印度的跨国公司。这些公司都是凭自己的实力逐渐成长为不可小觑的竞争对手的。因此，研究这些新兴市场稍小一些的跨国公司的国际人力资源管理战略非常重要，它们很多尚处在国际化的早期阶段。

一项最新研究表明，新兴市场跨国公司面临两种麻烦，而这些是发达国家跨国公司不需要面对的。首先，在进入一个陌生的国家时，新兴市场跨国公司面临作为外来者的困难。因为它们被看做外来者，所以必须在东道国更加努力才能成功。其次，新兴市场跨国公司还面临原产国的难题，特别是新兴市场跨国公司会受到原产国糟糕形象的影响。

面临这些障碍时，新兴市场跨国公司必

须采取不同的国际人力资源管理战略。例如，如果在发达国家市场进行经营活动，无法应用发达国家跨国公司常用的"前向扩散"（forward diffusion）战略。发达国家跨国公司通常具备卓越的母国公司管理做法，并且会将这些做法转移至其他国家，而新兴市场跨国公司更倾向于学习所在发达国家市场的实际做法，并将其传播至其他国家。因此，它们更倾向于采用多国中心或者区域中心的国际人力资源管理导向，即雇用具备当地知识的东道国管理人员。从不同区域学习到的经验，随后被传输回母国子公司构成一种提升机制。

但是，如果新兴市场跨国公司进入其他新兴市场，公司或许难以雇用到具备必要管理和技术经验的当地人。在这种情况下，新兴市场跨国公司更倾向于采取民族中心的国际人力资源管理导向，将母国的人力资源管理方法输送至世界其他区域的子公司。

资料来源：Based on Thite，M.，A.Wilkinson，and D. Shah. 2012. "*Internationalization and HRM strategies across subsidiaries in multinational corporations from e-merging economies：A conceptual framework.*" Journal of World Business，47，251 - 258.

小 结

本章介绍招聘、选拔、培训与开发、绩效考核、薪酬等基本人力资源管理方法。当这些方法应用于公司的国际化经营时，就变为国际人力资源管理。除了基本的人力资源管理职能，国际人力资源管理还有两个重要的问题：外派管理者和东道国管理者的组合，以及了解如何将母公司人力资源管理的做法应用于东道国。本章的核心为外派员工的人力资源管理。下一章则考察人力资源管理的国别差异，对这些国别差异的了解有助于跨国公司管理者调整国际人力资源管理以适应当地的条件。

外派员工给跨国公司带来了挑战与机遇。他们成本高昂，通常是东道国管理者费用的两三倍。为保证海外任职的成功，他们需要特殊的培训，但并不一定能成功。外派管理者忠于母公司，并且通常具备东道国管理者所不具备的技能。对跨国公司而言，找到合适的管理外派员工的方法，从而从外派员工的经验中全面获益非常重要。跨国公司面临国际管理者的短缺问题，它们会更多地派女性管理者承担外派任务。因此，跨国公司必须提高意识，关注女性管理者在接受国际任职时面临的重大阻碍，并采取必要的措施协助女性外派员工的工作。

成功的国际人力资源管理是跨国公司在 21 世纪面临的最重要的挑战之一。目前出现的众多全球化趋势，如大规模自由贸易集团的发展、国际贸易界限的开放、国际战略联盟的日益盛行等，都为跨国公司的人力资源提供了不受政治、语言和文化限制的机遇。无论公司大小，只要能够最有效地利用国际人力资源，就会在日益全球化的经济中具有强大的竞争优势。

讨论题

1. 指出人力资源管理的构成要素以及国内与国际人力资源管理的区别。

2. 说明跨国公司员工的类型，并指出每种类型员工的使用情况。

3. 以人力资源管理的基本构成要素为指导，说明跨国公司可能采取的管理方式。

4. 比较任用短期外派员工的积极影响和消极影响，可以从组织的角度和个人职业生涯的角度考虑对外派员工的影响。

5. 讨论外派员工的薪酬方案，并考虑跨国公司和多国公司会怎样选择这些方案。

6. 讨论跨国公司会怎样解决外派员工的归国问题。

7. 女性外派任职会为公司带来什么好处？讨论

女性外派员工相对于男同事所具有的优势。

8.讨论女性外派员工面对的一些主要问题。为了保证女性外派任职成功，公司应该做些什么？

网上练习 ■

美世人力资源管理咨询公司开发出一套生活费用指数（cost-of-living index），公司可利用这套评价系统决定外派员工的薪酬。该指标以纽约为基础，通过衡量外派地支出类型的价格比率来比较价格。这些指标用来衡量美国外派员工到其他国家时的生活费用。登录 http://www.mercer.com 找到最新的生活费用指数。

1.美世咨询公司是如何开发这一生活费用指数的？考虑了哪些因素？

2.哪个国家成本最高？哪个国家成本最低？哪些因素导致一个城市被列为成本最高的城市？

3.美世咨询公司的生活费用指数与经济学人智库的生活成本指数有何异同？

4.跨国公司如何运用上述两种指标体系决定外派员工的薪酬？

技能培养 ■

撰写一份报告

你是一个大型跨国公司人力资源管理部门的副部长。公司决定进行海外扩张，需要向世界各地输送外派员工，包括澳大利亚、日本、墨西哥、马来西亚、印度、南非和智利等。你刚刚参加了执行总裁及其他副部长参与的一个重要会议，会议的主要内容是决定要在哪些国家进行扩张，如何确保外派员工对海外任职满意，以及由于效率压力如何降低总体成本。你要针对这些紧迫问题提交解决方案报告。准备报告的过程中，需要处理以下问题：

步骤1：尽可能利用各种信息来源，准备一个信息/问题类型表，你可以用这个列表显示向上述国家输送外派员工的成本和收益。

步骤2：展示你分析这些列表所用的信息类型和来源。

步骤3：说明掌握这些不同类型的信息对公司的好处，以及应用信息的方法。

步骤4：推荐一个或者几个国家。

步骤5：在课堂上展示你的调查结果。

注 释 ■

1 Milkovich, George T., and Jerry Newman. 1993. *Compensation,* 4th ed. Homewood, IL: Irwin; Bohlander, George W., Scott Snell, and Arthur W. Sherman, Jr. 2001. *Managing Human Resources,* 12th ed. Cincinnati: South-Western.

2 Mayerhofer, Helene, Linley C. Hartmann, and Anne Herbert. 2004. "Career management issues for flexpatriate international staff." *Thunderbird International Business Review,* November–December, 46(6): 647–666.

3 Quelch, John A., and Helen Bloom. "Ten steps to a global human resources strategy." *Strategy & Business,* 1st quarter, 2–13. Syedain, H. 2012. "From expats to global citizens." *People Management, January, online edition.*

4 Black, J. Stewart, Hal B. Gregersen, and Mark E. Mendenhall. 1992. *Global Assignments.* San Francisco: Jossey-Bass; Quelch and Bloom; Tung, Rosalie L. 1981. "Selection and training of personnel for overseas assignments." *Columbia Journal of World Business,* 16(1): 68–78.

5 Melvin, Sheila. 1997. "Shipping out." *The China Business Review,* 24, 30–35.

6 Rafer, M. V. 2009. "Return trip for expats." *Workforce Management,* March 16, 1, 3.

7 Ashamalla, Maali H. 1998. "International human resource management practices: The challenge of expatriation." *Competitiveness Review,* 8(2): 54–65.

8 McFarland, Jean. 2006. "Culture shock." *Benefits Canada,* January 30, 1, 31.

9 *Business Wire.* 2006. "International job assignment: Boon or bust for an employee's career?" March 13, 1.

10 Harzing, Anne-Wil, and Claus Christensen. 2004. "Think piece: Expatriate failure: Time to abandon the concept?" *Career Development International,* 9(6/7): 616–626.

11 McCaughey, Deirdre, and Nealia S. Bruning. 2005. "Enhancing oppor-

tunities for expatriate job satisfaction: HR strategies for foreign assignment success." *HR Human Resources Planning,* 28(4): 21–29.

12 Ashamalla, Maali H. 1998. "International human resource management practices: The challenge of expatriation." *Competitiveness Review,* 8(2): 54–65; Harzing and Christensen; McCall, Morgan W., and George P. Hollenbeck. 2002. "Global fatalities: When international executives derail." *Ivey Business Journal,* May–June, 74–78; McCaughey and Bruning; Poe, Andrea C. 2002. "Welcome back." *HR Magazine,* 45(3): 94–101;Tung, Rosalie L. 1987. "Expatriate assignments: Enhancing success and minimizing failure." *Academy of Management Executive,* 1(2): 117–126.

13 Fink, Gerhard, Sylvia Meierewert, and Ulrike Rohr. 2005. "The use of repatriate knowledge in organizations." *HR Human Resources Planning,* 28(4): 30–36; Gregersen, Hal B. 1999. "The right way to manage expats." *Harvard Business Review,* March–April, 52–61; Lublin, Joann S. 1992. "Younger managers learn global skills." *Wall Street Journal,* March 3, B1; O'Connor, Robert. 2002. "Plug the expat knowledge drain." *HR Magazine,* October, 101–107.

14 Korbin, Stephen J. 1988. "Expatriate reduction and strategic control in American multinational corporations." *Human Resource Management,* 27(1): 63–75.

15 Gregersen.

16 Boyacigiller, Nakiye A. 1991. "The international assignment reconsidered." In Mark Mendenhall and Gary Oddou, eds. *Readings and Cases in International Human Resource Management.* Boston: PWS-Kent, 148–155.

17 O'Connor.

18 Fink, Meierewert, and Rohr.

19 Ibid. Pinto, L.H., C. Cabral-Cardoso, and W. B. Werther. 2012. Compelled to go abroad? Motives and outcomes of international assignments. *International Journal of Human Resource Management,* 23(11) 2295–2314.

20 Micciche, T. 2009. "Preparation and data management are key for a successful expatriate program." *Employment Relations Today,* Spring, 35–39.

21 Poe.

22 Sims, Robert H., and Mike Schraeder. 2005. "Expatriate compensation: An exploratory review of salient contextual factors and common practices." *Career Development International,* 10(2): 98–108.

23 Selmer, J. 2002. "Practice makes perfect? International experience and expatriate adjustment." *Management International Review,* January, 42(1): 71–87.

24 Tung, "Selection and training of personnel for overseas assignments."

25 Gregersen; Halcrow. Allan. 1999. "Expats: The squandered resource." *Workforce,* July, 3, 28–30; Mendenhall, Mark, and Gary Oddou. 1985. "The dimensions of expatriate acculturation: A review." *Academy of Management Review* 10, 39–47; Poe; Tung, "Selection and training of personnel for overseas assignments."

26 Tye, Mary G., and Peter Y. Chen. 2005. "Selection of expatriates: Decision-making models used by HR professionals." *HR Human Resource Planning,* 28(4): 15.

27 Ibid.

28 Gabel, Racheli Shmueli, Shimon L. Dolan, and Jean Luc Cerdin. 2005. "Emotional intelligence as predictor of cultural adjustment for success in global assignments." *Career Development International,* 10(5): 375–395.

29 Tung, "Selection and training of personnel: Decision-making models used by HR professionals."

30 Black, J. Stewart, and Mark E. Mendenhall. 1990. "Cross-culture training effectiveness: A review and theoretical framework for future research." *Academy of Management Review,* 15, 113–36; Forster, Nick. 2000. "Expatriates and the impact of cross-cultural training." *Human Resource Management Journal,* 10, 63–78.

31 Forster.

32 Winham International. 2000. "Survey highlights." http://www.windhamint.com.

33 Black, Gregersen, and Mendenhall.

34 Mendenhall, Mark, and Gary Oddou. 1988. "Acculturation profiles of expatriate managers: Implications for cross-cultural training programs." *Columbia Journal of World Business,* 21, 73–79; Tung, "Selection and training of personnel for overseas assignments."

35 Dowling, Peter J., Denice E. Welch, and Randall S. Schuler. 1999. *International Human Resource Management.* Cincinnati: Southwestern.

36 Black, Gregersen, and Mendenhall.

37 Sims and Schraeder.

38 Ibid.; *Employee Benefits.* 2006. "Sending perks overseas." February 10, S10.

39 Davis, Debra A. 2005. "Paying the piper: Taxation of global employees." *Journal of Pension Benefits,* Autumn, 13(1): 85.

40 Frazee, Valerie. 1998. "Is the balance sheet right for your expats?" *Workforce,* 3, 19–23.

41 Overman, Stephenie. 2000. "In sync." *HR Magazine,* 45(3): 86–92.

42 Sims and Schraeder.

43 Dowling, Welch, and Schuler.

44 Black, Gregersen, and Mendenhall.

45 Ibid.

46 Frazee; Overman.

47 Sims and Schraeder.

48 Overman.

49 Gregersen.

50 Klaff, Leslie G. 2002. "The right way to bring expats home." *Workforce,* July, 40–44; Poe.

51 Black, Gregersen, and Mendenhall.

52 Klaff.

53 Gregersen.

54 Klaff; Gregersen; Black, Gregersen, and Mendenhall; Tyler, Kathryn. 2006. "Retaining repatriates." *HR Magazine,* March, 51(5): 97–102.

55 Lancaster, Hal. 1999. "To get shipped abroad, women must overcome prejudice at home." *Wall Street Journal,* June 29, B1.

56 Caligiuri, P. M. and R. Tung. 1999. "Comparing the success of male and female expatriates from a U.S.-based company." *International Journal of Human Resource Management,* 10(5): 163–179.

57 Harris, Hillary. 2002. "Think international manager, think male: Why are women not selected in international management assignments?" *Thunderbird International Business Review,* 44(2):175–203.

58 Linehan, Margaret. 2000. *Senior female international managers: "Why so few".* Ashgate, U.K.: Aldershot.

59 Jelinek, Mariann, and Nancy J. Adler. 1988. "Women: World-class managers for global competition." *Academy of Management Executive,* 11(1): 11–19; Stroh, Linda K., Arup Varma, and Stacy J. Valy-Durbin. 2000. "Why are women left at home: Are they unwilling to go on international assignments?" *Journal of World Business,* 35, 241–255.

60 Izraeli, Dafna, and Yoram Zeira. 1993. "Women managers in international business: A research review and appraisal." *Business and the Contemporary World,* Summer, 35–46.

61 Linehan.

62 Inshc, G. S., N. McIntyre, and N. Napier. 2008. "The expatriate glass ceiling: The second layer of glass." *Journal of Business Ethics,* 83, 19–28.

63 Adler, Nancy J. 1993. "Women managers in a global economy." *HR Magazine,* September, 52–55.

64 Ibid.

65 Adler, Nancy J. "Pacific basin managers: A *gaijin,* not a woman." *Human Resource Management,* 26(2): 169–191.

66 Solomon, Julie. 1989. "Women, minorities and foreign postings." *Wall Street Journal,* June 2, B1.

67 Adler, "Pacific basin managers: A *gaijin,* not a woman."

68 Adler, "Women managers in a global economy."

69 Linehan, Margaret, and Hugh Scullion. 2001. "European female expa-

triate careers: critical success factors." *Journal of European Industrial Training*, 25(8): 392–418.

70 O'Leary, V. E., and J. L. Johnson. 1991. "Steep ladder, lonely climb." *Women in Management Review and Abstracts*, 6(5): 10–16.

71 Parasuraman, S. J., and J. H. Greenhaus. 1993. "Personal portraits: The lifestyle of the woman manager." In E. A. Fagenson, ed. *Women in Management: Trends, Issues and Challenges in Management Diversity*. London: Sage, 186–211.

72 Davidson, M. J., and C. L. Cooper. 1983. *Stress and the Woman Manager*. London: Martin Robertson.

73 Adler, "Pacific basin managers: A *gaijin*, not a woman."

74 Volkmar, John, and Kate L. Westbrook. 2005. "Does a decade make a difference? A second look at western women working in Japan." *Women in Management Review*, 20(7): 464–477.

75 Thaler-Carter, Ruth E. 1999. "Vowing to go abroad." *HR Magazine*, 44 (12): 90–96.

76 Izraeli and Zeira.

77 Linehan and Scullion.

78 Davidson and Cooper.

79 Inshc, McIntyre, and Napier.

80 Mendenhall, Mark E., E. Dunbar, and Gary R. Oddou. 1987. "Expatriate selection, training and career-pathing: A review and critique." *Human Resource Management*, 26(3): 331–345.

81 Dowling, Peter J., and Denice E. Welch. 1988. "International human resource management: An Australian perspective." *Asia Pacific Journal of Management*, 6(1): 39–65; Reynolds, Calvin. 1997. "Strategic employment of third country nationals." *Human Resource Planning*, 20(1): 33–39.

82 Adler, Nancy J., and Fariborz Ghadar. 1990. "International strategy from the perspective of people and culture: The North American context." *Research in Global Business Management*, 1, 179–205; Bohlander, Snell, and Sherman.

83 Adler and Ghadar.

84 Dowling and Welch; Reynolds.

85 Quelch and Bloom.

86 Ibid.

87 Bartlett, Christopher A., and Sumantra Ghoshal. 1998. *Managing Across Borders*, 2nd ed. Boston: Harvard Business School Press.

88 Quelch and Bloom.

89 Dowling and Welch.

第12章
人力资源管理：适应当地环境的时机与方式

> ## 学习目标

通过本章的学习，你应该能够：

- 对于国家环境如何影响人力资源管理有一个基本的理解。
- 了解在不同国家环境下招聘和选拔的显著差异。
- 识别跨国公司招聘和选拔中可能存在的东道国适应性问题。
- 解释在不同国家培训与开发技术的不同。
- 确定在不同国家高素质员工的来源。
- 理解应如何调整培训体系以适应母国员工。
- 识别在不同国家环境中绩效考核和薪酬实践的差异。
- 讨论跨国公司绩效考核和薪酬实践中可能存在的东道国适应性问题。
- 理解各国劳动力成本存在的差异。
- 理解各国国家环境和历史对劳动关系的影响。

案例预览

遵循当地传统

美国是工业国家中唯一一个没有政府强制休假时间规定的国家。美国公司员工平均每年只有2周假期。相比之下，欧洲企业平均每年有5～6周的假期，意大利、法国、德国、西班牙、瑞典和其他一些国家的规定保证工人每年能有1个月的带薪休假。因此，美国工人每年要比西欧的工人多工作250小时也就不足为奇了。美国公司管理者认为欧洲的假期太多，欧洲公司管理者则反驳美国的这些组织在目标定位上出了错。

从全世界范围看，假期并不是劳工问题中唯一的差异。近期对177个国家和地区的研究发现，177个国家和地区中有170个国家和地区提供带薪产假，只有美国等少数国家不提供带薪产假。在澳大利亚、挪威、葡萄牙和瑞典，父母双方可共享育婴假，父亲也可以享受带薪产假。在所研究的177个经济体中，只有59个国家和地区为父母双方都提供带薪休假。

鉴于世界范围内人力资源存在的广泛差异，最为重要的是关注员工所在国家的习俗和法律。例如，诺基亚决定开设一家新工厂时，将工厂厂址选在位于罗马尼亚的克鲁日，一座人口为400 000人的城市。为什么选择了克鲁日？因为诺基亚发现，在印度和中国的一些新兴城市，很难招聘到和留住技术员工。事实上，专家认为，尽管印度和中国合格毕业生的数量大增，但招聘到高质量的员工却变得越来越难。相比之下，在克鲁日，热切渴望从事这些工作的劳动力供给非常充足。由于移动电话行业获得成功的一个重要因素在于生产率最大化，诺基亚意识到，它必须尊重当地员工，给予他们适当的激励以保证工厂成功经营。诺基亚计划给员工提供免费食物、健身房以及运动场。此外，为了体现对当地文化的尊重，外籍员工必须学习罗马尼亚语。

资料来源：Based on Beacham，W. 2009. "Competition for talent is still fierce." ICIS Chemical Business, February 2，8，5；World Bank. 2012. *Doing Business Project：Employing Workers*. htpp：//www. doingbusiness. org；Ewing，J. 2008. "Nokia's new home in Romania." BusinessWeek，January 28，41－42；Poe，Andrea C. 1999. "When in Rome…European law and tradition back generous vacation policies." HR Magazine, 44；HR Magazine Online Archive, http：//www. my. SHRM. org；Simmers，Tim. 2005. "Workers in U. S. labor longer with less vacation than others." Business Writer，December 10，1.

上述案例预览表明了影响跨国公司在东道国开展经营的几个问题。同样重要的一些问题是，在墨西哥，你如何雇用一名工人？在德国，你期待员工有什么样的教育背景？在丹麦，你会解雇员工吗？在日本，如果你晋升一个30岁的员工去监督一个40岁的员工，会发生什么？在巴西，你要给员工多少天假期？在智利，员工应该享受带薪产假吗？在南非，你准备与那里的工会建立哪种关系？

为了避免在人力资源管理上出现代价高昂的错误，跨国公司应该仔细考虑涉及当地员工的下列几个关键问题[1]：

- 如何识别当地员工的才能？
- 如何吸引潜在员工前来申请工作？
- 可以使用母国的培训方法来培训当地员工吗？
- 什么类型的绩效考核方法是合乎习俗惯例的？
- 什么类型的奖励是当地员工认为重要的（如安全感、工资和福利）？
- 当地法律会影响招工、薪酬和培训决策吗？

为了说明国家环境（国家文化、商业文化、社会制度）对人力资源管理的影响，本章将列举美国和其他国家的各种制度。本章的学习基于对第11章国际人力资源管理内容的理解。学习这两章可以帮助你理解，跨国公司管理者需要选择和执行适合的人力资源管理政策，并且在必要时对这些政策进行调整以适应当地环境。

人力资源管理制度有多么重要呢？请见下面的案例分析。

案例分析

约旦的人力资源管理实践

正如我们在本章后面将要讨论的，人力资源管理是招聘、培训、薪酬管理等的过程，同时是确保工人劳动关系受到尊重的过程。一些专家提出，任何企业的人力资源管理都有可能是其最为重要的资产。设计合理的人力资源管理制度要确保跨国公司能够获得其所需要的人力资源，同时激励员工发挥其全部潜能。目前形成的一些共识是，设计合理的人力资源管理制度能够使组织和员工实现更好的绩效。但是，人力资源管理是如何关系到工作其他各方面的？

最近对约旦员工所做的一项有趣研究，解释了人力资源管理关键因素是如何影响工作参与度的。工作参与度反映员工个体对其工作的认可度。工作参与度高的员工一般认为，工作是其人生很重要的部分和中心。工作参与度事关许多其他促进工作产生成效的关键因素，比如员工对其工作的满意度等。那些工作参与度高的员工很少缺勤，同时很少愿意离开自己的组织。

该项研究调查了 284 名约旦员工，这些员工分别来自不同的行业，比如银行、医疗服务、会计和保险等。研究对人力资源管理的重要性提出了一些独到的见解，考核了人力资源管理的各个方面，如工作分析（工作职责、岗位所需的员工类型）、选拔、培训、绩效考核、薪酬和绩效管理等。所研究企业的人力资源管理制度的所有方面，均对员工工作参与度有积极影响。

资料来源：*Based on Abutayeh*，*B.*，*and M. Al-Qatawneh*. 2012. "*The effects of Human Resource Management practices on job involvement in selected private companies in Jordan.*" Canadian Social Science, 8（2）：50 - 57.

上述案例分析清楚地表明人力资源管理在世界范围内的重要性。接下来我们将围绕一些重要的因素展开讨论，这些因素解释了在人力资源管理方式上各国之间存在差异的原因。

12.1　为什么各国人力资源管理会存在差异

人力资源管理存在的跨国差异以及适应当地条件的压力由一系列因素所致。这些因素使得各个国家独具特色。正如我们在第 3 章所看到的，这些因素被称作**国家环境**（national context），包括国家文化、一国可利用的劳动力以及其他自然资源、政治和法律制度、企业可获得的管理者类型、社会机构、国家和企业文化要素条件以及它们对商业环境的综合影响等。因此，国家环境提供的是每个国家独具特色的背景，而管理者正是在这些独具特色的背景中进行人力资源管理决策的。图表 12 - 1 用一个模型说明了国家环境是如何导致各国人力资源管理政策和实践上的差异的。

第 2 章和第 3 章表明，与国家文化和企业文化相关的价值观和准则，会产生经营方式的偏好。这些偏好会影响到组织的决策、设计以及人力资源实践等各个方面。有关性别、年龄及家人朋友的基本规范和价值观，影响着从招聘到绩效考

图表 12－1　　　　当地人力资源管理实践：国家环境对国家差异的影响

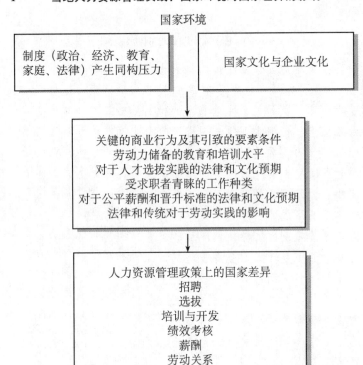

国家环境

| 制度（政治、经济、教育、家庭、法律）产生同构压力 | 国家文化与企业文化 |

关键的商业行为及其引致的要素条件
劳动力储备的教育和培训水平
对于人才选拔实践的法律和文化预期
受求职者青睐的工作种类
对于公平薪酬和晋升标准的法律和文化预期
法律和传统对于劳动实践的影响

人力资源管理政策上的国家差异
招聘
选拔
培训与开发
绩效考核
薪酬
劳动关系

核等一系列人力资源管理实践。

　　由于各国社会制度存在很大差异，跨国公司管理者必须选择和执行符合一国社会制度要求的人力资源管理实践。社会制度影响着人们之间的关系构建方式，也有助于界定一国从事经营活动的正确方式。例如，在美国，作为社会法律制度构成的一部分——反歧视法，禁止日本和韩国公司中许多习以为常的招聘行为。在日本，家庭依靠女性来抚养孩子，因此男人可以晚上很晚下班或者长时间出差在外，对于生完孩子后依然在管理职位工作的女性，存在世俗性偏见。

　　国家环境还包括企业可以获得的资源库。**资源库**（resource pool）是指一国能得到的所有人力和物质资源，相关例子包括劳动力的质量、科学实验室的可获得性以及燃料来源等。如果所有国家都可以获取相同的资源，则各国在管理实践上的差异将会减少。无论公司具有什么国籍，如果能够获得相同的资源，则它们就可以复制世界上最成功企业的战略和组织结构。然而，在物质资源禀赋（如原材料供给）和其他资源（如对工作的文化激励、教育制度等）上，各个国家都独具特色。

　　资源库代表着一个国家的要素条件。五个关键要素制约着资源库，而且反过来会对一国企业所青睐的管理实践产生影响[2]：

　　1. 原材料的质量、数量和易获得性。例如，美国拥有广袤的肥沃土地，这使得美国的农业公司有能力提供低价格高质量的产品在世界市场上竞争。

　　2. 可获得人员的质量、数量和成本。例如，德国拥有很大的技术工人资源库，这些在技术上训练有素的工人支撑着产业和企业的发展，为产业界和企业界广泛实施高质量的差异化战略提供了现实基础。相比之下，德国工人的工资高企，工人工资之高在世界上位居前列，这使得低成本战略难以实施。

3. 企业有可获得的科学、技术及市场知识。例如，日本和美国拥有丰富的源自大学和产业研发的科技知识储备。此外，在像中国这样的国家，政府正在积极地重塑教育体系，以鼓励人们在更多的知识型部门中训练有素。[3]

4. 公司运营和扩张所需资金的成本和数量。这一要素关系到公司如何获得融资以保证正常运营。例如在韩国经济两位数增长期间，韩国财阀（企业集团）主要依赖从政府控股银行获得高杠杆融资。1998 年以后，由于韩国经济下滑、财阀倒闭和货币疲软，韩国银行不再愿意贷款给负债累累的公司。

5. 诸如通信、教育和运输体系等支持性系统的类型、质量和成本。国家在商业经营所需的支持性资源上存在很大的差异。训练有素的员工是关键的资源，电话使用的可靠性以及能够运输商品的低廉成本和预见性等要素同样重要。

有一些资源被称作**自然要素条件**（natural factor conditions），因为它们是自然出现的。例如，水、煤、天然气储量丰富的国家偏好于发展高能耗的产业和企业。例如，加拿大拥有提高铝生产效率所需的大量水资源储量。

其他资源被称作**引致要素条件**（induced factor conditions），因为它们源自文化和组织压力。例如，许多亚洲国家投资到教育上的高文化价值，为诸如新加坡和韩国等国家培养了一支训练有素的劳动力大军。像政府这样的社会组织也会影响引致要素条件，例如可供日本机器人行业使用的知识基地，日本经济和产业省每年对该基地的发展投入 20 亿美元，超过 180 所大学在基地设立了机器人实验室。[4]

一国国家文化与企业文化总是与其社会制度密切相关，共同对商业环境和某些要素条件产生影响。另一方面，一国国家环境制约着企业的管理实践、政策以及最终人力资源管理的类型。下面对影响人力资源管理的主要国家环境特点予以概括。

● 劳动力储备的教育和培训。一个企业能获得的劳动力的类型和质量是这个企业人力资源管理的关键问题。一个国家的教育体系为企业提供人力资源原材料。本章后面你将看到德国的专业化培训体系是如何在德国的人力资源管理中起主导作用的。

● 对于选拔实践的法律和文化预期。一国法律以及人们自身的预期会告诉管理者选择新员工的正确方式。例如，有些国家提倡雇用亲属；而在另外一些国家，雇用亲属是违反公司规定的。再如，在某些国家，询问女性求职者近期是否有结婚的打算是很正常的，但是在美国，这是违法的，也是带有歧视性的。想想之前案例预览中讨论的关于婚假和产假的不同法律制度。

● 受求职者青睐的工作种类。日本的大学毕业生喜欢受雇于大公司。他们更注重在大公司工作的安全性。而大多数中国企业是家族企业，人们更倾向于为家庭成员工作，或者和家庭成员在一起工作。这些例子表明了不同文化的规范和价值观如何影响人们去选择最好的和最适合的工作。

● 对于公平薪酬及晋升标准的法律和文化预期。老员工是不是应该比新员工获得更高的薪酬？男性是不是应该比女性晋升得更快？同时入职的员工是不是应该得到同等的薪酬并同时获得晋升？一个工人的家庭状况会不会影响他的工资水平？在不同的国家，由于文化背景和体制压力存在差异，这些问题的答案不尽相同。价值观、道德规范以及制度预期都会影响薪酬福利决策，以及绩效考核和薪酬之间的关系。例如，美国跨国公司管理者常常会发现，在美国公司里，绩效和薪酬的不对等会被认为是不合法的，但是在其他很多国家，这一问题并不被重视。

● 法律和传统对劳动实践的影响。工会的法律地位和力量以及劳资双方的历史关系等，对劳动关系中的人力资源管理有着重要的影响。例如，在有些国家，劳资冲突是由来已久的事情，然而，国家环境不同，劳资冲突和工会受工人欢迎的程度各异。请见下面的跨国公司管理概览。

跨国公司管理概览

法国式的绑架

法国的劳动关系一直是存在争议的。法国的法律和传统使得受雇用者拥有强大的联盟，积极争取自己的权利。事实上，在 2012 年大选之后，新政府正在争取实行更多有利于劳动者的政策。例如，按照新的法规规定，企业几乎无法解雇员工。如果企业解雇了员工之后再分红派息，会被处以罚款。此外，政府还鼓励企业将工厂出售给竞争对手，而不鼓励将其关闭。而且，国民对企业一点都不心慈手软，认为企业是很多问题的根源。工人为了获得更好的工作条件或者在裁员的时候得到更高的解雇补偿金，会将公司的高管劫为人质，而专家也对这种现象见怪不怪。事实上，像索尼和米其林这样的大公司在宣布裁员计划后，都遭遇过高管被劫为人质的事件。索尼法国公司的老板赛格尔·福切尔（Serge Foucher）就曾被绑架，同意支付更高的解雇补偿金之后才被释放。米其林宣布关闭一家工厂后，有两名高管被绑架。

绑架企业高管在法国很普遍，但在其他国家，人们却很少用过激的方式维护自己的权利，比如美国人更喜欢静坐示威。但是，专家认为，在经济低迷时期，企业一旦有太草率的裁员动作，任何国家都很有可能发生劫持企业高管的事件。

资料来源：*Based on* Economist. 2009. "*Kidnapped.*" *March* 21，68；Economist. 2012. "*Adieu，laFrance.*" *June* 23, *online edition.*

本章接下来将分析国家环境对人力资源管理实践的影响，以说明不同国家人力资源管理实践的差别。要了解一个国家的人力资源管理实践，跨国公司的管理者需要特别关注这个国家的相关价值观、道德标准和法律。

为了作比较，对于人力资源管理的每项基本任务，我们都将美国的主流实践与其他国家的主流实践进行比较。所考虑的任务包括招聘、选拔、培训与开发、绩效考核、薪酬和劳动关系。

12.2　招　聘

图表 12 - 2 概括了招聘的主要步骤。首先，当公司有扩张计划或者有员工离职时，管理者决定对空缺的职位进行招聘。其次，管理者决定职位人选的类型和所需技能；最后，管理者应用招聘策略构建应聘人才库。

图表 12 - 2	招聘流程的步骤示意图

- 出现职位空缺
- 确定岗位要求
- 应用招聘策略
  - —毛遂自荐
  - —在报纸及其他媒体刊登广告（如互联网）
  - —在网站上发布职位信息
  - —使用公共或者私人的人力资源服务
  - —使用教育机构
  - —员工推荐
- 应聘者到位

资料来源：*Adapted from Bohlander，George W.，and Scott，Snell.* 2009. Managing Human Resources；*Cincinnati，OH：South-Western；Werther，William B.，and Keith，Davis.* 1993. Human Resources and Personnel Management. *New York：McGraw-Hill.*

构建应聘人才库的招聘策略包括：

- 毛遂自荐或主动应聘。
- 在报纸和互联网上刊登招聘广告。
- 在公司网站上发布职位信息，即在公司网站上列出空缺职位。
- 内部招聘，也就是在现有的员工中选择适合空缺职位的人选。
- 使用公共和私人的职业介绍所。
- 使用教育机构的就业服务处。
- 现有员工推荐。

管理者希望，通过采用以上单个或多个招聘策略能构建一个符合空缺职位要求的应聘人才库。

不同国家在招聘中的大部分差异出现在招聘策略的偏好上。国家文化与企业文化决定选择员工的恰当方式，但组织文化和职业文化规范也会影响招聘。例如，美国的宝洁公司就制定了偏向于从公司内部招聘的规范。教育制度等社会制度也会影响企业的招聘，比如在日本，大学教授和企业管理者之间的个人关系是大学生进入大公司工作的先决条件。

12.2.1　美国的招聘

美国企业会使用所有招聘策略，但是美国的管理者并不认为各种策略的效果是相同的。图表 12 - 3 显示了不同招聘策略对于美国四类工作的相对影响力。

图表 12 - 3　　　　　　　不同招聘策略对美国四类工作的相对影响力

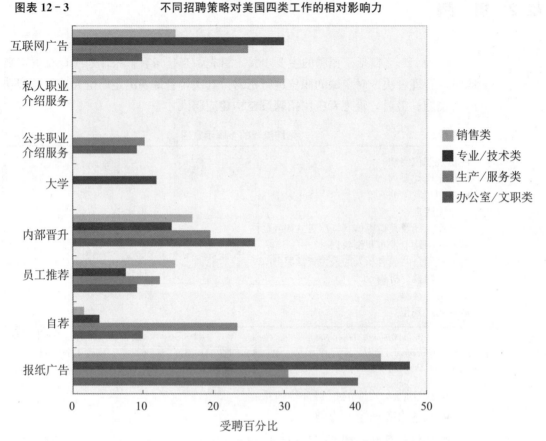

资料来源：*Estimated percentages adapted from the Bureau of National Affairs*. 1988. Recruiting and Selection Procedures，Personnel Policies Forum. *No.* 46，*May. Washington*，*DC*：*Bureau of National Affairs*，*Inc. pp.* 9 - 11；*Cook*，*Mary F*. 1997. "*Choosing the right recruitment tool*." HR Focus，74，*pp. s7 - s8*；*Terpstra*，*David*. 1996. "*The search for effective methods*." HR Focus，*May*，5，*pp.* 16 - 19.

从图表 12 - 3 可以看出，不管是什么类型的工作，美国的管理者都认为广告是最有效的招聘渠道，无论其是印刷品广告还是网络广告。大学的校园招聘对专业/技术类工作最有效。

美国管理者认为，员工推荐的成功概率微乎其微。在美国，人们担心员工推荐会导致企业只能招聘到与现有员工背景相似的应聘者。还有人担心，通过私人关系完成的招聘（常见于其他许多国家）可能会导致针对女性和少数族裔等特定人群的潜在偏见。[5]

将向公众开放的广告作为最有效招聘方式的理念，体现出美国的个人主义价值观。美国和其他个人主义社会的管理者认为，未来的员工是拥有多种特殊技能的员工，而这些技能是由企业从劳动力市场购买到的。公开的招聘广告可以使可获得的人才库最大化，而且从工作者的角度讲，保证了每个人都拥有可以竞聘空缺职位的平等权利。但是，这样的方式却未必在全世界范围内都会被接受。请见下面跨国公司管理概览中有关墨西哥和巴巴多斯两个国家的招聘。

跨国公司管理概览

墨西哥和巴巴多斯的招聘

在美国招聘实践中，一项重要的内容是避免工作招聘广告中出现任何带有歧视性的语言。例如，在招聘时表达对性别、年龄、体貌以及婚姻状况的偏好的做法是违法的。而且，大多数企业更倾向于通过正式的方法进行招聘，比如在报纸上刊登招聘启事或者通过招聘机构来完成。然而，并不是所有国家都能做到这样公平和规范。事实上，在墨西哥和一些拉美国家，不公平的现象是很普遍的。在这些国家，在招聘广告中表达对性别、年龄、体貌以及婚姻状况的偏好的做法是可以接受的。

为了对比美国和墨西哥两国在招聘工作上存在的差异，一项研究把美国跨国公司在墨西哥的招聘广告和墨西哥当地公司的招聘广告进行了比较。研究发现，在墨西哥从事经营活动的美国跨国公司，不像墨西哥当地公司那样在广告中出现歧视性语言。这些研

究结果表明了美国的招聘实践对于美国跨国公司的影响。

另一项有关巴巴多斯招聘实践的研究，揭示出这个国家与美国在招聘实践上存在更多的差异。这项研究对巴巴多斯 49 家公司做了调查，涉及制造、旅游、零售等不同行业。研究结果表明，位于加勒比的大小企业都喜欢通过不正规的方法进行招聘，包括口碑或者员工推荐。样本中的小公司更倾向于使用不正规的招聘方式。对比而言，美国公司偏向于通过更加正规的途径进行招聘，比如通过报纸广告或者使用招聘机构。

资料来源：Based on Daspro，E. 2009. "An analysis of U. S. multinationals' recruitment practices in Mexico." Journal of Business Ethics，87，221－232；Greenidge，D.，P. Alleyne，B. Parris，and S. Grant. 2012. "A comparative study of recruitment and training practices between small and large businesses in an emerging market economy. The case of Barbados." Journal of Small Business and Enterprise Development，19（1）：164－182.

12. 2. 2　集体主义文化的招聘

美国推崇公开招聘，一些集体主义国家则更倾向于从内部团体进行选择，也就是选择员工的家人或者朋友。这一点在上面跨国公司管理概览中巴巴多斯企业对非正规招聘的偏好上可略见一斑。再比如韩国，这个国家在霍夫斯泰德的个人主义维度排名比较低（第 21 位），它的人力资源管理实践是集体主义文化的典型代表。韩国的招聘融合了儒家思想和西方的实用主义。大多数韩国公司的蓝领工人都是通过**走后门招聘**（backdoor recruitment）入职的。该种招聘形式属于员工推荐；也就是说，候选员工通常是企业员工的亲人或朋友。从公司的角度讲，员工的亲朋好友是很好的人力资源储备。如果雇用的员工是员工的亲人或朋友，就有人为他们的信誉和勤奋程度担保。小公司和乡村的企业更倾向于通过走后门来完成招聘，而不采取公开的招聘。

与日本类似，韩国企业在招聘管理者时会从知名大学中选拔，应届毕业生在韩国比有经验的管理者更受企业的欢迎。企业认为，年轻人更容易适应公司的文化。但是，在这一环节中常常发生走后门招聘的现象，多数毕业生是通过校友介绍进来的。企业总是青睐某所特定大学的毕业生，而企业通常有相当比例的管理者正是来自这所大学。

除了企业对招聘人才策略的偏好不同，各国的求职者在求职方式上也不相同。这种选择上的偏好与国家文化和社会制度相关。再以韩国为例，求职者明白公司会通过走后门的形式进行招聘，所以他们会找到亲人或朋友帮忙介绍工作。

为了提供更多关于跨文化求职差异的信息，可以进一步分析国际社会调研项目（ISSP）所采集的数据。[6]国际社会调研项目是一项由美国校际政治与社会研究联盟（Inter-University Consortium for Political and Social Research，ICPSR）支持的、致力于收集关于工作和职业定向培训数据的跨国合作项目。

国际社会调研项目询问那些求职者正在使用的求职方式：在公共机构或者私人机构注册；在报纸上刊登求职信息；对招聘广告做出回应；直接向雇主求职；通过亲人或朋友介绍等。对招聘形式的比较表明，国家文化和社会制度会导致某一社会的人偏向于某些求职方式，从而对招聘实践产生影响。

图表 12-4 显示了选定国家个人求职时选择公共机构还是私人机构。如图表所示，瑞典、挪威、匈牙利和法国的求职者更有可能将公共机构作为求职途径。这样的结果并不令人意外，因为这些国家的政府积极介入国家日常事务中。匈牙利、斯洛文尼亚、瑞典、西班牙都深受政府监管和政策的影响，因此，这些社会的个人依赖于政府作为求职方式是自然而然的事情。相比之下，在政府监管比较少的国家（如美国、英国和新西兰），个人在找工作时会更依赖于私人机构。这些结果清楚地表明了社会制度对个人选择工作方式的影响。

图表 12-4　　　　　求职方式偏好：公共机构与私人机构

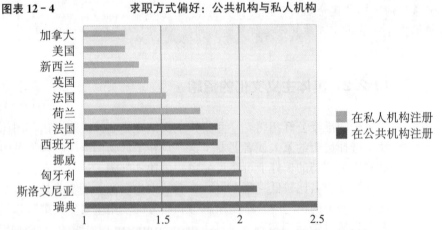

资料来源：*Adapted from International Social Survey Program*（ISSP）. 2009 - 1999/2000. "*International social survey program：Work orientations II，1997*"（*computer file*）.

图表 12-5 显示了哪些国家最青睐在报纸上刊登求职信息或对报纸广告作出回应。这两种行为都体现了非常公开的招聘方式。这两种情况下，求职者都是在劳动力市场与他人进行素质与技能的公开竞争。毫不奇怪，许多推崇个人主义的国家（英国、美国、新西兰）都在名单之列。这些社会的求职者之所以偏好公开方式，是因为在高度推崇个人主义的社会，偏向于雇用适合的有岗位技能的员工，而不论其家庭或者其他关系如何。企业认为获得合适人选的最佳方式是公开的招聘广告，这样可以更全面地考虑求职者的技能和素质。

图表 12－5 求职方式偏好：对招聘广告做出回应与在报纸上刊登求职信息

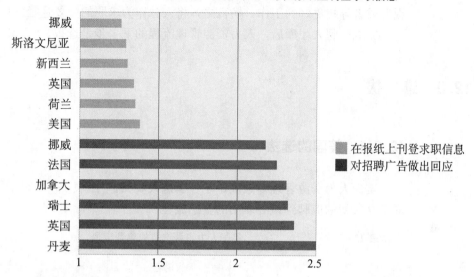

资料来源：*Adapted from International Social Survey Program*（ISSP）. 2009－1999/2000. *"International social survey program：Work orientations II*，1997"（*computer file*）.

当依赖打广告或对广告做出回应时，人们认为普遍需要具备的资格适用于所有情况。这种假设很好地解释了为什么丹麦、挪威和荷兰这些男性较少的国家偏爱平等主义。这样的结果与琼潘纳斯的看法一致，在喜欢普遍主义的国家（如加拿大、美国和丹麦），文化预期是建立在平等基础之上的。[7]

图表 12－6 展示了不同国家的求职者是喜欢直接到企业应聘还是偏好通过亲朋好友介绍求职。推崇个人主义的国家或者缺少男性的国家（如加拿大和瑞典）的个人更倾向于直接应聘。直接应聘也反映了招聘的公开性和文化准则中的个人成就及公平性。相反，其他社会（如意大利、波兰和匈牙利）的个人更喜欢通过

图表 12－6 求职方式偏好：直接应聘与请亲朋好友帮忙

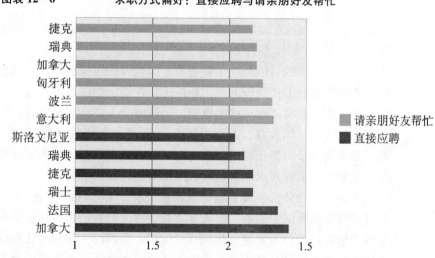

资料来源：*Adapted from International Social Survey Program*（ISSP）. 2009－1999/2000. *"International social survey program：Work orientations II*，1997"（*computer file*）.

亲人和朋友来介绍工作。这些国家的人依赖亲人、朋友和其他社会关系获得工作提升或者寻找更好的工作，换言之，将人脉作为求职的主要途径。

完成应聘人才库后，人力资源管理流程的下一步是选拔。

12.3 选　拔

12.3.1 美国的选拔

美国人力资源管理专家确定了一套选拔步骤。[8] 图表 12 - 7 显示了这些步骤，涵盖从最初的应聘到最终雇用的整个流程。

图表 12 - 7　　　　美国人力资源选拔的典型步骤

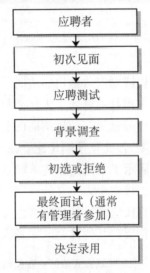

资料来源：*Adapted from Bohlander*，*George W.*，*and Scott Snell.* 2009. Managing Human Resources. *Cincinnati*，*OH*：*South-Western*；*Werther*，*William B.*，*and Keith Davis.* 1993. Human Resources and Personnel Management. *New York*：*McGraw-Hill.*

美国式选拔的目的是收集候选人工作能力的相关信息。最理想的选择就是将应聘者的技能和工作岗位的要求相匹配。在招聘的过程中，每个人都被看做技能的载体，而企业将要购买这些技能。美国的个人主义文化使得这个国家更加注重一个人的成就（如教育、天资和经验），而非诸如家庭之类的群体归属关系。因此，很多美国公司禁止聘用亲属，也禁止管理者招聘自己的家庭成员。这种关注个人成就的价值观对求职者的自我展示有很明显的影响。

下面的案例分析显示了应聘者在自我展示上存在的区别。以前的工作经历、测试成绩以及面试中的能力表现等，都会将应聘者的素质传递给人力资源管理人员或者招聘经理。为了避免歧视或者偏袒，美国的法律和文化规范明确要求，在选拔阶段收集的信息必须是有效的。从应聘人员那里收集到的个人信息必须与工作中的表现一致。工作资格测试的结果必须能够预测出工作中的表现。例如，举起 50 千克重物的测试对于大多数办公室工作来说是无效的。与身高、体重相关的个人信息同样必须与工作相匹配。

案例分析

冰岛、瑞士以及美国应聘者的自我展示

由于美国的选拔程序主要以个人成就为基准，因此应聘者必须尽可能给面试官留下良好印象。但是，这也会导致一些人变得关注自我展示。自我展示是指应聘者努力展示自己积极的方面，而将消极的方面最小化。有些时候，应聘者对工作的兴趣其实并没有自我展示时表露得那么高。尽管存在个体差异，但大部分研究表明，美国的大多数应聘者都会努力地展示自己。

研究发现在美国存在高水平的自我展示，但在其他国家此类行为不多。专家们认为，其他国家的应聘者可能不会有这么高的自我展示水平。对此有一种解释：各国对谦逊的推崇程度不同，在把谦逊作为一种美德的国家，人们的自我展示水平会低一些。

在最近的一项研究中，研究者对来自瑞士、冰岛和美国的受调查者进行了有关自我展示水平的评估。研究结果发现，美国人的自我展示水平要高于来自其他两国的调查样本。这些结果提醒跨国公司的人力资源管理者思考一个问题：在面试时要充分考虑应聘者的文化背景。美国人更注重应聘者在面试时的自我展示，而这一点在其他文化中却未必行得通。如果美国跨国公司采用千篇一律的选拔流程，则对那些不依赖于自我展示文化的应聘者的潜能难以做出正确评估。因此，人力资源管理者需要找到将自我展示纳入其选拔标准的方法。

资料来源：*Based on Konig, C. J., L. G. Hafsteinsson, A. Jansen, and E. H. Stadelmann. 2012. "Applicants' self-presentational behavior across cultures: Less self-presentation in Switzerland and Iceland than in the United States."* International Journal of Selection and Assessment, 19 (4)：331 - 339.

接下来我们来看集体主义文化在选拔应聘者实践上存在的明显差异。

12.3.2　集体主义文化的选拔

霍夫斯泰德总结出集体主义文化中雇用的根本做法[9]："集体主义社会中的雇用过程总是注重内部集团，即通常更偏向于首先雇用雇主的亲属，然后是其他内部人员的亲属。雇用一个熟人的家庭成员降低了风险，并且亲属会更在乎家庭的名誉，从而有助于纠正一个家庭成员的错误行为。"

在选择员工方面，集体主义文化更注重可信度、可靠性和忠诚度，而不是与工作绩效相关的特质。对公司和雇主的忠诚，以及忠实可信等个人品质是家庭成员能够提供的特质。大型技术公司所需的职业经理人和技术人员的技能，从组织内部往往难以获得。即便如此，选拔也优先考虑个人品质而非技术特质。如果没有家庭成员参与招聘，也会优先考虑团队意识更强的求职者。年轻男性求职者更受欢迎，因为他们还没有被另一家企业的文化侵蚀，而且文化角色预期他们比带孩子的女性会更多地投入到工作中。

例如，在集体主义文化的韩国和轻微集体主义文化的日本，竞聘管理岗位

时，高中和大学的关系会取代家庭关系。在韩国大宇公司（Daewoo），董事长和公司 8 位高管中有 6 位都上过京畿高中（Kyunggi High School）。在韩国最重要的 7 家企业集团中，毕业于韩国首尔大学的高管占到 62％。[10]在日本，两所公立大学（东京大学和京都大学）和两所私立大学（庆应义塾大学和早稻田大学）的毕业生，几乎垄断了日本企业和公共部门的领导岗位。毕业于重点大学的经理们利用自己与大学教授的私人关系，向他们提供企业所需人才的信息，毕业生大学所学专业通常远远不及适合企业的主观评估重要。

12.4　对跨国公司的启示：招聘和选拔

在一个国家进行招聘和选拔时，跨国公司要入乡随俗。例如，跨国公司在美国应采用典型的招聘方法——报纸广告和校园招聘；而在其他国家，则需要发现适合当地招聘和选拔的方法。

进行适应当地的招聘和选拔的操作并非易事。在那些靠走后门和人际关系求职的国家，跨国公司的外国管理者可能没有办法找到合适的招聘渠道。比如在日本，大多数跨国公司的外国管理者没有与当地大学教授的私人关系，从而难以获得最好的管理人才。对于美国公司来说，这样的招聘方式是违背伦理规范的，因为美国的伦理规范要求工作职位应该是公开和公平竞争的。

如果一个企业没有遵循当地的招聘和选拔规范情况会怎样？首先，这个企业可能无法招聘到最好的员工；其次，这可能会违背当地的文化和法律。因此，在按照本国实践找到合适人选与遵循当地传统的成本收益之间，跨国公司的管理者必须加以权衡。

许多国家现在开始应用电子人力资源管理系统（e. HR）。实践证明，电子人力资源管理系统在招聘方面是卓有成效的。下面的案例分析将讨论电子人力资源管理系统。

案例分析

应用电子人力资源管理系统进行招聘

许多公司现在依赖电子人力资源管理系统，因为它们看到了使用这一系统所能带来的可观效益。比如，电子人力资源管理系统可以向员工提供薪酬账户和其他重要的就业信息。事实上，像耐克、荷兰皇家 KPN 电信集团和西门子这样的大公司，都已经利用电子人力资源管理系统来完成人力资源管理职能。耐克在欧洲、中东和亚洲的总部每月都有大约 800 人竞聘 100～200 个工作岗位。耐克的理念是，每一位应聘者都有可能成为优秀员工或顾客，必须以此态度对待每一位应聘者。然而，在电子人力资源管理系统投入使用之前，人力资源管理部门因必须快速筛选简历，做出录用决定，常常面临很大的压力。遗憾的是，对这一招聘方式的评估表明，招聘错误百出，成本居高不下，人才水平尚有差距。

耐克运用电子人力资源管理系统已经解决了很多问题。所有应聘者都可以到耐克的官网上申请特定的工作岗位或者未来的工作机会。耐克的官方网站还与许多其他招聘网站建立了链接，以此扩大应聘者的搜索范围。对于一个新的工作岗位，线上系统可以完成第一轮的淘汰，将备选人员与岗位进行匹配。与之前的招聘方式相比，管理者拿到的名单不再那么冗长，而是一份精简过的名单，同时也不需要阅读很多份简历。电子人力资源管理系统帮助耐克提升了备选人员的质量。另外，系统也鼓励应聘者每隔 6 个月更新一次自己的简历，以表示自己在持续关注公司的工作岗位。由此，耐克得到的是一个日益扩大的人才储备库，以备未来岗位招聘之需。目前，该数据库里大约有 8 500 份简历。

耐克从电子人力资源管理系统的应用中得到了巨大收益，公司的招聘成本节约了近 50%。通过简历的不断更新，公司不再依赖外部资源进行招聘，因为公司有足够的、合适的人才储备库。系统精简备选人名单的功能提高了录用者的质量，将填补职位空缺的时间从 62 天缩短到 42 天。

尽管跨国公司已经在大量应用信息技术，最近的一份报道却表明，信息技术所提供的巨大潜力仍未得到充分开发。特别是现在可利用的技术工具很多，如 Hiring Smart Tools 或 Aviva's Talking Talent 等。此外，目前几乎没有跨国公司挖掘社交媒体的潜力。

资料来源：Based on Gorsline, K. 2012. "Room for improvement in HR's use of technology." Canadian HR Reporter, 25（12）：9; MacLellan, J. 2009. "Electronic solutions a greener option." Canadian HR Reporter, 22（8）：8; Pollitt, David. 2005. "Recruiting the right project managers at Siemens Business Services." Human Resources Management International Digest, 13（7）：28–30; 2005. "E-recruitment gets the Nike tick of approval." Human Resources Management International Digest, 13（2）：33–35; 2006. "E-HR brings everything together at KPN." Human Resources Management International Digest, 14（1）：34–35.

完成应聘人才库和选拔，确定了录用的人选后，人力资源管理流程的下一个步骤是新员工的培训与开发。

12.5　培训与开发

受不同行业、技术、政策、组织结构以及当地劳动力市场条件的影响，同一个国家对培训与开发的需求存在很大的差异。不同国家在培训与开发上的差异则更为普遍存在。

各国在培训与开发方面的差异主要与教育体系的差异相关。教育体系的不同会造成应聘者的基本技能及对待工作的态度存在巨大差异。例如，在挪威、日本和韩国这类国家，25~34 岁的年轻人中 90% 以上都读过中学；而在土耳其和葡萄牙，这个比例仅有 24%。[11] 再以德国为例，德国教育体系中有着浓厚的技术教育和学徒制传统，这种二元制源于中世纪的行会制度。

各国在培训与开发方面的差异还与各国政府推崇的重点相关。[12] 例如，澳大利亚政府要求，达到一定规模的企业必须投入年薪的 1.5% 用于培训；中国政府也很重视培训，鼓励企业对新员工进行上岗前培训，并建立职业培训机构服务于那些没有受过高等教育的人。有关学历文凭和其他人事管理措施（如终身雇佣）的文化价值观同样会影响培训与开发，例如，日本人至今还保留着长期聘用的理念，尽管这一理念受到经济实用性的威胁及效率低下的指责。日本理光这样的公司会不惜一切代价避免裁员，长期聘用使得管理者的培训与开发可以在岗位轮换中慢慢地展开，他们从早期经历的不同职位实践中学习、成长。

图表12-8显示了世界各地正在使用的与工作相关的培训体系，图表12-9显示了一些国家的培训细节。

图表 12-8   **世界各地的培训体系**

类型	国家或地区	体制压力的特性和来源
合作型	奥地利、德国、瑞士和一些拉美国家	存在企业、工会和政府间进行合作的法律和先例
企业自愿主义/劳动力高度流动型	美国和英国	缺乏提供培训的体制压力；企业根据自己的成本收益提供培训
自愿主义/劳动力低流动型	日本	人员的低流动性，促进企业进行培训，而没有体制压力
政府主导的激励提供型	韩国、新加坡、中国、澳大利亚	政府确定所需的技术，并通过激励机制鼓励企业针对特定行业进行培训
供给型	亚洲和非洲的发展中国家、转型经济体	不存在企业进行培训的体制压力，由政府提供正规的培训机构

资料来源：*Adapted from International Labor Organization（ILO）.1999.World Employment Report 1998-99.Geneva：International Labor Office.*

图表 12-9   **部分国家在培训与开发上的关键特征**

澳大利亚
- 政府1990年颁布的《培训保障法案》要求企业投入年薪的1.5%用作培训。
- 对管理层提供的培训多于对蓝领提供的培训。
- 对培训项目的有效性做出评估的积极性尚不足。

加拿大
- 由于《北美自由贸易协议》的影响，公司面临降低成本的压力，人力资源管理部门也受到影响。
- 借助外部顾问进行培训的做法正在逐渐流行。
- 仅有一半企业的人力资源管理部门参与培训。

中国
- 政府高度介入企业的培训。
- 非常注重管理人员的培训与开发。
- 培训项目更可能注重企业文化和人际关系技巧。
- 很多跨国公司（ABB、爱立信、宝洁、摩托罗拉）已经建立起最为先进的校园培训中心。

日本
- 培训与开发在各级组织中均按规定的方式计划和执行。
- 对白领和蓝领的培训十分相似。
- 在培训项目中，协作和沟通技能被认为与专业技术同等重要。

韩国
- 重点放在培养现有与未来的员工和管理者去适应企业文化。
- 忠诚度、奉献精神和团队意识比工作技能更重要。

- 亚洲金融危机使企业不得不削减培训成本。
- 政府要求 150 人以上的企业建立培训中心。

墨西哥

- 在国际投资者和其他贸易协议确定的标准推动下，培训的水平正在提高。
- 对基层工人的培训注重在职培训和技能发展。培训越来越受重视，因为在各种制造和其他技术（例如精益生产）上，商业和文化实践常常会产生冲突。
- 使用在职培训等方法来使工人熟悉工作要求。

资料来源：*Adapted from Cantu de la Torre*，I.，*and L. Cantu Licon.* 2009. "*Focus on Mexico.*" *Training*，*February*，46（2），*p.* 20；*Drost*，*Ellen A.*，*Colette A. Frayne*，*Kevin B. Lowe*，*and J. Michael Geringer.* 2002. "*Benchmarking training and development practices：A multicountry analysis.*" *Human Resource Management*，41 (1)，*pp.* 67 - 86.

接下我们将用详细的事例讨论美国的自愿制和德国的合作制在培训与开发上存在的差别。

12. 5. 1　美国的培训与开发

美国拥有 100 位员工以上的公司已投入超过 600 亿美元用于培训。[13] 图表 12 - 10 展示了美国公司对员工进行的技能培训，其中最受欢迎的是管理技能和计算机技能。新方法和流程等其他培训会覆盖到企业各层级的更多人员。尽管美国公司为培训投入巨额资金，但并不是每个员工都能得到培训的机会。据估计，每 14 位员工中只有 1 位可以得到企业的培训机会。[14] 由于已感受到中等教育比较薄弱，企业需要补充基础教育培训的压力会继续增加。30％的美国学生没有读完高中，很多高中毕业生也不具备现在和未来工作所需的阅读能力和数学基础。[15] 有 40％的企业已经意识到补充教学和基础教育的必要性。

图表 12 - 10　　　　　　　美国企业所传授的技能

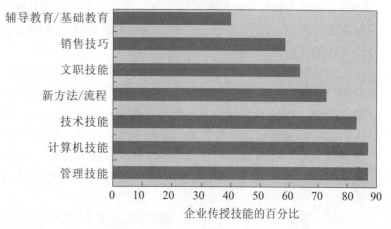

企业传授技能的百分比

资料来源：*Adapted from Filipezak*，*Bob.* 1992. "*What employees teach.*" *Training*，*October*，*p.* 44.

一项预测称，美国经济的重心将从制造业转向服务业，这将是未来的一个重大事件。服务业属于资本和技术密集型，要求员工不但要有职业技能，还要有批判性思维的能力、团队建设能力和学习能力。[16] 这一预测认为，未来工作需要的技能和企业在培训项目中注重的内容之间存在越来越大的差距。令此问题雪上加霜的还有企业削减成本的压力，由此导致很多美国企业将培训项目外包。遗憾的是，随着培训的外包，培训与企业需求之间的相关性和适用性逐渐减弱。

对培训需求增加的预测导致企业和政府开始推崇德国式的学徒项目。在这些项目中，政府要求企业对员工进行职业培训，以换取税收优惠。然而，在美国，不是专门针对某一企业定制的培训常常可能会被员工带到其他企业去，这种担忧使得企业不愿意草率地在培训上投入资金，除非培训会给自己的最终收益带来直接、正向的投入产出结果。[17]

接下来我们将讨论一个最受欢迎的职业培训模式。

12.5.2 德国的培训和职业教育

德国企业因产品的优良品质举世闻名。一套复杂而标准化的国家职业教育和培训体系为德国工业提供了充足的人力资源。

在德国，有两种形式的职业教育。一种由通用型和专业化职业学校、专业技术类大学组成；另一种被称为**双轨制**（dual system），将内部的学徒制培训和业余职业学校培训结合在一起，参与者最终取得技术工人证书。完成这种培训之后可以接受专科学校教育，即由大学提供高级职业培训。最终，员工可以达到**专家**（meister）或专业技师的水平。

双轨制是德国职业培训最重要的组成部分。培训和资格认证在全国都是标准化的。它造就了一支训练有素的德国劳动力大军。这些劳动力资源并不为某个企业所特有，而是属于全民族的。学徒制不仅存在于体力工作中，还存在于众多的技术、商业和管理工作中。学徒并不局限于年轻人，年龄较大的员工也常常寻找当学徒的机会和相应地获得资格证书，这有助于他们的发展。德国共有近 400 种国家认可的职业证书。[18]工会、组织和政府正在认证新的证书门类，用以代表新经济中的高新技术工作。

双轨制是雇主、工会和国家之间合作的产物。成本由国家和企业共同承担，其中，由企业支付的成本接近 2/3。企业有义务准许年轻人去接受职业教育。但是在 2008—2009 年的经济低迷期后，德国企业的裁员和高失业率已经导致求职人数大于企业招收学徒的数量（见图表 12 - 11）。很多公司削减了学徒的数量以降低成本，或只招聘更符合本企业技术要求的人才。逐渐兴起的信息技术产业也在挑战这一体系，因为德国的传统教育结构已经无法满足这类工作的要求。[19]

除了国家的职业教育体系，德国公司也会为培训投入很多资金，有 4/5 的工人会接受公司内部的培训。例如，梅赛德斯-奔驰公司内部培训中心拥有 180 门职业课程，每年有 600 位年轻人接受职业培训和分成模块的管理发展课程，有 4 000 名员工在公司的培训中心接受正规的职业培训。[20]不过，德国并不是世界上仅有的提供职业培训的国家，具体请见下面的跨国公司管理概览。

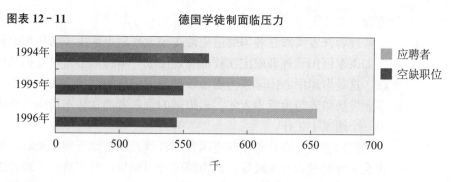

图表 12 - 11　　　　　德国学徒制面临压力

资料来源：*Adapted from* BusinessWeek Online. 1996. *August 23*，*chart.*

跨国公司管理概览

世界各地的职业培训

德国的职业教育体系举世闻名，但并不是仅有的推行职业教育的国家。事实上，一个国家推行何种职业教育，取决于政府提供何种支持。职业教育有三种不同的类型。首先，在一些国家，政府不参与或者很少参与职业培训。这种以市场为导向的体系存在于英国、美国和日本等国家。在这些国家，不存在向学生提供职业培训的正式教育体系，大部分职业培训都靠个人或企业的意愿完成，政府没有强制的规定或法律。在这样的体系下，主要的职业培训都是由大公司完成的。其次，完全不同于市场体系的是制度体系。在制度体系下，政府是唯一负责职业教育的机构，这种体系存在于法国和意大利等国家。在这些国家，职业培训与正规的教育体系联系在一起，而职业教育的入口是在普通教育的统一标准指导下制定的。最后，是双轨制。在双轨制下，政府和企业共同打造职业培训体系。这种制度存在于澳大利亚、德国和瑞士等国家。在这些国家，职业培训在政府规定的条件下开展。此外，职业培训可以在提供通识教育之外的其他机构开展。接受培训的人可以得到等同于通识教育机构（如大学）的学位和资格证书。

资料来源：*Based on Shah*，*I. H.*，*M. Ajmal*，*F. Rahman*，*and M. N. Akhter.* 2012. *"A comparative study on vocational training structure of Pakistan with British and German model."* International Journal of Business and Social Science, 2（1）：162 - 169.

了解不同国家背景下培训与开发的例子之后，接下来我们开始思考这些差异如何影响跨国公司的运作。

12.6　对于跨国公司的启示：培训与开发

在东道国进行经营活动之前，跨国公司管理者必须考虑所在国家员工和管理者的素质，审视将企业的培训技巧输送到东道国的可行性。例如，一家跨国公司需要为未来的工厂招聘具备数学和科学技能的人才，与其投资于基础教育培训低成本员工，不如将工厂选址在拥有最好教育体系的国家。对于需要招聘技术型工人的跨国公司而言，需要考虑哪些国家的教育体系通常会培养出最好的数学和科学方面的人才。

　　管理者开发实践在各国的适应性在很大程度上取决于聘用东道国管理者的倾向。如果东道国管理者限定在较低管理层级，则跨国公司可遵循当地管理者开发实践。这是多国中心国际人力资源管理导向采取的恰当方法。这类公司会为各国的事业发展培养当地管理人才。东道国的管理者通常从不指望到跨国公司总部或者另一个国家去工作。

　　当跨国公司允许并希望东道国管理者晋升到更高管理层级时，母公司的企业文化会主导管理者开发政策，此类跨国公司期待各种国籍的管理者成为诸如摩托罗拉或福特的管理者，而非英国的管理者、墨西哥的管理者或马来西亚的管理者。

　　接下来我们将分析美国的绩效考核与集体主义文化的绩效考核之间存在的差异。

12.7　绩效考核

　　在任何国家，企业都必须处理以下人力资源方面的问题：奖励，晋升，降职，发展和开发、留住或者解雇员工等。并非每个人都能沿着金字塔的阶梯一直向上，并非每个人都能成为领导者，也并非每个人的绩效都能让人满意。即便在日本这样推崇终身雇佣的国家，有些企业为了生存也需要裁员。

　　在西方世界尤其是在那些个人主义文化的国家，基本假定是，绩效考核体系为上述人力资源问题提供了公平合理的解决方案。换句话说，理想情况下，考核体系为管理层提供关于员工绩效客观、诚实和公平的数据。因此，像薪酬和升职这样的人力资源决策可以与这些数据挂钩。尽管有关工龄、经验和安全感等方面的问题也不能忽略，但文化理念还是任人唯贤，即绩效好的员工应该得到更多的奖励。

12.7.1　美国的绩效考核

　　美国的绩效考核体系反映了支持个人权利、义务和奖惩三者间关联性的文化价值观，也体现了提倡机会平等的法律体系。因此理想的美国绩效考核体系是高度合理、合乎逻辑而且合法的。本书对这一问题的认识包含四个要素：绩效标准，绩效指标，绩效反馈，以及与薪酬、晋升或解雇等关联的人力资源决策。[21]

　　● 绩效标准反映管理目标，主要针对合理的工作产出数量和质量——与工作相关的知识、质量、数量和积极性等，例如一名秘书每分钟能录入的字数。

　　● 绩效指标是用来考核员工绩效的标准工具，最常用的是某种等级量表。[22]员工很多方面的品质（例如工作质量）都要考核，通常由管理者来进行考核，但有时也由同事或下属来考核。通过班级学生评估教师与通过同事评估教师对某一学生集体项目的贡献，都是绩效考核的例子。

● 绩效反馈通常出现在上级和下属之间的面谈中。在美国，共有三种方法。[23]一是告诉与销售法（tell-and-sell method），管理者给出考核反馈，并做出解释；二是告诉与聆听法（tell-and-listen method），管理者给出考核反馈，观察下属的反应；三是问题解决法（problem-solving method），管理者和下属一道分析工作中存在的问题，共同商讨解决问题和改进的方法。

● 人力资源决策与绩效考核相关联，在大多数美国公司中是指薪酬决策，其他决策包括绩效提升、反馈、文件编制以及晋升等，这些虽然重要但并不常用。[24]

由于存在人力资源决策方面公平性的担忧，绩效考核体系必须遵守**美国法律对考核的要求**（U. S. legal requirements for appraisals），以保证考核实践的公平性。

美国的绩效考核体系基于保护平等权利与机会平等的个人主义文化和制度结构，有"从赤贫到富足"的美国梦作为文化底蕴，形成人人都能通过自己的努力获得财富的理念。

接下来我们将看到其他国家的制度体系与文化价值观，以及它们对工作绩效理念与考核的不同影响。

12.7.2 世界各地的绩效考核

尽管各国绩效考核并不相同，但是都有一个共同的目的，即设计管理员工的方法以促使员工取得最佳绩效。[25]尽管许多国家的考核基于相似的理念，但目的并不相同。最佳国际人力资源管理实践项目（Best International Human Resource Management Practices Project）[26]表明，各国或地区的绩效考核的目的存在差异，包括澳大利亚、加拿大、印度尼西亚、日本、韩国、拉丁美洲、墨西哥、中国和美国。

图表 12－12 列出了各类绩效考核目的排名前四的国家或地区。这个调查项目让受访者对这 12 类绩效考核目的的重要性排序，结果显示，各国之间存在巨大差异。最惊人的发现是澳大利亚、加拿大和美国在所有目的类别的排序。这些国家高度推崇个人主义，意味着它们非常注重个人的发展。因此，绩效考核被看做衡量一个员工绩效的最有效办法，也是帮助员工提高的最有效方法。然而有趣的是，拉丁美洲也占据了排名的主要位置，由此表明像政府和贸易协议等社会机构的影响作用。因为这些国家或地区正在效仿西方的体系，以满足贸易协议的要求及其他一些竞争性需求，或许其看到了绩效考核的发展趋势。

图表 12－12　绩效考核目的的差异：各类目的的排名前四位的国家或地区

绩效考核目的	国家或地区			
决定薪酬	加拿大	美国	中国	日本
记录绩效	澳大利亚	美国	拉丁美洲	加拿大
规划开发活动	澳大利亚	拉丁美洲	加拿大	墨西哥
薪酬管理	拉丁美洲	美国	加拿大	印度尼西亚

续

绩效考核目的	国家或地区			
了解下属	澳大利亚	美国	加拿大	中国
讨论提升	澳大利亚	拉丁美洲	加拿大	美国
讨论下属的观点	澳大利亚	加拿大	美国	墨西哥
考核目标实现情况	澳大利亚	拉丁美洲	加拿大	日本
确定优点和缺点	拉丁美洲	澳大利亚	美国	加拿大
让下属表达感受	澳大利亚	加拿大	中国	美国
确定晋升潜力	韩国	拉丁美洲	澳大利亚	日本

资料来源：*Adapted from Geringer*，*J. Michael*，*Colette A. Frayne*，*and John F. Milliman*. 2002. "*In search of 'best practices' in international human resource management*：*Research design and methodology.*" Human Resource Management, 41 (1)，pp. 5 - 30.

同样有趣的是，项目所调查的集体主义社会（例如中国、日本、韩国和印度尼西亚）几乎没有出现在每一类别的前两位。这表明并不是所有的国家或地区都重视绩效考核。请见下面的聚焦新兴市场。

聚焦新兴市场

中国与印度的绩效考核

随着越来越多的跨国公司进入中国市场，它们都会面临员工绩效考核方面的挑战。国际电话电报公司中国部（ITT China）总裁威廉·E. 泰勒（William E. Taylor）对上海办事处的人员流动率很高感到非常疑惑，决定去调查这件事。他找到当地的经理谈话，当地的经理给出了非常简单的答案：进行绩效考核时以1～5分作为评分标准，当老板给予员工3分时，这个员工要么中止谈话，要么离职。此时泰勒才意识到，现有的绩效考核体系存在严重的缺陷，因为3分会让中国员工觉得没有面子。更深入的调查发现，个人主义考核体系对集体主义程度较高的南欧也水土不服。此外，斯堪的纳维亚国家在考核方面存在同样的问题，在老板和员工平等的前提下，经理有什么权利只给下属打3分呢？

国际电话电报公司随后决定取消考核体系。为了适应文化的敏感性，它砍掉了90%公司正在采用的考核体系。结果很快就证明国际电话电报公司的决定是对的。例如，其沈阳工厂人员的流动率降低了一半。但是，美国的工厂还是存在问题，因为国防工业领域喜欢度量指标的工程师们还是喜欢传统的考核体系。

在很多印度公司里，绩效考核被认为仅仅是走形式而已。员工也许自我感觉工作一直很出色，但是，他们每年仅有一次的绩效考核结果有可能是负面的。而且，很多员工的绩效与员工和主管之间关系的疏密相关。如果与主管的关系不好，主管就会在绩效考核中给出差评。因此，绩效考核从未作为公司帮助员工提升工作绩效的有效途径。

这种情况也在发生改变。例如，印度一家名为 HDFC Life 的人寿保险公司正在培训管理者如何通过绩效考核做出有意义的反馈（如果必要，也可以是负面的）。目前已有很多企业，例如，万豪国际集团开始进行更为频繁的工作考评，而非一年只做一次，以避免出现令人意外的结果。此外，为了使考核流程更加公平，埃森哲咨询公司进行考核时，会邀请其他三个利益相关的人员做反馈，而不仅仅是由主管一人进行考核。这些改变都是为了让绩效考核更加公平、更有意义。

资料来源：Based on Economist. 2012. *Pedalling prosperity*. May 26, 3 - 5; McGregor, J. 2008. "*Case study: To adapt, ITT lets go of unpopular ratings.*" BusinessWeek, January 28, 46; Sangani, P. 2012. "*How India Inc. is attempting to revive the lost art of meaningful performance appraisals.*" The Economic Times, February 24, online edition.

在集体主义文化背景下，年龄和内部成员关系（通常是家庭或者社会地位）会成为一个组织心理契约的主要组成部分。也就是说，雇主和员工都认为这样的理念是公平正确的：人力资源决策应该更多地考虑个人背景，而不是个人成就。由于你是谁与你多大年龄比你的绩效更重要，因此西方式的绩效考核体系不再重要。例如，如果只有家庭成员能够得到晋升的话，就没有必要去考核所有员工的管理潜质了。

这并不代表集体主义文化下人们不沟通关于绩效的信息。一个工作群体里的成员一般都了解谁的绩效最好、谁的绩效最差。因为重点是要为集体的利益而工作，成员可能会巧妙地对其他成员的绩效提出表扬或者是进行惩罚。经理们也会以间接的方式对较差的工作绩效予以劝阻。诸如通过中间人（通常是亲戚）做工作的行为非常普遍。在日本，主管完全可以通过不理睬下属的方式，把他对该下属工作绩效的差评传递出去。因此，即便有正规的考核制度，绩效反馈也总是以间接的方式存在。

根据霍夫斯泰德的理论[27]，集体主义社会中的管理者往往会回避直接的绩效考核反馈，因为公开讨论绩效会破坏社会和谐，而社会和谐是优于其他任何一切的头等大事。例如，在职业生涯的头 8～10 年中，日本的管理者从来不会遇到绩效考核，即便有，也都是在私底下进行的，而不会给该员工任何直接的绩效反馈。相反，所有刚上任的管理者都会基于年龄和资历得到同样的工资和晋升。相比认可或培养高绩效人才，减少管理者之间的竞争和保持团队的和谐更为重要。

斯蒂尔（Steer）、塞恩（Shin）和尤金森（Ungson）指出，在韩国靠资历晋升的偏好更为明显。[28]研究者注意到，尽管绩效也被认为是很重要的，而且大多数公司也有绩效考核体系，但是在晋升时，资历还是最重要的因素。这是遵循儒家思想所追求的和谐之道（因为由年轻人管理年长者是不合适的做法）。而且，比起依靠不准确的考核体系决策，通过资历确定晋升的对象更加简单易行。[29]

可能是历史文化的原因，韩国公司为了长远利益考虑，绩效考核体系注重的是评价和培养所谓的完整人格。在工作绩效相同的条件下，他们会考核员工的诚实度、忠诚度和工作态度。只有针对最高管理层，即涉及组织金字塔顶端的少数高管时，绩效考核才会关注实际绩效以及对公司的贡献。[30]

至少从个人主义价值观的社会视角来看，绩效考核为晋升和薪酬等人力资源决策提供了必要的信息。

接下来我们将分析其他国家与美国在薪酬实践方面的区别。

12.8 薪 酬

薪酬包括工资（周薪或月薪）、奖励（如奖金）及福利（如退休金）。不同国家和组织对员工的酬劳方式各不相同。一个国家的经济发展状况、文化传统、法律体系以及工会的角色都会影响到薪酬。请看以下实例：

- 日本工人的工资比中国、新加坡和韩国等其他东亚国家或地区工人的工资高出 3 倍以上。[31]
- 尽管没有法律规定，但韩国和日本的工人希望每年至少发放两次奖金。
- 在丹麦，80％以上的员工属于工会，并且工会与雇主协会之间的协议决定了最低工资标准和正常工资标准。[32]
- 在欧盟国家，法定休假日不少于 4 周。法国就有法律规定，工人的年假不得少于 5 周。[33]

12.8.1　美国的薪酬实践

公司的内外部条件会影响管理者和工人的工资水平。[34]外部因素包括美国全国及当地的工资水平、政府立法和集体谈判。内部因素包括工作岗位对企业的重要程度、公司的支付能力以及员工对企业的价值等。

综合考虑内外部因素，美国公司建立了正式、系统的工资和薪酬体系。一家由各行各业以及各种规模公司的人力资源经理组成的名为人事政策论坛（Personnel Policies Forum）的组织发现，其 75％的成员企业都有正式的书面工资管理制度。[35]这些制度都有哪些呢？请看下面来自人事政策论坛的其他研究成果。

人事政策论坛的研究表明，94％的美国公司使用薪酬调查的对比数据决定公司的薪酬，以确保公司的薪酬在劳动力市场上具有竞争力。薪酬调查的对比数据会告诉企业其所使用的薪酬待遇是否与市场的薪酬水平匹配。有 2/3 的公司每年至少参考一次薪酬调查的对比数据，有近 40％的企业每年会对其薪酬水平的竞争力进行 7 次以上评估。

也许是因为美国的劳动力流动性非常大，它比其他国家更需要关注外部的平衡（即公司的工资是否等于或高于市场水平）。美国的个人主义文化将职业看做私人的和个人的，而且流动性、不提升和加薪往往意味着要离开一家公司，所以，不同于日本和韩国，对公司的忠诚度意味着加薪的机遇，美国公司必须保持具有竞争力的薪酬，才能留住优质的员工队伍。

大多数美国公司采用了岗位类型与薪酬挂钩的做法。人事政策论坛的调查显示，75％的受访公司有正规的体系来考核具体的岗位（与具体承担这些岗位的人员无关）对公司的贡献度。[36]有很多方法可以用于根据工作岗位对公司的价值来划分工作等级。责任、技术要求和工作任务对公司的重要性等因素，决定一个工作岗位的价值。从事更高级别工作岗位的人员可以拿到更高的薪酬。

工作价值在很大程度上决定了某一工作岗位的基本工资，加薪则往往是由绩效决定的。[37]正如下一部分将要详细讨论的，这一点与韩国和日本基于资历的制度迥然不同。

在过去的几十年中，作为薪酬的一个组成部分，美国的福利有了大幅的增长。美国主要的员工福利包括养老金、医疗福利、保险保障、假期工资、病假和带薪节假日。社会保障保险、失业保险、探亲假和工作意外事故保险是法律所要求的。但是，下面的跨国公司管理概览显示，美国的福利水平远远落后于跨国公司在欧洲所预期提供的福利水平。

跨国公司管理概览

世界各地的福利对比

国家	平均工资（销售和市场部门主管）（美元）	预期休假天数	当地的额外津贴
巴西	208 691	40	为最高级别的员工配备防弹汽车和保镖
中国	92 402	23	提供住房公积金帮助员工购房
法国	188 771	40	可以使用公司的滑雪小屋和海景房
印度	56 171	31	为员工的高龄父母提供医疗保障金
日本	148 899	35	提供薪金之外的家庭津贴
墨西哥	163 591	23	在母亲节那个周末之前，可以休一天或半天假，带母亲外出享用午餐
菲律宾	95 286	19	提供大米津贴，员工可将之兑换为其他津贴，如免费的手机等
美国	229 300	25	最高层员工可以得到理财师的服务
俄罗斯	117 135	39	提供公司资助的抵押贷款

资料来源：Based on McGregor，J. 2008. "The right perks." BusinessWeek，January 28，42 - 43；Mercer. 2012. http://www.mercer.com.

接下来我们将讨论关于薪酬实践及其趋同趋势的一项研究。

12.8.2　世界各地的薪酬实践

世界各地的薪酬实践各不相同，最佳国际人力资源管理实践项目是迄今为止最全面的跨国研究项目之一。[38]研究者对 9 个国家（澳大利亚、加拿大、中国、印度尼西亚、日本、韩国、拉丁美洲、墨西哥和美国）的 9 项薪酬实践进行了调查。受调查者被问及很多和薪酬实践相关的问题，包括他们对目前所使用薪酬实践的评价，以及他们感觉这些薪酬实践应该在未来加以应用的程度等。

研究结果显示，在薪酬实践上出现了一些趋同性。例如，所有国家的管理者都认为，9 项薪酬实践中除 1 项外，其他 8 项都应该在未来更多地加以应用。它们分别是：奖金很重要；薪酬应该以团队或组织的整体绩效为基础；奖金应该占薪酬的很大比例；绩效应该作为加薪的主要依据；福利很重要；福利应该更加丰厚；薪酬应该基于长期业绩；等等。[39]这些管理者也都认为，应该减少以资历作为薪酬决策标准的做法。此外，所有管理者都认为，员工绩效及其对组织的贡献是设计合理的薪酬方案的关键所在。

由于所研究的各个国家在国家文化和社会制度上存在很大差异，这些调查结果特别引人注目，为第一线管理者提供了一些很好的实践指导。总体来说，管理者应该更有效地实施前面提到的薪酬实践。例如，考虑到受调查者都认为加薪应基于工作绩效将成为更加普遍的方式，人力资源管理者应该着手实施将加薪与工作绩效挂钩的制度。

除了许多方面存在趋同的证据，研究也揭示出令人吃惊的结果。例如，研究者的预期是集体主义国家应该对"薪酬应该以团队或组织的整体绩效为基础"的支持率更高，然而结果却表明，对这一选项的支持率，集体主义国家与个人主义国家之间没有太大的差别。另一个令人费解的结果是，各国之间关于资历是否应该作为薪酬基础的看法也没有多大差别。

这项研究表明，在薪酬实践中可能存在一些趋同的压力。作为趋同的证据，可以看一下日本薪酬体系的改变。为了应对竞争、长达10年之久的经济衰退以及日本组织的全球化，日本企业正在趋向于采用西方的薪酬管理方式。尽管存在这样的趋同，薪酬实践仍然存在很大的差异。请见下面的跨国公司管理概览。

跨国公司管理概览

俄罗斯公司的薪酬实践

正如之前所讲的那样，美国的薪酬实践是以公平和市场条件为基础决定薪酬待遇的。大多数公司设有内部体系，以公平地决定应该支付给员工的薪酬水平。然而，俄罗斯的情况却不同。要想很好地理解俄罗斯的薪酬体系，有必要先了解一下苏联时期的薪酬制度。在那个时期，员工是包分配的，且薪酬水平由政府决定。政府制定了工资级别以保证工资的级差不过于悬殊（最低级别工人的工资与部长的工资级差不能超过1：7），政府也给予大量丰厚的福利，比如可以使用度假招待所、行业赞助的医院以及诸如颁奖等其他心理上的福利。而且，政府官员对于谁能获得这些工资和福利拥有很大的话语权。

俄罗斯企业的现行薪酬实践与之前的苏联模式既存在很多相似之处，也存在一些差异。首先，工资和其他福利还是由有影响的人决定，而不是由人力资源管理部门客观地决定。事实上，最近关于公司人力资源实践的研究表明，最具有战略意义的人力资源事务实际上都是由主管经理而非人力资源管理部门决定的。其次，与之前由政府决定基本工资不同，现在的政策建议公司灵活地确定工资。目前的研究表明，大多数公司设定的工资基准非常低。再次，主管经理仍然掌控数额巨大的奖金，而且会随意发放。对个别员工的特殊偏袒依然普遍存在。最后，现行研究还表明，大多数俄罗斯公司在用工问题上实施的是保证最大灵活性的制度。比如，绩效考核体系缺失，并且员工可能被随意地解雇或者拒绝加薪。

资料来源：*Based on Gurkov, I., and O. Zelenova. 2012. "Human resource management in Russian companies." International Studies of Management and Organizations*, 41 (4)：65-78.

12.8.3　日本的薪酬实践

与美国公司一样，日本公司在很大程度上也是按照岗位的类型决定基本工资的。每个岗位都有技术和受教育程度的要求。从事要求较高的岗位可以得到更高的工资和奖金。

资历在日本的薪酬体系中具有两大作用。首先，除了教育资质，每个岗位还有最小年龄的限制。随着日本员工资历的增长，通常是男性（女性可能性极小）更有资格晋升至更受重视和薪酬更高的职位。其次，资历的影响虽然包括在薪酬决策中，但却呈现出下降趋势。也就是说，资历在一个人的早期职业生涯中会更多地影响到薪酬，但是 45 岁之后这种影响会逐渐减弱。对这种制度的合理解释是：一个人在年轻时需要更多的金钱，因为这个时候购买房产和子女教育等家庭开销是最大的。这些家庭责任负担在中年之后逐渐减少。事实上，在早期职业生涯中，婚姻状况和家庭规模往往会影响到工资收入。

近期，价值（merit）（日本人是这样定义的）对加薪的影响，比起传统的职位或资历体系下有所增加。日本对价值的定义并不完全吻合西方的定义，即强调工作态度与工作绩效是同等重要的，但研究日本人力资源政策的专家预测，价值和成就，至少是这二者的日本式定义，将对日本的薪酬和晋升起到越来越大的作用。[40]图表 12 - 13 展示了传统日本公司的加薪计算公式，目前很多日本公司在对加薪条款进行调整。主要的调整体现在价值相对于资历的权重上。

图表 12 - 13　　日本公司的加薪计算公式：调整平衡

个人基本工资 + （岗位基本加薪百分比 × 个人价值提升百分比 × 资历百分比） = 加薪

资料来源：*Adapted from* Economist. 1999. "*Putting the bounce back into Matsushita.*" *May* 20，*http*：*//www.economist.com*；*Mroczkowski*，*Tomasz*，*and Masao Hanaoka*. 1989. "*Continuity and change in Japanese management.*" California Management Review，*Winter*，*pp*. 39 - 52.

日本薪酬体系面临的经济压力正在增加。[41]部分原因在于，从生育高峰期出生的一代人中招聘了大量管理人员，这造成薪酬成本的不断增加。因此，一些日本公司采取了以价值决定工资的措施。1992 年，本田汽车公司是首批采用这种被称为 **nenpo 体系**（nenpo system）的公司之一。在本田汽车公司，没有物价上涨加薪、住房津贴、家庭津贴或自动工资增长等，取而代之的是由上级通过年度绩效考核来决定管理人员的工资，而年度绩效考核的重点放在目标是否完成上。[42]尽管资历在保持职位方面还很重要，但是日本的人力资源实践正在与美国和西方国家的实践趋同。调查显示，有 90％以上的日本公司计划将绩效引入其薪酬和晋升体系中。[43]

除了基于年龄、晋升和价值的加薪，日本的薪酬中还有一个重要组成部分，即**奖金体系**（bonus system）。很多韩国企业也使用类似的体系，每年发放两次奖金，一般是在传统的送礼季节发放。在日本经济繁荣时期，员工可以拿到相当于工资 30％的奖金。在效益好的年份，成功的大公司会给员工发放等值于其工资的奖金。但是，在目前日本的经济形势下，这样的情况不再常见。

12.9 对于跨国公司的启示：绩效考核与薪酬

同招聘和选拔一样，跨国公司必须使绩效考核体系适应跨国经营战略。例如，日本公司美国分公司的美国管理者，必须适应日本母公司的人力资源管理实践，尤其是不太明确的职业途径和专业化的缺乏。而且，很多在日本工作的美国管理者认为，总部的管理职位是被封闭在玻璃天花板下的。正如日立美国公司（Hitachi America）的执行副总裁比尔·布桑德（Bill Bsand）所说："很少有美国人在日立日本公司工作，即便有也是在很低的职位上。"[44]

如果一家跨国公司的分支同时设在几个国家，那么就需要为各东道国国民采用多种薪酬体系。对于每一个东道国来说，工人的薪酬水平必须与当地劳动力市场的工资水平相适应。有关薪酬的国别比较数据可以从很多政府、私人及国际资源渠道获得。有关薪酬方面的法律可以从所在国家的政府部门得到。跨国公司管理者还必须考虑到，同一个国家的不同地区之间也是存在差异的，劳动力成本与各地政府的法律也有可能各不相同。

由于东欧和印度的劳动力、管理者和工程师成本都相对较低，很多跨国公司纷纷利用这个优势在这些地区建立公司。这些地区的儿童在数学和科学能力的跨国比较中，成绩也非常优异，因此未来更能挖掘出优秀的技术人才。跨国公司还发现，在印度很难留住有才能的工人。请见下面的聚焦新兴市场。

聚焦新兴市场

印度跨国公司的薪酬计划

尽管印度涌现了一大批训练有素的劳动力，培养工人对企业的忠诚度仍是个很大的挑战。随着当地企业和跨国公司在印度的扩张，对人才的需求变得非常强烈。员工们非常乐意离开现在的公司，去谋求新的职位。有预测称有些行业将面临人员短缺，所以很多公司开始重新设计薪酬计划，以挽留员工。

发展人才公司（Grow Talent）所做的一项调查显示，成功留住员工的公司用薪酬和福利来表示它们对员工的尊重。例如，这些公司采用诸如"带你配偶到公司日"等人力资源策略，或者花很多预算为员工庆祝生日和举办婚礼等。还有一些公司发现，让员工的家庭参与进来可以帮助员工很好地平衡工作与家庭。也有公司发现，为员工提供获得工商管理硕士学位的机会或者国际经验可以提升员工的忠诚度。最后，还有一些公司通过灵活的薪酬（相对于固定的工资）留住人才。通过将绩效和薪酬挂钩，很多公司能够控制管理成本，在公司效益好的时候还能奖励员工。

印度著名的技术服务公司印孚瑟斯通过员工关系项目（employee relations program）来留住员工。这个项目是印孚瑟斯致力于平衡工作和家庭的典型事例。该项目包括咨询服务、运动竞技活动、重大文化事件庆祝乃至对家属开放的医疗服务集会等。公司还通过邀请家属参观公司体现对印度文化中所固有的家庭观念的重视。这个项目不仅帮助印孚瑟斯实现了很低的离职率（10%），而且避免了 IBM 和甲骨文公司等这些竞争对手从公司挖走成熟的员工。

印度国内公司和跨国公司都发现，好的人力资源实践能带来很大的益处。如果一个

雇主拥有良好的人力资源管理，这个消息会快速地在劳动力市场扩散，这样的公司不仅能留住人才，而且会吸引更多的人才前来应聘未来的职位。

资料来源：Based on Chaturvedi，A. 2012. *"Companies across sectors hiking variable pay to retain talent."* Economic Times，June 9，online edition；Hamm，S. 2008. *"Young and impatient in India."* BusinessWeek，January，45 - 46；Merchant，Khozem. 2006. *"Companies in India offer a taste of the sweet life：Keeping skilled workers is a challenge in the buoyant Indian jobs market and businesses are offering an ever-growing range of perks to keep them happy."* Financial Times，February 2；Workforce Management. 2006. *"The 10 most forward-thinking leaders in workforce management,"* March 13.

很多专家认为，基于工资水平的竞争优势仅仅是短期的。例如，许多把低价优质劳动力资源作为企业自身优势的日本、韩国公司已经将自己的工厂转移到劳动力更廉价的中国和东南亚地区。对于跨国公司的启示是，如果当地的劳动力工资水平上升了，则跨国公司要么保持同步，要么需要另选一个低成本的区位。

接下来我们将讨论劳动关系。

12. 10　劳动关系比较

劳动关系的差异不仅是由文化差异导致的，还与独特的国家历史和工业化进程有关。[45]一些历史因素，如工业革命早期的技术发展程度和政府对工会合法性的认可程度等，都会影响到工会的结构和活动。有些工会是由于意识形态方面的原因而发展起来的，如为了推翻资本主义体系或者是出于代表宗教价值观；有些工会则是为了提高工资和工作条件而发展壮大的。各国管理层对工会的看法也不尽相同。敏锐的跨国公司管理者应该熟知公司所在国家的历史以及工会的结构和意识形态。下面来看案例分析中印度劳动关系方面出现的一些难题。

案例分析

与印度工会打交道

印度的市场自由化改革吸引了大量跨国公司，包括通用电气、奥蒂斯电梯公司（Otis Elevator）及联合利华等。这些公司进入印度后，遇到同样的国家环境：印度强

大的体制压力给予工会很高的权力，并且鼓励工会运动。

印度有悠久的工会历史。第一个工会是由一名社会工作者建立的。当时，他发现了

具有剥削工人性质的工作条件。如今，印度拥有 45 部主要劳动法。它们有些是重叠的，有些是相互冲突的，有些则是令人困惑的。这些法律允许不少于 7 人便可组成一个工会，而且有些公司需要和 50 个以上劳动团体打交道。这些法律还使得公司很难解雇员工或者关闭赔钱的经营部门。拥有 10 名以上员工的公司若要解雇员工，必须得到政府的批准，而这种事情在印度还从未发生过。事实上，印度劳动法高度保护劳动力，而且这些劳动法已经形成了一个僵化的劳动力市场。

跨国公司如何适应这一切？西门子、惠尔浦及飞利浦采用支付退职金的办法来买断工人的工作。这些公司都避开了直接对抗工会，让员工自愿选择退休和领取补偿金。例如，毫不夸张地讲，西门子以每人 16 160 美元的赔偿金对臃肿的印度公司进行裁员，从 7 500 名员工中裁减了 1 300 人。按照欧洲标准这个赔偿非常低，但对于印度来说却很高。很多跨国公司管理者注意到，印度的工会对这些做法视而不见，因为它们日益意识到，印度企业必须更加高效，才能在国际上参与竞争。

印度的罢工和停工率也很高。印度国有航空公司印度航空（Air India）就遭遇了飞行员罢工事件，严重影响了公司运营。当印度航空决定培训一些专飞国内的机组人员来飞行波音梦幻客机时，飞行员决定举行罢工。因为波音 787 梦幻客机是专飞国际航线的，而飞国际航线会有更高的额外津贴，所以这一决定引起了飞行员的极度不满。

考虑到印度的罢工和停工之风过于盛行，有一些观点开始认为，印度的劳动法应该进行修正，以提升生产力和行业利润率。它应该学习中国的经验，中国已经从极度的工作稳定性过渡到了进行劳动法的重大改革。目前，中国拥有一个比较灵活的劳动力市场。调查显示，中国的工人已从这些改变中得到益处，而这些经验可能会对印度正在考虑推行的改革有所裨益。

资料来源：Based on Bhowmik, S. K. 2009. "India—Labor searching for a direction." Work and Occupation, 36（2）：126 - 144；Chowdhury, A. 2012. "Air India local flights take a hit." Wall Street Journal, June 19, online edition；Chowdhury, A. and Gulati, N. 2012. "Air India pilots likely to call off 58-day strike." Wall Street Journal, July 3, online edition；Economist. 2003. "Two systems, one grand rivalry." June 21, 21 - 23；Rai, Saritha. 2006. "Airport workers across India strike to protest plan for privatizations." New York Times, February 2, C5；Karp, Jonathan, and Michael Williams. 1997. "Firms in India use buyouts to skirt layoff rules." Wall Street Journal, October 13, A16.

人力资源管理的一个重大问题就是工会的受欢迎程度，也可称为工会成员密度。

12.10.1　工会成员密度

跨国公司管理者可以用来衡量工会对公司影响程度的指标是**工会成员密度**（union membership density）。工会成员密度是指一个国家的工会拥有的会员占工人总数的比例。工会成员密度往往是一个大概的数值，因为有些报告没有将白领员工或专业工会考虑进去。

在过去的 30 年里，美国的工会会员人数大幅下降。世界各地工会会员人数的下降，部分是由于东欧转型经济体中工会强制入会制度的结束引起的。欧洲和其他工业化国家现在仍然有很大比例的员工是工会会员。在主要的工业化国家，工会会员数量正在下降，但平均数量还是高于 50%。在南非这样的国家，由于工会之前禁止黑人加入，现在则对黑人开放了，工会的规模正在成倍地扩大。[46]
图表 12-14 概括了世界各地工会成员密度的情况。

图表 12-14　　　　　　　　　　所调查国家的工会成员密度

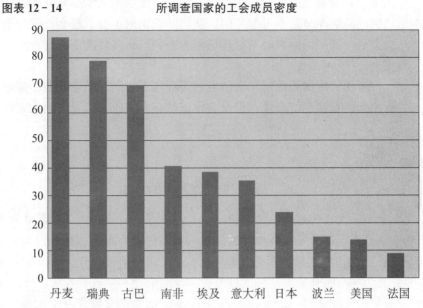

资料来源：*Adapted from New Unionism*. 2009，*http*：//*www. newunionism. net.*

12.10.2　一些历史和体制的差异

工会成立初期的历史条件，以及早期工会与政府等社会机构之间的关系等，一般会影响当代工会的活动。下面是英国、德国、法国、美国、亚洲以及印度的工会之间存在的差异，这些差异是由克里斯蒂尔·莱恩（Christel Lane）教授所观察到的。[47]

英国的工会成立于 19 世纪早期，当时是伴随以工厂为基础的主要行业的兴起而产生的。因为起初并没有受到政府的关注，英国工会的发展也就没有受到政府的干预。直至 20 世纪 80 年代，一直都没有解决劳资双方冲突的法律。如果工会一直罢工，企业和工人都没有义务去解决冲突，比如让员工履行复工的权利。根据莱恩的分析[48]，由于缺乏政府的介入，管理层和工人之间产生了强烈的对抗关系，而这种对抗在今天的英国依然存在。莱恩将英国的情形描述为支离破碎而且冲突激烈。

也许是因为德国文化高度主张规避不确定性，德国的劳动关系一直都保持有序的传统。政府在 19 世纪 80 年代中期认可了工会运动，国家在保持劳资关系和谐的过程中担当了重要的角色。在如今的德国出现的结果是，大型工会和大型公司之间的集中谈判处于一种正规的、符合法制的和冲突程度较低的状况。莱恩认为，政府在工会和管理者之间起着调解作用。

法国的工会比英国的工会和德国的工会起步晚，发展也缓慢。根据莱恩的分析[49]，由于当时存在众多小型企业，企业的这种四分五裂或碎片化阻碍了工会的发展。在一些行业中，对集体谈判的法律认可直到 1969 年才出现。由于法国工人缺乏法律保护，集结成工会又非常困难，结果导致法国的工会非常激进。法国工会具有强烈的意识形态取向，它们对资本主义持反对立场，认为雇主和工人之间的阶级斗争是不可避免的。法国的意识派工会一般会在同一个组织里争夺工会会员，这一局面有时对管理层极为有利。很多情况下，管理层对工会根本不予理会。

英国、法国和德国工会的发展历程各不相同。随着欧盟的建立，这些工会都有很强的意愿进行合作，但是合作依然存在障碍。请看下面的案例分析。

案例分析

欧盟与工会之间的合作

世界各地工会之间的合作非常普遍。工会之间通常在以下问题上展开合作：信息交流、培训项目合作、起草集体协议、签署请愿书和组织罢工等。随着欧盟的成立以及劳动力和商品的"欧洲化"（unionization），各工会之间的合作意向逐渐增强。但是欧洲也存在很多障碍阻止深度合作的发展，这些障碍主要源于思想根源、生产结构、法律及其他文化方面的差异等。

特定的障碍与历史差异以及缺乏来自欧盟的关注等息息相关。例如，欧洲各国的工会之间都存在思想意识上的差异。可以看到，英国和德国的工会比北欧国家的工会在组织上要宽松得多。而且，南欧的工会要激进得多，而北欧的工会则趋向于对欧盟抱有更为怀疑的态度。此外，一些雇主组织也在阻止工会间的合作上扮演着重要角色。

最近一项研究表明，欧盟层面也存在差异。欧盟没有努力去促进各个工会之间的合作，而且没有一个欧盟机构有能力实施立法。差异源自文化渊源，在谈判水平和工会的覆盖范围方面存在巨大差异。有些国家的工会覆盖整个劳动力市场（如德国），而有些国家的工会则只覆盖某些行业（如东欧和英国）。这些差异使合作变得困难重重。

资料来源：Based on Larsson, B. 2012. "Obstacles to transnational trade union cooperation in Europe-results from a European survey." Industrial Relations Journal, 43 (2): 152-170.

在 1926 年之前，美国对工会活动很少有法律支持。1935 年通过的《瓦格纳法案》（Wagner Act）为工会提供了最重要的法律保护，并对组织和进行集体谈判的权利予以联邦保护。美国的工会早期一般主要关注工资、福利和工作条件等事关"面包和黄油"的生计问题，它们从来没有像法国工会那样形成自己的意识形态取向，或者像德国的工会那样有正式的管理机构。在《瓦格纳法案》实施之后，20 世纪 40 年代美国工会的会员人数达到峰值。然后，随着有许多工会组织的传统行业的衰退，美国工会的力量逐渐减弱。

亚洲的工会呈现出很多不同的发展途径。日本的工会初期是很激进的，后来逐渐被吸收并入公司结构中，现在主要站在管理层一边。但是，韩国的工会与行业和政府的关系却是充满冲突的。例如，最近韩国的劳动立法给予企业解雇员工的更大自由，这导致了学生的骚乱和大罢工，仅仅一个月时间，产量下降导致的损失就高达 20 亿美元。[50]在诸如新加坡等严格控制的经济体中，工会没有取得长足发展的空间。1992—1994 年间，新加坡并没有出现因劳资纠纷而造成的损失。[51]

印度的第一个工会成立于 1918 年，是由一位名叫瓦迪安（B. P. Wadia）的社会工作者为了应对当时的工人受剥削而组织成立的。然而，工会只存在了很短的时间，因为法院判定工会运动是非法的。甘地（Mahatma Gandhi）也组织过一个纺织行业的工会。1947 年独立后，印度采取了新的模式，从而加强了工会以及公共部门的力量。只是到了最近，印度政府才刚刚开始使其经济自由化。[52]

不同国家的工会往往采用不同的结构，折射出各国特定的意识形态及其取向。接下来我们将对当今各国工会所采用的结构进行总结。

12.10.3　工会结构

工会的类型和结构反映了围绕工会的体制压力和历史传统。主要存在以下几种类型：

- **企业工会**（enterprise union）代表一个组织的所有成员，不分职业和级别。
- **职业工会**（craft union）代表某个特定职业的人群，例如水管工。
- **产业工会**（industrial union）代表某个产业的所有人群，不分职业。
- **基层工会**（local union）通常代表一个公司从事某一类职位的人群，往往隶属于大的职业工会或产业工会。
- **思想工会**（ideological union）代表有相同意识形态或者宗教取向的人群。
- **白领或专业工会**（white-collar or professional union）代表一种职业人群，类似于职业工会。

图表 12-15 列出了部分国家常见的工会类型。

图表 12-15　　　　　部分国家常见的工会类型

国家	职业工会	总工会	产业工会	白领工会	专业工会	企业工会
澳大利亚	√	√	√	√	√	
比利时		√			√	
加拿大	√					
丹麦	√			√		
英国	√			√		√
芬兰				√	√	
德国				√	√	
日本						√
荷兰	√		√			
挪威	√		√			
瑞典	√		√	√		
瑞士	√			√		
美国			√	√		

资料来源：*Adapted from Poole*，M. 1986. Industrial Relations：Heritage and Adjustment. *Oxford*：*Oxford University Press.*

工会结构本质上会影响集体谈判的进展和劳资双方的总体关系。

企业工会通常与日本的劳动关系相关，尽管它不是日本曾经拥有或者现存的唯一一种工会。日本最为激进的大多数思想工会和产业工会都在20世纪上半叶被镇压，取而代之的是企业工会，有时被批判性地称为公司工会，这些工会与企业的管理层有着非常紧密的联系。事实上，有1/6的企业高管都曾经是工会的高管。[53]因此，显而易见，工会和管理层之间经常有着紧密的合作，工会总是把管理层的目标视为自身的目标。

德国的工会对产业这种组织形式情有独钟。全德国共有17个主要的产业工会，而且集体谈判一般在产业工会和雇主协会（雇主团体）之间进行。在工厂层面，选举产生的**劳资联合委员会**（works council）负责直接与雇主商议工作条件等问题，而产业工会则负责对国家或地区的薪资标准进行谈判。下面的跨国公司管理概览表明了德国的劳资联合委员会是如何融入德国的管理层决策，以及如何随着德国企业的国际化而逐步走向国际的。

跨国公司管理概览

劳资联合委员会的全球化

劳资协同经营制度（codetermination）（德语中为 mitbestimmung）是指管理层将公司的一部分决策权下放给员工，而这些决策权在传统意义上是由管理层或者所有者掌控的。在德国，劳资协同经营分为两个层面，从工厂的层面讲，工人有权选举劳资联合委员会，而劳资联合委员会则享有一些法律赋予的管理特权，也可以参与管理层的某些决策，比如制定选拔标准等。有些管理层决策是可以通过投票否决的，比如再分配等。在一些诸如事故防范等问题的重大决策上，公司管理层必须咨询并告知劳资联合委员会，在下面的列表详细列示了这些权利。

从企业的层面看，德国的产业民主化赋予许多工人与股东选举的代表在董事会享有平等的代表权。然而，在实践中，大部分此类安排会包括一些在选举中偏向管理层和所有者的政策。例如，员工选举的代表中必须有一人是管理者。

随着世界劳资联合委员会（World Works Council）于1999年成立，大众汽车集团的劳资联合委员会也进行了国际化。尽管根据《德国产业宪法》(Germany's Industrial Constitution Law) 的规定，世界劳资联合委员会没有对这家德国集团公司的管理参与权，但它却可以影响这家公司在全世界范围的战略决策。而且，大众汽车公司现在正在其世界各地的公司实施《全球劳动宪章》(Global Labor Charter)。《全球劳动宪章》由世界劳资联合委员会起草，反映劳资双方之间的合作。

霍普曼公司（Hoppmann）是德国一家汽车清洗和修理公司，在法律要求的基础上采取了劳资协同经营制度。公司给予工人

德国劳资联合委员会的决策和参与权实例

与管理层的劳资协同经营	对管理层的否决权	接受管理层的咨询和信息提供
薪酬体系	选拔标准	主要的商业计划
计件工资率	培训	引进新技术
工作规划	招聘	引进新设备
假日规划	解雇	财务信息
事故防范	再分配	

更大的权力和更多的参与权。比如，霍普曼公司将收益与员工五五分成，公司老板还将公司的所有产权转移到一个基金会，由这个基金会来做关于公司的决策，而且公司的收益也定期地转移到这个基金会。工人在关系公司命运的重大决策上享有充分的话语权。

资料来源：Based on Jochmann-Doll，A.，and H. Wachter. 2008. "Democracy at work--revisited." Management Review, 19, 274 - 290; Just-Auto Global News. 2012. "Volkswagen Group puts global charter into practice at international sites." May 15, online edition; Lane, Christel. 1989. Management and Labour in Europe. Aldershot, UK；Edward Elgar；International Labor Organization（ILO）. 2000. "Globalization of works council activities." World of Work, 36, http：//www.ilo.org/public/english/bureau/inf/magazine/36/.

由于法国工会的主要目标是走思想路线，因此并不是按照行业、职业或企业类型组成的。相反，一个工会代表的是一群有相同意识形态的人。在任何一家企业内部，都会有很多这样不同的群体。

在美国，基层工会一直是主要的工会形式。大多数基层工会与职业工会、产业工会或者混合型国民工会进行联合。美国有 170 多个国民工会。基层职业工会代表一个区域的工人的利益，而当地产业工会从工厂的层面代表工人的利益。大多数集体谈判一般发生在当地层面，比如汽车行业，但在某些情况下，工会将努力从全公司或者全行业层面达成协议。

12.10.4 对于跨国公司的启示：寻求和谐

如果跨国公司在异国雇用当地员工，公司做任何决策时都必须适应当地的劳动实践、传统和法律。例如，日本公司在美国选址时，会尽量避开工会活动频繁的北部，而选择工会活动较少的南部。西欧的激进工会使得很多跨国公司选择在捷克这样的国家成立公司，因为这里的工资和劳资冲突都更低一些。一个国家的劳动关系状况是跨国公司制定人力资源管理政策时需要考虑的重要因素。

小　结 ■

本章着重介绍了不同国家人力资源管理中的招聘、选拔、培训、开发、绩效考核、薪酬以及劳动关系等问题，同时分析了东道国人力资源管理实践对跨国公司管理的影响。

为了理解形成人力资源管理实践差异的原因，本章还举例说明了国家环境对人力资源管理实践的影响，包括国家文化、企业文化以及诸如教育和法律体系等社会制度。

为了展示不同国家环境下的典型实例，本章针对美国和其他国家的人力资源管理差异进行了比较分析。一般与集体主义国家进行比较，因为这些国家与美国的高度个人主义正好相反。这些对比印证了世界各地人力资源管理实践的差异，概括出世界

各国人力资源管理实践的概念。仅用一本书或一个章节并不能充分解释所有差异的成因。因此，这些实例仅有助于那些敏锐的跨国公司管理者解决复杂的人力资源管理问题。

本章还对比了美国和集体主义国家在招聘和选拔做法上的差异。不同于美国管理者公开、守法的做法，集体主义国家的管理者认为私人关系是招聘的最佳途径，也是选拔员工的最佳方法。

本章还介绍了刚入职员工的培训，它主要取决于教育体系的结构。美国的管理者越来越担心员工缺乏胜任复杂工作的基本教育技能。相比之下，德国在政府、工会和企业的合作下，拥有最有效的技术培训体系。一些经济转型国家和发展中国家的教

育系统会培养出数学和科学技能很高的人才。

企业管理开发实践是根植于文化背景的。文化背景包括管理者与组织的关系等。美国公司面临两难困境：一方面需要花重金培养高级管理人才，另一方面又面临人才跳槽到其他公司的风险。在集体主义国家，例如日本和韩国，管理者往往对企业更忠诚（他们往往选择有限）。因此，企业也可以把培训与开发的投入看做长期投资。

为了避免种族、性别和年龄歧视等方面的法律纠纷，美国的绩效考核都很正规、很公开。相比较而言，集体主义国家的绩效考核规范性差些，而且是相对保密的。在美国，薪酬特别是工资，与绩效考核的结果相关。在集体主义国家，年龄、家庭状况、对企业的忠诚度以及与所有者的关系等因素，比绩效对员工的薪酬决策影响更大。

大多数吸引跨国公司投资建厂的区位，往往是工资低廉和人才丰富的地方。跨国公司会采用当地的工资标准。很多信息资源可以作为薪酬决策的参考。总之，跨国公司的实践需要符合当地的道德规范和风俗习惯。

不论建立合资企业还是独资公司，跨国公司都需要对东道国的人力资源管理实践进行调研。一国的历史、传统、文化以及社会机构（教育、法律和政府系统）造就了该国的人力资源管理实践。而且，即便是历史相似的国家，在劳动关系方面也会有不同的历史和传统。因此，一个成功的跨国公司管理者不仅要了解当地的文化，还要懂得如何将人力资源管理实践融入当地的商业环境中。

讨论题 ■

1. 阐述和讨论影响一个国家人力资源管理实践的国家背景因素。

2. 比较美国与集体主义文化国家的招聘和选拔策略。讨论如果在美国运用集体主义国家的招聘和选拔方法，跨国公司管理者会面临什么样的文化和法律问题，以及在集体主义国家运用美国的招聘和选拔策略会面临的文化和法律问题。

3. 有些美国的政治家建议在美国运用德国式的学徒体系，如果你是一家《财富》世界500强企业的领导者，会如何回应这样的提议？为什么？

4. 讨论终身雇佣制对于管理者的益处和弊端，这样的制度是否适用于美国之外的其他非亚洲国家。

5. 假设你要为东欧一家国有企业的最高层管理者设计一个培训项目，你将如何设计课程？为什么？

6. 比较美国与集体主义国家的绩效考核和薪酬体系。讨论如果在美国运用集体主义国家的绩效考核和薪酬制度，跨国公司管理者会面临什么样的文化和法律问题，以及在集体主义国家运用美国的绩效考核和薪酬制度会面临的文化和法律问题。

7. 对比不同类型的工会，并讨论各种类型的工会对跨国公司管理者所提出的挑战。

网上练习 ■

1. 登录国际劳工组织的网站（www.ilo.org），阅读国际劳工组织的使命和目标，将你的发现与全班同学分享。

2. 假设你的首席执行官对在跨国公司所有子公司推进性别平等非常有兴趣，阅读国际劳工组织网站上的《男女平等，体面工作：国际劳工组织推进性别平等的协议和建议2012》。

3. 你如何在跨国公司子公司中推进性别平等？请具体详细阐述。

4. 国际劳工组织还在促进哪些重要领域的发展？

技能培养 ■

跨国公司选址决策中的人力资源管理要素

步骤1：阅读以下跨国公司的材料。

你是美国 XYZ 公司的人力资源副总裁，公司生产工业机器人的配件，员工需要高中水平的阅读和数学能力来匹配工作技能。

公司的首席执行官刚给各部门的负责人开完会，需要做一份关于某个国家区位优势和劣势的报告，市场和生产副总裁需要考虑市场规模、原材料可获得性、供应渠道及分销渠道等问题，你需要考虑劳动力的性质，以决定是否在那里建立经营机构。你计划需要招聘当地 200 名生产工人、10 名一线管理者、2 名中层管理者。

步骤2：挑选团队和国家。

教师将全班同学分成 3～5 人的小组，每个小组选择一个选址国家。你所在的小组扮演人力资源副总裁的角色，准备步骤1中提到的报告，教师可以给你指定一个行业。这是一个实验项目，可以由教师为你提供数据资源，也可以使用教材里的资料信息。

步骤3：准备报告。

报告可以是书面的或口头的，或者两者兼具。报告需要分析经济、文化和体制等因素，因为这些因素都与人力资源管理实践相关。以下这些主题是必须包含的，教师可以增加其他主题。

经济因素：

● 这个国家和其他国家工资水平的对比；

● 就业水平，包括女性和年轻人的就业率；

● 雇主提供的福利；

● 劳动关系的特点（如罢工的概率）。

制度条件：

● 受过教育的工人的可获得性；

● 政府对就业的干预——工资水平、福利要求、裁员的政策要求、法定假期及其他劳动法规；

● 工会的合法权力。

国家文化和商业文化：

● 主体的宗教信仰和语言对劳动关系的影响；

● 文化对劳动关系的影响——长期的、家庭主导的、大小组织的绩效等；

● 工会和劳动力类型方面的传统。

具体分析：

● 在这个国家选址的成本和收益；

● 潜在问题的解决方案；

● 向董事长的提议。

步骤4：展示你的发现。

口头报告一般为 1～2 小时，取决于教师的要求。

资料来源：*Adapted from Balfour*，Alan. 1988 - 1989. "*A beginning focus for teaching international human resources administration.*" Organizational Behavior Teaching Review, 13（2）：79 - 89.

注 释 ■

[1] Black, J. Stewart, Hal B. Gregersen, and Mark E. Mendenhall. 1992. *Global Assignments*. San Francisco: Jossey-Bass; Reynolds, Calvin. 1997. "Strategic employment of third country nationals." *Human Resource Planning*, 20(1): 33–39.

[2] Porter, Michael E. 1990. *The Competitive Advantage on Nations*. New York: Free Press.

[3] *Economist*. 2003. "Roll over, Confucius." January 25, 40.

[4] Porter.

[5] Bohlander, George W., Scott Snell, and Arthur W. Sherman Jr. 2001. *Managing Human Resources*. Cincinnati: South-Western.

[6] International Social Survey Program (ISSP). 1999–2000. "International social survey program: Work orientations II, 1997" (computer file).

[7] Trompenaars, Fons. 1994. *Riding the Waves of Culture: Understanding Diversity in Global Business*. Chicago: Irwin.

[8] Bohlander, Snell, William B. Werther, and Keith Davis. 1993. *Human Resources and Personnel Management*. New York: McGraw-Hill.

[9] Hofstede, Geert. 1991. *Cultures and Organizations: Software of the Mind*. London: McGraw-Hill.

[10] Steers, Richard M., Yoo Keun Shin, and Gerardo R. Ungson. 1989. *The Chaebol: Korea's New Industrial Might*. New York: HarperBusiness.

[11] Organisation for Economic Co-operation and Development (OECD). 2000. *Education at a Glance: OECD Indicators*. Paris, France: OECD.

[12] Drost, Ellen A., Colette A. Frayne, Kevin B. Lowe, and J. Michael Geringer. 2002. "Benchmarking training and development practices: A multicountry analysis." *Human Resource Management*, 41(1): 67–86.

[13] Van Buren, Mark E., and Stephen B. King. 2000. "ASTD's annual accounting of worldwide patterns in employer-provided training." *Training & Development*, Supplement, the 2000 ASTD International Comparisons Report, 1–24.

[14] Cook, Mary F. 1993. *The Human Resources Yearbook 1993/1994 Edition*. Englewood Cliffs, NJ: Prentice Hall.

[15] Ibid.

16 Drost et al.

17 Bondreau, John W. 1991. "Utility analysis in human resource management decision." In M. D. Dunnette and Latta M. Hough, eds. *Handbook of Industrial and Organizational Psychology*, 2nd ed. Palo Alto, CA: Consulting Psychology Press, 1111–1143.

18 Arkin, Anat. 1992. "Personnel management in Denmark: The land of social welfare." *Personnel Management*, March, 32–35; International Labor Organization (ILO). 1999. *World Employment Report 1998–99*. Geneva: International Labor Office.

19 *BusinessWeek Online*. 1996. August 23, chart; International Labor Organization (ILO).

20 Arkin.

21 Werther and Davis.

22 Locher, Alan H., and Kenneth S. Teel. 1988. "Appraisal trends." *Personnel Journal*, 67(9): 139–145.

23 Bohlander, Snell, and Sherman.

24 Ibid.

25 Milliman, John, Stephen Nason, Cherrie Zhu, and Helen De Cieri. 2002. "An exploratory assessment of the purposes of performance in North and Central America and the Pacific Rim." *Human Resource Management*, 41(1): 87–102.

26 Geringer, Frayne, and Milliman.

27 Hofstede.

28 Steers, Shin, and Ungson.

29 Ibid, 101.

30 Ibid.

31 U.S. Department of Labor. 1995. *Hourly Compensation Costs for Production Workers, June 1995*. Washington, D.C.: U.S. Government Printing Office.

32 International Labor Organization (ILO). 1997. *World Employment Report 1996–97*. Geneva: International Labor Office.

33 Simmers, Tim. 2005. "Workers in U.S. labor longer with less vacation than others." *Business Writer*, December 10, 1.

34 Bohlander, Snell, and Sherman.

35 Bureau of National Affairs. 1988. *Recruiting and Selection Procedures, Personnel Policies Forum*. No. 46, May. Washington, D.C.: Bureau of National Affairs, Inc., 9–11.

36 Ibid.

37 Hansen, Fay. 1998. "Incentive plans are now commonplace in large firms." *Compensation and Benefits Review*, 30, 8.

38 Geringer, Frayne, and Milliman.

39 Lowe, Kevin B., John Milliman, Helen De Cieri, and Peter J. Dowling. 2002. "International compensation practices: A ten-country comparative analysis." *Human Resource Management*, 41(1): 45–66.

40 Macharzina, Klaus. 2000. "Editorial: The Japanese model—out of date?" *Management International Review*, 40, 103–106.

41 *Economist*, 2006. "Greying Japan—The downturn," January 9. http://www.economist.com.

42 Takahashi, Shunsuke. 1993. "New trends on human resource management in Japan." In Mary F. Cook, ed. *The Human Resource Yearbook 1993/1994*. Upper Saddle River, NJ: Prentice Hall, 137–138; Schmidt, Richard. 1997. "Japanese management, recession style." *Business Horizons*, 39, 70–75.

43 *Economist*. 1999. "Putting the bounce back into Matsushita." May 20, http://www.economist.com.

44 Lancaster, Hal. 1996. "How you can learn to feel at home in a foreign-based firm." *Wall Street Journal*, June 4, B1.

45 International Labor Organization (ILO). *World Employment Report 1998–99*. Geneva: ILO; Poole, M. 1986. *Industrial Relations: Heritage and Adjustment*. Oxford: Oxford University Press.

46 International Labor Organization (ILO). *World Employment Report 1996–97*; International Labor Organization (ILO). 1997. *World Labour Report 1997–98*. Geneva: International Labor Office.

47 Lane, Christel. 1989. *Management and Labour in Europe*. Aldershot, UK: Edward Elgar.

48 Ibid.

49 Ibid.

50 *Economist*. 1997. "The trouble with South Korea." January 18, 59–60.

51 IMD. 1996. *The World Competitiveness Yearbook 1996*. Lausanne, Switzerland: IMD.

52 Bhowmik, S. K. 2009. "India—Labor searching for a direction." *Work and Occupations*, 36(3): 126–144.

53 Abegglen, James C. and Stalk, Jr., George. *Kaisha: The Japanese Corporation*. New York: Basic Books.

第 5 部分

跨国公司的战略实施：
相互影响过程

Strategy Implementation for Multinational
Companies: Interaction Processes

第13章
国际谈判和跨文化沟通

✎ **学习目标**

通过本章的学习，你应该能够：

● 理解可能影响跨文化管理和谈判的语言沟通和非语言沟通基础。
● 描述从准备到完成交易的国际谈判基本过程。
● 解释国际谈判的基本策略。
● 辨别并应对国际谈判的伎俩。
● 了解国际谈判中解决问题性方案和竞争性方案之间的区别。
● 了解优秀的国际谈判专家具备的个性特征。

案例预览

失败的交易

企业并购规模一直居高不下。事实上，2007年的报告显示，企业并购额已超过4.74万亿美元。然而，并购能否成功在很大程度上取决于公司如何使用必要的策略完成并购程序。如果没有合适的策略，谈判会不欢而散，并购也会以失败而告终。请思考下面失败的谈判案例。

瑞士跨国集团谢尔公司（Kiel AG）发现位于美国佐治亚州的爱德华兹工程有限公司（EEI）在售。谢尔公司的管理层认为，他们在美国已经找到了适于收购的公司。当时美国东南部正在掀起一轮建筑业发展热

潮，谢尔公司将其视为一次战略性机遇。此外，EEI是一家成功的公司，其创始人汤姆·爱德华兹（Tom Edwards）即将退休，愿意出售公司。谢尔公司给出的初步报价接近要价，并购前景光明。谢尔公司总裁赫伯特·谢尔（Herbert Kiel）甚至专程到美国亲自进行谈判。然而，经过四天的艰难谈判，谢尔公司的团队返回了瑞士，谈判随之终止。

到底发生了什么？爱德华兹在谈判中表现出坦率友好的典型的美国做事方式。他急于出售公司，坦率道出了企业的优势和劣

势，并竭尽全力提供对方要求的信息，同时调整自己的方案以适应谢尔公司的要求。然而，这种美国式的谈判方式却并未奏效。

事实上，爱德华兹令谢尔公司困惑不解。谢尔公司对待谈判正规、严谨，将爱德华兹的坦率视为危险、不值得信任。谢尔公司要求查看文件，并提出雇用一家主流的美国会计师事务所对爱德华兹的公司进行审计。而爱德华兹认为这种审计具有侮辱性，是在浪费时间。令爱德华兹生气的还不止这些：谢尔公司的谈判者虽然表面上彬彬有礼，但对他的提议却一直未予答复。最终，双方在谈判中都没有达到预期目的，对彼此的猜疑不断增加，一笔原本很理想的交易却以失败告终。

资料来源：Based on Bryan，Robert M.，and Peter C. Buck. 1989. "When customs collide：The pitfalls of international acquisitions." Financial Executive，5，43 - 46；Goman，Carol Kinsey. 2002. "Cross-cultural business practices." Communication World，February - March，22 - 25；Copeland，L.，and L. Griggs. 1985. Going International. New York：Random House；Muehlfeld，K.，Sahib，P. R. and Witteloostuijn，A. V. 2012. "A contextual theory of organizational learning from failures and successes：A study of acquisition completion in the global newspaper industry，1981 - 2008." Strategic Management Journal，33，938 - 964；Whately，Arthur. 1994. "International negotiation case." In Dorothy Marcic and Sheila Puffer，eds.，Management International，St. Paul，MN：West，73 - 74.

国际谈判是跨越国家和文化疆域的商业交易过程，发生于任何跨国经营项目产生之前。然而，正如上述案例所示，如果没有成功的谈判和相应的跨文化沟通，商业交易很难成功。[1]

能否成功把握商业机会取决于能否进行成功的国际谈判。在海外进行销售的公司必须与国外经销商和销售机构洽谈。参与国际合资企业的公司必须通过谈判来订立合同进而建立联盟。从事海外原料采购的公司必须与当地供应商谈判，并以可接受的价格获得原料。在其他国家生产运营通常要与当地政府谈判以获得必需的权限。希望在他国收购企业的公司必须成功地与目前的企业所有者进行谈判。

面对日益全球化的市场，企业需要熟练地进行国际谈判。正如我们在第1章所讨论的，世界市场的经济重心将转移到中国、巴西、土耳其、印度和墨西哥等新兴市场，此前这只是一种预测，而现在已成为现实。[2]这些国家也有望表现出强劲的技术驱动型增长，这为美国企业提供了重大机遇。然而，美国跨国公司如果想要抓住这些机遇，极其重要的一点是要搞清楚美国和这些国家之间显著的文化差异对国际谈判过程所产生的影响。

本章将阐述国际谈判的基本过程：准备、建立关系、交换信息和开价、说服、妥协、协议和后协议。我们也将考察如何识别和规避谈判者常用的伎俩，了解优秀的国际谈判专家需要具备哪些个性特征。

13.1 跨文化沟通的基础

成功的国际谈判需要成功的跨文化沟通。谈判者不仅必须理解对方的书面和口头语言，而且要明白来自不同文化的不同沟通风格包含的其他因素。在跨文化沟通中，沟通者往往不会觉察到出现了错误，但这些错误会损害国际关系，影响谈判。错误与误读通常出现在以下方面：手势和面部微妙的表情、沉默、说什么与不说什么、年龄和地位的错综复杂性等。这些对于跨国商务人员来说往往是诱致错误的陷阱。

为了帮助你在跨国公司管理中更成功地进行谈判和沟通，我们将回顾一些跨文化沟通的主要问题：语言与文化的关系、高低语境文化的差异，沟通方式的文化差异、通过肢体动作和个人空间的使用进行的非言语沟通、何时以及如何使用翻译人员、怎样与讲不同语言的人沟通、如何避免错误归因引起的跨文化沟通错误。

13.1.1　语言与文化

世界上约有 3 000 种基本语言及各种方言。[3] 语言对文化来说非常重要，以至于许多人把语言群体和文化群体视为同义词。跨国公司管理者应该注意到，许多国家像加拿大和比利时一样，拥有不止一种语言。即使在同一政治疆界内，不同的语言也常常代表很多文化群体多样化的沟通、谈判风格。此外，选错了语言可能会触及极端的文化敏感区域。

语言和文化之间的内在联系如此强烈，以至于一些专家认为，一个社会的语言决定了其文化本质。这就是所谓的**沃尔夫假说**（Whorf hypothesis），该假说由人类学家和语言学家本杰明·李·沃尔夫（Benjamin Lee Whorf）提出。[4] 沃尔夫认为，语言提供了用以理解世界的概念。根据沃尔夫假说，所有语言的词汇都是有限的。反过来，这些有限的词汇约束了使用者理解世界或将世界概念化的能力。语言构造了我们对所观察到事物的思维方式，因此决定了文化的模式。

在其著名的幻想主义小说《1984》中，乔治·奥威尔（George Orwell）就使用了沃尔夫假说，即控制了现有的词汇量便控制了世界。并非所有专家都同意沃尔夫的观点，有些人持相反观点：文化最早诞生，应其要求，某些概念进而某些词汇得以发展。然而，没有人质疑语言与文化之间存在密切关系。大多数专家认为，21 世纪的全球领导者必须具备一定的语言表达能力以充当衔接、弥补文化差异的桥梁。[5]

语言到底有多关键？请看以下案例分析。

案例分析

语言与全球贸易

毫无疑问，文化和语言在国际贸易中息息相关，人们终究是要用语言来进行谈判的。当事人使用语言而非文化来进行交易。因此，语言是从事国际贸易的重要工具。来自不同国家的双方会晤时，需要选用一种共同语言进行谈判，即表达对具体商品的需求并进行讨价还价以最终达成协议。如果没有通用语言，外国投资和国际贸易的流动就不会如此兴旺发达。此外，语言的力量是强大的，因为它们能通过促进不同国家人们之间的沟通理解降低交易成本。语言为订立合同提供了手段，减少了交易中的不确定性，并建立起互信。

最近的一项研究考察了各国的语言差异性以及贸易和外国直接投资的程度。例如，汉语与英语在语言差异性中排名前15%，这意味着这两种语言相差较大。这项研究发现，语言的差异性与贸易和外国直接投资之间存在很强的相关性。换句话说，两国语言之间的差异性越大，从事贸易和互相进行投资的可能性就越小。

资料来源：Based on Selmier，W. T.，II and Oh，C. H. 2012. "International business complexity and the internationalization of languages." Business Horizons, 55, 189-200.

13.1.2 高语境语言与低语境语言

人类学家爱德华·T. 霍尔（Edward T. Hall）以沟通的明示或暗示为基础，确定了世界语言之间的一个重要区别。[6]霍尔专注于研究不同文化如何使用沟通发生的语境或者情境去理解人们所说的话。人们直接、明确地陈述事物的语言被称为**低语境**（low context）语言。低语境语言中，词语提供了绝大多数含义，你不必去理解当时的情形。人们间接、含蓄地陈述事物的语言被称为**高语境**（high context）语言。这里的沟通具有多重含义，你必须通过读取情境才能理解。关于高、低语境的观点非常重要，以至于许多人将文化区分为高语境文化、低语境文化。

大多数北欧语言（包括德语、英语和斯堪的纳维亚语系）都是低语境语言。人们使用明确的词汇来表达直接的意义。例如，如果一个德国经理说"是的"，那么他表达的是一个明确、肯定的意思。此外，大多数西方文化肯定明确、直接的沟通的价值。这在谈判中更为明显，低语境语言使谈判者可以清晰地表达出期待从彼此的联系中获得什么东西。

与此相对，亚洲地区的语言和阿拉伯语都是世界上的高语境语言。在亚洲地区的语言中，省略而没有说出的话与说出的话经常同样重要。沉默不语和不完整句子的使用都要求人们通过理解情境来解读沟通者没有说出的意思。阿拉伯人则使用相反的策略对语言进行解释。大量不精确的语言和非语言沟通导致的结果是：在交往中，如果想理解对方，就必须对情境进行解读。图表13-1列出了语言高低语境程度的排名。

高语境语言和低语境语言使用者之间的沟通对跨国公司管理者是个挑战。在低语境语言中具有明确含义的单词，翻译成高语境语言可能会有多重含义。例如，日语中有许多鼓励说话人持续讲下去和重复某些信息的词语，这些词语通常只存在细微的差别。其中的一个词是 hai——在英语里字面意思为"是"——但只有在情境中其他要素的意思同样为"是"时，该词的意思才是"是"。Hai还有其他意思："是的，我听到了"，"是的，请再说一遍"，"是的，请给我更多的信息"，"是的，请继续说"，"是的，我真的不想说不，但你应该知道答案是否定的"。

图表 13 - 1　　　　　　　　高语境沟通与低语境沟通的国家间差异

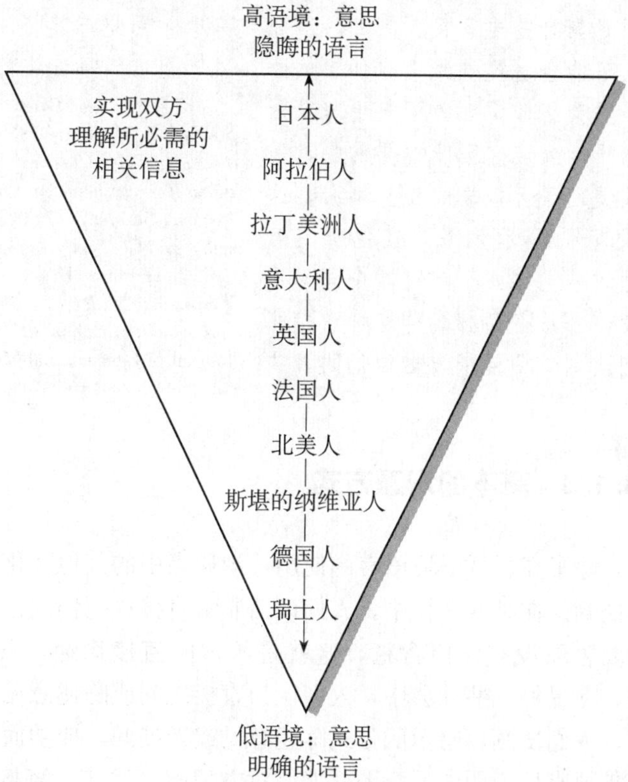

高语境：意思
隐晦的语言

实现双方
理解所必需的
相关信息

日本人

阿拉伯人

拉丁美洲人

意大利人

英国人

法国人

北美人

斯堪的纳维亚人

德国人

瑞士人

低语境：意思
明确的语言

资料来源：*Adapted from Rosch*，*Martin.* 1987.*"Communications：Focal point of culture."* Management International Review，27（4）：60.

我们这里考察的非语言沟通方式包括肢体动作（肢体语言）、对个人空间的利用（空间关系）以及依赖于感官的沟通形式，如触摸（触觉）、眼睛接触（视觉）和鼻子闻（嗅觉）。

这些都是很难翻译的内容，表明了在高、低语境文化之间的谈判中，双方都必须认识到沟通可能会出现错误。此外，即使翻译得很好，为达到有效沟通也需要语境解释。

语言的差异对国际谈判还会产生其他作用。请思考下面的案例分析。

案例分析

中文与英文的差异

跨国公司如果打算充分利用中国提供的巨大商机，就不得不应对来自语言理解方面的挑战。包括中国人、日本人和韩国人在内的几乎全世界 1/4 的人口使用的是语言字符，代表的是意义而非语音。与此相对应，在其他许多语言中，如拉丁字母（如英语、西班牙语）、阿拉伯字母、印度字母，代表的是语音而不是意义。这种阅读过程中的差异对于人们如何记住事物及如何思考来说都具有重要意义。

美国谈判者正确理解这种差异对于如何向中方陈述问题具有重要意义。例如，研究表明，中国人可能会对视觉线索（如字体的选择）表现得更为积极，而美国人更容易对谈判者的声音产生反应。因此重要的是，美国谈判方应该使用尽可能多的视觉刺激，这样才能达到更好的演示效果。其他研究表明，当信息通过视觉方式呈现时，中国人更容易记住品牌，并且将品牌名称与标识相联系。如果美国谈判者希望中方对他们的演说印象深刻，那么他们的发言应更多使用视觉信息。因此与其将注意力放在谈判者的陈述风格上，倒不如在陈述内容上做改进。

资料来源：Based on Economist. 2012. Pedalling propserity. May 26, 3 - 5; Kambil, Amit, Victor Wei-the Long, and Clarence Kwan. 2006. "The seven disciplines for venturing in China." MIT Sloan Management Review, Winter, 47（2）：85 - 89；Lieberthal, Kenneth, and Geoffrey Lieberthal. 2003. "The great transition." Harvard Business Review, October, 13 - 27；Tavassoli, Nader T., and Jin K. Han. 2002. "Auditory and visual brand identifiers in Chinese and English." Journal of International Marketing, 10, 13 - 28.

13.1.3　基本的沟通方式

除了高、低语境语言的使用，沟通当中的其他文化差异也会影响跨文化沟通和谈判。在某些文化中，人们说话非常直接；他们往往会直陈意见，提问直接切中要害而没有任何含糊，这就是所谓的**直接沟通**（direct communication）。然而，在另外一些社会中，人们认为直接提问或陈述意见是不礼貌的。在间接沟通中，人们试图以暗示的方式陈述意见或者提问，成功而有礼貌的沟通允许说话人不需要直接说明他的意图就能使对方理解。比如，直接沟通者问道："今晚我们会达成协议吗？"而间接沟通者会回应："今晚我们将去一家非常好的餐厅，它的烹饪水平是我们国家最棒的。"这样的回答通常意味着："我还没准备好跟你做生意，等到我更好地了解你才行。"图表 13 - 2 列出了一些国家的直接沟通状况。

图表 13 - 2　　　　　　　　沟通方式的文化差异

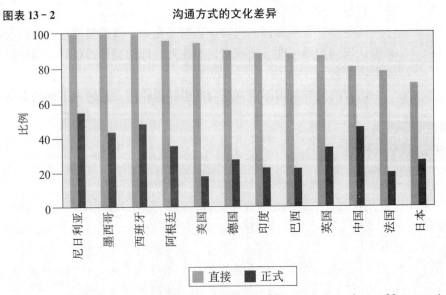

资料来源：Adapted from Salacuse, Jeswald W. 1998. "Ten ways that culture affects negotiating style：Some survey results." Negotiation Journal, July, pp. 221 - 240.

沟通风格的另一个文化特点常常会影响那些与美方谈判的人或使他们大吃一惊，这便是美国人往往缺乏预期的**正式交流**（formal communication）。从图表13-2中可以看到，美国是沟通交流最不正式的国家之一。美国的沟通方式有如下特点：随意使用名字而摒弃姓氏，非正式着装，不使用头衔。大多数其他文化中的沟通尤其是商业交流会更正式。他们在互相介绍时会提到级别和头衔，着装也更为正式，对社会交际的仪式和程序更为敏感。例如，在许多国家，除了从事运动或体育活动，成年男性从来不穿短裤。

从几个方面我们已经注意到，沟通并非仅仅包括语言互动。跨国公司管理者和谈判者必须意识到语言和非语言沟通中的文化差异。接下来我们将讨论非语言沟通的背景。

13.1.4　非语言沟通

非语言沟通（nonverbal communication）是指没有语言的沟通。它通常不需要通过说话来与某人沟通。人们的姿态、微笑、注视对方的眼睛、拥抱、亲吻等一系列行为都是对语言沟通的补充或加强。非语言特征的重要性如何呢？请思考下面的跨国公司管理概览。

跨国公司管理概览

非语言沟通

随着员工与国外同事的交流互动不断增多，了解非语言沟通变得越来越重要。一项经典的研究显示，只有 7% 的信息沟通是通过语言进行的，其余的是基于音调（38%）和各种其他类型的非语言沟通（面部表情、肢体语言等，约占 53%）。最近的一项研究也显示了非语言沟通的重要性。在这项研究中，参与研究的塞浦路斯人看到了不同的面部表情。一些特定的面部表情，如表现出积极情绪的表情，往往被认为是领导者的特有表情。此外，研究表明，相同的面部表情在全世界不同的地方代表的含义可能不同。

显然，对于跨国公司来说，理解非语言沟通的复杂性至关重要。例如，一个石油精炼厂的首席执行官穿着一套昂贵的西装，向穿着蓝色工作服的普通员工讲话。在开始演讲前，他掏出手表放在讲台前。虽然他开场说到"我很高兴今天能和大家在一起"，但他之前的动作却表达了"我不喜欢来这肮脏的地方，我只有 20 分钟的时间"。跨国公司的谈判者应该了解非语言沟通，并能使用适当的肢体语言和其他非语言表达方式。

资料来源：*Based on Gorman*, C. K. 2008. "*Lost in translation.*" Communication World, *July/August*, 25, 31-33；*Trichas*, S. and *Schyns*, B. 2012. "*The face of leadership*: *Perceived leaders from facial expression.*" The Leadership Quarterly, 23, 545-566.

13.1.5　人体动作学

人体动作学（kinesics）是指通过肢体动作进行沟通的学问。每种文化都使用身体姿势、面部表情、手势和动作进行非语言沟通。例如，大多数亚洲文化使用鞠躬来表示尊重年长者或地位较高的人。地位较低人的鞠躬角度相比地位较高的人应该更大。

不同文化的肢体动作的含义经常会让人误解。正如口头沟通一样，在所有社会中，肢体动作的含义并不存在统一准则。例如，美国人在沟通时会把脚抬高，营造轻松的气氛。管理者把脚搭在办公桌上等于表明，"我很放松，你也可以这样。"然而，许多来自其他文化的人们则认为这是一种粗鲁甚至是带有侮辱性的行为。多数德国管理者会认为将脚放在桌子上是不文明的。对于大多数阿拉伯人来说，亮出鞋底属于最令人愤怒的侮辱。[7]

每个人沟通时都会有面部表情。人们会微笑、皱眉、眯眼、冷笑，做一系列面部动作。一些学者认为，某些面部表情是生物性的，没有文化之分。例如，在许多不同的文化背景中，人们互相问候时都会快速抖动眉毛。[8]此外，天生失聪或失明者的面部表情大致相同，这表明至少有一些表情是与生俱来的。[9]

体态涉及人坐立、行走的方式。每种文化对不同情形下的不同体态或鼓励或反对。例如，在日本乘一次地铁，你会很快发现恰当的坐姿是：面向前身体坐直，双腿并拢，头微垂，（对于女性）手提包整齐地放置在膝盖上。文化准则决定了人们坐立、行走的方式，以及行走的速度和节奏。

所有文化都使用手势修饰和加强语言沟通。有些文化采用富有表现力的手势，另外一些文化则用细微的手势。同样的手势往往在不同社会中意义不同，国际沟通中的尴尬也因此屡见不鲜。例如，用拇指和食指做圆圈的手势在北美意味着"OK"，在日本意味着金钱，但在巴西意味着淫秽。竖起大拇指对于北美和许多欧洲人来说表示一切顺利，但在西非国家是粗鲁的手势。向上举起两个手指做出"V"的手势在第二次世界大战中因为英国首相丘吉尔的使用而流行起来，但如果手掌朝内，对英国人和法国人来说却是粗鲁的意思。点头在世界上大多数国家表示"是"，但在保加利亚却意味着"不是"。[10]

国际谈判者应该记住的重要一点是，手势很容易让人误解。稳妥的沟通策略是尽量减少手势的使用。你应该只使用你非常了解的手势。最后，当你对一种文化越来越了解时，使用适当和可接受的手势将会成为沟通中的第二天性。

13.1.6　空间关系学

空间关系学（proxemics）主要讲的是人们怎样运用空间进行沟通。据一些专家介绍，视觉、嗅觉、听觉和触觉等基本感官都会让人们察觉和感知到空间的差异。[11]当然，人们对声音、视觉、气味和个人接触做出的反应也存在巨大的文化方面的差异。每一种文化对于各种层次的沟通都有着适当的空间距离，如果这些距离被忽视，大多数人会感觉不舒服。更进一步，如果违背了这种空间关系，有可能被认为是冒犯。

围绕每个人的个人球形空间从22厘米至50厘米不等。北美人最舒服的空间是50厘米，而来自拉丁美洲和阿拉伯世界的群体通常喜欢更近的距离。我们经常会看到，当北美人与中东人或拉美人交往时会不断后退，以保持其 50 厘米的舒适距离。

个人空间同样会影响办公室的设计。在一个典型的日本办公室里，办公桌互相靠在一起，经理们紧凑地在一起工作。相比之下，德国人甚至比北美人更注重个人办公空间，德国人喜欢沉重的办公家具，因为这些家具难以移动，从而使人们不能移得太近。一名派驻美国的德国报纸编辑根本无法忍受美国人在某些社交场合将椅子移得太近的习惯，最后他的应对办法是，将来访者的椅子固定在地板上，从而能够保持一个舒适、适宜的距离。[12]

13.1.7　触觉、视觉和嗅觉

非语言沟通也可能通过触觉、嗅觉、视觉来发生。**触觉**（haptics or touching）是指通过身体接触的沟通。**视觉**（oculesics）是指通过眼神交流或注视完成的沟通。**嗅觉**（olfactics）则是利用气味作为非语言沟通的一种手段。

触觉同空间关系学有关，是人类交往的一种基本形式。彼此问候时，人们可能会握手、拥抱或亲吻。在日常交往中，人们可能以不同的方式互相触摸或轻拍对方。而对于何为适宜的接触方式的看法，则深深根植于文化价值观之中。例如，俄罗斯人经常亲吻其家庭以外的人以进行问候；巴西人在问候时会拥抱对方；尽管日本女生经常在走路时与其他女生手牵手，但与陌生人接触则难以接受。在某些文化中，人们期待有力的握手，而在其他文化中握手则是轻柔的。一般来说，拉丁欧洲和拉丁美洲文化比日耳曼、盎格鲁或斯堪的纳维亚文化使用的触摸要多。阿克斯特尔（Axtell）将各国的触摸程度进行了分类[13]，包括无触摸（如日本、美国、英国和许多北欧国家）、中度触摸（如澳大利亚、中国、爱尔兰和印度）和触摸（如拉美国家、意大利和希腊）。

注视与眼神交流（视觉）的程度在世界各地差异很大。在美国、加拿大这样的国家，人们认为在谈话中保持短暂的眼神接触是令人舒适的。与此相反，在中国和日本等国家，目光接触被认为是非常粗鲁和不尊重人的；事实上，在这类社会中避免眼神接触是对别人表示尊重的方式。然而，在法国和中东这样的社会，保持长时间的目光接触是被社会认可的。

为了避免冒失，谈判者必须清楚对方社会中何种程度的眼神接触是令人舒适的。例如，美国的谈判人员应该知道，与法国人进行谈判时，对方长时间的注视并非粗鲁或敌意，而是表示兴趣；而与中国人进行谈判时，为了不让中国谈判人员处于一种不舒服的境地，避免直接凝视或目光接触是很重要的。

最后，不同的国家对气味（嗅觉）有不同的看法。像美国和英国这样的社会，人们对体臭感到很不舒服。事实上，美国人往往认为带有体臭是一种冒犯，并会避免与带有体臭的人交谈；与此相反，阿拉伯人对体臭更能接受，认为它们是自然的。[14]谈判者需要了解诸如此类的不同观点，接受并适应他们。

上面讨论了非语言沟通的基本形式。接下来将涉及跨文化商务交流中的三个实际问题：什么时候使用翻译人员，如何同使用不同语言的人谈话，以及如何认识和避免基于自身文化对他人的动机进行臆断。

13.1.8　跨文化商务沟通中的实际问题

由于沟通的一方或者双方必须以外国语言沟通，跨文化的谈判和沟通几乎总是面临语言障碍。如果跨国公司管理者能说一口流利的外语，那么他们将处于优势地位。美国人在学习第二种语言方面可能是最差的之一，而欧洲人大多掌握两种甚至多种语言。美国商人很幸运，因为英语是最通用的商务语言。然而，即使英语是当地的商务语言，并且你们也用英语进行谈判，如果使用当地语言，沟通效果和对当地文化的理解将显著提高。因此，为国际谈判任务所做的一项重要准备就是至少掌握所在国家的基本语言技能。

13.1.9　使用翻译人员

为了确保谈判各方都能理解协议，国际谈判通常需要翻译人员。**翻译人员的作用**（interpreter's role）是在人们谈话的同时，提供一种外国语言的同声翻译。这比说一种语言或翻译书面文件要求更好的语言策略。优秀的口译者不仅会说两种语言，还具备专业知识和词汇以处理业务交易中的技术细节。

即使一些谈判者理解或会说两种语言，使用翻译人员通常也是一个好主意。因为如果谈判者还肩负团队翻译的任务，这会影响他完成谈判任务。此外，即使谈判小组的所有成员都精通两种语言，使用专业的翻译人员也可以确保大家对书面和口头协议能够形成准确、统一的理解。

即便有专业的翻译人员在场，有时想要表达的信息也并不都能有效地传达给对方。可以参考下面的跨国公司管理概览。

跨国公司管理概览

翻译和人力资源管理

随着越来越多的跨国公司进入南美国家，更多的美国跨国公司开始依赖那些不以英语为母语的员工，因此对语言含义误解的潜在风险高企。思考某位人力资源管理者与新员工讨论公司福利计划细节的案例：因为许多新员工不会说英语，一位西班牙语翻译人员为说西班牙语的新员工翻译公司的健康保险计划和退休制度。这位人力资源管理者得到的回应只是新员工茫然的眼神，这使她意识到许多观点并没有正确地传达给对方。人力资源管理者错在哪里呢？

更详细地研究以上案例就可以看出：翻译和沟通之间依然存在巨大的差距。一个退休计划对来自英语世界的人会很有吸引力，而许多拉丁美洲的人却会对此计划嗤之以鼻。他们中的大多数人并不信任银行。从文化角度讲，拉丁美洲人认为把钱放在银行令人不安，而且对他们来说，委托公司为自己投资非常奇怪。此外，拉丁美洲人也习惯于依靠孩子和其他亲属来制定退休计划。对于需要将自己的薪酬托付给公司的退休计划，他们通常会持怀疑态度。

以上案例说明了沟通中文化背景的重要性。虽然西班牙语翻译人员能够将信息内容翻译给新员工，但沟通并不是很有效，因为关于退休的文化特性以及员工对将工资信托给公司的疑虑并未得到恰当解决。翻译人员必须对这些复杂性加以考虑。那位人力资源管理者发现，如果她花时间耐心地将此项退休计划的重要性和福利属性向员工进行讲解，他们会更容易接受这个计划。

资料来源：Based on Rimalower，G. 2012. "Owls are not always wise：How to improve communication with non-English speaking employees." Employee Benefit Plan Review，April，5 - 6.

以上跨国公司管理概览表明，任何谈判者都需要和翻译人员共同努力以确保谈判顺利有效进行，这一点十分重要。对于来自美国的谈判者，建议他们让翻译人员仔细研究谈判记录以及其打算向对方表达的信息。这些具有前瞻性的工作能帮助美国谈判者提前发现问题。阿克斯特尔[15]、钱尼（Chaney）和马丁（Martin）在这方面提供了一些小策略，列举如下[16]：

- 与翻译人员多花点时间相处，这样他们可以知道你的口音和谈话方式。
- 与翻译人员一起检查技术以及其他方面的问题，确保他们能正确理解你的意思。
- 谈判中频繁中断以便于翻译，而不是到最后一次性翻译。
- 从翻译人员身上学习恰当的沟通风格和礼仪。
- 通过观察对方的眼神去了解他们的反馈和理解状况。
- 对于复杂的信息，应提前与翻译人员进行讨论。
- 要求翻译人员向谈判方因为你不会说当地语言而表示歉意。
- 在最后环节，要与你的翻译人员确认是否所有关键的信息都得到正确理解。

一些跨国公司为了减少公司内与日俱增的语言多样化，采用一种语言作为公司的官方语言。英语越来越多地成为许多企业的官方语言，因为它是最普遍的第二语言，例如飞利浦和 DHL 全球速递就以英语作为官方语言。使用英语作为官方语言使得上述这些公司在处理来自员工和客户方面的语言多样性问题时有更加统一的企业文化。但即使是这些大型跨国公司，也会长期雇用翻译人员来处理以下问题：与国际媒体打交道、翻译当地产品的信息、与其他企业谈判等。

虽然使用统一的公司语言简化了跨国公司的沟通问题，但是它也造成了其他一些语言方面的挑战，其中最大的挑战之一就是与非母语人员的沟通。接下来我们将就如何在实践中处理这类问题给出建议。

13.1.10　与讲不同语言的人沟通

在跨国组织中，你很有可能会与员工、客户和商业伙伴用第二甚至第三语言进行口头和书面沟通。在这种情况下，语言沟通学者推荐了一些策略，应用这些策略会使沟通变得更容易、更准确[17]：

- 使用最常用的单词表达它们最常见的含义：语言入门课本中可以找到这些单词。
- 选择其他含义不多的单词：如果做不到，使用这个词最常见的含义。
- 严格遵循基本的语法规则：要比与以此为母语的人交流时更严格遵守这些语法规则。
- 单词之间有清晰的停顿：对于非母语的人来说，他们很难听清楚单词，身处嘈杂的环境时尤为困难。
- 避免借用体育词汇或文学词汇：例如，应避免美式英语中"三击不中出局"这样的短语。
- 避免使用形象化的单词或词组：一些单词或词组要求听众在大脑中想象出相应的形象。
- 避免俚语：俚语往往基于年代和区域，而非母语者有可能是向来自其他地区的人学习的语言。英国英语与美国英语之间俚语差异就很大。
- 适应非母语语言的文化偏好：例如，对比与德国听众交流时所用的语言，与西班牙语听众交流时的语言更华丽。
- 概括：解释和重复基本意思。
- 测试你的沟通效果：不要问"你明白了吗?"而是问你的听众听到了什么，要求他们解释你所说的话。
- 如果对方不理解：使用不同的单词阐述基本思路，使用更为常见的名词和动词。
- 以书面形式确认重要信息：确保写下所有重要信息，以避免误解或混淆。

对跨文化沟通的敏感性会为跨国公司谈判者提供坚实的基础。接下来我们将为进一步拓展你的国际谈判知识提供重要的背景知识，以使你为在全球商业环境中谈判做好准备。

13.2 国际谈判

国际谈判比国内谈判复杂。国家间文化、政治、法律和经济制度的差异经常使潜在的商业伙伴之间产生沟通障碍，因此大多数国际商务人士觉得有必要调整本国的谈判风格。如果他们希望在跨国商务领域取得成功，就必须形成以灵活运用正确的国际谈判原理为基础的国际谈判风格。接下来我们将通过描述成功国际谈判的各个步骤来加深对基本谈判原理的理解。

13.2.1 国际谈判的步骤

大多数专家均认为国际谈判包括若干步骤。[18]虽然每次谈判都有其独特性，而且可能包含两个或者更多步骤，抑或重复其中一些步骤，但是所有谈判过程都包含从准备到最后达成协议的 6 个步骤（参见图表 13-3，其中包含第七个步骤，即后协议，这将在本章的后面部分讨论）。具体地说，**谈判的步骤**（negotia-tion steps）包括准备、建立关系、交换信息和开价、说服、妥协和协议。在国际谈判中，最重要的步骤是准备。在文化方面没有经验的谈判者总是无法达成一个满意的协议。

图表 13-3　　　　　　　　　　　　国际谈判的步骤

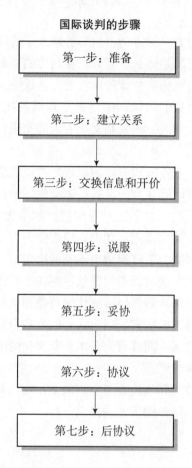

13.2.2　步骤一：准备

成功的国际谈判策略要求有充分的准备，这很重要。经过精心准备的国际谈判者，在谈判前将会提前获得广泛的信息，譬如谈判所涉及的问题、谈判的环境、谈判的公司和人员等。在这个阶段，你必须回答一系列问题，比如"我的立场是什么"，以了解在谈判过程中公司所处的位置。然而，了解自己的位置以后，你还需要通过回答"他们想要什么"或者"对他们而言什么是重要的"之类的问题来了解谈判对手的立场。

国际谈判专家在谈判之前必须考虑一些重要问题和因素[19]：

● 确定谈判是否可能进行：谈判过程开始前，必须确信你和谈判对手至少有一些意见是一致的。

- 确切知道公司希望从谈判中得到什么：公司希望在谈判中达到什么目的？公司在协议中可接受的最低条件是什么？列出具体的需求和要求的清单。哪些具体要求有更强的议价能力？

- 知道什么可以妥协：你不太可能得到想从谈判中得到的一切。提前思考哪些可以妥协和让步。提前考虑这些，将使你不会放弃太多或做出错误的让步。

- 了解对方：对方为目前形势带来了哪些变化？对方能提供哪些你想要的东西？对方的目的是什么？对方正在与你的竞争对手打交道吗？竞争对手具有什么优势？对方打算协商什么问题？对方达成交易的愿望有多强烈？

- 派遣合适的团队：谈判者是否具备技术细节方面的知识、足够的谈判经验、语言能力和对方国家和文化方面的知识？他们有没有团队意识？他们有什么权限？

- 议程：双方有没有商定议程？该议程会不会将公司引向不利方向？

- 做好长时间谈判的准备：避免由于匆忙而接受不利的方案。知道什么时候你必须结束谈判而又不让对方知晓。如果无法通过谈判达成双方一致同意的交易，必须选择结束谈判。此外，应避免为做交易而交易。通常，无奈绝望的情形往往会导致判断力下降而做出不利的决定。

成功的国际谈判者不但要就谈判的实质内容（如技术细节、公司的需要）做准备，而且要深入研究外国文化的特性和谈判风格。例如，一项针对美国人与日本人的成功谈判的研究发现：认真的准备会带来高质量的谈判结果。能提高谈判质量的准备包括：阅读有关日本企业文化的书籍、雇用专家来培训谈判小组以及进行模拟谈判演练。[20]

当今，兼并和收购大潮方兴未艾，对谈判产生了很大影响，同时强调需要做充分的准备。请参阅下面的案例分析。

案例分析

谈判和风险

当前的经济形势使许多跨国公司有机会收购那些从前遥不可及的公司。事实上，可以预见，兼并和收购的步伐将持续下去。此外，在诸如中国这样的国家，跨国公司也越来越多地依靠兼并和收购而得以进入新兴市场。在这种趋势下，谈判小组都为要完成千载难逢的交易而倍感压力。但是，如果没有充分的准备，这样的收购可能非常危险。专家们一致认为，成功进行合并同签署协议一样重要。举例来说，如果顾客减少购买量或者供应商破产，跨国公司如何应对？遗憾的是，谈判者经常低估或忽略这样的风险以尽快签署协议。因此，跨国谈判者应当花些时间来准备，并借此得到尽可能多的信息，以再三权衡涉及风险的重要问题。

- 将风险作为讨论中不可分割的一部分而不是回避它。

- 把风险分解成一个个小的部分，以分

析如何设计方法来解决这些问题。

● 要理解这一点：风险和问题可以一起解决。

● 允许对手表达他们的关切。建议跨国公司做好充分准备，以全面应对可能出现的疑难问题，而不是急于谈判。

资料来源：*Based on Ertel*，*D.* 2009. *"Negotiating the risk or risky negotiations?"* Financial Executive, A-pril, 40 - 42；*Muehlfeld*，*K.*，*P. R. Sahib*，*and A. V. Witteloostuijn.* 2012. *"A contextual theory of organizational learning from failures and successes：A study of acquisition completion in the global newspaper industry*，*1981—2008."* Strategic Management Journal，33，938 - 964；*Sun*，*J.* 2012. *"Analysis of mergers and acquisition strategy of multinationals in China and Chinese enterprises countermeasures."* Cross-cultural Communication，8 (2)：56 - 60.

虽然不可能了解世界上所有文化的谈判风格，但管理者可以预测不同文化之间的某些关键区别。本部分将介绍其中一些常见的区别，包括：谈判的目标、谈判者个人的沟通风格、谈判人员的沟通方式、谈判者对谈判时间与进度的敏感性、该社会典型的协议形式、谈判小组的一般组织类型等。之后我们将针对不同国家的案例讨论说明它们在这些领域的极端差异[21]，但是许多国家的情况介于这些案例之间。[22]

● 谈判的目标——签订合同或建立关系：大多数中国和日本商人将建立关系视为谈判的首要目标。谈判可能会签署协议，但签署协议只是代表公司之间的关系，或者谈判者个人之间关系的正式表达。合同仅仅是建立可能带来长期互惠互利关系的第一步。在美国这样法制比较健全的社会，签订详尽的合同是谈判的最重要目标，合同承诺不是依赖个人的约束力，而是依赖法律效力。在美国法院，合同的神圣性体现在其被尊为美国法律的准则。

● 正式或非正式的个人沟通风格：不同商业文化对于非正式沟通风格的接受程度有很大不同。澳大利亚人和美国人一样，容易适应称呼名字的、非正式的交谈；然而，尼日利亚、西班牙和中国的谈判者对短期商务谈判中称呼名字这种非正式的方式持否定态度。

● 直接或间接的沟通风格：沟通的形式从直接、语言的到间接、非语言的，由于文化不同而存在很大差异。在不同文化中，礼貌准则和沟通风格总是鼓励或限制谈判者直接开门见山地谈判的能力。例如，日本人一般不会直接说"不"，而如果他们说事情"非常困难"，就意味着是不可能的。相反，使用比较准确语言的人可能会把这种避免直接和盘托出的方式理解为在努力隐瞒什么。

● 对时间的敏感性——高或低：谈判的进度和谈判每一阶段的时间的设定，与谈判的目标相互作用。不同文化针对投入多少时间来追求目标的评价不同。对美国人而言，完成交易意味着签订合同，时间就是金钱。其结果是：美国人往往试图尽快进入正题。与此相反，在亚洲文化中，价值体现在创建关系上，而不是简单地签订合同。这些文化往往倾向于花费时间去更好地了解对方，从而确定是否值得建立长期合作关系。企图加快谈判的进度可能会被对方怀疑在试图隐瞒什么。

● 协议的形式——具体的或宽泛的。谈判的协议可能包含一般原则或详细文件，这些详细文件会预期双方的联系可能导致的所有后果。许多国家如日本，喜欢在合同中只规定一些一般原则，而不规定具体的规则和义务，日本人认为，既然不可能预见到可能发生的一切偶然事件，那么详细的协议就是危险的、令人不安的。这种合同会迫使某些人做一些事情，可这些事情会由于不可预见的情况而最终变成无法实现的任务。相反，宽泛的协议基于牢固的个人关系，如果情况有变，可以进行公平合理的调整。严格按法律规定并详细列明所有突发事件（就像美国人通常做的那样），让很多来自其他文化的人认为他们的美国合作伙伴不信任彼此之间的关系。图表13-4显示了在协议上不同国家对于宽泛协议偏好的文化差异。

图表 13 - 4　　　　　　　　　　对宽泛协议偏好的文化差异

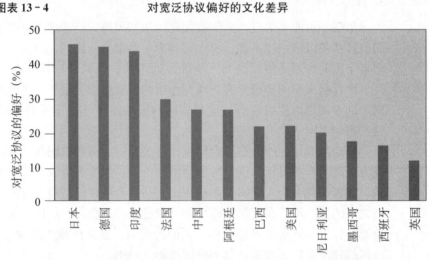

● 团队组织——团队或个人：美国高级谈判代表往往在特定范围内，拥有代表公司做出承诺和达成交易的最终权力。这种组织模式适合美国人快速谈判和达到签署合同目标的风格。在国际谈判中，美国谈判小组人数较少，且只有一位决策者，而他们通常面对人数较多的团队，真正的决策者可能并不出席，或者即使出席也很少说话。俄罗斯人、日本人和中国人喜欢人数较多的团队，并且主要依靠协商一致做出决策。

● 态度对谈判的影响——分出胜负或双赢：各国文化不同，但都试图用自己的思维方式进行谈判。在一些文化中，人们倾向于将谈判的进程视为取得双赢的过程，而其他一些文化则认为这必然是有赢有输的过程。例如，萨拉科斯（Salacuse）指出，接受调查的日本人中全部怀有让谈判双赢的心态；[23]而参与调查的西班牙高管中只有33%有同样的看法。了解了这些，你就可以知道自己的处境。

● 情绪表露的程度——高或低：正如我们在第2章看到的，对于情绪流露的可接受性和适当性，不同社会有不同看法。据报道，拉丁美洲人和西班牙人通常会在谈判中表露自己的情绪，而日本人和德国人往往会隐藏自己的情绪。了解情感表露的适当性对于确保谈判的顺利进行很必要。

在国际谈判中，缺乏对文化差异的准备会导致很多问题。例如，高度个人主义的美国文化在集体主义文化中很难奏效。在与美国人的谈判中，美国的管理人员和来自其他文化背景的管理人员都应做好准备，避免落入美国谈判风格的陷阱。图表13-5对比了美国的谈判者和来自其他国家的谈判者的一些特征。美国谈判者具有被约翰·格雷汉姆（John Graham）和罗伊·赫伯格（Roy Herberger）称为约翰-韦恩（John Wayne）式的谈判风格。[24] 如图表 13-5 所示，美国的谈判风格独立、积极而直接。虽然这种风格在个人主义的美国文化环境中行得通，但与具有其他文化价值观和准则的国家的谈判风格形成了鲜明对比。下面的跨国公司管理概览说明了在与阿拉伯人谈判时所应预见的情况。

图表 13-5　　　　　　　　　**准备：理解来自不同国家的谈判者**

美国的谈判风格	基本原理	对比的谈判风格	基本原理
我可以一个人去。	为什么把钱花在不必要去的人身上？	带一个团队去。	人越多，造成的社会压力越大。
叫我约翰就行。	礼节是不必要的。	极其正式。	级别和地位体现在语言上。
对不起，我不会讲法语。	何苦呢？英语是国际语言。	懂英语，但仍使用翻译人员。	增加聆听和反应的时间。
要切中问题。	为什么拐弯抹角？	首先要建立个人关系和交换信息。	个人关系和信任比合同更加重要。
公开摊牌。	事先给予并希望得到真实信息。	在一开始不表露真正的立场。	搞点小把戏或避免说"不"是可以接受的。
不要只是坐在那里，要说话。	长时间的沉默是不可接受的。	保持长时间的沉默是可以接受的，特别是在谈判陷入僵局的时候。	做出反应需要时间。
一事一议。	最后的协议是对每个问题一致意见的总括。	自始至终采取敌视态度使讨论的所有问题都没有结论。	问题总是相互有联系的。
交易就是交易。	承诺最后要落实到最终的细节上。	如果明天的情况不同，那么今天的承诺无效。	谈判的双方必须知道要做到完美绝对是不可能的，因为事物是会变化的。
我不需要征求总部的意见。	谈判人员应该有权决定交易。	我必须征求总部的意见。	为了完成谈判，你不仅要说服我，而且要说服身在另一个大陆的我的老板。

数据来源：*Adapted from Graham*，*John L.*，*and Roy A. Herberger*，*Jr.* 1983. *"Negotiators abroad—Don't shoot from the hip."* Harvard Business Review，61，160-168.

跨国公司管理概览

与阿拉伯人谈判时可能遇到的状况

世界上很多国家在金融危机中勉力支撑，很多中东阿拉伯国家却平稳渡过。例如，海湾合作委员会（6 个阿拉伯国家在海湾地区结成的联盟）国家的政府创造了大量的财政储备。这些国家从高昂的油价中获利，进而增加了财富。此外，尽管在沙特阿拉伯之类的国家有些悲观情绪，但是专家预测贸易会朝自由化的方向发生显著改变。因此专家预测，更多西方跨国公司会与阿拉伯国家进行谈判，以获得巨大的商机。来自阿拉伯国家的谈判者有 5 个主要特点：

1. 主观的看法：阿拉伯人看待世界是主观的，现实基于感知，而不是事实。令西方人感到吃惊的是，在争论中逻辑错误所带来的影响远比预期的要小。如果事实与他们所想的不同，他们很可能会摒弃事实情况而坚持自己的观点，个人的荣誉往往比事实更重要。

2. 所期望的关系类型：良好的个人关系是同阿拉伯人做生意最重要的基础。

3. 家庭和关系的信息：在高度个性化的阿拉伯社会中，社会联系和关系网是最为重要的。这些信息是决定交易成功与否的关键，而不是无用的。

4. 劝说：对于阿拉伯谈判者而言，个性化的争论比有逻辑的争论更加有效，通常要强调朋友关系和个人诉求。通过提高声音、有激情地重复观点甚至是拍打桌子来表达情绪都是可以接受的，带有情绪色彩的争论表示了真诚的关切。

5. 完成整个过程所需要的时间：从西方商人的角度看，与阿拉伯人谈判需要大量时间。对阿拉伯人而言时间并不是固定的，任何事情的开始和结束时间都不是固定的。每个人都预期会有延时。

资料来源：Based on Economist. 2012. "The long day closes." June 23, 27 - 30; Canadian Business. 2009. "The United Arab Emirates: Gateway to the Gulf." Summer, 82, 143 - 144; Nydell, Margaret K. 1997. Understanding Arabs: A Guide for Westerners. Yarmouth, ME: Intercultural Press.

经过充分的准备之后，谈判者与对手的谈判就可以开始了。接下来我们将讨论在谈判过程中这些相互作用是怎么逐步产生的。

13.2.3　步骤二：建立关系

初步规划之后，下一步就是同谈判对手之间**建立关系**（building a relationship）。在这一阶段，谈判者并不是专注于商务话题，而是着眼于社会和人际关系方面的问题。谈判双方个人之间逐步增进了解，并逐步形成对谈判者个性特征的看法：他们实际是什么样子，真实目的是什么，以及是否可以信赖。

谈判过程的这一阶段通常在正式谈判地点以外的地方进行。例如，日本人谈判的第一步是在办公室外面的一个房间里喝茶，此次会晤仅是交换商业名片和进行小型会谈。在包括日本在内的大多数国家，餐馆、酒吧和文化风景区通常是建立关系活动的最佳场合。请思考下面的案例分析。

案例分析

茶在不同社会中所扮演的角色

茶看起来是一种很平常的饮料，但喝茶的行为在许多文化中具有特殊作用。随着越来越多的跨国公司涉足其他社会，正确地认识茶在一些文化中的重要性是非常有意义的。茶是世界上最受欢迎的三大饮料之一，但具体到饮茶习俗则差异很大。在日本文化中，茶在精神方面起到重要作用，关于茶的准备过程和礼仪代代相传，茶道重在建立关系和传递和平、尊重、安静、约束的信息，主人和客人都需要心怀最高的敬意观瞻茶道。虽然专家发现喝茶可能变得不再那么正式，但是谈判者必须依旧对茶道怀有极大的尊重并按正确的规则行事。在中国文化中，茶同样扮演了重要角色，虽然不同的地区之间存在不同的礼仪，茶仍然被用来发展朋友关系。茶通常被慢慢烹制，并且在会议中起到协调气氛的重要作用。正因如此，在中国懂得欣赏喝茶，是对文化和主人的尊重，也会促进关系的建立。

喝茶不仅局限于亚洲文化中。英格兰人同样有浓厚的茶文化。虽然喝茶很常见，但正式茶点这样更正式的喝茶方式彰显了茶对英国人的重要性。在英格兰，喝茶也是建立关系的一种方式，谈判者必须给予这种行为应有的重视。

资料来源：*Based on Jinxia*，L.V.，and S. *Zhaodan*. 2012. "*A comparative study of tea customs.*" Cross-Cultural Communication，8（2）：128–133.

建立关系阶段的时间长短和重要性，随国家文化不同而存在很大的差异。美国谈判者在简短和敷衍的应酬之后就试图坐下来谈正事[25]，德国的谈判者也很快切入正题。对美国谈判者来说，处理与谈判无关的事务经常被认为是在浪费时间和浪费公司的资源，因此，美国管理者承受很大的压力，要切入正题、做成交易，然后回家——特别是当他们在海外的时候，这种压力更大。国际旅行和住宿费用十分昂贵，并且很多美国公司认为，管理者的时间最好用于在国内履行已经谈定的合同。

美国谈判者的目标是将细节落实在书面合同上，这种合同有明确的要求和期限。从这个角度看，几乎没有必要发展个人之间的关系。在美国法律看来，"合作伙伴必须达成一份具有法律约束力的文件"。然而，其他国家的法律体系并不认为合同在具体细节上具有约束力。例如，对于很多中国管理者而言，一份合同仅仅提供了建立关系的基础，而细节被放在后续阶段进行讨论。像大部分来自亚洲社会的人一样，中国人相信必须首先花时间建立个人关系。

谈判各方建立良好的关系是达成最后协议的基础。在亚洲社会，建立互信和发展关系是极其重要的。即使是在美国这样的个人主义社会，谈判者之间的相互信任也很重要。然而，商业谈判最终必须明确谁在什么时候、以什么价格、去做什么，接下来我们将说明谈判者应如何提出这些问题。

13.2.4 步骤三：交换信息和开价

在这个阶段，双方交换达成协议所需的信息，这些信息被称为**与任务相关的信息**（task-related information），它与所提协议或建议的实际细节密切相关。典型的情况是，双方正式表明各自希望从相互关系中得到的东西，会提出产品的数量、特征以及价格这类问题，也会提出**最初报价**（first offer），这是他们首次表达期望从协议中获得什么样的结果。

在这个阶段，国家文化和企业文化将影响提供和要求的信息应包括什么内容，如何提供这些信息，如何使最初的报价接近实际期望的协议价格或期望的具体协议条款。图表 13-6 对不同国家的信息交换和最初报价策略进行了比较。例如，典型的美国起始谈判点（偏离真实目标 5%～10%）与阿拉伯国家谈判者所采用的更极端的起始谈判点之间存在不小的差别。

图表 13-6   信息交换和开价策略

	阿拉伯国家	日本	墨西哥	俄罗斯	美国
信息交换	强调与关系相关的信息，而忽视有关技术细节的信息。	广泛要求技术信息。	强调与关系相关的信息，而忽视有关技术细节的信息。	非常注意技术细节问题。	通常以多媒体演讲的形式直接扼要地提供信息。
报价或还价	偏离目标 20%～50%。	偏离目标 10%～20%。	对双方都公平，并贴近目标。	极端、故意不公平。	偏离目标 5%～10%。

数据来源：*Adapted from Chaney，Lillian H.，and Jeanette S.Martin.* 1995. Intercultural Business Communication.*Upper Saddle River，NJ；Prentice Hall；Yale；Richmond，B.* 1992. From Nyet to Da：Understanding the Russians.*Yarmouth，ME：Intercultural Press.*

在信息提供阶段，谈判者必须正确地理解听众并且让信息提供过程适应听众的需求。有证据表明，不同文化对所提供的信息种类有不同偏好。亚洲和欧洲的一些国家喜欢深入的信息，谈判者必须深入了解谈判内容。[26]如果表现出对此不甚了解，那么对方可能就会觉得被冒犯了。相反，阿拉伯国家和墨西哥的文化可能更多地关注信息展示对双方关系的影响。在这种情况下，信息展示者需要更多关注信息展示对双方关系的作用。如果表达的信息太技术化或者难以理解，那么对手可能会觉得受到威胁并且不愿做这笔交易[27]，所以信息展示者必须确保展示的信息恰当。

谈判者同样需要注意报价中的情感因素。请思考下面的跨国公司管理概览。

跨国公司管理概览

情绪和谈判报价

理解来自阿拉伯世界的谈判者变得越来越重要。很多阿拉伯国家为跨国公司提供了重要的机遇。迪拜就拥有一些世界上最壮观的购物中心。尽管社会有动荡，但是阿拉伯国家正在经历巨大的变化，这些改变将在不远的将来打开更多机遇之门。因此更多跨国公司的员工将不得不同来自这些社会的人进行谈判。

情绪的表达对建立第一印象以及最终接受报价发挥着很大的作用。例如，对亚洲人而言，留面子是谈判中关键的要点，应当从积极的角度看待自始至终要面子的谈判者。对于留面子的重要要求之一就是尊重。对东

亚人而言，尊重可以通过谦逊、尊重权威、尽量减少分歧体现出来。相反，缺乏尊重的情绪譬如自大傲慢、直接对抗以及公开分歧，都不可能被视作尊重。

在一项有趣的研究里，中国和以色列的谈判者面对积极的情绪（谦逊以及减少分歧）和消极的情绪（傲慢自大和直接对抗）。结果完全符合文化的期望：来自东亚的谈判者更有可能接受情绪积极的人的报价，因为情绪积极者的行为符合东方人规范的预期而使谈判者对其评价更好。与此相反，以色列的文化价值观崇尚直率和当面争论，与中国的谈判者不同，以色列的谈判者对施加给他

们的情绪无动于衷，他们对于表现积极情绪
和消极情绪的谈判者的报价都体现了相同的
接受度。

很显然，文化影响了人们在谈判中对情
绪的解读，因此跨国公司应确保派去参加谈
判的人员能适时表现出恰当的情绪。

资料来源：*Based on* Canadian Business. 2009. "*The United Arab Emirates*：*Gateway to the Gulf.*" *Summer*，82，143 - 144；Economist. 2012a. "*Mall of the masses.*" *April 14*，*online edition*；Economist. 2012b. "*The long day closes.*" *June 23*，27 - 30；Kopelman，S.，and A. S. Rosette. 2008. "*Cultural variation in response to strategic emotions in negotiations.*" Group Decision Negotiation，17，65 - 77.

最初报价之后开始进入谈判的核心部分，谈判者根据最初报价，试图就协议
的实际性质达成一致。接下来我们将描述最初报价之后所采取的一些策略。

13.2.5 步骤四：说服

在**说服阶段**（persuasion stage），谈判各方都试图使对方同意自己的立场，
这是谈判过程的核心部分。国际谈判者在此方面有很多策略可以采用。所有谈判
者都采用某些相似的策略来为自己一方争辩，但其策略的重点与组合却依文化背
景差异而有所不同。

我们将讲述常用的两种策略：（1）标准的语言和非语言谈判策略；（2）一些
不光彩的伎俩。

语言和非语言谈判策略

国际谈判专家格雷汉姆区分了一些在国际谈判中常用的**语言谈判策略**（verbal negotiation tactics）[28]：

- 许诺：如果你为我做些事情，那么我也将为你做些事情。
- 威胁：如果你做了一些我不喜欢的事情，那么我也会做一些你不喜欢的事情。
- 推荐：如果你做了一些我渴望的事情，那么你会有好报（如人们将会购买你的产品）。
- 警告：如果你做了一些我不喜欢的事情，那么你会有恶报（如其他公司将会知道你无法在这里经营）。
- 奖励：我将（无条件地）去做一些对你有利的事情。
- 惩罚：我将（无条件地）去做一些你不喜欢的事情（如马上终止谈判）。
- 正式提出要求：这就是我们在这里做/不做生意的方式（如"你必须学会日本人的方式"）。
- 承诺：我同意做些具体的事情（如承诺一个交货日期）。
- 自我表露：我将告诉你一些关于自己和公司的事情，以此说明我们为什么必须完成交易。
- 询问：我将向你请教一些关于你公司和你本人的事情。
- 命令：这是一项你必须服从的指令。

● 拒绝：直接说不可以。

● 打断：你说话时我也说话。

图表 13 - 7 给出了一些例子，表明日本、美国和巴西的谈判者在运用这些策略时的文化差异。

图表 13 - 7　　　　语言沟通行为频率：巴西、美国与日本谈判者的比较

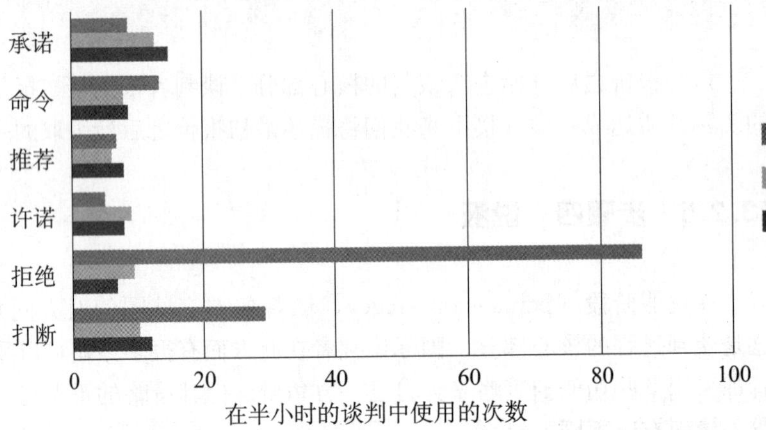

资料来源：*Adapted from Graham*，*John L*. 1985. "*The influence of culture on the process of business negotiations*：*An exploratory study*." Journal of International Business Studies，*26*，*pp*. 81 - 96.

非语言沟通类型上的文化差异也会影响谈判。通过诸如身体姿势、面部表情、手势以及个人空间等进行非语言沟通，是任何国际谈判的自然组成部分。例如，一个手势或者一个面部表情可能就是同意或者不同意的一种微妙的表达方式。此外，外国人的非语言沟通可能还会（有意或无意地）令谈判者不快。例如，对适宜的谈话距离为 1 米的文化来说，如果有人处于此适宜距离范围之内，来自这种文化的人会很难集中精力谈判。

正如本章前面所述，具有不同文化背景的人很难解读非语言沟通行为。例如，日本人与人打交道时，对于一个提议的反应可能是眼皮低垂并且没有反应，美国人经常将这种反应解读为反对该项建议。其实，日本人需要时间来考虑和做出正确的反应。他们并不觉得必须填补谈话中的沉默时间，这一点与大多数美国谈判者不同。美国谈判者对静默感到有压力，因此他们会不断地说下去，而这会使日本人更加犹豫不决。感到己方立场被拒绝时，美国谈判者通常会做出不必要的妥协。[29]

在许多亚洲国家，人们用沉默表示他们仍在认真考虑，但在其他文化中几乎不允许有时间深思熟虑。一项研究表明，在 30 分钟的谈判中，日本人完全沉默达 10 秒以上超过 5 次，这几乎是美国谈判者的 2 倍；另一方面，巴西人的沉默时间从未超过 10 秒。[30]然而，说服阶段的另一个方面就是时间。请思考下面案例分析中关于同阿拉伯人谈判的策略。

案例分析

时间对谈判的影响

许多跨国公司在同阿拉伯人谈判，以期抓住这一地区的商机。然而，阿拉伯人的时间观念会影响谈判。具体来说，在西方文化中，事情是围绕时间组织安排的，也就是说，他们根据时间计划事情。与此相反，阿拉伯文化是事件-时间型，即事件是围绕人来计划的，阿拉伯人的谈判和说服过程不同于典型的西方人。事实上，因为谈判需要大量时间和人的参与，所以西方社会倾向于尽量避免谈判。相反，阿拉伯社会将谈判视为一种建立信任的活动，他们会花时间就所有问题进行谈判，因而谈判者对可能要花必要的时间进行谈判有所准备。

来看一下贝克特尔公司（Bechtel）与科威特石油公司（Kuwait Oil）为了重建科威特油田的谈判案例。科威特人更愿意深入社交，于是在开始正式谈业务之前喝茶并发展人际关系。而且，科威特石油公司的官员想要对每个问题逐一讨论，并不急于推进。谈判进行时间超过 15 周，双方都对结果感到满意。

由此西方谈判者需要明白：时间是可以作为谈判工具使用的。建议与阿拉伯人谈判时花时间建立并保持关系。此外，一定要留有较多的富余时间，以确保不会因严格坚持最后谈判期限而导致谈判失败。

资料来源：Based on Alon, I., and J. M. Brett. 2007. "Perceptions of time and their impact on negotiations in the Arabic-speaking Islamic world." Negotiation Journal, 23, 55 - 73; Economist. 2012a. "Mall of the masses." April 14, online edition; Economist. 2012b. "The long day closes." June 23, 27 - 30.

除了以上的直接谈判策略，谈判中还存在一些被人们认为不公平的手段和策略。下面我们将介绍其中的一部分以及应对策略。

国际谈判中的伎俩

在国际和国内谈判中，人们都会使用许多策略来赢得先机。所有谈判者都想为他们的公司谋求最好的交易，他们会使用一系列计谋和策略来得到想要的结果。然而，不同文化背景的人们都认为其中一些谈判策略是不光彩的**伎俩**（dirty tricks），用来迫使对手接受不公平或不满意的协议，或者做出让步。[31]

跨文化谈判的性质使谈判伎俩的存在几乎不可避免。各种文化在规范和价值观上的差异决定了哪些谈判策略是可以接受的。例如，同美国人相比，巴西人在谈判的初始阶段会表现出更多欺骗和虚夸的现象[32]，因而在一开始就要特别注意谈判者传递的信息是否真实，这十分重要。

与典型美国谈判者的情况不同，在许多国家，谈判团队并没有最终签署合同的权力。就在一方认为交易已经到了最后阶段时，另一方却提出在签署合同之前必须有更高级别人员的首肯。协议反馈回来时通常已被修改，这会从心理上给对方造成压力并迫使对方接受许多微小的修改。

下面的一些例子说明了国际谈判中常用的策略（一些人可能认为是伎俩）以及应对策略[33]：

● 故意欺骗或吹嘘：谈判者在其提供的事实或谈判目的上表现出明显的失实。例如，一个外国谈判团队在一家酒店里花了一周时间谈一个合同，后来他们发现这只不过是当地公司的谈判伎俩。这家当地公司已经与另一家外国公司认真进行了谈判，引入第二家外国公司只不过是要威胁第一家外国公司的谈判者而已。

应对策略：直接指出你知道正在发生的事情。

● 拖延：谈判者一直拖延到国际谈判团队准备回国前的最后一刻，然后他们施加压力催促对方迅速做出让步以达成交易。

应对策略：不要透露你的撤离计划。当被问及时，回复说视合同的进展而定，或者向对方说明你离开的时间，并表明届时协议是否达成并没有关系。

● 逐步升级权威：谈判者在签署协议时透露，他必须征得上级管理者或政府的批准，其目的就是向对方施加心理压力以使对方做出更多让步。

应对策略：在谈判初始阶段就明确决策权。

● 白脸与红脸：一名谈判者唱红脸，总是表现出和蔼可亲和友好的样子，同时另一位谈判者唱白脸，总是提出激进而不合理的要求。唱红脸的谈判者会就建议做一点小小的让步来安抚那位唱白脸的不讲理的"坏家伙"。

应对策略：不做任何让步，无视对方的把戏，把注意力集中在达成协议后双方获得的利益上。

● 你们富，我们穷：发展中国家的谈判者经常使用这种策略，这种策略试图使对方的让步显得微不足道。小公司在与大公司谈判时也可能采用这种策略。

应对策略：无视对方的策略，集中于潜在协议的共同利益。

● 老朋友：装作与该公司和谈判者已经有长久的友谊。假如对方不同意他们的要求，他们的感情会很受伤害。

应对策略：保持反映真实关系状况的心理距离。

成功的国际谈判者能辨认和应付这些手段及其他伎俩。除了上述建议的策略，专家还推荐了其他几种应付这类谈判伎俩的常用方法。[34]第一，坚持你的标准，避免自己使用这些伎俩。这会鼓励双方更坦诚。第二，当对方采用这些伎俩时直接指出，这可以防止他们以后继续使用。第三，努力避免直接反击。第四，如果对方有失公允，随时准备终止谈判。这可能会产生一些成本，但总要比一次糟糕的交易好得多。第五，认识到伦理制度随文化不同而有差异，要理解你的对手可能不觉得他们正在做错误或者不道德的事情。

谈判者使用各种各样的策略来维护他们的立场，其目的始终是达成一项商业交易。接下来我们将要研究谈判中最后的步骤，它们将谈判引向成功的结果。

13.2.6　步骤五和步骤六：妥协和协议

成功的谈判会达成**最终协议**（final agreement），即签署一份各方一致同意的合同。该协议必须同所选择的法律体系相一致。最安全的合同是在所有签字方的法律体系内都有法律约束力的合同。最重要的是，来自不同国家和商业背景的人们必须在原则上理解该合同，这意味着，即使存在超出法律规定的部分，交易伙伴也必须对协议做出真正的承诺。

对最终达成协议的大多数谈判来说，谈判双方都必须做出**妥协**（concession

making），这就要求谈判双方都部分降低自己的要求以满足对方的需要，这通常意味着在次要目标方面做出让步以实现主要目标。

妥协的形式因不同文化而异，没有哪一种一定是最成功的。专家指出，北美的谈判者多采用**逐一让步方式**（sequential approach）。[35]每一方对对方作出的妥协予以相应的互惠回应。北美人有一个互惠标准，即一方应当对于对方的妥协也做出妥协的回应。然而，在许多文化中，人们认为妥协意味着放弃、软弱和争取对方更多让步的信号。此外，在典型的美国谈判策略中，谈判伙伴认为每个议题都是独立的，谈判者期望各方依次在每个问题上讨价还价，利用逐一让步方式解决所有问题后，最终协议也就达成了。

与此相对，**敌对方式**（holistic approach）在亚洲更为普遍。谈判各方在讨论每个要点时几乎不做任何让步，只有所有参与者讨论完所有的议题后，才开始做出妥协。在与采用敌对方式的谈判者打交道时经常令北美人迷惑不解的是：他们认为已经谈妥的问题却在讨论总体合同时又重新被提出来。

为了说明不同国家在妥协让步方式上的区别，亨登（Hendon）、罗伊（Roy）和阿迈德（Ahmed）用 15 年时间（1985—1999 年），对来自 21 个国家和地区的 10 424 位管理者进行了统计调查。[36]在假定的情况下，他们将 7 种不同的妥协方式介绍给这些调查对象。假定这些管理者正在谈判并且需要在 1 小时内分配完 100 美元，而他们的谈判对手对此并不知情；每 15 分钟为 1 节，1 小时分成 4 节，他们必须在每节的最后时刻决定如何分配这些美元；在 1 小时结束时，他们必须恰好分完 100 美元。7 种模式如下：

- 模式 1：在每节末各给出 25 美元。
- 模式 2：在前两节的最后各给出 50 美元，在后两节不做妥协。
- 模式 3：在谈判的最后给出 100 美元，在前三节不做妥协。
- 模式 4：在前一节的最后给出 100 美元，在后三节不做妥协。
- 模式 5：在每一节的最后按顺序给出 10 美元、20 美元、30 美元和 40 美元。
- 模式 6：在每一节的最后按顺序给出 40 美元、30 美元、20 美元和 10 美元。
- 模式 7：在第一节的最后给出 50 美元，在第二节的最后给出 30 美元，在第三节的最后给出 25 美元，在第四节的最后拿回 5 美元。

研究结果表明，来自不同地区的调查对象认为模式 4 和模式 7 是最不受欢迎的。这些调查对象来自 21 个地区，分属北美国家、英联邦国家（例如英国、澳大利亚、南非）、较发达的东南亚国家（例如新加坡、马来西亚）、欠发达的国家（例如菲律宾、巴布亚、新几内亚）以及拉丁美洲国家等 5 个区域。他们的意见相同，模式 4 被认为是不成熟的谈判方式，底线在谈判一开始就暴露了，参加者不推荐这种方式，这使得谈判者很脆弱——因为谈判底线暴露得太快了。模式 7 被认为是再谈判模式，也不被看好，因为它表明谈判者妥协得过头了。

然而，更有趣的是，调查对象所选择的最喜欢的妥协方式因区域的不同而存在很大差异。例如，北美人看起来最喜欢模式 3，但其他地区都不喜欢这种模式。模式 3 被认为是强硬的、不讲情面的妥协模式，这与北美国家个人主义社会的男性主义文化相一致，只有在最后所有其他尝试都失败时才会做出妥协。然而这种策略并不鼓励使用，因为为了打破僵局、使谈判进行下去，有时需要做出妥协。

欠发达的地区更喜欢模式5，即逐步升级的模式，也就是随着谈判的进行，妥协让步越来越大。虽然这似乎是一种受欢迎的模式，但是从业者并不推荐使用它。其最大的问题是谈判对手可能变得很贪婪、期望得到越来越多的妥协，或者甚至为了得到更多妥协而拖延谈判。

英联邦国家、较发达的东南亚国家和拉丁美洲国家都喜欢模式6，这是逐步降级的模式，即谈判者发出的妥协信号越来越少。然而，有经验的谈判对手可能会试图在谈判初期就尽可能获取更多。

这些模式表明，谈判者通过理解谈判对手的谈判方式，可以更好地为谈判做准备。这些知识非常有价值，可以帮助谈判者采用恰当的谈判策略、利用妥协让步的方式获取最大优势。

谈判的步骤不仅因文化而异，而且随着谈判策略的总体理念不同而有差异。接下来我们将讨论两种谈判策略及其内涵。

13.2.7 基本谈判策略

基本谈判策略分为竞争性谈判和解决问题性谈判两种。[37]竞争性谈判者将谈判视为关乎胜败的比赛，一方得到必然导致另一方失去。与此相对，解决问题性谈判者寻求的是双赢的方案，谈判结果使双方都感到满意。

在**竞争性谈判**（competitive negotiation）中，每一方都尽可能减少让步。他们在开始总是提出过高、常为不合理的要求，做出妥协时极不情愿，会采用谈判伎俩和任何能使他们处于优势的策略，会花更多精力去捍卫自己的立场，并努力尝试使对方做出全面让步。

竞争性谈判很少会带来建立在互相信任和承诺基础上的长期关系。此外，如果立场不能灵活变通，那么谈判的结果往往会使双方都不满意。这样，双方会形成对彼此的消极态度，失败者总是寻求报复，一旦有机会就会在协议上进行报复。

解决问题性谈判（problem-solving negotiation）的首要信条就是将立场与利益相分离。[38]谈判者不会将捍卫公司的立场作为谈判的主要目标，相反，他们寻求使双方都满意、对两家公司都有益的基础。解决问题性谈判者会避免使用低劣的伎俩，努力使用客观信息。他们常常发现：如果双方都积极地迎合对方，那么就会找到使双方受益的新方法。为什么理解谈判风格非常重要？请思考下面的案例分析。

案例分析

理解尼日利亚的谈判风格

在非洲国家中，尼日利亚尽管存在暴力和不稳定，但已持续从国际化进程中受益，并且向跨国公司提供越来越多的机会。《福布斯》排行榜上非洲最富有的亿万富翁阿克科·丹格特（Aliko Dangote）就来自尼日利亚。阿克科·丹格特现在经营包括水泥、意大利面以及祷告垫子等在内的各种商品，其财富的来源是工厂的产品而不是石油。其他报道则显示尼日利亚还拥有非洲最成功的企业家。因而，理解尼日利亚人的谈判方法很重要。

一篇报道中谈到了关于如何与尼日利亚人打交道的深入见解。尼日利亚人很重视家庭，并且通过社会关系实现生活的意义。基于此，建议跨国公司通过与尼日利亚公司已建立关系的第三方进行谈判。尼日利亚人建立信任的过程非常缓慢，他们需要时间来建立关系、产生信任，并不急于开始谈判。尼日利亚人等级意识很强，因此，建议跨国公司派遣较高级别的人员。此外，尼日利亚人在谈判刚开始时往往很正式，如果跨国公司开始采取较正式的态度、随后随着关系建立起来而逐渐放松，则取得成功的可能性更大。

这篇报道还介绍了尼日利亚人喜欢的谈判方式。他们通常采用分配式谈判方式，为了己方获胜，对方必须输掉。在这种模式下，谈判者通常视对方为冲突方，并专注于扩大自己的目标和利益；与此相对，集成方式的谈判者能看到谈判中达到互利的途径，并经常寻求双赢的解决办法。目前对尼日利亚的研究表明，尼日利亚人有高度掌控欲，倾向于控制环境和结果，进而扩大集体或个人的利益。正因如此，尼日利亚谈判者倾向于更加具有分配性，专注于赢得谈判以实现有利于自己的结果。跨国公司派遣人员同尼日利亚人谈判时，关键要认识到尼日利亚人的谈判风格。

资料来源：Based on Economist. 2012a. "*Africa's richest man.*" *June 23, online edition*；Economist. 2012b. "*Africa's entrepreneurs：Parallel players.*" *June 23, online edition*；Spralls III, S.A., Okonkwo, P., and Akan, O.H. 2011. "*A traveler to distant places should make no enemies：Toward understanding Nigerian negotiating style.*" Journal of Applied Business and Economics，12（3）：11 - 25.

图表 13 - 8 总结和对比了竞争性谈判和解决问题性谈判在谈判方式上的不同。

图表 13 - 8　　　　　　　　竞争性谈判与解决问题性谈判

谈判阶段	竞争性谈判策略	解决问题性谈判策略
准备	确定公司需要从交易中得到的经济利益或其他收益。了解需要坚守的立场。	确定公司的利益所在。对确定利益时需要克服的跨文化障碍有所准备。
建立关系	寻找对方的弱点。尽可能找到你的竞争优势。尽量不暴露。	在谈判中将人与问题分离。如有必要可更换谈判者。适应对方的文化。
交换信息和开价	尽量少提供信息，仅提供与任务相关的信息。明确自己的立场。	提供并要求对方也提供目标信息以明确利益所在。接受在信息要求的速度和类型方面的文化差异。
说服	使用谈判伎俩和任何认为将奏效的策略。使用压力策略。	寻找和发现有利于双方的新方案。
妥协	一开始提出较高要求，然后缓慢并极不情愿地做出让步。	寻找互相能接受的标准。接受初始立场和如何让步、何时做出妥协的文化上的差异。
协议	只有在获胜并且合同铁定成立时才签约。	公司的利益得到满足就签约。适应在合同方面的文化差异。

资料来源：*Adapted from Adler*，*Nancy J*. 1991. International Dimensions of Organizational Behavior，*2nd ed. Boston：PWS-Kent*；Kublin，Michael. 1995. International Negotiating. *New York：International Business Press.*

在国际谈判中，应该运用竞争性还是解决问题性谈判策略有三个要点：

第一，跨文化谈判中误解对方谈判策略的可能性急剧增加。例如，许多亚洲谈判者的正式、礼貌会被美国谈判者认为是解决问题性谈判策略；巴西谈判者夸夸其谈、夸张的倾向更像是竞争性谈判策略。在上述例子中，基于文化的社会交往准则掩盖了僵化的立场或真正乐于解决问题的态度。

第二，文化准则和价值观会使某些谈判者倾向于采用一种方法。图表13-9展示了跨文化研究中得到的一些最新证据，它们表明了不同文化对解决问题性谈判方式偏好的差异。

图表13-9　　　　　　解决问题性谈判策略偏好的文化差异

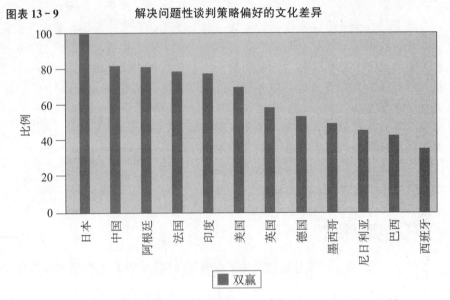

资料来源：*Adapted from Salacuse*，*Jeswald W*. 1998. "*Ten ways that culture affects negotiating style*：*Some survey results*." *Negotiation Journal*，*July*，*pp*. 221-240.

第三，大多数国际谈判专家推荐解决问题性谈判策略。他们认为解决问题性谈判有助于形成更好的长期契约和长期关系。解决问题性谈判更有可能使跨国公司在国际贸易中达到互利的目标。相比之下，竞争性谈判会加剧跨文化交往中不可避免的冲突和误解。

13.2.8　步骤七：后协议

通常被美国谈判者忽略的一个步骤是**后协议**（postagreement）阶段，即对成功达成协议的评估。由于谈判者本质上是以任务为导向的，因此当谈判者已准备好开始进行下一笔交易时，往往忽略后协议阶段所带来的好处。此外，美国谈判者短期行为和缺乏耐心的天性也使得他们忽视后协议阶段。[39]

后协议阶段非常有益，因为它可以对谈判过程中所使用方法的优点和缺点进行有价值的深入挖掘。此类知识对于组织学习以及保证未来谈判取得胜利非常重要。通过分析每一步，谈判者能确定哪里做得好以及哪里需要提高。然而，除了获得对学习来说很关键的信息，后协议阶段还能使谈判团队成员与对手建立起更为紧密的关系。目前，越来越多的美国公司在同亚洲国家的公司谈判，因此有必要采用建立长期关系的方法。例如，对中国人来说，达成交易协议不是谈判的结束，而是发展信任和加强关系的开始。为了进一步提高建立关系的能力，美国谈判者需要更加熟练地开展后协议方面的工作。

优质的产品或服务加上良好的谈判，会带来优质的国际商务关系。但是，人们必须进行谈判。接下来我们将考察成功的国际谈判者的个性特征。

13.3　成功的国际谈判者：个性特征

成功的国际谈判者适应多元文化环境并善于处理人际关系，拥有很多**成功者的个性特征**（personal success characteristics）。这些特征有助于提高他们的能力以适应跨文化谈判的压力。[40]

● 对不确定性的容忍：即使熟悉谈判方的文化，国际谈判者也只是来自不同国家和组织文化的人们之间的桥梁。因此，无论谈判的过程还是最终的结果都是无法预知的，那些要求结果具有确定性的人或许应该避免参加国际谈判。在谈判过程中，谈判者要保持耐心、避免武断并随机应变，这样才能成功。

● 灵活性和创造性：国际谈判者必须预期无法预料的因素：对结果设立的明确目标可能不会实现，对方可能会提出预料之外的建议，而己方可能无法提出应对意见，甚至谈判地点也可能同原计划的地点完全不同。

● 幽默：有时在跨文化沟通中会发生令人尴尬或是滑稽的情境。幽默经常可打破紧张状态，使双方得以应对文化上的不确定性。例如，在日本，一名美国女性商务人员在就餐时吃惊地看到盘子里尚在爬动的新鲜龙虾，日本主人看到她吃惊的样子感到很好笑，并开玩笑让她多吃鲜活食物，她同大家一起笑起来。

● 忍耐力：长时间旅行、时差、食物差异、气候差异、酒店生活以及文化冲击，对有经验的国际谈判者也是忍耐力上的巨大考验。谈判者必须克服这些挑战，还要在谈判沟通中倾听、分析、观察和交际。只有拥有强健体质的谈判者才能成功。

● 共鸣：共鸣的意思是将自己放在外国同仁的位置上，即从他们的视角来理解世界。这并不是说谈判者必须在所有问题上都同对手一致，而是说必须真诚地关心对方的感情和视角。共鸣能促进谈判，因为它能减轻人际交往中的错误和文化误解带来的影响。

● 好奇：好奇可以打开新的信息之门。对比任务导向型谈判者，富有好奇心并尊重其他文化的管理者经常会发现难以觉察的微妙之处。

● 双语：懂得对手的语言是一种财富。然而，有时仅仅有语言能力是不够的，即使能讲一口流利的对方语言，也未必懂得一个国家商业文化的重要方面。具体而言，优秀的谈判者必须懂得商业文化对谈判风格的影响。

个性特征的最后一点将在下面的跨国公司管理概览中讨论。

谈判和电话会议

现在，越来越多的跨国公司依赖电话（而不是面对面）的形式召开会议。随着国际化进程的迅速发展，一些谈判也可以通过电话会议进行。因此未来谈判者需要更擅长电话谈判。要想了解成功的电话谈判所需要的技能，重要的是要首先理解面对面谈判与电话谈判的区别。

最近的一项研究对来自捷克、芬兰、德国、意大利、荷兰、西班牙等欧洲国家以及南非的研究数据进行了分析，对面对面谈判与电话谈判的区别提出了深刻的见解。研究表明，非语言缺失是沟通效果受损的重要影响因素。结果发现，同面对面谈判相比，电话谈判的中断、重复和暂停的次数都相对更少。上述研究还表明：由于谈判者不能像正常面对面谈判那样私下议论，电话谈判中的闲聊非常少。使用电话进行谈判就意味着谈判者不能穿插个人的谈话。

电话谈判意味着谈判者在建立关系、增加互信方面必须更富技巧。无法闲聊可能会使谈判者不能谈论非主要议题或打破僵局（"破冰"）。而且，由于缺少非语言沟通，电话谈判者需要更努力确认本方的意思能被对方正确理解。但是，如果会谈参与者想要谈判成功，那么他们很可能更希望参加面对面的谈判。

资料来源：*Based on Halbe*，D. 2012. "'*Who's there*'? *Differences in the features of telephone and face-to-face conferences.*" Journal of Business Communication，49（1）：48 - 73.

小　结

在本章中，我们仔细研究了谈判过程和国际商务中的跨文化沟通要素。谈判过程包括准备、建立关系、交换信息和开价、说服、妥协、协议和后协议七个步骤。成功的谈判者准备充分，并了解谈判的各个步骤，同时会避免使用谈判伎俩和竞争性谈判策略。

成功的谈判者能讲两种语言并具有良好的跨文化沟通技能。此外，他们还具有忍耐力、灵活性、共鸣性和好奇心。他们面对国际谈判压力时会展现出幽默和具有旺盛精力的特点。

跨文化语言沟通尤其是复杂的谈判，要求谈判者学会谈判对手所用的语言或者使用翻译人员。高语境的语言还要求人们从并不明朗的情境中分析解读出语言要素。

非语言沟通通过体态、空间语言和接触等进行，在不同文化群体之间差异明显。国际谈判者和跨国公司管理者必须学会以敏感和换位思考的方式解读这些行为。这通常要求谈判者从其他文化的角度看待世界。

避免归因错误是跨文化沟通的关键。国际管理者需要对自己的行为和谈判对手的行为保持敏感性，从而避免误读种种沟通方式的含义。例如，一种文化中不光彩的伎俩在另一种文化中却可能是完全接受的策略。

讨论题

1. 识别谈判的步骤。

2. 美国人约翰-维恩式的谈判风格如何影响谈判过程的各个步骤？

3. 选取两个国家并讨论人们在谈判策略上的文化差异。

4. 什么是归因？归因对跨文化沟通有什么影响？

5. 归因如何影响对谈判伎俩的认知？

6. 指出在身体动作方面的文化差异，这些差异对谈判进程有什么影响？

7. 在高语境文化中，管理者如何对下级产生影响力？

8. 讨论谈判的七个步骤。你觉得哪一个最重要？为什么？

网上练习　■

接待一个印度谈判团队

最近，公司首席执行官告知你一个印度跨国公司有兴趣购买公司的产品，但你需要同来自印度的谈判团队就交易细节进行谈判，由你负责同这个印度团队建立业务关系并接待他们。

1. 上网搜寻在印度哪些商务习惯做法和礼节可以接受，哪些不能接受。可以使用 Executive Planet 之类的网站（www.executiveplanet.com）。

2. 你需要告知公司首席执行官哪些方面的关键信息？

3. 关于如何接待印度人员，你需要告诉同事们什么内容？

4. 你需要告诉同事们在商务和社会交际中要避免哪些行为方式？

技能培养　■

进行国际合同谈判

步骤 1：（1 分钟）阅读以下背景信息。

这是模拟两家公司之间国际谈判的练习，一方是北美运动鞋制造商 Sportique Shoes，另一方是来自虚构的东南亚国家 Poreadon 的制鞋商 Tong Ltd.。两个国家都是世界贸易组织成员。由于制鞋行业的价格竞争，Sportique Shoes 正在向海外寻求低成本制造商。在初次接触中，Tong Ltd. 开价最低。众所周知，Poreadon 的劳动力拥有高素质并富有积极性。

Sportique Shoes 谈判团队今天抵达，同 Tong Ltd. 的管理团队就 Sportique Shoes 下一年度的制鞋合同开始谈判。

步骤 2：（10 分钟）指导教师将全班分成两组，分别代表 Sportique Shoes 和 Tong Ltd. 的管理者。两组人员分别去不同的教室或者同一教室的两端。

有四个人独立于上述两个组，分别担任世界银行人员（两人）和行政官员（两人）。这四人不参加谈判；他们负责观察、把握时间、管理财务账户以及记录谈判进程。

两个组的目标都是赢得对自己公司最有利的合同。

步骤 3：（15 分钟）每个组将从指导教师那里得到一个材料包。阅读其中的时间表、谈判任务、文化背景以及此次谈判中的角色。分配角色。

步骤 4：（10 分钟）阅读以下模拟总则。

A. 合同必须包括四点：

1. 产品的发货日期。

2. 每次发货的产品数量。

3. 每百双鞋的价格。

4. 延迟交货的惩罚。

B. 财务

1. 每个小组成员必须交一美元至公司的资金账户。指导教师可以根据课程情况改变或取消这项要求。资金账户由每组的财务总监掌管。

2. 财务总监将资金账户内 40% 的资金交给世界银行，用于支持公司未来的经营，该款项也是良好谈判信誉的标志，世界银行称之为诚信账款。

3. 当你成功签署一份合同并交给指导教师后，诚信账户中 40% 的钱将会返还给每个小组。如果没有按时达成协议，你全部诚信账户中的钱将被世界银行没收（这笔钱将被捐给当地慈善结构）。如果满足了合同谈判目标中的某些要求，你就可以拿回诚信账户中其余 60% 的钱。

C. 总体的合同目标和财务要求

1. 每个小组应争取谈成一份既符合其文化价值观又在经济上有利的合同。

2. 财务上的长期损益源自你的谈判结果。正如在实际生活中一样，谈判期间这些都不能完全确定。但是，越接近自己的目标，你就越可能在谈判中获利。每一个谈判点都存在一系列可能的谈判结果；有些是中性、双赢的，有些则会仅使一方盈利。谈判结束后，指导教师会通知你谈判的经济效益。每当一个小组在一个谈判点获得有利结果时，另一组就要将资金账户中剩余资金的 10％转到对方的资金账户。每当双方在合同中获得均衡结果（双赢）时，世界银行就会均等地向每个团队的资金账户各付 1 美元。

步骤 5：（10 分钟）阅读指导教师提供的合同谈判目标。

步骤 6：（20 分钟）同你的团队成员计划谈判策略。

步骤 7：（10 分钟）首次出价。

步骤 8：（60 分钟）谈判！

步骤 9：（30 分钟）世界银行人员和行政官员为双方账户结算。小组全体成员进行汇报。

注 释

1 Hise, Richard T., Roberto Solano-Mendez, and Larry G. Gresham. 2003. "Doing business in Mexico." *Thunderbird International Business Review,* 45, 211–224.

2 De Mattos, Claudio, Stuart Sanderson, and Pervez Ghauri. 2002. "Negotiating alliances in emerging markets—Do partners' contributions matter?" *Thunderbird International Business Review,* 44, 710–728.

3 Terpstra, Vern, and Kenneth David. 1991. *The Cultural Environment of International Business.* Cincinnati: South-Western.

4 Whorf, Benjamin Lee. 1965. *Language, Thought, and Reality.* Hoboken, NJ: Wiley.

5 Babanoury, Claire. 2006. "Collaborative company research projects: A blueprint for language. *The Journal of Language for International Business,* 17(1): 15–28.

6 Hall, Edward T. 1976. *Beyond Culture.* Garden City, NY: Anchor Press.

7 Ferraro, Gary P. 1994. *The Cultural Dimension of International Business.* Upper Saddle River, NJ: Prentice Hall.

8 Eibel-Eibesfeldt, I. 1971. "Similarities and differences between cultures in expressive movement." In Robert E. Hinde, ed. *Behavior and Environment: The Use of Space by Animals and Men.* London: Cambridge University Press, 297–312.

9 Ferraro.

10 Axtell, R. E. 1998. *Gestures.* Hoboken, NJ: Wiley; Chaney, Lillian H., and Jeanette S. Martin. 2005. *Intercultural Business Communication,* 4th ed. Upper Saddle River, NJ: Prentice Hall.

11 Hall, Edward T., and Mildred Reed Hall. 1990. *Understanding Cultural Differences.* Yarmouth, ME: Intercultural Press.

12 Ferraro.

13 Axtell.

14 Chaney and Martin.

15 Axtell.

16 Chaney and Martin.

17 Harris, Philip R., and Robert T. Moran. 1991. *Managing Cultural Differences.* Houston: Gulf.

18 Adler, Nancy J., and Allison Gundersen. 2007. *International Dimensions of Organizational Behavior,* 4th ed. Boston: PWS-Kent; Graham, John L., and Roy A. Herberger Jr. 1983. "Negotiators abroad—Don't shoot from the hip." *Harvard Business Review,* 61, 160–168.

19 Copeland, L., and L. Griggs. 1985. *Going International.* New York: Random House; Dolan, John Patrick. 2005. "Strategies to negotiate any sale." *Agency Sales,* January, 35(1): 24; Dolan, John Patrick. 2005. "How to prepare for any negotiation session." *Business Credit,* March, 107(3): 18; Salacuse, Jeswald W. 1991. *Making Global Deals.* Boston: Houghton Mifflin.

20 Tung, Rosalie L. 1984. "How to negotiate with the Japanese." *California Management Review,* 26, 62–77.

21 Salacuse.

22 Ibid; Salacuse, Jeswald W. 2005. "Negotiating: The top ten ways that culture can affect your negotiation." *Ivey Business Journal Online,* March–April, 1–6.

23 Salacuse, "Negotiating: The top ten ways that culture can affect your negotiation."

24 Graham and Herberger, Jr.

25 Salacuse, "Negotiating: The top ten ways that culture can affect your negotiation."

26 Chaney and Martin.

27 Inman, William. 2006. "What are you talking about?" *Industrial Engineer,* January, 38(1): 36–39.

28 Graham, John L. 1985. "The influence of culture on the process of business negotiations: An exploratory study." *Journal of International Business Studies,* 26, 81–96.

29 Adler and Gundersen.

30 Graham.

31 Adler and Gundersen.

32 Graham, "The influence of culture on the process of business negotiations: An exploratory study."

33 Adler and Gundersen; Elahee, Mohammad N., Susan L. Kirby, and Ercan Nasif. 2002. "National culture, trust, and perceptions about ethical behavior in intra- and cross-cultural negotiations: An analysis of NAFTA countries." *Thunderbird International Business Review,* 44, 799–818; Fisher, Roger, and William Ury. 1981. *Getting to Yes.* New York: Penguin; Kublin, Michael. 1995. *International Negotiating.* New York: International Business Press.

34 Adler and Gundersen; Dolan, "How to prepare for any negotiation session."

35 Adler and Gundersen; Kublin.

36 Hendon, Donald W., Matthew H. Roy, and Zafar U. Ahmed. 2003. "Negotiation concession patterns: A multi-country multiperiod study." *American Business Review,* January, 75–83.

37 Kublin.

38 Bazerman, Max H., and Margaret A. Neale. 1991. *Negotiating Rationally.* New York: Free Press.

39 Palich, Leslie E., Gary R. Carinini, and Linda P. Livingstone. 2002. "Comparing American and Chinese negotiating styles: The influence of logic paradigms." *Thunderbird International Review,* 44, 777–798.

40 Kublin.

第14章
跨国公司的领导与管理行为

> **学习目标**

通过本章的学习，你应该能够：

- 了解全球企业领导的特征。
- 描述北美传统领导模型，包括特质理论、行为理论和权变理论。
- 解释日本人的绩效维持模型。
- 应用领导权变模型。
- 探索国家文化差异在完美的领导特质和高效的领导行为上的敏感度。
- 讨论国家文化对领导策略选择的影响。
- 讨论国家文化如何影响下属对于适宜行为和领导特质的期望。
- 解释在跨国环境中变革型领导的作用。
- 理解国家文化如何影响领导者对下属行为的归因。
- 诊断文化情境并建议适宜的领导风格。

案例预览

面临同一问题，不同领导风格

现虚构一个有关两家制药公司首席执行官领导风格的案例。假设这两位首席执行官一个在美国，一个在日本。各自领导部门下属处理海外子公司所生产的一批有致死隐患的头痛药产生的危机。虽然角色和公司是虚构的，但其中的领导风格建立在现实领导者的基础上。

	穆尔（Moor），美国首席执行官	高野山（Sakano-san），日本首席执行官
7：00	穆尔女士，桑代克制药公司（Thorndike）首席执行官，和女儿一起离开家前往公司。	高野山，科布制药公司（Kob）首席执行官，用完早餐（一个生鸡蛋和一份米饭）。高野山的妻子唤醒他们的两个孩子，预留出充足的时间，可以保证45分钟乘地铁去学校的路程。

7：30	穆尔女士将女儿送往一所私立女子初级中学。	
7：45	穆尔女士接到桑代克制药公司欧洲区经理的电话，该经理告知她，由于服用了公司生产的变质的头痛药，导致一人死亡、多人非致命中毒事件的发生。欧洲区经理向她请示如何处理该事件。穆尔女士回答说会尽快赶到事发地点。	
8：00	穆尔女士唤来执行秘书，并命令他安排一个8：30的视频会议，参与人员有美国及欧洲区管理层和法务人员等。	高野山有礼貌地向他的司机回敬鞠躬，然后驾驶豪华汽车径直来到科布制药公司。
8：30	穆尔女士与她的管理团队参加视频会议，简要介绍了团队成员。	
8：45	公司律师就相关法律权利与义务事项向穆尔女士和公司高管层做了简要汇报。	
9：00	公关部主任询问穆尔女士打算如何应对记者招待会。	
9：05	受污染头痛药的法国生产厂经理来电询问穆尔女士该如何应对工厂门外的抗议者。	
9：45	由于担心发生进一步的死亡和伤害事件，欧洲区运营副总裁下令关停受污染头痛药的所有生产，并召回过去特定时间段内生产的全部药物。	高野山会见了来自拜耳公司的高级主管，共同探讨一起国际合资事宜。
10：00	穆尔女士命令财务会计部门计算将要投入多少费用。	在此时间里，一位深受信任的中级经理（高野山毕业的东京大学老教授的一名学生）谨慎地告诉高野山存在的问题，而全体员工已经想出了解决方案。高野山点头表示已经明白。全体人员建立共识，进而制定出应对危机的方案。
10：05	高级管理人员和法务人员会见穆尔女士，向她汇报危机事件的最新情况。	
10：30	穆尔女士接受记者的采访。	
11：30	穆尔女士在办公桌旁匆匆用完午餐。在用餐时她接到了来自法律部门和欧洲区运营副总裁的电话。	部门下属正式向高野山简述问题所在及他们的处理方案。他对信息表示认可并对他们快速响应表示感谢。
这天余下的时间直到20：00	穆尔女士继续忙个不停，处理会议和电话事务。她在下午4：00的时候跟丈夫通了电话，提醒他到学校接女儿回家。	知道他的下属正忙着处理危机后，高野山继续进行日常工作：与政府官员进行两个小时午餐会，讨论工厂长期研究与开发目标。在六本木东京娱乐区一家私人酒吧里，他与一个化学品供应公司的首席执行官举行会谈，并结束了一天的工作。

资料来源：*Based on the format in a fictional story in Doktor*, Robert H. 1990. "*Asian and American CEOs：A comparative study.*" Organizational Dynamics, *Winter*，46 - 56.

什么是**领导**（leadership）？西方的观点将领导定义为影响群体成员达成组织目标的过程。然而，该定义是否为大多数文化所认同并接受呢？弄清楚这一问题具有重要意义。对此，GLOBE 项目给出了一些诠释。该项目把来自 60 多个国家和地区中的 200 多名研究人员召集到一起，经过数小时的讨论，产生了 GLOBE 项目的普适性定义。研究人员赞同将领导定义为"个体影响、激励和授权他人为他们所隶属组织的效益和成功作出贡献的能力"。[1]

欧洲质量管理基金会（European Foundation for Quality Management, EFQM）[2]作为一个重要的协会，致力于培育、打造欧洲公司的品质，也尝试在欧洲环境下定义领导。它认为领导是一种过程，通过这一过程个体"提出并促进使命和愿景的实现，构建长期成功所需的价值观，并通过适当的活动和行为加以实施，确保组织管理系统的建立与实施"。[3]

GLOBE 项目和 EFQM 的定义表明，领导绝非单指拥有某一席管理职位。国内公司改进领导技巧已是困难重重，而要在跨国公司成为一名卓越的领导者，则更是难上加难。事实上，在本章你将要看到优秀的领导者是所有组织成功的关键。请思考下面的案例分析。

案例分析

领导与韩国公司的供应链

领导是任何组织成功的一个极其关键的因素。当领导得法时，领导者能留住员工并激励他们做到最佳。然而，领导不仅影响雇员，而且同样影响公司重要项目的实施。

近期对韩国 142 家公司所做的一项研究，对领导特质与高效供应链的实施做出了分析。正如第 5 章所提到的，供应链是指公司所从事的制造产品的活动清单，涵盖从产品设计到售后支持的整个过程。公司配置主要的资源以确保供应链活动设计合理，同时确保获得令人满意的供应链产出，例如低成本、灵敏的市场响应和顾客的信任。

对首席执行官、首席信息官和供应链官的研究显示，整合型领导在供应链成功实施方面具有关键作用。整合型领导指的是一定程度上这些主管拥有很高的协作能力并以动态的方式相互影响。对韩国的研究揭示，整合型领导确实与许多关键供应链产出紧密联系。整合型领导者共享运营和战略关键信息，正是这些信息使公司更好地运作供应链，为客户创造更多的价值，同时增强公司内的信息流动。

资料来源：Based on Youn, S., Yang, M. G. and Hong, P. 2012. "Integrative leadership for effective supply chain implementation: An empirical study of Korean firms." International Journal of Production Economics, 139, 237-246.

领导在任何公司都有决定性的功能。因此，本章将揭示成功的跨国领导者会选择高效的领导风格，这些领导风格建立在理解一国文化和社会环境对领导影响的基础之上。本章涉及两个重要领域：一是概述各国专家提出的领导理论；二是提供各国背景下领导者的母国行为案例。在不同文化中工作的管理者也许会采用不同的领导风格，但取得相似的结果。

14.1 全球领导者：一种新的类型

跨国公司的兴起以及小型企业对于国际贸易的依赖，催生出对新型**全球领导者**（global leader）的需求。这类全球领导者必须拥有技巧和技能，与跨国公司内部多元文化背景的员工打交道并进行管理。

思考一下新型全球领导者的特征。根据管理文化差异研究专家的观点，成功的全球领导者有如下特征[4]：

● 世界主义者：有足够的灵活性，游刃有余地在多元文化的环境中自如操作。

● 善于跨文化交际：精通至少一门外国语言，理解与不同文化的人打交道的复杂性。

● 对文化保持敏感性：在了解母国的文化及其文化偏好的同时，还拥有不同国家、地区和组织文化的丰富经验，能熟练地与不同文化的人打交道。

● 能快速适应不同文化：可以快速地适应不同文化背景。

● 为下属的跨文化活动提供便利：意识到工作和生活中的文化差异，能够为下属成功从事海外工作做好准备。

● 充分利用文化协同效应：通过发现不同文化群体优势融合产生的协同效应，以及运用跨文化群体可以接受的行为标准，充分利用文化差异的优势。这一特质带来的好处是，相对于那些在文化上同质化的公司，此类公司的绩效水平能够得到大幅提升。请思考下面的案例分析。

案例分析

成功并购中领导者的作用

对于领导者在确保并购成功中的作用，一篇文章提出了一些独到的见解。将罗尔夫·艾克罗特（Rolf Eckrodt，戴姆勒-克莱斯勒-三菱合并案的首席执行官）与卡洛斯·戈恩（Carlos Goshn，雷诺-日产合并案的首席执行官）进行比较后发现，卡洛斯·戈恩较之罗尔夫·艾克罗特能更好地掌握文化协同效应。对卡洛斯·戈恩善于运用文化协同效应的观点，可以从日产-雷诺合并成功，而戴姆勒-克莱斯勒-三菱合并失败加以解释。进一步讲，卡洛斯·戈恩更好地意识到作为领导者的作用，这使得他对文化差异更加敏感。雷诺并购日产公司后，卡洛斯·戈恩预测到，他的法国管理风格与日产公司主导的组织文化之间会发生冲突。他并未将自己的领导风格强行加入，而是组建了成员来自两个公司的跨职能团队，这一团队被赋予权力和权威，从而可以实施变革以促进两个公司合并。卡洛斯·戈恩每月与团队开会，员工全部参与到变革流程中。因为卡洛斯·戈恩打算在日产公司进行更多的变革，团队工作方式为他并购日产公司并顺利地实施变革提供了可能性。

相反，罗尔夫·艾克罗特对文化差异并

不敏感。他没有充分采用团队工作方式，而且将大部分权力和权威留给外籍管理者。此外，因来自一个权力距离较大的社会，三菱公司的管理者很少持质疑态度或者不同意决策。事实上，三菱公司的管理者更可能被动地抵制变革，但并不显露出对变革的抵制。

罗尔夫·艾克罗特误把这种被动性当成了接受和认可，最终导致企业合并的失败。

资料来源：*Based on Gill*，C. 2012. "*The role of leadership in successful international mergers and acquisitions：Why Renault-Nissan succeeded and DaimlerChrysler-Mitsubishi failed.*" Human Resource Management，*May - June*，51（3）：433 - 456.

- 做日益发展的世界文化的促进者和应用者：充分了解和利用有助于公司国际化的媒体、交通及旅行的国际发展，促进公司的国际化。
- 具有高情商[5]：能够准确地察觉自己的情绪，应用于问题解决及与其他人相处。

跨国公司如何培训全球领导者？请思考下面的跨国公司管理概览。

跨国公司管理概览

英特尔公司与道康宁公司的领导力培训项目

英特尔公司是一家总部设在硅谷的半导体巨型公司，其 70% 的收入来自美国以外的市场。目前，公司的员工分布在超过 48 个国家和地区。考虑到全球化运营的性质，英特尔公司把重点放在管理者处理跨文化差异的能力上。在此环境中，公司开创了一个颇具革新性的领导力培训项目，要求所有中层管理者接触外国文化。

这一领导力培训项目的设计初衷源于员工之间需要大量合作的事实，因为员工分别来自不同的国家或地区，如中国、俄罗斯、美国、以色列等。培训的内容包括专注于领导力技巧开发的专题研讨会，例如设计和实施商业计划等。研讨会未必包括文化培训在内，项目却做出明确要求，6～9 人的团队必须由来自不同国家的中层领导者组成，各团队在培训结束时拟定出各自的新产品开发方案。这样的过程迫使参与者与来自众多不同社会的个体一起工作，不得不思考文化差异。该培训项目确保所有参与者有机会应对文化差异。

道康宁公司是总部设在美国的一家跨国公司，专门从事硅胶科技产品的生产。公司努力辨识各国经营中的最佳业绩者，为这些高潜力员工提供培训机会。例如，迄今为止，尽管在印度刚刚运营了 12 年，但公司早已完善了发现高潜力员工的领导力战略，对这些高潜力员工进行了严格的体验式培训，鼓励他们参与到具体的项目或者企业管理中。这些未来的管理者也被要求参与讨论，向公司的高层管理团队陈述各种问题，诸如为何应把他们视为具有高潜力的员工，在道康宁公司的职业生涯中他们期望做出什么成就。这些培训项目为公司带来了回报。在印度的许多公司拼命挣扎着留住人才时，道康宁公司已经留住了最佳业绩者。

资料来源：*Based on Ghosh*，L. 2012. "*We select people who are resilient, says HR Director of Dow Corning.*" Economic Times，*online edition*，August 15；Hamm，S. 2008. "*Young and impatient in India.*" BusinessWeek，*January 28*，45 - 48；Thomke，Stefan H. 2006. "*Capturing the real value of innovation tools.*" MIT Sloan Management Reviews，*Winter*，47，24 - 32；Times of India. 2009. "*RMSI, Intel among best work places in India,*" June 10.

接下来我们将阐述领导力的背景。虽然很少有管理者能够达到真正意义上全球管理者的水平和经验，但是所有的管理者都可以通过更好地理解领导力而受益，从而提高其作为全球领导者的优势。

14.2 三种经典模型：领导分析术语

三种经典的领导模型包括领导特质理论、领导行为理论和领导权变理论。熟知这些理论的有关观点，有助于理解描述跨国环境中领导风格选择常用的术语。

大部分领导理论起源于北美，本章聚焦跨国公司领导模型的各国应用，而不仅仅局限于北美区域。

14.2.1 领导特质理论

在领导者是天生的还是后天形成的这一争论中，领导特质理论不断演变。早期的领导理论学者观察商业、政治、宗教、军事等领域成功的领导者，例如亚历山大大帝和穆罕默德等，由此得出结论，这些领导者天生拥有与众不同的、独一无二的特质，此类领导观点称为**伟人理论**（great person theory）。

领导特质理论学者从未列出领导特质理论精确的特质列表，但是几十年的研究揭示出领导者不同于一般员工的很多特质。[6] 至少在美国，成功的领导者展现出以下特质：高智力水平和自信、高度的首创精神、决断能力、坚持不懈、勇于承担责任、希望影响他人、充分意识到他人的需求。然而，不同于伟人理论，当代领导特质理论没有假定领导者是天生的。富有进取心的领导者可以通过培训和实践，成就其不同常人的精彩。

14.2.2 领导行为理论

美国视角下的领导行为

领导者与下属相比拥有不同的特质。不过，北美领导特质研究表明，仅有特质并不能保证成为一名合格的领导者，领导者管理下属的行为或许更重要。美国经典领导行为理论研究来自美国俄亥俄州立大学和密歇根大学。在对北美数百位管理者进行研究的基础上，研究团队分辨出两种主要的领导行为类型。[7] 一种行为类型聚焦于通过创设结构完成任务，极为关注创设结构的领导者被称为**以任务为中心的领导者**（task-centered leader），他们给下属指出具体的方向以便下属能够完成任务。这种类型的领导者建立起标准和工作流程，将任务指派给下属。另一种行为类型的领导者是**以人员为中心的领导者**（person-centered leader），他们聚焦于满足员工的社会和情感需要。这种关怀型的行为包括关心下属的感受、顾及下属的想法。

区分以人员为中心的领导者和以任务为中心的领导者的方法，同样适用于区分领导者的决策方式。采用**专制型领导**（autocratic leadership）方式的领导者在所有重大决策上总是自行决断；采用**民主型领导**（democratic leadership）方式的领导者则允许员工参与决策的制定过程。大多数专家认为，在专制型领导者与民主型领导者之间存在一系列领导行为。[8]例如，**协商型或者参与型领导**（consultative or participative leadership）方式通常介于专制型领导方式和民主型领导方式之间。一些文化是否倾向于特定的领导方式呢？请思考下面的案例分析。

案例分析

印度公司和韩国公司的领导方式

许多韩国公司以专制、独裁方式运行。考虑到韩国公司采用家长制，这并没有什么令人惊奇的。想一想身为韩国大型企业之一的现代汽车公司，董事长郑梦九和公司的主管团队采取专制的方式经营公司。据称主管团队实施微管理（掌控细节），极少听从别人的建议，甚至这些主管无法表现出对反对意见的一点容忍。这种领导方式在美国运营时遇到巨大的困境。现代汽车公司和其姊妹公司起亚汽车公司解雇了许多美国主管。批评者认为这种专制方式令美国主管十分难堪，因为他们已经习惯参与式领导方式。例如，现代汽车公司和起亚汽车公司都由韩国人出任协调者，对决策行使监督职能。公司的美籍主管憎恨这种体制，因为即使微不足道的决策，他们也必须服从韩籍协调者的决策，这一做法已导致许多高管遭到解雇。

印度同样存在高权力距离，因此下属部门更为顺从，习惯听命于人。然而，最近的一篇文章暗示这种现象正在改变。许多 Y 一代（通常指 1980—1994 年出生的人）员工在印度的大公司里表现得无所畏惧、勇气十足，一些人很自信而且敢于公开批评。除此之外，他们显得更有冒险创新精神，要求工作与生活的平衡。这些行为和态度与以前几代员工形成了鲜明对比，后者更加顺从而且鲜有可能发表个人观点。

资料来源：Based on Bhattacharya，S. 2012. "*How young executives are redefining parameters of work and challenging bosses' notions.*" The Economic Times，*online edition，August 12*；Welch，D.，D. Kiley，and M. Ihlwan. 2008. "*My way or the highway at Hyundai.*" BusinessWeek，*March 17，48–51*.

著名的管理和领导力理论家伦西斯·利克特（Rensis Likert）采用更为广泛而非单纯领导行为的视角，区分出四种管理方式，反映出在任务与人员维度上类似的区分。[9]

这四种管理方式是剥削权威式、仁慈权威式、协商式、参与式。图表 14-1 列示了每一种管理方式的整体领导风格、激励手段、沟通方式、决策方式及控制机制等。

图表 14-1　利克特的四种管理方式

管理行为	剥削权威式	仁慈权威式	协商式	参与式
整体领导风格	专制独裁，自上而下发号施令	家长作风，仍然是独裁的	很少独裁，更多关注员工	以员工为中心

续

管理行为	剥削权威式	仁慈权威式	协商式	参与式
激励手段	惩罚，偶尔奖励	奖励变多，但仍然以惩罚为主	以奖励为主	员工自己设置目标并评价结果
沟通方式	自上而下的沟通方式，极少采取团队工作方式	自上而下的沟通方式，少许或有限的团队工作	员工提供观点	广泛的沟通通道，包括横向沟通和纵向沟通
决策方式	最高层制定决策	管理者设置边界	管理者可协商，但做最终决策	群体或者团体制定大多数决策
控制机制	最高层对过程和输出进行管理	管理者设置边界	更多控制集中于输出而不是流程	团队评价结果

资料来源：*Adapted from Likert*，*R.*，*and Jane Likert*. 1976. New Ways of Managing Conflict. *New York*：*McGraw-Hill*.

基于对美国工人的早期研究，我们可以看出领导选择的行为方式集中于任务完成或者满足工人的社会和情感需求。哪种领导方式是最好的？或许完全取决于环境。在以后的部分我们将会看到，当代的美国领导理论对一种领导行为适合所有情境的假设提出了挑战。然而，在思考此争论之前，我们先来看看日本通行的领导方式。

日本对领导行为的观点

领导**绩效维持理论**（performance maintenance（PM）theory）代表日本对领导行为的观点。该理论创建于日本，但是与美国很多领导理论相类似。绩效维持理论包含两个维度。[10]绩效职能维度类似于以任务为中心的领导风格，为了促进组织绩效的提高，管理者指导和施压于下属。它包括两个成分：第一，领导者为下属制定工作流程或者同下属一起制定，这是计划成分。第二，领导者给员工施压使其努力做好工作，这是压力成分。维持职能维度类似于以人员为中心的领导风格，代表促进群体稳定性与社会性交互作用的行为。

日本的绩效维持理论与美国以任务或人员为中心的领导理论之间存在一种关键的差异。秉持日本绩效维持理论的领导者关注影响群体，秉持美国以任务或者人员为中心的领导理论的领导者关注影响个人。

绩效维持理论意味着当绩效职能与维持职能同时存在时，团队能做出最好的业绩。也就是说，只要领导者在给团队施压的同时支持作为维持职能的团队社会交互需求，将会提高组织的绩效水平。该理论认为，将绩效职能和维持职能两种领导成分合并于组织中会产生积极的效果。然而，在适应国家的差异时，许多日本公司使用修订后的绩效维持理论去管理海外公司的运营。[11]

下面我们将提出一种更复杂的理论概述，称为权变理论。它展现了领导理论的历史性进步，超越了简单的特质理论和行为模型。

14.2.3 领导权变理论

早期的领导模型倾向于寻求领导的普遍性，管理者和研究人员想知道哪种领导特质或者行为在所有环境下都比较完美。若干年后，专家们得出了结论："视情况而定。"也就是说，没有一种领导方式对所有情境都适用。这种结论引致了对**权变理论**（contingency theory）的研究，该理论认为领导方式和领导风格的适用类型依赖于具体的环境。若要走向成功，管理者必须在不同的情境下选择不同的领导类型。

权变理论是如何发挥作用的？考虑下面的跨国公司管理概览。

跨国公司管理概览

LG 公司的管理

韩国跨国公司对专制独裁型领导方式的偏爱与受儒家思想影响的韩国文化保持一致——"父亲最清楚"。然而，诸如 LG 公司等跨国公司却对这种方式做出改变。作为一个大规模的电子公司，LG 公司习惯于最具韩国特色的企业集团或者财阀的做法。公司首席执行官南镛（Nam Yong）认为，改变决策方式对于促使公司在全球市场中获胜非常关键。不同于韩国其他的跨国公司，LG 公司不断雇用外国管理者以使团队多元化。外国主管和高级管理者现在占据了公司 25% 的领导席位，公司逐渐改变了领导风格。最近的事件反映了南镛的领导权变之路，他卷入了一场暴风雨般的战略会议，期间大发雷霆。他的这一举止在一种向来都看

重价值观认同与共识的文化中实属罕见。南镛告诉首席营销官德莫特·博登（Dermot Boden），后者是一个在首尔工作的意大利人，"你知道，我们争论了很多。为何不能更频繁一些呢？"努力获得了回报。如今，LG 公司成为世界第二大液晶显示器制造商，并取得了许多电子部门的主导地位。LG 公司已经开发出新型显示技术，准备应用于下一代 iPhone。

资料来源：*Based on Ihlwan*, M. 2008. *"The foreigners at the top of LG."* BusinessWeek, *December 22*, 56 - 58; *Lee, J.* 2012. *"LG Display starts producing new panels." Wall Street Journal (online), August 23; Welch, D., D. Kiley, and M. Ihlwan. 2008. "My way or the highway at Hyundai." BusinessWeek, March 17*, 48 - 51.

接下来我们将介绍两个重要的北美领导权变理论：费德勒（Fred Fiedler）的领导理论和路径-目标理论。这些理论区分了若干在不同情境中影响特定领导风格有效性的因素，也给出了跨国公司管理者适用于不同国家环境的基本框架。其他权变领导理论请参见组织行为学教材。

费德勒关于领导有效性的观点

弗雷德·费德勒是一位领导学专家，发展了广为流行的早期领导权变观。[12]**费德勒领导理论**（Fiedler's theory of leadership）建议，管理者应以任务为中心或以人员为中心。领导风格的成功依赖于工作环境的三个偶然因素或特征：一是领导者与下属的关系（例如下属信任领导者的程度）；二是下属工作定义的简单清晰程度（例如流水线作业通常可以清晰地定义）；三是领导者正式授予的组织权力（例如职位的正式权力）。

所有领导权变理论都认为，当风格与环境匹配时才会产生有效的管理。什么

环境适合以任务为中心或者以人员为中心呢？图表 14-2 展示了以任务为中心和以人员为中心的领导风格的有效性。领导者与下属的关系良好、工作高度结构化并且领导者拥有较大的组织权力，此时以任务为中心是最有效的；在相反的情况下，以任务为中心同样最有效，比如职位要求不明确时。以人员为中心的领导风格则要求一个更复杂的环境，比如领导者拥有较小的组织权力，但是与下属的关系非常亲近。

图表 14-2　　　　　　　　　　不同环境下领导者有效性的预测

领导风格	领导者的有效性		
以人员为中心	无效率	有效	无效
以任务为中心	有效	无效	有效
权变条件	领导者与下属有良好的关系	复杂的关系	领导者与下属的关系不太好
	工作高度结构化		不明确的工作要求
	领导者的职位权力大		领导者的职位权力小
	总之对领导者有利		总之对领导者不利

资料来源：*Adapted from Fiedler*，*F.* 1978. *"Contingency model and the leadership process."* In *L. Berkowitz*，*ed.* Advances in Experimental Social Psychology，11*th ed.* New York：*Academic Press*，60-112.

领导权变理论的逻辑意味着，领导者在一种最有利或最不利的情况下以任务为中心可达到最佳。在最有利的环境下，领导者不必担忧下属的心理需求。下属对各自的工作很明确，任务清晰；领导者强而有力，告诉员工该做什么，下属乐意去做。在最不利的条件下，诸如工作要求不清晰或者员工彼此不协作，领导者必须命令下属完成任务。然而，在更复杂的环境下，员工承诺或满意变得更加重要，成功的领导者必须在下属身上花费时间，而不是仅仅命令下属完成工作。

路径-目标理论

另一个著名的权变理论**路径-目标理论**（path-goal theory）区分出四种领导风格，管理者要根据具体的环境进行选择。

- 指导型：给予下属具体目标、流程以及工作程序。
- 支持型：表现出对满足下属需求的关注，并与下属建立良好的关系。
- 参与型：与下属进行协商，寻求他们的建议，鼓励他们参与决策制定过程。
- 成就导向型：设置目标并根据目标的完成情况进行奖励。

路径-目标理论中，下属的特征和工作环境的特征是选择最佳领导风格的关键偶然因素或者环境变量。图表 14-3 展示了路径-目标理论简化模型。

路径-目标理论认为，许多成功的领导实践源于领导力与偶然因素之间复杂的交互作用。对该理论的完整论述超出了本章的范围，本章仅提供一些基于路径-目标理论的领导建议[13]：

- 当下属有很高的成就需要时，成功的领导者会采用成就导向型领导方式。
- 有高度社会需要的下属对支持型领导方式的反应最好。

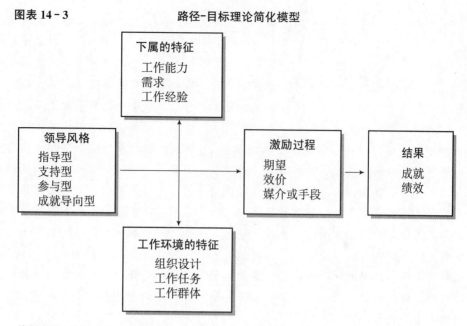

图表 14-3　　　　　　　　　　路径-目标理论简化模型

资料来源：*Adapted from Hellriegel，Don，and John W. Slocum，Jr.，*2008. Organizational Behavior，*12th ed. Cincinnati：South-Western.*

● 如果下属的工作内容是非结构化的，建议采用指导型领导方式（领导者会细分具体的工作任务和要求）或者成就导向型领导方式（领导者会赋予下属寻找解决问题的责任）。

14.2.4　领导特质理论、领导行为理论和领导权变理论

由北美学者和日本学者对于领导特质理论、领导行为理论和领导权变理论的评述可知，领导者与下属相比具有不同的特征。然而，似乎领导者会根据需要发展其先天并不具备的特征。领导者有多样化的行为以使工作顺利完成，既包括从以任务为中心到以人员为中心的方式，也包括从专制独裁到民主决策的方式。

现在大多数专家相信，没有哪种领导特质或者行为在所有的环境都能应对自如。领导权变理论认为，一个成功的领导者必须诊断环境，并选择合适的行为或者开发出最适合个人的领导特质。最近丰田汽车公司的转变揭示，公司首席执行官丰田章男开始评估环境进而选择最好的领导风格。考虑下面的案例分析。

案例分析

丰田汽车公司的领导风格

最近丰田汽车公司经历了数场灾难，有损其作为知名汽车制造公司的地位和名声。

2009—2010 年间，由于若干辆汽车存在意外加速问题，公司召回了大量汽车，还不得

不面对海啸袭击日本所造成的后果。这些都发生在新任首席执行官丰田章男（公司创始人的孙子）掌管公司之时。

为应对危机，丰田章男将权变方法纳入领导方式之中。由于规模巨大和日本的国家文化，他清楚丰田汽车公司已经变得非常骄傲自大。公司已变得非常刻板、缺乏弹性，必须通过惯例的官僚渠道进行决策。不仅如此，作为一家日本公司，丰田汽车公司并没有获得美国市场销售和运营的优势地位。随之而来的是，公司在美国的运营被缓慢的决策制定以及应对危机的无能困扰。例如，美国管理者报告汽车的缺陷时，必须遵循冗长的官僚流程。在日本，关于汽车缺陷的抱怨经常会遭到怀疑。

丰田章男明白，如果要带领丰田汽车公司走出危机，必须改变自己的领导风格。丰田汽车公司必须更快捷、更灵活、更少官僚化。例如，在有巨大的浪潮扰乱生产时，他组织一般管理者开会，并赋予他们不必向上级报告即可做决策的权力。与日本文化期望相反，他去除了若干管理层，更进一步每周会见顾问并当场做出决策。现在高级主管不再跨职能轮换，诸如采购、产品工程或制造等高级主管保持专长以便从经验中受益。最后，与以往丰田汽车公司首席执行官最大的不同是，丰田章男具有测试汽车司机认证资格，每年测试大约200辆丰田汽车。他也是售价375 000美元的雷克萨斯LFA（超级跑车）的强有力支持者，他希望该车向外界证明丰田汽车公司也是专业运动汽车制造商。

资料来源：Based on Taylor III, A. 2012. "Toyota's comeback kid." Fortune, February 27, 72 - 79.

接下来我们将解释国家文化和社会制度对领导风格的影响，例如国家的教育体系等。

14.3　国家环境作为领导行为的权变因素

研究跨国公司领导的大多数专家认为，权变因素是必要的。[14] 也就是说，跨国公司的领导实践中需要管理者调整领导风格去适应环境。这种调整不仅反映在传统的权变因素，比如下属特征等上，而且反映在国家、地区的文化和制度环境上。

下面的聚焦新兴市场研究了当地偏爱的领导行为以阐释基于文化的权变管理行为的成效，描述了一家美国公司在墨西哥和美国如何成功地应用两种不同的管理方式运营子公司。

聚焦新兴市场

拉美国家和墨西哥的领导类型

世界范围内出现经济衰退，但是趋势表明拉美国家的经济会持续增长，为跨国公司提供了诸多机会。许多拉美国家的经济状况面临巨大的挑战，然而这些国家还是有机会获得显著的增长，很可能会继续鼓励更多的国际直接投资。跨国公司进入拉美国家运营时，应使其领导方式适应员工的文化需要。

由于历经西班牙的殖民史，许多拉美国家拥有相同的文化遗产。因此，许多西班牙制度、惯例（例如独裁主义和家族主义）依旧很有影响力。霍夫斯泰德也发现，许多拉美国家拥有高权力距离、高不确定性规避及高男性主义。这些历史和文化上的现实深刻地影响领导者。

传统的拉美国家领导模式被视为专制型和指导型，几乎不使用代理人和团队。此类领导者应用正式的自上而下的组织层级进行沟通，通常基于关系导向、过度自信和盛气凌人。对阿根廷、智利、多米尼加、墨西哥、秘鲁、波多黎各和委内瑞拉的探索性研究证实，这些国家的领导者与传统模式更相符。

相关研究认为，适当的领导行为和风格有赖于文化。来自圣迭哥大学（University of San Diego）的两名研究人员针对一家美国制造商的两个公司（一个在美国，一个在墨西哥）所做的研究发现，不同的领导风格同样能获得成功。下面的图表显示了基于利克特管理方式分类的结果。没有一个公司使用参与式管理方式，在美国的公司使用协商式管理方式取得了成功，在墨西哥的公司则使用利克特管理风格中所有带有独裁性的管理方式取得了成功。两个公司都获得了成功表明，在选择领导或者管理方式时，国家文化是一种重要的权变因素，进而研究证实了专制型领导风格和行为在拉美国家的适用性。

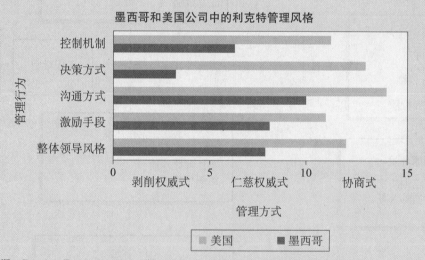

墨西哥和美国公司中的利克特管理风格

资料来源：*Based on* Economist. 2012. *"Latin America's big tests." The World in* 2012, 53; *Morris, Tom, and Cynthia M. Pavett.* 1992. *"Management style and productivity in two cultures."* Journal of International Business Studies, 1*st quarter*, 169-179; *Romero, Eric J.* 2004. *"Latin American leadership: El patron & el lider moderno."* Cross Cultural Management, 11 (3): 25.

调整领导方式适应跨国环境的第一步是理解当地的管理者成功领导公司时的所作所为；第二步是运用所获知识适当地修正自己的领导方式。外籍管理者不可能像当地管理者那样精确地运用同一方法，然而，当地领导者的经验和知识有助于跨国领导者进行必要的行为修正。

14.3.1　国家-环境权变领导模型

为了指导对不同国家环境下领导行为的理解和不同文化环境下领导行为的修

正，此处提供**国家-环境权变领导模型**（national-context contingency model of leadership），以解释文化及其相关的社会机构如何影响领导实践。类似于经典的领导权变理论，图表 14 - 4 所示模型的前提假设是权变是为了更加成功，领导者必须基于下属特征和工作环境两个关键权变因素，修正他们的行为或者发展独特的领导特质。

图表 14 - 4　　　　　　　　　　　　**国家-环境权变领导模型**

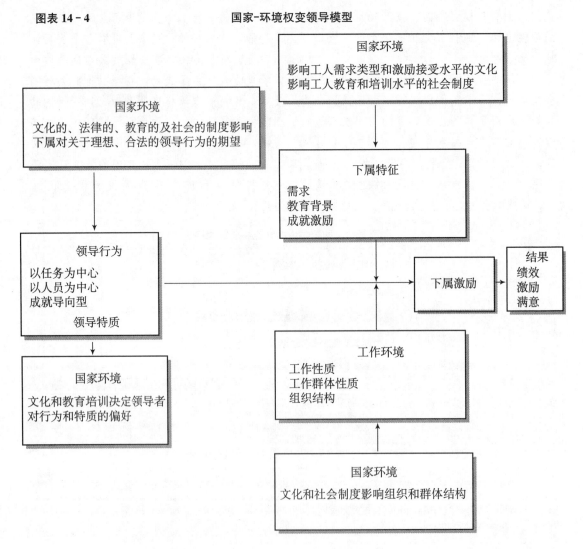

跨国公司权变领导的因素（如领导行为和特质、下属特征和工作环境）受国家环境（如国家文化、企业文化和社会制度）影响。下面具体讲述国家环境如何影响领导行为、特质及其权变：

● 领导行为和特质：国家文化、企业文化及社会制度决定了优先选择和可接受的领导行为和特质。思考下面的例子。在高权力距离社会，领导者和下属希望管理者权威化。法国高等专业学院等教育体系教育管理者笃信其行为应与精英社会阶层一样。如果东道国司法系统赋予工会权力参与管理决策，管理者必须调整他们的管理方式以适应此种情况（见第 12 章）。

● 下属特征：国家文化和企业文化影响工人的需求及成就激励水平。此外，国家社会经济发展及社会制度对教育的支持，影响工人培训和教育的质量及可获得性。因此，领导者必须修正他们的领导风格以适应所在国员工的类型。

● 工作环境：文化和社会制度影响管理者设计组织及其次级部门时的选择。在工作环境中，组织特征反过来影响管理者的选择，例如日常的工作特征与正式工作的组织特征限制着他们的选择。事实上，在一些情形下，组织环境如此重要以至于特定的领导行为甚至变得没有必要。[15]例如，高度正式化的组织或许并不需要直接的领导监管。

接下来我们将对文化的权变领导模型进行拓展，提供更多关于国家文化、企业文化以及社会制度影响领导行为或特质选择的细节和案例。

14.3.2 国家环境下的领导特质和行为

有大量的证据表明，特定的文化背景下，人们倾向于接受特定的领导特质和行为。不同文化对成功的领导者描绘不同，然而，也有证据表明某些领导行为和特质具有文化上的普适性，即几乎所有人都赞同或接受。接下来我们将提供更多关于国家之间领导差异的细节，随后介绍在许多国家环境下都被赞同或认可的一些领导特质和行为。

多尔夫曼（Dorfman）认为，不同的社会文化对领导的评价不同。[16]美国对领导提供重要的奖励，领导通常是带有积极内涵的高贵品质。相反，有的社会看起来并不重视领导。例如在日本，首席执行官通常将组织的成功归功于下属而不是自己的领导。在荷兰，大多数人具有平等和一致的思想，领导概念被认为是过于渲染。

除了领导评价的差异性，霍夫斯泰德指出，某国环境下领导者的属性及特征未必能在其他国家环境下得到很好的理解。[17]例如在德国，管理者不是文化意义上的英雄，而工程师却是。博士学位比商科学位更为重要。在法国，管理者和工人的区分反映了干部（cadre）和非干部（noncadre）的社会等级区分。要想成为一名干部，需要毕业于一所高等专业学院，而且通常出身于适合的社会阶层。在荷兰，所要求的领导特质是谦逊，这与美国通常崇尚的专断特质相反。在中国家族企业里，领导者是家长（家庭中年龄最大的男性）。

GLOBE 项目对各国领导之间的差异进行了研究，它由罗伯特·豪斯牵头发起，来自 60 多个国家和地区近 200 名研究者参加。在这项综合性研究之前，对领导的研究只是停留在少数几个国家和地区。GLOBE 项目研究（见第 2 章）包括关于跨国公司管理者在错综复杂的文化背景下获得成功的领导方式的建议，对一个领导者的成功要素、国家环境对领导行为和特质的影响等问题进行了考察。[18]

GLOBE 项目研究团队收集了超过 100 种领导特质和行为。研究团队调查了来自世界各大洲具有代表性的样本，探求阻碍或促进领导成功的领导特质或者行为。第一项任务是观察哪些领导特质和行为得到各种文化的认同。GLOBE 项目研究团队发现，不论文化背景，大多数人相信某些特质和行为可以获得卓越的领导力，而另一些特质和行为会阻碍管理者领导力的发挥。这些特质和行为具有文化上的普遍性，因为在各种文化或各国背景下都有效。图表 14 - 5 列出了 GLOBE 项目研究提出的一系列普遍接受或排斥的领导特质和行为。它对于跨国公司管理者的意义在于，这些特质和行为在世界范围内具有参考价值。

图表 14 - 5　60 多个国家和地区普遍认同的积极和消极领导特质和行为

积极的领导特质和行为		消极的领导特质和行为
值得信赖的	可靠的	不合群的
公正的	充满智慧的	反社会的
诚实的	有决断的	非合作的
未雨绸缪的	高效的讨价还价者	不明确的
鼓舞人心的	双赢型问题解决者	自我中心的
积极的	有技巧的管理者	残酷无情的
动态的	善于沟通者	独裁的
有驱动力的	消息灵通的	
信心建设者	团队建设者	

资料来源：*Adapted from Den Hartog，Deanne N.，Robert J. House，Paul J. Hanges，Peter W. Dorfman，S. Antonio Ruiz-Quintanna，and 170 associates. 1999. "Culture specific and cross-culturally generalizable implicit leadership theories：Are attributes of charismatic/transformational leadership universally endorsed？."* Leadership Quarterly, 10, 219 - 256.

另一种考察领导特质和行为的途径是分组考察代表不同领导风格的领导特质和行为。本章开始前面所列出领导风格的经典区分，聚焦于以人员为中心和以任务为中心及其程度。GLOBE 项目研究分辨出与其他文化背景下的领导特别相关的领导风格，包括团队导向型、自我保护型、参与型、仁慈型和自主型五种类型，其中有些类似于领导风格的经典区分。

团队导向型领导者多为整合者，具备策略性和仁慈性，与团队协作工作；自我保护型领导者以自我为中心，身份意识很强，进行例行管理，倾向于保全个人脸面；参与型领导者属于委托者，鼓励下属参与决策；仁慈型领导者谦逊，以同情心为导向；自主型领导者具有很强的个人主义特征，独立和独特，期望以自我感兴趣的方式行动。

为了便于比较领导行为，我们通过 GLOBE 项目研究国家分组的方法[19]，分析总结各国的异同。[20] 这里分为 10 个群组：盎格鲁、亚州儒家文化、东欧、日耳曼欧洲、拉丁美洲、拉丁欧洲、中东、北欧、南亚、撒哈拉以南非洲。

图表 14 - 6 说明了每一群组包括的国家，图表 14 - 7 说明了各种领导风格在主要（代表亚洲、非洲、欧洲、中东和北美）群组之间的变化。基于文化差异，各国的领导风格并不同。例如，团队导向型领导者优先选择拉丁欧洲、东欧、南亚，这并不令人惊讶，因为拉丁欧洲更崇尚集体主义而非个人主义。[21] 类似地，南亚也是高集体主义，乐于协作、富有策略、重视集体的领导者更易获得成功。[22] 令人惊讶的是，东欧更偏爱高团队导向的领导者，人们不得不相互依赖以满足基本需求。或许很多跨国公司会在东欧应用工作团队，鼓励这些国家以新的视角审视团队导向型领导者。

图表 14-6   GLOBE 项目研究群组及其国家或地区

盎格鲁	拉丁欧洲	东欧	拉丁美洲	亚州儒家文化
澳大利亚	以色列	阿尔巴尼亚	阿根廷	中国
加拿大	意大利	格鲁吉亚	玻利维亚	日本
爱尔兰	葡萄牙	希腊	巴西	新加坡
新西兰	西班牙	匈牙利	哥伦比亚	韩国
南非（白人）	法国	哈萨克斯坦	哥斯达黎加	
英国	瑞士（法语区）	波兰	萨尔瓦多	
美国		俄罗斯	危地马拉	
		斯洛文尼亚	墨西哥	
			委内瑞拉	

北欧	日耳曼欧洲	撒哈拉以南非洲	中东	南亚
丹麦	奥地利	纳米比亚	卡塔尔	印度
芬兰	瑞士	尼日利亚	摩洛哥	印度尼西亚
瑞典	荷兰	南非（黑人）	土耳其	菲律宾
	德国	赞比亚	埃及	马来西亚
		津巴布韦	科威特	泰国
				伊朗

资料来源：*Adapted from Gupta*，*Vipin*，*Paul J. Hanges*，*and Peter Dorfman.* 2002．"*Cultural clusters: Methodology and findings.*" Journal of World Business，37，11 - 15．

图表 14-7   基于信念或文化分组的有效领导风格

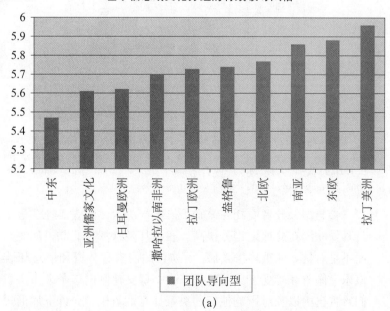

(a)

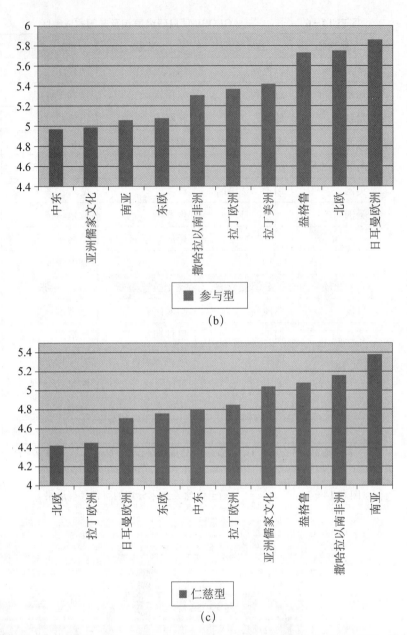

(b)

(c)

资料来源：*Adapted from Dorfman，P.，Paul J. Hanges，and F. C. Brodbeck.* 2004. *"Leadership and cultural variation：The identification of culturally endorsed leadership profiles."* In R. J. House, P. J. Hanges，M. Javidan，P. W. Dorfman，and V. Gupta，eds. Culture，Leadership，and Organizations. *Thousand Oaks，CA：Sage Publications*，669 - 720.

　　参与型领导者委托并鼓励下属参与决策。图表14-7显示，盎格鲁、北欧和日耳曼欧洲在此项上得分很高。在日耳曼欧洲和北欧，雇主与工人之间通常协作而不是对抗，注重经济发展。[23]协作的需求和劳资和谐意味着，高效的领导者应该乐意倾听和接受下属的建议。盎格鲁文化倾向于个人主义，个人主义意味着人们珍视自由以及对影响他们的决策拥有话语权。允许下属通过参与拥有话语权的领导者更可能被视作高效的。[24]不仅如此，这些文化还具有低权力距离，即下属在决策制定时拥有话语权。

仁慈型领导者是公正、无私、友好、慷慨而且充满关怀的。[25] 所有的群组都高度评价仁慈型领导者，这意味着这种领导风格几乎被普遍视作成功领导者非常需要的特质。图表14-7显示，南亚群组在这一项上得分最高。高分可以归因于南亚社会，包括印度、泰国和马来西亚等普遍性的仁慈和人文导向。请思考下面的聚焦新兴市场。

聚焦新兴市场

塔塔的领导风格

印度大型跨国公司以人性化领导风格而闻名。公司拥有非常关怀工人的仁慈型领导者。根据GLOBE项目的研究结果，这并没有什么可大惊小怪的。考虑塔塔公司的案例和他们的领导者拉坦·塔塔（Ratan Tata）。当其他公司陷入大规模的裁员风波时，这个拥有140多年历史的公司依然忠实于其非常人性化地对待员工的传统。当印度频繁出现罢工时，经营超过80年的塔塔钢铁公司无一起罢工事件。不仅如此，塔塔公司依旧留在詹谢普尔都市区（印度东北部城市）的工厂，一个世纪之前这座钢铁城镇起步于蛮荒的丛林。公司一直为员工支付所有的健康和教育费用，在这座城镇依旧保留着学校和一座拥有1 000张床位的医院。

塔塔公司如何实施仁慈型领导？事实表明，塔塔公司做得非常完美。公司继续在世界范围内扩张。例如，它现在是英国最大的制造商之一，拥有大约40 000名员工。公司现在拥有捷豹路虎品牌，是汽车产业中的成功者之一。许多专家注意到，塔塔公司在其他国家扩张时也没有偏离人文关怀的根本。

资料来源：Based on Economist. 2011. "Tata for now." September 10, online; Hindustan Times. 2012. "Mahindra: Tata a source of inspiration." August 13, online edition; Wehfritz, G. and R. Moreau. 2005. "A kinder, gentler conglomerate: Tata coddles workers, not managers, yet thrives in global industries as a uniquely Indian-style company." Newsweek, October 31, online edition.

对于独裁型领导，大多数群组认为，独裁会阻碍有效领导。对于自我保护型领导，结果类似。在独裁方面得分最高的群组是日耳曼欧洲和东欧。然而，它们的得分略高于4分，表明这些群组对于独裁倾向和促进或者阻碍有效领导存在差异。自我保护型领导的分值类似，都低于4分，这表明所有群组都认为自我保护型领导阻碍有效领导。总体上看，独裁型和自我保护型领导的结果与邓·哈托（Den Hartog）等人的发现一致（邓·哈托等人发现，特定的领导风格，诸如不合群或者以自我为中心与有效领导普遍是负相关的）。[26]

不同国家的领导特质和行为并不相同，即不同的国家环境导致领导特质和行为存在差异。上级和下属辨识领导者是以任务为导向还是以人员为导向，基于文化上和制度上所定义的领导行为，即各国环境传递领导者对任务或人员的关注时具有其独特的方式。要想在跨国公司中成功进行领导，管理者必须对适合的领导行为高度敏感，以通过人们习惯的方式展示其领导风格。接下来我们将展示不同国家环境下领导者管理下属时甚至连基本策略都存在差异。

14.3.3　国家环境与领导者的影响策略倾向

接下来我们忽视一般的领导方式，仅聚焦于领导者影响下属的特定策略。大体上，美国管理者喜欢以下七种**影响策略**（influence tactics）。[27]

1. 自信果断：强有力，爱指挥，要求严格。
2. 友好亲切：友善，谦逊，乐于接纳建议。
3. 推理论证：使用合乎逻辑的论证，提供推理，善于运用计划。
4. 交涉商讨：互利互惠。
5. 奖励制裁：使用威胁、奖励和惩罚。
6. 呼吁更高权威：求助于更高权威，向上反映问题。
7. 结成联盟：应用关系网络和友情使观点得到支持。

在其他国家环境下，一般采用什么影响策略呢？一项研究发现，不管文化背景如何，大部分管理者运用的一般性影响策略大同小异，不过，特定的民族存在特定的偏好。[28]例如，英国人更喜欢商讨，而日本人更倾向于逻辑推理。

图表14-8展示了日本、澳大利亚和英国领导者的影响策略倾向。

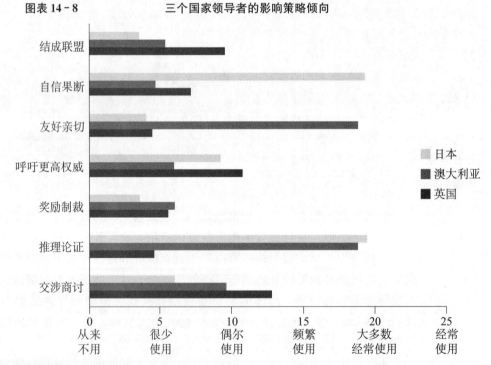

图表14-8　　　　　三个国家领导者的影响策略倾向

资料来源：*Adapted from Schmidt，Stuart M.，and Ryh-Song Yeh*. 1992. *"The structure of leader influence：A cross-national comparison."* Journal of Cross-Cultural Psychology，23，251-264.

14.3.4　国家环境与下属期望

在缺少下属协作的情况下，领导者难以进行领导。国家环境会影响**下属期望**

(subordinates' expectations)，诸如谁能成为领导者，领导者应该做什么，领导者可以做什么或不可以做什么，各个文化层面（国家文化、企业文化、职业文化、组织文化等）会影响下属所认为的适当或公平的领导风格。例如，在组织文化层面，对教授的接受程度甚至大学生可接受的范围都存在差异，有些学生认为一个学期交 2 份 25 页的论文是公平合理的，而有些学生则会憎恨这类作业并认为是不公平的。领导者的行为传递出其以人员为导向还是以任务为导向，在合理的领导特权范围内下属会接受或者拒绝某些特定的行为。例如严厉或惩罚，北美国家的工人认为这种领导行为会施加工作压力，而在日本则认为是正常的。[29]

什么因素导致一种行为在一国是可以接受的，而在另一国是不可以接受的呢？文化和制度环境为人们提供了解释领导行为的框架。例如，一些欧洲国家的劳动关系法要求管理者与工人协商解决战略性问题，诸如关闭工厂等（参见第 12 章）。国家文化层面上，霍夫斯泰德提出，权力距离会影响下属对领导者的期望。[30]

图表 14 - 9 展示了霍夫斯泰德关于三种不同权力距离水平国家的下属对领导问题的反应。在高权力距离国家，包括许多拉丁美洲和亚洲国家，下属期待独裁式领导者，领导者经常被假定为父亲的角色地位，体现出关怀的一面，但是是独裁者。领导者是与众不同的，被期望展现可视觉化的地位（例如，拥有司机驾驶的专有高档轿车）。在低权力距离国家，例如瑞典和挪威，下属期待领导者与他们一样。优秀的领导者应该让下属参与决策过程，而且忽略过多的地位象征。

图表 14 - 9　　　　　　　　　　三种权力距离水平下的下属期望

领导问题	低权力距离（英国）	中等权力距离（美国）	高权力距离（墨西哥）
下属的依赖	弱依赖于上级	适度依于上级	严重依赖于上级
协商	强烈期望成为上级的帮手	期望协商，但会接受独裁领导者	期望独裁式领导者
理想的上级	民主	适度民主	仁慈式独裁者或者家长式的父亲形象
法律及规章制度	应用于上级和下属	应用于所有人，但是上级有些特权	上级超越法律并且利用特权
地位象征	看似不恰当	接受为权威的象征	对于上级的权威来说非常重要

资料来源：*Adapted from Hofstede*，*Geert*. 1980. "*Motivation*，*leadership*，*and organization*：*Do American theories apply abroad?*" Organizational Dynamics，*Summer*，42 – 63；*Hofstede*，*Geert*. 1984. Culture's Consequences：International Differences in Work-Related Values. *Newbury Park*，CA：*Sage Publications*.

除了权力距离，其他文化价值观也会影响下属的期望。霍夫斯泰德的理论说明，较强的男性主义会导致接受独裁式领导，日本案例中最可能出现的是家长式作风的独裁主义。较强的不确定性规避会让下属期望领导者指出方向，并同时提供更多的细节。例如，工人会期望领导者明确告知，他们要做什么、如何做、何时做等。[31]

经典的领导权变观点和国家环境下的领导权变模型可以指导跨国公司管理者在某一具体的国家环境下适时适度地采用适合的领导风格。

14.4 现代领导观点：跨国公司的影响

本节将回顾两种现代领导方法：变革型领导及归因方法，分析如何将这两种观点应用于跨国公司环境。

14.4.1 变革型领导

大多数专家认为，为了组织强大，管理者必须采用更有效的领导方式——**变革型领导**（transformational leadership）。GLOBE项目的研究者发现，在任何社会环境下变革型领导都被认为是更有效的领导方式，可见其对跨国公司管理者的重要性。那么，什么是变革型领导？变革型领导者与普通领导者有什么区别？

研究发现，变革型领导者的行为和特点如下[32]：

● 清晰地表达愿景：用形象、富有情感的语言描述组织未来的理想化愿景——它可以以及应该成为什么样子——并清楚地传递给追随者。

● 打破现状：有打破传统、标新立异的强烈愿望，是发现不同做事方式的专家，并鼓励下属用新办法解决老问题。

● 提供目标和计划：有一个面向未来的愿景，并为追随者提出公司变革的清晰步骤。

● 赋予目标意义或者目的：将目标置于充满感情的故事或者某个文化背景下，以便下属清楚自己需要怎么做来追随领导者的理想，分享对激进变革的承诺。帮助下属展望未来更好的组织状态。

● 冒险：与普通领导者相比，愿意同组织一起冒更大的风险。

● 富有领导的积极性：寻求领导地位并对领导角色表现出强烈的热情；扮演榜样角色。

● 建立权威基础：运用基于专业技能、尊重和追随者钦佩的个人权威。

● 较高的道德标准：行为举止与大众预期的道德标准一致、相当。

变革型领导者之所以能成功，是因为对领导观点的领悟及其为公司利益的自我牺牲，下属愿意回报以高水平的执行力、个人奉献、尊敬和振奋。[33]但是，真正的变革型领导者很少，似乎仅在组织需要变革或者面临危机时才出现。下面的跨国公司管理概览中可以看到变革型领导在马来西亚的作用。

尽管各国都有变革型领导者，但并非所有地方成功的变革型领导者都具有同样的领导特质和行为。个人魅力需要利用基本的文化价值观，并基于国家文化传说和英雄事迹。[34]例如，甘地在与英国的斗争中利用了印度文化。[35]此外，与个人魅力相联系的特质——例如冒险——及沟通变革愿景所必需的行为在不同的国家可能会产生不同的结果。

跨国公司管理概览

马来西亚的管理转型

作为新兴经济体，马来西亚经历了高速的经济增长。目前马来西亚拥有巨大的机遇，因此理解这个国家的领导方式是非常重要的。可以思考一下，马来西亚国有石油公司（Petronas）共拥有 88 个层级。

尽管不同社会对变革型领导的观点是不同的，但是在世界范围内其价值不菲。对马来西亚首席执行官进行的一次大规模研究表明了变革型领导的价值。研究人员在检验公司采用最佳产业实践能力的同时，也检验了变革型领导对组织绩效的影响。研究结果发现，变革型领导者不仅对公司绩效有显著的影响，而且会对马来西亚公司采用最佳产业实践的能力产生显著的影响。为了应用更好的实践，变革型领导者能更好地观察诊断出公司的所作所为。由此显示，对于公司绩效的横向比较以及新想法，变革型领导者都具有开放性。

资料来源：Based on Economist. 2012. "*New masters of the universe.*" *January 21, online edition*；Idris, F., and K. A. M. Ali. 2008. "*The impacts of leadership style and best practices on company performances：Empirical evidence from business firms in Malaysia.*" Total Quality Management, 19 (1/2)：163 - 171.

邓·哈托等人提供了或许最为明确的假设检验，即变革型领导者或具备超级魅力型领导者被普遍认为是有效领导的关键。[36]作为 GLOBE 项目的一部分，检验来自 60 多种不同文化的数据后发现，诸如鼓舞人心、值得信赖、树立信心以及善于激励等超级魅力型领导者的特质被认为是各国普遍接受的特质。虽然没有尝试将这些差异与文化因素联系起来，但是研究显示，许多国家认为变革型领导的某些方面是相似的。

GLOBE 项目的研究人员也观察了拥有个人魅力的领导者是否对有效领导具有促进作用。[37]魅力型领导者果断、以绩效为导向、高瞻远瞩、鼓舞下属，并且乐于为组织做出牺牲。

接下来我们将阐述领导的最后一个观点及其在跨国公司管理中的应用。

14.4.2　归因与领导

领导的归因方法（attributional approach to leadership）强调领导者引导下属行为的成因。观察一个人的行为及其伴随的原因和动机时就会形成归因。例如，看到一名学生在校园里快速行走时，可以假设（正确地或错误地）该学生上课就要迟到了，或者可以认为该学生由于饥饿而赶去吃午饭。

对领导最重要的归因是工作表现的责任感。在决定如何影响下属的行为时，领导者有两个主要方向：一是外部归因；二是内部归因。外部归因用来解释基于个人外部的超出个人控制的因素（如自然灾害、疾病、设备的故障等）引起的行为。例如，假定员工由于严重的暴风雨而导致迟到时，领导者采用的是外部归因。内部归因用来解释基于个人的特征因素（如个性、动机、能力等）引起的行为。例如，假定员工由于懒惰导致迟到时，领导者采用的是内部归因。

做出何种归因决定是领导者对员工基于何种假定的反映。如果下属的行为基于内部归因，领导者倾向于纠正或者奖励工作人员；如果基于外部归因，领导者会修正工作环境。因此，根据这种观点，领导者需要对员工的行为做出正确的归因。[38]

大多数西方国家倾向于内部归因。因此，面对个人某一特定的行为方式，管理者通常会归因于诸如懒惰或雄心勃勃等内部动机，而非糟糕的工作环境等外部因素。这种假设在西方文化中非常明显，以至于被称作**基本归因误差**（fundamental attribution error）。[39]

归因误差可能会成为国际谈判中误解的主要来源。领导者面临的挑战是充分理解下属的文化，以避免类似的错误。下面的跨国公司管理挑战揭示了对于时间、权力和人际关系，一名在墨西哥工作的美国管理者与墨西哥的下属基于各自文化偏见的归因。该案例表明了当管理者与下属各自将错误的动机归因于对方行为时将会出现的结果。对于这些管理者，你有何建议？

跨国公司管理挑战

得出正确的归因

作为第一年在墨西哥工作的管理者，保罗·琼斯（Paul Jones）观察列出了领导岗位面临的挑战，琼斯的下属冈萨雷斯（Gonzalez）的观点及其归因恰好相反。

保罗·琼斯	冈萨雷斯
第一天：上午9点已过，"公司员工刚刚来上班。下次公司员工会议上我必须强调准时性。"	"琼斯想让我们像机器人一样。他似乎对时钟比较疯狂。难道他意识不到我们迟到有正当的理由吗？"
"我刚巡视了公司，冈萨雷斯提出了各种各样的问题。他正迫使我去满足所有监管人员，然而，仍有许多更紧迫的问题要处理。"	"琼斯没有花费时间或者付出努力去满足监管层。难道他意识不到忽略整个监管层，会伤害他们的情感吗？"
第二个月："经理们一直向我征询建议，也许更为糟糕的是，让我解决他们的问题。难道他们意识不到如此缺乏责任感反映出他们表现很差吗？"	"琼斯好像没有意识到许多管理者都把他当作老板，他必须做出决策。"
"一线监管人员在教工人如何操作设备时出现了错误，我不得不去纠正他，整个公司的人仿佛都停下工作在听，这些人需要恢复对批评的恐惧。"	"琼斯今天的行为对我的一名监管人员造成了巨大的难堪。琼斯在公开场合批评了他！由于害怕受到当众训斥，现在所有监管人员再不敢做任何事情了。"
"我认为事情正在好转。最近经理们制作出一份关于改善流程的漂亮文件。然而，三个星期后，让我非常吃惊的是，只有一个经理尝试着去实施。"	"难道琼斯没有意识到经理们正在等着他告诉大家什么时候开始吗？"
"或许我应该尝试'美国方式'的会议——穿长袖衬衫、双脚搭在桌子上以及公开交流。但是，经理们站在周围看起来很尴尬。"	"琼斯一点儿也不像是一位公司经理。你能想象一位经理把脚放在桌子上吗？多么没有文化！"

资料来源：*Kras*，*Eva S. 1995. Management in Two Cultures. Yarmouth*，*ME*：*Intercultural Press.*

14.5　总结：在母国应做哪些功课

领导权变理论的观点（基于不同国家环境，领导者采用不同方式工作）建议，领导者不能假定本国成功的领导风格或特质在其他国家同样有效。

如果领导者不适应当地条件，那么会出现什么结果呢？最近的一项研究揭示，基于母国的领导风格在其他国家文化环境中不会取得良好的效果。[40] 根据这项研究，图表14-10 显示了两组美国管理者领导行为和管理绩效的相关性，一组在美国工作，一组作为外籍人士在中国工作。1.0 表示领导行为和绩效完全正相关；0 表示完全不相关；负数表示领导行为降低绩效水平。研究显示，典型的美国领导行为在中国并不会像在美国一样起作用。尤其是高度涉及动手操作的领导风格，在美国的作用非常大，而对中国工人的影响微乎其微。

有的管理者（尤其是来自美国的）外派失败，最可能的原因是管理者没有修正其行为，采用与文化环境相一致的领导风格。难以适应并不令人惊讶，就像第12 章中所说明的，因为外派员工选择的前提是在母国曾经是一位成功的管理者。由此，如果外派前没有得到适宜的跨文化培训并提升敏感性，许多成功的管理者就会在国际外派中延续其在母国的领导行为。

图表 14-10　　　在美国和中国的美国管理者的领导行为和工作绩效
（1=领导行为与绩效完全正相关）

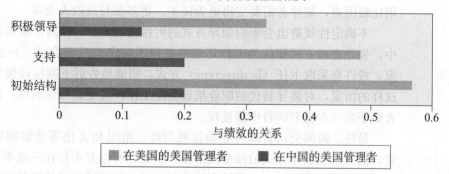

资料来源：*Black，J. Stewart，and Lyman W. Porter.* 1991. *"Managerial behaviors and job performance：A successful manager in Los Angeles may not succeed in Hong Kong."* Journal of International Business Studies，*1st quarter*，99-113.

14.5.1　文化环境和领导方式建议

也许由于各个文化和国家间存在巨大差异，几乎没有关于跨国公司领导的理论；没有哪个单一模型能够说明在各国环境下的正确领导方式。然而，霍夫斯泰德和罗德里格斯（Rodrigues）的著作给出了部分一般性建议。[41] 应用霍夫斯泰德强调的最为重要的国家文化维度——权力距离和不确定性规避，图表14-11 给出了专家对不同文化环境下领导方式的建议。

图表 14-11 文化环境和领导方式的建议

文化环境：低权力距离和低不确定性规避
领导类型：民主型
推荐的领导方式：支持、参与和成就导向
代表国家：英国

文化环境：高权力距离和低不确定性规避
领导类型：家长型
推荐的领导方式：指导和支持
代表国家：中国

文化环境：低权力距离和高不确定性规避
领导类型：职业型
推荐的领导方式：指导、支持和参与
代表国家：德国

文化环境：高权力距离和高不确定性规避
领导类型：老板型
推荐的领导方式：指导
代表国家：法国

资料来源：*Adapted from Hofstede，Geert.* 1991. Cultures and Organizations：Software of the Mind. London：McGraw-Hill；Rodrigues，Carl A. 1990. "*The situation and national culture as contingencies for leadership behavior：Two conceptual models.*" Advances in International Comparative Management，5，51-68.

　　权力距离对领导方式非常重要，因为它影响下属和监管者关于领导者指挥或工作导向的期望值。在高权力距离国家，领导者总的来说以独裁为主。下属也认为："你是老板，因此得告诉我们做什么。"霍夫斯泰德认为，来自低权力距离国家的领导者适应高权力距离的国家时问题并不大[42]，他们只要形成一种更加专制的领导方式即可。然而，来自高权力距离国家的领导者适应低权力距离国家时则比较困难，领导者需要变得更为民主、更多参与及以人为本。

　　不确定性规避也会影响领导方式的可接受程度。[43]在高不确定性规避的文化中，领导者和下属都认为工作环境中去掉不确定性后更合适。在法国这样的国家，或许会采取主任（le directeur）方式，明确地告诉下属应该做什么。在德国这样的国家，对领导替代的职业培训会使工作环境更具可预测性，由此允许领导者赋予参与者更多的自由裁量权。

　　最终，跨国公司管理者必须诊断制度、组织和文化等会影响领导方式的因素。因为影响领导方式的权变因素多如牛毛，所以并不存在一成不变的有效领导方式。但是，成功的全球领导者始终保持对各国环境的灵活性及高度敏感性。

小 结 ■

　　跨国公司的所有管理者应该努力成为全球领导者，不要被国家或文化的局限性限制，要能够适应各个国家的环境。为了达到这一目标，本章提供关于领导性质的背景信息，对于理解跨国公司环境下的领导选择，这些信息非常重要。

　　首先，本章定义了领导的概念和介绍了全球领导者。接着，本章回顾了北美关于领导特质、领导行为和领导权变三种经典理论的观点。特质理论明确领导者个人特质；行为理论明确以人员为中心或以任务为中心的特定领导行为；权变理论明确给定的环境中适合领导方式的管理者、组织和下属的特征。本章也揭示日本人和印度人有相似的领导观点。

　　国家-环境权变领导模型拓展了传统权变理论，表明了文化和社会制度如何影响领导的过程。文化影响领导者选择特定类型的倾向。国家文化和社会制度影响下属对领导行为公正或适合的期望。

应用 GLOBE 项目研究的成果，我们列举了有关领导特质和行为倾向的国家差异的数量可观的案例。

国家环境也直接影响领导权变。文化和社会制度，例如国家的教育制度和经济体制，影响着一个国家可获得劳动力的特征及其典型公司的性质。反过来，可获得工人的类型、组织和工作的典型设计制约着跨国公司管理者的成功领导方式选择。为了形成国家-环境领导权变观，本章回顾了当代领导观点的国际影响，聚焦于变革型领导和领导归因。

最后，本章应用国家-环境权变领导模型表明了外派管理者在部分国家的领导方式，尤其表明了权力距离维度与不确定性规避维度下不同领导方式选择的建议。尽管辨识出所有影响领导方式选择的文化和制度因素是不可能的，但是如果跨国公司管理者认真阅读本章，对当今全球领导者面对的一系列复杂文化问题就会更为敏感。

讨论题

1. 定义领导。来自不同国家文化的人如何定义领导？这些定义对跨国公司管理者在各国的工作意味着什么？

2. 讨论权力距离和不确定性规避文化维度如何影响不同国家的领导方式倾向。

3. 选择一个你熟悉的国家文化，辨识对组织效率不利的领导特质和行为。

4. 从下属视角讨论为什么文化不适合的领导行为会让人变得消极。

5. 讨论变革型领导是否意味着文化自由。换句话说，是无论什么文化背景变革型领导者都是相似的，还是对于每种文化群组都有不同类型的变革型领导者？

6. 比较分析美国领导方式与日本的绩效维持模型，应用国家文化维度解释你的发现。

网上练习

1. 浏览网站 http://www.grovewell.com/GLOBE/，并点击进行测试。

2. 每种领导归因是什么？你认为哪一种被普遍认可？

3. 进行测试。视为普遍认可的归因，哪一种你答对了？哪一种你答错了？为什么？

4. GLOBE 项目总的研究发现与你对本国的观察是否一致？

技能培养

在墨西哥的领导挑战

步骤 1：阅读下列场景：

你接手一家准备在墨西哥开设制造厂的美国跨国公司的咨询业务。公司很可能会雇用墨西哥员工，而管理层来自美国。你的咨询方案必须保证美国式管理和领导在墨西哥环境下仍然有效。你需要回答如下问题：

● 美国管理者领导墨西哥工人面临哪些明显的挑战？为什么两国文化和社会制度的差异会产生这些挑战？

● 这些挑战的具体形式是什么？

● 对于你的咨询客户及其管理者面对的问题，你有何建议？

● 你推荐哪些具体培训或训练项目？

步骤 2：获得必要的信息后，准备回答这些问题的演示。

注 释

1 Dorfman, P. 2003. "International and cross-cultural leadership research." In J. Punnett and O. Shenkar, eds. *Handbook for International Management research,* 2nd ed. Ann Arbor: University of Michigan.

2 European Foundation for Quality Management. 2009. http://www.efqm.org.

3 McCarthy, Grace. 2005. "Leadership practices in German and UK organizations." *Journal of European Industrial Training,* 29(2/3): 217–261.

4 Harris, Philip R., and Robert T. Moran. 2000. *Managing Cultural Differences.* Woburn, MA: Gulf Professional Publishing; Rosen, Robert, Patricia Digh, Marshall Singer, and Carl Phillips. 2000. *Global Literacies: Lessons on Business Leadership and National Cultures.* New York: Simon & Schuster.

5 Alon, Ilan, and James M. Higgins. 2005. "Global leadership success through emotional and cultural intelligences." *Business Horizons,* 48, 501–512.

6 Yukl, Gary. 1998. *Leadership in Organizations.* Upper Saddle River, NJ: Prentice Hall.

7 Likert, R. 1961. *New Patterns of Management.* New York: McGraw-Hill; Stogdill, Ralf M., and Alvin E. Coons. 1957. *Leader Behavior: Its Description and Measurement.* Columbus: Bureau of Business Research, Ohio State University.

8 Tannenbaum, R., and W. H. Schmidt. 1958. "How to choose a leadership pattern." *Harvard Business Review,* March–April, 95–102.

9 Likert, R. 1967. *Human Organization: Its Management and Value.* New York: McGraw-Hill.

10 Peterson, M., Mary Yoko Brannen, and Peter B. Smith. 1994. "Japanese and U.S. leadership: Issues in current research." *Advances in International and Comparative Management,* 9, 57–82.

11 Misumi, J., and M. F. Peterson. 1985. "The performance-maintenance theory of leadership: Review of a Japanese research program." *Administrative Science Quarterly,* 30, 198–223.

12 Fiedler, F. E., and J. E. Garcia. 1987. *New Approaches to Effective Leadership.* Hoboken, NJ: Wiley.

13 House, R. J., and M. L. Baetz. 1979. "Leadership: Some empirical generalizations and new research directions." *Research in Organizational Behavior,* 1, 341–424.

14 House, R. J., N. S. Wright, and R. N. Aditya. 1997. "Cross-cultural research on organizational leadership: A critical analysis and a proposed theory." In P. C. Earley and M. Erez, eds. *New Perspectives in International Industrial Organizational Psychology.* San Francisco: New Lexington, 536–625; Rodrigues, Carl A. 1990. "The situation and national culture as contingencies for leadership behavior: Two conceptual models." *Advances in International Comparative Management,* 5, 51–68.

15 Kerr, S., and J. M. Jermier. 1978. "Substitutes for leadership: Their meaning and measurement." *Organizational Behavior and Human Performance,* 22, 375–404.

16 Dorfman.

17 Hofstede, Geert. 1993. "Cultural constraints in management theories." *Academy of Management Executive,* 7, 81–93.

18 House, R. J., Paul J. Hanges, Mansour Javidan, Peter W. Dorfman, and Vipin Gupta. 2004. *Culture, Leadership, and Organizations.* Thousand Oaks, CA: Sage Publications; Brodbeck, Felix, and Associates. 2000. "Cultural variation of leadership prototypes across European countries." *Journal of Occupational and Organizational Psychology,* 23, 1–29; Dorfman.

19 Dorfman, P., Paul J. Hanges, and F. C. Brodbeck. 2004. "Leadership and cultural variation: The identification of culturally endorsed leadership profiles. In R. J. House, P. J. Hanges, M. Javidan, P. W. Dorfman, and V. Gupta, eds. *Culture, Leadership, and Organizations.* Thousand Oaks, CA: Sage Publications, 669–720.

20 Gupta, Vipin, Paul J. Hanges, and Peter Dorfman. 2002. "Cultural clusters: Methodology and findings." *Journal of World Business,* 37, 11–15.

21 Jesuino, Jorge Correia. 2002. "Latin Europe cluster: From south to north." *Journal of World Business,* 37, 81–89.

22 Gupta, Vipin, Gita Surie, Mansour Javidan, and Jagpdeep Chhokar. 2002. "Southern Asia cluster: Where the old meets the new?" *Journal of World Business,* 37, 16–27.

23 Szabo, Erna, Felix C. Brodbeck, Deanne N. Den Hartog, Gerard Reber, Jurgen Weibler, and Rolf Wunderer. 2002. "The Germanic Europe cluster: Where employees have a voice." *Journal of World Business,* 37, 55–68.

24 Ashkanasy, Neal M., Edwin Trevor-Roberts, and Louise Earnshaw. 2002. "The Anglo cluster: Legacy of the British empire." *Journal of World Business,* 37, 28–39.

25 House, Hanges, Javidan, Dorfman, and Gupta.

26 Den Hartog, Deanne N., Robert J. House, Paul J. Hanges, Peter W. Dorfman, S. Antonio Ruiz-Quintanna, and 170 associates. 1999. "Culture specific and cross-culturally generalizable implicit leadership theories: Are attributes of charismatic/transformational leadership universally endorsed?" *Leadership Quarterly,* 10, 219–256.

27 Kipnis, D. S., M. Schmidt, and I. Wilkinson. 1980. "Intraorganizational influence tactics: Explorations in getting one's way." *Journal of Applied Psychology,* 65, 440–452.

28 Schmidt, Stuart M., and Ryh-Song Yeh. 1992. "The structure of leader influence: A cross-national comparison." *Journal of Cross-Cultural Psychology,* 23, 251–264.

29 Peterson, Brannen, and Smith.

30 Hofstede, Geert. 1984. *Culture's Consequences: International Differences in Work-Related Values.* Thousand Oaks, CA: Sage.

31 Ibid.

32 Ibid; Conger, J. A., and James G. Hunt. 1999. "Overview—Charismatic and transformational leadership: Taking stock of the present and future (Part I)." *Leadership Quarterly,* 10, 112–117; Conger, J. A. 1991. "Inspiring others: The language of leadership." *Academy of Management Executive,* 5, 31–45.

33 Greenberg, Jerald, and Robert A. Baron. 1995. *Behavior in Organizations.* Upper Saddle River, NJ: Prentice-Hall.

34 Kets de Vries, M. F. R. 1988. "Origins of charisma: Ties that bind the leader to the led." In J. A. Conger and R. N. Kanungo, eds. *Charismatic Leadership.* San Francisco: Jossey-Bass, 237–252.

35 Erez, Miriam P., and Christopher Earley. 1993. *Culture, Self Identity and Work.* Oxford: Oxford University Press.

36 Hartog et al.

37 House, Hanges, Javidan, Dorfman, and Gupta.

38 Heneman, R. L., D. B. Greenberger, and C. Anonyuo. 1989. "Attributions and exchanges: The effects of interpersonal factors on the diagnosis of employee performance." *Academy of Management Journal,* 32, 466–476.

39 Mullen, B., and C. A. Riordan. 1988. "Self-serving attributions for performance in naturalistic settings: A meta-analytic review." *Journal of Applied Social Psychology,* 18, 3–22.

40 Black, J. Stewart, and Lyman W. Porter. 1991. "Managerial behaviors and job performance: A successful manager in Los Angeles may not succeed in Hong Kong." *Journal of International Business Studies,* 1st quarter, 99–113.

41 Hofstede, Geert. 1991. *Cultures and Organizations: Software of the Mind.* London: McGraw-Hill; Rodrigues.

42 Ibid.

43 Ibid.

术语表

图书在版编目（CIP）数据

国际企业管理/约翰·卡伦（John Cullen）等著；崔新健等译校 . —6 版 . —北京：中国人民大学出版社，2018.1
ISBN 978-7-300-24851-6

Ⅰ.①国… Ⅱ.①约… ②崔… Ⅲ.①国际企业-企业管理 Ⅳ.①F276.7

中国版本图书馆 CIP 数据核字（2017）第 203106 号

国际商务经典译丛
国际企业管理（第 6 版）
约翰·卡伦
普拉文·帕博蒂阿 著
崔新健 闫书颖 等 译校
Guoji Qiye Guanli

出版发行	中国人民大学出版社			
社　　址	北京中关村大街 31 号		邮政编码	100080
电　　话	010 - 62511242（总编室）		010 - 62511770（质管部）	
	010 - 82501766（邮购部）		010 - 62514148（门市部）	
	010 - 62515195（发行公司）		010 - 62515275（盗版举报）	
网　　址	http://www.crup.com.cn			
经　　销	新华书店			
印　　刷	北京市鑫霸印务有限公司			
规　　格	185 mm×260 mm　16 开本		版　　次	2018 年 1 月第 1 版
印　　张	26.5 插页 1		印　　次	2021 年 11 月第 2 次印刷
字　　数	590 000		定　　价	75.00 元

Supplements Request Form（教辅材料申请表）

Lecturer's Details（教师信息）			
Name： （姓名）		Title： （职务）	
Department： （系科）		School/University： （学院/大学）	
Official E-mail： （学校邮箱）		Lecturer's Address/ Post Code： （教师通讯地址/ 邮编）	
Tel： （电话）			
Mobile： （手机）			

Adoption Details（教材信息） 原版□ 翻译版□ 影印版 □	
Title：（英文书名） Edition：（版次） Author：（作者）	
Local Publisher： （中国出版社）	
Enrolment： （学生人数）	Semester： （学期起止日期时间）

Contact Person & Phone/E-Mail/Subject：
（系科/学院教学负责人电话/邮件/研究方向）
（我公司要求在此处标明系科/学院教学负责人电话/传真号码并在此加盖公章。）

教材购买由 我□ 我作为委员会的一部分□ 其他人□〔姓名：   〕 决定。

Please fax or post the complete form to（请将此表格传真至）：

CENGAGE LEARNING BEIJING
ATTN：Higher Education Division
TEL：（86）10-82862096/95/97
FAX：（86）10-82862089
ADD：北京市海淀区科学院南路 2 号
　　　融科资讯中心 C 座南楼 12 层 1201 室　 100080

Note：Thomson Learning has changed its name to CENGAGE Learning.

VERIFICATION FORM/CENGAGE LEARNING

教师教学服务说明

　　中国人民大学出版社管理分社以出版经典、高品质的工商管理、统计、市场营销、人力资源管理、运营管理、物流管理、旅游管理等领域的各层次教材为宗旨。

　　为了更好地为一线教师服务，近年来管理分社着力建设了一批数字化、立体化的网络教学资源。教师可以通过以下方式获得免费下载教学资源的权限：

　　在中国人民大学出版社网站 www.crup.com.cn 进行注册，注册后进入"会员中心"，在左侧点击"我的教师认证"，填写相关信息，提交后等待审核。我们将在一个工作日内为您开通相关资源的下载权限。

　　如您急需教学资源或需要其他帮助，请在工作时间与我们联络：

中国人民大学出版社　管理分社

联系电话：010-82501048，62515782，62515735

电子邮箱：glcbfs@crup.com.cn

通讯地址：北京市海淀区中关村大街甲 59 号文化大厦 1501 室（100872）